Social Web im Tourismus

Daniel Amersdorffer • Florian Bauhuber
Roman Egger • Jens Oellrich
Herausgeber

Social Web im Tourismus

Strategien – Konzepte – Einsatzfelder

Herausgeber
Dipl. Geogr. Daniel Amersdorffer
Tourismuszukunft – Institut für eTourismus
Kardinal-Preysing-Platz 14
85072 Eichstätt
Deutschland
d.amersdorffer@tourismuszukunft.de

Dipl. Geogr. Florian Bauhuber
Tourismuszukunft – Institut für eTourismus
Kardinal-Preysing-Platz 14
85072 Eichstätt
Deutschland
f.bauhuber@tourismuszukunft.de

Prof. Dr. Roman Egger
Fachhochschule Salzburg GmbH
Innovation und Management im Tourismus
Urstein Süd 1
5412 Puch/Urstein
Österreich
roman.egger@fh-salzburg.ac.at

Dipl. Geogr. Jens Oellrich
Tourismuszukunft – Institut für eTourismus
Kardinal-Preysing-Platz 14
85072 Eichstätt
Deutschland
j.oellrich@tourismuszukunft.de

ISBN 978-3-642-12507-2   e-ISBN 978-3-642-12508-9
DOI 10.1007/978-3-642-12508-9
Springer Heidelberg Dordrecht London New York

Die Deutsche Nationalbibliothek verzeichnet diese Publikation in der Deutschen Nationalbibliografie; detaillierte bibliografische Daten sind im Internet über http://dnb.d-nb.de abrufbar.

© Springer-Verlag Berlin Heidelberg 2010
Dieses Werk ist urheberrechtlich geschützt. Die dadurch begründeten Rechte, insbesondere die der Übersetzung, des Nachdrucks, des Vortrags, der Entnahme von Abbildungen und Tabellen, der Funksendung, der Mikroverfilmung oder der Vervielfältigung auf anderen Wegen und der Speicherung in Datenverarbeitungsanlagen, bleiben, auch bei nur auszugsweiser Verwertung, vorbehalten. Eine Vervielfältigung dieses Werkes oder von Teilen dieses Werkes ist auch im Einzelfall nur in den Grenzen der gesetzlichen Bestimmungen des Urheberrechtsgesetzes der Bundesrepublik Deutschland vom 9. September 1965 in der jeweils geltenden Fassung zulässig. Sie ist grundsätzlich vergütungspflichtig. Zuwiderhandlungen unterliegen den Strafbestimmungen des Urheberrechtsgesetzes.
Die Wiedergabe von Gebrauchsnamen, Handelsnamen, Warenbezeichnungen usw. in diesem Werk berechtigt auch ohne besondere Kennzeichnung nicht zu der Annahme, dass solche Namen im Sinne der Warenzeichen- und Markenschutz-Gesetzgebung als frei zu betrachten wären und daher von jedermann benutzt werden dürften.

Einbandentwurf: WMXDesign GmbH, Heidelberg

Gedruckt auf säurefreiem Papier

Springer ist Teil der Fachverlagsgruppe Springer Science+Business Media (www.springer.com)

Grußwort der Deutschen Zentrale für Tourismus

Seit das Internet seinen Siegeszug in der globalisierten Welt angetreten hat, ist es zum Motor der Veränderung zentraler Geschäftsprozesse geworden. Die IT-Unterstützung und der Einsatz von webbasierten Anwendungen sind in vielen Unternehmen zum strategischen Erfolgsfaktor geworden. Deren Einfluss auf die Unternehmensorganisation und Personalentwicklung führt bei den Akteuren auf der Anbieterseite zu innovativen Lösungen und neuen Produkten und Dienstleistungen. Aber auch die Nachfrager haben einen Paradigmenwechsel vollzogen. Dieser erfolgt im ersten Schritt durch die Möglichkeit, dass nahezu alle entscheidungsrelevanten Informationen über Produkte und Dienstleistungen Standort unabhängig verfügbar sind. Im zweiten, noch größeren Schritt eröffnet sich dem Konsumenten eine soziale Welt, in der er seine Meinungen und Bewertungen mit einer Vielzahl anderer Konsumenten teilen kann. Und darüber hinaus mit verschiedenen Gruppen gleichgesinnter oder anderer Verbraucher Kontakte knüpfen und interagieren kann. In der Tourismusbranche führt dieser Paradigmenwechsel ebenfalls zum einem Strukturwandel bei den Marktteilnehmern. Leistungsträger in touristischen Destinationen oder Reiseveranstalter entwickeln neue Modelle der Kundenansprache, investieren in neue Vertriebskanäle oder reorganisieren ihre Produktionsprozesse von Reise- und Freizeitangeboten. Die Gäste bzw. die Touristen sind mobiler denn je und ihre Informationsbedürfnisse wachsen stetig. Kaum eine Reiseentscheidung wird ohne vorherige virtuelle Inspiration oder Internetrecherche getroffen. Aus der Fülle der touristischen Onlinedaten entstehen neue Wünsche und spezifische Reisebedürfnisse, die ihrerseits (zunehmend) im Internet gekauft bzw. gebucht werden. Das „mobile" Webangebot ist bei der Reise nicht mehr weg zu denken, das Smartphone bringt touristische Informationen und Wissen bis in den letzten Winkel des Urlaubs oder der Geschäftsreise. Vor diesem Hintergrund sind auch im Deutschlandtourismus innovative Anwendungen entstanden und bewähren sich im globalen Wettbewerb. Deutsche und internationale Gäste schätzen das vielfältige und themenorientierte Informationsangebot der Destinationen. Zudem wird die Interaktion mit potenziellen und realen Gästen immer intensiver, sei es durch die Bewertung der Reisen in Social Communities oder in bestimmten Portalen oder durch die Bindung der Gäste an die Angebote der Leistungsträger oder Destinationen. Für die Zukunft wird das Verständnis des Web 2.0 mit seinen technischen Möglichkeiten und seinen Implikationen auf das Nutzerverhalten eine Schlüsselrolle einnehmen. Der Deutschlandtourismus besitzt gute Voraussetzungen, seine international führende Rolle als moderne und attraktive Destination durch die intelligente Nutzung der Onlinechancen weiter zu festigen und auszubauen. Mit der vorliegenden Publikationen finden Reiseanbieter und Gäste ein Kompendium, das diesen Weg unterstützt.

Vorstand der Deutschen Zentrale für Tourismus, 20.12.2009   Armin Brysch

Grußwort von Österreich Werbung

Reisen ist ein Informationsgeschäft, ein soziales Phänomen – man erzählt Erlebtes im Freundeskreis, Stammgäste werden Multiplikatoren touristischer Kommunikation. Auch das Internet ist ein Informations- und Kommunikationsmedium. Heute ist es so einfach wie nie zuvor mit Unbekannten in einen Dialog zu treten. Das Web wird sozial und bringt eine Revolution im Kommunikationsverhalten der Menschen. Genau hier begegnen sich die beiden Phänomene: Heute beschreiben Gäste aus persönlicher Perspektive Erlebtes, kommentieren touristische Erfahrungen, vertreten persönliche Ansichten und treten dazu mit anderen in Kontakt. So entwickeln sich Gespräche, die kommentiert, verlinkt und immer wieder gelesen werden. Moderne Suchfunktionen lenken hier die Aufmerksamkeit. Und da Meinungen spannender sind als Fakten und Menschen anderen Menschen mehr glauben als Unternehmen hat dieser Umstand für touristische Kommunikation höchste Relevanz. Für die Österreich Werbung ist es daher wichtig unsere MitarbeiterInnen als offizielle Experten in diese Gespräche eintreten zu lassen. Das bedeutet zuerst „Zuhören", also zu verstehen was Menschen in ihrer Reiseplanung bewegt. Dann erst geht es um „Mitreden", d. h. bei der Urlaubsplanung Inspiration und Ideen zu liefern. Doch wirklich erfolgreich werden wir im Social Web, indem wir Nutzen stiften, konkrete Planungsunterstützung und „Support" bei der Wahl der idealen Urlaubsdestination bieten – die natürlich Österreich sein soll. Dennoch: Als Österreich Werbung alleine können wir nur Marginales bewegen. Wissens- und Know-How-Transfer an die österreichische Tourismusbranche ist für uns daher elementar, um international Aufmerksamkeit im Web zu erzielen. Wenn möglichst viele TouristikerInnen das Richtige tun – authentisch auf Augenhöhe mit (potentiellen) Gästen zu kommunizieren – wird Österreich im Web an Relevanz zulegen und verstärkt internationale Reiseströme in unser Land lenken. Einen Baustein dazu liefert dieses Buch, TouristikerInnen finden Antworten und angewandtes Wissen zum derzeit vorherrschenden Thema im eTourismus: Wie nutze ich das Social Web für touristische Kommunikation? Was kann ich damit erreichen? Wo fange ich an? Welche Tools sind relevant? Österreichs Tourismus-Marketing hat im internationalen Vergleich einen ausgezeichneten Ruf. Auch im Social Web sind österreichische Destinationen vorne dabei: Kärnten, Tirol, Oberösterreich und Salzburg betreiben Weblogs oder Communities. Zell am See, Salzkammergut, Bad Kleinkirchheim, Ötztal und andere Destinationen veröffentlichen Podcasts, twittern oder betreiben Facebook-Fanpages. Zahlreiche Hoteliers nutzen positive und negative Bewertungen für eine glaubwürdige Kommunikation mit Gästen und solchen die es hoffentlich werden. Ich bin stolz auf meine KollegInnen in den Tourismusregionen. Und ich freue mich als Mitarbeiter der Österreich Werbung einen Beitrag zum Erfolg der österreichischen Tourismuswirtschaft zu liefern und in diesem Buch einen Auszug meiner Erfahrungen der letzten Jahre mit Anderen zu teilen.

Leiter Stabstelle Internet Strategie   Martin Schobert
der Österreich Werbung, 12.10.2009

Grußwort von Schweiz Tourismus

Braucht Schweiz Tourismus Social Web? Warum macht so ein Buch Sinn? Wie agieren Schweizer Destinationen in diesem Themenbereich? Mehr als 20 Mio. Visitors werden im Jahre 2009 die Website von Schweiz Tourismus, MySwitzerland. com, und damit das virtuelle Urlaub- und Reiseland Schweiz besucht haben. Demgegenüber stehen rund 16 Mio. Ankünfte in Schweizer Hotels. Das Internet hat sich definitiv neben der Mund-zu-Mund Werbung zum wichtigsten Einflussfaktor im Reise- Entscheidungsprozess entwickelt. Ja, dank den Möglichkeiten von Web 2.0 wachsen diese Kommunikationsformen sogar zusammen, können doch dank Plattformen wie Twitter und Facebook gleich mehrere Freunde zusammen von Reisetipps profitieren. Für die Schweiz, welche sich seit jeher dem Credo „Qualität" verschrieben hat, öffnen sich damit neue, spannende Türen. Ein zufriedener Gast kommt nämlich wieder und erzählt auch seinen Freunden von seinen einmaligen Erlebnissen im Urlaub. Nun die Versuchung für eine Marketingorganisation ist gross, sich selbst an diesem Prozess zu beteiligen.

Marketing & Strategische Partnerschaften   Rafael Enzler
Schweiz Tourismus, 22.12.2009

Vorwort der Herausgeber

Dem Internet ist seit jeher das Soziale inhärent und dennoch wird das Social Web vermeintlich als junges Thema angesehen. Dabei wurde der Begriff bereits Ende des letzten Jahrtausends in der Forschung massiv diskutiert. Letztlich griff der amerikanische Verleger O'Reilly den Kommunikationswandel im Internet erst im Jahre 2005 medienwirksam unter dem Stichwort Web 2.0 auf. Dieser bezeichnet vor allem die veränderten technischen Rahmenbedingungen, die zu mehr Kommunikation, Interaktion, Vernetzung und Partizipation der Massen am Medium Internet führten. Neben den technischen Voraussetzungen des Web 2.0 zeigt sich jedoch auch ein gesellschaftlicher Wandel sowie eine Virtualisierung sozialer Netzwerke mit weitaus tieferen Folgen. Die Bedeutung des Social Web und dessen weit reichende Auswirkungen für den Tourismus werden zunehmend deutlicher, so dass die Notwendigkeit zur Auseinandersetzung mit dem Thema Social Web im Tourismus nicht mehr von der Hand zu weisen ist. In Fachkreisen wird bereits von einer Entwicklung des Internets zum Outernet gesprochen, indem sich die Dichotomie zwischen virtuellem und physischem Raum auflöst. In der Folge kommt es zu massiven Auswirkungen des Internet auf die reale Welt und dahingehend auch auf die touristische Praxis.

Der Diskurs rund um das Thema Social Web und Tourismus findet derzeit weitgehend verstreut, bruchstückhaft und zumeist auf Blogs, Twitter, in Wikis etc. statt. Eine wissenschaftlich fundierte Auseinandersetzung mit dem Thema ist bislang rar und bleibt auf eine überschaubare Community begrenzt. Das vorliegende Buch bündelt bestehende Ansätze, Konzepte und Erfahrungen mit der Intention, die zweifelsohne klaffende Lücke zwischen gesichertem Wissen und zielgerichtetem Handeln in der Praxis zu schließen. Es ist somit gleichermaßen für Praktiker in der Tourismusbranche und Akademiker konzipiert und soll in anschaulicher Weise die Mechanismen und Prinzipien des Social Webs theoretisch fundiert aufzeigen und mit Best Practice Beispielen aus der Praxis illustrieren. Das Buch richtet sich an Internetverantwortliche in Destinationen und deren Leistungsträger sowie an Reiseveranstalter und Intermediäre im Tourismus. Es unterstützt in Folge die touristische Praxis der genannten Akteure durch Verstehensmodelle, Beispiele und Handlungsanweisungen. Nach der Lektüre des Buches sollte dem Leser die Bedeutung sowie die grundlegenden Mechanismen des Social Webs verständlich sein, um zukünftige Aktivitäten im Internet besser planen und auf die neuen Entwicklungen abstimmen zu können. Auch für den Tourismustheoretiker liefert das Buch einen nützlichen Einstieg, der den Weg zu einem profunden wissenschaftlichen Diskurs ermöglichen soll. Das vorliegende Werk stellt sich dahingehend der schwierigen Aufgabe, einerseits eine Anleitung für die Praxis bereitzustellen und andererseits einen wertvollen Beitrag für die *scientific community* zu leisten. Für eine interdisziplinäre Leserschaft einerseits und verschiedene Anspruchsgruppen andererseits geschrieben, bewegen sich die Beiträge daher zwischen einer wissenschaftlichen und praktischen Perspektive bzw. theoriegeleiteten Handlungsempfehlungen und pragmatischen Ansätzen.

Das Buch ist in fünf Überblickskapitel eingeteilt: In einem einleitenden Theorieteil werden grundsätzliche Elemente des Web 2.0 im touristischen Kontext beleuchtet. Ziel ist es dabei, dem Leser das notwendige Rüstzeug für den weiteren Verlauf der Lektüre mitzugeben und mit Hintergründen zur Thematik zu versorgen. Der zweite Teil des Buches besteht aus Aufsätzen zur praktischen Anwendung des Social Web im Tourismus, welche einzelne Varianten der Anwendung beleuchten und teils aus theoretischer Sicht reflektiert werden. Im dritten Teil liefern Fallstudien einen analytisch aufbereiteten Einblick zur Anwendung von Web 2.0-Technologien im Tourismus. Einen Exkurs stellt das Kapitel vier dar. Dieses widmet sich dem Semantic Web, einer technologischen Weiterentwicklung, die allen Prognosen zufolge, künftig für weit reichende Veränderungen im Web sorgen wird. Aus allgemeiner Sicht erfolgt im fünften Teil eine theoretische Fundierung des Kommunikationswandels im Internet und seiner Implikationen auf betriebswirtschaftliche und soziologische Prozesse. Ein Glossar dient als Nachschlagehilfe zu einzelnen Fachbegriffen und rundet den Band ab.

Letztlich gilt unser Dank allen, die zur Entstehung dieses Buches beigetragen haben. Allen voran gilt dies den Autoren, die mit ihren Beiträgen das Konzept des Buches beseelt haben. Danke auch an Annkathrin Wagner, die das Buch redigiert und in Form gebracht hat sowie dem Team von Tourismuszukunft, welches maßgeblich an der operativen Umsetzung und am Projektmanagement der Publikation beteiligt war. Zu guter Letzt wollen wir Herausgeber uns auch bei allen Touristikern, Studenten und Fachkollegen bedanken, deren Interesse am Thema uns immer wieder motiviert und letztendlich den Gedanken zu diesem Buch ins Rollen gebracht hat. Die Finanzierung des Buches erfolgte mit Mitteln des Europäischen Fonds für Regionale Entwicklung im Rahmen des Projektes „eTourism Fitness für Oberbayern und Salzburg".

Januar 2010 Daniel Amersdorffer, Florian Bauhuber,
Eichstätt, Salzburg Roman Egger, Jens Oellrich

Inhalt

Autorenverzeichnis xxiii

Über die Autoren xxvii

Teil I   Theoretische Grundlagen zum Social Web im Tourismus 1

1   **Das Social Web – Internet, Gesellschaft, Tourismus, Zukunft** 3
    Daniel Amersdorffer, Florian Bauhuber und Jens Oellrich
    1.1   Einleitung: Das Internet – Anfang oder Ende? 3
    1.2   Das Social Web – Eine neue Stufe der digitalen Evolution 4
    1.3   Social Web im Tourismus 6
          1.3.1   Ökonomische Perspektive 7
          1.3.2   Soziologische Perspektive 10
    1.4   Tourismuszukunft – Innovation ein destruktiver Prozess 13
    Bibliografie 14

2   **Web 2.0 im Tourismus – eine Auswahl theoretischer Erklärungsansätze** 17
    Roman Egger
    2.1   Einleitung 18
    2.2   Tourismus im Zeitalter der Informationsgesellschaft 18
    2.3   Web 2.0 – ein Blick hinter die Kulissen 20
    2.4   Theoretische Ansätze und Erklärungsversuche 22
    2.5   Resümee 28
    Bibliographie 28

3   **Web 2.0 in der Touristikindustrie – Implikationen für Wertschöpfungskette, Geschäftsmodelle und interne Anwendungen** 31
    Ernst-Otto Thiesing
    3.1   Einleitung: Internet als Massenphänomen 31
    3.2   Einfluss des Internets auf die touristische Wertschöpfungskette 33
    3.3   Neue Geschäftsmodelle mit neuen Chancen und Risiken 35

3.4 Unternehmensinterne Anwendungen des Web 2.0 und
anderer neuer Technologien 37
3.5 Implikationen für den Unternehmenserfolg 38
Bibliografie 39

4 Kundenbewertungen in der eTouristik – Segen oder Fluch? Psychologie der Reiseentscheidung im Social Web 41
Daniel R. Schmeißer
4.1 Einleitung 42
4.2 Der Einfluss von Nutzerbewertungen auf die Reiseentscheidung 43
4.3 Zur Psychologie der Nutzerbewertungen 46
4.4 Erfolgsfaktoren zur Einbindung von Nutzerbewertungen 52
4.5 Fazit: Chancen und Risiken von Empfehlungs- und Bewertungsverfahren in der Touristik 55
Bibliografie 56

5 Authentizität von Hotelbewertungsplattformen – wie mächtig und wie glaubwürdig ist User Generated Content? 57
Frank Mühlenbeck und Klemens Skibicki
5.1 Einleitung: Der Siegeszug des Internets bei Suche und Buchung ist ungebrochen 57
5.2 Der Trend im Trend – Web 2.0 58
5.3 Der Einfluss auf den Such- und Entscheidungsprozess 61
5.4 Manipulation als Tod des User Generated Content? 62
5.5 Gründe für Manipulation und warum trotzdem davon abzuraten ist 64
5.6 Schlussfolgerungen und Lösungsansätze für die Tourismusbranche 65
5.7 Case Study: Aufbau einer authentischen Kunden-Community für einen Urlaubsclub-Anbieter 68
5.8 Fazit 69
Bibliografie 70

6 Open Source Marketing im eTourismus – Motivationale Treiber und praktische Ansätze 71
Klaus-Peter Wiedmann, Sascha Langner, Nadine Hennigs und Lars Pankalla
6.1 Einleitung 71
6.2 Open Source Netzwerke und Marketing 72
6.3 Open Source Marketing – Ein kollaborativer Marketingansatz 76
  6.3.1 Begriffsabgrenzung und -definition 76
  6.3.2 Motivation von Nutzern in Open Source Marketing Projekten 78
6.4 Fazit und Ausblick 83
Bibliografie 84

Teil II Praktische Anwendungen von Social Web im Tourismus 89

7 Social Media für Destinationen – Integration von Social-Media-Aktivitäten in den touristischen Kommunikations-Mix 91
Reinhard Lanner, Olaf Nitz und Martin Schobert
- 7.1 Einleitung 92
- 7.2 DMOs im Social Web 93
  - 7.2.1 Zuhören 93
  - 7.2.2 Gespräche 95
  - 7.2.3 Support 96
- 7.3 Anwendung von Social-Web-Instrumenten 97
  - 7.3.1 Zielgruppe Gäste 97
  - 7.3.2 Zielgruppe Medienvertreter 103
  - 7.3.3 Zielgruppe Infrastrukturpartner 108
- 7.4 Fazit 110
- Bibliografie 111

8 No Trust – No Transaction/Vertrauensbildende Maßnahmen im eCommerce möglich durch Social Media? 113
Claudia Brözel
- 8.1 Einleitung 113
- 8.2 Vertrauen und Sicherheit im Internet 114
- 8.3 Vertrauensfaktoren im Internet 115
- 8.4 Reise-Communities im Tourismus 116
- 8.5 Fazit 118
- Bibliografie 118

9 Das Ohr am Puls des Internets 119
Thomas Helbing und Michael Konitzer
- 9.1 Social Media Analytics & Social Commerce 119
- 9.2 Kunden-Monitoring als Desaster-Radar 120
- 9.3 Effektives Monitoring 121
- 9.4 Schrittweise Annäherung 123
- 9.5 Die neue Herausgeber-Rolle 125
- 9.6 Touristische Anwendungen 126
- 9.7 Turmbau von Blogistan 127
- 9.8 Reifeprozess der Netizens 128

10 Twitter im Tourismusmarketing 129
Daniel Amersdorffer
- 10.1 Einleitung 129
- 10.2 Theoretische und praktische Grundlegungen 130
  - 10.2.1 Die Destination Management Organisation als Netzwerk-Manager 130
  - 10.2.2 Der Kommunikationswandel im Internet 131

		10.2.3	Destinationsmarketing im Social Web braucht strategische Planung	132
		10.2.4	Dialogische Kommunikation schafft Vertrauen und Authentizität	132
		10.2.5	Vernetzung und Kollaboration als Steuerungsgrößen	133
	10.3	Microblogging		134
	10.4	Microblogging in der Praxis des Destinationsmarketing		135
		10.4.1	Die Nutzung von Microblogging in der Werbekommunikation	135
		10.4.2	Die Nutzung von Microblogging als Serviceinstrument	136
		10.4.3	Die Nutzung von Microblogging für Veranstaltungen	137
		10.4.4	Die Nutzung von Microblogging als Kundenbindungsinstrument	139
		10.4.5	Die Nutzung von Microblogging zur Marktforschung	139
		10.4.6	Die Nutzung von Microblogging als internes Informations- und Kommunikationssystem im Destinationsnetzwerk	141
		10.4.7	Zusammenfassung der Ausbaustufen	142
	10.5	Fazit		142
	Bibliografie			144

11 Die Bedeutung von User Generated Content für die Hotellerie ... 149
Diana Payandeh

	11.1	Einleitung: User Generated Content erobert die Reisebranche	149
	11.2	Der Einfluss von User Generated Content auf das Buchungsverhalten der Reisenden	152
	11.3	Faktoren, die die Bedeutung von User Generated Content für ein Hotel bestimmen	154
		11.3.1 Privathotellerie vs. Kettenhotellerie	154
		11.3.2 Urlaubshotel vs. Geschäftsreisehotel	154
		11.3.3 Hoher Anteil vs. geringer Anteil an Stammkunden	155
		11.3.4 Hoher Konkurrenzdruck vs. geringer Konkurrenzdruck	155
	11.4	Möglichkeiten für die Hotellerie, User Generated Content zu nutzen	156
	11.5	Fazit	157
	Bibliografie		158

12 Liebe auf den zweiten Blick – Vom souveränen Umgang mit Hotelbewertungen ... 161
Lizzie Herzog und Markus Luthe

	12.1	Bewertungsportale		161
		12.1.1	Einleitung	161
		12.1.2	Chancen und Risiken von Hotelbewertungen	162
		12.1.3	Konstruktiver Austausch zwischen Hotellerie und Bewertungsportalen	162

	12.2	Tipps zum Umgang mit Hotelbewertungen	166
	12.3	Ausblick	167
	Bibliografie		167

13 Rechtliche Verantwortlichkeit der Betreiber von touristischen Bewertungsplattformen 169
Jan Dirk Roggenkamp

	13.1	Einleitung	169
	13.2	Verantwortlichkeit und Web 2.0 – Die Grundlagen	170
		13.2.1 Das Telemediengesetz als Haftungsfilter	170
		13.2.2 Theoretische Verantwortlichkeit	171
		13.2.3 Rechtsrealität	172
	13.3	Verantwortlichkeit der Betreiber für Bewertungen	175
		13.3.1 Bewertungen	175
		13.3.2 Konfliktfeld: Handlungsmöglichkeiten des Verletzten	179
		13.3.3 Haftung des Reiseplattformbetreibers	180
	13.4	Fazit und Ausblick: Notwendigkeit eines Regulationssystems?	182
	Bibliografie		184

14 Reiseberatung und -vertrieb im Web 2.0-Zeitalter – Status quo und Empfehlungen für den stationären Reisevertrieb 185
Michael Faber

	14.1	Einleitung	186
	14.2	Die Bedeutung des Internet für den Reisevertrieb	186
	14.3	Status quo der Internetnutzung in Reisebüros: Ergebnisse einer empirischen Studie	189
		14.3.1 Einstellungen der Reisebüromitarbeiter gegenüber dem Internet	189
		14.3.2 Relevanz von Internetinformationen für den Beratungsprozess	190
		14.3.3 Wissensstand zu Internetseiten mit dem Thema Reisen ...	190
		14.3.4 Private Internetnutzung	190
		14.3.5 Nutzungsgrad von Webanwendungen	192
		14.3.6 Aktivität bei nutzergenerierten Webinhalten	192
		14.3.7 Zukünftige Bedeutung von Reisebüro-Medien	193
		14.3.8 Reisebüro-Websites	193
		14.3.9 Integration von Web-Informationen in die Beratung	194
		14.3.10 Mehrwert des stationären Reisevertriebs	194
	14.4	Neue Kommunikations- und Vertriebswege im Web 2.0	195
	14.5	Empfehlungen für den stationären Reisevertrieb	198
	14.6	Fazit und Ausblick	199
	Bibliografie		200

Teil III   Fallstudien zum Social Web im Tourismus 201

15   Vergleichende Analyse der Kundenzufriedenheit bei klassischen Befragungen und auf Webseiten mit Hotelbewertungen 203
Roland Schegg und Michael Fux
15.1   Einleitung 204
15.2   Ansätze der Marktforschung 205
15.3   Portrait der Tourismusdestination Saas-Fee 206
15.4   Methodischer Ansatz 206
15.5   Analyse der Hotelbewertungen 208
15.6   Analyse der Kommentare 210
15.7   Diskussion und Schlussfolgerungen 211
15.8   Implikationen für die Forschung 212
15.9   Implikationen für die Praxis 213
Bibliografie 214

16   Social Graphs – Neue Perspektiven durch Facebook Connect & Co. für Communities von Touristik Anbietern 217
Sandra Griffel
16.1   Einleitung 217
16.2   Die zentralen Herausforderungen für Reise-Communities im Überblick 218
    16.2.1   Glaubwürdigkeit 218
    16.2.2   Bequeme Nutzbarkeit 219
    16.2.3   Spezifische Relevanz 219
    16.2.4   Involvement 220
16.3   Erfolgreichere Travel Communities mit Social Graphs? 220
16.4   Welche Chancen bietet Facebook Connect touristischen Communities? 221
    16.4.1   Aufwertung des User Generated Content für die Mitglieder 222
    16.4.2   Virale Effekte erzielen durch Postings der User 222
    16.4.3   Schnellere Logins, bessere Profile und individuelle Services 223
    16.4.4   Erweiterte Wettbewerbe und Rankings 223
16.5   Google Friendconnect, MySpace data availability und Co. ... 224
16.6   Fazit 224
Bibliografie 225

17   Social Media Marketing am Beispiel des Bewertungsassistenten 227
Michael Mrazek, Elisabeth Vogl und Karim-Patrick Bannour
17.1   Tourismuskommunikation im Wandel 227
17.2   Methodik des Bewertungsassistenten 229
17.3   Einsatz des Bewertungsassistenten 230
17.4   Methodik des Fragebogens 230

	17.5	Praxisbeispiel: Hotel Edelweiss	233
	17.6	Ausblick	233
	17.7	Anhang	234
		17.7.1 Fragebögen 1: Erfahrungswerte mit dem Bewertungsassistenten	234
		17.7.2 Fragebogen Anfang Michael, Hotel Edelweiß	235
		17.7.3 Fragebogen 2: Die Wissenschaftlichkeit des Bewertungsassistenten	236
		17.7.4 Fragebogen Ranninger Günther DI, Ranninger Consult GmbH	237
	Bibliografie		239
18	**Facebook-Applications im Tourismus – Casestudy „Gedankenreise" des Reiseportals TripsByTips**		**241**
	Uwe Frers		
	18.1	Einführung TripsByTips	241
	18.2	Information versus Interaktion	242
	18.3	Grund und Zielsetzung	243
	18.4	Beschreibung Facebook Application	243
	18.5	Konzeption	244
	18.6	Spezifikation	244
	18.7	Programmierung und Start	245
	18.8	Zielerreichung, Zahlen	246
	18.9	Destinationsmarketing	246
	18.10	Fazit	247
	Bibliografie		247
Teil IV	**Das Semantic Web im Tourismus**		**249**
19	**Semantische Technologien im eTourismus – Innovationen und Szenarien unter Einbindung von Social Web Komponenten mittels semantischer Technologien**		**251**
	Roy Uhlmann		
	19.1	Einleitung	251
	19.2	Semantische Technologien	252
		19.2.1 Neurosemantische Netze	252
		19.2.2 Ontologien	253
	19.3	Ausgangspunkt Social Web	254
	19.4	Die inhaltliche Aufgabe von Semantik	255
	19.5	Semantische Prozesse	257
		19.5.1 Assoziative Verknüpfung von textuellen Daten	258
		19.5.2 Aggregation von textuellen Daten	259
		19.5.3 Aggregation und Assoziation von Bildern	260
		19.5.4 Kostenreduktion und rechtliche Probleme	261
	19.6	Künftige Szenarien im eTourismus	261
		19.6.1 Intermediarisierung von Daten auf Tourismus-Portalen	261

	19.6.2	Service on Travel	265
	19.6.3	Dezentrale Distribution in Publisher-Portalen	265
	19.6.4	Kontrolle und Lenkung von Social Web Komponenten	267
19.7		Fazit und Ausblick	268
Bibliografie			268

20 Web 3.0 oder was bringt das Semantic Web der Touristik-Branche ... 271
Thomas Fleck

	20.1	Einleitung: Semantic Web	271
	20.1.1	Was ist Semantik?	271
	20.1.2	Vom Social Web zum Web der vernetzten Daten	272
	20.1.3	Exkurs: Ergänzende und weiterführende Technologie-Ansätze	274
20.2		Semantic Web – Lösungsansätze für die Touristikbranche	275
	20.2.1	Der Traum von der „Einfeld" Suche, die alle endlos langen Trefferlisten reduziert	275
	20.2.2	Semantic Web als Schaltzentrale des Datenaustausches vom Leistungsträger zum Intermediär	276
	20.2.3	Semantic Web im Fokus der Hotelbewertungen	277
20.3		Zukunftsmusik oder greifbare Realität?	278
Bibliografie			279

Teil V Allgemeine Implikationen des Online-Kommunikationswandels ... 281

21 „Get connected" – Internetkulturen im Kontext gesellschaftlicher Erwartungen und vor dem Hintergrund des öffentlichen Mediendiskurses ... 283
Nicolai Scherle

21.1	Einleitung	283
21.2	Digitalisierung als historischer Prozess: Ein problemzentrierter Rückblick	285
21.3	Internetkulturen im Kontext gesellschaftlicher Erwartungen	286
21.4	Internetkulturen im öffentlichen Mediendiskurs	288
21.5	Internetkulturen im Kontext des Tourismus	290
21.6	Resümee	293
Bibliografie		294

22 Die Expansion der Öffentlichkeit: von der Fremd- zur Selbstaufklärung? Einige vorläufige Überlegungen zu Veränderungen von Journalismus und Meinungsforschung ... 297
Martin Welker

22.1	Einleitung	297
22.2	Leistungen von Journalismus und Meinungsforschung	302
22.3	Modifizierende, strukturbildende Faktoren	304

		22.3.1	Koorientierung und „kollektive Intelligenz"	304
		22.3.2	Partizipation und Dynamisierung	305
		22.3.3	Interaktion/Kommunikation und Interaktivität	305
		22.3.4	Authentizität und virtuelle Gemeinschaft	305
		22.3.5	Selektion und Aggregation, Rekombination	306
		22.3.6	Individualisierung und Long Tail-Angebote	306
	22.4	Journalismus und Meinungsforschung unter veränderten Strukturen		306
	22.5	Fazit		310
	22.6	Epilog: Tipps und Ableitungen für die Tourismuswirtschaft		311
	Bibliografie			312

23 Die Macht des Netzwerks: Theorie, Empirie und Implikation 315
Steffen Blaschke

	23.1	Einleitung	315
	23.2	Theorie	316
	23.3	Empirie	319
	23.4	Implikationen	322
	Bibliografie		324

24 Social Web und Social Commerce in der Zukunft: Visionen, Herausforderungen und Perspektiven 327
Thomas Breyer-Mayländer und Marc Löffel

	24.1	Social Web und Social Communities im Licht von Forschung und Praxis		328
		24.1.1	Soziale Dimension von Kommunikationsprozessen	328
		24.1.2	Internet und WWW als soziales Medium?	328
		24.1.3	Netzeffekte am Beispiel des Internet	329
		24.1.4	Abgrenzung der Begrifflichkeiten Web 2.0, Virtual Communities und Social Web	330
	24.2	Wirtschaftliche Folgen und Geschäftsmodelle des Social Web		336
		24.2.1	Social Web als „paid content"	336
		24.2.2	Werbevermarktung	337
		24.2.3	Transaktionsgeschäft	337
	24.3	Entwicklungstendenzen des Social Commerce		338
		24.3.1	Stand und Entwicklung des E-Commerce	338
		24.3.2	Social Commerce als Synthese aus E-Commerce und Web 2.0	339
	24.4	Fazit		343
	Bibliografie			343

25 User Generated Branding – Wie Marken vom kreativen Potenzial der Nutzer profitieren 347
Christoph Burmann, Ulrike Arnhold und Christian Becker

	25.1	Einleitung	347

25.2	Nutzergenerierte Markenbotschaften – Gefahr und Chance	348
25.3	Die neue Macht der Nachfrager	350
25.4	Nutzerzentrierte Forschungsfelder als theoretischer Rahmen	352
25.5	User Generated Branding – ungestützt oder protegiert	354
25.6	Anwendung von UGB in Marktforschung, Vermarktung und Kundenbindung	354
25.7	Fazit und Ausblick	360
Bibliografie		360

26 Internetbasierte Kommunikationsinstrumente zur Markenprofilierung ... 363

Christoph Burmann, Fabian Stichnoth und Christian Becker

26.1	Einleitung: Relevanz virtueller Brand Communities für das Markenmanagement	363
26.2	Der Ansatz der identitätsbasierten Markenführung als Grundlage der Studie	365
26.3	Marke-Kunden-Beziehung als Zielgröße des identitätsbasierten Markenmanagements	366
26.4	Virtuelle Brand Communities und virtuelle Kundenclubs im Rahmen des Relationship-Marketings	367
26.5	Empirische Studie zu internetbasierten Kommunikationsinstrumenten zur Stärkung der Marke-Kunden-Beziehung	372
26.6	Zusammenfassung und Implikationen für die Tourismusbranche	374
Bibliografie		376

Glossar ... 379

Autorenverzeichnis

Hr. Daniel Amersdorffer Tourismuszukunft – Institut für eTourismus, Kardinal-Preysing-Platz 14, 85072 Eichstättd, Deutschland, e-mail: d.amersdorffer@tourismuszukunft.de

Fr. Ulrike Arnhold Universität Bremen, Chopinstr. 65, 09119 Chemnitz, Deutschland, e-mail: ulrike.arnhold@gmx.de

Fr. Karim-Patrick Bannour Viermalvier Friesechstr. 4, 5020 Salzburg, Österreich, e-mail: karim@viermalvier.at

Hr. Florian Bauhuber Tourismuszukunft – Institut für eTourismus, Kardinal-Preysing-Platz 14, 85072 Eichstätt, Deutschland, e-mail: f.bauhuber@tourismuszukunft.de

Hr. Christian Becker Universität Bremen, Hochschulring 4, 28359 Bremen, Deutschland, e-mail: christian.becker@uni-bremen.de

Dr. Steffen Blaschke Arbeitsbereich Organisation und Unternehmensführung Institut für Öffentliche Wirtschaft und Personalwirtschaft Universität Hamburg, Von-Melle-Park 5, 20146 Hamburg, Deutschland, e-mail: steffen.blaschke@wiso.uni-hamburg.de

Prof. Dr. Thomas Breyer-Mayländer Hochschule Offenburg, Fakultät Medien und Informationswesen, Badstr. 24, 77652 Offenburg, Deutschland, e-mail: breyer-maylaender@fh-offenburg.de

Fr. Claudia Brözel tsebe.de, Postfach 1158, 68527 Edingen, Deutschland, e-mail: cb@tsebe.de

Prof. Dr. Christoph Burmann Universität Bremen Lortzingstr. 72, 50931 Köln, Deutschland, e-mail: burmann@uni-bremen.de

Prof. Dr. Roman Egger Fachhochschule Salzburg GmbH, Innovation und Management im Tourismus, Ustein Süd 1, 5412 Puch/Urstein, Österreich, e-mail: roman.egger@fh-salzburg.ac.at

Hr. Michael Faber FH Worms, Fachbereich Touristik/Verkehrswesen, Erenburgerstr. 19, 67549 Worms, Deutschland, e-mail: michael.faber@fh-worms.de

Hr. Thomas Fleck Netresearch GmbH & Co. KG, Nonnenstraße 11d, 04229 Leipzig, Deutschland, e-mail: tf@netresearch.de

Hr. Uwe Frers tripsbytips.de, Reichenbergerstr. 113a, 10999 Berlin, Deutschland, e-mail: ufrers@escapio.com

Hr. Michael Fux Hochschule Luzern – Institut füt Tourismuswirtschaft ITW, Rösslimatte 48, 6002 Luzern, Schweiz, e-mail: michael.fux@hslu.ch

Fr. Sandra Griffel Denkwerk, Vogelsangerstr. 66, 50823 Köln, Deutschland, e-mail: sandra.griffel@denkwerk.com

Hr. Thomas Helbing RAYSONO, Raysono, Tumblingerstr. 32, 80337 München, Deutschland, e-mail: thomas.helbing@raysono.com

Dr. Nadine Hennigs Institut für Marketing & Management, Leibniz Universität Hannover, Königsworther Platz 1, 30167 Hannover, Deutschland, e-mail: hennigs@m2.uni-hannover.de

Fr. Lizzie Herzog Hotelverband Deutschland (IHA), Am Weidendamm 1A, 10117 Berlin, Deutschland, e-mail: Lizzie.Herzog@gmx.de

Hr. Michael Konitzer RAYSONO, Raysono, Tumblingerstr. 32, 80337 München, Deutschland, e-mail: michael.konitzer@raysono.com

Hr. Sascha Langner Institut für Marketing & Management, Leibniz Universität Hannover, Königsworther Platz 1, 30167 Hannover, Deutschland, e-mail: langner@m2.uni-hannover.de

Hr. Reinhard Lanner Tourismusregion Lammertal-Dachstein-West, Markt 165, 5441 Abtenau, Österreich, e-mail: reinhard.lanner@lammertal.info

Hr. Marc Löffel FH Offenburg, Am Buschengäßle 12, 77966 Kappel-Grafenhausen, Deutschland, e-mail: Marc.Loeffel@fh-offenburg.de

Hr. Markus Luthe Hotelverband Deutschland, Am Weidendamm 1A, 10117 Berlin, Deutschland, e-mail: luthe@hotellerie.de

Mr. Michael Mrazek NCM, Aignerstrasse 55a, 5026 Salzburg, Österreich, e-mail: Michael.Mrazek@ncm.at

Hr. Frank Mühlenbeck Brain Injection, Bonner Str. 328, 50968 Köln, Deutschland, e-mail: muehlenbeck@brain-injection.com

Hr. Olaf Nitz Österreich Werbung, Margaretenstr. 1, 1040 Wien, Österreich, e-mail: Olaf.Nitz@austria.info

Hr. Jens Oellrich Tourismuszukunft – Institut für eTourismus, Kardinal-Preysing-Platz 14, 85072 Eichstätt, Deutschland, e-mail: j.oellrich@tourismuszukunft.de

Hr. Lars Pankalla Institut für Marketing & Management, Leibniz Universität Hannover, Königsworther Platz 1, 30167 Hannover, Deutschland, e-mail: pankalla@m2.uni-hannover.de

Fr. Diana Payandeh trivago GmbH, Ronsdorfer Str. 77, 40233 Düsseldorf, Deutschland, e-mail: d.payandeh@gmx.de

Hr. Jan Dirk Roggenkamp Universität Passau, Max-Beer-Str. 54, 10119 Berlin, Deutschland, e-mail: kanzlei@rajdr.de

Dr. Roland Schegg HES-SO Valais Wallis, Institut für Tourismus TechnoArk 3, 3960 Sierre, Schweiz, e-mail: roland.schegg@hevs.ch

Dr. Nicolai Scherle Katholische Universität Eichstätt, Ostenstr.18, 85072 Eichstätt, Deutschland, e-mail: nicolai.scherle@freiheit.org

Hr. Daniel R. Schmeißer phaydon | research+consulting GmbH & Co. KG, Im Mediapark 7, 50670 Köln, Deutschland, e-mail: daniel.schmeisser@phaydon.de

Hr. Martin Schobert Österreich Werbung, Wiener Str. 16, 3430 Tulln, Neuseeland, e-mail: schobert@tourismusdesign.com

Prof. Dr. Klemens Skibicki Brain Injection, Bonner Str. 328, 50968 Köln, Deutschland, e-mail: skibicki@brain-injection.com

Hr. Fabian Stichnoth Universität Bremen, Im Hollegrund 29, 28357 Bremen, Deutschland, e-mail: fabian.stichnoth@uni-bremen.de

Dr. Ernst-Otto Thiesing Ostfalia – Hochschule für angewandte Wissenschaften, Karl Scharfenberg-Str. 55–57, 38229 Salzgitter, Deutschland, e-mail: ernst-otto.thiesing@sr-consultants.de

Hr. Roy Uhlmann Uhlmann GmbH, Brunnenstraße 165, 10119 Berlin, Deutschland, e-mail: roy.uhlmann@qimaya.de

Fr. Elisabeth Vogl Salzburger Nachrichten, Untere Dorfstr. 15, 5203 Köstendorf, Österreich, e-mail: elisabethvogl@gmx.at

Prof. Dr. Martin Welker Macromedia Hochschule für Medien und Kommunikation, Gollierstr. 4, 80339 München, Deutschland, e-mail: m.welker@macromedia.de

Prof. Dr. Klaus-Peter Wiedmann Institut für Marketing & Management, Leibniz Universität Hannover, Königsworther Platz 1, 30167 Hannover, Deutschland, e-mail: wiedmann@m2.uni-hannover.de

Über die Autoren

Dipl. Geogr. Daniel Amersdorffer
Daniel Amersdorffer ist einer von drei Geschäftsführern und Gründern von Tourismuszukunft/Institut für eTourismus. Während seines Studiums der Tourismusgeographie und im Rahmen einer einjährigen Beratertätigkeit in Norwegen setzte sich Herr Amersdorffer intensiv mit dem Themenbereich Marketing und neue Medien im Tourismus auseinander. Seine Erfahrungen in den Bereichen eTourismus, Social Media und Destinationsentwicklung unterstützen Tourismuszukunft in Beratungs- und Forschungsprojekten. Im Rahmen seiner Dissertation möchte Herr Amersdorffer den Einfluss von Social Media auf Unternehmensstrukturen erforschen.

Dipl.-Journ. Ulrike Arnhold
Ulrike Arnhold ist externe Doktorandin am Lehrstuhl für innovatives Markenmanagement (LiM®) der Universität Bremen und promoviert zum Thema „User Generated Branding". In ihrer Doktorarbeit weist sie empirisch nach, dass interaktive Web 2.0-Plattformen wie Blogs und Communities die Bindung von Kunden zur Marke stärken. Frau Arnhold ist Teamleiterin für Markenstrategie bei Swarovski. Zusvor war sie fünf Jahre lang als Beraterin für die Boston Consulting Group (BCG) tätig.

Karim-Patrick Bannour

Karim-Patrick Bannour schließt derzeit sein Politikwissenschaft-Studium an der Paris-Lodron-Universität Salzburg ab. Seine Diplomarbeit analysiert mit dem Titel „Wahlkämpfe im Internet" den Einsatz klassischer und Web 2.0-Techniken der Parteien bei den vergangenen Nationalratswahlkämpfen in Österreich. Er ist seit kurzem selbständiger Unternehmer, sein Fokus liegt auf der Beratung und Schulung von Organisationen und Unternehmen im Social Media Bereich.

Dipl. Geogr. Florian Bauhuber

Florian Bauhuber ist einer von drei geschäftsführenden Gesellschaftern des Beratungsunternehmens Tourismuszukunft/Institut für eTourismus und Doktorand/wissenschaftlicher Mitarbeiter am Lehrstuhl für Kulturgeographie an der Katholischen Universität Eichstätt-Ingolstadt. Er beschäftigt seit mehr als 3 Jahren in Forschung und Praxis intensiv mit den Themen Web 2.0/Social Web, Semantic Web, Location Based Services und dem GeoWeb 2.0 und dokumentiert dies in zahlreichen Publikationen ebenso wie auf dem bekanntesten Tourismusblog www.tourismuszukunft.de.

Dipl.-Kfm. (FH) Christian Becker

Christian Becker ist Doktorand bei Prof. Burmann und forscht zu den Themengebieten Web 2.0 und internationale Markenführung. Er studierte an der FH Bonn Rhein Sieg sowie der Queensland University of Technology (Brisbane) und forschte mit Prof. de Chernatony am Centre for Research in Brand Marketing der Universität Birmingham, hier insbesondere zum Einsatz von Web 2.0-Instrumenten im Unternehmen. Praktische Erfahrungen sammelte Herr Becker u. a. bei der Unternehmensberatung Simon-Kucher & Partners sowie dem Marktforschungsinstitut psychonomics AG. Aktuell schreibt Herr Becker als Co-Autor mit den Professoren Meffert und Burmann das Buch „Internationales Marketing-Management", das im Herbst 2009 im Kohlhammerverlag erscheinen wird.

Über die Autoren

Dr. Steffen Blaschke
Dr. Steffen Blaschke besuchte die Universität Marburg und die Universität von Texas in Dallas von 1988 und 2002. Er graduierte mit einem Master in Management und Administrative Science an der letztgenannten Universität, wo er sich auf Organisationstheorie spezialisierte. Er arbeitete dann als Projektmanager im Enterprise Content Management der Commerzbank AG in Frankfurt am Main. 2007 promovierte er in Business Administration an der Universität Marburg, wiederum mit einer Spezialisierung auf Organisationstheorie. Die folgenden zwei Jahre war er als wissenschaftlicher Mitarbeiter an der Universität Marburg tätig, wo er an einem innovativen Projekt finanziert von der Volkswagen Stiftung arbeitete. Momentan ist er Assistenzprofessor der Fakultät für Organisation und Management an der Universität Hamburg.

Prof. Dr. Thomas Breyer-Mayländer
Bevor Prof. Dr. Thomas Breyer-Mayländer 2001 als Professor für Medienmanagement an die Hochschule Offenburg wechselte, war er in früheren beruflichen Stationen mehrere Jahre als Geschäftsführer der Zeitungs Marketing Gesellschaft (ZMG), Frankfurt, Referent für Multimedia bzw. Betriebswirtschaft beim Bundesverband Deutscher Zeitungsverleger und Berater für den Aufbau von Online-Services für einen Zeitschriftenverlag tätig. Professor Breyer-Mayländer ist als Trainer, Coach und Berater sowie durch Beirats- und Aufsichtsratsfunktionen nach wie vor eng mit der Praxis in Medienunternehmen verbunden.
Er studierte Wirtschaftsingenieurwesen für Verlage an der Hochschule der Medien, Dipl.-Wirt.-Ing. (FH), Informationswissenschaft an der Uni Konstanz, Dipl.Inf. Wiss. und promovierte im Bereich Medienökonomie am Institut für Journalistik der Uni Dortmund, Dr. phil. Er ist Autor zahlreicher Fachbücher und Veröffentlichungen zum Thema Medien und Kommunikation. An der Hochschule Offenburg war er von 2002–2006 Studiengangleiter und 2006–2007 Prodekan. Seit Wintersemester 2007/2008 leitet er als Dekan die Fakultät Medien + Informationswesen. Seine Arbeitsgebiete sind Medienbetriebslehre, Medienmanagement, Unternehmenskommunikation, Organisationsstrukturen und Geschäftsmodelle im Mediensektor sowie Analyse von Off- und Online-Medien durch Blickaufzeichnung (Eyetracking).

M.A. Claudia Brözel
Claudia Brözel M.A. ist Dozentin für eCommerce und Wirtschaftethik an der Hochschule Heilbronn (www.hs-heilbronn.de) und Querdenkerin (www.tsebe.de). Von 2004 bis 2009 leitete sie als Vorstand den Verband Internet Reisevertrieb (www.v-i-r.de) und als Geschäftsführerin den Verein zur Förderung der alternativen Streitschlichtung e.V., der die Reiseschiedsstelle (www.reiseschiedsstelle.de) betreibt.

Univ.-Prof. Dr. habil. Christoph Burmann
Prof. Christoph Burmann ist Inhaber des 2002 gegründeten „Lehrstuhls für innovatives Markenmanagement (LiM)" an der Universität Bremen. Prof. Burmann war langjähriger akademischer Schüler von „Marketingpabst" Prof. Dr. Dr. Heribert Meffert am Marketing Centrum Münster, mit dem er Standardwerke zum Marketing, internationalen Marketing und zum Markenmanagement verfasste. Er hat u. a. an der Harvard Business School, am Judge Institute of Management Studies der Universität Cambridge und am Centre for Research in Brand Marketing der Universität Birmingham geforscht. Prof. Burmann ist Forschungsleiter und Aufsichtsratsmitglied der Unternehmensberatung KEYLENS AG. Darüber hinaus war er in der Management-Praxis, u. a. bei der internationalen Werbeagentur Ogilvy & Mather in Kapstadt (Südafrika), tätig.

Prof. Dr. Roman Egger
Egger, Roman, Prof. (FH) Dr., geb 1974. Nach seinem Besuch der Tourismusschulen Klessheim absolvierte er ein Studium der Kommunikationswissenschaften. Anschließend war er bei der SalzburgerLand Tourismus Gesellschaft im Bereich des internen Marketing tätig. Der Promotion folgten Lehraufträge an den Fachhochschulen in Salzburg und München. Seit 2004 ist er hauptamtlich Lehrender an der FH Salzburg und Leiter der Abteilung für Tourismusforschung der FH Salzburg Forschungsgesellschaft mbH. Roman Egger ist Mitglied der IFITT, ÖGAF, DGT und DGOF sowie Vorstand der eTourism Foundation.

B.A. Michael Faber
Michael Faber ist Assistent am Fachbereich Touristik/ Verkehrswesen der FH Worms und ist dort als Projektmanager und Referent für das DRV-Projekt „Innovative Ansätze im E-Commerce im Reisevertrieb" verantwortlich. Der gelernte Reiseverkehrskaufmann und Bachelor of Arts in Tourism and Travelmanagement war bereits für eine Vielzahl von touristischen Unternehmen im Reisevertrieb und touristischen IT-Bereich tätig. Er ist außerdem als freier Berater und Trainer im Bereich Reisevertrieb, Social Media- und Online-Marketing tätig.

Thomas Fleck
Thomas Fleck studierte an der Universität Leipzig Rechtswissenschaften. Er absolvierte anschließend sein Referendariat am Landgericht Leipzig, in der Kanzlei C'M'S'Hasche Sigle und bei der German American Chamber of Commerce und ist seit 2003 als Rechtsanwalt zugelassen. Seit 1998 ist er geschäftsführender Gesellschafter der Leipziger Agentur Netresearch GmbH & Co. KG und verantwortlich für die Bereiche Marketing, Vertrieb und Strategie. Gemeinsam mit der Forschungsgruppe Agile Knowledge Engineering und Semantic Web (AKSW) vom Institut für Informatik der Universität Leipzig ist er derzeit in zwei Forschungsprojekte zum Semantic Web involviert.

Dipl.-Kfm. Uwer Frers
Uwe Frers (41) beschäftigt sich als Gründer und Geschäftsführer von „TripsByTips" seit drei Jahren mit dem Thema „Social Media im Tourismus". Nach seinem Studium der Betriebswirtschaft startete er als Trainee der Geschäftsführung bei der Verlagsgruppe Handelsblatt (Holtzbrinck). Im Anschluss war er als Leiter Produktmanagement für den Aufbau von Handelsblatt.com verantwortlich. 2000 wechselte er zur United-Internet-Beteiligung Gatrixx, 2001 übernahm er dort den Vorstandsbereich Marketing und Vertrieb, 2001 beteiligte er sich zudem an Gatrixx.

Nach dem Verkauf seiner Gatrixx-Geschäftsanteile an vwd im Jahre 2004 wurde er geschäftsführender Gesellschafter von Escapio, der Buchungsplattform für handverlesene Qualitätshotels. 2006 gründete er zudem

TripsByTips, den Onlinereiseführer mit nutzergenerierten Inhalten. Seit 2007 ist der Medienkonzern Burda durch dessen Beteiligungsgesellschaften Burda Digital Ventures an TripsByTips beteiligt, seit 2008 auch an Escapio.

Lic.rer.pol. Michael Fux

Michael Fux amtet seit 2009 als Dozent und Projektleiter an der Fachhochschule Westschweiz Wallis. Zuvor war er Geschäftsführer des Technologiezentrums Wirtschaftsinformatik (TEWI) in Brig und wissenschaftlicher Assistent am Institut für Wirtschaftsinformatik der Universität Bern bei Prof. Dr. Thomas Myrach. Sein Studium der Wirtschaftswissenschaften mit Vertiefungen in Marketing und Wirtschaftsinformatik hat er an der Universität Bern abgeschlossen.

Seine Forschungsinteressen liegen im Bereich der Nutzung von Informations- und Kommunikationstechnologien in Marketing-, Verkauf- und Serviceprozessen bei touristischen Leistungsträgern, sowie bei der Unterstützung von Kooperationen in Dienstleistungsnetzwerken wie bspw. touristischen Destinationen. Zum letzteren verfasst er eine Dissertation, deren Fokus auf die kollaborative Nutzung von CRM-Systemen in Tourismusdestinationen gerichtet ist.

Sandra Griffel

Sandra Griffel ist Leiterin Kreation bei denkwerk. Seit über zehn Jahren ist sie in der Internet-Branche in den Bereichen Konzeption, Kreation und Ideenentwicklung tätig. Die studierte Germanistin ist Dozentin an der Deutschen Dialogmarketing Akademie (DDA) sowie am mibeg-Institut für Medien.

Bei denkwerk etablierte sie den Bereich Konzeption, ist seit 2004 verantwortlich für den Bereich Kreation und betreut Websites, E-Commerce-Plattformen, Web 2.0-Portale und Online-Kampagnen internationaler Kunden wie BMW, Handelsblatt, Pfeifer & Langen, Thomas Cook und OBI.

Ausgezeichnet wurde Sandra Griffel als Creative Director u. a. mit dem Deutschen Multimedia Award (DMMA), iF gold award, Megaphon (Jahrbuch der Werbung), Epica Award, Golden Award of Montreux und dem AME Award der New York Festivals.

Über die Autoren

Thomas Helbing

Thomas Helbing ist studierter Betriebswirt. Nach dem Berufseinstieg bei Siemens Business Services (SBS) erfolgte mit dem Aufbau eines e-Procurement Marktplatzes für den Siemens Zentraleinkauf bereits 1997 eine deutliche Orientierung in Richtung e-Business. Diese persönliche Ausrichtung wurde durch ein einjähriges Executive MBA Trainingsprogramm von SBS mit Trimestern am MIT in Boston, der Stanford University in San Francisco und der Chinese European International Business School in Shanghai weiter bestärkt. Von 1998 an war Thomas Helbing Assistent des Executive Bords von SBS und dort mit verantwortlich für den Aufbau einer e-Business Agentur. Aus dieser Initiative und dem damit verbundenen Investment in die MediaAktiv GmbH entstand später die Ray Sono AG, bei der Thomas Helbing seit 2004 als Vorstand tätig ist. Zusammen mit Thomas Fehr leitet er heute diese Agentur für digitale Kommunikation und Interaktion, die zu den Top 15 Digitalen Agenturen in Deutschland zählt und Blue-Chip Kunden wie Lufthansa, BMW und Siemens im Internet berät und betreut. Als Experte für digitale Kommunikation hält Thomas Helbing regelmäßig Vorträge auf Fachkongressen wie z. B. dem ITB Kongress Market Trends and Innovations oder den Medientagen München sowie Vorlesungen z. B. an der FH München.

Dr. Nadine Hennigs

Dr. Nadine Hennigs ist Habilitandin und Akademische Rätin am Institut für Marketing und Management von Prof. Wiedmann an der Leibniz Universität Hannover. Im Rahmen ihrer Tätigkeit betreut sie neben Lehre und Forschung diverse Competence Center zur Förderung der Entwicklung und Umsetzung moderner Marketing- und Managementkonzepte in klassischen Märkten.

M.A. Lizzie Herzog

Lizzie Herzog, M.A., ist Referentin im Hotelverband Deutschland (IHA) für Marketing, Qualitätsmanagement und Hotelklassifizierung. Der Umgang mit Bewertungsportalen sowie die Umsetzung von Web 2.0-Optionen für die Hotellerie stellen einen Schwerpunkt ihrer Arbeit dar. Sie hat viele Jahre im internationalen und europäischen Ausland gelebt und Ihre Studien in internationaler Politik und Wirtschaft abgeschlossen. Sie verfügt über profunde Arbeitserfahrungen an der Schnittstelle von Tourismussektor und Politik.

Michael Konitzer

Michael Konitzer hat an der LMU München Germanistik Theater- und Kommunikationswissenschaften studiert. 1979 gründete er die „Münchner Stadtzeitung" (heute „Prinz") und war sieben Jahre deren Chefredakteur. Von 1986 bis 1994 war er Chefreporter, später stellvertretender Chefredakteur des „WIENER – Zeitschrift für Zeitgeist" in Deutschland.

Von 1993 bis 1995 arbeitete er als Trend- und Zukunftsforscher bei der Werbeagentur Scholz & Friends in Hamburg. Seit 1995 ist Michael Konitzer im Internet tätig. Zunächst war er Chefredakteur von Europe Online (Burda), ab 1997 General Manager von MSN (Microsoft Network) in Deutschland und Zentraleuropa. 1999 gründete er die Firma Y2K Medien GmbH und hatte u. a. Volkswagen, Toyota und Siemens als Kunden. Seit 2004 ist er freier Berater für Digitales Marketing, seit 2006 Principal Consultant bei der Ray Sono AG. Michael Konitzer hält regelmäßig Vorträge für Firmen und auf Kongressen und hat viele Buch- und Zeitschriften-Artikel verfasst. Er ist seit 1998 Mitglied der Jury des Multimedia Annual und veröffentlicht im Jahresbuch dazu regelmäßig Beiträge.

Über die Autoren

Dipl.-Ök. Sascha Langner
Sascha Langner, Dipl. Ökonom, ist Experte für Internet-Marketing und Herausgeber des Online-Marketing Magazins MARKE-X. Seine Arbeitsschwerpunkte liegen in den Bereichen Kundenorientierung, Konsumentenverhalten und Beeinflussungstechniken. Langner ist Autor diverser Praxisleitfäden zum Thema Marketing und schreibt für eine Vielzahl von angesehenen Online-Magazinen.

MBA Reinhard Lanner
Reinhard Lanner, MBA, ist DMO Geschäftsführer der Salzburger Ferienregion Lammertal-Dachstein West sowie von workersonthefield.com, einem Netzwerk zur Entwicklung und Management von inspirierenden Reise- und Freizeitformaten. Der aktuelle Schwerpunkt liegt in der Implementierung von Social Media Instrumenten als tägliches Arbeitswerkzeug in DMOs und Tourismusunternehmen. Er studierte Kommunikation und Soziologie und absolvierte ein MBA Tourism and Leisure Management Studium. Als Lektor ist er an verschiedenen Bildungseinrichtungen in den Bereichen Storytelling und Destinationsentwicklung tätig.

Dipl.-Ing. (FH) Marc Löffel
Bevor Dipl.-Ing. (FH) Marc Löffel im August 2008 für die Stelle Assistent des Dekans an die Hochschule in Offenburg wechselte, war er nach seinem Studium als Onlineleiter bei der Kramer Verlags-GmbH & Co. KG tätig.
Er studierte Medien und Informationswesen mit dem Schwerpunkt Medienmanagement an der Hochschule Offenburg, Dipl.-Ing. (FH). Zurzeit promoviert er als externer Doktorand im Bereich Medienmarketing am Institute for Media Business (IMB), bei Prof. Dr. Mike Friedrichsen.

Dipl.-Vw. Markus Luthe

Markus Luthe, Dipl.-Vw., ist Hauptgeschäftsführer des Hotelverbandes Deutschland (IHA). Neben seinen Aufgaben im Lobbying und Networking für den Branchenverband ist er u. a. für die Bereiche Online-Marketing, Qualität und E-Distribution zuständig. Seit Einführung der Deutschen Hotelklassifizierung im Jahr 1996 ist er für die Hotelsterne verantwortlich. Er ist zugleich Chairman des Quality Boards von HOTREC – Hotels, Restaurants, Cafés in Europa.

Michael G. Mrazek

Bereits im Jahr 1995 entdeckte Michael Mrazek seine Passion für die Chancen, die das Internet eröffnet. 1996 folgte die Gründung der Full-Service-Agentur ncm-net communication mangement GmbH. Seither hat er gemeinsam mit seinem Team von ncm.at über 600 Webrojekte realisiert und touristische Software-Produkte wie Checkeffect, Rezeptions- und Bewertungsassistent entwickelt, die Handlungsabläufe im Tourismus verbessern. Im Moment arbeitet Michael Mrazek u. a. an seinem ersten Buch zu dem von ihm gemeinsam mit Touristikern entwickelten Lieblingsgastprinzip.

Dipl.-Kfm. Frank Mühlenbeck

Dipl.-Kfm. Frank Mühlenbeck (34) blickt auf über 15 Jahre Erfahrung im Geschäft mit dem Internet zurück. Neben der Beratung von mittelständischen und großen Unternehmen in Internet-Strategien baute er 2000 gemeinsam mit einem spanischen Partner eine Firma auf den Kanaren auf, die bis heute erfolgreich Internet-Dienstleistungen im Tourismus anbietet. Als wissenschaftlicher Mitarbeiter baute er von 2002 bis 2005 unter der Führung von Marketing-Professor Prof. Dr. Dr. h.c. Richard Köhler das Alumni-Netzwerk KölnAlumni für die Universität zu Köln auf, für das er eine Online-Community Plattform konzipierte. 2006 gründete er gemeinsam mit Prof. Dr. Skibicki die Unternehmensberatung Brain Injection in Köln, die Unternehmen in verschiedenen Branchen, u. a. im Tourismus Sektor darin unterstützt, erfolgreiche Internet Marketing Strategien zu entwickeln.

Über die Autoren

Dipl.-Des. B. Sc. Olaf Nitz
Dipl-Des. Olaf Nitz, B. Sc. ist Internetstratege bei der Österreich Werbung (Austrian National Tourist Office) und verantwortlich für die Konzeption & Implementierung neuer Services und Tools. Davor war er als Leiter des Online-Bereichs bei der Agentur Martrix in Wien zuständig für die Entwicklung von Internet-Strategien und die Konzeption von Online-Auftritten u. a. für Kunden wie L'Oreal, Rewe, Meinl und Henkel. Er ist Spezialist für Social Media, Suchmaschinen-Optimierung und -Marketing und als Dozent und Lehrbeauftragter an verschiedenen Bildungseinrichtungen in den Bereichen Online-Kommunikation und Social Web tätig. Er studierte Medienproduktion und E-Business in Berlin und Wien.

Dipl. Geogr. Jens Oellrich
Jens Oellrich ist einer von drei geschäftsführenden Gesellschaftern des Beratungsunternehmens Tourismuszukunft/Institut für eTourismus. Im Jahr 2001 kam Jens Oellrich das erste Mal mit der Online Touristik Welt in Kontakt als er begann bei der Travel24.com AG zu arbeiten. Seit dieser Zeit beschäftigt er sich intensiv mit der Fragestellung: Welche Entwicklungen gibt es im Internet und wie können diese von der Tourismusbranche genutzt werden? Viele dieser Ideen wurden inzwischen veröffentlicht, nicht zuletzt auf dem Tourismusblog www.tourismuszukunft.de, den er im September 2006 initiierte.

Dipl.-Ök. Lars Pankalla
Dipl.-Ök. Lars Pankalla ist wissenschaftlicher Mitarbeiter am Institut für Marketing und Management von Prof. Wiedmann an der Leibniz Universität Hannover. Seine Arbeits- und Forschungsschwerpunkte liegen im Bereich des Web 2.0 sowie des Innovations- und Technologiemanagement.

M.A. Diana Payandeh

Diana Payandeh studierte von 2000 bis 2006 an der Universität Paderborn Geographie/Tourismus. Bereits während des Studiums und im Rahmen ihrer Magisterarbeit fokussierte sie sich auf den Bereich Online-Tourismus. Seit dem Jahr 2006 ist Diana Payandeh bei trivago als Hotel Relations Managerin beschäftigt. In dieser Funktion konzipierte und realisierte sie einen kostenlosen Hotelzugang (www.hotelier.trivago.de) und baute so erstmals eine Schnittstelle zwischen der Hotellerie und der Hotelsuche trivago.

Seit Anfang 2008 können Hoteliers ihren Hoteleintrag auf trivago kostenlos mit eigenen, professionellen Inhalten bereichern und erhalten zudem zahlreiche Möglichkeiten, Hotelbewertungen gewinnbringend für ihr Unternehmen zu nutzen und gezielt zu steuern. Diana Payandeh präsentiert trivago auf Veranstaltungen und Workshops und realisiert Kooperationen mit Individualhotels, Hotelketten und -kooperationen. Darüber hinaus ist sie verantwortlich für den Bereich „User Generated Content Quality Asssurcance".

Dr. iur. Jan Dirk Roggenkamp

Dr. iur. Jan Dirk Roggenkamp hat in Berlin, Halle (Saale) und Salamanca (Spanien) Rechtswissenschaften studiert. Nach dem Referendariat in Berlin und San José (Costa Rica) mit praktischem Schwerpunkt im Informationstechnologierecht hat er zunächst drei Jahre als Wissenschaftlicher Mitarbeiter am Lehrstuhl für Öffentliches Recht und Internetrecht an der Universität Passau gearbeitet. Roggenkamp hat im Schnittstellenbereich Web 2.0 und Recht promoviert. Daneben hat er eine Vielzahl von Aufsätzen und Buchbeiträgen zum IT-Recht verfasst und ist fester Autor für die vom juris Verlag herausgegebenen Zeitschriften Praxisreport IT-Recht und AnwaltZertifikatOnline IT-Recht. Seit September 2008 ist er als Rechtsanwalt in der Praxisgruppe IT bei der internationalen Wirtschaftskanzlei Bird&Bird LLP in Frankfurt am Main tätig.

Dr. Roland Schegg

Dr. Roland Schegg ist Dozent an der Schweizerischen Tourismusfachschule in Siders und Forscher am Institut Wirtschaft & Tourismus der HES-SO Valais Wallis. Zwischen 2000 und 2004 war er als wissenschaftlicher Mitarbeiter und später als Dozent an der Ecole Hôtelière de Lausanne angestellt. Seine wissenschaftliche Laufbahn begann er mit einem Studium der Naturwissenschaften an der ETH in Zürich in den 80er Jahren. 1993 folgte die Promotion zum Dr.sci.nat an der Universität in Genf. Seine aktuellen Forschungsinteressen liegen einerseits im Bereich der Nachhaltigkeit im Tourismus, mit einem besonderen Bezug zu Energiefragen. Andererseits beschäftigt er sich im Rahmen seiner Forschungstätigkeit aber vor allem mit dem Einfluss neuer Informations- und Kommunikationstechnologien auf die Tourismusindustrie.

Dr. Nicolai Scherle

Nicolai Scherle studierte an der Katholischen Universität Eichstätt-Ingolstadt sowie an der University of London Geographie (Diplom), Geschichte und Journalistik, wobei er derzeit als Akademischer Rat am Lehrstuhl für Kulturgeographie an der Katholischen Universität Eichstätt-Ingolstadt lehrt und forscht. Im Rahmen seiner in ein interdisziplinäres Drittmittelprojekt eingebundenen Dissertation beschäftigte sich der Autor aus einer interkulturellen Perspektive mit bilateralen Unternehmenskooperationen im Tourismussektor.

Die tourismusspezifischen Forschungsschwerpunkte von Nicolai Scherle liegen in den Bereichen touristische Akteurs- und Medienforschung, Entrepreneurship und Interkulturelles Management. Seine tourismuswissenschaftlichen Publikationen bzw. Projekte wurden mit Forschungspreisen der Internationalen Tourismusbörse in Berlin, der Friedrich-Naumann-Stiftung für die Freiheit sowie der Volksbank ausgezeichnet. Er ist Mitglied der Royal Geographical Society und des interkulturellen Kompetenznetzwerks FORAREA.

Dipl.-Psychologe/M.A. Daniel R. Schmeißer
Daniel R. Schmeißer, Diplom-Psychologe/M.A. ist geschäftsführender Gesellschafter von phaydon | research+consulting, Köln. Er absolvierte ein Doppelstudium der Psychologie und Geisteswissenschaften, zunächst an der Hochschule für Philosophie München S.J., anschließend an den Universitäten Köln und Bonn. Nach Stationen in der angewandten Markt- und Medienforschung erfolgte 2004 die Gründung des unabhängigen Forschungs- und Beratungsunternehmens phaydon, das sich auf User Experience Forschung mit den Schwerpunkten Neue Medien, Zielgruppen- und Innovationsforschung, Usability Testing und Beratung spezialisiert hat. Er ist Autor zahlreicher Studien und Beiträge zu den Themen eCommerce, eTouristik, Usability und Werbewirkung. Seit 2008 ist er Lehrbeauftragter für die Masterstudiengänge Media Management und Business Psychology an der Hochschule Fresenius, Köln.

Mag. Martin Schobert
Mag. Martin Schobert ist seit 1998 Tourismusmanager & Österreich Werber und als Leiter der Stabstelle Internetstrategie verantwortlich für die strategische Planung und Weiterentwicklung der Online Kommunikation der Österreich Werbung (Austrian National Tourist Office). Zuvor war er mit diversen Marketing-Agenden im In- und Ausland beauftragt und als Region Manager sechs Jahre für das Inlands-Marketing verantwortlich. Bis Oktober 2009 steuerte er als Bereichsleiter für Research & Development die IT-Systeme (CIO) bzw. die Tourismus, Trend- und Marktforschung der Österreich Werbung. Er ist Kommunikations-, PR- und Online-Stratege und gibt als Experte für touristische Kommunikation, Werbung & Marketing Gastvorträge an universitären Instituten in Österreich. Er studierte Betriebswirtschaft mit Schwerpunkt Marketing & Organisation an der Wirtschaftsuniversität Wien. Er ist verheiratet und Vater eines Sohnes und einer Tochter.

Über die Autoren

Prof. Dr. Klemens Skibicki
Prof. Dr. Klemens Skibicki (37) promovierte nach seinen Diplomabschlüssen in BWL und VWL an der Universität zu Köln an der gleichen Institution zum Dr. rer. pol am Seminar für Wirtschafts- und Sozialgeschichte zur Thematik der Industriegeschichte Oberschlesiens.
An der Cologne Business School lehrt er seit 2004 Marketing, Marktforschung und Economics. Social Media Marketing stellt den Schwerpunkt seiner Forschungstätigkeit dar, die er seit 2009 im Rahmen des Deutschen Instituts für Kommunikation und Recht im Internet (DI-KRI) bündelt. Zudem unterstützt er mit seinem Co-Autor Frank Mühlenbeck mit der Unternehmensberatung Brain Injection in Köln Unternehmen bei der Entwicklung von Social Media Strategien.

Dipl.-Ök. Fabian Stichnoth
Fabian Stichnoth ist wissenschaftlicher Mitarbeiter und Doktorand bei Prof. Burmann und forscht zu den Themengebieten Web 2.0, Marke-Kunden-Beziehung sowie Markenrepositionierung. Er studierte Wirtschaftswissenschaften an der Universität Bremen. Praktische Erfahrungen sammelte Herr Stichnoth u. a. bei der strategischen, marktorientierten Unternehmensführung KEYLENS AG. Zudem sammelte Herr Stichnoth praktische Erfahrungen in der Marktforschung und Strategieberatung insbesondere in der Energiebranche sowie während eines mehrmonatigen Auslandsaufenthaltes in Kapstadt (Südafrika) in der Tourismusbranche.

Dr. Ernst-Otto Thiesing
Dr. Ernst-Otto Thiesing, Professor für allgemeine BWL insbesondere Travelmanagement im Bereich Tourismusmanagement der Karl-Scharfenberg Fakultät Salzgitter an der Ostfalia – Hochschule für angewandte Wissenschaften, Fachhochschule Braunschweig-Wolfenbüttel. Vor seiner Hochschultätigkeit war er u. a. Leiter der Unternehmensentwicklung bei TUI, Geschäftsführer von Airconti Flugreisen GmbH & Co KG und Vorsitzender der Geschäftsführung der DERDATA Informationsmanagement GmbH.

Roy Uhlmann
Roy Uhlmann studierte Rechtswissenschaften an der Universität Konstanz und Business Administration an der Jiao Tong Universität Shanghai. Im Jahr 2005 wurde ihm der Universitätsratspreis der Universität Konstanz für sein Engagement an der Universität Konstanz und der Fudan Universität Shanghai verliehen. Entgegen seines rechtswissenschaftlichen Hintergrundes widmete sich Roy Uhlmann schon früh der Erstellung von eCommerce-Konzepten. Er ist Mitinhaber der Dr. Holthausen GmbH, eines Anbieters semantischer Technologien, und berät Content- und eCommerce-Portale bei der Umsetzung semantischer Technologien mit dem Ziel Umsätze zu steigern und Kosten zu reduzieren. Neben seiner Tätigkeit publiziert er über künftige Veränderung des World Wide Webs und sich daraus ergebender Prozesse und Geschäftsmodelle.

Mag. Elisabeth Vogl
Elisabeth Vogl studierte an der Paris-Lodron-Universität Salzburg Kommunikationswissenschaften und hat sich in ihrer Abschlussarbeit mit einer Potentialanalyse des Themas „Web 2.0 im Tourismus" befasst. Sie erlangte ihren Studienabschluss 2008 und arbeitet seitdem als Online- und Community-Redakteurin bei einer lokalen Tageszeitung in Salzburg. Gemeinsam mit Michael Mrazek und Karim Bannour ist sie Co-Autorin des Buches „Das Lieblingsgastprinzip".

Prof. Dr. Martin Welker
Seit Herbst 2008 lehrt er an der Macromedia Hochschule für Medien und Kommunikation, MHMK, in München Journalistik. Von 2004 bis 2008 war er Assistent von Prof. Haller an der Universität in Leipzig, wo er zum Thema „Journalistische Recherche als kommunikatives Handeln" habilitierte. 2000 bis 2004 war er Projektleiter für die MFG Medienentwicklung Baden-Württemberg in Stuttgart. Prof. Dr. Martin Welker promovierte im Jahr 2000 an der Universität Mannheim bei Prof. Pappi (Sozialwissenschaft) zum Thema: „Determinanten der Internet-Nutzung". Von 1986 bis 1991 absolvierte er sein Magisterstudium (Anglistik, Politikwissenschaft, Philosophie, VWL) an den Universitäten Mannheim

und Heidelberg. Lehraufträge nahm er u. a. an der Universität Leipzig und Mannheim wahr. Der Autor ist Vorstandsmitglied der Deutschen Gesellschaft für Online Forschung (DGOF e.V.); 2009 war er Program-Chair der Konferenz GOR 09 an der Universität in Wien. Des Weiteren ist er Gründer und Herausgeber der Buchreihe „Neue Schriften zur Online-Forschung" im Halem Verlag. Band 8 (in Druck): Welker, Martin/Wünsch, Carsten: Die Online-Inhaltsanalyse. Forschungsobjekt Internet.

Prof. Dr. Klaus-Peter Wiedmann
Prof. Dr. Klaus-Peter Wiedmann ist Direktor und Leiter des Instituts für Marketing & Management an der Leibniz Universität Hannover. Seine zahlreichen Bücher und Beiträge sind im In- und Ausland mehrfach ausgezeichnet worden.

Teil I
Theoretische Grundlagen zum Social Web im Tourismus

Kapitel 1
Das Social Web – Internet, Gesellschaft, Tourismus, Zukunft

Daniel Amersdorffer, Florian Bauhuber und Jens Oellrich

Zusammenfassung: Das Social Web ist mehr als eine technologische Innovation: Es ist eine soziale Innovation – es verändert die Art und Weise wie Menschen aber auch Unternehmen interagieren und kommunizieren. Neue Geschäftsmodelle, Strukturen und Hierarchien touristischer Unternehmen und Organisationen sind Zeichen und Konsequenzen dieses Wandels. Der Einfluss auf die Medienlandschaft, den Medienkonsum und die Konstruktion touristischer Imaginationen werden die Tourismuslandschaft nachhaltig verändern. Dieser Beitrag greift zentrale Ansatzpunkte der Diskussion auf und visualisiert aus wissenschaftlicher und praktischer Sicht die Herausforderungen für den Tourismus, die mit den Entwicklungen des Social Web einhergehen.

Schlüsselwörter: Soziologie • Geographie • Betriebswirtschaft • Social Web • Tourismus • Grundlagen • Zukunft

1.1 Einleitung: Das Internet – Anfang oder Ende?

Seit dem Jahre 1996 (Börsengang des Browsers Netscape) postulierten einige Autoren, dass das Internet in der Masse angekommen sei. Schon damals sprachen Visionäre von einer Revolution für Unternehmen und Gesellschaft. Kritiker wurden vorübergehend mit dem Platzen der New Economy Blase und dem Niedergang der dotcom-Ära kurz in ihrer Meinung bestärkt, dass das Internet nur ein vorübergehender Hype sei. Seit dem greift das Internet aber tiefer in die Unternehmensstrukturen ein, als es damals viele Visionäre vorhergesehen haben.

Die Tourismusbranche empfand das Internet von Beginn an sehr bedeutend, da der Tourismus als Dienstleistung ein immaterielles Produkt darstellt, das op-

---

D. Amersdorffer (✉)
Tourismuszukunft – Institut für eTourismus, Kardinal-Preysing-Platz 14,
85072 Eichstätt, Deutschland
e-mail: d.amersdorffer@tourismuszukunft.de

timal für eine elektronische Datenübertragung geeignet ist. Online-Reiseportalen und dem Online-Ticketverkauf wurden eine sehr gute Zukunft bescheinigt, da sich notwendige Informationen zum Kauf der Produkte sehr gut im Internet darstellen lassen und mit verhältnismäßig geringen Kosten den tagesaktuellen Veränderungen angepasst werden können. Auch eine Emotionalisierung der Reiseprodukte lässt sich durch die Integration von Bildern und Videos besser als in den anderen Medien erreichen (Buhalis 2003; Rengelshausen 2000).

Diese Vorteile des Internets stellten aus damaliger Sicht die „Revolution" des Internets dar. Werden die Argumente aus dem Blickwinkel der Chancen und Möglichkeiten des Internets insgesamt betrachtet, so muss davon ausgegangen werden, dass die Veränderungen und der Einfluss des Internets auf die Unternehmen und die Gesellschaft noch von einem ganz anderen Ausmaß sein werden. Das Internet ist mit seinen 10 bis 15 Jahren noch immer jung und ebenso wie die Entwicklung des Automobils nach 10 bis 15 Jahren nicht beendet war, liegen die größten Veränderungen und die größten Herausforderungen für die Gesellschaft durch das Internet noch immer vor uns.

Der Begriff, der den derzeitigen Einfluss des Internets auf die Gesellschaft am besten darstellt, ist der Begriff des „Social Web". „Der Begriff fokussiert auf die Bereiche des Web 2.0, bei denen es nicht um neue Formate oder Programmarchitekturen, sondern um die Unterstützung sozialer Strukturen und Interaktionen über das Netz geht" (Ebersbach et al. 2008, S. 29). Unter diesem Blickwinkel werden in diesem Artikel die Veränderungen des Internets auf die Gesellschaft und Wirtschaft aufgezeigt. Die Tourismusbranche ist dabei das Beispiel, an dem diese Einflüsse dargelegt und veranschaulicht werden.

1.2 Das Social Web – Eine neue Stufe der digitalen Evolution

Das Social Web ist nur möglich, da sich im Internet die technischen Voraussetzungen im Vergleich zur Anfangszeit erheblich geändert haben. Unter dem Begriff des Web 2.0, der von Tim O'Reilly 2005 in die Diskussion eingebracht wurde (O'Reilly 2005) und in vielen Werken für den Paradigmenwechsel im Internetbereich steht (Alby 2007; Schierle et al. 2007), werden technische Veränderungen (RSS-Feeds, AJAX, Mashups, Blogs, etc.) zusammengefasst, die in drei Charakteristika eingeteilt werden können:

Architektur des Mitwirkens: In der Anfangszeit des Internets war die Entwicklung eines persönlichen Internetauftritts nur mit umfassendem Know-how bei der Software-Programmierung möglich bzw. mit hohen Kosten verbunden. Was bis vor kurzem nur Unternehmen oder Software-Entwicklern vorbehalten war, bedarf heute außer einem Computer keiner besonderen Qualifikationsvoraussetzungen mehr. Eine hohe Verfügbarkeit von Breitbandzugängen, kostengünstige oder kostenfreie Open Source Technologien, preiswerte Einsteigerpakete von Internetdienstleistern und die Entwicklung von Plattformen mit Partizipationsmöglichkeiten erlauben nun den Internetauftritt für jede Person.

Architektur der Vernetzung: Die schnell steigende Zahl der Internetauftritte und der enorme Zuwachs von Inhalten im Netz erfordern eine bessere und stärkere Vernetzung der Inhalte. Technische Entwicklungen ermöglichen nicht nur die Verlinkung von einzelnen Webseiten, die als zentrales Element des Webs gesehen werden, sondern auch die direkte Einbindung von Inhalten anderer Webseiten. Dabei ist die technische Vernetzung von Inhalten und Texten nur ein Aspekt. Einen viel größeren Einfluss übt die Vernetzung von Personen im Internet aus. Bis zum Aufkommen sog. Social Networks war das Adressbuch ein privates und meist gut gehütetes Geheimnis, das lediglich seinem Besitzer vorbehalten war. Social Networks veröffentlichen diese Adressbücher, machen die Vernetzungen permanent im Netz sichtbar und für Gesellschaften nutzbar. Dieser Social Graph, also die Vernetzung einer Person mit anderen, ist im Netz existent und kann über Plattformen hinweg genutzt werden. Verhalten, Aussagen und Bewertungen im Netz sind einzelnen Personen und damit Netzwerken zuordenbar; entlang sozialer Netzwerke können sich Vertrauen und Freundschaften bilden. Eine Person ist damit in seine soziale Umgebung und in ihr Beziehungsnetzwerk eingebettet.

Architektur der Kommunikation: Die Architektur der Kommunikation ist das dritte Element des Web 2.0 und zugleich zentrale Existenzgrundlage des Internets. Zwar konnten in den Anfangsjahren des Netzes die Unternehmen auch mit ihren Kunden kommunizieren, diese aber meist nur bedingt mit dem Unternehmen. In der Vergangenheit war die Kommunikation geprägt von einer einseitig gerichteten Kommunikation (Monolog). Das Web 2.0 ermöglicht einen Rückkanal und damit ein Wandel der Kommunikation hin zu Gesprächen. Im Cluetrain Manifest wird gefordert Märkte als Gespräche zu verstehen, die sich überall abspielen können, sowohl im Internet als auch offline (Levine et al. 2000). Viele Plattformen des Web 2.0 stellen den Nutzern diese Marktplätze zur Verfügung, um Echtzeiterlebnisse zu teilen, Produktmeinungen zu äußern und Insiderwissen zu kommunizieren.

Das Social Web war zuerst da! Der Begriff Social Web, der die Entwicklungen im Internet deutlich besser als eine Versionsnummer 2.0 beschreibt, ist bedeutend älter und wurde von Peter Hoschka bereits 1998 erstmals im „Social Web Research Programm" in diesem Kontext verwendet (Hoschka 1998). „Providing content via the World Wide Web has been the killer application of the Internet in the last few years. Linking people will be the next killer application" (Hoschka 1998). Er prognostiziert bereits damals den Wandel vom Internet als reine Informationsquelle hin zum sozialen Netzwerk, in dem die Menschen sozial interagieren. So beschäftigte sich das Forschungsprogramm bereits vor mehr als zehn Jahren mit zentralen Themen, die heute zwar anders genannt werden, allerdings im Fokus der Diskussion stehen:

1. Personal representation for virtual interaction
2. Mutual perception and social awareness
3. Collaborative construction of community knowledge

4. Formation of norms and conventions
5. Self organization of groups and communities

All diese Bestandteile (Online Reputationen Management, User Generated Content, Social Graph, etc.) finden sich nicht nur in diesem Beitrag sondern auch im kompletten Buch „Social Web im Tourismus" wider. Dieser Exkurs zeigt auf, dass die Überlegungen keinesfalls neuer Natur sind. Das Social Web, d. h. das was die Menschen aus dem Web 2.0 machen, wurde von Visionären und Wissenschaftler bereits vor Jahren vorgezeichnet. Die Entwicklungen im Tourismus sind somit keinesfalls unerwartet, geschweige denn am Ende angekommen.

1.3 Social Web im Tourismus

„AJAX, mashups, RSS-feeds, tag clouds, vlogs and blogs! For most of the leaders in the tourism industry, these buzz words are incomprehensible abbreviations and light-years away from their daily tasks" (Bauhuber u. Oellrich 2007). Das Social Web kommt seit dem langsam in den Köpfen der touristischen Entscheider an. Bekannt ist die Erkenntnis, dass sich das Kommunikations-Monopol zu einem Polypol wandelt. Nicht zuletzt kann dies auf die Erfolge von Bewertungsplattformen wie z. B. Holidaycheck und Tripadvisor zurückgeführt werden. Überlegungen, die darüber hinausgehen, werden noch nicht aus der wissenschaftlichen Forschungsperspektive umfassend beleuchtet (Bauhuber 2009; Amersdorffer 2009; Hopfinger u. Günther 2009). Die Aneignung touristischer Räume mithilfe sozialer Medien und die daraus resultierende touristischen Praktiken sind bisher unerforscht. Eine andere Überlegung, die in der Wissenschaft zu wenig beachtet wird, ist die Nutzung dieser neuen Medien des Reisens als entscheidender Erfolgsfaktor für touristische Unternehmen im zunehmend schärferen Wettbewerb.

Wissenschaftliche Arbeiten in diesem Kontext behandeln zumeist einzelne Werkzeuge, Plattformen und Technologien und ihren Auswirkungen auf den Tourismus. Die Veränderungen, die mit dem Social Web einhergehen, wirken allerdings weit über ökonomische Perspektiven hinaus und beeinflussen stark die Art und Weise wie Menschen interagieren und handeln.

Dessen ungeachtet werden in diesem Beitrag nach der schematischen Darstellung der Entwicklungsstufen des Social Web im Tourismus zuerst die ökonomischen Implikationen betrachtet, die durch das Social Web im Tourismus wirksam werden. Anschließend werden die gesellschaftlichen Auswirkungen dieser Evolution des Internets verdeutlicht. Dabei muss betont werden, dass ein Großteil der Phänomene nicht tourismusspezifisch ist, sondern für Dienstleistungen jeglicher Art gilt.

Das Social Web hat sich in den letzten Jahren stark weiterentwickelt und auch die Tourismusbranche sehr beeinflusst. Die folgende Abb. 1.1 stellt die bisherigen Entwicklungsphasen des Social Web im Tourismus dar und gibt einen Zukunftsausblick auf die möglichen Veränderungen.

1.3.1 Ökonomische Perspektive

Das Social Web verändert Umsatzströme im Tourismus. Dabei werden die ehemals lineare Wertschöpfungsketten zu komplexen Wertschöpfungsnetzen (Longhi 2008), denn die Gäste entscheiden sich zunehmend auf Basis von digitalen Informationen und elektronischer Kommunikationsmöglichkeiten und agieren vorbei an klassischen Intermediären wie z. B. den Reisebüros (Disintermediation) (Hopfinger u. Günther 2009). Klassische Gatekeeper für Informationen wie Medien, touristische Unternehmen oder PR-Agenturen bekommen durch Social Media zusätzlich Konkurrenz bei der Produktion touristischer Inhalte im Internet. Die Diversifikation der Informationsproduzenten und die von Nutzern generierten Inhalte (User Generated Content) spielen somit für die Reiseentscheidung eine integrale Rolle (Molz 2006). Dies bedeutet eine wesentliche Veränderung des touristischen Leistungskonsums, auch wenn aktuell die tatsächliche Relevanz noch gering erscheinen mag.

Neue Geschäftsmodelle und neue Intermediäre: Neue Intermediäre mit auf UGC oder Social Media basierenden Geschäftsmodellen sind de facto existent (Zerfaß u. Sandhu 2008) und bilden mit Reisecommunities und Bewertungsportalen nur die Spitze dieses Eisbergs. Etablierte Internet-Akteure (Online-Reisebüros, Suchmaschinen, etc.) sind gezwungen, sich diesem Trend z. B. durch die Integration von Bewertungsmöglichkeiten in Online-Reiseportale wie bspw. bei HRS oder Thomas Cook anzupassen.

Diese Unternehmen können dem Veränderungsdruck nur bedingt Stand halten, da sie schon allein aufgrund ihrer Größe an Innovations-Adaptionsfähigkeit verlieren. Dieses Phänomen wird in der Wissenschaft als Komplexitätskatastrophe beschrieben (Kauffmann 1993). Häufig verzichten Unternehmen alleine deshalb auf Veränderungen, weil die dazu erforderlichen Maßnahmen an diversen Stellen im Organisationsgefüge „Schmerzen" verursachen könnten. Dass die Unternehmen von der Veränderung profitieren würden, wird dabei nicht beachtet (Beinhocker 2007). So können neue, innovative und soziale touristische Intermediäre (Reintermediation) ihren Platz im touristischen Markt finden und sich als bedeutende Akteure am Markt etablieren (Hopfinger u. Günther 2009).

Ein radikaler Strukturwandel ohne Knalleffekt: Das Social Web wirkt allerdings nicht nur auf Intermediäre, sondern auch auf Leistungsanbieter, denn deren Angebote werden im Social Web und in den Gesprächen der Gäste transparent. „Vollkommene Angebotstransparenz führt unweigerlich dazu, dass qualitativ schlechte Anbieter unter Handlungsdruck kommen. Sie müssen entweder mit schlechten Buchungszahlen leben und laufen Gefahr nicht mehr überlebensfähig zu sein oder sind gezwungen die Qualität, genauer gesagt ihr Preis-Leistungsverhältnis dem Marktumfeld anzupassen" (Amersdorffer et al. 2009, S. 11). Ohne dass die Akeure die Relevanz der Entwicklungen erkennen, findet ein Strukturwandel durch das Internet statt, der durch die Wirtschafts- und Finanzkrise beschleunigt wird. Dieser Wandel kann darin manifestiert werden, dass die Qualität der Leistung transparent ist, dass das Qualitätsversprechen der touristischen Marken aufgebrochen

ab 1999: Bewertungsportale entstehen

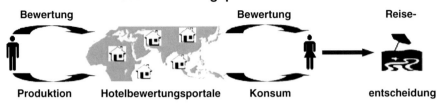

ab 2001: Content der Plattformen werden touristischer

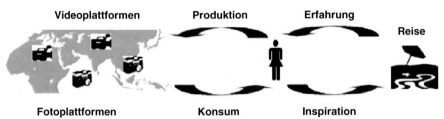

ab 2003: Soziale Netzwerke entstehen

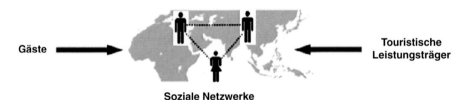

ab 2007: Boomphase der Reiseportale

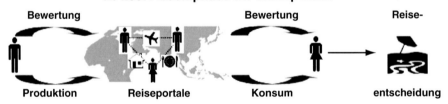

ab 2008: Vernetzung durch Widgets und Applikationen

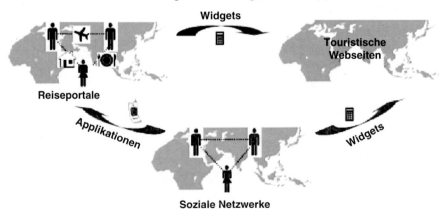

ab 2009: Vernetzung und Contentsharing zwischen sozialen und touristischen Webseiten

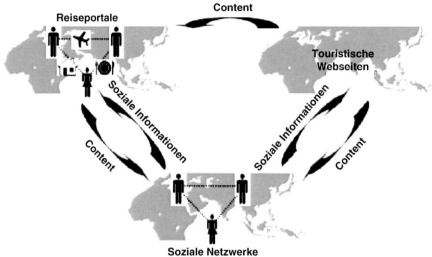

ab 2011: Entscheidungen und Informationssuche entlang des Social Graphs

ab 2012: Individualisierte Reisebegleiter und -beeinflusser

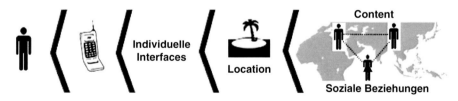

Abb. 1.1 Die Stufen des Social Web im Tourismus. (Quelle: Eigene Darstellung)

wird, dass eine Abschöpfung der Qualitätsgarantierente erschwert wird und dass klassische Markenbildung und -kommunikation in Frage gestellt werden. Auch wenn in der Praxis nicht von völlig rationalen Entscheidungen von Kunden (homo oeconomicus) ausgegangen werden kann (Beinhocker 2007), so birgt die verstärkte Angebotstransparenz großes Veränderungspotential für den Markt, welches durch Preisvergleichssysteme wie Kayak oder Swoodoo und Metabewertungsportale wie Trustyou, ausgelöst wird. Innovationsdruck im Bereich der Produktentwicklung sowie der Bedarf nach effektiverem bzw. effizienterem Qualitätsmanagement sind logische Konsequenzen – die Struktur des Marktes ist in Bewegung.

Von Enterprise 2.0 hin zur Open Innovation: Social Software, d. h. Anwendungen des Social Webs wie z. B. Blogs, Wikis und Soziale Netzwerke werden Teil der betrieblichen Kommunikation (Enterprise 2.0) nach außen (Vertrieb, Marketing und PR) und nach innen (Projekt- und Wissensmanagement, interne Kommunikation). Werden die Prozesse nach innen durch touristische Unternehmen selbst in Gang gesetzt, so sind diese in der Kommunikation nach außen meist ungeplant. Im Internet aktive Mitarbeiter einer touristischen Unternehmung treten als Einzelpersonen in Erscheinung und bewegen sich im Grenzbereich zwischen beruflicher und privater Kommunikation. „Die zentral kontrollierte Kommunikation über eine PR-Abteilung gehört der Vergangenheit an" (Ebersbach et al. 2008, S. 211). Somit verändern sich Aufgaben und Arbeitsfelder von Mitarbeitern, Berufsfelder und -beschreibungen (z. B. Community Manager) sowie Prozesse und Strukturen in Unternehmen. In Folge entsteht eine Diskrepanz zwischen der offenen hierachiearmen Architektur des Social Webs und einer in der Geschäftswelt immer noch üblichen straffen Organisationsstruktur. Um auf diese neue Anforderungen reagieren zu können ist konsequentes Change Management notwendig, für das Bienert (2008) drei Ebenen als Erfolgsfaktoren nennt: Unternehmenskultur, Motivation der Mitarbeiter sowie Umsetzungs- und Einführungsstrategien. Der Unterschied zwischen erfolgreichen und weniger erfolgreichen Unternehmen begründet sich damit, wie schnell das einzelne Unternehmen lernt, mit den veränderten Spielregeln umzugehen und sich der somitveränderten Situation anzupassen (Ullmann 2000).

Es zeichnet sich immer stärker ab, dass das größte Innovationspotenzial nicht in den Unternehmen selbst liegt, sondern im Aufbau von Netzwerken und der Einbindung von externen Kompetenzen (Zerfaß u. Sandhu 2008). Die daraus resultierende Open Innovation, geprägt von Chesbrough (2003), ist keine technologische sondern eine soziale Innovation. Sie betrifft die Art und Weise, wie sich Menschen in Unternehmen organisieren (Beinhocker 2007). Berater und Kunden werden durch das Social Web verstärkt Teil der interaktiven Wertschöpfung (Assmann et al. 2008) der neuen innovativen Tourismusunternehmen.

1.3.2 Soziologische Perspektive

Das Social Web bricht, wie bereits erwähnt, die übliche hierarchische Sender-Empfänger-Struktur der medialen Landschaft auf (Shannon 1948). Bisher wurden kommunikative Prozesse top-down von einer Minderheit an sendenden Institutionen (z. B. Unternehmen, öffentliche Organe) initiiert und von Gatekeepern (z. B. Fernsehsender, Radiostationen, Zeitungsverlage) an die Masse von Konsumenten in einer Gesellschaft gestreut. Ein Rückkanal vom Konsument zum Gatekeeper sowie zum Sender existierte nur in marginaler Form (z. B. Leserbrief, Radioanruf). Diese beschriebene dreiteilige Struktur bisheriger Kommunikationsmodelle wird hier zugunsten eines offenen, nicht-hierarchischen Modells aufgelöst. Damit lässt sich das Social Web als Innovation gesamtgesellschaftlicher Kommunikationsprozesse einstufen. Die ideale Sprechsituation, die Habermas (1981) mit einem offenen öffentlichen Diskussionsraum beschreibt, an dem alle gleichberechtigt teilnehmen können, scheint näher zu rücken.

Klassische Gatekeeper verlieren an Bedeutung: Konsumenten erhalten im Kommunikationsprozess die gleiche Stellung wie die vormaligen Gatekeeper und Sender. Kommunikationsprozesse finden nicht mehr unidirektional sondern multidirektional zwischen Konsumenten, zwischen Konsumenten und Gatekeepern sowie zwischen Konsumenten und Institutionen statt. Medial vermittelte Kommunikation befindet sich mit den durch das Social Web induzierten Veränderungen folglich in einem Prozess der Individualisierung. Abgelehnt werden muss jedoch die Annahme, dass diese Demokratisierung des Internets zu einer völligen Gleichberechtigung in Kommunikationszusammenhängen führt. Entschied in klassischen Kommunikationsmodellen die organisatorische Stellung des Senders über seinen Einfluss auf Kommunikationsprozesse, wird dies heute durch sozialdarwinistische Muster substituiert: Wer sich am meisten bemerkbar macht in den Anwendungen und sozialen Netzwerken des Social Web, sowie wer die dafür notwendigen Grundlagen der Kommunikation und Technologie beherrscht, wird Kommunikationsprozesse und soziale Netzwerke durch eine hohe Zentralität dominieren. Durch dominierende Individuen (zentrale Multiplikatoren in sozialen Netzwerken) und entsprechend zentral gelegene Inhalte kommt es zu einer kumulativen Ausbildung von Trampelpfaden. Einige Themen liegen auf diesen Trampelpfaden und bekommen Aufmerksamkeit, während andere nur marginale wahrgenommen werden. Aufmerksamkeit erlangt damit die Bedeutung einer ökonomischen Größe im Social Web. Zusammenfassend kann postuliert werden, dass das Social Web den Terminus der Nische in Bezug auf die oben genannten Entwicklungen neu definiert. Nischen sind nicht mehr alleine durch die gesamtgesellschaftliche Prominenz von Themen bestimmt, sondern konstituieren sich durch die Zentralität von Personen und Inhalten in den virtuellen Netzwerken des Social Web.

Imaginationen als soziales Konstrukt: Die Entstehung und besonders die Modifikation von gesellschaftlichen Werten erfolgt u. a. durch Kommunikation. Die Individualisierung im Zuge des Social Web löst die bisherige redaktionelle bzw. institutionelle Kontrolle von Inhalten auf und verleiht damit der Individualisierung von Werten und Wertesystemen eine neue Dimension. Abgeleitet vom Paradigma des symbolischen Interaktionismus (Bedeutung konstituiert sich aus Interaktion) kann damit ein direkt wirksamer Rückschluss auf den Tourismus gezogen werden. Wurden Werte und Bedeutungszuweisungen rund um das Thema Reisen bisher von klassischen Medien stark beeinflusst, so drängt das Social Web diesen Einfluss zugunsten einer Demokratisierung der Entstehung von Werten und der Zuweisung von Bedeutung zurück. Die jahrelang durch klassische Gatekeeper medial vermittelte Vorstellung eines Traumstrandes oder die Assoziationen zu einer Destinationsmarke könnten sich bspw. durch den Demokratisierungsprozess im Social Web verändern und näher an die Gedankenwelt der Konsumenten rücken. Dies ist aber nicht mit einer vorwiegend konstruktivistischen Sichtweise gleichzusetzen, denn die Forderung nach der ausschließlichen Konstruktion von Bedeutung durch Individuen selbst, ist im durch Interaktion geprägten Social Web nur begrenzt haltbar.

Im Rahmen des Social Web spielen sich Prozesse ab, welche eine eigene Parallelwelt in Form des Social Web begründen – sei es zum Thema Reisen oder zu allgemeingesellschaftlichen Themen. Zukünftig gilt es zu erforschen, wie diese durch das Social Web hervorgerufenen Parallelwelten mit dem Verhalten von Individuen und realweltlichen, nicht-virtuellen Gegebenheiten korrespondieren bzw. als Erklärungsmodell für veränderte Verhaltensweisen dienen können. Touristische Akteure müssen sich mit den speziellen Parametern der für sie relevanten Parallelwelten im Social Web beschäftigen, denn deren Einfluss auf das Entscheidungsverhalten von Individuen erlangt zunehmend für Unternehmen umsatzrelevante Größen.

Social Web im kulturalistischen Paradigma: Das Social Web lässt sich als gesamtgesellschaftliche Entwicklung hervorragend in soziologische Modelle der Veränderung von Gesellschaften einordnen. Idealtypisch sei hier auf das Modell der Erlebnisgesellschaft von Schulze (2000) verwiesen, welches bereits umfassend in der Tourismuswissenschaft Anwendung findet. Schulze weist im Übergang von der Industrie- zur Dienstleistungsgesellschaft eine Entgrenzung von traditionellen sozialen Schranken aus. Der Einzelne in einer Gesellschaft bekommt damit die Möglichkeit, nicht mehr nur Erlebnisse auf sich einwirken zu lassen, sondern aktiv Erlebnisse entsprechend ihrer Wirkung auf das eigene Wohlbefinden auszuwählen (Schulze 2000). In diesem Zusammenhang lässt sich das Social Web verorten, denn es ermöglicht ein völlig neues Kommunikationserlebnis mit Innenwirkung auf das kommunizierende Individuum. Medial vermittelte Kommunikation ist in Zeiten des Social Web nicht mehr durch Einwirken, sondern durch die selbstbestimmte Wahl von Kommunikationsmitteln und -inhalten bestimmt. Tätigkeiten wie „self broadcasting", „ego boosting" oder „social involvement" (Wiedmann et al. 2007) können als Erlebnisse mit Innenwirkung auf das Individuum aufgefasst werden.

Für den Tourismus resultiert daraus eine Abwendung des Reisenden von bereits fertig angebotenen Pauschalreisen hin zu ausdifferenzierten Produkten. Während dieser Prozess an sich keine neue Entwicklung des Social Webs ist, wird dieser Prozess verstärkt durch das Verhalten des Gastes, wie dieser zu seinen Informationen kommt. Redaktionen und Gatekeeper verlieren an Bedeutung und werden durch die diversifizierten Informationsproduzenten und durch Selektionsmechanismen des Social Webs ersetzt. Die Haltung des Touristen verschiebt sich von einem Push-Prinzip, bei dem die Anbieter das Reise- und Informationserlebnis bestimmen, hin zum Pull-Prinzip, bei dem der Tourist selbstbestimmt, anhand seiner eigenen Wünsche und der Wirkung des Gewählten auf sich selbst, Informationen und touristische Angebote konsumiert.

1.4 Tourismuszukunft – Innovation ein destruktiver Prozess

Technologische Innovationen des Web 2.0 lösen soziale Innovationen durch das Social Web aus. Diese Innovationen sind disruptiv und erschüttern nicht nur, aber besonders den Tourismus. Göldi (2009) nennt vier Gründe für den mangelhaften Umgang mit neuen Internet-Technologien und -Innovationen:

- Die schwierige Vorhersage nichtlinearer Entwicklung,
- Status Quo-Präferenz und Verlustangst von Managern und Entscheidern,
- Status-Inseln innerhalb von Branchen, in denen Meinungen von außen nur selten Gehör finden,
- das Gesetz der 50jährigen Männer, nach dem kurzfristige Boni wichtiger als langfristig strategische wirksame Entscheidungen sind.

Innovation ist ein destruktiver Prozess, der vorhandene Produkte oder Verfahren ablöst und somit zum konsequenten Überdenken bisheriger Verhaltensweisen und Anspruchsniveaus führt (Hauschild u. Salomo 2007). Diese grundsätzliche Aussage lässt sich wie aufgezeigt auch auf den Tourismus übertragen.

Von der Webseite zur Webpräsenz: Der monolithische Aufbau des während der dotcom-Ära entwickelten geschlossenen Webseiten-Konzeptes wird sich durch die Entwicklungen des Social Webs auflösen und durch neue Formen von Webpräsenzen ersetzt werden. Frei nach dem Leitspruch: von der Webseite hin zur Webpräsenz.

Traditionelle Webseiten bauen auf veraltete Marketingkonzepte und Dogmen auf. Eine Grundüberlegung der bestehenden Webseiten liegt darin, dass die Informationshoheit über das Produkt im entscheidenden Maße bei den Unternehmen und den Kommunikationsagenturen liegt. Daher werden die eigenen Produkte im Internet auf der eigenen Webseite so dargestellt, wie diese aus der Perspektive des Unternehmens gesehen werden. Ein weiteres Prinzip der bestehenden Webseiten-Konzepte baut auf der Überlegung auf, Traffic-Ströme im Netz so zu steuern, dass die Leser bei ihrer Suche nach Information auf gezielte Seiten gelenkt werden können. Dieses Vorgehen erscheint aus der Entwicklung des Internets logisch, liegt aber nur bedingt im Interesse des Lesers, denn der Aufwand liegt damit auf seiner Seite. Während Unternehmen ihre Informationen zentral ablegen und damit Ressourcen schonen können, ist der Leser gezwungen sich so ökonomisch wie möglich im Netz zu bewegen. Das Social Web hat das Potenzial diese Prozesse umzukehren. Produkt und Unternehmensinformationen müssen distribuiert und zum Leser gebracht werden. Der Ressourceneinsatz verschiebt sich damit und der Aufwand liegt bei den Unternehmen, während der Leser zentral mit Information versorgt werden will.

Die neuen Webpräsenz-Konzepte müssen aus diesem Grund andere Ziele erreichen und den Schritt zwischen Darstellung von authentischer Unternehmensinformation und z. B. Aggregation von Gesprächen und Aussagen im Netz zu dem Produkt machen. Durch die bereits beschriebene Transparenz werden sich auch die Texte auf den Webseiten ändern. Grundlegende Produktinformationen müssen authentisch dargestellt und kommuniziert werden. Dabei verliert die Webseite an Bedeutung und bildet lediglich einen Kernbereich der Webpräsenz, auch in Form eines „Wegweisers" für Nutzer.

Die eigentliche Entwicklung findet aber jenseits der Webseiten statt, denn die dezentral gespeicherten Informationen zu einzelnen Produkten müssen für die Leser aggregiert und thematisch sinnvoll zusammengefasst werden. Durch die Diversifikation der Informationsproduktion wird die Datenmenge im Internet stark zunehmen und für einzelne Personen unüberschaubar werden.

Die aktuellen Entwicklungen der Social Networks zeigen einen Weg aus diesem Dilemma auf. Daten und Information werden mit Nutzern im Internet in Beziehung gebracht, so dass das Netzwerk einer Person ein erster Filter im Netz darstellt, um die Datenströme zu überblicken. Das Netzwerk und die Freunde bilden einen „sozialen" Filter, der zu einem gewissen Grad auf die eigenen Interessen zugeschnittene Information aus dem Netz herauszieht und dem Nutzer zugänglich macht.

Soziale und technische Filter als Ausweg: Die Rolle von sozialen Filtern im Informations- (Social Search) und Buchungsprozess (Social Booking) wird sich dramatisch ändern. „Social Commerce ist [...] die logische Konsequenz [...]. Die Kunden sind nicht mehr passiv, sondern leisten selbst Beiträge für die Unternehmen oder vor allem für andere Kunden" (Richter et al. 2007). Unterstützt werden kann dieser Prozess durch technische Filter. Neue Technologien des Semantic Web, z. B. Ontologien oder neuronale und linguistische Konzepte, haben die Chance Inhalte zu erkennen, diese zu strukturieren und automatisch mit ergänzenden Informationen zu versehen, und folglich auf die Bedürfnisse des Nutzers zuzuschneiden. Auf dieser Basis können Computer entsprechend des Surfverhaltens und weiterer Nutzerprofildaten zusätzlich thematisch relevante Informationen anbieten. Die Stelle, die am besten das Surfverhalten des jeweiligen Nutzers kennt, ist der Browser, der als ständiger Begleiter im Netz gesehen werden kann. Daher ist es logisch dieses Schlüsselelement mit weiteren Technologien so zu ergänzen, dass der Browser zum „intelligenten Schlüsselloch" wird, der dem Nutzer den Blick auf die Daten gewährt.

Mit anderen Worten: Die neuen Webpräsenz-Konzepteund Technologien müssen und werden die bestehenden Webseiten aufheben und auflösen. Adaptiert man nach diesen Erkenntnissen das bekannte Zitat von Castells (2005, S. 296) „Wenn Sie sich nicht um ihre Netzwerke kümmern, werden die Netzwerke sich um Sie kümmern" dann muss es wie folgt für den Tourismus lauten: Wenn Sie sich nicht um das Social Web kümmern, wird sich das Social Web um Sie kümmern.

Bibliografie

Alby, T. (2007). *Web 2.0 – Konzepte, Anwendungen, Technologien.* München: Hanser Fachbuchverlag.
Amersdorffer, D. (2009). Destinationsmarketing im Web 2.0 – eine theoretische Studie zu den Auswirkungen des virtuellen Kommunikationswandels für das Destinationsmarketing ausgeführt am Fallbeispiel Microblogging Eichstätt.

Amersdorffer, D., Bauhuber, F., Fleck, T., Frers, U., Grillhösl, M., Kolb, C., et al. (2009). Ideacamp 2009 – 9 Thesen zur digitalen Zukunft des eTourismus.
Assmann, J., Schildhauer, T., & Waller, C. (2008). Interaktive Werschöpfung im Social Web als neue Grundlage der Produktentwicklung. In A. Zerfaß, M. Welker, & J. Schmidt (Hrsg.), *Kommunikation, Partizipation und Wirkungen im Social Web, Strategien und Anwendungen: Perspektiven für Wirtschaft, Politik und Publizistik, Neue Schriften zur Online Forschung* (Bd. 3, S. 311–337). Köln: Halem.
Bauhuber, F. (2009). Die Bedeutung von Informations- und Kommunikationstechnologien für die Innovationsdiffusion in Destinationen. In R. Bachleitner, R. Egger, H. Hopfinger, & A. Kagermeier (Hrsg.), *Neue Medien im Tourismus, Zeitschrift für Tourismuswissenschaft* (Heft 2). München (in Vorbereitung).
Bauhuber, F., & Oellrich, J. (2007). B2B-Blogs in tourism – inside of the blog tourismus-zukunft. de. In K. Waldhör (Hrsg.), *Proceedings Blogs Conference, Schriftenreihe Krems Research* (Band 3, S. 3–13). Krems: Krems Research.
Beck, U. (2007). *Risikogesellschaft. Auf dem Weg in eine andere Moderne.* Frankfurt: Suhrkamp.
Beinhocker, E. (2007). *Die Entstehung des Wohlstands – Wie Evolution die Wirtschaft antreibt.* Landsberg am Lech: mi-Fachverlag.
Bienert, J. (2008). Enterprise 2.0 – Web 2.0 im Unternehmenseinsatz. In W. Koschnick (Hrsg.), *FOCUS-Jahrbuch 2008 – Schwerpunkt: Web 2.0 und 3.0 Reale und Virtuelle Welt* (S. 131–164). München: Focus.
Buhalis, D. (2003). *eTourism – Information technology for strategic tourism management.* Essex: Prentice Hall.
Castells, M. (2005). *Die Internet-Galaxie: Internet, Wirtschaft und Gesellschaft.* Wiesbaden: VS Verlag.
Chesbrough, H. W. (2003). *Open innovation: The new imperative for creating and profiting from technology.* Boston: Harvard Business Press.
Ebersbach, A., Glaser, M., & Heigl, R. (2008). *Social web.* Konstanz: UTB.
Göldi, A. (2009). Innovationspsychologie: Warum der Umgang mit Disruptionen so schwierig ist, Netzwertig Blog. http://netzwertig.com/2009/07/01/innovationspsychologie-warum-der-umgang-mit-disruptionen-so-schwierig-ist/. Gesehen am 22. August 2009.
Habermas, J. (1981). *Theorie des kommunikativen Handelns.* Frankfurt: Suhrkamp.
Hauschildt, J., & Salomo, S. (2007). *Innovationsmanagement* (4. Aufl.). München: Vahlen.
Hopfinger, H., & Günther, A. (2009). Neue Medien – neues Reisen? Wirtschafts- und kulturwissenschaftliche Perspektiven der eTourismus Forschung. In R. Bachleitner, R. Egger, H. Hopfinger, & A. Kagermeier (Hrsg.), *Neue Medien im Tourismus, Zeitschrift für Tourismuswissenschaft* (Heft 2). München (in Vorbereitung).
Hoschka, P. (1998). The social web research programm. http://www.fit.fhg.de/~hoschka/Social%20Web.htm
Kauffman, S. (1993). *The origins of order.* New York: Oxford University Press.
Levine, R., Locke, C., Searls, D., & Weinberger, D. (2000). *The cluetrain manifesto – The end of business as usal.* Cambridge: Basic Books.
Longhi, C. (2008). Usages of the internet and e-tourism. Towards a new economy of tourism. http://hal.inria.fr/docs/00/27/77/67/PDF/New_Economy_of_Tourism.pdf. Gesehen am 17. Juli 2008.
Molz, J. (2006, 20 April). *Travels in blended geographies: Technologies, mobilities and ‚new' tourist destinations.* Paper presented to Mobilities, Technologies, and Travel workshop, Roskilde University, Roskilde, Denmark.
O'Reilly, T. (2005). What is Web 2.0. http://www.oreillynet.com/pub/a/oreilly/tim/news/2005/09/30/what-is-web-20.html. Gesehen am 13. Juni 2006.
Rengelshausen, O. (2000). *Online-Marketing in deutschen Unternehmen: Einsatz – Akzeptanz – Wirkungen.* Wiesbaden: Deutscher Universitäts-Verlag.
Richter, A., Koch, M., & Krisch, J. (2007). *Social Commerce – eine Analyse des Wandels im E-Commerce* (Tech. Ber. Nr. 2007-03). München: Universität der Bundeswehr, Fakultät für Informatik.

Schierle, G., Hähner, J., & Becker, C. (2007). Web 2.0 – Technologien und Trends. European Travel Commission in Brüssel.

Schulze, G. (2000). *Die Erlebnis-Gesellschaft. Kultursoziologie der Gegenwart* (8. Aufl.). Frankfurt a. M.: Campus.

Shannon, C. E. (1948). A mathematical theory of communication. *The Bell System Technical Journal, 27,* 379–423.

Ullmann, S. (2000). *Strategischer Wandel im Tourismus: Dynamische Netzwerke als Zukunftsperspektive.* Wiesbaden: Deutscher Universitäts-Verlag.

Wiedmann, K.-P., Langner, S., & Hennigs, N. (2007). Collaborated Marketing: Die motivationalen Treiber der konsumentenseitigen Beteiligung an Opensource-orientierten Marketingprojekten – Ergebnisse einer explorativen Studie. In H. Bauer, D. Große-Leege, & J. Rösger (Hrsg.), *Interactive Marketing im Web 2.0. Konzepte und Anwendungen für ein erfolgreiches Markenmanagement im Internet* (S. 128–151). München: Vahlen.

Wöhr, H. (2008). Neue Geschäftsmodelle im Web 2.0. In H. Haasis, & N. Zaboura (Hrsg.), *A Digital Lifestyle. Leben und Arbeiten mit Social Software, Innovationsprogramm Web 2.0 der MFG Baden-Württemberg* (S. 41–54). Stuttgart: MFG Verlag.

Zerfaß, A., & Sandhu, S. (2008). Interaktive Kommunikation, Social Web und Open Innovation: Herausforderungen und Wirkungen im Unternehmenskontext. In A. Zerfaß, M. Welker, & J. Schmidt (Hrsg.), *Kommunikation, Partizipation und Wirkungen im Social Web, Strategien und Anwendungen: Perspektiven für Wirtschaft, Politik und Publizistik, Neue Schriften zur Online Forschung* (Band 3, S. 283–310). Köln: Halem.

Kapitel 2
Web 2.0 im Tourismus – eine Auswahl theoretischer Erklärungsansätze

Roman Egger

Zusammenfassung: Der Begriff Web 2.0 ist derzeit in aller Munde und auch in der Tourismuswirtschaft sieht man Entscheidungsträger hektisch auf der Suche nach möglichst standardisierten und praktikablen Handlungsanweisungen, um diese, als neue Epoche des Internets propagierte Version 2.0 des Internets, nicht abermals zu verschlafen – gerade jetzt, da man das „klassische Internet" schon langsam in den Griff zu bekommen scheint. Wie zu erwarten, bleiben die ersehnten Checklisten und Anleitungen zur Begegnung dieses Phänomens jedoch weitgehend ausständig. Dies ist nicht weiter verwunderlich, gilt es doch, den Herausforderungen eines äußerst schwammig gehaltenen Begriffs zu begegnen. In Workshops, Symposien und auf Kongressen wirft man derzeit mit jenen Anglizismen und Fachbegriffen um sich, die für das Web 2.0 und dessen scheinbare Bedeutung für den Tourismus stehen. Tiefschürfende Fragestellungen und Erklärungsversuche bleiben rar gesät und empirisch gesicherte Aussagen fehlen weitestgehend. Zielsetzung des vorliegenden Beitrags ist es daher, eine Auswahl an vorwiegend soziologischen Ansätzen zu liefern, um damit theoretische Startlöcher für weitere Forschungsarbeiten aufzuzeigen. Es ist demnach nicht das Ziel, Theorien in ihrer Vollständigkeit zu erklären und deren Beitrag für diverse Web 2.0 Phänomene im Einzelnen zu diskutieren. Stattdessen sollen Ansatzpunkte für eine theoretisch fundierte Auseinandersetzung mit dem Thema offengelegt werden.

Schlüsselwörter: Web 2.0 • Social Web • Virtual Communities • Handlungstheorie • Systemtheorie • Netzwerktheorie

---

R. Egger (✉)
Fachhochschule Salzburg GmbH, Innovation und Management im Tourismus,
Ustein Süd 1, 5412 Puch/Urstein, Österreich
e-mail: roman.egger@fh-salzburg.ac.at

2.1 Einleitung

In nur wenigen Jahren hat sich das Internet als unverzichtbares Medium etabliert. Gerne wird heutzutage von einer Informations-, Netzwerk- oder Wissensgesellschaft gesprochen, in der beinahe alle Lebensbereiche von der Informationsverfügbarkeit und -qualität abhängig geworden sind. Dass die Grundfeste dafür jedoch bereits von Größen wie Bacon, Taylor, Leibniz und Co. gelegt wurden und die rasant von statten gehenden Entwicklungen als die Konsequenz evolutionärer, anstatt revolutionärer Vorgänge, anzusehen sind, wird oftmals vergessen. Treffend bemerkt Mattelart (2003, S. 3) diesbezüglich: „the stakes of the new digital universe are too multiform and interdisciplinary to be left to technological determinism alone". Diese Aussage ist umso zutreffender, wenn sich wie im Folgenden mit dem Web 2.0 beschäftigt wird, einem Sammelbegriff, der neben technischen vor allem soziale und gesellschaftliche Entwicklungen des Internet umfasst. Zu Recht wird der Begriff für seine Schwammigkeit kritisiert und weit ab von einer DIN ISO-Definition wird sich stattdessen mit der Beschreibung einer Fülle von Konzepten und Prinzipien, die versuchen, das Web 2.0 zu erfassen, begnügt (Alby 2007, S. XIII). Der gegenwärtige Hype um die mittlerweile inflationär verwendeten Schlagworte rund um das „Mitmach-Web" trifft auch den Tourismus mit voller Härte. Dies ist nicht weiter verwunderlich, denn dem Reisen ist soziales Handeln und somit die Interaktion und Kommunikation mit Mitgliedern eines sozialen Systems inhärent, der Tourismus daher entlang des gesamten Customer Buying Cycles für Web 2.0-Ansätze besonders geeignet. Die Forderung Mattelarts, die zu kurz gegriffene, technologie-zentrierte Sichtweise aufzubrechen, wird jedoch durch die starke Betonung der sozialen Komponente des Web 2.0 schon beinahe wieder überstrapaziert.

Mit dem vorliegenden Beitrag wird der Versuch unternommen, durch die Diskussion unterschiedlichster theoretischer Ansatzpunkte Einsichten hinter die Kulissen dieser Entwicklungen zu erlangen. „Durch die theoretische Brille sollte man einen Blick auf die Wirklichkeit werfen können, der nach Möglichkeit besser, klarer und schärfer ist als der theorielose Blick." (Vester 1999, S. 8). Insbesondere für den Tourismus, der als Informationsgeschäft verstanden wird und dahingehend den Dynamiken der Informationsgesellschaft ausgeliefert ist, erscheinen theoretische Ansätze zur Erklärung einzelner Web 2.0 Phänomene als notwendig, sollten Modelle und Theorien doch jene Schrauben und Stellwerke aufzeigen, die es in der Praxis zu bedienen gilt.

2.2 Tourismus im Zeitalter der Informationsgesellschaft

Bereits in den 60er Jahren skizzierte der Kommunikationswissenschaftler Marshal McLuhan die globale Informationsgesellschaft und die damit einhergehende Auflösung von Raum und Zeit. Damals entwickelte sich neben der Landwirtschaft, dem

Handwerk und dem Dienstleistungssektor der Informationssektor, da die arbeitsteilige Zerlegung ursprünglich zusammengehörender Produktionsprozesse eine optimierte Koordination und damit einhergehend eine verbesserte Informationsversorgung benötigte (Egger 2007, S. 433–452).

Dem „Market-Pull-Ansatz" entsprechend wurden Informations- und Kommunikationstechnologien (IKT) entwickelt, um den ständig wachsenden Anforderungen an eine zeit- und zielgerechte Informationsverarbeitung gerecht zu werden.

Ab den 80er Jahren wurden PCs auch für den Hausgebrauch erschwinglich und seit rund zehn Jahren bahnt sich das Internet seinen Weg in Büroräume und Wohnzimmer. Auf politischer Ebene erkannte man die Notwendigkeit zur Förderung und Regulierung einer entstehenden Informationsgesellschaft. So wurden u. a. Maßnahmen zur Erlangung der benötigten Medienkompetenz, insbesondere im Bildungssektor sowie am Arbeitsmarkt getroffen. Der TIME-Sektor, bestehend aus Telekommunikation, Informationstechnik, Medien und Elektronik, ist durch eine massive Konvergenz der einzelnen Teilsektoren gekennzeichnet (Egger 2005, S. 30), was in der Folge zu einer Technologisierung unserer Lebensbereiche führt. Neben dem Computer hat eine Unmenge an komplementär nutzbaren Geräten die breite Durchdringung in unserer Gesellschaft erlangt, und das Internet Protokoll bietet sozusagen den notwendigen Universalplug, um in die digitale Parallelwelt einzutauchen. Treffend formulierte der deutsche Philosoph Karl Jaspers bereits vor mehr als einem halben Jahrhundert: „Man kann den Einbruch der modernen Technik und ihre Folgen für schlechthin alle Lebensfragen gar nicht überschätzen." (Jaspers 1955, S. 98).

Parallel zum technischen Fortschritt entwickelte sich die moderne Tourismusindustrie seit der Mitte des 20. Jahrhunderts zum weltweit größten Wirtschaftszweig. Ein Mehr an Freizeit und finanziellen Ressourcen sowie eine gesteigerte Sehnsucht nach der Ferne gingen mit der schnell fortschreitenden technologischen Entwicklung der Transportmittel, dem internationalen Ausbau von Verkehrsanbindungen sowie der Professionalisierung seitens der Anbieter einher. Da der Tourismus als soziales Phänomen angesehen werden kann, wird klar, dass sich alle gesellschaftlichen Veränderungen direkt auf den Tourismus auswirken und dessen Dynamik entsprechend beschleunigen.

Wenngleich die Tourismuswirtschaft oftmals träge in ihren Entwicklungen erscheint, so ist sie dennoch bereits der größte Branchenzweig des eCommerce. Einige Stimmen aus der Wirtschaft stellen sich derzeit zu Recht die Frage, wie die Tourismuswirtschaft den Anforderungen des Web 2.0 gerecht werden soll, wenn einige noch nicht einmal in der Lage sind, das Potential des Web 1.0 voll auszuschöpfen. Zahlreiche Analysen und Studien belegen, dass die Kundenpotentiale im online Reisemarkt enorm sind. Den Internet Facts der AGOF entsprechend, nutzen bereits 84,2 % der deutschen Internetnutzer das Web zur Informationsrecherche von Reise- und Touristikprodukten und über 53 % haben im letzten Jahr touristische Leistungen über das Internet gekauft bzw. kostenpflichtig in Anspruch genommen (AGOF 2008).

Die Mehrheit der touristischen Leistungsträger befindet sich derzeit zwischen den in der Abb. 2.1 dargestellten Entwicklungsstufen II und III und steht damit

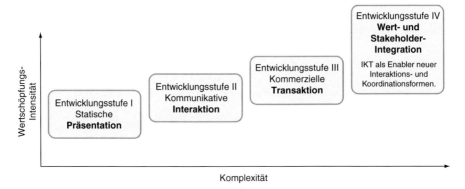

Abb. 2.1 Entwicklung der Wertschöpfungsintensität. (Quelle: Eigene Darstellung in Anlehnung an Wirtz 2001, S. 37)

einer gesteigerten Wertschöpfungsintensität und Komplexität gegenüber, welche neue operative, in zunehmendem Maße jedoch auch strategische Kompetenzen erfordern. Neue Interaktions- und Koordinationsformen bescheren dem Kunden ein verbessertes Kräfteverhältnis und stellen die Anbieterseite vor massive Herausforderungen. Durch Web 2.0 Applikationen wird dem Gast neben der Rolle des „Prosumers" (Producer & Consumer) auch die des „Produsers" (Producer & User) zuteil. Dies macht ihn zum individuellen Gestalter, Planer und Evaluator, der im Web öffentlich aktiv wird, sowohl vor, während als auch nach der Reise.

2.3 Web 2.0 – ein Blick hinter die Kulissen

Stand der Begriff Web 2.0 im Jahre 2006 noch am „Peak of inflated Expectations" des Gartner Hype Cycles, findet er sich ein Jahr danach bereits mitten in der Phase der Desillusionierung. Der Grund dafür ist weniger, dass die an das Web 2.0 gestellten Erwartungen nicht erfüllt wurden, vielmehr steht der Begriff heute für ein neues Selbstverständnis und ein gestärktes Selbstbewusstsein der Internetmacher und Nutzer (Beck 2007, S. 17). Web 2.0 wird häufig zusammen mit den Termini „Social Software" (SSW) und Social Web genannt, teilweise setzen Autoren die Begriffe sogar gleich. Für das Verständnis der vorliegenden Abhandlung soll Social Software jedoch als Teilbereich des Web 2.0/Social Webs verstanden werden. Hippner (2006) definiert Social Software als „webbasierte Anwendungen, die für Menschen den Informationsaustausch, den Beziehungsaufbau und die Kommunikation in einem sozialen Kontext unterstützen und sich an spezifischen Prinzipien orientieren." SSW unterliegt der Grundidee der Selbstorganisation, wobei das Individuum bzw. die Gruppe im Mittelpunkt steht und eine soziale Rückkoppelung (soziales Feedback) durch Social Ratings (Kommentare bei Weblogs, Punktewertung etc.)

unterstützt wird. Der Fokus liegt dabei weniger auf der einzelnen Information als vielmehr auf der Struktur, die aus der Verknüpfung der Informationen erwächst (Hippner 2006).

Werden wie in Abb. 2.2 die Phänomene der neuen Web-Generation theoretisch beleuchtet, so erscheint es als notwendig, einen groben Überblick über die wichtigsten Grundprinzipien des partizipativen Web zu geben, um damit gleichzeitig eine vage Abgrenzung zum Vorgänger-Web zu schaffen. Das so charakterisierte Netzverständnis zeigt zudem zahlreiche Implikationen auf, die für touristische Unternehmen im Web 2.0 relevant sind.

Wenngleich auch in der wissenschaftlichen Tourismusliteratur der Begriff Web 2.0 vermehrt anzutreffen ist, so reichen die meisten Beiträge über mit Anwendungsszenarien gekoppelte Auflistungen nicht hinaus. Was sich hinter diesen Schlagwörtern im Konkreten verbirgt bzw. was die Treiber dieser evolutionären Entwicklungen sind bleibt zumeist unbeantwortet. Dabei wären gerade diese Antworten von Interesse, um eine fundierte Basis für Zukunftsprojektionen zu erhalten. Laut Schmidt (2006) stellen „neue Medien ein soziotechnisches Ensemble von Artefakten, Handlungen und Formen der sozialen Organisation" dar. Dahingehend erscheinen Ansätze aus dem sich derzeit entwickelnden Forschungsfeld der „New Media Studies" als geeignet, welche die IKT im Wechselspiel zwischen technischen und sozialen Phänomenen untersuchen.

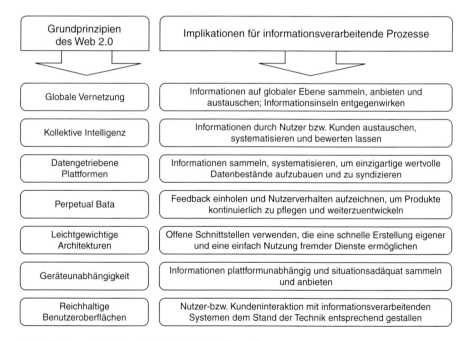

Abb. 2.2 Grundprinzipien des Web 2.0. (Quelle: Kollmann und Hänsel 2007, S. 6 f.)

2.4 Theoretische Ansätze und Erklärungsversuche

Vester (1999) hält einen handlungstheoretischen Ausgangspunkt für u. a. soziologisch orientierte Fragestellungen als zielführend, da dieser einerseits versucht, die soziale Natur des Menschen zu erfassen und gleichzeitig berücksichtigt, „dass die Gesellschaft nicht über den Menschen schwebt sondern von diesen gemacht wird." (Vester 1999, S. 13). Für die Betrachtung des Social Web ist insbesondere das Soziale Handeln, also das an andere Menschen ausgerichtete Handeln von Bedeutung. Sowohl Reisen als auch computervermittelte Interaktion lässt sich als (soziales) Handeln im Sinne Max Webers auffassen. Weber unterscheidet vier Arten sozialen Handelns, wobei das affektuell-emotionale mehr jedoch noch das zweckrationale Handeln für die gegenständliche Abhandlung von Interesse ist. In der Ökonomik basieren Handlungsentscheidungen auf rationalen Entscheidungsprozessen (rational choices) des „homo oeconomicus". Präferenzordnungen stellen dabei den einzigen kognitiven Apparat dar, um die als beste wahrgenommene Option zu wählen (Priddat 2005, S. 226). Wenngleich es sich im Tourismus um ein stark emotionsgeladenes Themenfeld handelt und daher zahlreiche Entscheidungen nicht rational zu begründen sind, so kommt der vermeintlich vernunftgeleiteten Entscheidung dennoch große Bedeutung zu. Dies resultiert aus der Tatsache, dass es sich im Tourismus um ein „immaterielles, bilaterales und personenbezogenes" (Schertler 1994, S. 17–42) Produkt handelt, und Dienstleistungen aufgrund ihres immateriellen Charakters als reines Versprechen über die mögliche Leistungsfähigkeit des Anbieters im Raum stehen. So entsteht für den potentiellen Käufer ein gewisses Maß an Unsicherheit, welches es zu überwinden gilt. Die IKT können hier einen wesentlichen Beitrag leisten, indem sie in der Lage sind, den vorherrschenden Informationsbedarf schnellst- und bestmöglich zu decken (Schertler 1994, S. 17–42; Egger 2005, S. 65). Je nach Vollständigkeit des elektronisch unterstützten Customer Buying Cycles, im Idealfall von der Anregungs- bzw. Informationsphase (bspw. der Nutzung eines Bewertungsportals als Unterstützung in der Informationsphase) bis zur Nachreisephase (z. B. Verfassen eines Reiseblogs oder Bereitstellen eines Urlaubsvideos), verschmelzen die situationsabhängigen Entscheidungs- und Nutzungsoptionen eines Akteurs sowohl in seiner Rolle als Internetnutzer als auch als Akteur im touristischen Kontext. Zweckrationales Handeln zeigt sich somit bspw. in der Entscheidung weitere Informationen über das zu buchende Hotel einzuholen (mit dem Ziel Unsicherheit zu reduzieren), aber auch in der rational begründeten Medienwahl (mit dem Ziel vertrauenswürdige Information zu erhalten). Diesbezüglich ist festzuhalten, dass sich Rationalität in der ökonomischen Theorie immer nur auf die Mittel zur Zielerreichung bezieht und niemals auf die eigentlichen Ziele der Akteure selbst. Rationale Entscheidungen eines Individuums begründen sich auch auf intersubjektiven Erfahrungswerten. Bei dem Nutzer eines Hotel-Bewertungsportals kommt es also zu einer intersubjektiven Sinnkonstruktion, wobei man sich auf den Teil des Erfahrungsvorrats bezieht, den man mit anderen teilt und der als typisch anzusehen ist. Die (computervermittelte) Kommunikation bildet dabei den Rahmen, entscheidet also welche Alternativoptionen für die endgültige „rational Choice" zur Verfügung stehen (Etzrodt 2000, S. 15 ff.). Ohne den Ausführungen zu Netzwerken und Communities vorgreifen zu wollen, wird an dieser Stelle die Bedeutung von sozialen Netzwerken im Web augenscheinlich, denn diese wirken als „Redundanzarenen, in denen alte Bedeutungen bestätigt, neue aufgenommen und akzeptiert (oder verworfen) werden" (Priddat 2005, S. 230).

Wird die Zielsetzung in Mead's Theorie des Symbolischen Interaktionismus, nämlich den Einfluss sozialer Gruppen auf die Erfahrungen und Verhaltensweisen des Individuums zu analysieren betrachtet, so erscheint auch dieser Ansatz im Kontext der vorliegenden Abhandlung als praktikabel (Etzrodt 2000, S. 79 ff.). Während Weber vom Einzelindividuum und seinem Handeln ausgeht, stellt das Individuum in der Gruppe den Beginn von Meads Überlegungen dar (Schneider 2008, S. 180). Kommunikation und Interaktion sind dabei erst durch die übereinstimmende Bedeutungszuschreibung „signifikanter Symbole" (Mead 1934, S. 85) durch die Akteure möglich. Blumer (1973) zufolge gelten folgenden drei Prämissen: Menschen handeln „Dingen" gegenüber auf der Grundlage der Bedeutungen, die diese Dinge für sie besitzen. Die Bedeutung dieser Dinge ist aus sozialen Interaktionen ableitbar. Bedeutungen sind demnach soziale Produkte und die Bedeutungen werden in einem interpretativen Prozess, den die Person in ihren Auseinandersetzungen mit den ihr begegnenden Dingen benutzt, gehandhabt und abgeändert.

Um nun den Bezug zu touristischen Web 2.0-Lösungen herzustellen, wird auf Hotelbewertungs-Plattformen wie HolidayCheck und TripAdvisor verwiesen. So führen Kommentare wie „die Wände im Bad sind voll Schimmel und die Fliesen locker" bei den Mitgliedern einer Community zu ähnlichen Einstellungen gegenüber dem Hotel. Geht es bspw. um die räumliche Beschreibung eines Objektes, so erweisen sich Formulierungen wie „abgelegen" aufgrund der subjektiven Sinnkonstruktion eines Individuums als problematischer. Unpräzise semantische Formulierungen erfordern demnach weitere Erfahrungsberichte und Meinungen, um zu einem vermeintlich richtigen Abbild der Realität zu gelangen. Web 2.0 Lösungen versuchen, diese Problematik durch die Verwendung allgemein gültiger Bewertungssymbole, wie etwa der Vergabe von Sternen, zu umgehen. Die Anzahl der vergebenen Sterne verdeutlicht dabei den Wert einer wahrgenommenen Leistung, wobei die Kumulation weiterer Einschätzungen zur oben beschriebenen intersubjektiven und scheinbar glaubwürdigeren Beurteilung führt.

Wird der Symbolische Interaktionismus subjektivistisch interpretiert, führt dies zu einer Sichtweise, in der dem Individuum eine ausgesprochen aktive Rolle im gesellschaftlichen Prozess zukommt (Etzrodt 2000, S. 79 ff.). An dieser Stelle kann auf Goffman's Theorie des dramaturgischen Handelns übergeleitet werden, in der er mit Hilfe der Theateranalogie beschreibt wie Individuen Rollen in Alltagssituationen einnehmen. Unter dem Begriff „Rolle" ist dabei ein Bündel von Verhaltensnormen zu verstehen. Die Identitätsentwicklung einer Person, so die anthropologische Annahme von Mead und Goffman wird erst durch die Interaktion mit anderen Personen möglich (Miebach 2006, S. 107). „Es geht nicht eigentlich darum, was denn ein Beteiligter ‚wirklich ist'. Seine Partner werden das kaum herausfinden, sofern es überhaupt erkannt werden kann. Wichtig ist das durch sein Verhalten gegenüber den anderen vermittelte Gefühl, was für eine Person hinter der gerade gespielten Rolle steht." (Goffman 1977, S. 329). Diese Aussage tätigte Goffman in Bezug auf die klassische offline Welt, im Kontext des Social Web wird ihre Bedeutung jedoch wesentlich deutlicher. Mit dem Internet hat sich ein neuer, eigenständiger „Orientierungs- und Handlungsraum gesellschaftlicher Wirklichkeit" (Thiedeke 2004, S. 15) entwickelt, in dem Akteure anonymisiert in neue Rollen schlüpfen können. Da alle Inhalte in digitalem Code aufgelöst sind und sich soziale Realität erst durch dessen Rekonstruktion in virtuelle Wirklichkeit wandelt, können Wirklichkeitsbedingungen ergo auch die Rollen von Akteuren manipulativ geformt werden. Im Zuge der Selbstvirtualisierung stellt sich die Frage, wer oder was möchte ich sein, wie präsentiere ich mich in der Öffentlichkeit, gebe ich Einblicke in meine wahre Realität – was ist meine virtuelle Identität? In Anlehnung an Erikson's „genetisches Kontinuum" könnte hier von einem „Virtualisierungs-Kontinuum" als Prozess der virtuellen Identitätsentwicklung gesprochen werden. Onlinewelten wie SecondLife erfüllen den Wunsch nach einer virtuellen Selbstgestaltung geradezu ideal. So ist bspw. Jas Capalini das virtuelle Alter-Ego der Gratistours-Geschäftsführerin Jasmin Taylor, die online User bei der Reiseplanung unterstützt und sie virtuell in ihre zukünftigen Reiseziele entführt (Gratistours.com 2008). Dass virtuelle Avatare reale Kundenwünsche besitzen und sich Unternehmen deren kollektive Intelligenz zu Nutze machen, beweist das SecondLife Konzept von Starwood. Mit Hilfe eines prototypischen, auf Kundenwünschen basierenden Hotels, wurde die neue Marke Aloft in SecondLife entwickelt (Gagolou 2008). Dabei nehmen die partizipierenden Akteure verschiedene Rollen auf unterschiedlichen Wirklichkeitsebenen ein und geben sich einem Wechselspiel zwischen Realität und Fiktion hin. Einerseits agieren sie als physische Internetnutzer und potenzielle Touristen, deren Wünsche und Bedürfnisse sie andererseits in der Rolle des Cyber-Architekten virtuell durchzusetzen versuchen. Die so ausgehandelte Parallelwelt kann schlussendlich in die Realität rückgeführt werden (Abb. 2.3). Im Falle des Starwood Projektes ist die Marke Aloft mittlerweile fertig

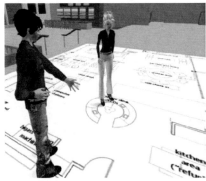 

Abb. 2.3 Virtuelle Zusammenarbeit bei der Hotelkonzeption. (Quelle: Virtualaloft.com 2008)

entwickelt, acht reale Hotels sind bereits eröffnet und 76 weitere Hotels sind derzeit weltweit in Planung (Starwood Hotels 2008).

Obgleich es mittlerweile ruhig um SecondLife wurde, so werden auch jene, die dessen Niedergang bereits vor einiger Zeit prophezeiten, erkennen, dass dies zwar die erste, mit Sicherheit aber nicht die letzte 3D Welt war. Laut einer Studie von Gardner werden bis ins Jahr 2011 rund 80 % aller Internetnutzer einen oder mehrere Avatare besitzen (Pettey 2007).

Um sich im Cyberspace selbst darzustellen, bedarf es aber nicht unbedingt eines Avatars. „Fast alles was wir tun, kann von anderen genutzt werden, um sich einen Eindruck von uns zu bilden – und fast alles was wir tun, kann von uns genutzt werden, um diesen Eindruck zu steuern." (Schütz et al. 2005, S. 234–262). Selbstdarstellung ist demnach als zielgruppenabhängige Teamarbeit zu verstehen. Jones und Pittman (1982) zeigen fünf Strategien zur Selbstdarstellung auf, wobei insbesondere das sich beliebt machen (ingratiation), das sich als kompetent darstellen (self-promotion) und das sich als Vorbild darstellen (exemplification) für diese Abhandlung von Interesse sind. Die Strategien der Selbstdarstellung sind dabei zueinander teils inkompatibel, so dass sich beim Akteur bspw. die Frage stellt, ob er eher sympathisch oder kompetent wirken will.

Wie Tab. 2.1 darstellt übernehmen Social Web Anwendungen mehrere Funktionen, wobei die Selbstdarstellung im Rahmen des Identitätsmanagements stattfindet (Döring 2003, S. 334 ff.).

Weiters zeigt die Tabelle, dass speziell Blogs die Funktion des Identitätsmanagements übernehmen. Täglich wächst die Blogosphäre um 120.000 neue Blogs, auf denen ehemals passive Rezipienten zu aktiven Nutzern werden, die ihre Erlebnisse und Erfahrungen als „User generated Content" (UGC) für die Weltöffentlichkeit dokumentieren. Auch hier kommt dem Tourismus ein besonderer Status zu, wie eine Studie von Blogjungle bestätigt. Demzufolge sind die Themen „Reise und Tourismus" die bedeutendsten Blogthemen deutscher Internetnutzer (Blogjungle. de 2007).

Tab. 2.1 Funktionen, Leistungen und prototypische Anwendungen des Social Web. (Quelle: Schmidt 2008, S. 24)

Funktion	Leistung	Prototypische Anwendung
Identitätsmanagement	Selektives Präsentieren von Aspekten der eigenen Person (Interessen, Meinungen, Wissen Kontaktdaten …)	Persönliches Weblog Podcast Videocast
Beziehungsmanagement	Pflege bestehender und Knüpfen neuer Beziehungen	Kontaktplattformen
Informationsmanagement	Auffinden, Rezipieren und Verwalten von relevanten Informationen	Blogsphäre, Wikis, Tagging

Die beiden verbleibenden Funktionen, das Beziehungs- und Informationsmanagement, erfüllen ebenfalls zentrale Funktionen von Social Web Lösungen und kommen insbesondere bei virtuellen Netzwerken zum tragen. Um nun von der Mikro-Ebene des individuellen Handelns auf die Makro-Ebene überindividueller Strukturen zu kommen und virtuelle Netzwerke näher zu betrachten, wird auf das Konzept der Nutzungspraxis Bezug genommen (Schmidt 2008, S. 22 f.). Soziales Handeln ist stets durch ein Set an Regeln und Ressourcen bestimmt. Akteure handeln nach mehr oder weniger festgelegten Regeln, die gleichermaßen Resultat und Grundlage sozialen Handelns sind. Giddens spricht diesbezüglich in seiner Theorie der Strukturation von der „Dualität von Struktur", womit die Rekursivität von Struktur und Handeln zu verstehen ist (Giddens 1988, S. 68).

Die Nutzungsabsicht von Akteuren wird von drei strukturellen Dimensionen gerahmt. Das sind zum einen Verhaltensregeln, Normen und Konventionen wie bspw. die Nutzungs- und Verwertungsbedingungen von Virtual Communities. Den zweiten strukturellen Rahmen stellen Relationen dar. Darunter sind mithilfe von Anwendungen geknüpfte oder aufrecht gehaltene Beziehungen zu verstehen. Soziale Netzwerke wie Facebook oder das Travelportal WAYN begründen sogar ihre Existenz auf dem Auf- und Ausbau solcher sozialer – als Social Graph bezeichneter – Relationen. Softwaretechnische Grundlagen, die bestimmte Handlungsweisen ermöglichen, stellen den letzten Rahmen dar. Das Social Web zeichnet sich diesbezüglich durch eine äußerst hohe technische Flexibilität und Modularität aus (Schmidt 2008, S. 18–40). So haben mittlerweile beinahe alle Reiseportale sog. Mashups eingebunden, welche komplexe Contentdarstellungen und –verschränkungen ermöglichen.

Soziale Netzwerke bestehen aus Knoten und Kanten (den Verbindungslinien) und beschreiben so Beziehungsstrukturen (Schwarz 2007, S. 59; Kröll 2003, S. 96). Sie sind Systemgüter und besitzen daher einen derivativen Nutzen. Dies bedeutet, dass ihr Wert von ihrer Nutzung abhängig ist. Die Entscheidung eines Akteurs, am System teilzunehmen oder nicht, hängt neben dem funktionalen Nutzen von der Anzahl der Teilnehmer des Systems ab. Die Existenzgrundlage derartiger Netzwerke ist also vom Erreichen einer kritischen Masse abhängig. Greift man exemplarisch TripAdvisor als virtuelle Travel Community heraus, so resultiert dessen Wert aus den Beiträgen der rund 22,5 Mio. Communitymitgliedern. Erst die hohe Anzahl an Nutzern und Beiträgen lässt das System attraktiv erscheinen. Wie zuvor beschrieben, ist die Nutzungsabsicht der Mitglieder dabei durch strukturelle Dimensionen gerahmt, was in der Folge erst ein individuelles Identitäts-, Beziehungs- und Informationsmanagement ermöglicht.

Obwohl die Postmoderne von Auflösungserscheinungen und Individualisierung gekennzeichnet ist, so erhält in computervermittelten Netzen die Gruppe (Schelske (2007) weist mit der Aussage „[…] sind jene computervermittelten Kommunikationspartner deshalb schon eine Gruppe, eine Community oder eine Gemeinschaft, weil sie miteinander kommunizieren?" auf die Problematik des Begriffs Gruppe im Rahmen der computervermitteleten Kommunikation hin) eine unerwartet hohe Wertschätzung (Schimank 2000, S. 9–22). Den strukturellen Rahmen vorausgesetzt sind virtuelle Communities weitgehend selbstregulierend und selbstreferentiell. Sofern Nutzer einen Kommentar zu einem Reiseblog verfassen, ein Urlaubsvideo mit einen Tag versehen oder einen Reisebericht auf einem Bewertungsportal wie Igougo schreiben, dient dies nicht nur dem persönlichen Identitäts-, Beziehungs- und Informationsmanagement. Unbewusst schaffen sie auf kollektiver Ebene auch neue Strukturen (Schimank 2000, S. 9–22) und führen zur Weiterentwicklung des Netzwerks.

Im Sinne Luhmanns soziologischer Systemtheorie können sie auch als autopoietische Systeme beschrieben werden. Dieser aus der Neurobiologie stammende Begriff beschreibt selbsterschaffende und -erhaltende Systeme, die ihre Strukturen durch eigene Operationen aufbauen. Diese Operationen haben zwei Effekte: „Sie dienen einerseits dazu, die Bedingungen für Anschlussoperationen festzulegen, also das System von Moment zu Moment in neue historische Zustände zu versetzen; und andererseits dazu, die für den Anschluss notwendigen übergreifenden Strukturen anzubieten." (Luhmann 2008, S. 13). Das Entstehen von etwas Neuem in teilweise hochkomplexen Systemen ist in der Natur seit jeher zu beobachten. Eine neue Generation von Social Software Lösungen basiert ebenfalls auf dem Erfolgsprinzip, dass das Kollektiv mehr als die Summe seiner Einzelleistungen hervorbringt. Die auch als „Emergence" bekannte Bottom-Up-Organistion (Breuer 2004) ist dabei selbstregulierend. Ähnlich wie in der Theorie des Schwarmverhaltens besitzen derartige Systeme keine zentrale Koordinationsstelle, sondern nur einige wenige Regeln. Die Anbahnung zwischen den einzelnen Akteuren erfolgt nicht durch eine direkte Ansprache bzw. Handlungsaufforderung, sondern subliminal durch das Hinterlassen von Spuren. Vergleichbar mit Termitenkolonien oder Bienenschwärmen entsteht durch das regelgeleitete Zusammenspiel von Individuen kollektive Intelligenz. Neben dem Hinterlassen von Spuren ist auch die Lebensdauer der „Botenstoffe" – in unserem Kontext Webinhalte – von entscheidender Bedeutung. Da das Internet die Spuren der User kontinuierlich sichert, sogar Hilfsmittel für das Aufspüren spezifischer Contents zur Verfügung stellt, ist es für das Entstehen sozialen Verhaltens und in der Folge komplexen Gruppenverhaltens, bestens geeignet. So entstehen im Web spontan Gruppen, die gemeinsam ein neues Thema bearbeiten, Probleme lösen, neue Inhalte und Strukturen hervorbringen (Breuer 2004). In diesem Kontext kann auf enge Bezüge zur Memetik und dem neuen Forschungsfeld webbasierter Meme verwiesen werden.

In diesem Zusammenhang sei letztlich das mit Sicherheit in Zukunft noch viel beachtete und tourismusrelevante Projekt „Photosynth" erwähnt, an welchem derzeit von Microsoft und der Universität Washington gearbeitet wird. Die Photosynth-Technologie erkennt Umrisse und markante Punkte einer großen Fotosammlung eines Ortes oder Objektes, setzt diese zueinander in Relation und generiert aus dem kollektiv gesammelten Fotomaterial den entsprechenden dreidimensionalen Raum, in welchem man sich dann webbasiert frei bewegen kann.

Das in Abb. 2.4 dargestellte 3D-Modell des Markus-Platzes in Venedig entstand aus der Summe unterschiedlichster Fotos von Nutzern, die ihre Fotos auf „flickr" bereit gestellt hatten. Künftig könnte so aus der Summe verfügbarer Urlaubsbilder das photorealistische Abbild touristisch attraktiver Räume entstehen, die bereits vor Reiseantritt virtuell durchschritten werden können.

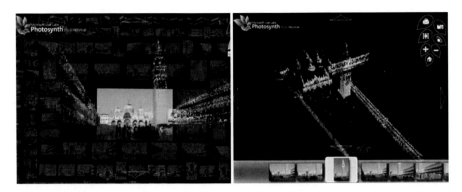

Abb. 2.4 Kollektive Intelligenz – Photosynth. (Quelle: Microsoft Live Labs (2008))

2.5 Resümee

Es dürfte wohl am äußerst rasanten Aufkommen des Web 2.0 liegen, dass es in der tourismuswissenschaftlichen Literatur weitgehend an profunden Aussagen zum Thema mangelt und vorrangig vage, aus Worthülsen bestehende Deskriptionen, die Diskussion leiten. Um künftig die von der Tourismuswirtschaft geforderten Empfehlungen und Handlungsanweisungen geben zu können, bedarf es jedoch empirisch gesicherter Erkenntnisse. Doch wie sollten valide Daten gewonnen und ernst zu nehmende Aussagen über ein Phänomen getroffen werden, wenn selbst dessen Fundament bislang unzulänglich betrachtet wurde? Mit dem vorliegenden Beitrag wurde der Versuch unternommen einen Blick hinter die Kulissen des Web 2.0 zu werfen. Die grobe Darstellung einzeln ausgewählter Ansätze und Theorierichtungen soll als Anregung für weitere, theoretisch fundierte Arbeiten dienen.

Das Web 2.0 ist nichts grundsätzlich Neues und so liegt es nach Auffassung des Autors daran, bereits gesicherte (und möglichst interdisziplinäre) Erkenntnisse auf deren Nützlichkeit und Erklärungstauglichkeit hin zu überprüfen und zu adaptieren.

Bibliographie

AGOF (2008). Internet Facts. http://www.agof.de/. Gesehen am 5. Mai 2008.
Alby, T. (2007). *Web 2.0 – Konzepte, Anwendungen, Technologien*. München: Hanser Fachbuchverlag.
Beck, A. (2007). *Web 2.0: Konzepte, Technologien, Anwendungen*. In Praxis der Wirtschaftsinformatik, HMD 255.
Blogjungle.de (2007). *Pressemitteilung: Tourismus, Politik und Autos sind die Topthemen beim Bloggen*. http://www.blogjungle.de/common/templates/blogjungle/presse/downloads/BLOG-Jungle-PM02-07_final_versionB.pdf. Gesehen am 12. Jan 2008.
Blumer, H. (1973). Der methodologische Standort des symbolischen Interaktionismus. In Arbeitsgruppe Bielefelder Soziologen (Hrsg.), *Alltagswissen, Interaktion und gesellschaftliche Wirklichkeit* (Bd. 1). Hamburg: Rowohlt.

Breuer, M. (2004). Was Social Software mit Ameisen (und Innovation) zu tun hat. http://notizen. typepad.com/aus_der_provinz/2004/09/was_social_soft.html. Gesehen am 27. April 2008.
Döring, N. (2003). *Sozialpsychologie des Internet. Die Bedeutung des Internet für Kommunikationsprozesse, Identitäten, soziale Beziehungen und Gruppen.* Göttingen: Hogrefe-Verlag.
Egger, R. (2005). *Grundlagen des eTourism. Informations- und Kommunikationstechnologien im Tourismus.* Aachen: Shaker.
Egger, R. (2007). Cyberglobetrotter – Touristen im Informationszeitalter. In R. Egger & T. Herdin (Hrsg.), *Tourismus-Herausforderung-Zukunft* (S. 433). Münster: Shaker.
Etzrodt, C. (2000). *Menschliches Verhalten: eine Synthese aus mikroökonomischen und mikrosoziologischen Theorien.* Konstanz: UVK.
Gagolou, M. (2008). *eBusiness-Management Starwood: Information per eMail erhalten.*
Giddens, A. (1988). *Die Konstruktion der Gesellschaft.* Frankfurt: Campus.
Goffman, E. (1977). *Rahmen-Analyse. Ein Versuch über die Organisation von Alltagserfahrungen.* Frankfurt: Suhrkamp.
Gratistours.com (2008). Gratistours in Second Life. http://www.gratistours.com/secondlife/. Gesehen am 25. April 2008.
Hippner, H. (2006). Bedeutung, Anwendungen und Einsatzpotenziale von Social Software. In: HMD – Praxis der Wirtschaftsinformatik, 43. Jg., Heft 252; S. 6.
Jansen, D. (2000). Netzwerke und soziales Kapital. Methoden zur Analyse struktureller Einbettung. In J. Weyer (Hrsg.), *Soziale Netzwerke. Konzepte und Methoden der sozialwissenschaftlichen Netzwerkforschung* (S. 35–62). München: Oldenbourg.
Jaspers, K. (1955). *Vom Ursprung und Ziel der Geschichte.* München: Fischer Bücherei.
Jones, E., & Pittman, T. (1982). Towards a general theory of strategic self-presentation. In J. Suls (Hrsg.), *Psychological perspectives on the self* (S. 213–263). London: Erlbaum.
Kollmann, T., & Häsel, M. (2007). Trends und Technologien des Web 2.0 – Neue Chancen für die Net Economy. In T. Kollmann & M. Häsel (Hrsg.), *Web 2.0: Trends und Technologien im Kontext der Net Economy* (S. 1–14). Wiesbaden: Gabler.
Kröll, A. (2003). *Interorganisationale Netzwerke: Nutzung Sozialen Kapitals für Markteintrittsstrategien.* Wiesbaden: DUV.
Luhmann, N. (2008). *Soziologische Aufklärung 6: Die Soziologie und der Mensch.* Wiesbaden: VS.
Mattelart, A. (2003). *The Information Society. An Introduction.* London: SAGE.
Mead, G. H. (1934). Mind, Self and Society. From the Standpoint of a Social Behaviorist, Chicago: University of Chicago Press.
Mead, G. H. (1973). *Geist, Identität und Gesellschaft: aus der Sicht des Sozialbehaviorismus.* Frankfurt: Suhrkamp.
Mesch, G., & Ilan, T. (2006). Online Friendship Formation, Communication Channels and Social Closeness. *International Journal of Internet Science, 1*(1), 29–44.
Miebach, B. (2006). *Soziologische Handlungstheorie.* Wiesbaden: VS.
Pettey, C. (2007). Gartner says 80 percent of active Internet users will have a „Second Life" in the virtual world by the end of 2011. http://www.gartner.com/it/page.jsp?id=503861. Gesehen am 18. April 2008.
Priddat, B. (2005). *Unvollständige Akteure: komplexer werdende Ökonomie.* Wiesbaden: VS.
Schelske, A. (2007). *Soziologie vernetzter Medien, Grundlagen computervermittelter Vergesellschaftung.* München: Oldenburg Verlag.
Schertler, W. (1994). *Tourismus als Informationsgeschäft.* Wien: Uebereuter.
Schimank, U. (2000). Soziologische Gegenwartsdiagnosen – zur Einführung. In U. Schimanek & U. Volkmann (Hrsg.), *Soziologische Gegenwartsdiagnosen I. Eine Bestandsaufnahme* (S. 9–22). Opladen: VS.
Schmidt, J. (2006). *Weblogs. Eine kommunikationssoziologische Studie.* Konstanz: UVK.
Schmidt, J. (2008). Was ist neu am Social Web? Soziologische und kommunikationswissenschaftliche Grundlagen. In A. Zerfaß, M. Welker, & J. Schmidt (Hrsg.), *Kommunikation, Partizipation und Wirkungen im Social Web. Grundlagen und Methoden: Von der Gesellschaft zum Individuum* (Bd. 1). Köln: Herbert von Halem.
Schneider, L. W. (2008). *Grundlagen der soziologischen Theorie* (Bd. 1). Wiesbaden: VS Verlag für Sozialwissenschaften.

Schütz, A., Machilek, F., & Marcus, B. (2005). Selbstdarstellung auf privaten Homepages: Ausgangspunkt und erste Ergebnisse. In E. Keitel, K. Boehnke, & K. Wenz (Hrsg.), *Neue Medien im Alltag: Nutzung, Vernetzung, Interaktion*. München: UVK.

Schwarz, N. (2007). *Umweltinnovationen und Lebensstile: Eine raumbezogene, empirisch fundierte Multi-Agenten-Simulation*. Marburg: Metropolis.

Starwood Hotels (2008). Aloft weltweit. http://www.starwoodhotels.com/alofthotels/hotels/index.html. Gesehen am 27. April 2008.

Stegbauer, C. (2005). Medien uns soziale Netzwerke. In M. Jäckel (Hrsg.), *Mediensoziologie. Grundfragen und Forschungsfelder*.Wiesbaden: VS.

Thiedeke, U. (2004). Wir Kosmopoliten: Einführung in eine Soziologie des Cyberspace. In U. Thiedeke (Hrsg.), *Soziologie des Cyberspace. Medien, Strukturen und Semantiken*.Wiesbaden: VS verlag für Sozialwissenschaften.

Vester, H. (1999). *Tourismustheorie: Soziologische Wegweiser zum Verständnis touristischer Phänomene*. München: Profil.

Virtualaloft.com (2008). Virtual Aloft: 3D Modeling Archives. http://www.virtualaloft.com/3d_modeling/. Gesehen am 12. Mai 2008.

Volker, W. (2001). *Virtualität und Lebensstil. Über die Virtualisierung der Gesellschaft. Ein empirischer Ansatz zur Relevanz von Virtualität als lebensstilbildende Variable*. München: Hampp.

Wirtz, B.W. (2001). *Electronic Business* (2. Aufl.). Wiesbaden: Gabler.

Zwingenberger, H. (2003). *Soziales Kapital. Communities und die Bedeutung sozialer Netzwerke in den USA, Dissertation*. München: Fakultät für Sprach.

Kapitel 3
Web 2.0 in der Touristikindustrie – Implikationen für Wertschöpfungskette, Geschäftsmodelle und interne Anwendungen

Ernst-Otto Thiesing

Zusammenfassung: Schon seit einigen Jahren werden die Auswirkungen des Internet auf die Touristik Industrie z. T. sehr kontrovers diskutiert. Die Diskussion hat sich dabei in den letzten Jahren primär entlang der Frage gerankt, ob und wie Veranstalter und Leistungsträger den Direktvertrieb über das Internet forcieren und so die Reisebüros als traditionellen Vertriebskanal umgehen sollen und können und wie die Reisebüros andererseits dies verhindern können. Diese Diskussion erscheint allerdings vor dem Hintergrund neuer technologischer Entwicklungen, die unter dem Stichwort Web 2.0 voranschreiten, nicht mehr ausreichend und problemadäquat. Vor diesem Hintergrund untersucht der folgende Artikel, wie sich die Arbeitsteilung aller an der touristischen Wertschöpfungskette Beteiligten unter dem Einfluss der neuen Internetanwendungen verändern wird und welchen Einfluss dies auf die jeweiligen Geschäftsmodelle hat. Anschließend werden die Einflüsse des Internets auf die Unterstützungs- und Serviceprozesse sowie die Auswirkungen auf den Unternehmenserfolg analysiert.

Schlüsselwörter: Wertschöpfungskette • Geschäftsmodelle • Web 2.0 • Arbeitsteilung • Reiseprozess • Unternehmenserfolg

3.1 Einleitung: Internet als Massenphänomen

Ende des Jahres 2008 hatten mehr als zwei Drittel aller Bundesbürger über 14 Jahre Zugang zum Internet und waren als Nutzer im World Wide Web unterwegs (AGOF 2008; ACTA 2008 spricht sogar von 76 % der Bundesdeutschen Bevölkerung von 14–64 Jahren, die das Internet nutzen.). Was Ende der 80er Jahre als geschlossenes Medium für Spezialisten zur Datenkommunikation und zum E-Mail Verkehr

---

E.-O. Thiesing (✉)
Ostfalia – Hochschule für angewandte Wissenschaften, Karl Scharfenberg-Str. 55-57,
38229 Salzgitter, Deutschland
e-mail: ernst-otto.thiesing@sr-consultants.de

begann, hat sich innerhalb von gut zehn Jahren zu einem Massenphänomen entwickelt. Heute verfügen mit 23,9 Mio. Breitbandanschlüssen mehr als 50 % aller Internet Nutzer über einen DSL- oder einen anderen schnellen Internet Zugang (Dialog Consult u. VATM 2008; Initiative D 21 2008, S. 10). Nicht zuletzt hat auch dies zu einer breiten Akzeptanz des Internet geführt, die durch neue Technologien und Anwendungsmöglichkeiten weiter erhöht wird. Obwohl es ein junges Medium ist, ist es nicht mehr nur das Medium der Jungen: Inzwischen bewegen sich auch immer mehr ältere Menschen im Web. So nutzen bereits mehr als ein Viertel der Bevölkerung über 60 Jahre das Internet; in der Altersklasse bis 30 Jahre sind es über 90 % (AGOF 2008).

Die technischen Entwicklungen des Web 2.0 führen zu Anwendungsmöglichkeiten, die eine hohe Interaktivität, Freiheit und Mobilität bei der Nutzung des Internets ermöglichen. Die Merkmale des interaktiven Internets werden in Abb. 3.1 verdeutlicht. Web 2.0 wird als „Mitmach"-Plattform bezeichnet, bei der jeder Nutzer in Blogs, Foren und Communities seine Erfahrungen mit anderen tauschen und auch seinem Bedürfnis nach Aufmerksamkeit nachgehen kann (Kilian et al. 2008, insbesondere S. 10–12). So werden Inhalte nicht mehr nur von „Content-Anbietern" zur Verfügung gestellt, sondern von den Nutzern selbst. Diese unter dem Stichwort „User-generated-Content" bekannte Entwicklung ist ein wesentliches Merkmal des Web 2.0 und führt zu Angeboten wie z. B. Wikipedia, der kollektiven Enzyklopädie im Netz, an der jeder mitarbeiten kann, oder zu flickr.com, einer Plattform, die jeden Nutzer in die Lage versetzt, seine Bilder jedermann im Netz zur Verfügung zu stellen (ACTA 2008).

Dass die Beteiligung an solchen Angeboten sehr schnell in neuen Geschäftsmodellen mündet, die einerseits innovativ und schnell zusammengebaut und den

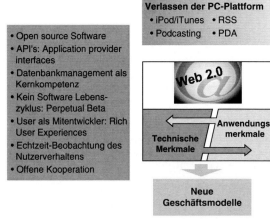

Abb. 3.1 Merkmale des interaktiven Internets. (Quelle: eigene Darstellung)

Bedürfnissen der Nutzer angepasst werden können, andererseits die bisherigen Modelle obsolet werden lassen, kann man sich leicht vor Augen führen: Wurden bisher Bilder von Pressefotografen oder anderen Profis gegen Honorar den Nutzern zur Verfügung gestellt, so können sich heute bspw. Medien einer Millionenauswahl von unentgeltlich im Netz zur Verfügung stehenden Fotos bedienen.

Möchte jemand einen schnellen Überblick über ein bestimmtes Thema haben, so klickt er auf Wikipedia, nutzt die dort von vielen Nutzern zusammengestellten Informationen (O'Reilly 2005) und weitere Links und verzichtet wahrscheinlich auf die Anschaffung einer Enzyklopaedia Britannica oder eines anderen traditionellen Nachschlagewerks.

Das Phänomen durch Web-Anwendungen geänderter Geschäftsmodelle hat auch inzwischen vollständig den Touristischen Markt erfasst und führt zu teilweise sehr abrupten Veränderungen in der Wettbewerbslandschaft (ACTA 2008). Diese Veränderungen können dabei aus externen, d. h. auf Kunden und Wettbewerbern gerichteten Anwendungen, oder aus unternehmensinternen Anwendungen resultieren.

3.2 Einfluss des Internets auf die touristische Wertschöpfungskette

Das Internet weicht die traditionelle Arbeitsteilung in der Wertschöpfungskette auf.

War bisher die touristische Wertschöpfungskette – Kunde – Reisebüro – Veranstalter – Transport – Unterkunft – Zielgebietsleistungen – arbeitsteilig organisiert, so wird diese Arbeitsteilung zunehmend obsolet und durch eine prozessorientierte Sichtweise abgelöst. Abbildung 3.2 veranschaulicht die Kunden- und Wettbewerbsgerichtete Anwendung von Web 2.0.

Waren vor dem Siegeszug des Internets die Reisebüros als klassischer Vertriebskanal dafür zuständig, die Leistungen der Veranstalter und Leistungsträger in einem geographisch begrenzten Raum durch Beratung, Buchung und Service dem Kunden zur Verfügung zu stellen, so hat sich dieser Vertriebsprozess von der geographischen Limitierung emanzipiert: Leistungsträger und Veranstalter können ihren Vertriebsprozess durch die Technologie selbst gestalten und unterliegen dabei keiner geographischen Restriktion mehr. Dies wird bspw. an der Veränderung der Strategie hin zum Internetvertrieb bei Airlines, z. B. Lufthansa oder Air Berlin, und auch bei der Deutschen Bahn AG deutlich. Dass hierbei z. T. auch zusätzlich ein positiver Kosteneffekt erzielt wird, kann den Emanzipationsprozess noch beschleunigen.

Diese neuen Vertriebsmöglichkeiten der Veranstalter und Leistungsträger führen zu dem schon angesprochenen Konflikt zwischen dem traditionellen stationären Reisebürovertrieb einerseits und den übrigen Leistungsträgern andererseits, wobei sich die Reisebüros lange gegen die neue Entwicklung gestemmt haben. Die technischen Möglichkeiten des Internet führen demzufolge dazu, dass die Leistungsträger den Vertriebsprozess, den sie zwangsläufig „outgesourct" hatten, um die geographische Marktabdeckung sicher zu stellen, nunmehr durch die Technologie selbst

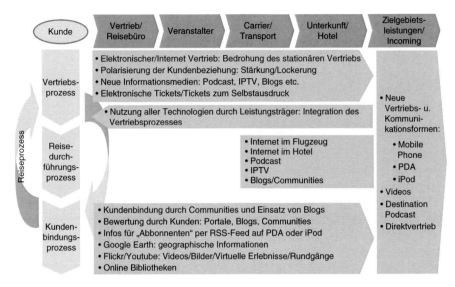

Abb. 3.2 Kunden- und Wettbewerbsgerichtete Anwendung von Web 2.0 in der Touristik. (Quelle: eigene Darstellung)

gestalten und in eigener Regie durchführen können. Gleichzeitig kommen sie in diesem neuen Vertriebsprozess direkt mit dem Kunden in Kontakt. Dieser Kontakt war vorher den Reisebüros vorbehalten. Der direkte Kundenkontakt von Leistungsträgern und Veranstaltern, z. T. mit Hilfe von Communities und Blogs, in denen über positive oder negative Erfahrungen vor, während und nach der Reise offen für alle berichtet wird, führt zu einer Polarisierung in der Kundenbindung (Bender 2008, S. 184–186): entweder wird sie stärker – bei positiver Erfahrung – oder sie wird abgeschwächt (Alby 2007, S. 39), da der Kunde genügend Alternativen hat. Dies wiederum führt dazu, dass im positiven Fall der Kundenbindungsprozess gleichzeitig die Vorbereitung für den nächsten Verkaufsprozess darstellt. Insofern werden diese beiden Prozesse integriert und verschmelzen zu einer sehr eng gekoppelten Feedback-Schleife.

Die Verschmelzung der Teil-Prozesse Vertrieb und Kundenbindung wird durch die neuen interaktiven Dienste im Web, wenn auch nicht erst ermöglicht, so doch erheblich beschleunigt: Tickets zum Ausdruck auf dem Heimdrucker, Informationen über Zielgebiete mittels Podcast (z. B. www.rss-scout.de), Bewertung von Reiseleistungen in eigens dafür eingerichteten Foren und Bewertungsportalen (z. B. www.holidaycheck.de, www.hotelkritiken.de), geographische Informationen von Google Earth, möglichst in Verbindung mit Bildern von Flickr, virtuellen Erlebnissen und Rundgängen durch das gebuchte Hotel, sind technische Anwendungen, die sich nicht mehr nur auf eine bestimmte Wertschöpfungsstufe in der touristischen Wertschöpfungskette beziehen, sondern in allen Stufen anwendbar und gegenwärtig sind. Insofern sind diese Technologien stufenübergreifend und tangieren somit die touristischen Kernprozesse: die früheren Prozesseigener sehen sich durch die neuen Technologien Wettbewerbern aus anderen Wertschöpfungsstufen gegenüber.

Dies gilt allerdings für alle touristischen Wertschöpfungsstufen und für alle Richtungen: Das Reisebüro sieht sich mit dem Direktvertrieb des Veranstalters, der Airline oder des Hotels konfrontiert; gleichzeitig kann aber das Reisebüro auch die Technik nutzen und sich zu einem Veranstalter entwickeln. Insofern werden die traditionellen Arbeitsteilungen aufgehoben und die bisherigen Wertschöpfungsstufen verschmelzen bzw. werden mittels der Prozesse vertikal integriert.

3.3 Neue Geschäftsmodelle mit neuen Chancen und Risiken

Dies führt zu neuen Chancen und Risiken sowie auch zu neuen Geschäftsmodellen, wie die Abb. 3.3 und 3.4 verdeutlichen.

Der Vertriebsprozess kann durch die Internettechnologie (wieder) in die Hoheit der Leistungsanbieter gelangen. Notwendige Voraussetzung dazu ist allerdings, dass der Leistungsträger den elektronischen Vertriebsprozess beherrscht. Hierdurch kann eine Bedrohung des traditionellen Vertriebs entstehen. Gleichzeitig kann aber durch die Technik, bspw. des Dynamic Packaging, die bisherige Vertriebsstufe auch die Veranstalterfunktion übernehmen, was zu einer Bedrohung der traditionellen Veranstalterrolle führt. Leistungsträger wie z. B. Airlines können ebenfalls den Vertriebsprozess in eigener Regie mit Hilfe der neuen Technologien durchführen. Der Siegeszug der Low Cost Airlines, die wie z. B. Ryanair nur über das Internet vertreiben, ist ein vieldiskutiertes Beispiel. Dagegen tragen die Leis-

Abb. 3.3 Auswirkungen auf die touristische Wertschöpfungskette und die touristischen Prozesse. (Quelle: eigene Darstellung)

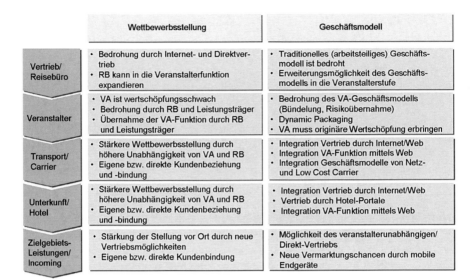

Abb. 3.4 Auswirkungen auf Wettbewerbsstellung und Geschäftsmodelle. (Quelle: eigene Darstellung)

tungsträger bspw. auch ein erhöhtes Auslastungsrisiko, wenn sie im Direktvertrieb agieren und nicht mehr das Auslastungsrisiko auf Veranstalter verteilen oder abwälzen können.

Dies bedeutet keinesfalls, dass die Existenzberechtigung von Veranstaltern und Reisebüros in der Zukunft wegfallen wird. Der Convenience-Aspekt bei Pauschalreisen, auch der Beratungs- und der Convenience-Aspekt bei Reisebüros führen dazu, dass diese Funktionen auch weiterhin am Markt existieren werden, wenn sie ihren spezifischen, aus ihrem Geschäftsmodell resultierenden Wettbewerbsvorteil zu nutzen in der Lage sind. Insofern ist auch die Pauschalreise bei weitem keine aussterbende Produktform. Sie wird jedoch durch andere Produkte bedrängt und in Teilen substituiert.

Andererseits wird deutlich, dass die Eintrittsbarrieren für Leistungsträger in die Vertriebs- und Veranstalterprozesse relativ niedrig sind. Zudem ist die Wertschöpfung bei den Leistungsträgern oftmals höher. Dass hierbei die Kapitalbindung bei den Leistungsträgern mit ihrem hohen Anlagevermögen deutlich ausgeprägter ist, ist dabei konsistent. Insofern erscheint es auch nicht verwunderlich, wenn in der jetzigen Wettbewerbslandschaft mit seinen technologiegetriebenen Auswirkungen marktführende Touristikunternehmen neu darüber nachdenken, bspw. ihren Airline Betrieb wieder in den eigenen Einflussbereich einzubinden, nachdem zuvor die Airline-Beteiligung zur Disposition stand und Hotelbeteiligungen bereits veräußert wurden. So wird das bisher favorisierte „Asset Light"-Modell des Reiseveranstalters, das tendenziell nicht so wertschöpfungsstark und stabil ist, sowie hohem Wettbewerbsdruck ausgesetzt ist, aktuell wieder neu bewertet.

3.4 Unternehmensinterne Anwendungen des Web 2.0 und anderer neuer Technologien

Neben den markt- und wettbewerbsgerichteten Anwendungen, deren Auswirkungen sehr komplex und interdependent sind, kommen Web 2.0 und andere neue Internet-Anwendungen auch bei Unterstützungs- und Serviceprozessen zum Tragen.

Hier sind bspw. folgende Anwendungsfelder angesprochen, die z. T. unmittelbar auf Web 2.0 Anwendungen fußen, z. T. aber auch auf neuen technischen Möglichkeiten basieren, die nicht unmittelbar mit dem Web 2.0 zu tun haben (Abb. 3.5):

- Interne Kommunikation
- HR-Prozesse
- Finanz-Prozesse
- Reiseunterlagenerstellung
- Markt- und Konsumentenforschung

Die schon beschriebenen Blogs und Diskussionsforen sind nicht nur ein Angebot für Kunden (Alby 2007, S. 41). Die gleiche Technik wird auch für unternehmensinterne Kommunikation eingesetzt (Kortzfleisch von et al. 2008, S. 74–79 und S. 82–84). In Blogs und Foren finden auch Mitarbeiter eine Plattform, um sich zu informieren und auch ihre eigenen Meinungen und Einstellungen kund zu tun (Schmidt 2008, S. 126–132). Wenn diese internen Blogs geöffnet werden und auch unternehmensexternen Teilnehmern zugänglich sind, verwischen die Grenzen zwischen interner und externer Kommunikation für das Unternehmen. Dies stellt eine

Unterstützungs- und Serviceprozesse	Mögliche Anwendungen von Web 2.0 und anderen neuen Technologien
Interne Kommunikation	• Blogs • Intranet • etc.
HR-Prozesse	• Online Bewerbungen • Online-Marketing • Jobportale....
Finanz-Prozesse	• Finanz-/Anlage-Entscheidungen • Online-Banking • etc.
Reiseunterlagen-erstellung	• Dezentrale Ticketerstellung – Ticket zuhause/Ticket via Telefon • Datenübermittlung an Leistungsträger/Dienstleister • Bezahldienste....
Markt- und Konsumenten-forschung	• Web Monitoring – Real Time • Online Research • Kundenorientierte Website-Gestaltung....

Abb. 3.5 Unternehmensinterne Anwendungen von Web 2.0 und anderen neuen Technologien. (Quelle: eigene Darstellung)

besondere Herausforderung an die Kommunikationspolitik dar: Interne Informationen beeinflussen den Kunden – sowohl negativ sowie auch positiv – da sie für authentischer angesehen werden und eine deutlich höhere Glaubwürdigkeit haben als die traditionelle nach außen gerichtete Unternehmenskommunikation.

HR-Prozesse, wie z. B. der Rekrutierungsprozess von Nachwuchskräften, können ebenfalls durch Web Technologie beeinflusst werden. Es ist inzwischen durchaus üblich, sich online zu bewerben und dabei auch eine kurze Prozesslaufzeit zu erwarten. Ist dieser Online-Prozess gut durchstrukturiert, schnell und fehlerfrei, so hat dies in der Gruppe der Bewerber eine positive Kommunikationswirkung und für das Unternehmen einen positiven Imageeffekt zur Folge. Auch hier verschwimmen unternehmensinterne und – externe Wirkungen.

Das Gleiche gilt für ein Beispiel, das für die Touristikindustrie ebenfalls eine wichtige Rolle spielt: die Ticketerstellung. Neue Technologien, die internetbasiert sind und es ermöglichen, dass der Kunde sich sein Ticket zu Hause selbst ausdruckt, führen zu Prozessvereinfachungen bzw. zum Wegfall von Prozessen innerhalb des Unternehmens. Gleichzeitig haben diese zunächst intern gerichteten Anwendungen auch erhebliche Marktauswirkungen: Nur durch den Ticketausdruck auf dem Heimdrucker kann die Bahn eine hohe Nutzung und Akzeptanz des Internetvertriebs erreichen. Das Gleiche gilt für das elektronische Ticketing der Airlines. Auch hier ist die Technologie der Enabler, der den Vertriebskanal Internet für den Verbraucher attraktiv macht.

3.5 Implikationen für den Unternehmenserfolg

Die neuen Internet Technologien wirken sich in vielfältiger Weise auf den Erfolg bei Unternehmen aus, die sich aktiv mit der Technologie auseinandersetzen und diese anwenden. Auf der Seite der qualitativen Absicherung der Geschäftsentwicklung führen die Intensivierung der Kundenbeziehung und -bindung über Web-Anwendungen zu besserer Ausschöpfung des Kundenpotentials. Ebenfalls positive Effekte ergeben sich für das Unternehmensimage, die Marktstellung des Unternehmens und das Marktverständnis (vgl. hierzu auch: Göttgens u. Dörrenbächer 2008, S. 214–219). Unternehmensintern werden Prozessqualität und -geschwindigkeit verbessert. Anwendungen auf dem Gebiet des Wissensmanagement sind gerade in einer Zeit schneller Veränderungen und wachsender Bedeutung der Ressource ‚Wissen' für Erfolg und Misserfolg im Unternehmen entscheidend. Hier ermöglichen das Wiki-Prinzip und die Nutzung der kollektiven Intelligenz eines Unternehmens, Wissensressourcen zu bündeln und zugänglich zu machen und somit die Voraussetzungen für einen Wettbewerbsvorsprung zu verbessern (Kortzfleisch von et al. 2008, S. 74–76, 78, 82–85).

Direkte Auswirkungen des Web sind durch die Chance gegeben, neue Märkte und neue Geschäftsmodelle mit Hilfe des Webs zu generieren. Dass diese neuen Geschäftsmodelle gleichzeitig eine Bedrohung alter Modelle darstellen, soll hier nicht außer Acht gelassen werden. Wenn man sich gleichzeitig vor Augen führt, in

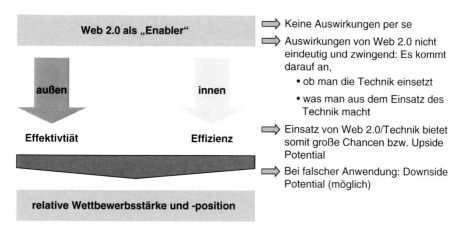

Abb. 3.6 Web 2.0 als Erfolgsfaktor. (Quelle: eigene Darstellung)

welch rasantem Tempo der Preisverfall bei Hard- und Software voranschreitet, so erscheinen die in Verbindung mit der Technologie entstehenden Kosten kein ernsthaftes Anwendungshindernis darzustellen. Eher sind es fehlende Experten, die zu Engpässen im Bereich der Mitarbeiter und damit auch der Anwendung führen.

Fazit der Betrachtung ist, dass die neuen Webtechnologien und Anwendungen, die nicht zuletzt unter dem Stichwort Web 2.0 subsumiert werden, mehr Chancen als Risiken für die touristischen Unternehmen gleich welcher Prägung darstellen. Technologien sind kein entscheidender Kostenfaktor mehr; ihre Anwendung wird vom Markt erzwungen (Abb. 3.6).

Die Technik selbst hat dabei keine Auswirkungen per se. Sie stellt vielmehr einen Enabler dar, bei dem die Auswirkungen davon abhängig sind, ob und wie diese Technik eingesetzt wird. Bei richtigem und intelligentem Einsatz bietet die Technik große Chancen und Möglichkeiten, die relative Wettbewerbsstärke und -position zu verbessern. Unternehmen, die diese Technik nicht nutzen oder falsch einsetzen, wird der Markt früher oder später die rote Karte zeigen.

Bibliografie

ACTA. (2008). Allensbacher Computer und Technik Analyse 2008. http://www.acta-online.de/praesentationen/acta_2008/acta_2008_Information%2390EDC.pdf

AGOF e.V. (2008). Arbeitsgemeinschaft Internet Forschung e.V. Internet Facts 2008-III. http://www.agof.de/studienarchiv.587.html

Alby, T. (2007). *WEB 2.0 – Konzepte, Anwendungen, Technologien.* München: Hanser Fachbuchverlag.

Bender, G. (2008). Kundengewinnung und -bindung im Web 2.0. In B. Hass, G. Walsh, & T. Kilian (Hrsg.), *Web 2.0 Neue Perspektiven für Marketing und Medien* (S. 173–190). Berlin: Walter de Gruyter.

Dialog Consult, & VATM -Verband der Anbieter von Telekommunikations- und Mehrwertdiensten e.V. (2008). Zehnte gemeinsame Marktanalyse Telekommunikationsmarkt 2008.

Göttgens, O., & Dörrenbächer, S. (2008). Markenmanagement im Web 2.0 und Web 3D am Beispiel von Mercedes-Benz. In B. Hass, G. Walsh, & T. Kilian (Hrsg.), *Web 2.0 Neue Perspektiven für Marketing und Medien* (S. 211–229). Berlin: Walter de Gruyter.

Holidaycheck. (2009). http://www.holidaycheck.de/

Hotelkritiken. (2009). http://hotelkritiken.de/

Initiative D 21. (2008). (N)ONLINER Atlas 2008. http://old.initiatived21.de/fileadmin/files/08_NOA/NONLINER2008.pdf

Kilian, T., Hass, B. H., & Walsh, G. (2008). Grundlagen des Web 2.0. In B. Hass, G. Walsh, & T. Kilian (Hrsg.), *Web 2.0 Neue Perspektiven für Marketing und Medien* (S. 3–21). Berlin: Springer.

Kortzfleisch von, H., Mergel, I., Manouchehri, S., & Schaarschmidt, M. (2008). Corporate Web 2.0 Applications. In B. Hass, G. Walsh, & T. Kilian (Hrsg.), *Web 2.0 Neue Perspektiven für Marketing und Medien* (S. 73–87). Berlin.

O'Reilly, T. (2005). What is Web 2.0? Design Patterns and Business Models for the Next Generation of Software. www.oreilly.de/artikel/web20.html. Gesehen am 24. Feb 2009.

RSS-Scout. (2009). http://www.rss-scout.de/

Schmidt, J. (2008). Weblogs in Unternehmen. In B. Hass, G. Walsh, & T. Kilian (Hrsg.), *Web 2.0 Neue Perspektiven für Marketing und Medien* (S. 121–135). Berlin: Springer.

Kapitel 4
Kundenbewertungen in der eTouristik – Segen oder Fluch? Psychologie der Reiseentscheidung im Social Web

Daniel R. Schmeißer

Zusammenfassung: Empfehlungen und Bewertungen von Kunden sind so alt wie Amazon und eBay. Trotzdem haben sie in den vergangenen Jahren den Reisemarkt grundlegend verändert. Reisende informieren sich anhand von Bewertungen anderer Reisender, sichern ihre Buchungsentscheidung ab und schreiben im Internet über ihre eigenen Reiseerfahrungen. Die klassischen Reiseanbieter standen den Nutzerbewertungen lange Zeit kritisch gegenüber, inzwischen sind Bewertungsfunktionen auf fast allen Portalen etabliert. Sowohl Verbreitung als auch Wirkung nutzergenerierter Inhalte werden aber häufig falsch eingeschätzt. Gerade aus Kundensicht sind die Meinungen anderer Nutzer zwar essentiell, unterliegen aber vielfältigen Urteilsheuristiken und erfüllen unterschiedliche Funktionen innerhalb des individuellen Entscheidungsprozesses. Der Beitrag skizziert auf Basis aktueller Forschungsergebnisse, wie Nutzerbewertungen im deutschen Touristikmarkt genutzt werden und erläutert aus sozialpsychologischer Sicht ihre Funktionen innerhalb des Customer Life Cycles. Im zweiten Teil wird diskutiert, welche Aspekte (Erfolgsfaktoren) bei der Umsetzung von Bewertungsfunktionen aus Nutzersicht beachtet werden sollten, damit kommerzielle Reiseanbieter von ihnen profitieren. Im Ausblick werden die Auswirkungen auf Reiseanbieter, Reisbüros und Leistungsträger mit Blick auf die veränderten Anforderungen bezüglich Qualitäts-, Beschwerde- und Reputationsmanagement zusammengefasst.

Schlüsselwörter: Social Media • User Generated Content • UGC • Reiseportal • Reiseanbieter • Intermediäre • Reisebüro • Nutzerbewertung • Nutzerkommentar • Reisebewertungsportal • Reisephasen • Beschwerdemanagement • Reputationsmanagement • Qualitätsmanagement • Reiseentscheidung

---

D. R. Schmeißer (✉)
phaydon | research+consulting GmbH & Co. KG, Im Mediapark 7, 50670 Köln, Deutschland
e-mail: daniel.schmeisser@phaydon.de

4.1 Einleitung

Nutzerbewertungen, Kommentare und Empfehlungen der Reisenden stellen vor allem die klassischen Reiseanbieter, Hotels und regionalen Tourismusorganisationen vor große Herausforderungen. Angesichts des neuen Verständnisses des Konsumenten als „Prosumenten" oder neuerdings auch „Prosumer" kann es für Reiseanbieter im Web nicht darum gehen, Energie auf Schutzmaßnahmen gegen kritische Nutzerstimmen zu verwenden. Die Frage lautet vielmehr: Wie müssen Reiseanbieter reagieren, wenn Nutzer sich in ihrem Reiseentscheidungsverhalten zunehmend an den Empfehlungen und Bewertungen anderer Reisender orientieren? Und: Welche Aspekte sind erforderlich bzw. aus Nutzersicht zielführend, wenn es um die Einbindung von Bewertungs- und Empfehlungsfunktionen auf der eigenen Website geht? Zur Beantwortung dieser Fragen muss zunächst geklärt werden, welche Funktion das Social Web in Form von Nutzerbewertungen im Entscheidungsprozess erfüllt.

Social Web als Bezeichnung für die Gesamtheit aller offenen und partizipativen Interaktionsformen im Internet hat gegenüber Web 2.0 den Vorteil, dass es auf die interaktiven Aspekte der Kommunikation referenziert. Ermöglicht wird dies durch webbasierte Anwendungen – Social Software – die den Nutzer bei Informationsaustausch und Kommunikation unterstützen. Der soziale Austausch im Web findet wiederum auf partizipativen Plattformen statt, deren Formen der Kommunikation je nach Kontext (wirtschaftlich, politisch, gesellschaftlich) erheblich variieren (Zerfaß u. Sandhu 2008). Wenn im Folgenden von Social Web die Rede ist, soll daher der soziale Austausch der Nutzer gemeint sein, also weder die technische Lösung noch die Plattform selbst, auf der der Austausch stattfindet. Diesem Verständnis liegt die Annahme zugrunde, dass Social Web im wesentlichen soziale Prozesse widerspiegelt, die uns tagtäglich begegnen, aber im Medium Internet eine neue Form annehmen. Das Besondere am Social Web ist weniger die technische Machbarkeit des Austausches im Web, sondern die Art und Weise wie bzw. dass sich Nutzer im Internet im sozialen Kontext austauschen und gegenseitig beeinflussen.

Die Voraussetzung für das Social Web liegt im Engagement der Nutzer: Die Anbieter stellen lediglich die Plattform und die Infrastruktur zur Verfügung, alle Inhalte werden von den Nutzern beigesteuert. Seine soziale Dimension erhält das Social Web aber erst durch die vielfältigen Rückkopplungsprozesse, die von den nutzergenerierten Inhalten ausgehen: Nutzer stellen nicht nur ihre Meinungen und Empfehlungen ins Web, sondern bewerten, klassifizieren und empfehlen diese auch. Auf diese Weise entsteht ein kollektives und zugleich vernetztes Wissen, das für alle Nutzer zugänglich ist.

Eine wichtige Funktion dieser sozialen Austauschprozesse liegt im Empfehlen und Bewerten von Produkten, Angeboten und Services. Tagtäglich tauschen wir uns mit Freunden, Bekannten und Arbeitskollegen über Produkte, Reisen und Services aus – und auch im Internet sind Nutzerbewertungen seit Amazon oder eBay wohlbekannt. Amazon und eBay galten über lange Zeit hinweg als Ausnahme; die meisten Online-Shops und E-Commerce-Betreiber verhielten sich gegenüber Kundenbewertungen skeptisch – häufig aus Furcht, die Kunden könnten sich kritisch zu ihren Produkten äußern.

Auch im Touristik-Markt ließen sich die klassischen Reiseanbieter lange Zeit, Bewertungen und Empfehlungen ihrer Kunden als Instrument der Kommunikation mit den Kunden zuzulassen. Erst infolge des Drucks, der von unabhängigen Bewertungsportalen wie HolidayCheck (die zunächst auf den eigenen Vertrieb von Reisen verzichteten und sich so als unabhängige Plattform etablieren konnten) ausging, begannen sich auch die Reiseanbieter mit dem Thema zu beschäftigen. Inzwischen gehören Bewertungs- und Empfehlungsfunktionen auf fast allen etablierten Reisesites zum Standard: Reisende informieren sich anhand von Bewertungen anderer Reisender, sichern ihre Buchungsentscheidung ab und stellen positive wie negative Reiseerfahrungen ins Web. (Bei Thomas Cook bspw. liegt der Rücklauf der Hotelbewertungen mittels geeigneter Kundenbindungs- und Feedbackinstrumente im Mittel bereits bei etwa 30 %.)

Internetnutzer stufen Bewertungs- und Empfehlungsfunktionen heute als unverzichtbar ein, denn sie helfen die Informationsasymmetrie zwischen Anbieter und Reisenden auszugleichen. Die hohe Akzeptanz von Nutzermeinungen spiegelt dabei einen aktuellen Trend: Studien belegen, dass das Vertrauen in Marken mehr und mehr sinkt. Menschen „wie du und ich" vertraut man am ehesten und sie gelten als zuverlässige Quelle, wenn es um Informationen über Produkte und Unternehmen geht (Edelmann 2009). Anbietern, die sich den Möglichkeiten des Social Web verschließen, wird es daher in Zukunft zunehmend schwerer fallen, glaubwürdig zu kommunizieren. Damit einher geht auch eine grundlegend neue Sicht bezüglich des Einflusses von User Generated Content auf den Entscheidungsprozess bei Reisen.

4.2 Der Einfluss von Nutzerbewertungen auf die Reiseentscheidung

Aktuelle Studien belegen (phaydon u. forsa 2009): Das Internet ist neben den persönlichen Kontakten und dem Reisebüro der wichtigste Kontaktpunkt im Prozess der Reiseentscheidung. Die Bedeutung der unterschiedlichen Vertriebskanäle (und damit auch die Rolle des Social Web) muss dabei in Abhängigkeit von den verschiedenen Phasen der Reiseplanung und -realisierung betrachtet werden. Wie in der Abb. 4.1 ersichtlich, unterscheidet man zwischen der Inspirations-, Informations-, Buchungs-, Reise- und Nachbereitungsphase. Die Buchungsphase selbst kann weiterhin in Einstiegs-, Orientierungs-, Spezifizierungs- und Auswahlphase differenziert werden. Die Möglichkeiten des Social Web – hier: die nutzergenerierten Bewertungen und Empfehlungen – erfüllen dabei in jeder Phase des Entscheidungsprozesses vielfältige kommunikative und psychologische Funktionen.

In der Inspirationsphase steht zunächst weniger die Wahl eines konkreten Angebots im Vordergrund, sondern es geht um die Suche nach Reisezielen oder die Inspiration zu Reiseanlässen (Abenteuer, Romantik o. ä.). Hier steht an erster Stelle der persönliche Kontakt: 56 % der deutschen Reisenden lassen sich zu einem Reiseziel inspirieren bzw. holen sich Anregungen für das nächste Urlaubsziel durch den direkten Austausch mit Freunden, Bekannten und der Familie (Quelle: phaydon u.

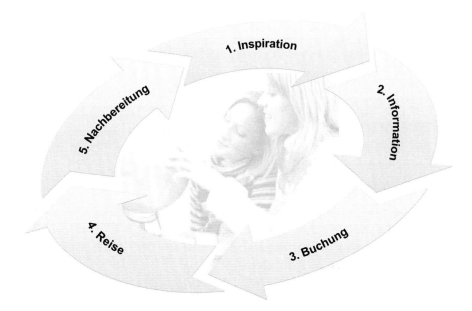

Abb. 4.1 Entscheidungsphasen bei der Reiseplanung und -realisierung. (Quelle: phaydon/research +consulting)

forsa 2009; alle weiteren Zahlen beziehen sich ebenso auf die hier durchgeführte Repräsentativbefragung „Reisemotive im Zeitalter der Digitalisierung und Individualisierung"). Bereits an zweiter Stelle steht das Internet (43 %), das insbesondere in den jüngeren Zielgruppen den persönlichen Austausch verdrängt hat. Das bedeutet: Das Internet ist in der Phase der Inspiration und ersten Reisezielfindung genauso wichtig wie die eigene persönliche Erfahrung (42 %), und wichtiger als Informationen aus den Medien und Reisekatalogen (beide 29 %) oder Reiseführern (20 %).

Damit kommt auch den nutzergenerierten Empfehlungen eine wichtige Bedeutung zu, denn diese erhalten nicht erst in der Phase der Reisebuchung Gewicht. Gerade in der vorbereitenden Inspirationsphase erfüllt das Social Web eine zentrale Funktion: Die Nutzer lassen sich durch positive Bewertungen zu Reisezielen oder Hotels anregen. Sie lassen sich von Angeboten und Urlaubszielen inspirieren, die auch anderen Reisenden gut gefallen haben oder die häufig weiterempfohlen werden. Entscheidend und handlungsrelevant für die Anbieter ist dabei, dass im Social Web die Grenzen zwischen Inspiration und Information fließend sind.

In der Informationsphase geht es um das Abwägen von Argumenten für ein Reiseziel oder ein Reiseangebot. Die Nutzer sichern sich in ihrer Entscheidung ab: Bewertungen und Empfehlungen anderer Reisender (offline wie online!) spielen hier eine große Rolle. Entscheidungen auf dieser Basis fallen aber nicht linear aus, sondern sind äußerst komplex und unterliegen zahlreichen Heuristiken und verzerrenden Effekten – mehr dazu weiter unten. Auch in der Informationsphase (im Folgenden beziehen sich die Zahlen auf die Grundgesamtheit der deutschen Reisenden mit Internetnutzung, siehe phaydon u. forsa, 2009) steht der Einfluss der persönlichen

4 Kundenbewertungen in der eTouristik – Segen oder Fluch?

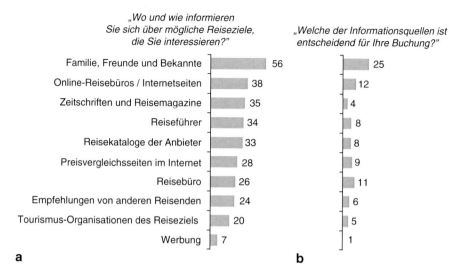

Abb. 4.2 Quellen und deren Bedeutung für die Reise-Informationsphase; Basis: Reisende, die das Internet nutzen, N = 1.321; Mehrfachnennung möglich. (Quelle: phaydon u. forsa 2009)

Kontakte an erster Stelle (56 %); an zweiter Stelle folgen das Internet bzw. die Online-Angebote der Reiseanbieter (38 %), gefolgt von Zeitschriften und Reisemagazinen (35 %). Ein Viertel aller Reisenden (24 %) nutzt Empfehlungen anderer Reisender im Internet, um sich über mögliche Reiseziele zu informieren. Abbildung 4.2 zeigt, dass, bezogen auf die Grundgesamtheit der Onliner, Empfehlungen anderer Reisender im Internet für immerhin sechs Prozent buchungsentscheidend sind.

Noch anders stellt sich das Bild dar, wenn man nur den Anteil der Reisenden berücksichtigt, die das Internet als Informationsquelle zur Reiseplanung nutzen: Hier geben 38 % der Befragten an, Reisebewertungsportale zu nutzen. Damit kommt den nutzergenerierten Bewertungen inzwischen dieselbe Bedeutung zu wie den Informationen in Online-Reisebüros (40 %) oder den Internetseiten der Reiseanbieter (38 %).

Wie lassen sich Reisende beschreiben, die Empfehlungen anderer Reisender im Internet für ihre Informationssuche über Reiseziele nutzen? Es handelt sich um eine sehr online-affine Gruppe, die Hälfte nutzt das Internet mehr als zwölf Stunden pro Woche. 80 % der Nutzer sind jünger als 50 Jahre, allerdings findet sich das Gros mit 54 % in der mittleren Altersgruppe zwischen 30 und 49 Jahren. In allen Reisephasen legen diese Nutzer Wert auf soziale Kontakte und den Austausch mit anderen, sei es im persönlichen Bekanntenkreis oder im Web. Mehr als die Hälfte dieser Nutzer (54 %) besucht gezielt Reisebewertungsportale, um sich über mögliche Urlaubsziele zu informieren; jeder Dritte (31 %) nutzt Reiseberichtsportale und Reise-Communities. Der soziale Austausch ist für diese Gruppe aber nicht nur im Vorfeld, sondern auch während und nach der Reise von zentraler Bedeutung: 21 % schreiben auf Bewertungsportalen oder in Communities über ihre eigenen Reiseerfahrungen.

Reisende, die Empfehlungen anderer Reisender im Internet nutzen, buchen überdurchschnittlich häufig (48 % vs. 39 %) Pauschalreisen, also mindestens Transport und Unterkunft zusammen; die Buchung erfolgt häufig direkt beim Reiseveranstalter oder im Online-Reisebüro, wobei gerade das Internet als hilfreiche Informationsquelle und Erleichterung wahrgenommen wird. In dieser Gruppe ist zugleich auch der Anteil an Reisenden, die sich im Internet informieren, aber im Reisebüro buchen (ROPO = Research Online Purchase Offline; Google et al. 2008), anteilsmäßig höher (34 %) als in der Gesamtheit der Reisenden (29 %). Das bedeutet, dass das Social Web (in Form von nutzergenerierten Meinungen und Empfehlungen) auch in denjenigen Zielsegmenten von großer Relevanz ist, die sich zwar im Internet informieren, aber im Reisebüro buchen, weil sie sich dort auf Basis ihres fundierten Vorwissens eine direkte und persönliche Beratung versprechen. Für den klassischen Reisevertrieb hat dies insofern Konsequenzen, als der Berater die Empfehlungen der Nutzer im Web nicht ignorieren kann, sondern diese zum Gegenstand seiner Beratung machen muss.

Die *Buchungsphase* umfasst die Entscheidungsprozesse unmittelbar vor, während und unmittelbar nach der Buchung. Nutzerbewertungen und Empfehlungen haben hier die Funktion, die bereits getroffene Entscheidung zu bestärken oder (im Anschluss an die bereits erfolgte Buchung) Nachkauf-Dissonanzen nach Möglichkeit zu reduzieren. Bewertungen und Empfehlungen anderer Reisender halten aber auch häufig von einer Buchung ab: 35 % der Reisenden mit Internetnutzung wurden bereits durch negative Bewertungen im Internet von einer Buchung abgehalten – unter den Reisenden, die das Internet gezielt zur Reiseinformation nutzen, liegt der Anteil sogar bei 54 %, was die große Bedeutung nutzergenerierter Empfehlungen innerhalb des Entscheidungsprozesses widerspiegelt.

In der *Nachbereitungsphase* werden die Erlebnisse rückblickend strukturiert und dokumentiert – Eindrücke festigen sich, Erinnerungen werden autobiografisch verdichtet und weitergegeben. Auch in dieser Phase nimmt das Social Web eine immer größere Bedeutung ein: Bereits jeder Fünfte lädt Fotos einer Reise im Internet hoch; etwa zehn Prozent geben an, über eigene Reiseerfahrungen im Internet zu schreiben. Diejenigen, die aktiv über eigene Reiserfahrungen schreiben bzw. Bewertungen abgeben, nutzen mehrheitlich auch selbst Empfehlungen anderer Reisender im Internet (55 %). Umgekehrt schreibt aber bereits jeder Fünfte (22 %), der Reisebewertungen im Internet passiv nutzt, selbst aktiv im Internet über seine eigenen Reiseerfahrungen.

4.3 Zur Psychologie der Nutzerbewertungen

Wie eingangs erwähnt, erfüllen nutzergenerierte Bewertungen und Empfehlungen während der verschiedenen Phasen des Entscheidungsprozesses unterschiedliche psychologische Funktionen. Grundsätzlich lassen sich zwei Entscheidungsmodi unterscheiden:

1. In den frühen Phasen des Entscheidungsprozesses für eine Reise (Inspiration, Information) erfolgt die Rezeption nutzergenerierter Inhalte überwiegend ergebnisoffen. Das bedeutet, dass sich Nutzer im Internet bei der Beschäftigung mit den Bewertungen und Empfehlungen anderer Reisender sowohl in positiver als auch in negativer Richtung beeinflussen lassen. Die Bewertungen und Empfehlungen anderer Reisender haben hier den Charakter der Information.
2. Je weiter der Entscheidungsprozess für eine Reise fortschreitet, desto selektiver erfolgt die Rezeption der nutzergenerierten Inhalte. Dies hat zur Folge, dass die Nutzer nicht mehr der gesamten Bandbreite an Meinungen und Kommentaren Aufmerksamkeit schenken, sondern die selektive Informationssuche und -wahrnehmung den Entscheidungsprozess prägt. Dadurch koppelt sich auch die Wahrnehmung eines Reiseziels oder Reiseangebots mehr und mehr von der Realität ab: Es geht nicht mehr darum, ein möglichst „objektives" Bild zu erlangen, sondern Gründe für/gegen die eigene (möglicherweise bereits getroffene) Entscheidung zu finden.

Geht es in den ergebnisoffenen Phasen der Entscheidungsfindung um Inspiration und Informationssammlung, dreht sich gerade in den späten Phasen der Reiseentscheidung (Buchung, Bestätigung, Nachkaufphase) alles um die Beibehaltung bzw. Wiederherstellung eines möglichst positiven Urlaubs- und damit Selbstbildes. Das Social Web unterliegt daher – wie jede andere soziale Realität auch – den Wirkmechanismen der (sozialen) Gruppe. Viele Beobachtungen aus eigenen Nutzerbefragungen (z. B. Rengelshausen u. Schmeißer 2007), können dabei mit Hilfe validierter Theorien aus der Sozialpsychologie erklärt werden.

Zunächst stellt sich die Frage, ob Nutzer bei der Verarbeitung von Nutzermeinungen nach dem Summen- oder nach dem Durchschnittsmodell vorgehen (Anderson 1968). Vieles spricht dafür, dass Nutzer ihren Gesamteindruck nicht als Summe aller positiven und negativen Einzelbewertungen gewinnen, sondern innerlich einen Durchschnittswert bilden, der subjektiven Verzerrungen unterliegen kann. So lässt sich immer wieder beobachten, dass bereits eine einzelne mäßig positive Bewertung eine sehr positive nach unten ziehen kann, obwohl es sich in Summe beide Male um eine positive Bewertung handelt. Umgekehrt kann eine sehr positive eine negative kompensieren, wenn man sich stärker mit dem Absender der positiven Bewertung identifiziert als mit dem der negativen. Dieser Sachverhalt rechtfertigt auch die Bildung tatsächlicher Durchschnittswerte von Nutzerbewertungen. Voraussetzung für den sinnvollen Einsatz von Durchschnittswerten ist jedoch, dass (a) die Skala bzw. die verwendeten Durchschnittswerte inhaltlichen Bedeutungen zugeordnet werden (bspw. kann ein Durchschnittswert von 1,0 einer „sehr guten" oder „ausgezeichneten" Bewertung entsprechen), und (b) angegeben wird, wie die Anzahl der Einzelbewertungen zum Durchschnitt beiträgt (Beispiel: eine gleiche Verteilung von sehr positiven und sehr negativen Bewertungen nivelliert den Durchschnitt, obwohl das Produkt nicht als „mittelmäßig", sondern als polarisierend erlebt wird).

Abbildung 4.3 zeigt eine Hotelbewertungsseite bei HolidayCheck; auf der linken Seite mit ausführlichen Kommentaren, rechts mit standardisierter Bewertung.

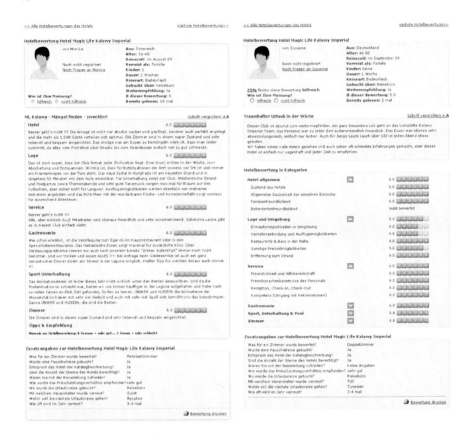

Abb. 4.3 Hotelbewertungsseite bei HolidayCheck. (Quelle: www.holidaycheck.de)

Detaillierte Angaben über den Absender erleichtern die Einordnung. Die Bewertungskategorien werden als Durchschnittswerte angezeigt.

Studien belegen (HolidayCheck 2007), dass die User im Schnitt mindestens sieben Bewertungen lesen, bevor sie eine Entscheidung treffen. Diese Zahl allein ist bereits aufschlussreich, zeigt sie doch, dass sich die Nutzer mit derjenigen Anzahl von Bewertungen beschäftigen, die auch zu einem späteren Zeitpunkt noch erinnert werden kann (ca. sechs bis acht Informationen können im Kurzzeitspeicher erinnert werden; diese Zahl gilt als ausreichend, um sich ein eigenes Urteil zu bilden, umgekehrt können mehr Informationen den Nutzer kognitiv überfordern). Aus Anbieter-Sicht ist aber entscheidend, dass es trotzdem keine absolute Menge gibt, ab der eine Beurteilung „objektiv" wird, denn zahlreiche verzerrende Effekte sind bei der Meinungsbildung wirksam und beeinflussen die Entscheidungsfindung. Wie können Anbieter angesichts dieser Tatsache agieren?

Reihenfolgeeffekt: Erstgelesene Bewertungen und Empfehlungen tragen insgesamt mehr zum Gesamteindruck bei als die später gelesenen, d. h. der Beitrag von Bewertungen wird umso geringer, je später sie in einer Merkmalsliste erscheinen

(Primacy-Effekt). Dies spricht für ein Gewichtungssystem, das als „hilfreich" eingestufte Bewertungen (Bewertung der Bewertung) weiter nach oben stellt (Position im Ranking), und nicht die jeweils aktuellste. Im Idealfall kombiniert mit der Möglichkeit, offene Kommentare zu den Hotelbewertungen zu schreiben, in denen Informationen ergänzt oder richtig gestellt werden. Dem Primacy-Effekt steht der Recency-Effekt gegenüber, bei dem die zuletzt gelesene Information stärkeres Gewicht erhält als die unmittelbar zuvor gelesenen. Insgesamt hängt es aber von der Situation und dem Kontext der Suche ab, welcher der beiden Effekte stärker ausgeprägt ist (McGuire 1985).

Abbildung 4.4 zeigt eine Hotelbewertungsseite bei tripadvisor. Hier können Nutzer am Ende des Kommentars per Schieberegler bewerten, wie hilfreich sie die Kritik empfunden haben.

Negativitätstendenz: Immer wieder lässt sich in Nutzerbefragungen beobachten, dass kritische Bewertungen und Empfehlungen die Gesamtbewertung stärker beeinflussen als positive. Dieser Effekt tritt umso stärker auf, je geringer die Anzahl der vorhandenen Bewertungen und Empfehlungen ist. Eine Erklärung für diese Tendenz liefern Kanouse u. Hanson (1971): In einer durch Wahrnehmungsselektion und Konsistenzstreben überwiegend positiv gesehenen Umwelt sind negative Einzelaspekte eher selten, störend und auffällig und werden deshalb stärker gewichtet als positive. Aus Anbieter-Sicht spricht dies für eine Mindestzahl von Bewertungen für jedes Angebot, um eine weitgehend objektive Beurteilung überhaupt sicherzustellen. Die Negativitätstendenz gilt allerdings nicht uneingeschränkt, sondern nur dann, wenn die negative Information aufschlussreicher ist als die positive – und dies gilt insbesondere für soziales Handeln, also bspw. wenn es um die Beurteilung von Service oder Kinderfreundlichkeit geht. So wiegen negative Beurteilungen bezüglich des Service schwerer als positive (vgl. die Thesen zur unterschiedlichen „Diagnostizität" negativer und positiver Handlungen bei Skowronski u. Carlston 1987). Im Bereich der Leistungsfaktoren (Preis, Sauberkeit, Essen etc.) verhält es sich umgekehrt: Hier sind die positiv bewerteten Leistungen diagnostisch aussagekräftiger als die schlechten, denn es wird die Annahme zugrunde gelegt, dass gute Leistungen nur mit entsprechenden Fähigkeiten möglich sind (Positivitätstendenz im Leistungsbereich). Dies verdeutlicht, weshalb die standardisierte Beurteilung „weicher" (sozialer) Faktoren so wichtig für die Entscheidungsfindung der Nutzer ist – insbesondere in Fällen, bei denen „objektive" Leistungsfaktoren schwer zu beurteilen sind (z. B. aufgrund fehlender Vergleichsmöglichkeiten).

Bei Reisen geht es in der Regel um einen komplexen Entscheidungsprozess, bei dem viele unterschiedliche Leistungsfacetten gewichtet werden und in ein Gesamturteil einfließen. Selten aber entscheiden wir uns für eine Reise, indem wir explizit bewerten, also für jedes Bewertungsobjekt (Hotel, Land, Service, Preis etc.) eine partielle Bewertung durchführen. Entscheidungen für Reisen werden häufig implizit gefällt, indem wir eine holistische, intuitive Bewertung vornehmen, bei der die unterschiedlichen Bewertungen der Einzelaspekte kognitiv integriert werden (Jungermann et al. 2005, S. 120). Inwieweit dabei einzelne Leistungs- und Servicefacetten gewichtet werden, ist abhängig von der verfügbaren Entscheidungszeit,

Abb. 4.4 Hotelbewertungsseite bei tripadvisor. (Quelle: www.tripadvisor.de)

dem Vorwissen und dem Involvement (Kosten) für die Reise. Für die Bewertung zentraler Leistungsdimensionen müssen in der Regel bestimmte „Schwellenwerte" erreicht werden, d. h. die Entscheidung verläuft eher non-kompensatorisch. Für die Bewertung der „weichen" Faktoren verläuft die Entscheidung dagegen häufig kompensatorisch (wenn z. B. ein guter Service das schlechte Essen ausgleicht). Die je nach Kontext und Situation unterschiedlich verwendeten Entscheidungsregeln machen deutlich, dass sowohl „harte" als auch „weiche" Dimensionen Eingang in moderne Bewertungs- und Empfehlungsverfahren finden sollten. Je transparenter dabei das Bewertungssystem ist, desto einfacher fällt es dem Nutzer eine Entscheidung zu treffen.

Dissonanzeffekt: Je mehr Aufwand ein Nutzer bereits in die Suche nach einem Reiseziel oder Angebot investiert hat, desto eher wird er nach bestätigenden Bewertungen und Empfehlungen suchen und negative ausblenden. Denn die Nutzer halten die Informationskosten möglichst gering: Wer bereits viel Aufwand betrieben hat, wird sich ungerne zugestehen, dass der Aufwand umsonst war („Rechtfertigung des Aufwands"; Festinger 1957). In einer solchen Situation kann bereits eine einzelne positive Bewertung in einer Liste von negativen als positiver Verstärker wirken. Umgekehrt können auch Entscheidungen gegen ein Reiseziel durch das Vorhandensein einzelner kritischer Bewertungen positiv bestärkt werden. Dissonanzeffekte bzw. selektive Such- und Informationsstrategien, die der Auflösung kognitiver Dissonanz dienen, können sowohl in der Buchungsphase selbst als auch in der Nachkaufphase zur Reduzierung von (Nachkauf-)Dissonanzen eintreten. Eine typische Nachkaufdissonanz tritt ein, wenn die gebuchte Reise im Rückblick zu teuer erscheint – positive Bewertungen erfüllen hier die Funktion, die erlebte Dissonanz in Richtung einer selbstwertdienlichen (richtigen) Entscheidung abzumildern.

Umfeld- und Kontrasteffekte: Jede nutzergenerierte Bewertung und Empfehlung wird in bestimmten Kontexten erstellt und gelesen. Handelt es sich um kommerzielle Seiten, wird den kritischen Meinungen zunächst mehr Gewicht beigemessen, denn diese gelten im kommerziellen Umfeld zunächst als Garant für die Glaubwürdigkeit des Anbieters, der auch einer kritischen Überprüfung standhalten muss (Rengelshausen u. Schmeißer 2007). Schreibt ein Nutzer in einem überwiegend positiven Bewertungsumfeld eine negative Empfehlung, wird sie tendenziell positiver ausfallen als in einem kritischen Umfeld. Umgekehrt können negative Meinungen verstärkt werden, wenn sie in einem ohnehin kritischen Umfeld gepostet werden.

Sowohl passive Nutzer als auch solche, die aktiv Bewertungen und Kommentare ins Netz einstellen, unterliegen den skizzierten Verzerrungseffekten. Hier stellt sich generell die Frage, wann Nutzer selbst ihre Meinung einstellen, also das Social Web *aktiv* nutzen anstatt es nur *passiv* zu rezipieren. Inhaltsanalysen belegen, dass die Mehrzahl der Bewertungen auf Portalen und Reisesites positiv ist – die Angst der Reiseanbieter vor überwiegend kritischen Meinungen und „Nörglern" erscheint daher häufig unberechtigt. Das Verhältnis von positiven und negativen Bewertungen variiert dabei natürlich von Anbieter zu Anbieter, trotzdem nehmen gerade die unzufriedenen Gäste häufig nicht die Mühe auf sich, ihre negativen Erfahrungen einer breiten Öffentlichkeit zugänglich zu machen. So belegt eine aktuelle Studie (Edelmann 2009), dass der Anteil der Konsumenten, die ihre Erfahrungen im Internet teilen, bei zufriedenen Kunden, die den Unternehmen vertrauen, höher ist (28 %) als bei denjenigen, die dem Unternehmen misstrauen (21 %). Fehlendes Vertrauen führt häufig zu Boykott und Kritik, es bedeutet aber nicht, dass die Meinung auch im Internet mitgeteilt wird. Umgekehrt führen Zufriedenheit und Vertrauen nicht nur zu einer höheren Bindung an die Marke, sondern auch zu einer höheren Bereitschaft, das Produkt oder das Unternehmen anderen weiterzuempfehlen. Inwieweit lediglich die Extrempole von zufrieden-euphorischen und kritisch-frustrierten Empfehlungen, oder auch normal-durchschnittliche Bewertungen geäußert werden, hängt dabei auch von den bei Kunden und Nutzern eingesetzten Anreiz- und Bindungssystemen der Anbieter und Portalbetreiber ab. In der Praxis zeigt sich immer wieder, dass auch Reisende mit „gewöhnlichen" Erlebnissen bereitwillig von ihren Erfahrungen berichten, wenn sie in ihrer Meinung ernst genommen werden und selber zuvor (Entscheidungs-) Hilfe durch Empfehlungen anderer Reisender in Anspruch genommen haben (Prinzip des „Gebens und Nehmens", Rengelshausen u. Schmeißer 2007).

Und noch ein weiteres Argument spricht dagegen, dass negative Bewertungen zwangsläufig überwiegen: Wie oben erwähnt, nutzt mehr als die Hälfte der Onliner, die aktiv Bewertungen schreiben, selbst im Vorfeld der Reise die Empfehlungen anderer Reisender im Internet. Wenn diese Gruppe also insgesamt in Folge des Social Webs besser informiert ist, verlässlicher entscheidet und daher voraussichtlich auch weniger häufig von ihrer Reise enttäuscht wird, können die von dieser Gruppe eingestellten Bewertungen im Gros folgerichtig nicht negativ sein. Das Social Web trägt daher langfristig zu einem sich selbst verstärkenden Prozess bei, in dem es zu einer Selektion von Angeboten kommt, die überhaupt wettbewerbsfähig sind und den Ansprüchen der Nutzer entsprechen. Diesen Effekt hat die Stiftung Warentest in der „realen" Welt bereits vorgemacht: Die Warentests haben nicht nur dazu geführt, dass die Verbraucher besser informiert sind, sondern auch auf die Produkte zurückgewirkt – bei häufig getesteten Produkten wie Staubsaugern gibt es heute kaum noch negativ bewertete Exemplare. Welche langfristigen Konsequenzen dieser Prozess für die Reisebranche insgesamt und die touristischen Anbieter nach sich zieht, ist heute noch kaum abzusehen. Es zeichnet sich aber ab, dass „common knowledge" in Form von Nutzermeinungen Teil eines *Reputationsmechanismus* wird, der die Informationsasymmetrie zwischen Anbieter und Kunde auf lange Sicht reduziert.

4.4 Erfolgsfaktoren zur Einbindung von Nutzerbewertungen

Es gibt streng genommen nur einen einzigen relevanten Erfolgsfaktor im Social Web – die Glaubwürdigkeit. Gerade bei einem Vorhaben wie der Reise fällt die Glaubwürdigkeit ins Gewicht, da man sich im Vorhinein auf fremde Urteile bzw. die Erfahrung anderer verlassen muss. Aus Nutzersicht entscheiden letztlich fünf Kriterien darüber, ob nutzergenerierte Bewertungen und Empfehlungen als glaubwürdig eingestuft werden oder nicht (Rengelshausen u. Schmeißer 2007):

1. Unabhängigkeit: Nutzer gehen davon aus, dass die Empfehlungen anderer Reisender im Internet nicht durch kommerzielle Anbieter manipuliert werden und der Absender einer Bewertung kein kommerzielles Eigeninteresse verfolgt. Bereits kleine Anzeichen von Manipulation können daher großen Schaden anrichten, denn sie werden häufig aufgedeckt und erzeugen Gegenwehr. Umgekehrt liegt in der Veröffentlichung kritischer Meinungen gegenüber dem Anbieter auch die Chance, Glaubwürdigkeit herzustellen: Denn das Zulassen von Kritik (gerade auch auf den kommerziellen Seiten der klassischen Reiseanbieter) kann ein Zeichen von Involvement und Identifikation sein, indem das Unternehmen signalisiert, den Austausch mit seinen Kunden ernst zu nehmen.

2. Authentizität: Obwohl der persönliche Kontakt im Reisebüro immer noch von vielen hoch geschätzt wird, gehen die Nutzer bei subjektiven Bewertungen und Empfehlungen im Internet davon aus, dass die Person, die ihre Erlebnisse einer breiten Öffentlichkeit zugänglich macht, ihren Urlaub auch tatsächlich am genannten Ort verbracht hat und daher in der Lage ist, ein realistisches Urteil zu fällen. Ein wesentliches Kriterium für die wahrgenommene Glaubwürdigkeit der Inhalte ist daher auch die Schreibweise der Bewertungen, die von den Nutzern implizit geprüft wird: Selbstverfasste Erfahrungs- und Bewertungskommentare vermitteln ein diffuses Bauchgefühl bezüglich der Authentizität und Glaubwürdigkeit des Beitrags. Deshalb ist es für den Nutzer unverzichtbar, neben skalierten Bewertungen zumindest einen Teil der Beiträge auch im Wortlaut und in der Original-Sprache nachlesen zu können. Als zusätzlich vertrauensbildend hat sich erwiesen, neben standardisierten Bewertungen und freien Nutzerkommentaren auch das Hochladen von Urlaubsbildern und Videos zu ermöglichen.

3. Aktualität: Nutzergenerierte Inhalte unterliegen nicht nur einer ständigen Erweiterung, sondern auch einer Prüfung durch andere Nutzer – sie sind daher an Aktualität kaum zu überbieten, was sie vor allem im Vergleich zum gedruckten Reiseführer oder Katalog so wertvoll macht.

4. Selbstähnlichkeit: Gerade auf den Seiten der kommerziellen Reiseanbieter lässt sich beobachten, dass dem Bedürfnis nach Sicherheit durch Empfehlungen anderer Reisender die Skepsis bezüglich der Quelle der Erfahrungsberichte gegenüber steht. Gründe für diesen Konflikt sind nicht nur erwartete Manipulationsversuche von Seiten der Anbieter, sondern oftmals fehlende Hintergrundinformationen zum Absender. So können differenzierte Autorenprofile, in der die Interessen und individuellen Lebensumstände des Verfassers beschrieben sind, unmittelbar zur Vertrauensbildung beitragen: Im Abgleich von ähnlichen Interessen und Lebenslagen liegt für den Interessenten die Chance einzuschätzen, inwiefern die abgegebene Bewertung für ihn selbst von Relevanz ist. Dies fördert darüber hinaus den positiven Eindruck eines erfahrungsgesättigten, letztlich aber selbstständig gefällten Urteils. Als Beispiel kann hierfür die Hotelbewertung bei Neckermann-Reisen in Abb. 4.5 herangezogen werden.

5. Vielfalt: Nicht zuletzt zählt neben der Qualität der Bewertungen und Empfehlungen auch die Quantität der Beiträge. Das Social Web stellt eine ungeheure Menge an Meinungen, Bewertungen, Kommentaren und Netzwerkwissen zur Verfügung. Gerade im Reisebereich erlaubt diese Fülle ein facettenreiches und ausgewogenes Bild vom Reiseziel. Erst die „Weisheit der Masse" stellt für die Nutzer sicher, dass subjektive Fehlurteile und verzerrende Einzelerlebnisse zuverlässig aufgedeckt und sichtbar werden. Je geringer die Anzahl an Bewertungen auf der Seite, desto geringer ist daher auch die wahrgenommene Glaubwürdigkeit.

Die genannten Glaubwürdigkeitskriterien erfüllen eine wichtige Funktion im Entscheidungsprozess für eine Reise. Sie tragen dazu bei, das Bedürfnis nach Sicherheit zu stillen und das Entscheidungs- und Buchungsrisiko auf Seiten der Reisenden zu reduzieren. Für den Anbieter handelt es sich dagegen um Richtlinien, die in der Umsetzung beachtet werden müssen, damit Glaubwürdigkeit transportiert und Akzeptanz auf Kundenseite erzeugt werden kann.

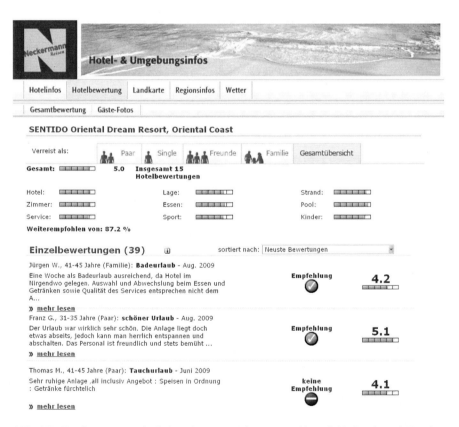

Abb. 4.5 Hotelbewertungsseite bei Neckermann-Reisen; Auswahlmöglichkeiten je nach Zugehörigkeit zu einer einzelnen Gruppe (Single, Familie etc.): Im Hotelinfo-Popup ist nach der Popupstartseite der Bereich Hotelbewertungen der meistgeklickte Content. (Quelle: www.neckermann-reisen. de 2009)

4.5 Fazit: Chancen und Risiken von Empfehlungs- und Bewertungsverfahren in der Touristik

Die Entwicklung des passiv rezipierenden Konsumenten zum aktiv mitgestaltenden Prosumenten ist auch in der Reisebranche nicht mehr aufzuhalten. Immer mehr Reisende nutzen das Social Web aktiv und passiv, orientieren sich an den Empfehlungen anderer Reisender in unabhängigen Communities oder Bewertungsportalen. Um Empfehlungs- und Bewertungsverfahren auf den Seiten der kommerziellen Anbieter und Tourismusorganisationen erfolgreich zu implementieren, gilt es, die Skepsis der Nutzer ernst zu nehmen und entsprechende Maßnahmen zu treffen, mit denen die Glaubwürdigkeit der Inhalte untermauert wird. Dazu gehört neben der Transparenz bezüglich Absender, Bewertungsfunktion und Ranking vor allem auch das Zulassen kritischer Stimmen.

Gelingt die glaubwürdige Einbindung des Social Web in das eigene Vertriebsmodell, ergeben sich auch für kommerzielle Anbieter zahlreiche Chancen und Potenziale. Zunächst signalisiert der Anbieter ein offenes Ohr für die Bedürfnisse seiner Kunden und trägt damit grundlegend zum *Vertrauensaufbau* bei. Erfahrungsberichte der Reisenden bieten den Unternehmen die Möglichkeit auf Kritik zu reagieren (Beschwerdemanagement), unzureichende Angebote nachzubessern und Missstände zu beseitigen (Qualitätsmanagement), um dadurch den Kundenkontakt langfristig auf eine solide Basis zu stellen (aktives Reputationsmanagement). Durch das Social Web baut der Anbieter darüber hinaus ein umfangreicheres Kundenwissen auf, dem wichtige Hinweise zur Qualität der eigenen Reiseangebote zu entnehmen sind. Authentische Erfahrungsberichte und Empfehlungen zeigen Stärken und Schwächen der Angebote unmissverständlich auf und sind Bausteine einer genauen Zielgruppenkenntnis. Sowohl in der Buchungs- als auch in der Nachkaufphase suchen Reisende im Internet nach Bestätigung ihrer getroffenen Auswahl. Hier kann der Anbieter mit geeigneten Funktionen *Entscheidungshilfe* leisten und verhindern, dass Nutzer im Vorfeld des Buchungsprozesses auf andere Onlineangebote abspringen.

Bewertungs- und Empfehlungsverfahren sind aber nur der erste Schritt. In Zukunft wird es mehr und mehr darum gehen, wie sich die Nutzer auf den Plattformen untereinander, aber auch mit dem Reiseanbieter austauschen können. Reiseanbieter oder -mittler dürfen sich hier nicht nur als Verkäufer eines Produkts verstehen, sondern als Wissensträger, die mit ihren Kunden Erfahrungen austauschen und Erlebnisangebote für individuelle Bedarfslagen machen. Dasselbe gilt für die Reisebüros: Viele Menschen werden auch in Zukunft nicht auf das persönliche Beratungsgespräch verzichten. Sie werden aber durch das Internet zunehmend kritischer und informierter sein und den Expedienten vor neue Herausforderungen stellen. Der Berater muss hier zunehmend die Rolle eines professionellen „Begleiters" einnehmen, der das Vorwissen des Kunden aufgreift, erweitert und den Kunden bei der Entscheidungsfindung unterstützt. Der Expedient wird so künftig verstärkt eine Art „Lotsenfunktion" wahrnehmen, indem er relevante Gespräche im Web identifiziert und selbst aktiv an ihnen teilnimmt.

Zuletzt bieten sich aber auch Chancen für die Leistungsträger (z. B. Hotels) selbst, denn diese erhalten mit dem Social Web unmittelbar Zugang zu den Nachfragern, die aktiv Informationen einholen. Die zunehmende Nähe der Leistungsträger zu den Nutzern verändert daher nicht nur die Rolle der Intermediäre, sondern wird auch eine größere Produktvielfalt (Stichwort „long tail" oder Nischenangebote) und stärkere Fokussierung auf zunehmend ausdifferenzierte Kundenwünsche ermöglichen.

Bibliografie

Anderson, N. H. (1968). A simple model for information integration. In R. P. Abelson et al. (Hrsg.), *Theories of cognitive consistency: A sourcebook* (S. 52–72). Chicago: Rand McNally.
Edelmann. (2009). Trust Barometer. http://www.edelman.com/speak_up/blog/Trust_Barometer_Executive_Summary_FINAL.pdf
Festinger, L. (1957). *A theory of cognitive dissonance*. Evanston, IL: Row, Peterson.
Google, iProspect, Sempora, & TUI. (2008). ROPO: Research Online – Purchase Offline in der Touristik (Präsentation Impulsstudie). http://www.full-value-of-search.de/key_questions/5/answers/32
HolidayCheck. (2007). Studie zum Thema Hotelbewertungen und User-Generated-Content im touristischen Bereich. http://www.holidaycheck.de/data/common/presse/pm16.pdf
Jungermann, H., Pfister, H.-R., & Fischer, K. (2005). *Die Psychologie der Entscheidung. Eine Einführung*. München: Elsevier.
Kanouse, D. E., & Hanson, L. R. Jr. (1971). Negativity in evaluations. In E. E. Jones et al. (Hrsg.), *Attribution: Perceiving the causes of behavior*. Morriston, NJ: General Learning Press.
McGuire, W. J. (1985). Attitudes and attitude change. In G. Lindzey & E. Aronson (Hrsg.), *Handbook of Social Psychology* (Vol. 2, S. 223–346). New York, NY: Random House.
Rengelshausen, O., & Schmeißer, D. (2007). Touristik 2.0 – Chancen und Risiken von User Generated Content für den Online-Reisevertrieb. *Planung & Analyse, Heft 4*, S. 58–61.
Schmeißer, D., Hoyer, M., Maas, J., & Beeske, S. (2008). Effektive Kundenansprache in komplexen Märkten. Ergebnisse einer Segmentierung im Touristikmarkt. *Planung & Analyse, Heft 6*, S. 31–37.
Skowronski, J. J., & Carlston, D. E. (1987). Social judgement and social memory: the role of cue diagnosticity in negativity, positivity and extremity biases. *J. Pers. Soc. Psychol. Bull., 105*, S. 131–142.
phaydon, & forsa. (2009). Reisemotive im Zeitalter der Digitalisierung und Individualisierung: Ein dynamisch-entscheidungsorientierter Segmentierungsansatz für eine effektive Kundenansprache in komplexen Märkten. http://www.phaydon.de/marktforschung-publikationen-studien_reisemotive_forsa_phaydon.html
Zerfaß, A., & Sandhu, S. (2008). Interaktive Kommunikation, Social Web und Open Innovation. Herausforderungen und Wirkungen im Unternehmenskontext. In A. Zerfaß, M. Welker, & J. Schmidt (Hrsg.), *Kommunikation, Partizipation und Wirkungen im Social Web. Strategien und Anwendungen: Perspektiven für Wirtschaft, Politik und Publizistik* (S. 283–310). Köln: Halem.

Kapitel 5
Authentizität von Hotelbewertungsplattformen – wie mächtig und wie glaubwürdig ist User Generated Content?

Frank Mühlenbeck und Klemens Skibicki

Zusammenfassung: Von Urlaubern für Urlauber – die Tipps und Bewertungen von seinesgleichen sind unschlagbar. Mit wenigen Klicks finden Touristen heute die Meinungen von Millionen anderer Urlauber. Die „Verbraucherinformationen" der Anbieter werden links liegen gelassen, denn diese wollen ja nur verkaufen. Die Kundenbewertungen hingegen wollen nur helfen, denen kann man vertrauen – oder? Die Entmachtung der Tourismusanbieter ist unaufhaltsam, denn im Web 2.0 kann kein enttäuschter Urlauber mehr totgeschwiegen werden. Wie müssen sich Hotels, Reiseanbieter und Destinationen in dieser neuen Welt verhalten, was sollten sie tun und was sollten sie vermeiden? Antworten auf diese Fragen gibt dieser Beitrag.

Schlüsselwörter: Hotelbewertungen • Web 2.0 • Social Media • Authentizität • Manipulation • Markenwahrnehmung

5.1 Einleitung: Der Siegeszug des Internets bei Suche und Buchung ist ungebrochen

Das Internet hat von Beginn seiner kommerziellen Nutzung seit Mitte der 1990er Jahre die Tourismusbranche grundlegend verändert. Umgekehrt hat die Reisebranche die Verbreitung des Internets beschleunigt, da Produkte keines anderen Wirtschaftszweiges in so starkem Maße über das Netz vertrieben werden.

Die Web-Tourismus-Studie 2009 bestätigt den weiter anhaltenden Trend in Richtung Online-Buchungen. Danach wuchsen die Online-Umsätze von 2007 auf 2008 um 21 %. Die deutsche Tourismus-Branche erwirtschaftete allein 2008 18,02 Mrd. € Umsatz im Internet. Dies machte weit mehr als ein Drittel des Umsatzes der gesamten Branche im gleichen Jahr aus. (Web-Tourismus 2009).

F. Mühlenbeck (✉)
Brain Injection, Bonner Str. 328, 50968 Köln, Deutschland
e-mail: muehlenbeck@brain-injection.com

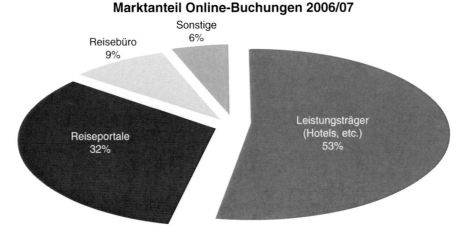

Abb. 5.1 Marktanteil an Online-Buchungen 2006/2007. (Quelle: Eigene Darstellung in Anlehnung an GfK Travelscope)

Wie Abb. 5.1 zeigt, waren in den letzten Jahren Hotels, Fremdenverkehrsämter und Verkehrsmittel die wichtigsten Leistungsträger bei den Onlinebuchungen. Bei Reiseportalen handelte es sich um Webseiten wie Expedia und Weg.de. Der Anteil der Reisenden, die sich über das Internet über eine Reise informieren und anschließend auch auf diesem Weg buchen, wird laut GFK Travelscope weiter zunehmen. (www.gfkps.com/scopedivisions/retail/tourism/index.de.html). Nach Angaben der Reiseanalyse 2008 der Forschungsgemeinschaft Urlaub und Reisen e. V. haben sich binnen Jahresfrist bereits 29,2 Mio. Internetnutzer im Internet über eine Reise informiert. Über die Hälfte von diesen (15,2 Mio.) haben dann auch eine Reise online gebucht (vgl. www.reiseanalyse.de und die aktuelle Studie „Erste Ergebnisse der Reiseanalyse 2008", herausgegeben von der Forschungsgemeinschaft Urlaub und Reisen e. V.). Die Arbeitsgemeinschaft für Online Forschung (AGOF) geht sogar davon aus, dass 21,2 Mio. Internetnutzer (53 % aller Internetnutzer) eine Reise im Netz gebucht haben („Sonderauswertung Reise und Touristik Internet Facts 2007", herausgegeben von der AGOF e. V. 2007).

5.2 Der Trend im Trend – Web 2.0

Neben dem Anstieg der Informationssuche und Buchung im Internet ist vor allem die Frage interessant, wo und wie sich die Reisenden über einen Anbieter oder ein bevorstehendes Urlaubsziel informieren. Die klassischen Informationen von Reiseanbietern und Buchungsmaschinen, d. h. offizielles Fotomaterial, Preisinformationen, allgemeine Informationen zum Hotel und Urlaubsort haben gegenüber den mittlerweile zahllosen Bewertungsportalen und Reise-Communities immer mehr das Nachsehen. Der Grund für die wachsende Beliebtheit solcher Plattformen ist eben so einfach wie unschlagbar. Hier findet der Suchende Informationen, die von anderen Reisenden produziert werden, den „User Generated Content" des Web 2.0.

Web 2.0 hat im Tourismusmarkt vor allem über relativ junge, unabhängige Plattformen Einzug gehalten. Die etablierten großen Player hingegen haben die Entwicklung weitgehend verschlafen und beginnen erst langsam und oft widerwillig den Trend zu verstehen und aufzuarbeiten. Neben unzähligen kleineren privat betriebenen Reise-Webseiten sind es die mittlerweile großen Hotelbewertungsplattformen, die den Markt entscheidend verändert haben. Hier können sich Urlauber über ihre Reiseerlebnisse auslassen, Unterkünfte nach verschiedenen Kategorien beurteilen und Bilder und Videos hochladen. Andere Touristen können sich vor ihrer Buchung mit Hilfe dieser nutzergenerierten Inhalte über die touristischen Angebote in einer Weise informieren, wie es zuvor bestenfalls begrenzt im privaten Freundeskreis möglich war. International ist TripAdvisor die größte Reise-Community, die inzwischen über 26 Mio. Reiseberichte und Meinungen von rund 15 Mio. Reisenden über Hunderttausende von Hotels gesammelt hat. Von 2007 auf 2008 wuchs die Anzahl der Berichte um über 50 % an. TripAdvisor bietet seinen 32 Mio. Unique Visitors pro Monat neben Reiseberichten auch Fotos, Videos, Ranglisten, Reise-Wikis, Foren und mehr, um sich vor dem Urlaub über das mögliche Ziel zu informieren. Der deutsche Marktführer für Reisebewertungen mit rund 1,2 Mio. Bewertungen und über eine Million Fotos heißt Holidaycheck.de. Viele andere folgen, bspw. hotelcheck.de, hotelkritiken.de, myhotelcheck.de, hotelbewertungen.de oder hotelzeugnis.de um nur einige zu nennen.

Wie tiefgreifend die Umwälzungen auf dem Tourismusmarkt durch diese Entwicklung wirklich sind, wird erst ersichtlich, wenn man sich in die Zeiten der Vor-Internetära versetzt. Aus Sicht der obersten Riege von Tourismuskonzernen und Reiseveranstaltern mag es sich um die gute alte Zeit im Tourismus gehandelt haben, in der die Kommunikationsstrukturen noch eindeutig determiniert waren. Diese Welt war dadurch gekennzeichnet, dass die Marketingabteilungen die Botschaften über ein Angebot entwarfen und über die wenigen vorhandenen Informationswege an diejenigen verbreiteten, die z. B. ein Urlaubsziel buchen wollten, aber noch nie da waren. In der Regel waren dies die Kataloge, in denen mit Hilfe sorgfältig hergerichteter Fotos und ausgeklügelter Texte das Hotel illustriert wurde. In der überwiegenden Mehrheit aller Buchungen waren die Kataloge in Verbindung mit der Auskunft der Reisebüro-Experten die einzige Informationsquelle für einen Urlauber. Bestenfalls kannte dieser noch jemandem im Bekanntenkreis, der einen besseren Rat geben konnte, weil er schon einmal am betreffenden Ort oder im Zielhotel war. In Zeiten von Web 1.0 und davor waren solche privaten Informationsquellen jedoch quantitativ und qualitativ begrenzt. Außer von Reisebüros, als klassische Absatzkanäle, waren bestenfalls noch Drittinformationen über die Reiseseiten in Magazinen und Zeitungen oder Fernseh- und Radioprogrammen zu beziehen. Inwieweit die Objektivität gewahrt blieb, wenn die Redakteure dieser Beiträge auf Einladung der jeweiligen Anbieter über ein Urlaubsziel berichteten, kann nur spekuliert werden. Jedenfalls waren diese Informationen im Vergleich zum Spektrum des ganzen verfügbaren Angebots eher spärlich gesät. Für die Anbieterseite bestand damals faktisch ein Informationsmonopol. Negatives Feedback eines Urlaubers fand nur in seltenen Fällen – wenn es überhaupt gegeben wurde – seinen Weg über die Beschwerdestellen der Anbieter oder den engen Freundeskreis hinaus.

Das Internet brachte seit dem ausgehenden 20. Jahrhundert zunehmend die Lösung des Problems für die Kunden und entmachtete die Anbieter. Konnte man im Urlaubskatalog noch „Strandnähe" lesen, ermöglicht heute ein Klick auf Google Earth oder andere Map-Anbieter herauszufinden, wie die Lage sich tatsächlich vor Ort darstellt. Jeder kann hier in Sekunden und kostenlos die zwischen Hotel und Strand liegende vierspurige Straße sehen, die im Katalog keine Erwähnung fand (Mühlenbeck u. Skibicki 2008). Es besteht heute hinsichtlich der Urlaubsziele echte Pressefreiheit, weil die Urlauber mit Hilfe der Blogs, Video-Plattformen und Communities des Web 2.0 selbst zu Medien geworden sind. Web 2.0 ist somit mehr als nur ein Trend, es handelt sich vielmehr um einen grundlegenden Wandel des Kommunikationsmodells einer globalen Welt. In Abb. 5.2 werden das alte sowie das neue Kommunikationsmodell gegenübergestellt. Während die klassischen Medien TV, Print und Radio und sogar noch das Internet der Dotcom-Ära noch nach dem Prinzip „Ein Sender – viele Empfänger" funktionierten, kann im Web 2.0 jeder senden und empfangen. Die Anbieter und die Massenmedien als „Gatekeeper" und Verbreiter der Informationen haben hier ihre einzigartige Stellung verloren und können umgangen werden. Die Informationen, die Internet-Nutzer kinderleicht über die Web 2.0 Plattformen verbreiten können, sind zahlreicher und glaubwürdiger als die Tourismusanbieter und klassischen Medien sie jemals hätten produzieren können.

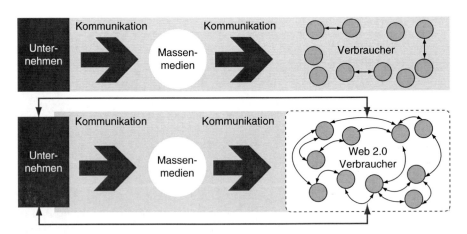

Abb. 5.2 Das alte und das neue Kommunikationsmodell. (Quelle: Mühlenbeck, Skibicki: Verbrauchermacht, S. 16)

5.3 Der Einfluss auf den Such- und Entscheidungsprozess

Die auf den ersten Blick unschlagbar hohe Glaubwürdigkeit der Urlaubermeinungen entfacht eine hohe Nachfrage nach Bewertungsplattformen unter Touristen in der ganzen Welt. Ihr Einfluss ist heute für jeden Tourismusanbieter von Bedeutung. Hohe oder niedrige Weiterempfehlungsraten auf stark frequentierten Meinungsportalen können die Buchungen mittlerweile gravierend und nachhaltig beeinflussen. Der auf Abb. 5.3 dargestellte Kaufentscheidungsprozess veranschaulicht die Bedeutung von Bewertungsplattformen heute und in der Zukunft. In Anlehnung an die Theorie des Kauftrichters nimmt der Kunde im ersten Schritt ein Urlaubsziel wahr, derzeit oft noch über Urlaubskataloge oder Urlaubsreiseanbieter im Internet. Das konkrete Ziel, z. B. ein Ort auf Mallorca, rückt in sein Bewusstsein. Im Urlaubskatalog findet er einige Hotels, die auf den ersten Blick für ihn interessant sind. Im nächsten Schritt nutzt der Kunde eine oder mehrere Bewertungsplattformen, um eine Präferenz herauszubilden. Die Macht der Bewertungsplattform ist damit zum großen Teil bereits heute kaufentscheidend. Im darauffolgenden Schritt entscheidet sich der Kunde für das von ihm präferierte Hotel und bucht dieses bei seinem Reiseanbieter. Voraussetzung dafür ist, dass der Preis für den Kunden erstens bezahlbar ist und zweitens nicht kurzfristig anderswo unterboten wird. Hier setzen die großen Bewertungsplattformen bereits an und zeigen parallel zu den Bewertungen von Urlaubshotels aktuelle Angebote. Die Loyalität verbleibt heute trotzdem zum Großteil noch beim Reiseanbieter, da viele Touristen auf zumeist lange Erfahrung mit dem Veranstalter zurückblicken, in der sich Vertrauen aufgebaut hat. Die eigene Zusammenstellung von Angeboten oder die Buchung bei einem unbekannten Veranstalter „irgendwo im Internet" ist vielen noch nicht sicher.

In Zukunft bilden Bewertungsplattformen im Internet den kompletten Kaufprozess aufgrund ihrer Marktmacht ab. Bereits im ersten Schritt werden die Meinungsportale von potentiellen Urlaubern entdeckt, da mit Hilfe des User Generated Con-

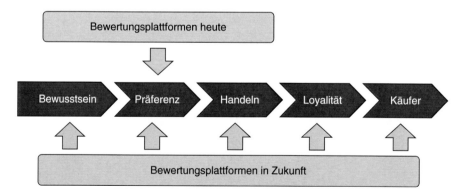

Abb. 5.3 Die Bewertungsplattform im Kaufentscheidungsprozess heute und morgen. (Quelle: Eigene Darstellung)

tent auf den Plattformen sehr hohe Rankings bei den Suchmaschinen erzielt werden. Wenn Kunden über Suchmaschinen wie Google oder Yahoo suchen, finden sie auf den ersten Seiten Bewertungen zu ihrer Suchanfrage, sofern es sich um ein konkretes Urlaubsziel handelt. Den weiteren Prozess von der Präferenz bis zum Kauf decken Bewertungsplattformen heute bereits durch Integration von Reisebuchungsmaschinen ab. In naher Zukunft werden sie diesen Service als Komplettanbieter für Reisen ausbauen.

Der Erfolg solcher Verknüpfungen zwischen Empfehlung und Buchung ist einfach zu erklären, wenn man sich aus Nutzersicht fragt, warum man denn die Webseite wechseln oder gar ins Reisebüro laufen sollte, wenn man direkt auf der Empfehlungsseite nur einen Klick von der Buchung entfernt ist. „Warum in die Ferne schweifen, wenn das Gute liegt so nah?" gilt auch hier. Es sei denn es ist nicht so gut, wie man vielleicht glaubt. Dieser Gefahr gehen die Autoren im nächsten Abschnitt nach.

5.4 Manipulation als Tod des User Generated Content?

Verständlich, dass die Konsumenten immer zahlreicher die Web 2.0 Plattformen als Kanal nutzen, in dem sie Gleichgesinnte finden können, die ihnen glaubwürdigere Informationen liefern als z. B. der Hotelier, der seine Auslastung hochtreiben möchte. Doch das Internet-Rad der Online-Bewertungen bewegt sich heute auf ein neues und sehr großes Problem zu – die Authentizität der Bewertungen. Die Macht der Urlauberbewertungen entfaltet sich nur, weil die Informationssuchenden daran glauben, dass die Bewerter „auf Ihrer Seite" sind bzw. der Bewerter „einer von ihnen" ist und die Information ausschließlich zugunsten anderer Urlauber filtern. Anders als beim Tourismusanbieter werden keine finanziellen Eigeninteressen unterstellt. Noch fragt kaum ein Nutzer nach, von wem die Bewertungen stammen und ob man dem Bewertenden trauen kann. Laut Nielsen Online Global Consumer Study 2009 vertrauen 70 % der Onliner Bewertungen anderer Konsumenten, die sie nicht einmal kennen. Mehr als 30 % der Urlauber haben sich aufgrund einer negativen Bewertung gegen den Kauf eines Produkts entschieden (Nielsen 2009). Für den Werbetreibenden zeigt sich in diesen Zahlen die enorme Wirkung der Online-Bewertung für die Positionierung und den Vertrieb von Produkten.

80 % der befragten Internetnutzer sind sich darüber bewusst, das Hotelbewertungen z. T. manipuliert sind. 55 % hatten bereits das Gefühl, eine manipulierte Bewertung zu lesen (Beck 2008, S. 89–90).

Im Februar 2007 untersuchte die Stiftung Warentest mit Hilfe einer überzogen formulierten Hotelbewertung die Güte der Filtermethoden mehrere Meinungsportale. Nur Holidaycheck.de und Hotelkritiken.de bemerkten die manipulierte Bewertung und löschten sie, während alle anderen Plattformen im Test die fingierte Bewertung stehen ließen. Im Rahmen einer von den Initiatoren betreuten Studie der Cologne Business School wurden 2008 zu Testzwecken erneut mehrere manipulierte Hotelbewertungen in fünf große Bewertungsplattformen eingestellt. In der Arbeit wurde der Text der Hotelbewertung in feinster Katalogsprache verfasst, so dass auch dem Durchschnittsleser hätte auffallen sollte, dass es sich hier nicht um einen Beitrag handelt, der von einem Urlauber geschrieben wurde. Das Ergebnis war aus Sicht der Konsumenten noch erschreckender als bereits im Jahr zuvor bei der Stiftung Warentest: Von fünf untersuchten Bewertungs-Plattformen hat nur eine Plattform die manipulierten Beiträge erkannt und gelöscht.

Lediglich die Plattform Hotelkritiken.de konnte den manipulierten Beitrag finden und löschen. Allerdings wurden die gefälschten Testbewertungen nach Ende des Versuchs durch den Studienautor selbst gelöscht. Besonders überraschend bei diesem Forschungsprojekt war, dass die Fälschungen so extrem einseitig waren, dass sie relativ leicht als solche hätten erkannt werden können. Grundsätzlich ist es für die Plattformbetreiber jedoch sehr schwierig, authentisch verpackte Bewertungen herauszufiltern. Laut Aussage von Holidaycheck besteht bei ca. 5 % der Bewertungen ein Manipulationsverdacht. Die manipulierten Beiträge werden aber nach Unternehmensangaben mit einem aufwendigen Verfahren herausgefiltert, so dass angeblich nur 2 % der 5 % das Kontrollsystem austricksen könnten. Bei diesem Verfahren wird Technik und Manpower kombiniert.

Trotz der offensichtlichen Schwierigkeiten bei der Echtheit werden die Bewertungen von Urlaubern massenhaft genutzt, um eine zusätzliche Entscheidungsgrundlage für die Buchung einer Reise zu erhalten. Solange es keine Alternativen zu den manipulierbaren Hotelbewertungsplattformen gibt und der Glaube an die Echtheit noch nicht hoffnungslos erschüttert ist, ziehen die Suchenden diese Quellen immer noch den eindeutig interessengeleiteten Angaben der Tourismusanbieter vor.

Derzeit läuft der Prozess einer Online-Bewertung auf den Meinungsportalen so ab wie in Abb. 5.4 illustriert. Nachdem sich der Nutzer auf der Webseite angemeldet hat, kann er eine Bewertung abgeben. Bereits an dieser Stelle greift das erste Authentizitätsproblem: Solange sich hier jeder anmelden kann, ohne dass die Identität des Nutzers geprüft wird, ist der Manipulation Tür und Tor geöffnet. Einige Portale machen nicht einmal die vorherige Anmeldung verpflichtend.

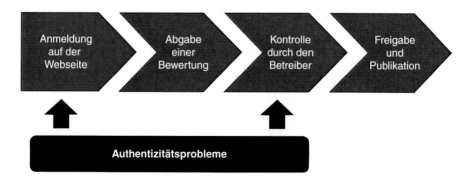

Abb. 5.4 Der Prozess der Bewertung im Detail. (Quelle: Eigene Darstellung)

Eine der größten Gefahren für Bewertungsplattformen resultiert aus der Anfälligkeit des User Generated Content für Manipulation.

Nach Abgabe einer Bewertung läuft diese beim Betreiber der Webseite auf. Dieser muss den Einzelfall prüfen und die Bewertung lesen. Alternativ kann er eigene Filter einsetzen, die bereits eine Vorarbeit leisten und nur relevante Bewertungen herausfiltern, die noch einmal manuell betrachtet werden müssen. Zusätzlich kann überprüft werden, wie viele Bewertungen vom selben Computer oder der gleichen IP-Adresse eingetragen werden. Leider gibt es für Profis auch hier geeignete Mittel, um die technischen Filter auszutricksen. Wenn der Betreiber der Webseite keine Probleme feststellt, gibt er den Beitrag frei, so dass er von allen Portalbesuchern einsehbar ist. Damit ist der Prozess der Hotelbewertung abgeschlossen.

Um die Authentifizierung von Kundenbewertungen zu ermöglichen, müssen zunächst die Gründe für Manipulation näher untersucht werden.

5.5 Gründe für Manipulation und warum trotzdem davon abzuraten ist

Eine Manipulation wird im Internet aufgrund der Anonymität der Nutzer möglich, die nur schwer überprüfbar ist. Hotels möchten ihre eigenen Leistungen durch gezielte Manipulationen besser darstellen, während sie Mitbewerber (meist in unmittelbarer Umgebung) negativ bewerten. 72 % der Befragten einer Umfrage unter Konsumenten führen die Manipulation von Bewertungen darauf zurück, dass Unternehmen die Reputation ihres Produkts verbessern möchten (Beck 2008, S. 90).

Einige Hotelangestellte mehrerer Hotels auf den Balearen, die nicht genannt werden möchten, berichteten in von den Autoren durchgeführten Befragungen von regelmäßig manipulierten Beiträgen, die sie in den Bewertungsplattformen auf Drängen der Geschäftsleitung publizieren müssen, wenn im Berufsalltag freie Zeitkapazitäten verfügbar sind. Andere Hotels richten sich direkt an ihre Kunden und rufen über E-Mails und die Webseite mit einem Link zu Bewertungen auf den Plattformen auf, um die Anzahl positiver Bewertungen gegenüber den Mitbewerbern im lokalen Umfeld zu erhöhen. Hier entsteht auf lokaler Ebene ein starker Wettbewerbsdruck zwischen den Hoteldestinationen, der durch Ranglisten auf den Bewertungsplattformen zusätzlich verstärkt wird. Ein weiterer Grund für manipulierte Bewertungen liegt darin, dass spezialisierte Guerilla Marketing Agenturen mit der gezielten Manipulation von Bewertungen Geld verdienen. Daher bieten sie diese Dienstleistung Tourismus-Unternehmen an, die nicht über genügend freie Kapazitäten verfügen, um eigenständig gefälschte Bewertungen einzutragen.

Lügen haben kurze Beine, und wenn man stolpert, fällt man richtig! Die Autoren raten dringend dazu, im Web 2.0 andere Techniken zu nutzen, um positive Bewertungen zu erhalten und das Tourismus-Unternehmen im Internet zu fördern. Kurzfristig mag Manipulation helfen, mittelfristig ist sie aber keine Lösung, vom moralischen Standpunkt des Betrugs am Kunden einmal ganz abgesehen. Sollte selbst erst zu einem viel späteren Zeitpunkt bekannt werden, dass die Bewertungen eines Hotels bewusst gefälscht wurden, verbreitet sich diese Information über das Internet und die Blogosphäre des Web 2.0 viel schneller als jemals zuvor – und das Internet vergisst nie etwas. Unauslöschbar stehen die Beweise des Betrugs für jeden Kunden mehr oder weniger auf ewig im Netz. Mindestens die Mitbewerber werden dafür sorgen, dass dieser Umstand nicht ins Vergessen gerät.

Glaubwürdigkeit und Authentizität sind langfristig die Schlüsselfaktoren im Internet. Nicht nur, weil unter den Milliarden von Augen von Web 2.0 Nutzern ohnehin kaum etwas verborgen bleibt, ist eine Fairness-Strategie hinsichtlich der Bewertungen der eigenen Produkte zu empfehlen. Die enorme Wichtigkeit der Glaubwürdigkeit für das Vertrauen der Nutzer in den Reiseanbieter kann man im Internet auch bei sehr erfolgreichen Anbietern anderer Branchen ableiten. So liegt es bspw. in dem höchsten Bestreben von Google, Suchergebnisse von der Wichtigkeit der jeweiligen Seite für die Nutzer und nicht etwa von Geldzahlungen oder Einflussmöglichkeiten von Anbietern abhängig zu machen. Nur die Natürlichkeit, also die Rangfolge nach Wichtigkeit der Ergebnisse, schafft dem Google-Nutzer das Vertrauen und den Nutzen, dass der Suchmaschinenbetreiber unabhängig und zugunsten des Suchenden das Internet auswertet. Zur Gewährleistung des Vertrauens in die natürlichen Suchergebnisse hält Google die Kriterien zur Bewertung der Relevanz und Rangfolge einer Webseite im Google-Index unter Verschluss. Zudem straft das Unternehmen jeden Webseitenbetreiber nachhaltig ab, wenn diese gegen die Regularien verstoßen, indem die Internetpräsenz aus den Suchergebnissen gestrichen wird.

Ohne Absicherung von Vertrauen würden Ebay und Google nicht funktionieren. Ähnlich essentiell wie für Google ist das Vertrauen für einen anderen Internetgiganten. Die Auktionsplattform Ebay wird nur genutzt und bringt dem Unternehmen Provisionen, wenn Käufer und Verkäufer darauf vertrauen können, dass das jeweilige Gegenüber die entsprechende Gegenleistung auch erbringt. Ebay stellt diese Glaubwürdigkeit durch den Bewertungs- und Reputationsmechanismus her, der die bewerteten Leistungen der Vergangenheit widerspiegelt und bei guter Reputation das Vertrauen und damit Verdienstmöglichkeiten eines Ebay-Mitglieds steigert. Ohne einen funktionierenden Reputationsmechanismus oder durchschlagende Manipulationsmöglichkeiten würden Ebay und Google nicht oder mindestens nicht im gleichen Maße funktionieren, wie sie es schon seit langem tun.

5.6 Schlussfolgerungen und Lösungsansätze für die Tourismusbranche

Die wichtigste Implikation aus den voran gegangenen Kapiteln für den Tourismus-Sektor im Internet ist sicherlich, dass die vielen neuen Möglichkeiten des Web 2.0 hinsichtlich Transparenz, Kundenbindung, Marktforschung und Erlössteigerung für die leistungsfähigen Anbieter nur erschlossen werden können, wenn sie ihre Authentizität garantieren können. Sollte eine kritische Masse der Kunden den Glauben an die Nutzerbewertungen aufgrund fehlender Mechanismen zur Vermeidung von Manipulation und Fälschung verlieren, wäre das Web 2.0 und damit die Nachfrager schnell entmachtet. Auch wenn dies sicherlich einige Anbieter – vor allem die Wettbewerbsschwachen und schwarzen Schafe unter diesen – freuen würde, so würde die zu erwartende Verunsicherung und der Verlust der durch das Web 2.0 gewonnenen Souveränität der Nutzer letztendlich der gesamten Branche schaden.

Die Frage nach dem Weg zu Authentizität kann man nicht pauschal beantworten. Vielmehr muss man zwischen der Art des Anbieters unterscheiden. Große Reiseveranstalter und Tourismus-Konzerne haben andere Möglichkeiten als ein kleines Urlaubshotel. Im Folgenden werden verschiedene Strategien vorgestellt, um Authentizität bei Bewertungen zu erzeugen und um langfristig Kunden an den Tourismus-Anbieter zu binden.

Der elektronische Ausweis – auf der Suche nach Möglichkeiten, Menschen im Internet zu identifizieren und zu authentifizieren, begegnet man schnell den Meldungen über einen Internet-Ausweis. Die Bundesregierung will den scheckkartengroßen elektronischen Personalausweis, in dem persönliche Daten und ein Foto auf einem Chip gespeichert werden, voraussichtlich 2010 einführen. Damit soll die Identität von Personen auch im Internet-Geschäftsverkehr sichergestellt werden. Denkbar wäre eine Authentifizierung von Nutzern von Bewertungsportalen über einen solchen elektronischen Ausweis. Derzeit ist dazu ein eigenes Lesegerät am Computer erforderlich, der die Online-Identifizierung mit der Chipkarte durchführt. In erster Linie wird diese Form der Authentifizierung im Banking Bereich genutzt werden. Soweit Bewertungsplattformen solche Methoden der Identifizierung einsetzen, werden viele Bürger am Anfang davor zurückschrecken, persönliche Daten in diesem Umfang an eine Plattform weiterzugeben. Vielleicht werden die Webseiten die authentische Bewertung als zusätzliche Information einblenden, so dass der Besucher des Meinungsportals entscheiden kann, ob er nur authentifizierte Meinungen oder alle Meinungen über sein gewünschtes Domizil einsehen möchte.

Selbstregulation (wisdom of crowds) – bei Portalen wie Ebay bewerten sich die Mitglieder gegenseitig, um auf diese Weise im Zusammenhang mit ihren Transaktionen eine Reputation innerhalb der Community aufzubauen. Andere Portale wie die Ideen-Plattform von Dell namens Ideastorm.com bieten ihren Nutzern die Möglichkeit, Beiträge positiv oder negativ zu bewerten. Über die Gesamtzahl der Bewertungen werden automatisch die besten Beiträge herauskristallisiert, die aufgrund der Masse der Bewertungen als am glaubwürdigsten eingestuft werden können. Tatsächlich ist aber auch dieses Verfahren grundsätzlich manipulierbar.

42,3 % der Online-Communities thematisieren direkt oder indirekt touristische Inhalte (Community Monitor 2008). Einige große Communities verfügen über einen Großteil an authentischen Profilen. Die Authentizität wurde hier z. T. über die Seriösität der Plattform und z. T. über tatsächliche Freundschaftsbestätigungen aus der Offline-Welt geschaffen. Soweit man Kooperationen mit solchen Communities aufbaut, greift man automatisch auf die Authentizität der dort bestehenden Profile zurück. Insbesondere Communities wie Facebook, die bereits eine offizielle Schnittstelle für die Anbindung an externe Anwendungen bieten, können authentische Mitglieder gewonnen werden, die wiederum neue Mitglieder über Facebook werben.

Hotels und Reiseveranstalter integrieren Bewertungssysteme in ihre Reisebuchungsportale – Portale und Reiseanbieter wie HRS und Thomas Cook liefern erste Lösungsansätze für die Sicherung der Authentizität der Bewertungen. Danach können Internetnutzer erst nach Beendigung der Reise, die über das Portal gebucht wurde, eine Bewertung abgeben. Damit sichern sie ab, dass der bewertende Internetnutzer tatsächlich die Reise gebucht und bezahlt hat. Über die Buchungsplattform wird automatisch nach Beendigung der Reise eine E-Mail an den Touristen gesendet, die zu einer Bewertung der Reise auffordert. Einen ähnlichen Weg gehen Cashback-Portale wie www.MeinAnteil.de, wo Touristen bei der Buchung einer Reise sparen können und dafür eine Bewertung zum Reiseanbieter schreiben können, wenn sie das Geld für die Reise bezahlt haben und die Reise abgeschlossen ist. Problem dieser Authentifizierung ist das wesentlich langsamere Aufbauen von User Generated Content aufgrund der Begrenzung der Bewerter auf tatsächliche Kunden, die genau die zu bewertende Reise gebucht haben (Rengelshausen u. Schmeißer 2007).

Die ersten Hotelketten gehen einen Schritt weiter und bauen eigene Kunden-Communities auf, mit denen sie ihre Kunden an das Hotel und die Marke binden. Mittels kontinuierlichem Aufbau einer Community wird das Vertrauen in die Marke gestärkt und dazu genutzt, die von den Nutzern generierten Inhalte wiederum nach außen zu kommunizieren. Die Königsdisziplin im Web 2.0 stellt immer noch der Aufbau einer eigenen Community dar, weil sich die Community Mitglieder längerfristig an den Betreiber bzw. das Hotel binden und mittels eigener Profile dauerhafte Authentizität konstruieren. Dabei sollten aber Schnittstellen zu den großen Social Networks – allen voran Facebook mit seinen mittlerweile 300 Mio. Mitgliedern – genutzt werden. Menschen möchten nicht unbedingt Mitglied in der zigsten Community werden. Nichtsdestotrotz finden die Marken der Tourismus-Konzerne bereits in den sozialen Medien statt – ob sie wollen oder nicht. Nach der Studie

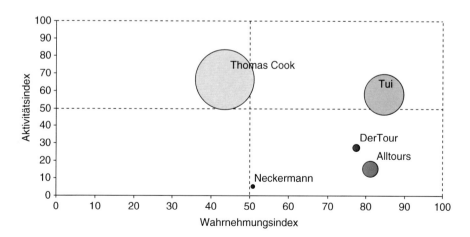

Abb. 5.5 Markenwahrnehmung von Tourismus-Konzernen im Social Web. (Quelle: Brain Injection u. Cologne Business School 2009)

"Social Media Brand Monitor 2009" ist TUI die einzige Marke, die sowohl mehrwiegend positiv als auch relativ aktiv im Vergleich zu anderen Marken wahrgenommen wird. Thomas Cook wird zwar stärker aber auch negativer im Social Web kommuniziert (Abb. 5.5).

5.7 Case Study: Aufbau einer authentischen Kunden-Community für einen Urlaubsclub-Anbieter

Bei einem Beratungsprojekt auf den kanarischen Inseln haben die Autoren eine Community für einen Urlaubsclubanbieter entwickelt, die zusätzlich zur Kunden-Community eine Foto-Erkennungslösung namens „Reco-Pix" eingesetzt hat. Wie Abb. 5.6 zeigt, fotografiert ein Mitarbeiter des Urlaubsclubs die Urlauber. Vor dem Fotoshooting wurde den Gästen ein kleiner Flyer ausgehändigt, der neben einer Erklärung zur Community auch einen Zugangsbenutzernamen mit Passwort und einen Data-Matrix-Code enthielt. Ein Beispiel hierfür findet sich in Abb. 5.7 wieder. Der Data-Matrix Code wird für die automatische Erkennung des Codes im Foto eingesetzt. Der Mitarbeiter aus dem Club konnte nach einer Foto-Session mit Hilfe einer Software die Bilder komplett in die Community hochladen. Automatisch wurden aus den Fotos mit Hilfe des eingesetzten Data-Matrix-Codes Community-Profile erstellt. Sobald sich der Gast mit seinem Benutzerzugang, der auf dem Flyer vermerkt ist, in der Community anmeldet, kann er sein Urlaubsfoto sehen und zusätzliche Informationen zu seinem Profil ausfüllen.

Mit dem Reco-Pix-Codesystem wurde sichergestellt, dass es sich tatsächlich um den Urlauber handelt, der auf dem Foto zu sehen ist. Aussagen von Kunden in Foren und auf dem eigenen Profil trugen dazu bei, die positive Wahrnehmung der Destination nachhaltig zu untermauern. Zusätzlich war es sowohl für den Urlaubsclub als auch für den Urlauber selbst denkbar einfach, die Community zu nutzen. Im Fall des hier angesprochenen Urlaubsclubs wurden Mitglieder im Alter von 16 bis

Abb. 5.6 Per Foto in die Hotel-Community. (Quelle: Brain Injection)

Abb. 5.7 Flyer mit Foto-Erkennungscode. (Quelle: Brain Injection)

82 Jahren für die Community gewonnen. Darüber hinaus hat der Clubanbieter heute ein Marktforschungsinstrument an der Hand, das kostengünstig aktuellste Kundeninformationen zutage fördert. Innerhalb der ersten zwei Jahre des Community-Betriebs konnte ein Anstieg der Kundenstammquote im zweistelligen Prozentbereich erreicht werden. Es lässt sich festhalten, dass selbst weniger große Tourismusanbieter mit einer Community-Strategie eigene Kunden an die Marke binden und die Bewertungen wieder an weitere Plattformen verbreiten kann.

5.8 Fazit

Hotels und Reiseveranstalter sind in den neuen Rahmenbedingungen des Web 2.0 im Internet auf eine schnelle Reaktion angewiesen. Wenn schlechte oder manipulierte Bewertungen über eigene Produkte im Internet auftauchen, oder wenn die Marke über Communities und Blogs angegriffen wird, muss das Unternehmen erstens sofort darüber in Kenntnis gesetzt werden und zweitens umgehend darauf reagieren. Bestenfalls kann dies auf einer eigenen Plattform geschehen, die bereits mit der Nutzerwelt verknüpft ist. Aus diesem Grund raten wir sowohl Hotels als auch Veranstaltern dazu, im Web 2.0 aktiv zu werden und schrittweise eine eigene Web-Präsenz z. B. in den gängigen großen Sozialen Netzwerken aufzubauen. Die Kosten dafür sind aufgrund der Vielzahl der Anbieter, die in diesem Bereich beratend tätig sind, überschaubar. Zusätzlich empfehlen wir die Nutzung eines Social Media Monitoring Tools, um die markenbezogenen Informationen im Internet zu überwachen und im Bedarfsfall als einer der ersten über negative und auch positive Beiträge im Netz informiert zu werden – nur so ist eine schnelle Reaktion und Abwendung von Markenangriffen möglich. Die Autoren untersuchten in Kooperation mit der Cologne Business School im Frühjahr 2009 die Wahrnehmung von mehr als 700 Marken in den großen Social Networks und Video-Plattformen. Trotz teilweise desaströs negativer Wahrnehmung der eigenen Marke, zeigten einige der im Anschluss befragten Unternehmen im Interview, dass sie auch in Zukunft nicht planen, in den Social Media des Web 2.0 aktiv zu werden (Ergebnisse der Studie „Social Media Monitor" als Download auf www.brain-injection.com).

Bibliografie

AGOF e. V. (2007). Sonderauswertung Reise und Touristik Internet Facts 2007. http://www.agof.de/index.777.html

Beck, P. (2008). *User-generated content: A theoretical and empirical investigation of user-manipulated product reviews on internet opinion platforms* (Bachelor's Thesis). Köln.

Brain Injection, & Cologne Business School. (2008). Community monitor 2008. http://www.brain-injection.com/Studien/community-monitor-2008/Menu-ID-54.html

Brain Injection, & Cologne Business School. (2009). Social media monitor 2009. http://www.brain-injection.com/Studien/social-media-company-monitor-2009-web-20-in-unternehmen/Menu-ID-54.html

FUR. (2008). Reiseanalyse. http://www.fur.de

GFK Travelskope: www.gfkps.com/scopedivisions/retail/tourism/index.de.html

Mühlenbeck, F., & Skibicki, K. (2007). *Verkaufsweg Social Commerce – Blogs, Communities & Co. Wie man mit Web 2.0 Marketing Geld verdient.* Norderstedt: Books on Demand.

Mühlenbeck F., & Skibicki, K. (2008a). Web 2.0 im Tourismus. In Tourismus- und Hotellerie Praxis 11–15.

Mühlenbeck, F., & Skibicki, K. (2008b). *Community Marketing Management. Wie man Internet-Communities im Zeitalter des Web 2.0 zum Erfolg führt* (2. Aufl.). Norderstedt: Books on Demand.

Mühlenbeck, F., & Skibicki, K. (2008c). *Verbrauchermacht im Internet. Geld sparen, Geld verdienen, Recht bekommen.* Köln: BrunoMedia Buchverlag.

Nielsen. (2009). Nielsen online global consumer study 2009. http://it.nielsen.com/site/documents/NielsenTrustAdvertisingGlobalReportJuly09.pdf

Rengelshausen, O., & Schmeißer, D. (2007). Touristik 2.0. Chancen und Risiken von User Generated Content für den Online-Reisevertrieb. *Planung & Analyse, 4,* 2–5.

Web Tourismus. (2009). Web-Tourismus Studie. http://www.web-tourismus.de/studien-webtourismus2009.asp

Kapitel 6
Open Source Marketing im eTourismus – Motivationale Treiber und praktische Ansätze

Klaus-Peter Wiedmann, Sascha Langner, Nadine Hennigs und Lars Pankalla

Zusammenfassung: Durch den andauernden Trend des Consumer Empowerments gewinnt die Open Source Bewegung zunehmend an Bedeutung. Einst als Gegenstück zur proprietären Softwareentwicklung geschaffen, existieren Open Source Netzwerke heute in vielen unterschiedlichsten Bereichen: z. B. als Zusammenschlüsse von Kreativen, als Bildungsnetzwerke oder als kollaborative Marketing-Communities. Insbesondere letztere erfreuen sich auch immer größerer Aufmerksamkeit durch Unternehmen im Tourismusmarkt: Warum beteiligen sich Konsumenten am Marketing von Unternehmen? Auf welchen Netzwerkmerkmalen basiert die individuelle Beteiligung dabei? Und was sind die zugrunde liegenden motivationalen Ursachen und Treiber, die Tourismusunternehmen gezielt ansprechen können, um Konsumenten zu einer freiwilligen Beteiligung an Community basierten Marketing-Projekten zu bewegen? Auf Grundlage aktueller Beispiele aus der Tourismusbranche, relevanter Motivationstheorien und aktueller Forschungsergebnisse liefert dieser Beitrag eine Übersicht der Möglichkeiten für Tourismusunternehmen, Communities in Marketing Kampagnen gezielt einzubinden und gewinn bringend zu nutzen.

Schlüsselwörter: Open Source Netzwerke • Open Source Marketing • Motivation • Crowdsourcing

6.1 Einleitung

Das Internet und seine Möglichkeiten der Interaktion beeinflussen das Konsumentenverhalten nachhaltig. Anfangs getrieben durch einen informations- und transaktionsbezogenen Fokus, offenbart das World Wide Web zunehmend seine wahre Stärke: die soziale Vernetzung von Individuen und Organisationen. Die Bildung von

---

K.-P. Wiedmann (✉)
Institut für Marketing & Management, Leibniz Universität Hannover,
Königsworther Platz 1, 30167 Hannover, Deutschland
e-mail: wiedmann@m2.uni-hannover.de

Communities floriert, Foren und Weblogs gewinnen beträchtliche Aufmerksamkeit und die digitalen Versionen sozialer Netzwerke wie myspace.com oder facebook. com erreichen Nutzerzahlen in dreistelliger Millionenhöhe. Auch im Tourismusbereich boomt die Vernetzung der Konsumenten. Seien es Plattformen zum Meinungstausch wie Tripadvisor.com und Holidaycheck.de oder Communities zum Planen und Organisieren von Individual- und Gruppenreisen wie Couchsurfing. com, Triporama.com oder globalzoo.de – Millionen Menschen nutzen und schätzen Communities bei ihren Reisevorbereitungen.

Dem netzwerkbezogenen Marketing wird im Zuge dieser Entwicklung generell eine wachsende Aufmerksamkeit im Tourismus zuteil. Zentrale Fragen sind: Wie lassen sich Produkte und Dienstleistungen effektiv mit Hilfe von Communities vermarkten? Und vor allem: Wie lässt sich das gigantische Vermarktungspotenzial Tausender Community-Mitglieder sinnvoll in das traditionelle Marketing von Tourismusfirmen integrieren?

Ein sehr viel versprechender Ansatz findet sich bei den „Urgesteinen" des sozialen Austauschs im Internet: den Open Source Netzwerken. Als Pendants zur klassischen Softwareentwicklung gegründet (z. B. Windows vs. Linux oder Internet Explorer vs. Firefox), haben diese Communities früh damit begonnen nicht nur ihre Entwicklungsprojekte kollaborativ umzusetzen; auch das Marketing der Community Ergebnisse wird dort seit jeher gemeinschaftlich organisiert und umgesetzt. Und das mit beachtlichem Erfolg. Der allein mit Community-Mitteln vermarktete Browser „Firefox" schickt sich bspw. an, schon bald Microsofts Internet Explorer vom ersten Platz der Browserrangliste zu verdrängen. Auch das unabhängige Betriebssystem Linux ist mittlerweile zu einer weltweiten Marke geworden.

Der kollaborative Marketingansatz der freien Communities wird allgemein hin als „Open Source Marketing" bezeichnet. Und anders als man vielleicht auf den ersten Blick vermuten würde, eignet sich das an den Idealen der Open Source Bewegung orientierte Marketing in vielen Bereichen ebenso für kommerzielle Unternehmen wie für gemeinnützige Projekte.

Vor diesem Hintergrund und unter besonderer Berücksichtigung der Forschung bezüglich Motivation in Open Source Communities im Allgemeinen und Open Source Marketing Projekten im Speziellen zielt dieser Beitrag darauf ab, wesentliche Ansatzpunkte für ein Open Source-orientiertes Marketing im Tourismusmarkt vorzustellen: Warum nehmen Verbraucher an einem marketingorientierten Open Source Netzwerk teil? Auf welchen Netzwerk-Merkmalen basiert die individuelle Beteiligung dabei? Und was sind die zugrunde liegenden motivationalen Ursachen und Treiber, die Unternehmen gezielt ansprechen können, um Konsumenten zu einer freiwilligen Beteiligung an Marketingprozessen zu bewegen?

6.2 Open Source Netzwerke und Marketing

In den vergangenen Jahren ist die Aufmerksamkeit hinsichtlich Open Source Netzwerken kontinuierlich gestiegen. Doch was macht sie so besonders?

Spontan gegründet, rekrutieren Open Source Netzwerke ihre Mitglieder auf freiwilliger Basis und sagen sich von strengen Copyrightstandards zugunsten flexibler Nutzungsrechte für einen weniger restriktiven Gebrauch ihrer geistigen und kreativen Werke los (Perens 1999; Open Source Initiative 2006). Dabei haben kollaborative Open Source Netzwerke wie Linux, Apache oder Typo3 gezeigt, dass ein großes und komplexes System von Softwarecodes nicht nur durch ein weltweites Netzwerk von Programmierern dezentral aufgebaut, erhalten und entwickelt werden kann, sondern sogar von diesem Netzwerk kontinuierlich ausgebaut wird – obwohl die meisten Teilnehmer der Community noch nicht einmal dafür bezahlt werden (z. B. Lerner u. Tirole 2002; Weber 2004; Feller u. Fitzgerald 2002; Raymond 2001).

Und längst ist die Open Source Bewegung nicht mehr allein auf Software beschränkt. Heute existieren diese Communities als kollaborative Netzwerke in einer Vielzahl von Anwendungsgebieten, z. B. als Zusammenschlüsse von Kreativen, die Texte, Videos, Bilder oder Audio-Quellen generieren (allgemeine Communities siehe creative-commons.org, spezielle siehe etwa bei flickr.com, youtube.com oder jamendo.com), als Bildungsnetzwerke (z. B. MIT OpenCourseWare) oder als kooperative Marketing-Communities (z. B. Mozillas spreadfirefox.com, P&Gs Vocalpoint oder Converses conversegallery.com).

Open Source Netzwerke sind derart Erfolg versprechend, dass viele Unternehmen, wie z. B. IBM oder Red Hat, ihre Geschäftsmodelle auf sie (etwa dem Linux-Kernel) fußen. Es kommt daher nicht von ungefähr, dass immer mehr Unternehmen und große Open Source Communities versuchen, den Open Source Grundgedanken zur effizienten Vermarktung ihrer Produkte und/oder Services zu verwenden.

Ein bekanntes Unternehmen, dessen Marketingbemühungen komplett auf dem Open Source Gedankengerüst basiert, ist die Mozilla Foundation. Das Non-Profit-Unternehmen organisiert, koordiniert und verwaltet die Entwicklung des Web-Browsers Firefox. Mit einem Marktanteil von über 35 % in Deutschland ist Firefox die klare Nummer zwei auf dem Browsermarkt und verzeichnet zweistellige Wachstumsraten pro Jahr (AT Internet Institute 2009).

Im Mittelpunkt von Mozillas innovativem Konzept steht die Website „SpreadFirefox.com" (Abb. 6.1). Sie ist das Internet-Hauptquartier vieler weltweiter Marketingaktivitäten, die darauf abzielen, die Nutzerzahlen des Browsers nachhaltig zu erhöhen (Lieb 2004).

Um das Marketing für Firefox gemeinschaftlich planen und koordinieren zu können, setzt Mozilla konsequent auf die Erfolgsregeln von Open Source Entwicklungen (vertiefend hierzu Weber 2004, S. 128 ff.). Das Non-Profit Unternehmen begründete eine Community, schaffte die Grundlagen für einen konstruktiven Ideenaustausch unter den Mitgliedern und integrierte Mechanismen zur Motivation und Auswahl der schließlich umzusetzenden Vorschläge. Mozilla erreichte dies hauptsächlich über Foren, Weblogs und Chats auf SpreadFirefox.com.

In einem nächsten Schritt wurden Arbeitskreise aus Freiwilligen gebildet, deren Aufgabe es war, themenspezifisch Ideen zu bewerten, inhaltliche Details zu erarbeiten und die praktische Umsetzung mit den Mitgliedern der Community zu koordinieren (Mucha 2004). Vieles, das Mozilla an strategischer Rahmenplanung

Abb. 6.1 SpreadFirefox.com – das kollaborative Marketing Hauptquartier des Open Source Browsers. (Quelle: SpreadFirefox.com 2009)

und Artwork für Marketingmaßnahmen benötigt, wird in den Arbeitsgruppen erdacht und passenden Community-Mitgliedern als Arbeitspaket zugeteilt.

Was sich auf den ersten Blick ein wenig bürokratisch anhört, ist bei näherem Hinschauen ein lebendiger Evolutionsprozess. Über 150 unterschiedliche Arbeitsgruppen mit spezifischen regionalen und internationalen Marketingschwerpunkten hat das Projekt bis Juli 2009 bereits hervorgebracht.

Die Arbeitsgruppen organisieren in sich umfangreiche Marketing-Maßnahmen (wie etwa Mittel und Wege der Verbreitung des Browsers auf CD-ROM und DVD Medien von Computermagazinen, Promotion auf Messen, etc.). Sie entwerfen aber auch Strategien und Taktiken, die jeder Webmaster nutzen kann, um die Bekanntheit und Verbreitung von Firefox zu steigern (bspw. über Banner, Buttons, e-Mail Signaturen, etc.). Die Ergebnisse sind substanziell: Mittlerweile zählt der Server von Mozilla über 900 Mio. Downloads (Stand: Juli 2009). Dank ihrer enormen Leidenschaft für das Projekt finanzierten die Mitglieder der Community sogar eine kostspielige doppelseitige Anzeige in der New York Times im Jahr 2004 („Firefox Advocacy Ad Campaign"), um die offizielle Einführung des Firefox 1 Browsers zu bewerben (Kucuk u. Krishnamurthy 2006).

Um die einzelnen Mitglieder der Gemeinschaft langfristig zu motivieren, setzt SpreadFirefox.com auf ein simples Belohnungssystem (Abb. 6.2). So erhält jedes Mitglied der Community eine einzigartige ID zugewiesen. Wer nun bspw. auf seiner Website einen Button (mit seiner ID) zur Downloadseite des Browsers setzt, erhält für jeden über ihn ausgelösten Download einen Punkt. Auch für die Gewinnung neuer Community Mitglieder gibt es Punkte wie auch für besondere Leistungen für die Gemeinschaft. Anhand der Punktzahl wird wiederum ein Ranking aller Teilnehmer gebildet. Die Websites der 250 engagiertesten Mitglieder werden gut sichtbar auf den Seiten von SpreadFirefox.com (Google PageRank 8) genannt und verlinkt. Damit auch neue Mitglieder eine Chance haben, wird für das Ranking nicht die Gesamtzahl der Punkte herangezogen, sondern nur die Entwicklung der letzten sieben Tage. Zudem gibt es ein zweites Ranking, das nur die engagiertesten, neuen Mitglieder listet.

Neben den Vorteilen der PageRank 8 Verlinkung für das Suchmaschinenmarketing lohnt sich eine hohe Punktzahl natürlich auch zur Kundengewinnung. Die Seitenabrufe der Website spreadfirefox.com (ca. 50.000–100.000 pro Tag) sichern einen kontinuierlich hohen Besucherstrom auf die eigene Seite. Wem solche Belohnungen nur wenig bringen, für den bietet die Community ab einer bestimmten Punktzahl auch kostenlose Merchandising Artikel (wie T-Shirts, Plüschtiere, etc.), eine exklusive Firefox.com e-Mail Adresse sowie die Chance, Sachpreise wie z. B. einen iPod zu gewinnen.

Auch wenn viele Entwicklungs-, Planungs- und Umsetzungsprozesse auf die Community übertragen werden können, gibt es dennoch Bereiche, wo Mozilla eingreifen muss. So werden viele praktische Abläufe von Mitarbeitern des Unterneh-

Top Fox Spot		Top Fox Spot	
See how Top Foxes are ranking this week.		See how Top Foxes are ranking this week.	
Top Movers	Top 5	Top Movers	Top 5
Website Templat...	7681 points	hootie39	1100 points
ToastyX	5871 points	skylightst	1076 points
hootie39	4820 points	ToastyX	834 points
skylightst	2715 points	Usenet	405 points
Usenet	2078 points	SeaBass	288 points
+ Learn more + Top 250		+ Learn more + Top 250	

Abb. 6.2 Top 5 Mitglieder der Firefox-Community. (Quelle: SpreadFirefox.com 2009)

mens angestoßen und koordiniert, um einen effizienteren Ablauf zu gewährleisten (Mucha 2004).

Manche Elemente des Marketings kann die Community auch nur bedingt übernehmen. Es ist bspw. ziemlich unwahrscheinlich, dass eines der Community-Mitglieder gute Kontakte zu überregionalen Tageszeitungen wie der New York Times besitzt. Die Gemeinschaft kann im Rahmen der Pressearbeit zwar aufgefordert werden, zu thematisch passenden Artikeln Leserbriefe zu schreiben, ob der jeweilige Journalist dies jedoch als Anreiz dazu sieht, einen Artikel über den Browser zu schreiben, ist fraglich. Größere Chancen hat man hier über ein spezialisiertes Unternehmen. So nimmt Mozilla z. B. die Dienstleistungen einer PR-Agentur in Anspruch.

Vielen Community Ideen fehlt es zudem an der notwendigen Finanzierung. Das Open Source Projekt ist deshalb immer auch auf Spenden angewiesen, um kostenträchtige Vermarktungsideen (wie etwa die Schaltung von Anzeigen on- und offline) umzusetzen. Dennoch bleibt der Erfolgsanteil an der Vermarktung durch die Community mehr als substanziell. Aus Marketingsicht muss daher die Frage gestellt werden, was Konsumenten an der gemeinschaftlichen Entwicklung von Marketingstrategien und -taktiken eigentlich motiviert. Und: Eröffnen die Open Source ideale alternative Wege für Unternehmen, durch die aktive Integration von Konsumenten in Marketingprozesse, ihre Zielgruppen gezielter und authentischer anzusprechen?

6.3 Open Source Marketing – Ein kollaborativer Marketingansatz

6.3.1 *Begriffsabgrenzung und -definition*

Sei es bei der Suche nach Produkten oder bei der Auswahl eines neuen Händlers – mit Blick auf Konsumentscheidungen hat der Austausch der Kunden untereinander erheblich an Bedeutung gewonnen. Der Einfluss von Unternehmen schwindet zusehends. Man kann sogar sagen, dass heutzutage ein beträchtlicher Teil von typischen Marketingaktivitäten ohne den Einfluss von Marketingabteilungen stattfindet (Moore 2003). Mit Hilfe des digitalen Mediums Internets als Enabler praktiziert die heutige Konsumentengeneration mehr und mehr ihre eigene Art von Marketing und Produktdiskussion. Entsprechend einem „open sourcing yourself" (Cherkov 2005) bietet eine zunehmende Anzahl von Benutzern eigens generierte Inhalte auf Community-Portalen wie youtube.com, flickr.com oder etwa reisebezogenen Portalen wie tripadvisor.com oder couchsurfing.com an. Die Bandbreite reicht dabei von aus Markenbegeisterung selbst entwickelten Verkaufstexten und Werbespots bis zu Parodien auf bekannte Werbungen, die die unternehmerischen Markenbotschaften zweckentfremden (Kahney 2004).

Die positive konsumentenseitige Resonanz auf diese Benutzer generierten Inhalte kann von ihren hohen Zugriffsraten abgelesen werden (Blackshaw 2004). Über die zumeist hochgradig verlinkten Kommunikationsmedien der Konsumenten wie etwa Blogs oder Foren werden die eigenkreierten Werbemittel oft exponentiell verteilt und gewinnen nicht selten mediale Aufmerksamkeit (Cherkov 2005). Verglichen mit perfektionierten unternehmerischen Kampagnen, bevorzugen zudem viele Konsumenten den „user generated content" und die semi-professionellen Marketingideen, weil sie echter und glaubwürdiger erscheinen und kein ökonomisches Motiv hinter ihnen vermutet wird (Blackshaw 2004).

Das Konzept eines Open Source-orientierten Marketing greift diese Entwicklungen auf und verknüpft sie mit den Ideen, Idealen und Erfolgsfaktoren der Open Source Bewegung. Zweck ist es, die klassischen Ziele des Marketing Managements durch gemeinschaftliche organisierte Prozesse möglichst kollaborativ und authentisch zu erreichen. Durch aktive Integration der Konsumenten in die Planungs- und Umsetzungsprozesse des Marketings im Rahmen eines Open Source Netzwerks, soll dem andauernden Trend zum Consumer Empowerment entsprochen werden, die Reaktanz gegenüber Marketing und Werbung reduziert werden, und – entsprechend einer beiderseitigen Win-Win-Situation – die kreativen Humanressourcen der Konsumenten effizienter genutzt werden (Cherkoff 2005; Christ 2004).

Open Source Marketing umfasst dabei eine normative, eine strategische und eine operative Ebene. Die normative Ebene ist von besonderer Bedeutung, da Open Source Marketing eine grundlegende Veränderung der Haltung zum Marketing konstatiert: weniger Einschränkungen in Form von Copyrights zugunsten eines freien Ideenaustausches und geringere Planungssicherheit zum Zwecke einer verbesserten Kundenorientierung (Brøndmo 2004). Die eigenen Kunden sollen nicht nur das eigene Marketing aktiv mitgestalten, sondern jeder im Unternehmen soll das auch gutheißen.

Mit Blick auf seine strategischen Komponenten bezieht sich Open Source Marketing auf die gemeinschaftliche und kollaborative Planung und Spezifizierung von Marketingzielen, -strategien und -maßnahmen innerhalb eines Open Source Netzwerk. Bezogen auf seine operative Ebene beinhaltet Open Source Marketing das gemeinschaftlich organisierte, kreative Entwerfen und die Realisierung von Marketingaktivitäten mittels flexibler Verwendung von Copyrightstandards (siehe CreativeCommons.org). Unter dem Begriff Creative Commons werden verschiedene Standard-Lizenzverträge zusammengefasst, mittels welcher Urheber an ihren Werken wie z. B. Texten, Bildern, Musikstücken usw. der Öffentlichkeit Nutzungsrechte einräumen können. Anders als etwa die GPL (General Public License) sind diese Lizenzen jedoch nicht auf einen einzelnen Werkstypen zugeschnitten, sondern für beliebige Werke einsetzbar. Ferner gibt es eine starke Abstufung der Freiheitsgrade: von Lizenzen, die sich kaum vom völligem Vorbehalt der Rechte unterscheiden, bis hin zu Lizenzen, die das Werk in die Public Domain stellen, d. h., bei denen auf das Copyright ganz verzichtet wird.

Allgemeiner betrachtet, umfasst Open Source Marketing vor allem:

- den freien Zugang zu Marketingmaterialien, die nicht länger durch restriktive Copyrightstandards geschützt, sondern für Konsumenten mittels einer flexiblen Nutzungslizenz verfügbar sind.

- die Erlaubnis zur Förderung von Derivaten oder Weiterentwicklungen von Anzeigen, Texten, Logos usw.
- den freien Zugang zu Werbungen oder Bannern sowie Storyboards, Animationen, Text- oder Tondokumenten auf der unternehmenseigenen Website.
- die Möglichkeit, alle relevanten Elemente kollaborativen Marketingmanagements in Foren, Chats und Weblogs zu erörtern und zur Diskussion zu stellen.

Zusammenfassend bedeutet Open Source Marketing somit in erster Linie „loslassen können". Der Zielgruppe wird nicht nur gestattet, sondern sie wird aufgefordert das unternehmenseigene Marketingkonzept mit Ergänzungen, Weiterentwicklungen, Parodien oder Kritik zu verbessern.

6.3.2 Motivation von Nutzern in Open Source Marketing Projekten

Das Projekt „SpreadFirefox" von Mozilla ist ein gutes Beispiel dafür, dass und wie Open Source Marketing funktionieren kann. Nun hat ein Non-Profit Unternehmen einen großen Vorteil: Es folgt keinem Gewinnmaximierungstrieb wie fast jedes privatwirtschaftliche Unternehmen. Niemand außer der Gemeinschaft selbst profitiert von der Weiterentwicklung und Vermarktung des Browsers. Ist es unter diesen Voraussetzungen überhaupt denkbar, dass Unternehmen wie bspw. TUI, Thomas Cook oder Öger Tours den Open Source Gedanken sinnvoll in ihr Marketing integrieren können?

Eines ist klar: Kein Kunde lässt sich freiwillig vor den Karren eines privatwirtschaftlichen Unternehmens spannen, dessen einziges Anliegen es ist, dadurch geschickt Kosten zu sparen. Es stellt sich deshalb die Frage, ob und wenn ja, unter welchen Voraussetzungen sich Konsumenten überhaupt im Rahmen der Vermarktung von Produkten und Dienstleistungen beteiligen würden. Um dies zu beantworten, ist ein Blick in die motivierenden Gründe für Individuen, sich an einem Open Source Projekt zu beteiligen, sowie ein kurzer Überblick über die derzeitigen technischen Kommunikations- und Beteiligungsmöglichkeiten sinnvoll.

Mittlerweile sind eine ganze Reihe von ökonomischen und nichtökonomischen Ansätzen zur Erklärung der Motive für eine Beteilung an Open Source Projekten entwickelt worden (vertiefend hierzu vgl. Weber 2004, S. 135–149; Lerner u. Tirole 2002; Ghosh et al. 2002 part II und Lakhani u. Wolf 2005; Hertel et al. 2003; Wiedmann et al. 2007). Teils nur theoretisch begründet, teils basierend auf ersten empirischen Ergebnissen wurden dabei zahlreiche und mitunter sehr unterschiedliche motivationale Treiber einer kollaborativen Beteiligung an Open Source bzw. Open Source Marketing Projekten herausgefunden, die sich auf drei Dimensionen reduzieren lassen:

- Pragmatische Motivation – Hierunter werden alle Motive zusammengefasst, die sich aus einem direkten Nutzen für den Konsumenten aus seiner Teilnahme ergeben wie bspw. aus einer spezifischen Entlohnung für die geleistete Arbeit.

- Soziale Motivation – Hiermit werden alle Motive assoziiert, die sich aus den Austauschbeziehungen der Community-Mitglieder untereinander ergeben bspw. aus Identifikationsprozessen oder gegenseitiger Hilfe und Anerkennung.
- Hedonistische Motivation – Hierunter werden alle Motive subsumiert, die sich aus emotionalen Aspekten ergeben, wie bspw. aus dem Spaß in einer Gruppe zu arbeiten oder der Begeisterung für eine Marke.

Die von uns zunächst erst einmal kurz beschriebenen Kerndimensionen (vgl. ausführlicher dazu Wiedmann u. Langner 2006b; Wiedmann et al. 2007) und die einzelnen motivationalen Treiber einer kollaborativen Beteiligung an bzw. Open Source Marketing Projekten werden in Abb. 6.3 zum Thema Bezugsrahmen veranschaulicht und nachfolgend näher erläutert.

6.3.2.1 Pragmatische Motivation

Pragmatische Anreize für ein Individuum sich in ein marketingbezogenes Open Source Projekt aktiv einzubringen ergeben sich aus einer ganzen Reihe von Faktoren. Hierbei ist eine Ent- bzw. Belohnung (Rewards) durch bspw. kostenlose Produktproben oder durch die Teilnahme an einem Gewinnspiel als eine der wich-

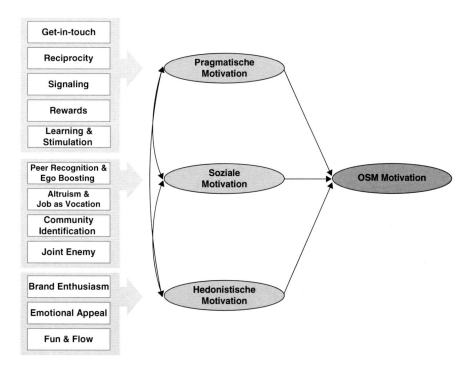

Abb. 6.3 Bezugsrahmen der konsumentenseitigen Motivation im Open Source Marketing. (Quelle: Wiedmann et al. 2007)

tigsten Aspekte anzusehen (Wiedmann u. Langner 2006a, S. 143 ff.; Lerner u. Tirole 2002; Lakhani u. Wolf 2005). Dies beweist bspw. George Lucas, der es geschickt versteht, die Fans seiner Star Wars Serie über einen Wettbewerb in die Marketingprozesse einzubinden. Jedes Jahr lockert der ansonsten stark um die Copyrights bemühte Schöpfer von Darth Vader und Luke Skywalker die Nutzungsrechte seiner Marken und schreibt zusammen mit dem Portal atomfilms. com einen Filmwettbewerb aus – den Star Wars Fan Film Award. In mittlerweile sieben Kategorien treten jährlich Tausende von Amateurfilmemachern an, um die begehrte Auszeichnung zu erhalten, das Ansehen in der Fan-Gemeinde zu steigern und über das Portal atomfilms.com weltweite Bekanntheit zu erlangen (Atom Entertainment 2008). Für Lucas bietet der Wettbewerb nicht nur die Chance die Bekanntheit des Star Wars Franchise zu erhöhen (manche Beiträge erreichen nicht selten über eine Mio. Abrufe), der Wettbewerb ermöglicht dem Filmemacher auch neue Anregungen für die Vermarktung seiner eigenen Filmprojekte zu bekommen.

Auch Reise-Communities nutzen mittlerweile kundenintegrative Wettbewerbe als ersten Schritt in Richtung Open Source Marketing. Der Reise-Club Triphunter. de bat in Zusammenarbeit mit der Zeitung „der Freitag" bspw. seine Nutzer um das beste Reisefoto in Kombination mit der besten Reisegeschichte. Die eingereichten Beiträge wurden der Community vorgestellt und zur Abstimmung gebracht. Die besten Bilder und Geschichten wurden dann einmal im Monat in der Zeitung „der Freitag" abgedruckt. Durch den interaktiven Wettbewerb erfuhr Triphunter nicht nur von neuen interessanten Reisezielen, sondern erhöhte durch die aktive Integration seiner Kunden in das Marketing auch die Kundenbindung (derFreitag 2009).

Als hoch relevant ist angesichts tausender Job suchender Nachwuchstexter, PR-Strategen und Marketing Manager ebenfalls die Möglichkeit anzusehen, durch ein Open Source Marketing Projekt die eigenen Fähigkeiten (bspw. in Form eines selbst erstellten Werbespots oder einer eigens entwickelten Anzeigenidee) zukünftigen Arbeitgebern unter Beweis zu stellen (Signaling) und/oder mit wichtigen Unternehmensvertretern in Kontakt zu kommen (Get-in-touch) (Weber 2004; Cherkoff 2005; Raymond 2001; Lakhani u. Wolf 2005; Lerner u. Triole 2002). So versuchten bspw. Anfang 2005 zwei freie Filmemacher durch einen selbst erstellten Spot für den VW Polo, den Volkswagenkonzern auf sich aufmerksam zu machen. Im Film versucht ein Selbstmordattentäter in einer belebten Fußgängerzone eine Bombe zu zünden. Seine Bluttat wird jedoch durch die Solidität des Kleinwagens vereitelt, der „small but tough" alle Menschen außer dem Terroristen vor der Explosion schützt. Der makabere Spot verfehlte sein Ziel nicht. Nach der Veröffentlichung wurde der Clip von Millionen Menschen gesehen (Bleh 2005).

Weitere pragmatische Motive ergeben sich etwa aus der Option von erfahrenen anderen Projektteilnehmern lernen zu können (Learning & Stimulation) (Lakhani u. von Hippel 2003; Lakhani et al. 2002; Lerner u. Triole 2002) sowie aus der Hoffnung, durch die eigene Teilnahme an Projekten ebenfalls Unterstützung der Community bei eigenen Marketingvorhaben zu bekommen (Reciprocity) (Hippel von 1988; Riggs u. Hippel von 1994; Morrison et al. 2000; Franke u. Shah 2003; Bonaccorsi u. Rossi 2003).

6.3.2.2 Soziale Motivation

Zu den relevanten sozialen Motiven zählen zum einen ideologische Gründe wie die Überzeugung, dass kreatives Schaffen weitestgehend frei sein sollte und zum anderen intrinsische bzw. psychologische Motive wie Kompetenzerlebnisse (Peer Recognition & Ego Boosting), Teil von einer Gemeinschaft zu sein (Community Identification), Selbstlosigkeit (Altruism & Job as Vocation) oder dem Kampf für eine gemeinsame Sache (bzw. gegen einen gemeinsamen Feind; Joint Enemy) (Lakhani u. Wolf 2005; Hertel et al. 2003; Lerner u. Tirole 2002; Weber 2004; Bonaccorsi u. Rossi 2003). Wie motivierend allein der letzte Aspekt sein kann, zeigt das australische Unternehmen Blowfly. Ziel der von Liam Mulhall gegründeten Firma war es im hochkonzentrierten australischen Biermarkt eine Marke zu etablieren, die durch ihre große Verbundenheit mit ihren Konsumenten einen Gegenpol zu den unpersönlichen Massenprodukten der großen Bierhersteller darstellte. Über Abstimmungen im Internet integrierte Blowfly potenzielle Käufer schon kurz nach Unternehmensgründung in die Planungsprozesse. Angefangen bei dem Logo über die Form der Flasche bis hin zur Gestaltung von Werbematerialien konnten alle interessierten Konsumenten entscheiden, welche Richtung Blowfly einschlagen sollte. Selbst die Geschmacksrichtung konnte von den Konsumenten beeinflusst werden. Zum Ende der 13wöchigen kooperativen Entwicklungsphase nahmen regelmäßig mehrere Tausend Nutzer an den Abstimmungen teil. Über 10.000 verfolgten den Ausgang der Wahlgänge als Newsletter-Abonnenten (Langner 2007).

Auch im Reisemarkt spielt beim Community Marketing die soziale Motivation eine große Rolle. Die Community Couchsurfing.com (Abb. 6.4) ist hauptsächlich über dieses Motiv zu mittlerweile über eine Millionen Nutzer angewachsen. Trotz globalem Ansatz regt das Portal seine Nutzer dazu an, möglichst viele regionale Vermarktungsgruppen zu bilden, die aktiv online und offline nach neuen Mitgliedern fahnden und vom Konzept der Community überzeugen (Germann Molz 2007 S. 65–77).

6.3.2.3 Hedonistische Motivation

Hedonistische, stark emotional eingefärbte Gründe können ebenfalls Anreize zur Beteiligung liefern. Viele Konsumenten fühlen sich mit bestimmten Marken (Lovemarks) so stark verbunden, dass sie regelrecht als Fans (Brand Enthusiasm) dieser angesehen werden können (Förster u. Kreuz 2003, S. 74–83; Roberts 2005). Der amerikanische Lehrer George Masters erstellte bspw. Ende 2004 vollkommen eigenständig einen Werbespot zu Ehren von Apples iPod. Mit dem Wunsch als Urheber des Clips genannt zu werden, stellte er den Film dann einer Community

Abb. 6.4 Die Community von Couchsurfing.com macht Reisen zum kulturellen Erlebnis. (Quelle: Couchsurfing.com 2009)

von Apple-Fans zur Verfügung. Über die Wege des Internets verbreitete sich der Spot daraufhin mit einer exponentiellen Rate. Innerhalb von wenigen Tagen hatten über 40.000 Nutzer den Clip angesehen. Die Qualität des Spots war dabei so gut, dass viele Abrufende ihn für das Ergebnis einer großen Werbeagentur hielten (Langner 2006).

Ein wichtiges Motiv ist nicht zuletzt auch Spaß (Fun & Flow) (Nakamura u. Csikszentmihalyi 2003; Voiskounsky u. Smyclova 2003; Lakhani u. Wolf 2005; Weber 2004; Diamond u. Torvalds 2002). Als der amerikanische Bierhersteller Budweiser Anfang 2000 seine „Whassup!" Kampagne startete, dauerte es nicht lange bis die ersten von Fans erstellten Derivate des Werbespots ihren Weg ins Netz fanden; Spots in denen bspw. Rabbies, englische Adlige, Superhelden oder South Park Charaktere den Ursprungsspot nachspielten. Obwohl die Kreativarbeiten der Werbekampagne durch das Urheberrecht geschützt waren, unterband Budweiser die illegitimen Spots nicht und so entstand in kurzer Zeit eine globale Community, die neue Spot-Ideen online diskutierte und dann (teilweise) gemeinschaftlich umsetzte.

Die Derivate der „Whasssup"-Kampagne erfreuen sich noch heute großer Beliebtheit im Netz.

6.3.2.4 Technische Voraussetzungen

Dass sich Konsumenten im Rahmen des Open Source Marketings überhaupt kreativ beteiligen und sich effektiv über ihre Arbeit austauschen können, wird dadurch begünstigt, dass technisches Wissen für die kreativen Schaffensprozesse sowie für die Online-Kommunikation immer weniger benötigt werden. Weder bei der Erstellung etwa eines Videos noch bei der Verbreitung dieses Clips über das World Wide Web sind kaum noch Spezialkenntnisse bspw. in Programmiersprachen oder Übertragungsprotokollen notwendig. Über Tools und leicht verständliche Programme ist es fast jedem möglich, zumindest semi-professionelle Werke zu erstellen und sie effektiv zu verbreiten.

Die gesunkenen technischen Einstiegsbarrieren für Nutzer zeigen sich vor allem im Online-Dialog. Eine besondere Rolle spielen in diesem Zusammenhang die hochkommunikativen Weblogs. Aber nicht nur die Online-Tagebücher erleichtern die Austauschprozesse über das Internet. Neben Blogs gibt es noch eine Vielzahl anderer leicht zugänglicher Programme und Dienste wie Foren, Podcasts oder soziale Netzwerke (wie myspace.com oder facebook.com), die es den Konsumenten ermöglichen, ihre Ideen intelligent und effizient auszutauschen.

Und Open Source Marketing ist nicht nur online ein Erfolg. Dies zeigt eine Aktion von Mercedes Benz. 2004 rief der Automobilhersteller in den USA seine Kunden dazu auf, Bilder von sich und ihrem „geliebten" Mercedes einzusenden. Innerhalb kurzer Zeit erhielt das Unternehmen Hunderte von hochwertigen Aufnahmen, die wiederum Kern einer traditionellen Kampagne wurden. Doch anstatt die Entwicklung der Werbung einfach einer professionellen Agentur zu überlassen, integrierte Mercedes seine Kunden auch in die Entwicklungsprozesse der Kampagne. Die Fotos wurden zur Abstimmung ins Netz gestellt und auch über Storyboard und Art der Verwendung in den einzelnen Werbemitteln der Kampagnen durften die Mercedes Kunden abstimmen (Cherkoff 2005).

6.4 Fazit und Ausblick

Open Source Marketing hat das Potenzial dazu das klassische Marketing zu revolutionieren. Doch wo Licht ist, da ist auch Schatten. Und so gibt es auch Stimmen, die sich gegen Open Source Marketing erheben. Dabei sind die Argumente gegen das kooperative Marketing fast die gleichen wie gegen Open Source Software. Hauptstreitpunkt ist auch hier die Zukunftsfähigkeit: Gegner meinen, Open Source Marketing schaffe Durchschnittlichkeit auf Kosten von Innovation. Kein Unternehmen würde das Risiko eingehen, kostenintensiv Marketing-Ideen und -Materialien zu entwickeln, wenn jeder – inklusive der Konkurrenten – diese einfach kopieren, gebrauchen und sicherlich auch missbrauchen dürfte. Nur der rechtlich gesicherte Wettbewerb zwischen Unternehmen habe die Fähigkeit langfristig Innovationen hervorzubringen.

Befürworter von Open Source argumentieren hingegen damit, dass Menschen geschlossene Systeme und Lösungen hassen. Wann immer möglich möchten sie die Freiheit der Wahl haben. Sie wollen bspw. kein Betriebssystem, das bestimmte Funktionen und Anbieter kategorisch ausschließt. Sie wollen einfach nicht das letzte Glied in einer Kette sein und das akzeptieren müssen, was sie vorgesetzt bekommen. Übertragen aufs Marketing lehnen Kunden also Werbung auch deshalb ab, weil sie keinen Einfluss auf sie haben (weder in der Gestaltung noch in ihrer Verbreitung). Selbst wenn Marketing-Maßnahmen an den Erwartungen der Zielgruppe orientiert sind, fehlt ihnen durch die mangelnden Beteiligungsmöglichkeiten dennoch ein entscheidender Erfolgsfaktor: Authenzität. Dieser Nachteil kann auch nicht durch noch so große Marktforschungsanstrengungen weggemacht werden.

Welche Auffassung (negativ oder positiv) im Sinne des Open Source Marketing eher die Realität trifft, ist nicht ohne empirische Studien zu sagen. Fest steht nur, dass das traditionelle Marketing im Wandel begriffen ist. Letztlich muss sich jedes Unternehmen vor Augen führen, dass im digitalen Zeitalter die Kopie, Verfremdung und Parodie von Marketingmaterialen sowieso nicht zu verhindern sein wird.

Open Source Marketing bedeutet schließlich auch nicht, schlicht und einfach auf seine Urheberrechte zu verzichten, sondern vielmehr von Beginn an, im Rahmen der Kundenintegration die Meinung seiner Kunden zu kennen und schätzen zu wissen. Open Source heißt, den Community Gedanken zu leben. Und sei es nur, dass man wie das deutsche Unternehmen AquaComputer.com keine Angst vor den Meinungen seiner Kunden hat und ein unabhängiges Forum als Kernfunktionalität in seine Website integriert.

Und seien wir mal ehrlich: Der Kunde entscheidet schon seit jeher, was funktioniert und was nicht. Ist es deshalb nicht an der Zeit ihn auch in die kreativen Marketing-Prozesse einzubeziehen? Viele Experten predigen seit Jahren mehr Interaktivität und Kundennähe. Doch die Umsetzungsergebnisse sind mehr als dürftig. Es ist langsam an der Zeit, eine neue Ära des Austauschs mit dem Kunden einzuläuten.

Bibliografie

Atom Entertainment. (2008). http://www.atom.com/spotlights/starwars/challenge 2008.
Bergquiest, M., & Ljungberg, J. (2001). The power of gifts: organizing social relationships in Open Source communities. *European Journal of Information Systems, 11*(4), 305–320.
Berkman, H. W., Lindquist, J. D., & Sirgy, J. M. (1997). *Consumer behavior*. Chicago: NTC Publishing Group.
Blackshaw, P. (2004). Buzz-Informed Predictions for 2005. http://www.clickz.com/showPage.html?page=3446711
Blackwell, R. D., Miniard, P. W., & Engel, J. F. (2001). *Consumer behavior* (9th ed.). Fort Worth: Harcourt.
Bleh, W. (2005). Bis zur Grenze des guten Geschmacks und weiter … http://www.intern.de/news/6368.html

Bonarccorsi, J., & Rossi, C. (2003). Why open source software can succeed. *Research Policy, 32*(7), 1242–1258.
Brøndmo, H.-P. (2004). Open-Source Marketing. http://www.clickz.com/experts/ brand/sense/article.php/3397411
Cherkoff, J. (2005). End of the Love Affair. The love affair between big brands and mass media is over. But where do marketeers go next? The open source movement has the answers … http://www.collaboratemarketing.com/open_source_marketing/
Christ, P. (2004). Can open development work for marketing Activities? http://www.knowthis.com/articles/marketing/collaboration.htm/
Creative Commons (2009). http://creativecommons.org/about/licenses/
Csikszentmihalyi, M. (1975). *Beyond boredom and anxiety: The experience of play in work and games*. San Francisco: Wiley & Sons.
Dalle, J. M., & David, P. A. (2003). The allocation of software development resources in ‚Open Source' production mode. MIT Working Paper. http://opensource.mit.edu/ papers/dalledavid.pdf
Deci, E. L., & Ryan, R. M. (1985). *Intrinsic motivation and self-determination in human behaviour*. New York: Plenum Press.
derFreitag (2009). http://www.freitag.de/
Diamond, D., & Torvalds, L. (2002). *Just for fun: the story of an accidental revolutionary*. New York: HapperCollins.
Diamantopoulos, A., & Winklhofer, H. M. (2001). Index construction with formative indicators: An alternative to scale development. *Journal of Marketing Research, 38*(2), 269–277.
Feller, J., & Fitzgerald, B. (2002). *Understanding open source software development*. London: Addison-Wesley Longman.
Franke, N., & Shah, S. (2003). How communities support innovative activities: an exploration of assistance and sharing among end-users. *Research Policy, 32*(1), 157–178.
Frey, B. (1997). *Not just for the money: an economic theory of personal motivation*. Brookfield: Edward Elgar.
Förster, A., & Kreuz, P. (2003). *Marketing-Trends – Ideen und Konzepte für Ihren Markterfolg*. Wiesbaden: Gabler.
Germann Molz, J. (2007). Cosmopolitans on the couch: Mobile hospitality and the Internet. In J. Germann Molz & S. Gibson (Hrsg.), *Mobilizing hospitality: The ethics of social relations in a mobile world* (S. 65–80). London: Ashgate.
Ghosh, R. A., Glott, R., Krieger, B., & Robles, G. (2002). Survey of developers. http://floss.infonomics.nl/report/FLOSS_Final4.pdf
Hars, A., & Ou, S. (2002). Working for free? Motivations for participating in Open -Source projects. *International Journal of Electronic Commerce, 6*(3), 25–39.
Hertel, G., Niedner, S., & Herrmann, S. (2003). Motivation of software developers in Open Source projects: an Internet-based survey of contributors to the Linux kernel. *Research Policy, 32*(7), 1159–1177.
Himanen, P. (2001). *The hacker ethic and the spirit of the information age*. New York: Random House.
Hippel von, E. (1988). *The Sources of Innovation*. New York: Oxford University Press.
Holmström, B. (1999). Managerial incentive problems: A dynamic perspective. *Review of Economic Studies, 66*(1), 169–182.
Jarvis, C. B., MacKenzie, S. B., & Podsakoff, P. M. (2003). A critical review of construct indicators and measurement model misspecification. *Journal of Consumer Research, 30*(2), 199–218.
Kahney, L. (2004). *The Cult of Mac*. Heidelberg: No Starch Press.
Klandersmans, B. (1997). *The social psychology of protest*. Oxford: Wiley-Blackwell.
Kretiner, R., & Kinicki, A. (1998). *Organizational behavior* (4th ed.). Boston: McGraw-Hill.
Krogh von, G., Spaeth, S., & Lakhani, K. R. (2002). Community, joining, and specialization in open source software innovation: A Case Study. *Research Policy, 32*(7), 1217–1241.
Kucuk, U. S., & Krishnamurthy, S. (2006). *An analysis of consumer power on the Internet*. Technovation: Elsevier.

Lakhani, K. R., & Hippel von, E. (2003). How open source software works: „free" user-to-user assistance. *Research Policy, 32*(6), 923–943.
Lakhani, K. R., & Wolf, R. G. (2005). Why hackers do what they do: Understanding motivation and effort in free/open source software projects. In J. Feller, B. Fitzgerald, S. A. Hissam, & K. R. Lakhani (Hrsg.), *Perspectives on free and open source software*. Cambridge: MIT Press, S. 3–22.
Lakhani, K. R., Wolf, B., Bates, J., & DiBona, C. (2002). Hacker survey. http://www.osdn.com/bcg/
Langner, S. (2006). Marketing 2.0 – Strategien und Taktiken für eine sozial vernetzte Welt. http://www.marke-x.de/deutsch/webmarketing/archiv/marketing_20.htm
Langner, S. (2007). *Viral Marketing – Wie Sie Mundpropaganda gezielt auslösen und Gewinn bringend nutzen*. Wiesbaden: Gabler.
Lieb, R. (2004). Crazy Like a Firefox. http://www.clickz.com/showPage.html?page=3434811
Lerner, J., & Tirole, J. (2002). The simple economics of open source. *Journal of Industrial Economics, L*(2), 197–234.
Levy, S. (1994). *Hackers. Heroes of the computer revolution*. New York: Penguin.
Maslow, A. (1943). A theory of human motivation. *Psychological Review, 50*(4), 370–396.
Maslow, A. (1954). *Motivation and personality*. New York: Longman Asia Ltd.
McConnell, B., & Huba, J. (2002). *Creating Customer Evangelists*. Chicago: Kaplan Business.
McVoy, L. (1993). The sourceware operating system proposal. http://www.bitmover.com/lm/papers/srcos.html
Mitchell, T. R. (1982). Motivation: New directions for theory, research, and practice. *Academy of Management Review, 7*(1), S. 80–88.
Moody, G. (2001). *Rebel code: Inside Linux and the Open Source revolution*. New York: Basic Books.
Moore, R. E. (2003). From genericide to viral marketing: on ‚brand'. *Language and Communication, 23*(3), 331–357.
Morrison, P. D., Roberts, J. H., & Hippel von, E. (2000). Determinants of user innovation and innovation sharing in a local market. *Management Science, 46*(12), 1513–1527.
Mucha, T. (2004). Firefox: Marketing's Borg – The new browser taps the power of the collective. http://www.business2.com/b2/web/articles/0,17863,845562,00.html
Nakamura, J., & Csikszentmihalyi, M. (2003). The construction of meaning through vital engagement, in Flourishing: positive psychology and the life well-lived. In C. L. Keyes & J. Haidt (Hrsg.), Washington, D. C.: American Psychological Association.
Omoto, A. M., & Snyder, M. (1995). Sustained helping without obligation: Motivation, longevity of service, and perceived attitude change among AIDS volunteers. *Journal of Personality and Social Psychology, 68*(4), 671–686.
Open Source Initiative. (2006). Open source definition. http://www.opensource.org/docs/definition
Perens, B. (1999). The open source definition. In C. DiBona, S. Ockman, & M. Stone (Hrsg.), *Sources: Voices from the Open Source revolution* (S. 171–196). Sebastopol, CA: O'Reilly.
Ramlall, S. (2004). A review of employee motivation theories and their implications for employee retention within organizations. *The Journal of American Academy of Business, 5*(1–2), Cambridge, MA, 52–63.
Raymond, E. S. (2001). *The cathedral and the bazaar: Musings on Linux and open source by an accidental revolutionary*. Sebastopol, CA: O'Reilly.
Riggs, W., & Hippel von, E. (1994). Incentives to innovate and the sources of innovation: The case of scientific instruments. *Research Policy, 23*(4), 459–469.
Robbins, S. (1993). *Organizational behavior* (6th ed.). Englewood Cliffs, NJ: Prentice Hall.
Roberts, K. (2005). *Lovemarks: The future beyond brands*. New York: PowerHouse.
Simon, B., Loewy, M., Stürmer, S., Weber, U., Freytag, P., Habig, C., Kampmeier, C., & Spahlinger, P. (1998). Collective identification and social movement participation. *Journal of Personality and Social Psychology, 74*, 646–658.
Stallman, R. (2002). *Free software, free society*. Boston: GNU Press.

Solomon, M., Bamossy, G., & Askegaard, S. (2002). *Consumer behaviour: A European perspective*. Edinburgh: Prentice Hall.

Steers, R., & Porter, L. (1983). *Motivation and work behavior* (3rd ed.). New York: McGraw-Hill.

Stephens, D. C. (Hrsg.). (2000). *The Maslow Business Reader*. New York: Wiley.

Torvalds, L., & Diamond, D. (2001). *Just for fun: the story of an accidental revolutionary*. New York: HarperCollins.

Voiskounsky, A., & Smyclova, O. (2003). Flow-based model of computer hackers' motivation. *CyberPsychology & Behavior, 2*(6), 171–180.

Vroom, V. H. (1964). *Work and motivation*. New York: John Wiley.

Wayner, P. (2000). *Free for all: How Linux and the free software movement undercuts the high-tech titans*. New York: HarperBusiness.

Weber, S. (2004). *The success of open source*. Cambridge: Harvard University Press.

Wiedmann, K.-P., & Langner, S. (2006a). Open source marketing – ein schlafender Riese erwacht. In B. Lutterbeck (Hrsg.), *Open Source Jahrbuch 2006*. Lehmanns, Berlin.

Wiedmann, K.-P., & Langner, S. (2006b). Understanding open source networks: Proposing a conceptual model of motivation. *Proceedings of the IFSAM VIIIth World Congress 2006.*

Wiedmann, K.-P., Langner, S., & Hennigs, N. (2007). The underlying motivation(s) of consumers' participation in open source marketing projects. *Proceedings of the American Marketing Association. Summer Marketing Educators' Conference. Washington 2007.*

Teil II
Praktische Anwendungen von Social Web im Tourismus

Kapitel 7
Social Media für Destinationen – Integration von Social-Media-Aktivitäten in den touristischen Kommunikations-Mix

Reinhard Lanner, Olaf Nitz und Martin Schobert

Zusammenfassung: Im Social Web werden Menschen vom passiven Konsumenten touristischer Botschaften zu aktiven Gestaltern touristischer Kommunikation und zum entscheidenden Faktor effizienter Kommunikation von Marken-Botschaften. Bereits jetzt nutzt mehr als die Hälfte der User von Reise-Websites Social Media-Instrumente. Destinationen sollten daher das Potenzial von Social-Web-Tools erkennen und diese selbst aktiv zur Kommunikation und Stärkung ihrer Marke nutzen. Eine erfolgreiche Präsenz von Destinations Management Organisationen im Social Web ist jedoch weniger von der Entscheidung abhängig, welche Online-Technologien eingesetzt werden. Vielmehr ist die Auswahl der Social-Web-Aktivitäten je nach den Anforderungen und Bedürfnissen der jeweiligen Zielgruppe, und abhängig von den Kommunikationszielen der Destinations Management Organisationen (DMOs), zu treffen. Um effiziente Markenführung im Web umzusetzen, ist eine klare Definition der jeweiligen Zielsetzung und der Zielgruppe erfolgsentscheidend. Erst wenn dies definiert wurde, ist eine Auswahl und Anwendung der Instrumente und Technologien sinnvoll und erfolgversprechend.

Zuhören, Mitreden und der Support im Social Web sind daher künftig die Aufgaben der Destinations Management Organisationen: „Zuhören", was Zielgruppen der DMO im Internet über diese „erzählen". Somit können die Erfahrungen der Gäste genutzt werden, um Wissen über das Bild der touristischen Marke im Web zu erlangen. „Mitreden" bedeutet Eintreten in Gespräche zur Destination mit dem Ziel Teil der Community zu werden. Mitarbeiter diskutieren authentisch auf Augenhöhe als Experten mit Multiplikatoren und Gästen und setzen dafür die Kernaussagen der Destinations-Marke. „Support" als Gästeinformation im Social Web schafft Vertrauen und bindet Kunden an die Destination. Diese Informationen sind in Suchmaschinen langfristig auffindbar, dadurch wird die Aufmerksamkeit von potentiellen Gästen auf die Destination gelenkt.

Schlüsselwörter: Social Media • Destinationen • Schlüsselaufgaben • Strategie

---

R. Lanner (✉)
Tourismusregion Lammertal-Dachstein-West, Markt 165, 5441 Abtenau, Österreich
e-mail: reinhard.lanner@lammertal.info

7.1 Einleitung

DMOs investieren erhebliche Zeit- und Budget-Ressourcen, um möglichst viele User auf ihre touristischen Webseiten zu lotsen. Im Zeitalter des Web 2.0 wird diese Zielsetzung aber immer weniger relevant. Denn im Web 2.0 – auch Social Media genannt – werden Menschen zunehmend selbst im Internet aktiv, indem sie Inhalte erstellen und sich vernetzen. Menschen nutzen heute das Web nicht nur, um ihre Bedürfnisse zu erfüllen, sondern auch um gegenseitig einen Nutzen zu stiften, der von traditionellen Institutionen (wie bspw. Unternehmen) so kaum erbracht werden könnte. Damit werden User von passiven Konsumenten touristischer Botschaften zu aktiven Gestaltern touristischer Kommunikation – und zum entscheidenden Faktor effizienter Kommunikation von Marken-Botschaften.

Seit sich Angebote des Social Webs wie Blogs, Social Networks und Bewertungs-Plattformen auch im touristischen Bereich stark verbreiten, müssen DMOs stärker Markeninhalte der Destination auch abseits der eigenen Webseite präsentieren, um erfolgreich zu sein (Bieger 2002, S. 59). D. h.: DMOs sollten das Potenzial von Social-Web-Tools erkennen und diese selbst aktiv zur Stärkung ihrer Marke nutzen.

Eine entsprechende „Brand Awareness" (Markenbekanntheit) im Web (Keller 2005, S. 92) kann jedoch erst erreicht werden, wenn diese Social-Media-Instrumente auch strategisch abgestimmt auf Anforderungen und Bedürfnisse unterschiedlicher Zielgruppen eingesetzt werden. Die Auswahl der Social-Web-Aktivitäten hängt also wesentlich von den Zielsetzungen der DMO und der Online-Erfahrung der definierten Zielgruppen ab (World Tourism Organization 2004, S. 3). Online-Werkzeuge im Social Web bieten einer DMO erhebliche Vorteile in der Gäste-Kommunikation:

- Inhalte der DMO sind nicht nur auf der eigenen Webseite präsent, sondern vielmehr dort, wo die gewünschte Zielgruppe sich schon befindet.
- Die DMO kann mit dem (potenziellen) Konsumenten oder der Kommunikations-Zielgruppe in Form von „Online-Gesprächen" direkt in Interaktion treten und damit Markenkontaktpunkte schaffen.
- Über die Websuche auf diesen Plattformen oder über Suchmaschinen wird die Aufmerksamkeit weiterer Konsumenten auf diese „Online-Gespräche" gelenkt. Somit entsteht ein Multiplikator-Effekt.

Die Herausforderung für DMOs ist nun zu entscheiden, welche Social-Media-Tools für die DMO relevant sind: Ständig gibt es neue Anbieter, die immer vielfältigere Instrumente und Technologien anbieten und Touristikern neue, innovative Wege zur Kommunikation touristischer Markenbotschaften ermöglichen. Auf den folgenden Seiten geben Praktiker mit Erfahrung in touristischer Markenführung und Online-Kommunikation praxistaugliche Erklärungen in unterschiedlichen Einsatzgebieten von Social-Web-Tools. Sie skizzieren die Integration des Social Web in den touristischen Marketing-Mix, d. h. welche der Web 2.0-Instrumente bei welchen Zielsetzungen und welchen Zielgruppen sinnvoll eingesetzt werden können.

7.2 DMOs im Social Web

Online-Kommunikation von Destinationen fokussiert häufig auf die Abbildung der touristischen Infrastruktur, die Produkt-Darstellung der touristischen Basis oder die Präsentation aktueller Termine und Veranstaltungen. Das Online-Ziel einer DMO ist somit meist die angebotsseitige Darstellung der Destination im Web. Inhalte werden dabei häufig an ein breites Massenpublikum gerichtet um möglichst viele Konsumenten zu erreichen. Es wird also one-to-many ausgestrahlt, d. h. ein (touristischer) Sender informiert an viele (potentielle) Empfänger. Interaktionsmöglichkeiten beschränken sich auf die Darstellung von Telefon-Hotlines und E-Mail-Formularen oder gipfeln im Idealfall in der Aufforderung zur Anmeldung zu einem E-Mail-Newsletter. Das Potenzial gesamtheitlicher Kommunikation an Gäste, Geschäftspartner und Betriebe der touristische Basis einer Destination wird hingegen heute (noch) selten ausgenutzt.

Die Nutzung von Social Web Werkzeugen in der touristischen Kommunikation ermöglicht neue Sender-Empfänger-Beziehungen:

- one-to-one, z. B. Kommentare in Weblogs, sichtbar für Dritte und verteilt durch Web- und Bildersuche
- few-to-many, z. B. ein Destinations-Weblog mit Beiträgen von mehreren Einwohnern der Destination
- many-to-one, z. B. C2B in Destinations-Communities
- many-to-many wie z. B. C2C in allgemeinen Reise- und Bewertungsplattformen
- few-to-few, z. B. Special Interest Gruppen in Social Networks

Diese Aufzählung kann in unterschiedlichen Variationen fortgesetzt werden. Um jedoch Fragen wie „Wozu soll ich mich als DMO im Social Web engagieren?", „Welchen Nutzen stiftet mir ein derartiges Engagement?", „Welches Geschäftsmodell ergibt sich für die DMO?" usw. beantworten zu können, ist zu klären, welche strategische Relevanz das Social Web für eine DMO besitzt. Aufgabe des Online-Experten der DMO ist also nicht nur die Auswahl geeigneter innovativer Online-Instrumente zu treffen, sondern diese zunächst strategisch zu bewerten.

Damit Social-Web-Aktivitäten effizient in den (Online-) Marketing-Mix von Destinationen eingegliedert werden können, werden Ziele benötigt, deren Erreichen einen klaren Nutzen oder Mehrwert für die DMO ergeben. Analog den Ausführungen von Li u. Bernoff (2008, S. 65 ff.), definieren die Autoren für Tourismus-Organisationen die sich im Social Web engagieren daher die drei wichtigsten strategischen Schlüsselmaßnahmen wie folgt:

7.2.1 Zuhören

Jedes Jahr geben Unternehmen 15 Mrd. Dollar für Marktforschung aus, um herauszufinden, welche Produkte sich wie und wo verkaufen, welche Musik, Bücher und Medien konsumiert werden oder was ihre Kunden über ihre Produkte und Dienstleistungen denken (Li u. Bernoff 2008, S. 79). Im Social Web, bestehend aus Weblogs, Social Networking Websites, Foto-, Video-Communities, Podcasts, Karten-Applikationen usw., bietet sich hingegen die Möglichkeit, Meinungen von hunderten oder tausenden Konsumenten unbeeinflusst beobachten zu können – und das in der Regel kostenlos.

Dies können sich gerade touristische Organisationen besonders zu Nutze machen: Über Reise und Urlaub wird im Social Web viel publiziert, von Blog-Beiträgen über Fotos und Videos bis zu Erfahrungsberichten und Bewertungen in Communities und auf Bewertungsplattformen reicht die Bandbreite. Diese einzelnen Fragmente sind im Internet teilweise sehr prominent in Suchmaschinen positioniert und werden somit von vielen anderen Nutzern gelesen. Im Gegensatz zu den Marketing-Aktivitäten der Destination haben Konsumenten und ihre Bewertungen und Beschreibungen im Social Web meist keinen kommerziellen Hintergrund und wirken dadurch besonders authentisch. Die Summe der einzelnen nutzergenerierten Inhalte über eine Destination prägt daher aufgrund des glaubwürdigen Eindrucks der Inhalte das gesamte Online-Erscheinungsbild der Destination.

Ein systematisches Web-Monitoring, also ein „Zuhören" bei diesen Gesprächen im Web (Institut für e-Management e. V. 2009) wird in den nächsten Jahren für DMOs immer wichtiger. (Fank 2009, S. 1). Durch „Zuhören" kann identifiziert werden wo, wann und wer über die touristische Marke kommuniziert.

Diese Information hilft also die Online-Strategie zu optimieren: Zeitpunkt und Inhalte der Online-Kommunikation bzw. -Werbepräsenz können an tatsächliche Konsumenten-Interessen angepasst werden. Die Effizienz der Online-Aktivitäten lassen sich durch Analyse der Diskussion zur Destination einfach und kostengünstig steuern und lenken. Doch wie kann eine DMO diese fragmentierten, oft zeitlich versetzten Diskussions-Inhalte strukturiert erfassen, noch dazu wenn diese auf tausende individuelle User-Kommentare im Web verteilt sind?

Ein Monitoring der Online-Medienpräsenz einer DMO ist zweifellos eine große Herausforderung. Diese Inhalte und ihre Nutzung sind bei weitem nicht so leicht zu kontrollieren, wie der Content, der von den Destinationen selbst erstellt wird. Durch Online Brand Monitoring – das systematische Beobachten der Marken-Kontaktpunkte (Nennungen von Schlüsselwörtern der Marke) im (Social) Web – generieren Destinationen strukturierte Informationen über Erfahrungen, Eindrücke und Meinungsbilder der Gäste und deren Bedürfnisse. Der erste Schritt eines Monitorings der Destinations-Marke ist die Definition eines Suchrasters bzw. von relevanten Suchbegriffen zur touristischen Marke. Diese Liste von Schlüsselwörtern der Destinations-Marke sollte aus den einzelnen Gemeinden, Städten und Regionen der jeweiligen Destination bestehen – kombiniert mit zentralen Markenbotschaften oder Kernaussagen der Marke (Wandern in Österreich, Golfschaukel Lafnitztal, Natur & Kultur, Törggelen, Südtirol bewegt, Schweiz natürlich, Käsestraße, Deutsche Alleenstraße, Moorlandschaften, Nationalpark usw.).

Diese Schlüsselwörter der Destinations-Marke bilden einen einheitlichen Raster der unabhängig von Art und Aufbau des Social Web Instrumentes eine systematische Analyse der Markenpräsenz in Gesprächen der Konsumenten ermöglicht. Mit

Online Brand Monitoring gelingt es weiters Multiplikatoren wie reiseaffine Blogger und Journalisten zu identifizieren, die einen Bezug zur Destination haben oder an relevanten Kernaussagen der Destinations-Marke interessiert sind. Schließlich wird oft vergessen, dass Tracking relevanter Schlüsselwörter sich bestens zur Analyse der generellen Markt-Entwicklung bzw. der Markt-Potentiale eignet und vor allem auch ein kostengünstiges Benchmarking von Mitbewerbern ermöglicht.

7.2.2 Gespräche

Ziel der Kommunikation von Destinationen in PR und Marketing ist es, Inhalte über das touristische Angebot der Destination zu vermitteln. Zudem sollen potenzielle Gäste durch emotionale Botschaften für die Destination begeistert werden.

Im Social Web werden Informationen und Meinungen von Nutzern an andere Nutzer weitergegeben. Absender sind weniger abstrakte Rechtspersönlichkeiten, Institutionen und Marketing-Organisationen, sondern Menschen „wie du und ich". Hierbei werden auch kommerzielle Inhalte verlinkt, besprochen und bewertet, wobei von Nutzern erstellte Inhalte sowohl eine hohe Glaubwürdigkeit besitzen als auch – aufgrund ihrer Aktualität – oft leicht über Suchmaschinen zu finden sind.

Der Soziologe Gerhard Schulze (2006) spricht in seinem Aufsatz „Die touristische Kunst der Begegnung" von „Glück 1" als Möglichkeitsraum und „Glück 2" als Leben innerhalb dieses Möglichkeitsraums. Er meint im ersten Fall die objektiven Lebensbedingungen, also das Anhäufen und Bereitstellen von Hotels, Bergbahnen, Restaurants und weitere Infrastruktur. Bei Glück 2 geht es um die einzigartige Begegnungen innerhalb der Möglichkeiten, also um das Sein innerhalb der geschaffenen Möglichkeiten. Auf die Kommunikation übertragen geht es im ersten Fall um die Darstellung jener Dinge, die man in einer Destination tun kann. Bei „Glück 2" geht es dann um die Darstellung subjektiver Erlebnisse, also wie man sich bei der Ausübung von Urlaubsaktivitäten fühlt, was besonders berührt.

In der Kommunikation mit dem Gast liefern demnach bestehende Webseiten weiterhin sachliche und konkrete Daten und Fakten. Such- und Sortierfunktionen sollten optimiert, „das Vokabular der ratlosen Erlebnisbeschreibung wie einmalig, paradiesisch und großartig sollte reduziert werden" (Schulze 2006, S. 25). Der Einsatz von Social-Media-Instrumenten ergänzt die bestehenden Webauftritte durch individuelle Erzählungen von Einheimischen und Reisenden. Hier steht der Mensch im Vordergrund, es sprechen Mitarbeiter, Geschäftsführer, Partner und Kunden via Web mit dem und über das Unternehmen und treten an die Stelle anonymer (one-to-many) Werbe-Aussagen und Marketing-Slogans.

Somit ist es eine neue Aufgabe des Destinationenmarketings, die Formate des Social Web mit Inhalten von Menschen zu füllen, die für Werte und Alleinstellungsmerkmale (Unique Selling Points, USPs) der Destination stehen. Dabei geht es um glaubwürdigen Content von „echten", authentischen Personen (virtuelle Marketing-Personas oder Avatare sind im Social Web in der Regel kontraproduktiv). So können in Social Networks Fan-Pages mit Inhalten von touristischen Destinationen erstellt werden. Tourismusorganisationen können bspw. die Plattform Facebook. com nutzen, um eine eigene Fangemeinde regelmäßig über aktuelle Veranstaltungen und Aktivitäten zu informieren. Mitglieder dieser Fangemeinde können diese Inhalte mit persönlichen Kommentaren versehen. Darüber hinaus können eigene (Micro-)Blogs zur Destination (Go-See-Tell-Network 2009) betrieben, oder Fotos und Videos in die jeweiligen Communities hochgeladen werden.

Wesentlich beim Engagement im Social Web ist der Dialog, der über die Präsentation von Informationen hinausgeht. Dieser Dialog, bzw. die viel besprochenen „Conversations", sind hierbei als Prozess und nicht als einmalige Aktivität zu sehen. Ziel der Kommunikation ist es, ein Partner in der Community zu werden. Hierbei sind zwei Aspekte wichtig: Reichweite und Glaubwürdigkeit. Ohne einen gewissen Grad an Vernetzung in der Community ist es kaum möglich, Informationen zu streuen, jedoch ist für die Verbreitung die Glaubwürdigkeit des Akteurs immens wichtig. Wenn die Botschaft nicht glaubwürdig bzw. authentisch ist, wird sie im Social Web nicht weitergetragen werden.

7.2.3 Support

Im Allgemeinen versteht man unter Support von Gästen die Unterstützung des (potentiellen) Gastes vor, während und nach der Urlaubs- und Destinations-Entscheidung. Vor der Urlaubsentscheidung hilft die Destination üblicherweise mit Informationen zur touristischen Infrastruktur. Während der Urlaubsentscheidung kann bspw. mit Abfrage von verfügbaren Hotelkapazitäten Support geleistet werden, danach mit Detailinformationen zu Aktivitäten, Veranstaltungen und Events vor Ort (Skischule, Bergführer, Skipass-Kauf, Veranstaltungs-Kalender, Anreise-Informationen, …).

Im Social Web hat eine Destination die gleiche Beratungs- und Informationsfunktion wie sie schon bisher in Form von Gäste- und Tourismus-Informationsbüros oder Urlaubs-Servicecentern erfüllt – nur wird sich künftig die Nachfrage von Konsumenten nach dieser Support-Funktion stärker ins Internet verlagern. Reise-Communities, Foren, Kommentarfunktionen von Blogs, Foto-Communities, Bookmark-Dienste und andere Plattformen bieten DMOs ausgezeichnete „Bühnen" um gezielt (potentielle) Gäste bei deren Destinations-Wahl und der Detailrecherche zu unterstützen.

User und potenzielle Gäste suchen diesen „Support" in Form von Ratschlägen und Tipps als „Antwort" auf eine konkrete Fragestellung zu einer Urlaubsentscheidung. Eine Destination kann hier in zwei Richtungen arbeiten: selbst Support leisten und „Self-Support" anregen. Wenn Gäste Fragen in Foren oder Communities stellen, können diese direkt dort von Mitarbeitern der Destination beantwortet werden. Darüber hinaus kann die Etablierung von eigenen Communities oder Foren dazu führen, dass User und potenzielle Gäste selbst einander Tipps und Anregungen geben bzw. Fragen beantworten. Hierdurch ist möglich, die eigenen Support-Kosten zu reduzieren. Die Österreich Werbung nutzt bspw. die TripAdvisor Österreich Foren in Landessprache zur Online-Urlaubsberatung durch geschulte MitarbeiterInnen des Österreich-Urlaubsservices (die Darstellung erfolgt auf TripAdvisor selbst aber auch direkt am B2C-Länderportal und im Look & Feel der Österreich Werbung).

Die Vorteile einer aktiven Supportfunktion durch DMOs auf diesen Social Web-Plattformen sind:

- Ein strukturierter, inhaltlich gut geplanter und glaubwürdig kommunizierter Support hat immense Multiplikator- und Folgewirkung auf spätere Informations-Abfragen (TripAdvisor 2009).
- Das Social Web bietet einen effizienten Ressourcen-Einsatz der Urlaubsberatung oder Gästeinformation und ist aufgrund der Aufgaben-Erweiterung und Weiterbildungs-Potentiale auch Motivations-Faktor für MitarbeiterInnen.
- Die auf Erfüllung der Kundenbedürfnisse ausgerichtete Service-Orientierung der DMO löst den entscheidenden Impuls im Destinations-Entscheidungsprozess des Konsumenten aus.

7.3 Anwendung von Social-Web-Instrumenten

Bei der strategischen Bewertung sozialer Interaktion im Internet ist festzuhalten, dass Destinationen generell unterschiedlichste Bedürfnisse bei verschiedenen „Stakeholdern" zu erfüllen haben (Bieger 2002, S. 72), d. h. eine DMO besitzt verschiedene Kommunikations-Zielgruppen die ihrerseits Interesse an Informationen über die Destination oder von der DMO besitzen. Ebenso hat die DMO Interesse mit diesen Kommunikations-Zielgruppen zu interagieren bzw. Destinations- oder Destinations-Management-Content zu kommunizieren.

Aus der Fülle oben angeführter Kommunikations-Zielgruppen. werden in diesem Kapitel die drei wesentlichsten Kommunikations-Zielgruppen besprochen, jene mit höchster Multiplikator-Funktion für Inhalte der Destination: Gäste, Medienvertreter und Vertreter der touristischen Basis-Infrastruktur (Hotels, Gastbetriebe, Freizeiteinrichtungen, Beförderungsbetriebe etc.). Erfolgsentscheidend ist aber nicht die Definition der Zielgruppe selbst, sondern vielmehr herauszufinden, wie sich die einzelnen „Stakeholder" der Kommunikations-Zielgruppen im Internet engagieren. Denn unterschiedliche Erfahrungen, Kenntnisse und Zeitressourcen der Zielgruppen erfordern unterschiedliche Strategien hinsichtlich des Einsatzes von Social Web Instrumenten durch die DMO.

7.3.1 Zielgruppe Gäste

Gäste haben unterschiedliche Reisemotive, daraus ergeben sich auch unterschiedliche Anforderungen bei der Informationssuche und Buchungsabwicklung vor der Reise.

Eine von Google, TUI, iProspekt und Sempora in Auftrag gegebene Studie verdeutlicht den Wert des Internets für die Tourismusbranche: Demnach laufen in Deutschland über neun Millionen Buchungen „kanalübergreifend". Das bedeutet: Bevor Konsumenten im Reisebüro buchen, informieren sie sich auch im Internet, etwa via Google oder auf den Webseiten von Reiseveranstaltern, über die einzelnen Reiseleistungen (iProspect 2008). Unabhängig vom Buchungskanal, direkt beim Leistungsträger oder indirekt über Reisemittler, stellen Reisewebseiten im Internet eine sehr wichtige Informationsquelle und Entscheidungshilfe dar.

Eine Untersuchung von Convios im Auftrag von Google, hebt an Verbesserungsbedarf bei touristischen Webseiten aus Kundensicht vor allem die Bereiche „Weniger Werbung", „Bessere Glaubwürdigkeit von Hotelwebseiten" und „Mehr Hintergrundinformationen über den Reiseort (Bilder, Videos)" hervor (iProspect 2008). Gefordert ist dennoch Kommunikation auf Augenhöhe, was den Kern von Social-Media-Instrumenten darstellt. Ihr Einsatz erfüllt die oben erwähnten Kundenerwartungen.

Wie Destinations Management Organisationen diese Forderungen nach mehr und glaubwürdigerer Hintergrundinformation mit Social-Media-Instrumenten konkret erfüllen können, wird im nächsten Abschnitt, in Hinblick auf drei strategische Schlüsselmaßnahmen, diskutiert.

7.3.1.1 Den Gästen zuhören

Auf Basis der Liste von Schlüsselwörtern der Destinations-Marke können die unterschiedlichen Instrumente des Social Webs nach Inhalten und Kernaussagen der touristischen Marke strukturiert und miteinander systematisch vergleicht werden.

7.3.1.2 Blogs

Weblogs oder kurz Blogs sind quasi das Urgestein des Social Webs. Das Format gibt es bereits seit den 1990er-Jahren und hat sich seit 2004 quantitativ sehr stark entwickelt. Aktuell gibt es ca. 130 Mio. Weblogs weltweit (Technorati 2008). In Blogs können auch Formate wie Videos oder Fotos eingebunden werden.

Das Monitoring von Blogs kann auf zwei Arten betrieben werden: Selfmade Monitoring oder systematisches Monitoring (Eck u. Pleil 2006, S. 90 f.). Beim systematischen Monitoring wird die Beobachtung von Blogs an spezielle Anbieter vergeben, die Systeme zur Verfügung stellen, in denen alle Keyword-Nennungen in Blogs aggregiert und nach verschiedensten Kriterien ausgewertet werden können. Diese Lösung ist allerdings oft mit erheblichen Kosten verbunden und daher eher für Destinationen auf Landes- bzw. nationaler Ebene zu empfehlen. Wenn das Volumen der Keywords nicht zu groß ist, kann auch ein kostenloses Do-it-yourself-Monitoring betrieben werden. Hierbei können Anbieter wie Technorati, Google Blogsearch oder Blogpulse genutzt werden, deren Angebote gratis zur Verfügung stehen. Auf den einzelnen Blogsuch-Websites kann über eine Eingabemaske nach den definierten Keywords gesucht werden. Optional können die einzelnen Keywords auch als RSS-Feed – ein maschinenlesbares XML-Format – abonniert und dann übersichtlich in einem RSS-Reader zusammengeführt werden. Der Vorteil eines Abonnements per RSS ist die Benachrichtigung. Diese trifft ein, sobald es neue Blog-Beiträge gibt, die das jeweilige Keyword enthalten.

7.3.1.3 Microblogs

Microblogs sind ein noch relativ junges Format, bei dem über sehr kurze Texte – zumeist 140 Zeichen – publiziert und kommuniziert wird. Populär ist vor allem der Anbieter Twitter, dessen Nutzung in den letzen Monaten sehr stark zugenommen und der auch in den Massenmedien große Aufmerksamkeit erhalten hat. Twitter ist ein sehr schnelles Format, d. h. die Publikationsfrequenz ist sehr hoch und Informationen und Links verbreiten sich somit sehr schnell. Oft werden Beiträge – sogenannte Tweets – von anderen Usern weitergeleitet. Außerdem werden Hashtags – Schlüsselworte mit einer vorangestellten Raute – verwendet. Dies ermöglicht zum einen die Verbreitung von Themen (Memes) und erleichtert zum anderen die Auffindbarkeit von Inhalten.

In Microblogs wie Twitter werden kurze, spontane Statusmeldungen oft auch über das Handy publiziert. Pläne im Vorfeld einer Reise, aber auch Nachrichten von laufenden Reisen stellen dabei ein wichtiges Thema dar. Zusätzlich können die kurzen Beiträge mit einem Foto ergänzt werden.

Das Zuhören – also die kontinuierliche Beobachtung von Microblogs – kann wie bei Blogs über RSS erfolgen. Darüber hinaus gibt es für die einzelnen Services wie Twitter Instrumente wie bspw. Tweetdeck, mit denen man die Inhalte nach Keywords durchsuchen kann. So kann man sich in Echtzeit über neue Beiträge zu den Keywords benachrichtigen lassen.

Wenn bspw. eine Benachrichtigungsfunktion für den Namen einer Destination eingerichtet wird, kann live beobachtet werden, was über die Destination geschrieben wird. Die Destination bekommt hier ein authentisches Feedback des Gastes. Im Gegenzug ist es möglich, den Gast direkt anzusprechen.

7.3.1.4 Reisecommunities und Bewertungsplattformen, Meta-Bewertungsplattformen

Plattformen, auf denen Internet-Nutzer touristische Leistungsträger wie bspw. Hotels bewerten können, haben in den letzten Jahren an Bedeutung gewonnen. Laut einer Studie des VIR (2009, S. 19) nutzen 50 % der befragten Internetnutzer Bewertungsplattformen bei der Informationsrecherche. Der potenzielle Gast kann hier die Erfahrungen anderer Gäste lesen und somit prüfen, ob diese mit den Angaben des Anbieters übereinstimmen. Leistungsträger haben hingegen oft ein ambivalentes Verhältnis zu solchen Plattformen: Auf der einen Seite können diese das Vertrauen vor dem Buchen erhöhen, andererseits können negative Bewertungen und

Beschreibungen Gäste von einer Buchung abhalten. Die Bewertungen von Gästen können nicht nur auf den einzelnen Plattformen selbst, sondern bspw. auch über die Google-Suche oder via Meta-Suchmaschinen für Bewertungen, wie bspw. TrustYou, gefunden werden.

Auch wenn nicht die Destination selbst auf den Plattformen bewertet werden, prägen die Bewertungen der verschiedenen Leistungsträger das Gesamt-Image und die Reputation einer Destination: Aus der Summe der Bewertungen und Beschreibungen ergibt sich bei dem User ein Gesamteindruck. Wenn bspw. mehrere Hotels in einer Region tendenziell negative Bewertungen erhalten, kann dies zur Folge haben, dass der Gast in einer anderen Region bucht. Daher ist es aus Perspektive der Destination wichtig, diese Plattformen und Communities zu beobachten.

Der erste Schritt einer Beobachtung ist die Identifikation der relevanten Communities und Plattformen. Im englisch- und deutschsprachigen Internet haben die Plattformen HolidayCheck, TripAdvisor oder TripsbyTips eine hohe Sichtbarkeit in Suchmaschinen und dementsprechend hohe Zugriffe. Darüber hinaus bieten auch große Portale wie Yahoo! und AOL ihren Usern die Möglichkeit, Inhalte zu erstellen und zu bewerten.

Je nach Sprache und Land unterscheiden sich die Plattformen jedoch stark. Relevant sind jene Plattformen, die in den meist genutzten Suchmaschinen auf den ersten Positionen erscheinen. Hier ist die Wahrscheinlichkeit, dass diese von potenziellen Gästen gelesen werden, am Größten.

Für die Beobachtung selbst gibt es verschiedene Ansätze. Das Monitoring kann an professionelle Anbieter vergeben werden, die dann regelmäßige Berichte über Aktivitäten oder auch Alerts bei negativen Bewertungen liefern. Wenn die Destination die Beobachtung selbst übernehmen möchte, können bspw. Benachrichtigungssysteme wie Google Alerts genutzt werden. Hier können Keywords eingegeben werden, so dass der Nutzer E-Mail-Benachrichtigungen erhält, wenn es einen neuen Beitrag im Internet zu dem Begriff gibt. Darüber hinaus können in manchen Plattformen entweder einzelne Destinationen oder Suchbegriffe per RSS abonniert werden. Somit wird der Nutzer informiert, sobald es auf der Plattform einen neuen Beitrag gibt. Eine zusätzliche Möglichkeit ist die manuelle Suche auf den einzelnen Plattformen, was allerdings sehr zeitaufwändig sein kann.

7.3.1.5 Social Networks

In Social Networks können User Profile und Listen mit ihren Kontakten anlegen. Darüber hinaus können Texte, Bilder und Videos veröffentlicht und mit der Community diskutiert werden. Laut einer Studie von Nielsen aus dem Jahr 2009, werden von den Befragten Social Networks mehr genutzt als E-Mails (Nielsen 2009, S. 3). Solche Communities besuchen ca. 50 % (in Deutschland) bis 80 % (in Brasilien) der Internetnutzer. Allein das Social Network Facebook hat aktuell weltweit 300 Mio. Mitglieder, die jeden Monat ca. 850 Mio. Bilder in die Community hochladen (Facebook 2009).

Die Beobachtung von Social Networks ist für Destinationen aus verschiedenen Gründen wichtig. Erstens werden viele Inhalte zum Thema Urlaub erstellt: Fotos, die kommentiert werden, Urlaubserlebnisse in Textform, Links zu Urlaubsdestinationen usw. Darüber hinaus gibt es in Social Networks sehr viele Gruppen, Fanpages und Foren zu einzelnen Destinationen. Hier lässt sich gut beobachten, wie und was die User über die Destinationen schreiben und publizieren.

Die Nutzung der einzelnen Social Networks weist starke kulturelle Unterschiede auf. Einige der Communities sind in mehreren Ländern und Kontinenten stark verbreitet, andere wiederum nur in einzelnen Regionen. Aufgabe der Destination ist es daher zu identifizieren, welche Plattformen von den jeweils relevanten Zielgruppen genutzt werden, um diese zu beobachten.

7.3.1.6 Foto- und Video-Communities

Ein großer Anteil der Inhalte im Social Web sind Bilder und Videos, die von Usern erstellt und publiziert wurden. Bspw. ist die Video-Community You Tube eine der weltweit populärsten Websites (Alexa 2009). Das Thema Reise und Urlaub spielt in Video- und Foto-Communities eine große Rolle. Unter den am meisten benutzen Schlüsselbegriffen der populären Foto-Community Flickr finden sich viele reisebezogene Begriffe (Flickr 2009). Die starke Nutzung von Fotos und Videos zur Dokumentation von Reiseerlebnissen, hat für Destinationen einen Multiplikationseffekt.

Inhalte werden nicht nur im Bekanntenkreis der Gäste gezeigt, sondern einem globalen Publikum zur Verfügung gestellt. Auffindbar sind bestimmte Inhalte entweder mit Hilfe der Suche nach Schlagwörtern oder auch mit Hilfe einer geografischen Suche unter Verwendung von Geo-Tags, also der geografischen Angabe von Längen- und Breitengraden, wobei die Darstellung auf einer Karte erfolgt.

Für Destinationen ist es durch die Beobachtung von Foto- und Video-Communities möglich, Wissen über den „Gästebestand" zu generieren. So können z. B. über die Geo-Analyse Punkte analysiert werden, die von den Gästen als die Interessantesten bewertet werden. Das Monitoring der Communities selbst, kann über die Verwendung von Orten, Keywords oder Geo-Tags durch RSS erfolgen.

7.3.1.7 Gespräche mit Gästen

Eine Kernaufgabe der DMO bei den Gesprächen im Social Web ist das systematische Sammeln von Material in der Destination – dieses Material kann in Form von Geschichten, Bildern, Podcasts oder Videos online gestellt werden. Ein Destinations-Blog kann die „Basisstation" erlebter Geschichten darstellen. Je größer das Redaktionsteam, desto breiter und tiefer können die in den Blogbeiträgen enthaltenen Einsichten und Ansichten sein. Auch und vor allem Geschichten und Erzählungen einzelner Leistungsträger werden in den Destinations-Blog integriert und bieten dem zukünftigen Gast eine Vorstellung über die potenziellen Reiseerlebnisse.

Im Idealfall erhalten Stammgäste mit Hilfe von Social-Web-Tools, besser als bei Newslettern, regelmäßige Informationen, welche an die eigenen Urlaubserlebnisse erinnern und diese positiv verstärken. Besser denn je kann die DMO bisher unbekannte Urlaubsdokumentationen – nämlich die persönlichen Reiseerlebnisse der Gäste - in die eigene Kommunikation integrieren, indem sie Gäste einlädt, z. B. erlebte Urlaubsgeschichten auf einem Destinations-Blog zu erzählen, Videobeiträge zu posten oder Fotos hochzuladen. Bild- und Videoberichte von Events können die persönliche Beziehung zwischen Gästen und den lokalen Akteuren stärken und für gemeinsamen Gesprächsstoff sorgen.

Bei diesen Online-Gesprächen ist eine Kontrolle nicht möglich. DMOs müssen vielmehr akzeptieren, dass sie die Kontrolle bereits verloren haben. Daher ist nun die Aufgabe DMO-Mitarbeiter zu Themenführern in den Gesprächen über die Destination zu machen. Für die Mitarbeiter der Service-Center und Tourismus-Informationen bringt die Entwicklung des Social Webs eine neue Rolle mit sich. Durch die Nutzung von Social-Media-Tools sind die Mitarbeiter nicht mehr anonym. Sie werden durch Facebook-Fanpages oder XING-Gruppen für den Gast bereits vor der Anreise zum persönlichen Urlaubsberater.

7.3.1.8 Support von Gästen

Die wohl am häufigsten gefragte Support-Funktion einer DMO ist die Beratung bei der Auswahl von Unterkünften oder der Verfügbarkeitsabfrage von Hotelbetten. Diese Funktion wird heute bereits häufig durch Online-Abfragen in Meta-Suchmaschinen und Bewertungsplattformen erfüllt. Statt dem Einsatz individuell programmierter, alleinstehender Buchungs- und Abfrage-Systeme, kann eine Integration bestehender Social-Web-Plattformen mit User-Bewertung (HolidayCheck, TripAdvisor etc.) auf der eigenen DMO-Website für den User eine nützlichere Hilfestellung sein. Dieser offene Umgang mit Konsumenten-Meinungen auf einer „offiziellen" Informations-Stelle der Destination wird bei Usern Vertrauen schaffen sowie möglicherweise entscheidend die Destinations-Wahl beeinflussen (Schmollgruber 2007).

Eine weitere Support-Funktion ist die Information zur touristischen Infrastruktur der Destination bzw. Tourismusregion. Hier übernehmen Social-Web-Plattformen durch die gegenseitige Beantwortung von Fragen von Usern in Reise-Communities (z. B. WAYN, IgoUgo, World66, Travel-Buddie), Wiki-Engines (Wikipedia, WikiVoyage, Wiki-Travel) und Special Interest Tools von Suchmaschinen (Google Maps, Google Earth, Google Transit, Yahoo! Travel, Yahoo! Local, Yahoo! Answers) die Aufgabe von Destinationen (HolidayCheck 2009). Strategische Zielsetzung sollte daher sein, sich über Aktivitäten auf diesen Plattformen zu informieren und Anfragen von (potenziellen) Urlaubern zu beantworten, bzw. Inhalte zur Destination informativ statt werblich regelmäßig zu aktualisieren.

Bei Urlaubsentscheidungen und Reisevorbereitungen werden Empfehlungen in Reise-Communities und Online-Reiseführern besonders rege genutzt (z. B. TripWolf, Inzumi, TripsbyTips, Yahoo! Locals, Yahoo! Answers, Delicio.us, Mr. Wong,

Wikipedia). Hier ist es besonders wichtig, dass DMOs an den „Gesprächen" teilnehmen. Darunter ist zu verstehen, dass Mitarbeiter der Destination als „Experten" auftreten und Empfehlungen, Tipps und Ratschläge zu Urlaubsaktivitäten in der Destination abgeben. Hier empfiehlt sich das Einrichten eines „Community-Managers". Dies ist ein Mitarbeiter mit hohem Wissen über die Region und guten Sprachkenntnissen, der sich als Einheimischer bzw. Kenner zu erkennen gibt. Der Community-Manager empfiehlt in diesen Communities und „tagged" bspw. die besten Websites mit Informationen auf Bookmarking-Plattformen.

Auch die Hilfestellung bei der Anreise bzw. Reiseplanung ist eine wichtige Support-Funktion. Sie eignet sich sehr gut dazu, eine „Beziehung" zu (potenziellen) Gästen aufzubauen und Urlaubsentscheidungen zu beeinflussen. Meta-Flugsuchportale und Airlines (z. B. Southwest Airlines) integrieren User- & Destinations-Content, um über Preisargumente hinaus ihre Flugstrecken attraktiver zu machen; Special-Interest-Seiten der Suchmaschinen (Google Maps, Yahoo! Travel) liefern Informationen über die ideale Erreichbarkeit der Destination und beantworten Fragen mit dem Wissen Einheimischer (Yahoo! Locals). DMOs können dieses steigende Interesse an qualitativ hochwertigem Content in Ergänzung zu User Generated Content nutzen und ihren Destinations-Content an diese Websites verteilen. Bspw. kann automatisiertes Content-Sharing über Schnittstellen (z. B. APIs), den Datentransfer zwischen Websites, Content-Verteilung über RSS oder geocodierte Übernahme von Destinations-Content (points of interest) in webbasierten Karten-Anwendungen (z. B. Google Maps) ermöglichen.

Destinationen können darüber hinaus in Reise-Communities ihr Expertenwissen über die Destination, z. B. über die ideale Anreise zum Shuttle von Flughäfen/Bahnhöfen, einbringen. Dadurch entsteht ein Zusatznutzen für den User: Die Service-Orientierung bringt einen positiven Imagetransfer und somit zusätzliches Nachfragepotenzial aufgrund der höheren Dienstleistungs-Qualität, die bei einem Urlaub in der Destination aus Sicht des Gastes zu erwarten ist.

Eine weitere Support-Funktion erfüllen zahlreiche Social-Web-Plattformen, die konkrete Reise-, Erlebnis-, Veranstaltungs- und Termin-Informationen vor Ort liefern können. Diese Detailinformationen können auf DMO-Seiten aufgrund der Aktualität, Spezialisierung und zeitaufwändigen Erstellung nicht geboten werden. Jedoch besitzen auch diese Social-Web-Plattformen eine wichtige Mulitplikator-Wirkung. Darüber hinaus können DMO-MitarbeiterInnen dort gezielt Content (wie Veranstaltungstipps) abseits der eigenen DMO-Website platzieren. Beispiele dafür sind Qype, Tupalo, bikemap, bergfex, alpintouren, Alpenverein-Wanderforum, Lovo, Wikipedia usw.

7.3.2 Zielgruppe Medienvertreter

Die radikale Entwicklung im Web mindert die bisherige Gatekeeper-Funktion der klassischen Massenmedien. In der Vergangenheit wurde des Öfteren beim Eintritt neuer Medien die Ablösung der bestehenden prognostiziert. Im Rückblick ist festzustellen, dass trotz der Erfindung des TVs oder des Rundfunks nach wie vor Zeitungen existieren. Mit Sicherheit hat aber die Entstehung der Social-Media-Instrumente Auswirkungen auf die bestehenden Kanäle, sowohl was die Informationsbeschaffung für Journalisten, als auch die Informationsverteilung betrifft. Zwar sind die Auswirkungen auf die Arbeit von Reisejournalisten in ihrer ganzen Breite noch nicht absehbar. Sicher ist aber, dass Reisejournalisten neben den Hauptinformationsquellen Presseaussendungen, Pressekonferenzen und Redaktionsbesuchen nun auch Social-Web-Inhalte nutzen.

Zusätzlich dienen Suchmaschinen den Journalisten neben den oben erwähnten Informationsquellen auch um Informationen zu erhalten (Weber 2006, S. 7). Daher ist es wichtig, auf den ersten Ergebnissen der relevanten Suchmaschinen mit positiven Inhalten über die Destination positioniert zu sein.

Social-Web-Inhalte wie Bewertungen von Leistungsträgern sowie von Reisenden veröffentlichte Fotos und Videos bieten für Reisejournalisten eine wertvolle Ergänzung zu vorliegenden PR-Meldungen, wie eine Befragung aktiver Journalisten ergab. Da diese Informationen vom Konsumenten selbst gemacht werden, unterstützen die Inhalte die Absicht des Journalisten, ein möglichst objektives, realistisches Bild zu zeichnen und dies möglichst neu verpackt und kombiniert den Medienkonsumenten anzubieten.

Eine Herausforderung für Journalisten wird die Nutzung unterschiedlicher Medien zum Transportieren ihrer Geschichte. Dr. Rettenegger, Chefredakteur ORF Salzburg, ist bspw. der Meinung, dass viele Rezipienten sehr rasch die Flut an Informationen satt haben und sich nach gut aufbereiteter Information sehnen:

> Wenn Journalisten mit den Instrumenten von Web 2.0 umgehen können, wenn sie es verstehen, Geschichten nicht mehr monomedial (Print oder Radio oder Fernsehen), sondern multimedial zu erzählen, wenn sie also die Stärken und Schwächen der einzelnen Medien und Vertriebskanäle beim Geschichtenerzählen kennen und wenn Journalisten schließlich ihre Tugenden, also den handwerklichen Mehrwert ihres Berufsstandes (gründliche Recherche, Ausgewogenheit in der Berichterstattung, Fairness, Distanz, Unabhängigkeit, Selektion, gute, verständliche Aufbereitung etc.) bewahren, dann halte ich eine Zukunft für Journalisten, die diese Bezeichnung noch verdienen, durchaus für möglich.

Wie auch bei den anderen Stakeholdern geht es im Bereich Social Media für/mit Medien neben dem Teilen von Informationen auch um den dauerhaften Aufbau von guten Beziehungen.

7.3.2.1 Den Medienvertretern zuhören

Ergänzend zur klassischen Medienbeobachtung können im Social Web auch die Medien-Aktivitäten beobachtet werden. Online-Publikationen von professionellen Journalisten sind vor allem im Bereich der Blogs und Mircoblogs zu sehen. Aufgabe ist es, zunächst die relevanten Medien und vor allem die im Netz aktiven Reise-Journalisten zu identifizieren. Hierzu können etwa die Blog- und Social-Media-Suchmaschine Technorati oder die Suche des Microblogging-Dienstes Twitter genutzt werden. Sind die jeweils relevanten Quellen recherchiert, können Updates per RSS oder E-Mail abonniert und die Informationsquellen kontinuierlich beobachtet werden.

Die Social-Web-Aktivitäten eines Journalisten können Aufschluss darüber geben, welche Themen besprochen werden und welche speziellen Interessen der Autor hat. Dadurch kann eine gezieltere Ansprache und Versorgung mit Information erfolgen. Wichtig zu erwähnen sind in diesem Zusammenhang auch B2B-Networking-Plattformen wie XING und LinkedIn, die Aufschluss über die Interessen von Medienvertretern liefern bzw. ein seriöses „Netzwerken" mit Medienvertretern ermöglichen.

7.3.2.2 Gespräche mit Medienvertretern

Unter Gesprächen sind Initiativen zu verstehen, welche in der klassischen Kommunikation unter den Begriffen Presseaussendungen, Pressekonferenzen, Pressereisen etc. bekannt sind. Im Gegensatz zu den bisherigen Techniken, bei denen es überwiegend zu einer Einwegkommunikation vom Sender zum Empfänger kommt, finden im Social Web Konversationen mehrerer Personen statt. Die DMO kann medienrelevante Themen somit initiieren und diese möglichst übersichtlich und suchmaschinenoptimiert präsentieren.

Die Kommunikationsverantwortlichen von DMOs haben im Social Web zweierlei Aufgaben: zum einem sollten Medienvertretern im eigenen Presse-Bereich der Website Ideen und Anregungen für die Berichterstattung geboten werden. Andererseits sollten die DMO-Mitarbeiter auch auf anderen Webplattformen aktiv werden und hier quasi einen „Fußabdruck" der Destination hinterlassen.

Ein solcher Online Presse-Bereich kann als Landingpage für Medien dienen. Hier werden alle eingesetzten Social-Media-Instrumente aggregiert und dem Medienvertreter und anderen Interessierten themenrelevante RSS Feeds zum Abonnieren sowie eine Kommentarfunktion für die Konversation geboten. Texte und Story Ideas können hier sowohl als Word Dokument als auch als PDF angeboten werden. Durch eine HTML Aufbereitung wird die Verlinkung von Online Medien erleichtert. Neben eigenen Bildern werden auch Gästefotos von Social-Media-Plattformen wie flickr.com oder picasa.com den Journalisten angeboten, wobei hier deren Nutzungsrechte durch die DMO geklärt bzw. eingeholt werden sollten. Durch die Ergänzung der DMO-Inhalte, bspw. mit Fotos von Gästen, ergibt sich ein ganzheitlicheres und glaubwürdigeres Bild der Destination.

Podcasts (Audioberichte) zu destinationsrelevanten Themen können von der DMO produziert, interessierten Radiostationen im Press Room angeboten und von Rundfunkjournalisten abonniert werden. Manche Printberichte erscheinen auch auf den Onlineportalen der Verlage. Die DMO kann diese Onlineberichte durch passende Videos multimedial ergänzen. Diese Services werten nicht nur die Beiträge auf, sondern unterstützen auch die Arbeit der Journalisten.

Das Ziel, die Journalistenarbeit zu erleichtern, haben auch Services wie MicroPR auf Twitter (Wohlfahrt 2009). Hierbei werden Meldungen mit 140 Zeichen an eine vernetzte Journalisten- und Bloggergemeinde gesendet. Relevanz, Geschwindigkeit und ein völlig neues Nutzerverhalten abseits bekannter PR-Schlagworte zeichnen diese neue Kommunikationsform aus. Interessant ist, dass sich bei Diensten wie MicroPR Berufs- und Branchenkollegen vernetzen und miteinander kooperieren.

Eine weiteres Kooperationsprojekt wäre, ein eigenes Destinations-Blog für Journalisten zu führen, quasi ein „Tagebuch des PR-Verantwortlichen der Destination". Im Zuge einer Google-Recherche von Journalisten steigt die Wahrscheinlichkeit des Auffindens eines Blogs der DMO im Vergleich zu den üblichen PR-Inhalten auf DMO-Webseiten und somit die Chance auf Berichterstattung. Darüber hinaus hat ein Weblog das Potenzial, für Reisejournalisten glaubwürdiger als herkömmliche E-Mail-Newsletter zu wirken, wenn das Blog nicht mit „austauschbaren" PR-Meldungen, sondern glaubwürdigen Kommentaren befüllt wird. Attraktiv kann das Blog für Reiseredakteure deshalb sein, weil es anstatt anonymer Botschaften den PR-Ansprechpartner der Destination als „Person" in den Vordergrund stellt und durch die öffentliche Kommentar-Funktion eine individuelle Interaktion mit diesem ermöglicht. Detail-Recherche und Beziehungspflege werden für den Medienvertreter somit einfacher, schneller und persönlicher.

Es geht aber nicht nur um die Inhalte der Destination, sondern auch um die persönliche Beziehung zum Journalisten sowie um die Online-Reputation der DMO-Mitarbeiter (Wohlfahrt 2008). Da die Journalisten nicht regelmäßig über die gleiche Destination berichten können und oftmals große Distanzen zwischen der Destination und dem Herkunftsland des Journalisten liegen, war es bisher schwierig, Kontakte zu halten und zu pflegen. Dies wird jetzt durch soziale Online-Netzwerke wie XING.com, Facebook.com, uiui.hu usw. erleichtert. Durch Kommentare auf Blogbeiträge oder Statusberichte von vernetzten Journalisten hört, sieht und „liest man" einander regelmäßig. Genau diese Beiträge können die Vertrauensbildung unterstützen und letztendlich entscheidend sein, an wen sich Journalisten bei Recherchen wenden.

7.3.2.3 Support von Medienvertretern

Eines der wichtigsten Recherche-Tools für Reisejournalisten ist inzwischen die Websuche geworden (Weber 2006, S. 7). Bisher war es das Ziel, Medienvertretern optimale Presse-Informationen auf der eigenen Website zu bieten. Künftig kommen Reise-Journalisten jedoch gar nicht mehr auf die Seiten der DMOs. In vielen Fällen ignorieren sie „inhaltsleere" Medieninformationen, PR-Newsletter oder Presse-Aussendungen und recherchieren eigenständig über Suchmaschinen. Sie nehmen daher User-Meinungen oft als Ideenquelle und Inspiration für gehende Recherchen wahr und nützen sie als authentische Informations-Quelle über Destinationen. Immer bedeutender wird bei Recherchen von Reisejournalisten künftig auch der Aspekt der „Universal Search", bei der nicht nur Textinformationen Ziel der Recherche sind. Vielmehr wird Bild-, Video-, Audio- und geo-codierter Content (Google Maps, Streetview, Earth, MS virtual earth, Yahoo! Local, Yahoo! Answers) beim Support der Reisejournalisten immer bedeutender.

7 Social Media für Destinationen – Integration

So werden Journalisten sich künftig kaum noch umständlich auf einer DMO-Seite registrieren, um zu einem Foto-Download zu gelangen. Möglicherweise haben benachbarte DMOs die Nase bei der Berichterstattung vorne, wenn sie stattdessen simple Foto-Recherche und Downloads unter „creative common"-Lizenz auf FlickR erlauben.

Audio-Recherche von Radio-Stationen/Online-Journalisten erfolgt künftig immer häufiger über Audio-Files, die im Streaming (z. B. Last FM) oder als Podcast-Version (iTunes) zum Download angeboten werden können. Im Zuge der Recherche werden Journalisten gerne auf solche Audio-Beiträge oder Hörbücher zur Destination (z. B. Aussagen Einheimischer oder Prominenter, die aus der Region stammen oder dort zu Gast sind) zugreifen.

Video-Recherche auf You Tube, vimeo und anderen Netzwerken ist vor allem für Medienvertreter von höchster Relevanz, wenn sie sich zu Beginn ihrer Recherche ein erstes Bild, einen Eindruck von der Destination machen möchten. Bei Journalisten mit geringen Destinations-Kenntnissen kann durch authentischen Video-Content mit Support-Funktion der Impuls für eine Detail-Recherche ausgelöst werden. Um dies zu erreichen, könnten Destinationen Video-Botschaften für Medienvertreter als „Support"-Information zur Verfügung stellen, ähnlich wie Zell am See dies für Mitarbeiter-Recruiting auf You Tube versucht (You Tube 2008).

Interessant sind Video-Botschaften auch in der B2B-Kommunikation, wenn an Fach- oder Wirtschaftsmedien PR-Informationen zur touristischen Entwicklung, zu Events, Ereignissen etc. kommuniziert werden sollen.

Ausgezeichnete Support-Leistungen für Reise-Redakteure können über Business-Netzwerke wie XING, LinkedIn aber auch in Facebook, uiui.hu etc. geleistet werden. Neben der oben bereits erwähnten Kontaktpflege mit Reisejournalisten im Biz-Network können über individuelle „Gruppen" für Reisejournalisten alle Support-Informationen der Destination bereits im B2B-Network statt auf der Destinations-Seite bereit gestellt werden. Dies unterstützt und vereinfacht den Recherche-Prozess von Reisejournalisten, da er Destinations-Infos auf jenen Websites erhält, auf denen sich der Journalist bereits befindet bzw. auf denen er Navigation und Usability kennt. Eine Destination kann in solchen Gruppen z. B. den Zugang zu einem Foto-Archiv, Downloads von Basis-Texten, Podcasts, Links zu Video-Downloads etc. bereitstellen - zusätzlich zum PR-Bereich auf der eigenen Website.

Touristische Botschaften, die über Geo-Informationen und Plattformen wie Google Earth, Google Street View oder Microsoft Virtual Earth verfügbar sind, werden in der Medien-Betreuung immer wichtiger. Gerade Journalisten überprüfen hier die Authentizität und Glaubwürdigkeit von PR-Informationen. Natürlich kann eine DMO hier sehr einfach auch für Medien-Aussagen relevanten Content platzieren. Schwerwiegend ist es allerdings, wenn sich PR-Aussagen und Medien-Informationen hier widersprechen. Um Negativ-Schlagzeilen und ungewollte Medienkritik zu vermeiden, sollte daher ein regelmäßiges Monitoring der wichtigsten Plattformen erfolgen bzw. ohnehin der „eiserne" Social Web Grundsatz „ehrlicher, glaubwürdiger Kommunikation auf Augenhöhe" eingehalten werden.

7.3.3 Zielgruppe Infrastrukturpartner

Die Attraktivität einer Destination hängt neben den natürlichen Voraussetzungen auch von der touristischen Infra- und Suprastruktur ab. Die Wettbewerbsposition einer Destination wird beeinflusst von „comparative advantages", also Vergleichsvorteilen von Ressourcen (Landschaft, Klima, kulturelle Güter, vorhandene Infrastruktur) sowie „competitive advantages", also der Fähigkeit, die vorhandenen Ressourcen effektiver als der Mitbewerber einzusetzen (Ritchie u. Crouch 2005, S. 20).

In den alpinen Destinationen z. B. hängt der Erfolg von Hotels, Gastronomiebetrieben, Seilbahnen, Thermen, Golfplätzen, Museen und tourismusnahen Betrieben wie bspw. Swarovski Kristall oder und dem Schokoladenproduzenten Zotter nicht nur von der Angebots- und Servicequalität ab, sondern auch von der Fähigkeit effizienter als die Mitbewerber zu kommunizieren.

Vielfach spielte bei der Kommunikation die DMO eine wichtige Gatekeeper-Funktion. Zukünftig werden die touristischen Leistungsträger selbst gefordert, vor und nach der Leistungskonsumation.

Leistungsträger bekommen in Bewertungsplattformen, Blogbeiträgen und Foreneinträgen ein direktes, unverblümtes Feedback über die eigene Leistung. Dies wiederum stellt einen wesentlichen Entscheidungsfaktor für oder gegen einen Attraktionspunkt dar und ist somit von Bedeutung für den wirtschaftlichen Erfolg (Sattlecker 2009).

Die Herausforderung der Tourismusorganisationen besteht darin, dafür zu sorgen, dass die vertretene Region/Destination durch eigenen und user generated content entsprechend positiv im Web präsentiert wird. Regelmäßiges Web-Monitoring und eine Entwicklung der Leistungsträger hin zu effizienter Webnutzung stellen Herausforderungen für die DMO dar. Beiträge von Gästen während oder nach dem Besuch einer Attraktion (Bilder, Videos auf Plattformen) sind hoch emotional und beeinflussen das Image einer Destination sehr stark. Gleichzeitig soll die DMO Social-Media-Instrumente auch in der Kommunikation zu und mit ihren touristischen Leistungsträgern einsetzen.

7.3.3.1 Infrastrukturpartnern zuhören

Auch von touristischen Leistungsträgern werden Social-Media-Technologien genutzt. Für Destinationen ist es wichtig, diese Angebote und Inhalte zu kennen und zu beobachten, denn die Summe der touristischen Infrastruktur und der Leistungsträger prägt die Reputation und Wahrnehmung der gesamten Destination.

Der erste Schritt ist die Recherche der Aktivitäten der einzelnen Leistungsträger: Wer betreibt Blogs? Wer publiziert in Microblogs? Gibt es Fanpages in Social Networks? Sind diese Quellen identifiziert ist es die Aufgabe der Destination diese regelmäßig zu beobachten. Wie viele Fotos von meiner Destination gibt es auf Foto-Plattformen, die meine Haupt-Zielgruppen nutzt (z. B. auf FlickR)? Wann wurden diese gemacht, was zeigen sie und welche Destinationen hat der Fotograf sonst noch besucht? Mit wem ist er verlinkt, unter welchen Stichworten „tagged" er seine Fotos? Gleiches gilt für Video-Portale, Bewertungs-Plattformen oder Geo-Tagging-Plattformen (welche Hoteliers, Pensionen etc. nutzen Tools für Hoteliers auf HolidayCheck, TripAdvisor, Google Maps oder Google Earth und mit welchen Informationen?).

Ebenso ist häufig überraschend und aufschlussreich, welche Infrastrukturpartner aus der eigenen Destination z. B. mit Reise-Journalisten oder Reise-Veranstaltern auf XING, LinkedIn etc. vernetzt sind. Es ist durchaus zu erwarten, dass es unter deren Netzwerken interessante Kontakte für eigenes „Beziehungs-Management" gibt.

Interessant ist auch hier natürlich das Benchmarking von vergleichbaren Destinationen mit der „Gesamt-Präsenz" der eigenen Destination im Social Web: Was machen Infrastrukturpartner der Mitbewerber im Social Web anders als eigene Tourismusbetriebe? Reagieren Hotels, Bergbahnen, touristische Leistungsträger der wichtigsten Konkurrenten etc. direkt auf User-Meinungen und -Kommentare? Oder übernimmt diese Funktion deren DMO?

7.3.3.2 Gespräche mit Infrastrukturpartnern

Bei der Zielsetzung „Gäste holen – Gäste halten" zählen die Online-Gespräche zu den strategischen Erfolgsfaktoren. Interessante, spannende, überraschende, liebenswerte und humorvolle Gespräche tragen dazu bei, neue Gäste zu gewinnen und bestehende Gäste zu Botschaftern zu machen. Diese Aufgabe erfüllen zukünftig nicht nur die DMOs selbst, sondern auch die touristischen Leistungsträger einer Region.

Ein Destinations-Wiki oder ein Blog mit destinationsintern relevanten Themen könnte eine Kommunikationsplattform innerhalb der Destination – also zwischen DMO und den Infrastrukturpartnern – darstellen. Sowohl die DMO als auch die Leistungsträger können ihre Beiträge auf diese Plattform stellen, die von anderen Leistungsträgern gelesen, kommentiert und weiter verwendet werden können.

Die Kommunikation via Social Web stellt eine Ergänzung zu bestehenden Sitzungen, Rundschreiben und Newsletter dar, vor allem weil die „Bürozeiten" der touristischen Leistungsträger sehr unterschiedlich sind.

Die Kommunikation – also die Online-Gespräche – können sehr zeitaufwändig sein und stellen damit viele touristische Leistungsträgern vor eine Herausforderung, was die personellen Ressourcen angeht. Kommentieren von Beiträgen auf Bewertungsplattformen und Foren, regelmäßige Konversation mittels Blogs oder Microblogs, die Gestaltung eigener Videos, Podcasts und Slideshows über Ereignisse aus dem eigenen Betrieb sind nur einige der Möglichkeiten, die zur Verfügung stehen.

Mit jenen Leistungsträgern, die selber intensiv kommunizieren, sollte aus Sicht der DMO eine abgestimmte Social-Media-Strategie entwickelt werden. Für Tourismusunternehmen, welche die zeitlichen Ressourcen nicht aufbringen, muss die Destination Dienstleistungen erbringen. Bspw. können spezielle Inhalte wie Veranstaltungsinformationen oder aktuelle Angebote bzw. Aktionen mittels Widget angeboten sowie kurzfristige Ereignisse und Veränderungen via Microblogs an die touristischen Dienstleister gesendet werden.

7.3.3.3 Support von Infrastrukturpartnern

DMOs nützen in der Regel Foren und Intranet-Lösungen zur Kommunikation mit ihrer touristischen Basis. Diese haben jedoch häufig wenig Erfolg, da komplizierte Mechanismen oder umständliche Usability ein sympathisches und einfaches Kommentieren und Lesen verhindern. Eine Ergänzung können hier Gruppen von Business-Netzwerken wie XING oder LinkedIn sein. Eine DMO kann touristische und tourismusaffine Betriebe der Region mit Hilfe einer Gruppe über Neuigkeiten informieren oder Diskussionen initiieren bzw. steuern. Der Vorteil: diese Netzwerke werden laufend userfreundlich weiterentwickelt. Hoteliers, tourismusaffine Betriebe usw. sind ohnehin auf diesen Plattformen vertreten und häufig dort „online" anzutreffen. Dies steigert die Nutzungs- und Kommentarfrequenz durch UnternehmerInnen aus der DMO und reduziert Kosten für den Betrieb eigener „Tourismus-Foren".

Darüber hinaus können Bookmarking-Plattformen (del.icio.us, Mr Wong, …) als „öffentlicher" Speicherplatz interessanter Informationen für Betriebe der Destination dienen. Weiterbildungs-Inhalte (spannende Linktipps, Trend-Analysen, Marktforschungs-Studien, Marketing-Empfehlungen, Blog-Beiträge von Kommunikations-Experten, usw.), Schulungs-Tipps (Workshops für Kommunikation, Marketing, Verkauf, Produktentwicklung, …), Dokumentation von Online-Medienberichten (von Medienreisen, Fam-Trips, …) oder einfach „wissenswerte" Favoriten (Links zu Websites) werden anstatt im eigenen „Internet-Browser" öffentlich zugänglich gemacht und ermöglichen somit einen einfachen, kostengünstigen Informations- und Wissens-Transfer an Infrastrukturpartner.

7.4 Fazit

Bereits jetzt nutzt mehr als die Hälfte der User von Reise-Websites Social Media-Instrumente. Es ist davon auszugehen, dass von Nutzern selbst erstellte Inhalte im Zuge der Reiseplanung bei Destinations-, Unterkunfts- und Aktivitäts-Entscheidungen weiterhin zunehmend an Bedeutung gewinnen. Da authentische Nutzer-Inhalte und Konsumenten-Erfahrungen Reiseentscheidungen anderer Konsumenten schon heute maßgeblich beeinflussen, ist die Integration von Social Media-Instrumenten in den Kommunikations-Mix eine unerlässliche Aufgabe der Online-Reisebranche (VIR 2009, S. 18).

Eine erfolgreiche Präsenz von Destinations Management Organisationen im Social Web ist jedoch weniger von der Entscheidung abhängig, welche Online-Technologien eingesetzt werden. Vielmehr ist die Auswahl der Social-Web-Aktivitäten je nach den Anforderungen und Bedürfnissen der jeweiligen Zielgruppe, und abhängig von den Kommunikationszielen der DMO, zu treffen. Um effiziente Markenführung im Web umzusetzen, ist somit eine klare Definition der jeweiligen Zielsetzung und der Zielgruppe erfolgsentscheidend. Erst wenn dies definiert wurde ist eine Auswahl und Anwendung der Instrumente und Technologien sinnvoll und erfolgversprechend.

Aufgaben der Destinations Management Organisationen sind daher künftig:

- Zuhören, was Zielgruppen der DMO im Internet über diese „erzählen": Schlüsselwörter definieren und Social-Web-Plattformen beobachten, die für die jeweilige touristische Marke relevant sind. Die Erfahrung der Community wird genutzt, um Wissen über das Bild der touristischen Marke im Web zu erlangen.
- Markenführung im Internet: „Eintreten" in Gespräche zur Destination, d. h. Eingehen auf Fragen von Gästen und Multiplikatoren mit dem Ziel, durch diesen Online-Support einen positiven Imagetransfer an Konsumenten und andere Zielgruppen zu erreichen.
- Dialog: Mitarbeiter diskutieren authentisch auf Augenhöhe als Experten mit Multiplikatoren und Gästen und setzen dafür die Kernaussagen der Destinations-Marke ein und steuern diese damit idealerweise in die gewünschte Richtung der Markenpositionierung der Destination.

Bibliografie

Alexa. (2009). http://www.alexa.com/site/ds/top_sites?ts_mode=global<=none
Bieger, T. (2002). *Management von Destinationen* (5. Aufl.). München: Oldenbourg.
European Interactive Advertising Association. (2008). Mediascope Europe. http://www.eiaa.net/Ftp/casestudiesppt/EIAA_Mediascope_deutsch_final.pdf
Eck, K., & Pleil, T. (2006). Public Relations beginnen im vormedialen Raum – Weblogs als neue Herausforderung für das Issue Management. In A. Picot & T. Fischer (Hrsg.), *Weblogs professionell* (S. 77–94). Heidelberg: dpunkt.
Facebook. (2009). http://www.facebook.com/press/info.php?statistics
Fank, M. (2009). Wohin mit Webmonitoring, Fachartikel Nr. 11, in Zusammenarbeit mit infospeed GmbH.
Flickr. (2009). Entdecken. http://www.flickr.com/explore/
Institut für e-Management e. V. (2009). Web-Monitoring – Das Themenportal. http://www.web-monitoring.org/was-ist-web-monitoring.htm
Go-See-Tell-Network. (2009). Twitter-Ranking von US-/Canada Destinationen. http://www.goseetell.com/blog/2009/04/destinations-on-twitter-mar-09-ranking/
HolidayCheck. (2009). Österreich – Forum, Beitrag Urlaub mit Hund in Tirol. http://www.holidaycheck.de/view-Reiseforum_Urlaub+mit+Hund+in+Tirol-ch_fo-tid_82878.html
iProspect. (2008). ROPO Studie. http://www.iprospect.de/downloads/ropo-kaufverhalten-internet-touristik-2008.pdf
Keller, K. L. (2005). Strategic Brand Management Process. In F.-R. Esch (Hrsg.), *Moderne Markenführung: Grundlagen, innovative Ansätze, praktische Umsetzungen* (S. 83–102). Wiesbaden: Gabler.
Li, C., & Bernoff, J. (2008). *Groundswell: winning in a world transformed by social technologies*. Boston: Mass, Harvard Business School Pub.
Nielsen. (2009). Global Faces and Networked Places. http://server-uk.imrworldwide.com/pdcimages/Global_Faces_and_Networked_Places-A_Nielsen_Report_on_Social_Networkings_New_Global_Footprint.pdf

Ritchie, J. R. B., & Crouch, G. I. (2005). *The competitive destination: a sustainable tourism perspective*. Wallingford: CABI.
Schmollgruber, K, (2007). www.fastenyourseatbelts.at, Hotel 2.0 – Interview mit Dr. Axel Jockwer, Marketingleiter HolidayCheck. http://passionpr.typepad.com/tourism/2007/04/hotel_20_interv.html
Schulze, G. (2006). Die touristische Kunst der Begegnung. Veranstaltungspapier zum Vortrag auf dem DMMA-Herbst-Symposium „Die Zukunft des DestinationsManagement" am 5. und 6. Oktober 2006.
Stolba, P. (2008). Was es mit Blogs, Wikis und all den sonstigen Dingen im Web 2.0 auf sich hat. In Österreich Werbung (Hrsg.) *Travel 2.0 in Österreich: Social Web Wegweiser für Touristiker* (2. Aufl.), Wien: Österreich Werbung.
Technorati. (2008). State of the Blogosphere. http://technorati.com/blogging/state-of-the-blogosphere/
TripAdvisor. (2009). Österreich – Forum, 2009, Beitrag Skigebiet mit Schnee und Sonnenschein gesucht. http://www.tripadvisor.de/ShowTopic-g190410-i146-k2577099-l16711541-Skigebiet_mit_Schnee_und_Sonnenschein_gesucht-Austria.html
VIR – Verband Internet Reisevertrieb. (2009). Daten & Fakten zum Online-Reisemarkt. http://www.v-i-r.de/cms/upload/bilder/Daten/df09s.pdf
Weber, S. (2006). So arbeiten Österreichs Journalisten. http://www.kfj.at/pdf/So_arbeiten_Oesterreichs_Journalisten.pdf
Wohlfahrt, E. (2008). Online-Reputation: Ihr guter Ruf im Internet. http://www.austriatourism.com/media/8998/Travel%202.pdf
Wohlfahrt, E. (2009). TwitterPR – Nutzen stiften durch Interaktion. http://edwohlfahrt.blogs.com/blogdog/2009/04/twitterpr-nutzen-stiften-durch-interaktion.html
World Tourism Organization. (2004). Survey of Destination Management Organisations Report.
You Tube (2008). Zell am See „we want you". http://www.youtube.com/watch?v=GYZlxxHHzpY

Kapitel 8
No Trust – No Transaction/Vertrauensbildende Maßnahmen im eCommerce möglich durch Social Media?

Claudia Brözel

Zusammenfassung: Das Internet als Informations- und Buchungsmedium verzeichnet auch in Zeiten weniger euphorischer Absatzmärkte noch starke Wachstumsraten. Mehr als die Hälfte der deutschen Haushalte hat einen Internetzugang und damit die Möglichkeit sich im Netz zu informieren, zu kaufen und zu buchen. Allerdings klafft noch eine große Lücke zwischen der Informationssuche und dem Abschluss einer Transaktion im Internet. Die Nutzer haben noch nicht zu allen Transaktionsformen und Websites Vertrauen. Zertifizierungen, die bestimmte Sicherheitsstandards prüfen, eine transparente und offene Kommunikation oder auch der offene Austausch der Nutzer untereinander können Vertrauen aufbauen.

Schlüsselwörter: Vertrauen • Internet • Reisebuchung • Sicherheit • Web 2.0 • Gütesiegel • Bewertungsplattform • Reisecommunities • Hotelbewertungen • Reiseentscheidung

8.1 Einleitung

Der eCommerce wächst weiter. Immer mehr Bundesbürger kaufen immer häufiger im Internet ein. Die Zahl der Online-Käufer in Deutschland sei im vergangenen Jahr (2008) um zwölf Prozent auf 29,5 Mio. gestiegen, teilte die Gesellschaft für Konsumforschung (GfK Gruppe) mit. Allein im Januar 2009 hatten 30 Mio. Deutsche über 14 Jahre Erfahrungen mit der Internutzung zu Themen rund um die Urlaubsreise, wie der Verband Internet Reisevertrieb e. V. im März 2009 verkündete (www.v-i-r.de/Marktspiegel).

Mehr als die Hälfte der Deutschen kann sich ein Leben ohne Internet nicht mehr vorstellen so das Ergebnis einer Studie des Bundesverbandes Informationswirtschaft, Telekommunikation und neue Medien (BITKOM) im Februar 2009. Bei

---

C. Brözel (✉)
tsebe.de, Postfach 1158, 68527 Edingen, Deutschland
e-mail: cb@tsebe.de

jungen Teilnehmern schneidet das Web sogar noch besser ab; hier halten 84 % ein Leben ohne Vernetzung für undenkbar. Die Unter-30-Jährigen würden eher auf das Auto oder ihren aktuellen Lebenspartner verzichten als auf das Internet oder das Handy.

8.2 Vertrauen und Sicherheit im Internet

Fast zeitgleich zu den Wachstums- und Erfolgsmeldungen über die Nutzung des Internets berichten Studien über die wachsenden Bedenken der Konsumenten online zu kaufen. Wie der BITKOM Anfang März 2009 bekannt gab, verzichten viele Surfer aus Sicherheitsbedenken auf Transaktionen wie Online-Shopping oder Banking. 17 % der Internet-Surfer in Deutschland, also insgesamt acht Mio. Menschen, unterlassen Online-Transaktionen komplett. Das bestätigt auch eine Analyse von Booz & Company Inc. (Küstner et al. 2009), die davon ausgeht, dass das Wachstum im Internet in Zukunft nicht mehr technologiegetrieben sein wird, sondern eher „trust"-getrieben. Die Autoren der Studie kommen zu dem Schluss, dass die Breitbandabdeckung in den industrialisierten Teilen der Welt mittlerweile mit durchschnittlich 70 % der Haushalte fast einen Sättigungsgrad erreicht hat. Es ist also kein Wunder, dass Online-Werbung um 32 % pro Jahr steigt oder dass Forrester Research Inc. schätzt, dass Web 2.0-bezogene Umsätze um 47 % pro Jahr auf nahezu fünf Millonen US$ (vier Millionen €) ansteigen werden. Wobei gerade die nächste Generation digital video-basiert netzwerkt und immer und überall kommuniziert.

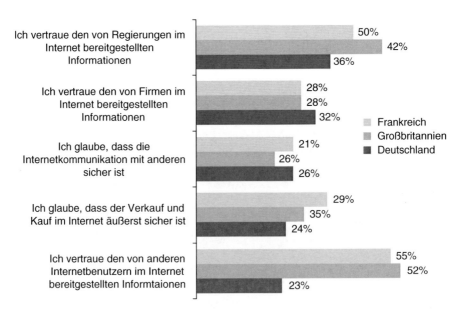

Abb. 8.1 Vertrauen und Sicherheit im Internet. (Quelle: Harris Interactice, Fleishman-Hillard 2008)

Dennoch sind steigende Vorbehalte bezüglich Sicherheitslücken, Datenschutz und Datenmissbrauch deutlich erkennbar. Laut der Analyse von Booz & Company Inc. vermeiden etwa zwölf Prozent der Europäer Online-Shopping aufgrund ihrer Bedenken in Bezug auf die Sicherheit. Die Autoren der Studie schätzen, dass der Transaktionsabbruch die Online-Wirtschaft allein im Jahr 2005 ungefähr eine Billion US$ (843 Mio. €) entgangene Umsätze gekostet hat.

Auch Harris Interactive beschreibt in der Studie „Digital Influence Index" (Mc Roberts u. Terhanian 2008), dass das Internet mittlerweile unter allen Medien mit durchschnittlich mehr als 44 % Medienindexbewertung den größten Einfluss – auch im Ländervergleich: Deutschland, Großbritannien und Frankreich – einnimmt. Abbildung 8.1 verdeutlicht diesen Vertrauensbeweis, der den von anderen Internetbenutzern bereitgestellten Informationen entgegengebracht wird. Dennoch sind die Konsumenten kritisch und das Vertrauen in das Medium und den Anbieter ist auch in Zukunft der entscheidende Moment, der über die Durchführung einer Online-Transaktion entscheidet.

8.3 Vertrauensfaktoren im Internet

Um das Vertrauen in das Medium Internet und die Online-Buchung stärken zu können, entwickelte der Verband 2008 eine eigene Studie, die sowohl Vertrauensfaktoren ermittelte, als auch verschiedene Nutzertypen identifizierte. Des Weiteren wurde ein Erwartungsindex auf Basis unterschiedlicher Nutzertypen, wie Vertrauen gebildet werden kann, analysiert. Ein Auszug aus dieser Studie zeigt in Abb. 8.2

Abb. 8.2 TOP 10 Vertrauensfaktoren. (Quelle: Das Online-Vertrauenspanel des VIR 2008)

die zehn wichtigsten Vertrauensfaktoren, die die Befragten gestützt in der Studie angaben:

Vertrauen und Authentizität werden „online" anders gebildet als „offline", da in einem Ladengeschäft auch eine zwischenmenschliche Beziehung über verschiedene Sinne aufbaut werden kann. Auch Eindrücke wie Einrichtung, Umgebungsfaktoren und vieles mehr spielen eine Rolle. Untersuchungen haben gezeigt, dass gerade die „Online-Beziehung" zwischen verschiedenen Transaktionspartnern weitere Parameter wie Gütesiegel, Marke oder auch Kundenbewertungen benötigt, um sich stabil und vertrauensvoll zu entwickeln. Verschiedene Orientierungsmerkmale bilden für den Onliner jene Anker, die dann in der Gesamtheit zum Vertrauen in ein Online-Angebot führen und in der Folge eine Interaktion auslösen.

8.4 Reise-Communities im Tourismus

Besonders nutzergenerierte Inhalte (UGC) wie Blogs, Bewertungen oder Videos, die durch die neuen Web 2.0-Technologien ermöglichen, dass Onliner ihre Meinungen anderen Nutzern frei zugänglich machen, haben in den letzten Jahren einen Boom erlebt. Urlauber nutzen gerne die Meinungen anderer Urlauber, um sich ein Bild von der Lage vor Ort, dem Hotel, dem Service und vielem mehr zu machen. Der Machtfaktor „user generated content" ist nicht zu unterschätzen. Der Verband Internet Reisevertrieb (VIR) hat das Thema Soziale Netzwerke im Jahr 2009 über die Reiseanalyse (FUR) näher untersucht. Mit einer Stichprobengröße von 7.800 Befragten (face-to-face) wurden Personen, die Erfahrung mit Sozialen Netzwerken, Bewertungsportalen und Communities haben, befragt, inwiefern diese Plattformen ihre Reiseentscheidung beeinflussen. Abbildung 8.3 zeigt, dass bei der aktiven Internetbevölkerung mittlerweile jede dritte Reiseentscheidung auf der im Internet veröffentlichten Meinung anderer Urlauber basiert.

Einen tiefergehenden Fokus auf das Thema Reise-Communities hatte die Untersuchung des VIR in der Reiseanalyse Online 11/2008. Abbildung 8.4 unterstreicht die wichtigen Faktoren bei Reise-Communities. Die aktiven Onliner wurden gebeten, auf einer Skala von eins bis fünf einzuordnen, wie wichtig ihnen ausgewählte Aspekte im Zusammenhang mit Communities und Bewertungsportalen sind. Die Nutzer von Communities und Bewertungsportalen wählten nach klaren Qualitätskriterien aus. So zählt nicht etwa die Marke, um eine Community zu besuchen und sich aktiv zu engagieren, sondern die Authentizität der Bewertungen und damit auch der Reisenden, die die Bewertungen zur Verfügung stellen. Ein ebenso wichtiger Faktor, für immerhin 30 % der Nutzer, ist die Vielfalt der Bewertungen. Der Nutzer kann sich ein besseres Bild über ein Hotel oder ein Angebot machen, wenn unterschiedliche Wertungen von unterschiedlichen Urlaubern vorhanden sind.

Märkte sind eben Gespräche, wie das Cluetrain-Manifest bereits 1999 feststellte – und vor diesem Hintergrund bekommt das Dokument aus den frühen Internetjahren wieder eine große Bedeutung, mit der sich Online-Anbieter auseinandersetzen müssen.

8 No Trust – No Transaction/Vertrauensbildende Maßnahmen im eCommerce

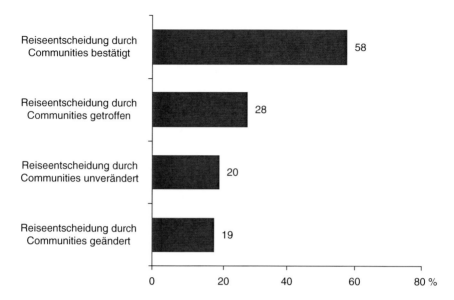

(Basis: in % der Befragten mit Internetzugang und Reise-Community Websites schon genutzt)

Abb. 8.3 Einfluss von Reise-Communities/Bewertungsplattformen auf die Reiseentscheidung. (Quelle: FUR, RA09)

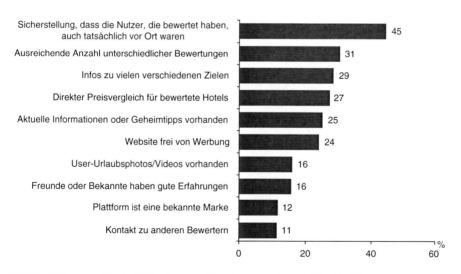

Welche Faktoren spielen bei Reise-Communities eine besonders wichtige Rolle?
(Basis: Online 16-64 Jahren, die sich bereits im Internet über Urlaubsreisen informiert haben)

Abb. 8.4 Besonders wichtige Faktoren bei Reise-Communities. (Quelle: FUR, RA online 11/2008) (VIR-Exklusivfrage)

8.5 Fazit

Vertrauen und Sicherheit sind die Faktoren, die im Wesentlichen, die Kauf- und Buchungsbereitschaft der Internetnutzer beeinflussen. Wie Studienergebnisse zeigen, können besonders andere Nutzer einen hohen Grad an Vertrauen aufbauen, was im Zweifel auch eigene Entscheidungen beeinflussen kann.

Bibliografie

BITKOM. (2009). Jeder Zweite findet Leben ohne Internet undenkbar. http://www.bitkom.org/de/presse/8477_57983.aspx. Gesehen am 02. März 2009.

BITKOM. (2009). Sicherheitsbedenken verhindern Transaktionen im Netz. http://www.bitkom.org/de/presse/8477_58028.aspx. Gesehen am 03. März 2009.

Cluetrain-Manifest. (2009, März 17). http://www.cluetrain.de GfK Gruppe (Pressmeldung 17. März 2009): Aktuelle Ergebnisse aus dem GfK WebScope zum Kaufverhalten der Deutschen im Internet. http://www.gfk.com/group/press_information/press_releases/003717/index.de.html. Gesehen am 17. März 2009.

Küstner, T., Kohnstamm, M., & Luiten, S. (2009). Watching over the Web, strategy+business issue 54, reprint number 09102.

Mc Roberts, B., & Terhanian, G. (2008). Digital Influence Index Study – Understanding the role of the Internet in the lives of consumers in the UK, Germany and France, (Juni 2008) durchgeführt von HarrisInteractive und publiziert von Fleishmann und Hillard. http://www.fleishmaneurope.de/about_news_det.php?satzid=32

Verband Internet Reisevertrieb e.V. (2008). Marktspiegel. http://www.v-i-r.de/Marktspiegel. In Forschungsgemeinschaft Urlaub und Reisen (FUR), Reiseanalyse 2009 (RA09) und RA online (11/2008).

Verband Internet Reisevertrieb e.V. (2008). Studie: Das Online-Vertrauenspanel. http://www.v-i-r.de/marktforschung-vertrauenspanel.html

Kapitel 9
Das Ohr am Puls des Internets

Thomas Helbing und Michael Konitzer

Zusammenfassung: Gerade touristische Anbieter sind recht schnell in der Umsetzung neuer digitaler Formate und Plattformen. Blogs und das gesamte Angebotsspektrum des Social Web wurden daher sehr früh in der Tourismusbranche diskutiert – und ausprobiert. Leider zu oft ohne Sinn und Plan. Misserfolge waren die logische Konsequenz.

Am Anfang eines Social Media Prozesses steht stets ein effektives Monitoring, das Rechercheziele und genaue Analysen der wichtigsten Multiplikatoren in der Blogosphäre und deren Relevanz bestimmte und entsprechend reale und verwertbare Ergebnisse erzielte. Auf Grundlage dieser Ergebnisse erfolgt eine schrittweise Annäherung an das Social Web. Als sinnvolle Vorgehensweise erscheint sich folgende Handlungs-Kaskade: Aktive Partizipation in verschiedenen Plattformen und Verstärkung und Unterstützung geeigneter Quellen, erst dann eigene aktive Kommunikation und erst dann Integration mit eigenen Projekten. Nur so konnten die Firmen die neue Rolle eines aktiven Moderators und „Herausgebers" strukturell bewältigen. Das Ergebnis waren etliche erfolgreiche touristische Anwendungen im Social Web, die in diesem Beitrag kurz skizziert werden.

Schlüsselwörter: Monitoring • Semantik • Multiplikatoren • eMarketing • eCommerce • Social Media • Selbstbegeisterung

9.1 Social Media Analytics & Social Commerce

Zwei User warnen in der führenden Hotelbewertungsplattform explizit vor den Leistungen der Küche eines großen Hotels in Abu Dhabi. Es wäre nur wenig dabei, das wirklich gut schmeckt. Sonst wird das Haus gut bewertet, der Service wird als freundlich und aufmerksam geschildert. Und so sieht dann das persönliche Erlebnis vor Ort aus: Die Küche ist exzellent. Das Angebot ist auffallend abwechslungsreich,

T. Helbing (✉)
RAYSONO, Tumblingerstr. 32, 80337 München, Deutschland
e-mail: thomas.helbing@raysono.com

täglich waren andere regionale Schwerpunkte geboten, mal orientalisch, mal asiatisch, mal mediterran. Alles bestens gewürzt und liebevoll zubereitet. Des Rätsels Lösung? Die Einträge in der Reiseplattform stammten von britischen Touristen, die wohl keinen rechten Sinn für Kulinarik hatten. Aus ihrer Sicht hatte ihre Klage recht: Es gab im Hotel keine Pommes Frites und keine Burger, keine in Soße ertränkte Braten und kein verkochtes Gemüse.

Die Lehre daraus. Schau dir an, wer in den Social Media was kommuniziert. Denke immer an die kulturellen Unterschiede – und die unterschiedlichen Erwartungshorizonte. Die Bandbreite der Einträge in Foren, in Kommentaren und Meinungsportalen ist so vielschichtig wie die Menschen, die sie dort abgeben. Längst haben hier Pluralität und Differenzierung Einzug gehalten.

Die riesige Bandbreite der Beteiligung, die Masse an freiwillig, ja begeistert abgegebenen Kommentaren und Tipps, Bemerkungen und Einschätzungen sind phänomenal. Hier finden perfekt Netzwerkeffekte statt, ein Eintrag provoziert den Nächsten. Die Lust, seine Meinung veröffentlicht und das Eigenerlebnis dokumentiert zu sehen, ist immens. Aber das zentrale Motiv für das Phänomen der User-Aktivitäten in Social Media ist die Eigenbegeisterung der Kunden, der selbstreferentielle Enthusiasmus, der diese Plattformen trägt und aus jedem einzelnen Beitrag heraus zu spüren ist. Gerade diese Selbstbegeisterung macht Social Media so interessant für kommerzielle Anbieter. Deswegen sind die Erwartungen in der Industrie so groß, Marketing-Effekte durch das „Web 2.0" zu erzielen. Die Prognose für die Zukunft lautet, dass 50 bis 75 % des Traffics auf großen Websites von eMarketing-Satelliten, die Social Media-Effekte nutzen, kommen wird. Aber die Arbeit in diesen lebens- und wirklichkeitsnahen Bereichen des Internet ist schwierig und sensibel: Social Media sind hochkomplex, können per se keine Konsistenz aufweisen. Entsprechend groß ist die Chance daneben zu liegen und Irrtümern zu erliegen. Hier gilt es kompetent und intelligent zu beraten.

9.2 Kunden-Monitoring als Desaster-Radar

Die Agentur Ray Sono hat sich seit 2006 mit dem Thema der Social Media und der Kundenkommunikation im Internet befasst. Zunächst stand die Recherche zum Thema im Vordergrund. Damals gab es noch wenig Erfahrungen oder gar Studien zu dem Thema, bestenfalls vollmundige Versprechungen. Bei der Arbeit wurde u. a. auch Erfahrungen genutzt, die zwischen 2001 bis 2004 mit Forums-Monitoring für die Volkswagen AG gesammelt hat. Damals wurden kontinuierlich alle relevanten Foren und privaten Websites zum Thema Automobil im deutsch- und englischsprachigen Internet nach relevanten neuen Entwicklungen, Meinungsäußerungen und Feedback auf neue Produkte und Marketing-Aktionen gescannt. Volkswagen reagierte damit auf die Tatsache, dass die Probleme mit der ersten Version des Audi TT im Internet längst bekannt waren und intensiv diskutiert wurden, lange bevor die Firma selbst sich der Häufigkeit der Unfälle aufgrund mangelnder Heckstabilität bewusst geworden war. Und lange bevor die Presse davon Wind bekam. Das sollte nicht noch einmal passieren. Daher erfolgte als erste wichtige Erkenntnis die Installation einer Art von „Desaster Radar". Schon zu dieser Zeit zeichnete sich ab, dass gerade in Kundenfragen das Internet früher auf Themen reagiert. Die traditionellen Medien wirkten bestenfalls als sekundärer Kommunikator und medialer Verstärker.

Eine zweite, wichtige Erkenntnis war, dass die Monitoring-Arbeit im Internet nach einer Anfangsphase relativ schnell effizient gestaltet werden kann. Es gibt eine relativ beschränkte Zahl von originären Quellen bei Konsumenten-Plattformen. Die Anzahl wichtiger Multiplikatoren ist meist überschaubar. Die große Masse an Plattformen und Websites kreieren keine eigenen Inhalte, sondern rekurrieren auf vorhandenen content. Indem man sich auf die wichtigen, wirklich führenden Foren und Websites und wesentliche Stich- und Reizworte konzentriert, kann man schnell und effizient arbeiten.

Als dritte wichtige Erkenntnis stellte sich heraus, dass man mit Monitoring auch rasch einen Eindruck davon bekommen kann, wie gut verschiedene Marketing-Maßnahmen funktionieren. Durch Monitoring konnte recht gut früh eingeschätzt werden, welche Kampagnen gut funktionieren.

9.3 Effektives Monitoring

Dies erlaubt Meinungsbilder effektiv zu bestimmten, sowie von einem Auftraggeber vorher definierten Themen zu erforschen und zu analysieren. Die Grundlage für ein Social Media Monitoring ist ein siebenstufiges Vorgehen, mit dem das Internet planmäßig und zum großen Teil automatisiert durchforstet werden kann und valide Ergebnisse für unterschiedlichste Fragestellungen erzielt werden können.

Die sieben Arbeitsschritte sehen folgendermaßen aus:

1. Recherche-Definition
   Zentral über den Erfolg oder Misserfolg eines Monitoring entscheidet, dass man das Ziel der Recherche genau definiert. Daher ist es zu Beginn unerlässlich, dass man mit dem Kunden intensiv diskutiert, welche Fragestellungen für ihn wichtig sind, und ob und wie sich diese sinnvoll in eine Monitoring-Recherche umsetzen lassen. Vor allem die genaue Abgrenzung der Suchtermini ist elementar. Zu große Erwartungen müssen reduziert werden, zu ungenaue Zielvorgaben präzisiert. Wichtig ist auch, wo innerhalb der riesigen Bandbreite der Social Media gesucht werden soll, vorrangig in speziellen Meinungsbereichen (Blogs, Foren) oder eher in Netzwerken (Facebook, Xing & Co.) – und natürlich in welchen Sprachräumen.
2. Relevanz-Bestimmung
   Der zweite Schritt eines sinnvollen Hineinhorchens in die Stimmungslage der Konsumenten im Internet ist relevante Meinungsäußerungen zu identifizieren. Egal wie gut ein Suchcrawler ist, wie intelligent ein Suchalgorithmus, das erste Suchergebnis ist stets zu weitläufig, zu viele irrelevante Hits machen die Sache

unübersichtlich. Hier muss bei aller sinnvollen Automatisierung des Rechercheprozesses meist ein Mensch über die jeweilige Relevanz entscheiden und die Spreu vom Weizen trennen.
3. Initiatoren-Indentifizierung
   Erste, sehr interessante Resultate einer Recherche ergibt die Analyse der zeitlichen Anordnung von Fundstellen. Wann wird was geschrieben und kommuniziert? Wann erfolgt die erste Erwähnung? So erhält man Hinweise darauf, wo die besten Quellen für Neuigkeiten sind, wer also eher Initiator ist – und wer Multiplikator. Zugleich bekommt man ein gutes Gespür, wann bestimmte Themen etwa saisonal für die User besonders interessant sind – und wann eben nicht. Ergebnisse, die für Marketing und PR beim Timing von Botschaften sehr hilfreich sein können.
4. Themen-Verwandschaften
   Nach der ersten Recherche und einer ersten Bewertung empfiehlt es sich zu prüfen, ob nicht vielleicht zusätzliche, verwandte Themen hinzugenommen werden sollten, um das Ziel der Recherche genauer zu erreichen, bzw. ob bestimmte Begriffe mangels Relevanz fallen gelassen werden. Hier muss noch einmal menschliche Intelligenz die Maschinen-„Intelligenz" unterstützen.
5. Quellen-Analyse
   Nach der Klärung der Recherche-Ziele werden im nächsten Schritt die zentralen Quellen für bestimmte Themen und Problemlagen analysiert. Wer schreibt von wem ab, wer sorgt für die meiste Verbreitung? Aus dieser Analyse lassen sich deutlich die wichtigsten Multiplikatoren in der Onlinewelt und in den Schnittstellen zu den Offline-Medien festmachen. Das ist besonders sinnvoll beim Lancieren von neuen Themen im Internet (Online-PR). Das macht die Recherchearbeit in der Folge sehr viel effizienter. Im Zusammenspiel der Multiplikatoren untereinander lässt sich auch gut ausmachen, wer sich gegenseitig die Bälle zuspielt oder bestimmte Themen besonders forciert.
6. Monitoring-Kontinuum
   Wirkungsvoll sind Internet-Recherchen vor allem, wenn es nicht bei einer einzelnen Aktion bleibt, sondern die Prozesse in regelmäßigen Abständen wiederholt werden. Dann sind sie generell auch kostengünstiger, weil ja auf vorhandene Prozesse und vorhandenes Knowhow zurückgegriffen werden kann. Nur wenn die Recherche regelmäßig erfolgt, kann wirklich von „Monitoring" gesprochen werden. Nur dann können auch Verläufe von Prozessen beobachten werden und definierte Aufgaben valide beurteilt werden. Stets äußerst interessant ist es die Veränderungen von Themen und von Kommunikationsverläufen sowie die Halbwertszeit von Themen zu beobachten.
7. Beratungs-Ergebnis
   Am Ende des Monitoring-Prozesses steht eine eingehende Analyse und Bewertung der Ergebnisse, die dann zu konkreten Handlungsempfehlungen für den jeweiligen Kunden führen. Was für Lehren soll der Auftraggeber aus dem Hineinhören in die Kommunikation der Internet-User für seine Unternehmenskommunikation, für seine Marketingbemühungen oder auch die Produktentwicklung oder die Markenführung konkret ziehen?

9.4 Schrittweise Annäherung

Egal wie solche Ergebnisse aussehen – oder ob eine Firma überhaupt schon ein Monitoring, wie eben geschildert durchgeführt hat: Die dringendste Empfehlung für kommerzielle Anwender ist, sich spätestens jetzt in den Social Media-Plattformen aktiv auszuprobieren. Es ist unabdingbar hier Erfahrungen zu sammeln, weil hier in Zukunft die wesentlichen und originären Meinungsbildungsprozesse stattfinden werden. Hier entsteht die Bühne für das eMarketing und den eCommerce der Zukunft. Daher gilt es, eine durchdachte, stufenweise und allmähliche Annäherung an das Thema Social Media und die Präsenz in diesen Internet-Plattformen zu wagen.

Das kann fast nie im Umfeld der großen Firmen-Websites funktionieren. Die sind fast durchgängig zu komplex und zu wenig flexibel strukturiert, als dass hier Social Media-Elemente wirkungsvoll implementiert werden können. Dafür müssen stets kleine, flexible Satelliten entwickelt werden, die die User dort ansprechen und abholen, wo sie sich sowieso im Netz aufhalten. Sie sind die Attraktoren, die die User schlussendlich für persönliche Services oder Transaktionen auf eine Firmen-Website holen. Wirklich erfolgreiche Websites werden schon bald 50 bis 75 % ihres Traffics durch solche eCommerce-Satelliten erzielen (müssen).

Solche Satelliten machen einen schrittweisen und sorgsam geplanten Prozess der Annäherung an Social Media für Firmen möglich, wie es dringend ratsam ist. Nur Satelliten können schnell und unkompliziert verändert werden, dass sie sich den sich stets verändernden Bedürfnissen der Internet-User kontinuierlich anpassen.

Folgende schrittweise Vorgehensweise beim Thema Social Web hat sich sehr bewährt und empfiehlt sich folglich.

1. Monitoring
   Bevor man im Social Web überhaupt selbst aktiv werden sollte, muss erst einmal intensiv zu- und hineingehört werden, was über eine Firma, eine Marke oder eine Produkt dort sowieso schon kommuniziert wird. Ganz ohne jedes Zutun des jeweiligen Subjekts – und ganz ohne seine Kontrolle. Am Anfang jedes sozialen Agierens im Internet muss erst ein intensives Monitoring erfolgen.
   Das kann auch innerhalb einer Firma getan werden. Nur sind die Ergebnisse dann oft zu unsystematisch, weil es ohne Erfahrung, oft auch ohne klares Briefing und einen definierten Prozess erfolgt. Deswegen ist man gut beraten, die Hilfe von Agenturen in Anspruch zu nehmen, die dafür einen erprobten Prozess anbieten (siehe oben). Meist kommt man so mit niedrigeren Kosten aus, als mit immer wieder nach zu justierenden, selbstgestrickten Lösungen.
2. Partizipation
   Nur wenn wirklich gut in den Markt hineingehört und analysiert wird, welche Themen für einen relevant sind, macht es Sinn, selbst in den Social Media aktiv zu werden und zuerst einmal versuchsweise – und anfangs ganz leise – selbst die Stimme zu erheben. Etwa durch Partizipation in Foren oder durch Kommentare in Blogs oder dergleichen. Ganz wichtig hier, dass immer mit offenem Visier kommuniziert wird. Dafür eignet sich besonders ein Mitarbeiter, der kurze Kom-

munikationswege zu den Entscheidern in PR, Marketing und Firmenleitung hat, der web-affin ist und sich im Social Web auskennt.

Gibt es die nicht, oder ist das Mitarbeiten (mit Karriere-Erwartungen) zu risikoreich, kann das ebenfalls von einer Agentur übernommen werden. Wichtig ist dann aber eine gute und aktive Schnittstelle im Unternehmen, damit auch in Konfliktfällen schnelle Entscheidungen getroffen werden können.

Will ein Unternehmen selbst im Social Web partizipieren, zahlt es sich rasch aus, wenn mit einem professionellen Monitoring die wichtigen Initiatoren, Multiplikatoren und Informations-Cliquen ausgemacht werden. Das sind die Orte, an denen man zuvorderst aktiv werden sollte, weil hier der größte Effekt erzielt werden kann. Die Erfahrung hat aber gezeigt, dass es ratsam ist sich zu Beginn die Partizipation an weniger kritischen Schnittstellen, etwa in eher gewogenen Foren und Blogs, zu erproben.

3. Verstärken

Der logische Effekt eines professionellen Monitorings und einer aktiven Partizipation ist, dass man das Soziale Netz besser kennenlernt. Vor allem wird man bald erkennen, welches Forum oder welcher Blog besonders wichtig und besonders effektiv ist. Und natürlich lernt man auch deren Tonalität kennen. Der nächste logische Schritt besteht darin, Soziale Medien, die professionell und authentisch arbeiten und gute Wirkung erzielen, informell zu unterstützen; etwa ihnen Vorab-Informationen zukommen zu lassen, Hintergrundgespräche zu führen etc. (ein gutes Beispiel ist die fruchtbare Symbiose von Apple mit etlichen Foren und Blogs.)

4. Unterstützen

Der naheliegende nächste Schritt ist eine aktive Unterstützung von Social Media, die für eine passende Themenstellung aktiv sind und mit denen man im informellen Austausch gute Erfahrungen gemacht hat. Manche Firmen haben schon kritische Foren, die sie zu schätzen lernten, zu offiziellen Partnersites erklärt, entsprechend finanziell ausgestattet und auf eigene Foren verzichtet (z. B. TiVo in den USA). – Das funktioniert, so lange die Sites weiter unabhängig und kritisch bleiben und die Verbindung offengelegt wird.

5. Aktiv kommunizieren

Erst nach all den vorher erwähnten Schritten, und wenn kein geeigneter Partner im Social Web zu finden ist, kann es Sinn machen, selbst aktiv zu kommunizieren, d. h. einen eigenen Blog und/oder ein Forum zu starten.

Unabdingbar dafür ist aber eine vernünftige Content-Strategie. Was soll kommuniziert werden und in welcher Art? Am besten, man plant gleich ein Jahr im Voraus. Da entdeckt man sehr schnell, ob die absehbaren Inhalte zu dünn sind. Und dann müssen die ersten Artikel ausformuliert werden. Auch das hilft zur Feinabstimmung.

Das zentrale Problem ist dabei, eine/n geeignete/n Autor/in oder ein Autorenteam zu finden. Diese müssen Zugang zu interessanten Informationen haben (vorab!), müssen engen Kontakt zur Führungsetage haben, vor allem aber deren Vertrauen: in ihre Kompetenz, Loyalität und nicht zuletzt in ihren Kommunikationsstil. Nichts ist schlimmer als Texte, die von Komitees zensiert und banalisiert werden.

Besonders ratsam ist es, Blogs oder Foren erst einmal für begrenzte Aufgaben und einen begrenzten Zeitraum zu starten, etwa für eine Marketing-Aktion. Dabei kann man gut Erfahrungen sammeln – und diese Blogs haben eine natürliche Verfallszeit, nach der man sie vom Netz nehmen kann.

6. Integration
Der letzte, große Schritt der Integration einer Firma oder einer Marke ist die volle Integration in die Social Media-Sphäre mit einem Firmen-Blog oder einem eigenen Forum. Das aber sollte normalerweise erst am Ende des bisher beschriebenen Prozesses geschehen. Alles andere kann sich als zu risikoreich erweisen. Dieser Prozess der Annäherung von Firmen, Marken, Anbietern und Institutionen an das Social Web ist das Ergebnis der Erfahrungen, die Ray Sono in den letzten beiden Jahren mit Kunden gemacht hat, die sich in diesen Bereich gewagt haben. Nicht alle Versuche sind gelungen, meistens aber wurden zumindest wertvolle Lernergebnisse gewonnen.

9.5 Die neue Herausgeber-Rolle

Das zentrale Problem einer aktiven Teilnahme im Sozialen Netz ist für die meisten Firmen und Unternehmen die Erstellung von Content und die Betreuung von User-Reaktionen. Leider haben die Unternehmen aber normalerweise keinerlei Erfahrungen in der Herausgeber-Rolle, die sie hier ausfüllen müss(t)en. Die gängigen Content-Mechanismen greifen im Social Web nicht. Da verbietet es sich, von Agenturen Marketing-Hülsen und Promotions-Lyrik liefern zu lassen. Content in Social Media muss authentisch, persönlich und interessant sein. Hier braucht es Autoren, die nah an der Firma und deren Message sind. Entweder sind sie in der Firma selbst zu finden (meistens nicht), oder aber es braucht Journalisten oder eine Agentur, die den Kunden und seine Ziele sehr gut kennen – und die vor allem verstehen, wie Online-Kommunikation und speziell Social Media funktioniert.

Und die Auftraggeber müssen Abschied nehmen von der Idee, sich perfekt abzusichern. So können keine authentischen Texte entstehen, so ist schnelle und spontane Reaktion, wie es Social Media unabdingbar braucht, undenkbar. Die Firmen, Unternehmen oder Anbieter müssen in die Rolle als Herausgeber hineinwachsen. D. h., sie müssen lernen, dass eine offene Kommunikation Mut erfordert, dass Fehler passieren können, ja oft sogar einen speziellen Reiz ausmachen können. Hauptsache der Kern einer Marke, der Ruf einer Firma, bleibt unbeschädigt.

Authentizität ist essentiell, sie ist der neue Rohstoff intentionaler Kommunikation. Ein sehr heikles Gut, dass nicht allein durch schöne Worte und Bilder oder ein perfektes Storytelling hergestellt werden kann, das sind nur wichtige Zutaten. Authentizität muss von der kompletten Firma samt ihrer Mitarbeiter erzeugt und getragen werden, am besten interaktiv in Foren und Blogs. Geht es um Foren auf

Firmenwebsites, braucht es als Betreuer Menschen mit ganz speziellen kommunikativen Talenten. Hier ist eher die Fähigkeit zu Moderation und Integration gefragt als eine geschliffene Schreibe. Und natürlich ist auch Erfahrung im Handling von Foren nötig. Solche Talente finden sich zu technischen Themen nicht allzu schwer. Hier sind genug Ansprechpartner mit Erfahrung zu finden. Schwieriger wird es, wenn es um andere Themen geht, etwa touristische Inhalte. Hier gibt es unendlich viele Autoren und Redakteure, leider aber zu selten mit Online- oder gar Moderatoren-Erfahrung.

Gesucht sind Kommunikatoren, die sich mit webbasierte Recherche auskennen (Stichwort: Redaktion 2.0), die ebenso gut Texte wie Drehbücher (etwa zu Slideshows oder Videos) schreiben können, die Storytelling perfekt beherrschen und optimal zwischen den Anliegen ihrer Auftraggeber und den Bedürfnissen der Nutzer im Web zu vermitteln wissen. Sie dürfen nicht sich selbst und ihr Wissen (oder Meinung) in den Vordergrund stellen, sondern sie müssen kreativ und sensibel Netzwerkeffekte wecken und nützen und die Selbstbegeisterungskräfte der User nutzen und lenken. Denn das ist die wesentliche Perspektive von Social Media – und Social Commerce der Zukunft.

Solche Könner werden so heute noch nicht ausgebildet, sie muss man suchen – oder für sich heranbilden. Aber je weiter das Netz selbstverständlich wird und je mehr junge, nicht mehr (analog) literal aufgewachsene Medienfachleute nachrücken, desto besser wird die Situation.

9.6 Touristische Anwendungen

Anfangs besser keine zu großen Ziele setzen! Wie oben gezeigt, ist eine schrittweise Annäherung am besten. Dabei lassen sich oft sehr gute und brauchbare Erfahrungen sammeln.

Mit qualifiziertem Monitoring hat man bei Ray Sono etlichen Anbietern im touristischen Umfeld wertvolle Hinweise geben können. Mit der Analyse von semantisch signifikanten Themen wurde etwa das Themenangebot einer Website so optimiert, dass sowohl der Traffic auf der Site gesteigert werden konnte als auch die Zahl der Buchungen. Die Web-Recherche konnte belegen, dass mögliche Kunden vor allem das Unwissen, in diesem Fall ob im Urlaubsland auch die Eurocard funktioniert, von einer spontanen Buchungsentscheidung abgehalten hat. Als dieses Thema gut und leicht findbar abgehandelt wurde, stiegen die Buchungen in die spezielle Urlaubsdestination signifikant.

Einem anderen Anbieter von Städtereisen half die Analyse der Peaks von Nachfragen zu bestimmten Destinationen. Die Planung für ein Wochenende in Paris und London fand deutlich zu einem anderen Zeitpunkt statt, als er seine Marketingmaßnahmen dafür terminiert hatte. So konnte er erfolgreich seine werbliche Kommunikation besser zeitlich positionieren. Der Erfolg: deutlich mehr Buchungen.

Monitoring gibt immer auch sehr gute Hinweise, welche Inhalte der Marketing-Kommunikation und der (Online-)PR im Markt ankommen und ob sie verstanden werden oder nicht. Das hilft auf alle Fälle, die Inhalte und die Argumentation von PR und Marketing zu optimieren. Ein interessantes Ergebnis bei einem anderen Anbieter war, dass die Reaktionen im Social Web so erratisch und disparat waren, dass der Verdacht nahe lag, die Kommunikation sei zu unscharf und die Zielgruppenansprache zu wenig konsistent. Selbst solche Schwächen in der Marketing-Kommunikation schlagen sich in der Analyse eines professionell durchgeführten Monitoring nieder.

Wichtige Erkenntnis bei den Monitoring-Aufträgen ist, dass ein Anbieter, eine Marke oder ein Unternehmen überhaupt signifikant und bekannt genug sein müssen, damit sich das Social Web überhaupt mit ihnen auseinandersetzt. In einem Fall – außerhalb des touristischen Umfelds – stellte sich heraus, dass eine an sich nicht unbekannte Marke anscheinend zu wenig Aufmerksamkeit und Interesse geweckt hatte, als dass Monitoring überhaupt sinnvoll gewesen wäre.

9.7 Turmbau von Blogistan

Eine der ergiebigsten und lehrreichsten Aufgaben zum Thema Social Web war eine extensive Recherche für einen Reiseanbieter. Ray Sono sollte nach geeignetem Content für unterschiedlichste Reisedestinationen weltweit in der Welt der Blogs, in Personal Homepages, Netzwerken und Foren suchen.

Die Ergebnisse waren je nach Region und Destination völlig unterschiedlich, je nachdem wie weit das Internet und seine Verbreitung dort jeweils fortgeschritten waren und die Besucher vor Ort die Gelegenheit hatten, unmittelbar oder wenigstens zeitnah ihre Fotos, Videos und Erlebnisse online zu stellen. Zuhause machen das nur noch sehr hartgesottene Reiseberichterstatter, deren Reiseverhalten meist sehr von dem der breiten Masse abweicht. Starken Einfluss hat auch die Web-Affinität der verschiedenen Regionen und Länder. Da ist ein deutliches Gefälle festzustellen, sowohl weltweit als auch innerhalb Europas, teilweise auch bis in die Regionen Deutschlands hinein.

Natürlich hat gerade auch die Zahl der in eine bestimmte Destination reisenden Menschen und die Attraktion der jeweiligen Urlaubsregion direkten Einfluss auf den Umfang – und letztlich auch die Qualität touristischer Inhalte in Social Media.

Unter dem Strich konnten für einige Destinationen wie etwa Mallorca oder auch Thailand eine Menge erstklassiger Inhalte im Social Web gefunden werden, in der Türkei dagegen war es ungleich schwieriger, attraktive Inhalte in Blogs und Foren zu finden, die echten inhaltlichen Mehrwert boten.

Und gerade wenn nicht sehr umfangreiche Inhalte vorhanden sind, fallen seltsame, zu subjektive oder erratische Einschätzungen, wie eingangs dieses Artikels geschildert, besonders ins Gewicht.

Bei der komplett webzentrierten redaktionellen Arbeit für den Online Stadtguide TravelWorld von Lufthansa, der 2009 von Ray Sono entwickelt wurde, hatte sich die Lage in den Hotelbewertungen in den Metropolen längst so optimiert, dass bei manchen Hotels auf bis zu 600, ja 800 Rezensionen allein bei einem Bewertungsportal zurückgegriffen werden konnte. Da kann man dann sogar sehr gut einschätzen, wie ähnliche Zielgruppen (Herkunft, Alter, Interessen etc.) das Hotel bewerten.

Dieser Stadtguide beweist, wie weit Social Media-Plattformen inzwischen gereift sind. Man kann in den verschiedenen Communities inzwischen optimal angesagte Restaurants und Clubs recherchieren, oft sogar nach Stil und Szene-Präferenzen. Man bekommt häufig auch gute Hinweise auf eher versteckte Attraktionen – und wenn man Glück hat, finden sich in der Google Earth Community ganz persönliche, hilfreiche Tipps von Bewohnern der Stadt oder sogar des betreffenden Stadtviertels. Typischerweise ist die TravelWorld als eigener Satellit zur Muttersite gelauncht worden. Nur so waren technische Neuerungen, eine flexible Struktur, die nach ersten Nutzungserfahrungen angepasst werden kann.

9.8 Reifeprozess der Netizens

Ermutigend sind auch die Erfahrungen, die bei Ray Sono mit Foren und Blogs für touristische Anbieter gemacht werden konnten. Die Nutzer zeigen inzwischen einen erstaunlichen Reifegrad. Selbst Beschwerden sind kompetent und in der Tonalität meist kooperativ. Die Moderatoren von Foren, die wir im Auftrag von Firmen beobachteten, mussten nur ganz selten eingreifen, meistens nur helfend. Überraschend – speziell auch für die Auftraggeber – war die positive und zahlreiche Resonanz auf solche kommunikativen Angebote. Meist entstanden erfreuliche „Erfolgsprobleme". Aufgrund starken Zuspruchs von Usern mussten meist die Beantwortungs- und Kommentierungs-Prozesse von User-Anfragen sehr schnell professionalisiert werden.

Bei Blogs war der Effekt wie erwartet. Je unverbindlicher die Inhalte waren – weil sie vielleicht etwas zu sehr geglättet waren – desto weniger Traffic und Rückmeldungen kamen. Mut dagegen wurde fast stets umgehend belohnt. Je persönlicher Blogs oder auch nur Forenkommentare der Firmen gehalten sind, desto erfolgreicher ist das Unternehmen damit.

Die Erfahrungen haben allen Beteiligten Mut gemacht, noch mehr auf Social Media zu setzen. Der Reifegrad sowohl der Anbieter als auch der Nutzer nimmt spürbar zu. Man begreift diese neue, kooperative Art der Kommunikation immer mehr als erfrischende, erfreuliche neue Normalität. Blogs, Foren und Meinungsplattformen von Firmen verlieren zusehends ihren Exoten-Status. Sie sind schon sehr bald eine Selbstverständlichkeit.

Und nur, wer heute schon die richtigen Erfahrungen mit der neuen Welt der Selbstbegeisterung der Kunden und ihrer Empfehlungskraft gesammelt hat, geht halbwegs gewappnet in die Konsum- und Marketingwelt der Zukunft.

Kapitel 10
Twitter im Tourismusmarketing

Daniel Amersdorffer

Zusammenfassung: Mit dem Wandel vom klassischen Internet zum Web 2.0 verändern sich die theoretischen Fundierungen der Marketingkommunikation für Destinationen grundlegend. Der vorliegende Artikel zeigt auf, inwiefern Dialog, Authentizität, Vertrauen und Netzwerkeffekte zukünftig eine tragende Rolle bei einem Destinationsmarketing im Social Web übernehmen. Anhand des Fallbeispiels Microblogging werden im zweiten Teil konkrete Ansätze gegeben, wie sich diese neuen Rahmenbedingungen für die touristische Praxis adaptieren lassen.

Schlüsselwörter: Social Web • Kommunikationswandel • Theorie • Microblogging • Twitter • Destination • Hotel • Praxis

10.1 Einleitung

Seit mehreren Jahren zeichnet sich im Internet ein oft unter dem Schlagwort Web 2.0 aufgegriffener Kommunikationswandel ab, der von erheblichem Einfluss für die Konzeption des Onlinemarketings von Tourismusanbietern ist und (auch künftig) sein wird. Reiseinformationen werden in seinem Verlauf zum demokratisierten und nicht mehr in der Hoheit der Anbieter angesiedelten Gut, von Gastgebern und Gästen gleichermaßen produziert und konsumiert. Rund um das Web 2.0 ist eine eigene Kultur der Kommunikation, Vernetzung und des Zusammenwirkens im Internet entstanden, die auf völlig neue sozialpsychologische, soziologische und technische Dynamiken zurückgreift (Bernhoff u. Li 2008, S. 67) und deren Zusammenhang zum Tourismusmarketing bisher nur unzureichend geklärt ist.

D. Amersdorffer (✉)
Tourismuszukunft – Institut für eTourismus, Kardinal-Preysing-Platz 14,
85072 Eichstätt, Deutschland
e-mail: d.amersdorffer@tourismuszukunft.de

Die Entwicklungen spiegeln sich auf der Umsetzungsebene bspw. am Microblogging wider. Microblogging ist eines der zurzeit wohl am stärksten wachsenden und von den klassischen Medien mit einem steigenden Interesse aufgegriffenen Web 2.0 Formate. Microbloggingdienste dienen im Kern dazu, kurze Nachrichten an das vom Nutzer aufgebaute soziale Netzwerk und die Öffentlichkeit zu verschicken, reflektieren jedoch zugleich sehr deutlich die durch das Web 2.0 eingeläuteten Veränderungen des Internets und damit des Onlinemarketings von Destinationen.

Im vorliegenden Artikel wird aufbauend auf eine Auseinandersetzung mit grundlegenden wissenschaftlichen Konzepten analysiert, welche Rolle Microblogging im Tourismusmarketing spielen kann und welche Rahmenbedingungen mit dem Einsatz von Microblogging verknüpft sind.

10.2 Theoretische und praktische Grundlegungen

10.2.1 Die Destination Management Organisation als Netzwerk-Manager

Tourismusorganisationen sind i. d. R. im Verlauf der touristischen Entwicklung eines Ortes oder einer Region gewachsene Einheiten und waren früher vorherrschend kleinräumig organisiert. Heutzutage haben sich vielerorts regionale Zusammenschlüsse entwickelt und es lassen sich Organisationen auf lokaler oder regionaler, auf Landes- und auf nationaler Ebene unterscheiden (Pechlaner 2000, S. 28). Um der Komplexität von Destinationsnetzwerken gerecht zu werden, empfiehlt es sich, Tourismusorganisationen als Destination Management Organisationen (DMO) zu begreifen: Destination Management umfasst all jene Aufgaben, die zum Erkennen und Befriedigen der Ansprüche zahlreicher Stakeholder im Netzwerk der Destination notwendig sind (Pechlaner 2000, S. 31) und in Folge eine Teilnahme am globalen touristischen Wettbewerb unterstützen (Schröder 1998, S. 81).

Netzwerkmanagement ist die grundlegende Erfolgsgröße im Destinationsmanagement, denn durch dezentrale Eigentumsstrukturen, Machtverhältnisse und Innovationen sowie einem Spannungsfeld aus politischen und privatwirtschaftlichen Interessen, ergibt sich im Tourismus ein Koordinationsproblem, welches eine zentrale Steuerung unmöglich macht (Pechlaner 2002, S. 5). Die Kooperationsdichte und damit zusammenhängend auch die Kommunikationsfähigkeit eines Destinationsnetzwerkes ist somit ein entscheidender Erfolgsfaktor für alle dargestellten Aufgaben einer DMO (Smeral 1997, S. 109; Saretzki 2007, S. 279; Scherhag 2007, S. 351). So kann bspw. eine einheitliche Tourismusplanung nur verwirklicht werden, wenn die Akteure in einer Destination diese auch unterstützen. Der Transaktionskostenansatz mag in diesem Zusammenhang einen gangbaren Lösungsweg bieten, um zu koordinieren, ob Aufgaben von einer DMO auf lokaler, regionaler, landesweiter oder nationaler Ebene ausgeführt werden: Je zentraler die Aufgabe, desto eher fällt sie in eine für einen großen Raum zuständige DMO. Ist die Aufgabe bei geringeren Kosten dezentral lösbar, ist die DMO auf der kleinräumigeren Ebene zuständig (Pechlaner 2000, S. 36).

10.2.2 Der Kommunikationswandel im Internet

Im Rahmen der Marketinglehre resultiert aus dem Wandel vom klassischen Internet hin zum Web 2.0 ein Aufbrechen der klassischen Sender-Empfänger-Hierarchie hin zur many-to-many-Kommunikation – wie in der Abb. 10.1 dargestellt. Aus Sicht des Destinationsmarketings erfordert das neue Kommunikationsmodell eine neue Herangehensweise: Die DMO muss Teil des Kommunikationsnetzwerkes der Gäste werden, indem sie für das Social Web spezifische Vorgehensweisen der Kommunikation und Vernetzung anwendet.

Das klassische Kommunikationsmodell des vom Unternehmen zum Kunden gerichteten Marketings löst sich mit dem Kommunikationswandel im Internet zunehmend zugunsten einer netzwerkorientierten Perspektive des Social Web auf. Das Marketing von Destinationen ist mit einem hybriden, dynamischen, flexiblen und oftmals situativ konstituierten Netzwerk aus Kommunikationen und Beziehungen zwischen Gästen, Destinationsakteuren, Mitarbeitern der DMO und anderen Akteuren mit Zusammenhang zur Destination konfrontiert (Reichert 2008, S. 15). Damit zählt nicht mehr alleine die Aufmerksamkeit auf der Destinationswebseite, sondern die Destination muss in all diesen Netzwerken Aufmerksamkeit erzielen. Auf Destinationsseite wird bisher wenig auf den Online-Kommunikationswandel reagiert, während er für den Kunden zu weiten Teilen bereits Realität geworden ist (Bernhoff u. Li 2008, S. 75). Hindernisse der Auseinandersetzung mit Social Software im Marketing sind branchenübergreifend der Mangel an kompetenten Fachkräften (69 %), der unklare Nutzen (62 %), Sicherheitsbedenken (53 %), der Kontrollverlust (48 %) und die technische Komplexität (41 %) (Zerfass, Sandhu 2008, S. 287).

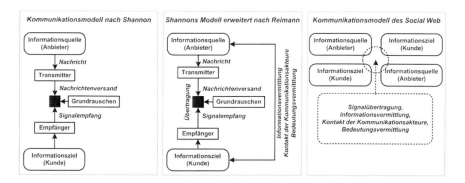

Abb. 10.1 Veränderung des Kommunikationsmodells vom technischen orientierten Sender-Empfänger-Modell hin zur many-to-many-Kommunikation im Social Web. (Quelle: Eigene Darstellung nach Shannon 1984, S. 2; Hamann 2008, S. 217; Reimann 1968, S. 88; Löbler 2007, S. 17)

10.2.3 Destinationsmarketing im Social Web braucht strategische Planung

Generell ist zu beachten, dass eine Konzeption auf die Bedürfnisse der am Kommunikationsprozess teilnehmenden Individuen zugeschnitten sein muss und nicht in erster Linie auf die Konstruktion technologisch überzeugender Maßnahmen abzielt (Postman 1985, S. 14). Die Konzeption und Umsetzung von Social Media Marketing in einer Destination kommt durch die erforderliche Offenheit und Flexibilität sowie dem damit einhergehenden Kontrollverlust zumeist einem Paradigmenwechsel im Marketing gleich (Bernhoff u. Li 2008, S. 203). Um diesem Wandel erfolgreich begegnen zu können, muss eine strategische Herangehensweise an die Einführung der Nutzung des Social Webs im Destinationsmarketing gewählt werden. Die Entscheidung zur Umsetzung muss auf Entscheiderebene innerhalb der Destination fallen und danach konsequent in Form der Zuteilung ausreichender zeitlicher und monetärer Ressourcen sowie des Commitments von Seiten der Entscheider und der operativ Ausführenden getragen werden (Zupancic 2007, S. 409 f.; IVP Niemeyer 2009; IVP Lanner 2008). Zudem fordert Kilian: „Es gilt also bei solchen Web 2.0 Angeboten das richtige Maß an sozialem Nutzen (für User) und ökonomischer Attraktivität (für Unternehmen) zu finden", (Kilian 2007, S. 17). Bernhoff und Li (2008) schlagen vor, einen Dreijahresplan aufzustellen, der die Zukunft der Kommunikation mit dem Kunden beschreibt – und nicht die dafür genutzten Technologien –, denn diese befinden sich in ständigem. Die strategische Planung sollte zudem ihr Augenmerk auf die Vermittlung des Paradigmen- und Methodenwandels im gesamten Destinationsnetzwerk legen und in der Umsetzungsphase, im Sinne eines perpetual beta Modells, strategisch motivierte Nachjustierungen vornehmen können (Zupancic 2007, S. 411 f.).

Bezogen auf die Umsetzung erfordert die strategische Planung angesichts der zumeist mangelnden Kompetenz im Handlungsbereich des Social Web auf Destinationsseite eine Vorgehensweise in kleinen Schritten. Zuerst müssen Entscheider geschult werden, danach folgen in absteigender Reihenfolge die Hierarchieebenen der DMO und der Akteure im Destinationsnetzwerk. Den ausführenden Mitarbeitern muss genügend Zeit zur Vertrauensgewinnung in das Medium Social Web gegeben werden (Koch u. Richter 2008, S. 364). Zu Beginn der Umsetzung können diejenigen Akteure zuerst identifiziert und geschult werden, die eine intrinsische Motivation für den Gästekontakt und die Nutzung des Social Webs besitzen (Bernhoff u. Li 2008, S. 212; IVP Möhler 2009).

10.2.4 Dialogische Kommunikation schafft Vertrauen und Authentizität

DMOs und die Akteure des Destinationsnetzwerks können von „außerordentlich positiven kommunikativen Effekten" (Oetting 2008, S. 89) profitieren, wenn eine dialogische Kommunikation mit dem Gast gelingt. Damit ist die Tourismusbranche im Vorteil gegenüber anderen Dienstleistungsbranchen, denn vor Ort führt der Touristiker diesen Dialog alltäglich (IVP Niemeyer 2009).

Eines der grundlegenden Ziele dieser dialogischen Kommunikation ist die Schaffung einer Vertrauensgrundlage zwischen Gast und Destination, denn Vertrauen stellt für den Gast eine Reduktion der Komplexität bei der Reiseentscheidung, eine Bindung an die Destination (Frick u. Hauser 2007, S. 18; Wiedmann 2006, S. 172) und einen Garant für Emotionalität dar (Alby 2007, S. 41).

Dialogische Kommunikation erfüllt zugleich die Forderung des Gastes nach Authentizität. Authentizität bedeutet die Preisgabe persönlicher Details der Akteure aus dem Destinationsnetzwerk gegenüber dem Gast sowie die Kommunikation realer Gegebenheiten an den Gast. Zumeist haben Gäste ein bestimmtes, durch persönliche Erfahrungen und ihren sozialen Kontext determiniertes (Sheller & Urry 2006, S. 13) Bild vom Handlungsalltag des Gastgebers. Wird dieses Bild in der Kommunikation des Gastgebers im Sinne eines Storytelling transportiert (Reichert 2008, S. 68), ist der Anspruch des Gastes auf Authentizität bereits oft erfüllt, trotz selektiver und gesteuerter Informationsvermittlung (IVP Simon 2009, IVP Lanner 2008; Goffmann 1986, S. 100). Die Definition von Authentizität als die vom Gast gefühlte Nähe zum Handlungsalltag des Gastgebers erscheint deshalb besser als Grundlage einer Verständnisbildung von Kommunikation im Social Web geeignet. Zusammenfassend gilt, dass jeder Versuch von Unternehmen den Abstand zum Kunden zu verringern von den Kunden positiv aufgefasst wird und Transaktionen begünstigt.

Für die Kommunikation der Mitarbeiter der DMO und der Akteure einer Destination im Social Web existieren neben den erwähnten paradigmatischen Grundlagen zudem einige klare Regeln: Im Social Web sollte nichts publiziert werden, was später auf die Person oder die Destination als Ganzes negativ zurückfallen kann. Weiterhin gelten Ehrlichkeit, Offenheit, Höflichkeit, das Referenzieren von Quellen der kommunizierten Inhalte und der konstruktive Umgang mit Kritik als Grundwerte des Gesprächs im Social Web. In Bezug auf die Inhalte und die strategische Ausrichtung sollte die Kommunikationsstrategie mit den Entscheidern abgestimmt sein (Alby 2007, S. 41).

10.2.5 *Vernetzung und Kollaboration als Steuerungsgrößen*

Die Aktivitäten der Gäste von Destinationen erstrecken sich über verschiedene Plattformen des Web 2.0 und erfordern deshalb eine Vernetzung über alle relevanten Web 2.0 Anwendungen hinweg (Oetting 2008, S. 98). Zumeist wird das Networking über einen gemeinsamen thematischen, entweder bereits vorhandenen oder von der Destination bereitgestellten, Kontext der Akteure eines Netzwerkes initiiert (Stocker u. Tochtermann 2008, S. 72; Koch u. Richter 2008, S. 364). Aufgrund des höheren Aufwandes ist der direkte Beziehungsaufbau durch die Bereisten mit den Reisenden weniger üblich. Jedoch stehen diese echten sozialen Beziehungen für besonders langfristige und haltbare Vernetzung und damit für erfolgreiche Kundenbindung. In beiden Fällen dringt die Destination in den Social Graph des einzelnen Gastes vor und bewirkt in Folge, dass weitere Personen in diesem Social Graph in Form von Empfehlungen oder passivem Informationskonsum in Berührung mit der Destination kommen. Als Zielpersonen für diese Taktik sollte die Destination Personen mit einem großen sozialen Netzwerk wählen – Multiplikatoren.

Ein wesentliches Innovationspotenzial des Social Web liegt nicht in der Destination selbst, sondern besteht in der Möglichkeit zur Vernetzung und der darauf aufbauenden Nutzung externer Kompetenzen und Arbeitsleistung zugunsten der Destination (Zerfass u. Sandhu 2008, S. 288; Katzenbach 2008, S. 39). Je nach Attraktivität und Umfang der Aufgabe ist die intrinsische Motivation des Nutzers ausreichend oder es werden Anreize durch die Destination gesetzt. Ein Augenmerk sollte auch darauf gelegt werden, dass die Mitwirkung für den Nutzer nicht an Zugangsbarrieren technischer oder konzeptioneller Art scheitert (Bernhoff u. Li 2008, S. 74). Bakker (2009) schlägt eine Entlastung des Destinationsmarketings der DMO durch das Destinationsnetzwerk vor: „When you create a thriving network, the network is the marketer, not the DMO. [...] Your network needs to include a diversity of local experts, that you can use to assist and connect with people." (Bakker 2009). Laut dem Hawthorne Effekt resultiert daraus zusätzlich der Nutzen, dass Individuen eine Identifikation und positive Einstellung zur Destination zeigen werden, wenn sie zur Mitwirkung und Partizipation aufgefordert werden (Oetting 2008, S. 89). In der Praxis könnte diese Beteiligung etwa bei der Erstellung von Informationen über die Destination in einem Wiki oder beim Hinweisen auf aktuelle Veranstaltungen durch einen Gast via Twitter forciert werden.

10.3 Microblogging

Der Begriff des Microblogging wurde durch die Grundidee von Jack Dorsey im Jahre 2005 geprägt, kurze Statusnachrichten des Alltags, vormals bekannt aus den Instant Messaging-Diensten, über das Internet und Mobiltelefon für alle Freunde verfügbar und sichtbar zu machen. Darauf basierend wurde im Jahr 2006 mit Twitter der erste Microbloggingdienst weltweit entwickelt (Jones 2008, S. 146). Im Diskurs der Microbloggingszene akzeptierte und durch Webanalyse-Instrumente erreichte Schätzungen zeigen, dass Twitter heute mit einem Nutzeranteil von 90 % den Markt des Microblogging dominiert und weiter an Marktanteilen gewinnt (Jones 2008; Amersdorffer 2009, S. 34).

Die Kernfunktion von Microbloggingdiensten ist das Veröffentlichen 140 Zeichen langer Textnachrichten, in denen lediglich URLs, nicht aber Medien eingebettet werden können. Die Obergrenze von 140 Zeichen pro Nachricht leitet sich aus der maximalen Länge einer SMS von 160 Zeichen abzüglich der Zeichen für den Profilnamen des Microbloggers ab, denn zu Beginn der Entwicklung setzte Twitter vor allem auf die Verbreitung seines Dienstes über SMS-Funktionen der Mobiltelefonie (Jones 2008, S. 153; Simon u. Bernhardt 2008, S. 111). Microbloggingdienste stehen für Privatpersonen, Firmen, Organisationen, Marketingzwecke und weitere erdenkliche Nutzergruppen offen (Jones 2008) und funktionieren in der Regel nach dem Prinzip des Following: ein Microblogger folgt einem anderen Microblogger, um seine ungezielten Nachrichten zu konsumieren und von ihm gezielte Nachrichten, die entweder als öffentlich mit dem @-Zeichen oder als privat mit einem vorangestellten „d" (direct) vor dem Empfängername versendet werden, empfangen zu können. Insofern die einzelnen ungezielten oder öffentlich-gezielten Nachrichten nicht in den Einstellungen geschützt werden, sind sie für alle Nutzer des Microbloggingdienstes in der sogenannten public timeline sichtbar. Zudem bietet der Microbloggingdienst Profilseiten für jeden Nutzer an, auf der alle von ihm versandten Nachrichten in der personal timeline dargestellt werden. Ist ein Nutzer eingeloggt, stellt seine Profilseite alle Nachrichten dar, welche die von ihm verfolgten Personen an ihn, andere Personen oder ungezielt verschickt haben und liefert ihm damit einen persönlich zugeschnittenen Mix an Informationen aus seinem Social Graph. Der Begriff der Timeline leitet sich aus der Orientierung des Microbloggings an Blogs ab: Die Nachrichten werden in chronologisch absteigender Reihenfolge sortiert auf der Profilseite dargestellt (Jones 2008; Alby 2007, S. 21).

Kurz nach der Einführung seines Dienstes entwickelte Twitter auf Vorschlag eines Nutzers die Hashtags. Mit einem vorangestellten „#"-Zeichen gekennzeichnete Wörter können damit als Tags markiert und damit Inhalte thematisch gekennzeichnet werden. Spezielle Mashups führen die öffentlichen Nachrichten zu, vom Nutzer gewählten Hashtags, im Sinne einer themenbasierten Timeline zusammen. Diese topic timelines werden auch als Twitterwall bezeichnet.

Als ein zentrales Merkmal von Microbloggingdiensten hat sich zudem herauskristallisiert, dass eine offene Schnittstelle für Programmierer und Anwender angeboten wird. Damit entstanden unzählig viele Mashups, die Twitterfunktionalitäten mit weiteren Funktionen kombinieren: Desktop Clients, Anwendungen für mobile Endgeräte, Video- und Sprachanwendungen, Follower Management, Analyse des Microbloggingverhaltens, Webanwendungen für Twitter, Zusammenführung von bestehenden Content-Management-Systemen oder Social Software und zur geographischen Verortung von Nachrichten (Simon u. Bernhardt 2008, S. 13).

10.4 Microblogging in der Praxis des Destinationsmarketing

10.4.1 Die Nutzung von Microblogging in der Werbekommunikation

Microblogging lässt sich, trotz der auf den Prinzipien des Web 2.0 basierten Architektur, für werbende Kommunikation nach dem klassischen one-to-many-Kommunikationsmodell einsetzen. Der Dienst Twitter lässt sich zunächst zur Optimierung von Inhalten für die Auffindbarkeit in Suchmaschinen, hier besonders Google, in Wert setzen. Über Twitter-Nachrichten, welche einerseits URLs zu den Webseiten der DMO und den Anbietern aus der Destination enthalten sowie andererseits aus Nutzersicht relevante Suchbegriffe für Suchmaschinen, werden auf einfache Weise dauerhaft in Suchmaschinen sichtbare Inhalte generiert. Durch die hohe Attraktivität von sozialen Netzwerken für Google werden Twitternachrichten höher gerankt als bspw. Inhalte normaler Destinationswebseiten.

Unter den Kommunikationsformen des Social Web ist Microblogging einer der schnellsten und einfachsten Wege, Nachrichten in einem Netzwerk zu übermitteln und zugleich auf mobilen Endgeräten verfügbar zu machen: „Es gibt viele, viele Chancen, relativ schnell, unkompliziert Fakten zu transportieren" (IVP Lanner 2008). Zeitrelevante Inhalte oder Meldungen zu unvorhersehbaren Ereignissen sollten deshalb auf Twitter veröffentlicht werden. Denkbar wären bspw. Meldungen zu neu entwickelten Angeboten, über kurzfristig frei gewordene Kapazitäten in Hotels und bei Veranstaltungen, der Wetterbericht in Kurzform, aktuelle Schneehöhen, Belegtmeldungen zu Parkplätzen oder Staumeldungen sowie – im Negativfall – die Absage eines Events (IVP Ditges 2009; IVP Möhler 2009). Die Schnelligkeit von Microblogging kann durch die Werbung zudem für das virale Marketing genutzt werden, um Links zu viralen Werbebotschaften zeitnah im Internet zu streuen.

Im Vergleich zu Werbebotschaften in klassischen Informationskanälen erfahren Botschaften, welche den Gast über den Social Graph erreichen, eine höhere Aufmerksamkeit und Wahrnehmung. Die Nutzung dieser, aus dem sozialen Netzwerk resultierenden Effekte, funktioniert dabei nur solange, wie die Destination sich an die Grundlagen der Kommunikation über Microblogging-Dienste hält und folglich weder aufdringlich noch manipulativ tätig wird.

10.4.2 Die Nutzung von Microblogging als Serviceinstrument

Die Nutzung von Microblogging-Diensten ermöglicht es der DMO und den Akteuren des Destinationsnetzwerkes in einen virtuell vermittelten, bidirektionalen Kommunikationsprozess mit dem Gast zu treten. Damit kann auf über Microblogging-Dienste vom Gast gestellte Fragen und Anliegen von Seiten der Anbieter eingegangen und für den Gast zeitnah relevante Information bereitgestellt werden, indem eine entsprechende Botschaft mit URL-Verweis auf weitere relevante Inhalte auf der Destinationswebseite oder die Antwort auf eine Frage mit einer „@"-Nachricht an den Gast gesendet wird (Amersdorffer 2009, S. 164):

> Da sehe ich große Chancen, dass man Informationsdienste auf Twitter-Basis anbieten kann. Da würde fast jedem Touristiker etwas einfallen, was sie immer wieder gefragt werden oder so das Problem, das ihre Kunden immer wieder lösen müssen, bevor ihre Kunden zu ihnen kommen und etwas kaufen […]. Wenn es dann eine Frage ist, sollte er sich kurz vorstellen und eine Antwort geben. (IVP Gassner 2009)

Der Informationsbedarf der Gäste lässt sich bspw. nach ihrem Standort differenzieren: Gäste in der Nähe oder in der Destination erwarten Informationen und Hilfestellungen zu aktuellen Ereignissen und ortsbezogenen Fragen, hingegen zielen Gäste in großer Entfernung zur Destination auf Angebote und Hilfe bei der Planung der bevorstehenden Reise ab (Bakker 2009). Der direkte Kundenservice über Microblogging ist aus Sicht der DMO sehr zeitintensiv, bewirkt jedoch eine gesteigerte

Abb. 10.2 Die Destination Illinois stellt auf ihrem Twitteraccount einen zentralen Hashtag „#askillinois" zur Beantwortung von Fragen bereit und reagiert auf Fragen und Hinweise von Gästen. (Quelle: Twitter.com 2009)

Zufriedenheit der Gäste und einen Reputationsgewinn für die gesamte Destination. Bestehende Produkte und Angebote in der Destination können auf Basis des Feedbacks optimiert und häufig gestellte Fragen auf der Destinationswebseite beantwortet werden (Bernhardt u. Simon 2008, S. 176). Zur Einsparung von Zeitressourcen seitens der DMO empfiehlt sich die Einbindung des Destinationsnetzwerkes in diesen direkten und beidseitigen Kommunikationsprozess mit dem Kunden über einen zentralen Hashtag für Fragen zur Destination. Diesen Hashtag stellt die DMO, wie in der Abb. 10.2 gezeigt, bereit und kommuniziert ihn in Print- und Onlinekommunikation, um so Fragen und Anliegen von Gästen zentral zu bündeln und den Zugriff zur Beantwortung durch das Destinationsnetzwerk zu ermöglichen.

Besonders der einfache Zugriff auf Twitter über mobile Endgeräte verleiht Twitter als Serviceinstrument weitere Attraktivität, denn der Gast kann unterwegs und vor Ort in der Destination Informationen einholen. Selbst auf Beschwerden kann damit zeitnah reagiert und die Zufriedenheit der Gäste gesteigert werden (Amersdorffer 2009, S. 47).

10.4.3 Die Nutzung von Microblogging für Veranstaltungen

Die Veröffentlichung und Konsumierung von Nachrichten in Echtzeit sowie die Verfügbarkeit auf mobilen Endgeräten lassen Microbloggingdienste als ideales Kommunikationsmedium für Veranstaltungen erscheinen. Gäste können untereinander und mit den Organisatoren der Events kommunizieren, die Veranstalter können aktuelle Meldungen zur Veranstaltung an die Besucher weitergeben oder auf Wünsche der Besucher reagieren:

> Auf diese Weise können Besucher wie Onliner auf einer Plattform verfolgen, was einzelne Teilnehmer über die Veranstaltung denken, und darauf direkt mit ihren eigenen Fragen reagieren. (Eck 2008, S. 188)

Zudem berichten die Gäste und Organisatoren in Echtzeit über die Geschehnisse im Verlauf der Veranstaltung und ermöglichen damit eine Liveberichterstattung sowie eine virtuelle Teilnahme an der Veranstaltung durch räumlich entfernte Onliner (Eck 2008, S. 188). Die einzige Zugangsvoraussetzung ist dabei ein mobiles Endgerät, welches über das Mobilfunknetz oder ein vom Veranstalter bereitgestelltes Drahtlosnetzwerk auf das Internet zugreifen kann.

Aus Sicht des Veranstalters stellt sich die Frage, welche Schritte in der Praxis zu beachten sind, um den Microblogging-Dienst Twitter erfolgreich für eine Veranstaltung einzusetzen. Vergleichend hierzu kann Abb. 10.3, die die Systematik der Nutzung von Microblogging für Veranstaltungen abbildet, gesehen werden. Der Veranstaltungsname sollte jeweils in langer und abgekürzter Form langfristig im Vorlauf der Veranstaltung als Benutzername auf Twitter registriert werden, um Brandjacking zu vermeiden. Innerhalb der DMO wird nun ein Mediaplan zur Kommunikation über Twitter vor, während und nach der Veranstaltung ausgearbeitet, der ein Zeitschema für die zu veröffentlichenden Inhalte und eine Zuordnung von Verantwortlichen vorgibt. Zusätzlich sollte ein Krisenplan erarbeitet werden, der möglichen aus der Veranstaltung entstehenden Risiken jeweils Reaktionsstrategien vorgibt. Ebenfalls frühzeitig sollte die abgekürzte Variante des Veranstaltungsnamens als Hashtag über die Onlinekommunikationskanäle der Destination bekannt gegeben werden, um nicht nur während, sondern auch vor und nach der Veranstaltung ein Gespräch der Interessenten und Organisatoren zu ermöglichen.

Die Tweets zum Hashtag sollten vom Veranstalter auf einer Twitterwall gebündelt werden und zusätzlich, wegen der begrenzten zeitlichen Sichtbarkeit von Tweets auf der Twitterwall, über Retweeting auf dem Twitteraccount der Veranstaltung ein

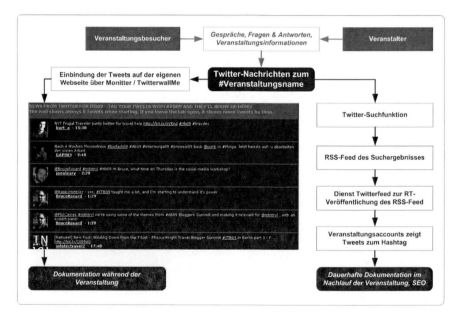

Abb. 10.3 Systematik der Nutzung von Microblogging für Veranstaltungen. (Quelle: Eigene Darstellung)

zweites Mal veröffentlicht werden. Dieser Prozess lässt sich mittels eines Retweet-Bots automatisieren und macht damit alle Tweets zum Hashtag in der timeline des Veranstaltungsaccounts dauerhaft aufrufbar (Bernhardt u. Simon 2008, S. 186 ff.). Zur erhöhten Interaktion und als Anreiz zur Nutzung empfiehlt es sich die Twitterwall mithilfe eines Projektors im Veranstaltungsbereich sichtbar zu machen.

10.4.4 Die Nutzung von Microblogging als Kundenbindungsinstrument

Microblogging-Dienste eignen sich aufgrund ihrer spezifischen Architektur als Web 2.0-Anwendungen zum Einsatz in der Kundenbindung, denn diese stützt sich im Wesentlichen auf Kommunikation, Vernetzung und Kollaboration. Besonders die gemeinsame Erstellung der Inhalte des Destinationsmarketings durch die DMO und Kunden in Form von UGC im Social Web ist aufgrund des Hawthorne-Effektes eine relevante Methode zur Bindung von Kunden an die Destination (IVP Niemeyer 2009). Zusätzlich können auf Basis von Vernetzung und Kommunikation Ansätze des Direktmarketing auf den Kommunikationskanal Microblogging übertragen werden: Unternehmen vernetzen sich auf Basis von Social Software mit Kunden und sprechen diese personalisiert und in dialogischer Weise an (Bernhardt u. Simon 2008, S. 166; Koschnick 2008, S. 33), zumeist als Anschlusskommunikation an klassische und nicht auf Einzelpersonen ausgerichtete Werbung (Link u. Seidl 2006, S. 141).

Auf der Anwendungsebene muss Microblogging unter der Zielsetzung der Kundenbindung im ersten Schritt die Vernetzung mit den Kunden aufbauen und in einem zweiten Schritt über Kommunikation und Kollaboration die Herstellung einer digitalen Nähe zwischen den Akteuren des Destinationsnetzwerkes im weiteren Sinne anstreben (Bernhardt u. Simon 2008, S. 167; IVP Lanner 2008):

> Microblogging kann Kundenbindung bewirken, wenn ich darunter einen Baustein von Kundenbindung verstehe, nämlich die Beziehungspflege zum Kunden. Ich kann gezielt Informationen verschicken und mich um einzelne Kunden kümmern. (Amersdorffer 2009, S. 143)

Der technische und kommunikatorische Aufwand zur Beziehungspflege ist bei Microbloggingdiensten im Vergleich mit anderer Social Software als überdurchschnittlich effizient einzustufen. I. d. R. wird die Kundenbindung über Microblogging anderen Nutzungszielen untergeordnet und findet folglich als positiver Nebeneffekt statt (Bernhardt u. Simon 2008, S. 167).

10.4.5 Die Nutzung von Microblogging zur Marktforschung

Klassische Konzepte der Marktforschung weichen bei einem Destinationsmarketing im Social Web der Methode des Social Media Monitoring, welche sich auf die

Gespräche über die Destination sowie die Akteure dieser Gespräche konzentriert. Ein Teilbereich des Social Media Monitoring nimmt die Beobachtung der Microbloggingdienste, deren Verbreitungsgeschwindigkeit besonders im Krisenfall ein ausgereiftes Konzept der Beobachtung und Reaktion erfordert:

> Companies are now starting to understand the power of Twitter, and what is also being called Microblogging. They understand, if they don't have a strong online presence and if they're not on Twitter, their brand could be getting trashed and they wouldn't know it. (Micek u. Whitlock 2008, S. 90)

Basierend auf seinem dominierenden Marktanteil wird im Folgenden ein Monitoringkonzept für den Dienst Twitter dargestellt. Dieses findet sich in Abb. 10.4 wieder. Während die themenspezifische Recherche nach Gesprächen und die Bewertung einzelner Twitternutzer hinsichtlich ihres Sozialkapitals vergleichsweise wenig Aufwand benötigt, stellen die Schritte der semantischen Analyse und der Untersuchung von Themenclustern arbeitsintensive und komplexe Prozesse dar, die im Regelfall nicht von der DMO in Eigenleistung erbracht werden können. Die Berechnung eines Relevanzwertes für Tweets könnte sich aus der Anzahl der Follower ersten und zweiten Grades, der Anzahl der über „@"-Nachrichten geführten Gespräche des Twitterers, der URLs auf das Profil des Twitterers aus anderer Social Software heraus sowie aus weiteren Faktoren bestimmen, jedoch ist eine solche Methodik sehr aufwendig und benötigt die Programmierung spezialisierter Anwendungen.

Eine Grundstufe des Twitter-Monitorings kann kostenfrei und bei geringem Verbrauch an personellen Ressourcen eingeführt werden (Bernhardt u. Simon 2008, S. 156). Neben der dargestellten Methode des Monitorings empfiehlt sich zudem die Nutzung eines automatisierten Email-Benachrichtigungsdienstes bei Suchergebnissen zu bestimmten Schlagwörtern im Public Stream von Twitter (2009).

Aufbauend auf den Ergebnissen des Monitorings von Twitter können Aussagen für die Produkt- und Angebotsentwicklung, für das Qualitätsmanagement und die

Abb. 10.4 Vorschlag für ein Konzept zum Social Media Monitoring auf dem Microblogging-Dienst Twitter. (Quelle: Eigene Darstellung in Anlehnung an Bernhardt u. Simon 2008, S. 157; Micek u. Whitlock 2008, S. 94)

aktive Kommunikation und Vernetzung ausgehend vom Destinationsnetzwerk getroffen werden. Dies erlaubt eine zielgerichtete und kundennahe Ausrichtung des Destinationsmarketings – nicht nur im Bereich Microblogging.

10.4.6 Die Nutzung von Microblogging als internes Informations- und Kommunikationssystem im Destinationsnetzwerk

Im Reisemarkt sind die Nachfragemuster der Gäste durch sozioökonomische und sozialpsychologische Veränderungsprozesse in der Gesellschaft stetig mehr oder weniger einflussreichen Änderungen unterworfen (Surowiecki 2007, S. 258). Eine Destination, welche ihre Produkte und ihre Kommunikation entsprechend nahe und flexibel am Kunden ausrichtet, ist auf eine schnelle und effektive Kommunikation im gesamten Destinationsnetzwerk angewiesen, um einerseits neue Nachfragemuster zeitnah umsetzen zu können und andererseits Informationen über Veränderungen in der Nachfrage an die DMO als zentrale Stabsstelle melden zu können. Nicht nur bei der Reaktion auf Nachfragemuster, sondern allgemein unterstützen funktionierende interne Kommunikationsprozesse den Austausch von marktrelevantem Wissen im Destinationsnetzwerk. Assymetrien im Wissensstand werden aufgehoben, dezentrales Wissen eingebunden und zentrales Wissen in die dezentralen Bereiche des Destinationsnetzwerkes transportiert. Je mehr innerhalb eines Destinationsnetzwerkes kommuniziert wird, desto eher wird zudem das implizite Wissen der einzelnen Knoten sichtbar und für das gesamte Netzwerk nutzbar gemacht. Interne Kommunikation übernimmt folglich vor allem die Aufgabe des Wissensmanagements: „Knowledge management is defined by capturing the right knowledge, getting the right knowledge to the right user and using this knowledge to improve organizational performance […]." (Kirchner et al. 2009, S. 29).

Aus der Definition von Kirchner ergeben sich drei zentrale Aufgabenbereiche für die interne Kommunikation: Informationsmanagement, Beziehungsaufbau und -pflege sowie die Unterstützung von Kommunikationsprozessen. Folglich baut interne Kommunikation primär auf dem beteiligten Akteursnetzwerk und dessen übergeordneten Ziel auf; von sekundärer Gewichtung ist die verwendete Technologie (Ferstl u. Sinz 2006, S. 423). Das Involvement und die Motivation der einzelnen Akteure, sei es das Management als Vorbild bei der Umsetzung, sei es ein dezentraler Akteur, dessen implizites Wissen von Relevanz ist, sind die Erfolgsfaktoren bei der Einführung und Umsetzung einer internen Kommunikation (Bernhoff u. Li 2008, S. 227).

Microblogging bietet dank seiner einfachen Usability und mobilen Zugänglichkeit für die Nutzung zur internen Kommunikation erhebliche Potenziale. Für die Kommunikation im Destinationsnetzwerk könnte ein interner Microblogging-Dienst (vgl. Abb. 10.5) eingerichtet werden, dessen Nachrichten entweder zum Verschicken aktueller Meldungen oder von Links zu ergänzenden Inhalten in einem

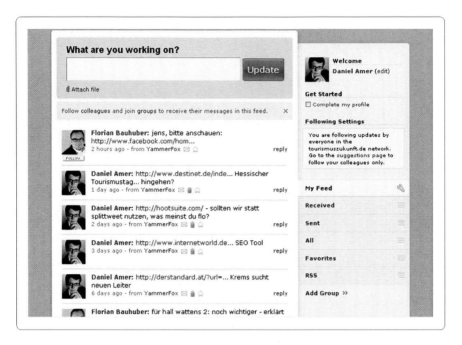

Abb. 10.5 Screenshot der browserbasierten Arbeitsoberfläche des internen Microbloggingdienstes Yammer.com am Beispiel des Institut für eTourismus; der Zugriff ist zusätzlich möglich über einen Desktop-Client und Plugins für gängige Internetbrowser. (Quelle: Yammer.com 2009)

internen Blog der Destination genutzt werden könnte. Besonders im Rahmen des Managements einzelner Projekte könnte so eine Reduzierung der projektbezogenen Emailkommunikation, eine Sichtbarmachung impliziten Wissens und ein Crowdsourcing von Fragen an das Destinationsnetzwerk erreicht werden (Alby 2007, S. 44; Sherman 2008; IVP Ditges 2009).

10.4.7 Zusammenfassung der Ausbaustufen

Folgende Tab. 10.1 gibt eine Zusammenfassung der Ausbaustufen für die Nutzung von Microblogging im Destinationsmarketing als Szenario wieder.

10.5 Fazit

Abschließend bleibt festzustellen, dass Microblogging rein statistisch deutlich weniger Reichweite aufweist als andere Instrumentarien des Destinationsmarketings im Social Web. Die Potenziale im Bereich der Suchmaschinenoptimierung und der Publikation in annähernder Echtzeitgeschwindigkeit sowie das enorme

Tab. 10.1 Übersicht über die Ausbaustufen. (Quelle: Eigene Darstellung)

Ausbaustufe	Arbeitsaufwand der Ausbaustufe	Methodologische Vorgehensweise	Erfolgsfaktoren
Ausbaustufe 1: Unterstützung der Auffindbarkeit im Internet	Laufend: sehr gering Einmalig: mittel	Vorhandene RSS-Feeds und Inhalte automatisiert in verschiedene Twitteraccounts zu POIs und Themen einbinden	Aufbau von Links die mit relevanten Keywords der Destination getaggt sind, somit Suchmaschinenoptimierung
Ausbaustufe 2: Unterstützung der Werbekommunikation	Laufend: gering Einmalig: gering	Unidirektional gerichtete Tweets im Sinne einer one-to-many Kommunikation von Twitter aus zur Unterstützung des Contents der Destinationswebseite und weiterer Maßnahmen der Werbekommunikation	1. Performative Formulierung der Tweets und Einbindung von URLs zu geeigneten Landingpages 2. Mehrfachnutzung der gesendeten Tweets über Schnittstellen in weiteren Web 2.0-Plattformen
Ausbaustufe 3: Unterstützung der Marktforschung	Laufend: mittel/hoch Einmalig: hoch	Beobachtung der Twittersphere auf relevante Gespräche nach Keywords in Echtzeit und darauf aufbauende Konzeption der Anschlussmaßnahmen	1. Leistungsfähiges Monitoring mit Analysefunktion aufbauen 2. Ressourcen für weitere Maßnahmen in ausreichendem Maße bereitstellen
Ausbaustufe 4: Unterstützung bei Veranstaltungen	Laufend: hoch, aber zeitlich begrenzt Einmalig: hoch	Ermöglichung von Kommunikation zwischen den Veranstaltungsteilnehmern untereinander und mit den Veranstaltern sowie Veranstaltungsdokumentation mittels Hashtag und Twitteraccount der Veranstaltung	1. Mit ausreichendem Vorlauf entsprechend kommunizieren 2. vor Ort WLAN bereitstellen 3. Twitterwall einrichten und vor Ort sichtbar machen mittels Beamer
Ausbaustufe 5: Unterstützung im Gästedialog	Laufend: sehr hoch Einmalig: sehr hoch	Schulung der Akteure, Bereitstellung der technischen Infrastruktur, Integration in die übrigen Kommunikationskanäle des Destinationsmarketings	1. Strategisch gesteuerte und umgesetzte Integration in Kommunikationsportfolio des Destinationsmarketings 2. Beachtung der methodologischen Grundlagen der Kommunikation
Ausbaustufe 6: Unterstützung der internen Kommunikation	Laufend: sehr hoch Einmalig: sehr hoch	Politische Akzeptanzvermittlung, Bereitstellung der technischen Infrastruktur, Schulung der Akteure im Destinationsnetzwerk, Oprimierung bestehender interner Kommunikationsprozesse	1. Politische Akzeptanz und technologische Qualifikation im Destinationsnetzwerk 2. Orientierung an den real gegebenen Netzwerkstrukturen

Innovationspotenzial der Diensteanbieter jedoch machen Microblogging als begleitendes Werkzeug eines Destinationsmarketings im Social Web interessant. Dabei können von der reinen Informationsweitergabe über Marktforschung bis hin zur internen Kommunikation verschiedene strategische Optionen umgesetzt werden.

Bibliografie

Alby, T. (2007). *Web 2.0. Konzepte, Anwendungen, Technologien* (2. Aufl.). München: Hanser.
Agarwal, P., Béra, R., & Claramunt, C. (2007). Interferences of social and spatial communities over the World Wide Web. In A. Scharl, K. Tochtermann (Hrsg.), *The geospatial web. How Geobrowsers, Social Software and the web 2.0 are shaping the network society* (S. 141–152). London: Springer.
AGOF e.V. (2008). *Internet facts 2008-II. Berichtsband – Teil 1 zur internet facts 2008-II*. http://www.agof.de/graphiken-if-2008-ii.download.6211f67c4638624ab550662a19a212af.ppt. Gesehen am 01. Okt 2009.
Amersdorffer, D. (2009). *Destinationsmarketing im Web 2.0; Eine theoretische Studie zu den Auswirkungen des virtuellen Kommunikationswandels für das Destinationsmarketing ausgeführt am Fallbeispiel Microblogging*. Eichstätt: Unveröffentlicht.
Bakker, W. (2008). The longtail of tourism information. http://www.wilhelmus.ca/2008/03/the_long_tail_of_tourism_information/. Gesehen am 20. Dez 2008.
Bakker, W. (2009). Twitter for Travel and Tourism: Wrapping my head around it. http://www.wilhelmus.ca/2009/01/twitter_for_travel_and_tourism.html. Gesehen am 02. Feb 2009.
Basman, C. (2008). Warum Blogs scheinbar an Bedeutung verlieren. http://sprechblase.wordpress.com/2008/10/29/thesen-warum-blogs-scheinbar-an-bedeutung-verlieren/. Gesehen am 30. Okt 2008.
Baym, N. K. (2006). Interpersonal life online. In L. A. Lievrouw & S. Livingstone (Hrsg.), *The Handbook of new media* (S. 35–54). London: SAGE.
Becker, C., Hähner, J., & Schiele, G. (2007). Web 2.0 – Technologien und Trends. In H. H. Bauer, D. Große-Leege, & J. Rösger (Hrsg.), *Interactive Marketing im Web 2.0+. Konzepte und Anwendungen für ein erfolgreiches Markenmanagement im Internet* (S. 3–14). München: IOS Press.
Bernhoff, J., & Li, C. (2008). *Groundswell. Winning in a world transformed by social technologies*. Boston: Harvard Business School Press.
Bieger, T. (1997). *Management von Destinationen und Tourismusorganisationen. – Lehr- und Handbücher zu Tourismus, Verkehr und Freizeit*. München: Oldenbourg.
Bodendorf, F. (2006). *Daten- und Wissensmanagement. Zweite aktualisierte Auflage*. Berlin: Springer.
Boysen, A., Reineke, T., & Schneckenberger, T. (2007). Community Marketing Management bei O2. In C. Belz (Hrsg.), *Innovation Driven Marketing. Vom Trend zur innovativen Marketinglösung* (S. 207–225). Wiesbaden: Gabler.
Brandenberg, A., Herrmann, A., & Rösger, J. (2007). „The Deer has now a Gun!" – Von der neuen Macht der Konsumenten. In C. Belz (Hrsg.), *Innovation Driven Marketing. Vom Trend zur innovativen Marketinglösung*. Wiesbaden: Gabler.
Diller, H. (2008). Web 2.0: Hype oder Substanz? *Wissenschaftliche Gesellschaft für Innovatives Marketing: Marketingforschung aktuell* (Bd 12). Nürnberg: GIM.
Dölling, S., Möhlenbruch, D., & Ritschel, F. (2007). Neue interaktive Instrumente des Kundenbindungsmanagements im E-Commerce. In H. H. Bauer, D. Große-Leege, & J. Rösger (Hrsg.), *Interactive Marketing im Web 2.0+. Konzepte und Anwendungen für ein erfolgreiches Markenmanagement im Internet* (S. 197–214). München: Nova Science.
Ebersbach, A., Glaser, M., & Heigl, R. (2008). *Social Web* Konstanz: UTB: Stuttgart.

Eck, K. (2008). *Karrierefalle Internet. Managen Sie Ihre Online-Reputation, bevor andere es tun!*. München: Hanser.
Egger, R. (2007). Cyberglobetrotter – Touristen im Informationszeitalter. In R. Egger & T. Herdin (Hrsg.), *Tourismus: Herausforderungen: Zukunft. FHS Forschungsgesellschaft mbH Wissenschaftliche Schriftenreihe des Zentrums für Tourismusforschung Salzburg*, (Bd. 1, S. 433–451). Berlin: LIT.
Ferstl, O. K., & Sinz, E. J. (2006). *Grundlagen der Wirtschaftsinformatik*. München: Oldenbourg.
Fisch, M., & Gscheidle, C. (2008). Technische Ausstattung der Onliner in Deutschland. In ARD (Hrsg.), *Media Perspektiven*, (7), 345–349. http://www.media-perspektiven.de/uploads/tx_mppublications/Fisch_I.pdf. Gesehen am 30. Dez 2008.
Frick, K., & Hauser, M. (2007). *Vertrauen 2.0. Auf wen sich Konsumenten in Zukunft verlassen. GDI für Wirtschaft und Gesellschaft*. Rüschlikon.
Friedl, H. A. (2007). Kybernetische Tourismusethik: Zukunftsweisendes Instrument des nachhaltigen Tourismusmanagements. In R. Egger & T. Herdin (Hrsg.), *Tourismus: Herausforderungen: Zukunft. FHS Forschungsgesellschaft mbH (Hrsg.): Wissenschaftliche Schriftenreihe des Zentrums für Tourismusforschung Salzburg*, (Bd. 1, S. 561–586). Berlin: Lit.
Goffman, E. (1986). *Interaktionsrituale: über Verhalten in direkter Kommunikation*. Frankfurt: Suhrkamp.
Govers, R. (2005). *Virtual tourist destination image. Global identities constructed, perceived and experienced*. Rotterdam: ERIM.
Gronau, N., & Müller, C.,(2008). Untersuchung virtueller Informationsräume auf Basis der Netzwerkanalyse. In A. Back, H. Baumgartner, N. Gronau, & K. Tochtermann (Hrsg.), *Web 2.0 in der Unternehmenspraxis. Grundlagen, Fallstudien und Trends zum Einsatz von Social Software* (S. 256–266). Müchen: Oldenburg.
Haedrich, G. (2001). Tourismuspolitik und Destinationsmanagement: Begriffshierarchie oder enge Verzahnung? In E. Kreilkamp, H. Pechlaner, & A. Steinecke (Hrsg.), *Gemachter oder gelebter Tourismus? Destinationsmanagement und Tourismuspolitik. – Management und Unternehmenskultur. Schriftenreihe der europäischen Akademie Bozen* (Bd. 3, S. 7–10). Wien: Linde.
Hamann, G. (2008). Die Medien und das Medium. Web 2.0 verändert die Kommunikation der Gesellschaft. In M. Meckel, & K. Stanoevska (Hrsg.), *Web 2.0. Die nächste Generation Internet* (S. 22–45).
Hopf, C. (2005). Qualitative Interviews – ein Überblick. In U. Flick, E. Kardorff von, & I. Steinke (Hrsg.), *Qualitative Sozialforschung. Ein Handbuch* (S. 349–360). Hamburg: Rowohlt.
Hubspot (Hrsg.). (2008). State of the Twittersphere. Q4, 2008. http://cdnqa.hubteam.com/State_of_the_Twittersphere_by_HubSpot_Q4-2008.pdf. Gesehen am 30. Jan 2009.
Jones, B. L. (2008). *Web 2.0 Heroes. Interviews with 20 Web 2.0 Influencers*. Indianapolis: Wiley.
Jones, P., & Lockwood, A. (1989). *The Management of Hotel Operations: An innovative approach to the study of hotel management*. London: Cassell.
Katzenbach, C. (2008). *Weblogs und ihre Öffentlichkeiten. Motive und Strukturen der Kommunikation im Web 2.0*. München: Reinhard Fischer.
Kilian, T., Hass, B., & Walsh, G. (2007). Grundlagen des Web 2.0. In B. Hass, T. Kilian, & G. Walsh (Hrsg.), *Web 2.0 – Neue Perspektiven für Marketing und Medien* (S. 4–19). Berlin: Springer.
Kirchner, K., Razmerita, L., & Sudzina, F. (2009). New Forms of interaction and knowledge sharing on Web 2.0. In M. Lytras, E. Damiani, & P. O. Pablos (Hrsg.), *Web 2.0 – the business model*. Langley: Springer.
Koch, M., & Richter, A. (2008). Social-Networking-Dienste im Unternehmenskontext: Grundlagen und Herausforderungen. In A. Zerfaß, M. Welker, & J. Schmidt (Hrsg.), *Kommunikation, Partizipation und Wirkungen im Social Web. Strategien und Anwendungen: Perspektiven für Wirtschaft, Politik und Publizistik* (Bd. 2, S. 352–369). München: Halem.
Koschnick, W. J. (2008). Zwischen Web 2.0 und Web 3.0 – Ein sehr vorläufiger Statusbericht. In W. J. Koschnick (Hrsg.), *FOCUS-Jahrbuch 2008. Schwerpunkt Web 2.0 und 3.0. Reale und virtuelle Welt. Mit weiteren Beiträgen über Neuromarketing und Neuromarktforschung, elektronische Medienforschung, Werbung und Kultur, Konzentration bei Mediaagenturen* (S. 3–66). München: Focus.

Lanner, R. (2008). Managing Feeds and Flows. http://workersonthefield.wordpress.com/2008/04/12/managing-feeds-and-flows/ Gesehen am 20. Dez 2008.

Lee-Ross, D., & Johns, N. (2001). Globalisation, total quality management and service in tourism destination organisations. In C. Cooper & S. Wahab (Hrsg.), *Tourism in the Age of Globalisation* (S. 242–257). London: Routledge.

Link, J., & Seidl, F. (2006). Integrierte Kommunikation im Direktmarketing. In T. Schwarz & G. Braun (Hrsg.), *Leitfaden integrierte Kommunikation* (S. 125–143). Waghäusel: ABSOLIT.

Löbler, H. (2007). Die Entstehung von Bedeutung im Kommunikationsprozess aus sozial konstruktionistischer Sicht. In H. H. Bauer, D. Große-Leege, & J. Rösger (Hrsg.), *Interactive Marketing im Web 2.0+. Konzepte und Anwendungen für ein erfolgreiches Markenmanagement im Internet* (S. 15–34). München: Vahlen Verlag.

Luhmann, N. (1996). *Die Realität der Massenmedien* (2. Aufl.). Opladen: VS.

Micek, D., & Whitlock, W. (2008). *Twitter revolution. How social media and mobile marketing is changing the way we do business and market online.* Las Vegas: Xeno Press.

Oetting, M. (2008). Wie Web 2.0 das Marketing revolutioniert. In W. J. Koschnick (Hrsg.), *FOCUS-Jahrbuch 2008. Schwerpunkt Web 2.0 und 3.0. Reale und virtuelle Welt. Mit weiteren Beiträgen über Neuromarketing und Neuromarktforschung, elektronische Medienforschung, Werbung und Kultur, Konzentration bei Mediaagenturen* (S. 79–98). München: Focus.

Pechlaner, H. (2000). Tourismusorganisationen und Destinationen im Verbund. Produktentwicklung, Marktwahrnehmung und Organisationsgestaltung als potentielle Konfliktfelder. In M. Fontanari, & K. Scherhag (Hrsg.), *Wettbewerb der Destinationen: Erfahrungen – Konzepte – Visionen* (S. 28–40). Wiesbaden: Gabler.

Pechlaner, H. (2002). *Tourismuspolitik und Destinationsmanagement. Neue Herausforderungen und Konzepte.* Bern: Haupt.

Postman, N. (1985). *Wir amüsieren uns zu Tode. Urteilsbildung im Zeitalter der Unterhaltungsindustrie.* Frankfurt: Fischer.

Reimann, H. (1968). *Kommunikations-Systeme. Umrisse einer Soziologie der Vermittlungs- und Mitteilungsprozesse.* Tübingen: J.C.B. Mohr.

Saretzki, A. (2007). Touristische Netzwerke als Chance und Herausforderung. In R. Egger & T. Herdin (Hrsg.), *Tourismus: Herausforderungen: Zukunft. FHS Forschungsgesellschaft mbH Wissenschaftliche Schriftenreihe des Zentrums für Tourismusforschung Salzburg* (Bd. 1, S. 275–293). Berlin: Fischer.

Scherhag, K. (2000). Profilierungsstrategien für touristische Regionen. In M. Fontanari, & K. Scherhag (Hrsg.), *Wettbewerb der Destinationen: Erfahrungen – Konzepte – Visionen* (S. 149–163). Wiesbaden: Gabler.

Schröder, G. (1998). *Lexikon der Tourismuswirtschaft.* Hamburg: Tourcon.

Shannon, C. (1948). A mathematical theory of communication. *The Bell System Technical Journal, 27.* 379–423, 623–656.

Sheller, M., & Urry, J. (Hrsg.) (2006). *Mobile technologies of the city.* New York, NY: Routledge.

Sherman, A. (2008). How Twitter is a communications game changer. http://webworkerdaily.com/2008/11/10/how-twitter-is-a-communications-game-changer/. Gesehen am 30. Dez 2008.

Simon, N., & Bernhardt, N. (2008). *Twitter. Mit 140 Zeichen zum Web 2.0.* München: Carl Hanser.

Smeral, E. (1997). A survey of Austria's tourist industry. In International Association of Scientific Experts in Tourism: Zeitschrift für Tourismus. Revue de Tourisme. *Tourism Review,* 52(3). 13–18.

Stocker, A., & Tochtermann, K. (2008). (Virtuelle) Communities und Soziale Netzwerke. In A. Back, H. Baumgartner, N. Gronau, & K. Tochtermann (Hrsg.), *Web 2.0 in der Unternehmenspraxis. Grundlagen, Fallstudien und Trends zum Einsatz von Social Software.* Oldenburg: Oldenbourg.

Surowiecki, J. (2007). *Die Weisheit der Vielen. Warum Gruppen klüger sind als Einzelne.* München: Goldmann.

Tapscott, D., & Williams, A. D. (2007). *Wikinomics. Die Revolution im Netz.* München: Hanser Fachbuch.

Tweetbeep.com. (2009). http://www.tweetbeep.com Gesehen am 12. März 2009.

Twitter.com. (2009). http://twitter.com/enjoyillinois Gesehen am 01. März 2009.
Wiedmann, R. (2006). Corssmedia – Dialog über alle Medien. In T. Schwarz & G. Braun (Hrsg.), *Leitfaden integrierte Kommunikation* (S. 157–174). ABSOLIT.
Yammer.com. (2009). http://www.yammer.com/tourismuszukunft Gesehen am 12. März 2009.
Zerfass, A., & Sandhu, S. (2008). Interaktive Kommunikation, Social Web und Open Innovation: Herausforderungen und Wirkungen im Unternehmenskontext. In A. Zerfass, M. Welker & J. Schmidt (Hrsg.), *Kommunikation, Partizipation und Wirkungen im Social Web. Band 2: Strategien und Anwendungen: Perspektiven für Wirtschaft, Politik, Publizistik* (S. 283–310). Köln: Herbert von Halem Verlag.
Zupancic, D. (2007). Marketinginnovationen brauchen ein geeignetes Umfeld. In C. Belz (Hrsg.), *Innovation Driven Marketing. Vom Trend zur innovativen Marketinglösung* (S. 403–421). Wiesbaden: Gabler.

Kapitel 11
Die Bedeutung von User Generated Content für die Hotellerie

Diana Payandeh

Zusammenfassung: Schlagwörter wie User Generated Content (UGC), Communities, Social Web und Web 2.0 beschäftigen die Tourismusbranche und haben auch die Hotellerie bereits fest im Griff. Warum aber erfreut sich UGC im Tourismus so großer Beliebtheit? Handelt es sich um einen Fluch oder einen Segen für die Hotellerie? Beeinflusst UGC die Anzahl der Buchungen einer Unterkunft und welche Möglichkeiten hat ein Hotel, diese Inhalte zu fördern oder sogar zu nutzen? Diese Fragen werden im vorliegenden Artikel anhand der Hotelsuche und Hotelbewertungsplattform trivago betrachtet und beantwortet.

Schlüsselwörter: Hotelbewertungen • UGC • Hotellerie • Hotelbewertungsportale • Reisecommunity • Hotelsuche • Preisvergleich • Online Reputation

11.1 Einleitung: User Generated Content erobert die Reisebranche

Zu klären gilt, ob es sich bei UGC um einen Fluch oder einen Segen für die Hotellerie handelt. Beeinflusst UGC die Anzahl der Buchungen einer Unterkunft und welche Möglichkeiten hat die Hotellerie, diese Inhalte zu fördern oder sogar zu nutzen? Am Beispiel der Hotelbewertungsplattform und Reisecommunity trivago (trivago ist ein europäisches Reiseportal mit Hauptsitz in Düsseldorf, das im Jahr 2005 gegründet wurde. trivago vergleicht die Preise aller Online Reisebüros für 400.000 Hotels weltweit. Die Reiseplattform bietet umfassende Reiseinformationen aus erster Hand: Reisende bewerten Hotels, Restaurants und Ausflugsziele und können Reiseexperten für Städte und Regionen werden.) werden diese Fragen in dem vorliegenden Artikel betrachtet.

Das Internet boomt als Informations-, Kommunikations- und Buchungsmedium und gestaltet das touristische Marktgeschehen in hohem Maße mit. Hintergrund

D. Payandeh (✉)
trivago GmbH, Ronsdorfer Str. 77, 40233 Düsseldorf, Deutschland
e-mail: d.payandeh@gmx.de

hierfür ist die stetig steigende Anzahl von Internetusern, die sich online schnell und einfach über Reiseangebote informieren und diese direkt buchen können. Im Jahr 2008 waren mit über 52,5 Mio. Deutschen insgesamt 63,8 % der Gesamtbevölkerung online. Dies entspricht einer Steigerung von knapp 120 % im Vergleich zum Jahr 2000. Laut eMarketer soll die Zahl der deutschen Internetnutzer im Jahr 2012 bereits 70,4 % der Gesamtbevölkerung betragen. Waren in der Vergangenheit mehrheitlich jüngere Zielgruppen online, erfreut sich das Internet mittlerweile in fast allen Altersklassen großer Beliebtheit, wie aus der Tab. 11.1 „Die Verbreitung des Internets in Deutschland in den verschiedenen Altersklassen" hervor geht (European Travel Commission 2009).

Das Internet ermöglicht seinen Nutzern einen einfachen und kostengünstigen Zugang zu allen relevanten Informationen. Dadurch nimmt die ursprünglich zu Ungunsten des Nachfragers vorhandene Informationsasymmetrie ab. Der Gast entscheidet individuell wann, wo und unter welchen Bedingungen er sich über touristische Dienstleistungen informiert, diese erwirbt oder den Anbieter kontaktiert (Tomczak u. Bieger 2004, S. 474). Die mit dem Internet geschaffenen Möglichkeiten zur Erhöhung und Verbesserung des Informationsstandes beeinflussen die sich ohnehin vollziehenden Verhaltensänderungen auf Seiten der Reisenden.

Mit der Anzahl der gesammelten Reiseerfahrungen eines Individuums steigt dessen Preis- und Qualitätsbewusstsein. Darüber hinaus kommt es auch zu einem fortschreitenden Loyalitätsverlust. Dieser wird durch eine hohe Anzahl an verfügbaren Hotel- und Reiseangeboten sowie einem stark ausgeprägten Preiswettbewerb auf Seiten der Anbieter und durch die Möglichkeiten des Reisenden, problemlos auf alternative Konkurrenzangebote zurückgreifen zu können, bedingt (Böttcher u. Krings 1999, S. 144).

Der Reisende kann über das Internet leicht und kostengünstig die zur Verfügung stehenden Informationen abrufen und unter Einsatz verschiedenster Suchhilfen die Vielzahl der Hotelangebote miteinander vergleichen. Es kommt zu einer Erhöhung von Markt- und Preistransparenz, so dass der Reisende zu einer größeren Urteilsfähigkeit gelangt. Die Konsumenten werden „immer kritischer, selbstbewusster, selektiver, problembewusster, skeptischer, resistenter, preisbewusster, qualitätsbewusster und markenuntreuer" (Wiswede 1991, S. 37). Die aufgrund der existierenden Angebotsvielfalt nur noch gering ausgeprägten Wechselbarrieren, werden durch die Gegebenheiten des Internets zusätzlich abgeschwächt, denn „im World Wide Web ist die Konkurrenz nur einen Mausklick entfernt" (Duffner u. Henn 2001, S. 17).

Tab. 11.1 Die Verbreitung des Internets in Deutschland in den verschiedenen Altersklassen. (Quelle: Eigene Darstellung in Anlehnung an: European Travel Commission 2009)

Alter (Jahre)	Anteil Internetuser (%)
14–19	95,7
20–29	85,3
30–39	79,9
40–49	71,0
50–59	56,5
60+	18,4

Die zunehmende Verbreitung und Nutzung des Internets sowie die dargestellten Veränderungen im Kundenverhalten reichen isoliert betrachtet jedoch nicht aus, die Nachfrage nach UGC im Tourismus zu erklären. Vielmehr müssen die charakteristischen Eigenschaften des Produktes „Reisen" in die Betrachtung einbezogen werden.

Der Urlaub als „schönste Zeit des Jahres" soll die individuellen Erwartungen des Reisenden erfüllen und keine bösen Überraschungen mit sich bringen. Doch weiß der potentielle Gast im Voraus nicht, was genau ihn „vor Ort" erwartet. Um dieses Gefühl der Unsicherheit und Ungewissheit so gering wie möglich zu halten, sucht er Rat bei Anderen. Wurden hier in der Vergangenheit hauptsächlich Familienmitglieder, Freunde, Bekannte oder der Mitarbeiter im Reisebüro als Ratgeber in die Entscheidung einbezogen, kann der Reisende heute ohne großen Zeit- und Kostenaufwand alle für seine Wahl relevanten Informationen im Internet recherchieren. Anhand von Hotelbewertungen und Urlaubsbildern gewinnt er einen authentischen ersten Eindruck. Die Erfahrungen ehemaliger Gäste werden in die eigene Reiseentscheidung einbezogen, um das Risiko einer Enttäuschung so gering wie möglich zu halten. Schließlich waren diese Gäste schon einmal vor Ort und wissen, wie es dort ist. Bereits bei der Buchung das Gefühl zu haben, die richtige Entscheidung zu treffen, ist für den Reisenden von großer Bedeutung.

Aufgrund der vorhandenen Angebotsvielfalt sowie einem stark ausgeprägten Preis-/Leistungsbewusstsein, ist der moderne Reisende bestrebt, dass für ihn ideale Hotel zum bestmöglichen Preis zu finden. Das Internet wird auch diesem Anspruch gerecht, da der Reisende schnell und einfach verschiedene Angebote vergleichen kann. UGC wird hierbei als Hilfsmittel herangezogen, genau das Hotel zu entdecken, das den individuellen Ansprüchen am ehesten gerecht wird.

Die vorangegangenen Ausführungen beantworten die Frage, warum eine derart große Nachfrage nach UGC im Tourismus besteht. Aber warum schreibt der Gast nach seinem Aufenthalt eine Hotelbewertung im Internet? „Wenn jemand eine Reise tut, dann kann er was verzählen" (Kurt Tucholsky: Urians Reise um die Welt). Das Internet erweist sich als geeignetes Kommunikationsinstrument, die eigenen Reiseerfahrungen einem möglichst großen Publikum zugänglich zu machen. Dies wird bestätigt, betrachtet man die stetig steigende Anzahl von Hotelbewertungen auf den verschiedenen Hotelbewertungsplattformen (z. B. trivago: *Eigene* Datenbankauswertung: Anzahl der im September 2008 auf trivago eingestellten Hotelbewertungen: 4895/Anzahl der im September 2009 auf trivago eingestellten Hotelbewertungen: 10240 oder tripadvisor: www.tripadvisor.de: „Mehr als 25 Mio. Bewertungen und Erfahrungsberichte von Reisenden!", Holidaycheck 2009). Der moderne Gast zieht UGC nicht nur als Entscheidungshilfe zu Rate, sondern berichtet gleichermaßen nach seinem Urlaub, im Internet von seinen Erfahrungen. So dienen seine persönlichen Erfahrungen wiederum anderen Reisenden als Ratgeber bei der Wahl eines Hotels.

Reisen ist emotional, komplex und hat einen großen Einfluss auf das persönliche Wohlbefinden. Darüber hinaus lieben die Menschen es, über ihre Reisen zu berichten. Das Internet bildet die Basis für einen intensiven Austausch zwischen Reisenden und kann zur Realisierung von Vorteilen am Markt genutzt werden.

11.2 Der Einfluss von User Generated Content auf das Buchungsverhalten der Reisenden

Unabhängige Reiseberatung ist im Trend. Bereits 74 % der Internetnutzer in Deutschland suchen Urlaubsinformation im Internet und lesen Hotelbewertungen (Verband Internet Reisevertrieb 2009). Damit einhergehend hat auch der Anteil der Online-Buchungen in den vergangenen Jahren stark zugenommen. Im Jahr 2008 wurden bereits 37,56 % des Gesamtbranchenumsatzes online erwirtschaftet (Rossmann u. Donner 2009). Laut dem Verband Internet Reisevertrieb haben 2008 bereits 38 % der deutschen Internetnutzer ihre Reise online gebucht. Im Vergleich zum Jahr 2003 entspricht dies einem Wachstum von über 500 % (Verband Internet Reisevertrieb 2009).

Ganz nach der Devise „klick und weg" sind es immer mehr Reisende, die ihren Urlaub im Internet zusammenstellen und buchen. Im Zeitalter des Internets muss sich der Hotelier bewusst werden, dass jeder potentielle Gast nur noch einen Mausklick vom Konkurrenten entfernt ist und ohne größere Anstrengungen zu diesem abwandern kann. Das Internet schafft somit völlig neue Konkurrenzsituationen, denen sich auch Hoteliers auf Dauer nicht entziehen können.

Die Möglichkeiten des Reisenden, sich vor der Buchung über ein Hotel zu informieren sind durch das Internet so einfach und vielfältig wie nie zuvor. War der Gast vor wenigen Jahren in seiner Auswahl noch auf die Werbetexte in den Katalogen der Veranstalter, das Prospekt oder die Webseite des Hotels beschränkt, so kann er heute auf eine Vielzahl authentischer Informationen zurückgreifen. Hotelbewertun-

Im Vergleich zu nicht bewerteten Hotels, erhöht jede Bewertung das Buchungspotential des Hotels.

Anzahl Bewertungen	Erhöhung des Buchungspotential*
= 1	+ 70 %
> 2	+ 120 %
> 5	+ 210 %
> 10	+ 315 %

Mehr Bewertungen → Mehr Vertrauen → Mehr Buchungen

Der Hotelier kann sich über Hotelbewertungen von Mitbewerbern differenzieren und die Anzahl der Buchungen erhöhen.

*gemessen an den Leads zu Partnerseiten

Abb. 11.1 Korrelation zwischen der Anzahl von Hotelbewertungen und dem Buchungspotential eines Hotels. (Quelle: eigene Darstellung)

11 Die Bedeutung von User Generated Content für die Hotellerie

gen, Urlaubsbilder und Videos ehemaliger Gäste vermitteln einen umfassenden ersten Eindruck: unbeschönigt, ehrlich und vor allem authentisch. Diesen UGC zieht der Reisende heute bei seiner Wahl für oder gegen ein Hotel zu Rate.

Der klassische Reisekatalog, wie er noch vor wenigen Jahren von nahezu allen Reisenden zu Rate gezogen wurde, hat mittlerweile für zwei Drittel der Konsumenten an Bedeutung verloren. Damit wächst die Bedeutung des Internets als Marketing-Plattform für die Hotellerie (Convios Consulting 2009).

Den Zusammenhang zwischen UGC und den Online-Buchungen eines Hotels bestätigt auch eine im Februar 2009 durchgeführte Datenbankauswertung von trivago (trivago vergleicht die Raten von über 50 Buchungsportalen (z. B. hotel.de, HRS, expedia, booking.com) zu mehr als 400.000 Hotels weltweit. In die Datenbankauswertung wurden insgesamt 378.000 Hotels einbezogen, die über mindestens einen Buchungspartner bei trivago integriert sind.). Die Beziehung zwischen der Anzahl der vorhandenen Hotelbewertungen und dem Buchungspotential eines Hotels wird anhand Abb. 11.1 veranschaulicht.

Neben der Anzahl der vorhandenen Hotelbewertungen beeinflusst die Höhe der Gesamtbewertung eines Hotels die Anzahl der Weiterleitungen zu trivagos Buchungspartnern. Dieser Sachverhalt wird anhand der Abb. 11.2 verdeutlicht. Ein

Je höher die Gesamtbewertung eines Hotels ist, desto mehr Besucher werden zu den Buchungspartnern weitergeleitet.

Gesamtbewertung eines Hotel	Index Buchungspotential*
70 Punkte	60
75 Punkte	100
80 Punkte	160
85 Punkte	330

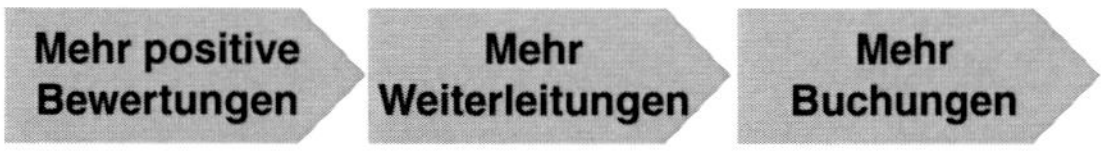

Mehr positive Bewertungen → **Mehr Weiterleitungen** → **Mehr Buchungen**

▶ Der Hotelier kann durch positive Hotelbewertungen die durchschnittliche Anzahl an Clickouts zu trivagos Buchungspartnern erhöhen.

*Der Index 100 bedeutet, das Hotel liegt mit der Anzahl der Weiterleitungen zu Partnerseiten, genau auf dem Durchschnitt aller Hotels

Abb. 11.2 Korrelation zwischen der Gesamtbewertung eines Hotels und den Weiterleitungen zu Buchungspartnern. (Quelle: eigene Darstellung)

Hotel mit einer trivago Gesamtbewertung (trivago integriert die Bewertungen verschiedener Portale (u. a. trivago, holidaycheck, tripadvisor, booking.com, expedia) zu einer Gesamtbewertung für das Hotel von 85 Punkten hat 230 % mehr Weiterleitungen zu den Partnerseiten, als ein Hotel mit der Durchschnittsgesamtbewertung von 75 Punkten.

11.3 Faktoren, die die Bedeutung von User Generated Content für ein Hotel bestimmen

UGC hat einen signifikanten Einfluss auf die Online-Buchungen eines Hotels, wie die im vorigen Abschnitt dargestellte Datenbankauswertung von trivago veranschaulicht. Dennoch kann keine pauschale Aussage darüber getroffen werden, wie groß die Bedeutung von UGC für ein konkretes Hotel ist. Dies hängt von unterschiedlichen Faktoren ab, die nachfolgend näher betrachtet werden.

11.3.1 Privathotellerie vs. Kettenhotellerie

Im Gegensatz zur Kettenhotellerie verfügen privat geführte Hotels über keine bzw. über eine nur gering ausgeprägte Markenbekanntheit. Der Unsicherheitsfaktor ist auf Seiten des Gastes besonders hoch, denn anders als bei einem Kettenhotel, weiß der Gast nicht, was genau erwartet werden kann. Kettenhotels hingegen profitieren von ihrem Branding und einer hohen Markenbekanntheit. Sie müssen definierte Kriterien und Standards erfüllen, um der entsprechenden Hotelkette anzugehören. Das ruft bei dem Reisenden ein Gefühl von Sicherheit und Vertrauen hervor, denn durch eben diese festgelegten Standards, kann er abschätzen, was ihn erwartet, ohne das konkrete Hotel persönlich zu kennen. Dieses Gefühl wird verstärkt, wenn der Reisende in der Vergangenheit bereits Gast in einem anderen Hotel dieser Kette war.

Eine in den Jahren 2007 und 2008 von der Google Deutschland GmbH beauftragte Studie zum Verhalten der Internetnutzer beim Suchen und Buchen von Reisen hat ergeben, dass die Markenbekanntheit in 47 % der Fälle entscheidend für die Buchung war. Für 30 % der Befragten waren zudem Empfehlungen ausschlaggebend für ihre Reiseentscheidung (Convios Consulting 2009).

11.3.2 Urlaubshotel vs. Geschäftsreisehotel

Wenngleich die Bedeutung von UGC in diesen Reisesegmenten nicht identisch ist, so steht außer Frage, dass sowohl die Urlaubshotellerie als auch die Geschäftsreisehotellerie einen hohen Nutzen aus UGC ziehen kann. Für das Urlaubshotel ist

UGC längst nicht mehr wegzudenken. Der Urlaub wird akribisch vorbereitet und in die Reiseentscheidung werden so viele Informationen wie möglich einbezogen. Schließlich möchte der Reisende von vorneherein etwaige Enttäuschungen ausschließen. Nach dem Urlaub berichtet der Privatreisende gerne über seine Erfahrungen, um Andere an den eigenen Erlebnissen teilhaben oder den Urlaub noch einmal Revue passieren zu lassen, potentielle Gäste vor den eigenen Enttäuschungen zu warnen oder einfach weil man Spaß daran hat, über seine Reise zu schreiben. Auch im Businesstourismus hat UGC in der Vergangenheit zunehmend an Bedeutung gewonnen. Zwar findet die Reise aus beruflichen Gründen statt und dauert oft nicht länger als 1–2 Tage, dennoch ist der Geschäftsreisende gleichermaßen bestrebt, dass für ihn ideale Hotel zu finden und zu buchen. Dem Geschäftsreisenden steht nur ein begrenztes Budget zur Verfügung, weshalb er die verschiedenen Preise und Angebote vergleicht. Stehen mehrere Alternativen zur Auswahl, die sich in Bezug auf Preis, Lage und Service nicht unterscheiden, kann der Geschäftsreisende seine Entscheidung nicht preisorientiert fällen, sondern wird vielmehr die vorhandenen Hotelbewertungen in seine Wahl einbeziehen.

11.3.3 Hoher Anteil vs. geringer Anteil an Stammkunden

Insbesondere für Hotels mit einem geringen Anteil an Stammkunden ist UGC von großer Bedeutung und ein erfolgversprechendes Instrument, im WWW von potentiellen Gästen wahrgenommen zu werden. Für Hotels mit einem hohen Anteil an wiederkehrender Klientel hingegen, ist UGC (noch) nicht von so hoher Relevanz. Stammgäste zeichnen sich durch eine stark ausgeprägte Loyalität dem Hotel gegenüber aus und buchen ihren Aufenthalt meist direkt beim Hotel. Die Hotelbewertungen anderer Gäste spielen für ihre Reiseentscheidung keinerlei Rolle, denn die Buchung erfolgt ausschließlich auf Basis der persönlichen Erfahrungen. Dennoch sollten sich Betriebe mit einem hohen Anteil an Stammklientel vor Augen halten, dass es sich hierbei überwiegend um ein älteres Publikum handelt. Daraus ergibt sich schon heute die Notwendigkeit, an die Gäste von morgen zu denken. Diese sind weniger loyal, dafür aber umso internetaffiner. Eine Zielgruppe, die das Hotel online und über UGC auf sich aufmerksam machen kann.

11.3.4 Hoher Konkurrenzdruck vs. geringer Konkurrenzdruck

Wie wichtig UGC für ein Hotel ist, hängt auch von der aktuellen Wettbewerbssituation ab. Ein Hotel, das sich mit einem ausgeprägten USP am Markt positionieren konnte, muss sich nicht mehr so sehr über UGC von seinen Wettbewerbern differenzieren. Muss das Hotel dagegen hinsichtlich Produkt (Serviceangebot, Dienstleistungen), Preis und Standort mit einer Vielzahl von Betrieben konkurrieren, so ist UGC ein nützliches Instrument, sich von seinen Wettbewerbern abzugrenzen.

11.4 Möglichkeiten für die Hotellerie, User Generated Content zu nutzen

Wurden Hotelbewertungsplattformen vor wenigen Jahren noch ausschließlich als Sprachrohr der Gäste verstanden, gibt es mittlerweile zahlreiche Möglichkeiten für den Hotelier auf diesen mitzuwirken und die eigene Online-Reputation aktiv zu steuern (siehe hierzu Abb. 11.3). Diese Möglichkeiten kann der Hotelier nutzen und das Internet als Instrument für eine moderne Kundenbindung und letztendlich zur Gewinnmaximierung einsetzen, denn es bedarf keiner kostenaufwendigen Marketingaktivitäten, um Kunden über das WWW zu binden.

Im Zeitalter des Internets ist UGC die beste Werbung für ein Hotel. Im Gegensatz zu klassischen Marketingaktivitäten kann der Hotelier mit vergleichsweise geringen Ressourcen seine Online-Reputation in die eigene Hand nehmen und Hotelbewertungen zu seinem Haus gezielt steuern. Die generierten Inhalte können dann für das Online- Marketing und die Online-PR genutzt werden.

Maßnahmen eines Hotels, um die Bewertungen zu pushen:
- **Von der eigenen Webseite auf Hotelbewertungsportale verlinken:** Der Hotelier dokumentiert einen proaktiven Umgang mit Hotelbewertungen und zeigt, dass er keine Angst vor dem Feedback seiner Gäste hat. Diese Nutzung und (Re-)Kombination bereits bestehender Inhalte (z. B. Bewertungen auf Hotelbewertungsplattformen) zur Erstellung neuer Inhalte (z. B. Integration dieser Informationen auf der eigenen Hotelhomepage), mit dem Ziel einen Mehrwert zu schaffen wird im Rahmen des Web 2.0 als Mash-Up bezeichnet. (Vertiefende Literatur: Tom Alby:Web 2.0 – Konzepte, Anwendungen, Technologie 2008).
- **Gästemailings nach dem Aufenthalt versenden:** Indem der Hotelier seine Gäste nach dem Aufenthalt kontaktiert und um eine Bewertung bittet, zeigt dieser sich auch nach der Abreise bemüht um diese.

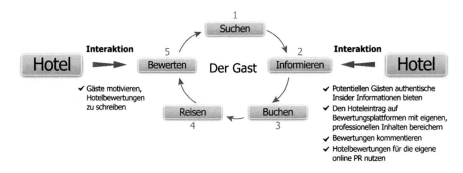

Abb. 11.3 Möglichkeiten des Hoteliers auf Hotelbewertungsplattformen mitzuwirken. (Quelle: eigene Darstellung)

- **Zufriedenen Gästen Bewertungsflyer aushändigen:** Der Hotelier zeigt, dass ihm das Feedback seiner Hotelgäste am Herzen liegt und fordert diese aktiv auf, von ihrem Hotelaufenthalt zu berichten.
- **Einen Laptop an der Rezeption/in der Lobby aufstellen:** Dem Gast wird die Abgabe seiner Hotelbewertung erleichtert, denn er kann diese direkt vor Ort abgeben.
- **Das Bewertungsformular eines Portals als Standardseite auf den für Gäste zugänglichen PCs einrichten:** Auf diese Weise fordert der Hotelier seine Gäste indirekt auf, von dem Aufenthalt in seinem Hause zu berichten.
- **Persönliche Kommunikation:** Das Personal dahingehend schulen, dass dieses den Gast beim Check Out darauf hinweist, dass das Feedback der Kunden für das Hotel sehr wichtig ist und Hotelbewertungen auf Reiseportalen begrüßt werden.
- **Hotelgäste durch Gewinnspiele/Gutscheine für den nächsten Aufenthalt incentivieren, eine Hotelbewertung abzugeben:** Der Hotelier fordert nicht nur eine Hotelbewertung von seinen Gästen, sondern zeigt diesen durch Gewinnspiele und Gutscheine seine Dankbarkeit.

Maßnahmen eines Hotels, Hotelbewertungen gewinnbringend zu nutzen:
- **Auf UGC verlinken:** Der Hotelier ermöglicht den Besuchern seiner Webseite mit einem Klick zu den Hotelbewertungen seiner Gäste zu gelangen. Er zeigt einen offenen Umgang mit Hotelbewertungen und baut Vertrauen auf.
- **Hotelbewertungen auf der eigenen Homepage integrieren:** Die Referenzen zufriedener Gäste stärken das Vertrauen potentieller Gäste in die Leistungen und den Service des Hotels, wodurch letztendlich mehr Buchungen generiert werden können (Mash-Up).
- **UGC relevante Auszeichnungen auf der Seite integrieren und im Hotel aushängen:** Auszeichnungen, die ein Hotel auf Basis von UGC erhalten hat, dienen Reisenden in hohem Maße als „Qualitätssiegel". Diese auf Gästeempfehlungen basierenden Auszeichnungen, haben eine große Überzeugungskraft auf potentielle, vielleicht noch unentschlossene Gäste.
- **Auf Hotelbewertungen reagieren:** Unabhängig davon, ob die Kritik in einer Hotelbewertung positiv oder negativ ist, sollte eine Reaktion vom Hotel erfolgen. So zeigt der Hotelier öffentlich, dass er die Kritik und Meinungen seiner Gäste ernst nimmt.

11.5 Fazit

Die ursprüngliche Annahme, dass es sich bei UGC lediglich um einen vorübergehenden Trend handelt, von dem schon morgen niemand mehr etwas wissen möchte, hat sich nicht bestätigt. Das Bedürfnis der Kunden nach UGC ist weiterhin ungebremst, weshalb die Branche sich dieser Entwicklung nicht entziehen darf. Zwar gibt es noch immer Hoteliers, die sich diesem Thema vehement verschließen, doch die Erfahrungen trivagos zeigen, dass insbesondere in den vergangenen zwei Jahren ein Umdenken in der Branche stattgefunden hat. Auch wenn die vielfältigen Möglichkeiten, Hotelbewertungen aktiv zu nutzen sowie die damit verbundenen Chancen teilweise noch sehr zögerlich wahrgenommen werden, hat sich der Großteil der Hotellerie diesem Thema mittlerweile angenommen und das Potential für das eigene Haus erkannt.

UGC führt nicht zu einer absoluten Erhöhung der Gesamtbuchungen des Marktes. Es kommt vielmehr zu einer Verschiebung des Buchungsvolumens innerhalb der Branche. Haben früher „gute" und „schlechte" Hotels gleichermaßen Buchungen erhalten, kann sich der Gast heute schon vor seiner Reise über ein bestimmtes Hotel im Internet informieren. Hotelbewertungen unterstützen ihn bei der Wahl seiner Unterkunft. Hotels mit einer positiven Online-Reputation profitieren von mehr Buchungen, Hotels ohne UGC bzw. mit einer negativen Online-Reputation haben es dagegen schwerer, Gäste im Internet zu gewinnen. Daraus ergibt sich für jedes Hotel die Notwendigkeit, sich dem Thema UGC anzunehmen.

Der proaktive Umgang mit Hotelbewertungen dokumentiert, dass die Gäste und deren Meinungen ernst genommen werden. Über die Empfehlungen von Gästen wird eine Vertrauensbasis geschaffen, die den potentiellen Hotelgast bei seiner Wahl beeinflusst. Das Hotel kann sich diese Überzeugungskraft von Hotelbewertungen zu nutze machen, denn durch dieses geschaffene Vertrauen in die Leistungen und den Service des Hotels, werden mehr Buchungen generiert.

Darüber hinaus eignen sich Hotelbewertungen in hohem Maße für ein effektives Beschwerde- und Qualitätsmanagement des Hotels. Aus der Möglichkeit, die Bewertungen nach dem Profil des Reisenden zu sortieren, ergibt sich ohne großen Aufwand des Hotels eine Zielgruppensegmentierung. Hat das Hotel früher noch selbst die Zielgruppen bestimmt, die es anvisieren wollte, sind es heute auch die Gäste, die bestimmen für welche Zielgruppe ein Hotel geeignet ist. So können eventuelle Falschpositionierungen durch UGC erkannt werden. Hotelbewertungen bieten dem Hotelier somit die Chance, sich marktorientiert auszurichten.

Abschließend bleibt festzuhalten, dass langfristig vor allem solche Hotels erfolgreich auf dem Markt bestehen werden, die es am besten verstehen, UGC gewinnbringend für sich zu nutzen!

Bibliografie

Böttcher, V., & Krings, S. (1999). Der Prozess innovativer Produktentwicklung – Just in time – Produktion in der Touristik am Beispiel von TUI Vital und TUI Freeworld. In H. Bastian, K. Born, & A. Dreyer (Hrsg.), *Kundenorientierung im Touristikmanagement* (S. 142–155). München: Oldenbourg.

Convios Consulting. (2009). Internetreisebuchung – Kundenverhalten und Kundenbewertung von Werbeformen und Anbietern. Neugestaltung der touristischen Wertschöpfungskette und die Bedeutung von Suchmaschinen. http://www.convios.com/images/stories/Convios/studien/Studie_Reiseverhalten_Google_short_deutsch_free.pdf. Gesehen am 29. Sept 2009.

Duffner, A., & Henn, H. (2001). *CRM verstehen, nutzen, anwenden! Ein Leitfaden für kundenorientierte Unternehmen.* Würzburg: Max Schimmel.

European Travel Commission. (2009). New Media Trend Watch. http://www.newmediatrendwatch.com/markets-by-country/10-europe/61-germany. Gesehen am 20. Feb 2009.

Holidaycheck (2009). Urlauberin knackt die Millionengrenze. http://www.holidaycheck.de/presseseite_pressemitteilung-jahr_2009.html?page=2#paginateAnchor. Gesehen am 20. Sept 2009.

Rossmann, D., & Donner, R. (2008). *Web Tourismus 2008: Marktanalyse des Online-Tourismus in Deutschland.* München: Ulysses Management.

Rossmann, D., & Donner, R. (2009). *Web Tourismus 2009: Erfolg im Tourismus durch das Internet.* München: Ulysses Management.

Tomczak, T., & Bieger, T. (2004). Nutzung von Distributionskanälen im Tourismus – Eine Analyse des Kundenverhaltens. In H. Bauer, J. Rösger, & M. Neumann (Hrsg.), *Konsumentenverhalten im Internet* (S. 473–492). München: Vahlen.

Verband Internet Reisevertrieb. (2009). Daten & Fakten 2009 zum Online-Reisemarkt. http://www.v-i-r.de/cms/upload/bilder/Daten/df09s.pdf. Gesehen am 20. Sept 2009.

Wiswede, G. (1991). Der „neue Konsument" im Lichte des Wertewandels. In R. Szallies, & G. Wiswede (Hrsg.), *Wertewandel und Konsum – Fakten, Perspektiven und Szenarien für Markt und Marketing* (S. 11–40). Landsberg am Lech: Moderne Industrie.

Kapitel 12
Liebe auf den zweiten Blick – Vom souveränen Umgang mit Hotelbewertungen

Lizzie Herzog und Markus Luthe

Zusammenfassung: Niemand mag es, im Internet bewertet zu werden. Hoteliers unterscheiden sich da nicht von Lehrern oder Ärzten. Dennoch geht die Branche insgesamt sehr entspannt und souverän mit dem ohnehin Unvermeidlichen um und versucht, die positiven Aspekte der Jedermann-Bewertungen für sich nutzbar zu machen. Branchenstandards, die europaweit von den Hotelverbänden gemeinsam im Dialog mit den relevanten Hotelbewertungsportalen entwickelt wurden, helfen Missbräuche zu verhindern und die Bewertungen für die Unternehmensführung nutzbar zu machen, bspw. im Qualitätsmanagement. Dennoch bleiben auch systemimmanente Kritikpunkte, wie ein wirksamer Schutz vor Erpressungsversuchen oder vor „strategischen" Bewertungen, eine stete Herausforderung.

Schlüsselwörter: Hotel • Bewertungsportale • Hotelbewertungen • Hotellerie • Marketing • Qualitätsmanagement

12.1 Bewertungsportale

12.1.1 Einleitung

Hotelbewertungsportale lassen sich in buchungsorientierte Anbieter wie Booking, HRS, Hotel.de oder Expedia, und contentorientierte Anbieter wie HolidayCheck, Trivago oder TripAdvisor unterteilen. Fast alle Buchungsportale sind zwischenzeitlich dazu übergegangen, ihren Kunden Bewertungen als zusätzliche Orientierung anzubieten. Zudem wurden teilweise Bewertungsportale von Buchungsportalen aufgekauft, wie bspw. die Akquise von TripAdvisor und Venere durch Expedia. Für die Zukunft ist zu erwarten, dass sich Unterschiede in den Charakteren der Bewertungsportale weiter nivellieren und eine Konvergenz

---

L. Herzog (✉)
Hotelverband Deutschland (IHA), Am Weidendamm 1A, 10117 Berlin, Deutschland
e-mail: Lizzie.Herzog@gmx.de

der Systeme die Folge sein wird, wie in den letzten zehn Jahren bereits ein Zusammenwachsen der elektronischen Hotelführer und der reinen Buchungssysteme erfolgte.

12.1.2 Chancen und Risiken von Hotelbewertungen

Der Nutzen von Hotelbewertungsportalen für die Gäste liegt auf der Hand. Gäste erhalten eine erhöhte Angebotstransparenz und können zudem aus den Erfahrungen einer Vielzahl anderer Reisender Rückschlüsse für das eigene Buchungsverhalten ziehen. Auch für die Hotellerie überwiegen letztlich die Chancen, die Bewertungsportale mit sich bringen. Bewertungsportale eröffnen die Möglichkeit, potentielle Gäste der „richtigen" Zielgruppe anzusprechen. Zudem locken die Referenzen zufriedener Gäste neue Gäste an. Ein anderer Vorteil ist die Kundenbindung durch ein aktives Online-Beschwerdemanagement, welches wiederum Input für das Qualitätsmanagement liefert. Bewertungsportale stellen zudem ein kostengünstiges Marketinginstrument dar, wenn bspw. ein Betrieb in einer sog. „Top-Liste" auftaucht.

Ein proaktiver Umgang mit den Werkzeugen des Web 2.0 ist daher sinnvoll. Immer mehr Hotels nutzen die Möglichkeit, die Bewertungen ihres Hauses, die auf einem Bewertungsportal angegeben werden, direkt auf der eigenen Website über sog. Widgets einzubinden. Auf diese Art und Weise bieten sie ihren Gästen mehr Transparenz und demonstrieren Glaubwürdigkeit. Abbildung 12.1 zeigt die Einbindung von Hotelbewertungen anhand der Ringhotels.

Gleichwohl darf die Hotellerie die Risiken der Hotelbewertungsportale nicht aus den Augen verlieren. Auch negative Bewertungen werden ins Internet gestellt, die neue Gäste verschrecken und sogar den Verlust von Stammgästen zur Folge haben können. Weiterhin hat es sich inzwischen zu einem großem Problem entwickelt, dass manche Gäste unter Androhung negativer Internet-Bewertungen Hotels um Upgrades u. Ä. erpressen. Auch Schmähkritik oder negative Bewertungen durch die Konkurrenz können der Online-Reputation eines Hotels erheblichen Schaden zufügen. Negative Hotelbewertungen können dazu führen, dass der Betrieb in „Flop-Listen" gelistet wird und somit von internetaffinen Gästen gemieden wird. Das Internet schläft nicht, daher muss ein Hotelier ständig über die Präsenz des Betriebes im Internet informiert sein – dies erfordert Zeit und Aufwand.

Chancen und Risiken liegen auf der Hand: Die Macht der Bewertungsportale zu ignorieren, wäre ein unternehmerischer Fehler. Vielmehr erscheint eine Win-Win-Win-Konstellation von User, Portal und Hotelier erreichbar.

12.1.3 Konstruktiver Austausch zwischen Hotellerie und Bewertungsportalen

Damit Bewertungsportale für Anbieter und Nachfrager gleichermaßen positive Effekte erzeugen, startete HOTREC, die europäische Dachorganisation für Hotels,

Abb. 12.1 Authentizität durch Einbindung von Hotelbewertungen am Beispiel der Ringhotels. (Quelle: Ringhotel Rheinhotel Dreesen, Bonn, 2009)

Restaurants und Cafés, auf Initiative der Hotelverbände in Deutschland, Österreich und der Schweiz eine Dialoginitiative. Gemeinsam mit den relevanten Bewertungsportalen wurden zehn Prinzipien als Spielregeln entwickelt, die dem Hotelier ermöglichen sollen, Bewertungen als Chance wahrzunehmen und diese in das Qualitätsmanagement des Betriebes einfließen zu lassen. Zudem soll der Leser der Bewertungen ein aktuelles und wahrheitsgemäßes Bild überliefert bekommen. Dies birgt für die Bewertungsportale den Vorteil, weiteres Vertrauen aufzubauen und die eigene qualitative Entwicklung zu fördern. Die zehn Prinzipien sollen dem Schutz vor Manipulationen und ungerechten Bewertungen dienen, zudem die Transparenz für den Leser fördern und Aktualität gewährleisten. Die Dialoginitiative eröffnet einen neuen Weg der Kommunikation zwischen Bewertungsportal und Hotelier:

1. Redaktionelle Kontrolle
   Veröffentlichung nur nach vorheriger Überprüfung der Authentizität und des Wahrheitsgehalts durch eine qualifizierte Redaktion.

2. Manipulationen vorbeugen
   (a) Bewertung nur von tatsächlichen Gästen – Überprüfung ist erforderlich
   (b) Benotungen basierend auf dem arithmetischen Mittel oder dem statistischen Median; Ausschluss der besten und schlechtesten zehn Prozent der Bewertungen
   (c) Die Anzahl der Benotungen sollte in die Ermittlung von Rangfolgen einfließen
3. Qualität sichern
   (a) Korrekte Darstellung von den Daten und der Verfügbarkeit der Hotels
   (b) Bewertung lediglich von Hotelbereichen, die das Hotel auch anbietet
   (c) Der Gast sollte nur von ihm in Anspruch genommene Dienstleistungen und Angebote bewerten
   (d) Angebot von relevanten, hinreichend detaillierten und der Spezialisierungsrichtung des Hotels angemessen Bewertungskriterien
   (e) Bewertung durch Noten und Fließtext
4. Keine anonymen Bewertungen
   Die Bewertungen sollten grundsätzlich nicht anonym erfolgen, damit der Hotelier die Chance zur Reaktion erhält.
5. Mindestanzahl an Bewertungen gewährleisten
   (a) Für eine Veröffentlichung soll die Relation der Anzahl der Bewertungen in einem aussagekräftigen Verhältnis zu der Anzahl der Zimmer eines einzelnen Hauses stehen.
   (b) In der Aufbauphase eines Bewertungsportals sollten Bewertungen sorgfältig kontrolliert werden, bis eine kritische Anzahl an Bewertungen erreicht ist.
6. Notenskalierungen harmonisieren
   Hotelbewertungsportale sollten eine Vereinheitlichung der Notenskalierung anstreben. Sterne sollten aufgrund der Verwechselungsgefahr zur offiziellen Hotelklassifizierung nicht als Benotungssymbole verwendet werden.
7. Reaktionsmöglichkeit eröffnen
   Im Falle von Gästebewertungen (positiv oder negativ) sollten Portale dem Hotel automatisch Gelegenheit zu einer Reaktion eröffnen, z. B. per E-Mail-Benachrichtigung. Wo vorhanden, sollten auch offizielle Ombudsstellen der Hotellerie und deren Mediationsangebot eingebunden werden.
8. Rechtssicherheit umsetzen
   Bewertungen müssen wahrheitsgemäß sein und auf persönlichen Erfahrungen des Bewertenden beruhen. Hoteliers haben einen Rechtsanspruch auf Schutz vor Schmähkritik und wahrheitswidrigen Angaben. Falsche Tatsachenbehauptungen sollten die Betreiber von Bewertungsportalen schnell und unbürokratisch entfernen.
9. Aktualität gewährleisten
   Portale sollten nur aktuelle Bewertungen enthalten. Gästebewertungen sollten nach spätestens zwei Jahren die Gesamtbewertung des Hotels nicht mehr beeinflussen und automatisch gelöscht werden.

10. Offizielle Sterneanzahl angeben
Bewertungsportale sollten auf das eigene Klassifizierungssystem hinweisen. Die offizielle Sterneanzahl des Hotels gemäß der Hotelklassifizierung des/der jeweiligen Landes/Länder sollte angegeben und einen Link zu den zugrunde liegenden Klassifizierungskriterien eingerichtet werden. Abgleichungen mit den autorisierten Klassifizierungsstellen sollten jährlich stattfinden.

Im Ergebnis ist in den letzten Monaten eine faire und partnerschaftliche Zusammenarbeit zwischen relevanten Portalbetreibern und der Hotellerie entstanden. Die Vorschläge von HOTREC wurden größtenteils von Seiten der Betreiber angenommen und umgesetzt, so dass Gäste eine erhöhte Transparenz und Qualität bei ihren Reise-Recherchen im Internet erwarten können. Fünf Bewertungsportale – Booking, HolidayCheck, Hotel.de, Trivago, und Zoover – haben bereits detaillierte Feedbacks zu den Prinzipien abgegeben, die auf den Internetseiten von HOTREC veröffentlicht wurden. Sie geben Hoteliers eine wertvolle Orientierung, mit welchen Portalen sie fair und nutzenbringend zusammenarbeiten können. Weitere werden folgen (vgl. hierzu Abb. 12.2).

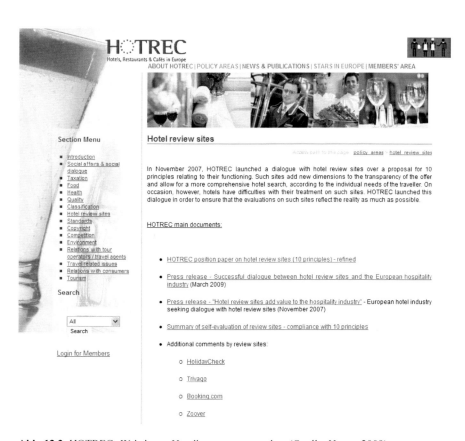

Abb. 12.2 HOTRECs Website zu Hotelbewertungsportalen. (Quelle: Hotrec 2009)

12.2 Tipps zum Umgang mit Hotelbewertungen

Bewertungsportale werden heutzutage intensiv genutzt und sind für viele in der Reiseplanung nicht mehr wegzudenken. Viele potentielle Gäste entscheiden bereits aufgrund positiver, wie negativer Bewertungen, ob sie ein Hotel auswählen. Daher ist es für den Hotelier notwendig, sich mit den Bewertungen über sein Haus auseinanderzusetzen. Renier Milan vom Avalon Report gibt zehn Ratschläge zum Umgang mit Blogs, Online-Communities und Bewertungsportalen (Milan 2007):

Read them	Die wichtigsten Portale wenigstens einmal wöchentlich auf neue Bewertungen und Fotos durchsehen.
Audit them	Einträge kontrollieren und offensichtliche Fehler im Dialog mit dem Portalbetreiber korrigieren lassen.
Study them	Einträge auf Bewertungsportale wie ein Gästefeedback über eine im Hotel ausliegende Kommentarkarte behandeln.
Celebrate them	Den Bewertungen Beachtung schenken und Positive wie Negative mit den Mitarbeitern besprechen.
Correlate them	Externes und internes Gästefeedback systematisch gleich behandeln und in Beziehung zueinander setzen.
Distribute them	Einträge auf Bewertungsportalen allen betroffenen Mitarbeitern aller Ebenen und Bereiche mitteilen.
Compare them	Bewertungen systematisch mit denen von Wettbewerbern vergleichen.
Analyze them	Die Bewertungen als Feedback zur vom Gast wahrgenommen Qualität sehen und in einen Kontext zum Preis-Leistungs-Niveau des Hauses setzen.
Track them	Bewertungsprofile über einen längeren Zeitraum aufzeichnen und auswerten.
Respond to them	Angebotene Reaktionsmöglichkeiten schnell und kompetent nutzen – und nicht nur bei negativen Bewertungen.

Generell sollte der Hotelier, wenn er von den Antwortmöglichkeiten der Bewertungsportale Gebrauch macht, zügig und mit einer klaren Botschaft reagieren, um seine Online-Reputation zu verteidigen bzw. eine aufzubauen (Walsh 2007). Da Bewertungsportale auch zukünftig einen hohen Stellenwert für Gäste einnehmen werden, sollte sich der Hotelier aktiv mit den Bewertungen auseinandersetzen. Die mittlerweile eröffneten Reaktionsmöglichkeiten geben dem Hotelier die Chance, sich Gehör zu verschaffen.

Mit der richtigen Kommunikationsstrategie können Bewertungen proaktiv gefördert werden. Generell sollte jeder Gast zur Abgabe einer Bewertung eingeladen werden, da im Normalfall positive Bewertungen überwiegen werden und viele Bewertungen ein Zeugnis für einen aktiven, serviceorientierten Betrieb darstellen. Ein Beispiel hierfür ist das Prizeotel in Bremen, das aktiv für die Abgabe einer Bewertung im Internet wirbt, wie Abb. 12.3 verdeutlicht.

Abb. 12.3 Prizeotel Bremen. (Quelle: Prizeotel Bremen 2009)

12.3 Ausblick

Online- und Offline-Maßnahmen sind der Schlüssel zum Erfolg. Die volle Integration der Bewertungsportale in das Marketingkonzept eines Hotels ist unumgänglich. Doch auch die Pflege der einzelnen Portale ist entscheidend. Auf fast jedem Portal hat ein Hotelier inzwischen die Möglichkeit, eigene Bilder, Beschreibungen sowie Pressemitteilungen kostenfrei online zu stellen (z. B. TrivagoHotelier, Hotel-Zugang bei HolidayCheck). Benchmark-Tools wie Trivago, TrustYou oder Hotel-Protect helfen, den Überblick über das eigene Haus im Spiegel der Social Media zu behalten.

Die Hotellerie ist besser als viele andere Branchen auf die Herausforderungen der Internetbewertungen vorbereitet und kann deshalb auch deutlich gelassener mit Ihnen umgehen. Von zentraler Bedeutung ist, dass der Hotelier sich aktiv mit den Bewertungsportalen auseinandersetzt und auch Zeit investiert, um seinen Betrieb präsent zu halten. Auch wenn die Bewertungsportale Risiken bergen, wäre es fatal, dieses Medium zu ignorieren. Die zehn Prinzipien von HOTREC liefern eine Basis für eine konstruktive Zusammenarbeit zwischen Bewertungsportal und Hotelier.

Für die Zukunft werden Social Media und insbesondere Hotelbewertungsportale zu einem noch wichtigeren Thema für die Hotellerie werden. Mit der Aufgeschlossenheit der Hoteliers und einer positiven, beidseitigen Kommunikation zwischen Hotelbewertungsportalen und Hoteliers ist die Branche dafür gut gerüstet – „Liebe auf den zweiten Blick".

Bibliografie

Hotrec. (2009). Hotel review sites. www.hotelreviewsites.hotrec.eu. Gesehen am 26 Juli 2009.
Milan, R. (2007). 10 things you can do in response to traveler reviews. http://hotelmarketing.com/. Gesehen am 21 Sept 2007.

Prizeotel Bremen. (2009). Prizeotel. www.prizeotel.de. Gesehen am 06 Juli 2009.
Ringhotels. (2009). Ringhotel Rheinhotel Dreesen. www.ringhotels.de/hotels/hotels/Nordrhein-Westfalen/Bonn-Bad-Godesberg/. Gesehen am 17 Sept 2009.
Walsh, R. (2007). Managing your hotel's online reputation. http://hotelmarketing.com/. Gesehen am 11 Juli 2007.

Kapitel 13
Rechtliche Verantwortlichkeit der Betreiber von touristischen Bewertungsplattformen

Jan Dirk Roggenkamp

Zusammenfassung: In kaum einer Branche ist die Nutzung und Präsenz im Internet von so herausragender Bedeutung wie im Tourismus. Längst verlassen sich Verbraucher nicht mehr auf Hochglanzprospekte und Anpreisungen im Reisebüro. Zu einer Hauptinformationsquelle für Touristen haben sich die touristischen Bewertungsplattformen im Internet entwickelt. Sie dienen den Nutzern als Orientierungshilfe, allerdings beinhalten sie ebenfalls großes juristisches Konfliktpotential. Anhand eines Beispielsfalles widmet sich dieser Beitrag den Fragen der Verantwortlichkeit der Plattformbetreiber für rechtsverletzende Einträge durch Nutzer, damit zusammenhängenden Handlungspflichten und insbesondere der Frage nach der Notwendigkeit einer (ggf. proaktiven) Überwachungspflicht. Sodann wird auf die im stetigen Spannungsfeld Meinungsfreiheit/Schmähkritik stehenden Bewertungen selbst eingegangen, bevor eine rechtliche Einordnung sog. Fake-Bewertungen erfolgt. Der Beitrag wird durch eine kurze Checkliste und einen Ausblick abgeschlossen.

Schlüsselwörter: Bewertungsplattform • Reiseportal • Recht • Haftung • Verantwortlichkeit • Bewertung

13.1 Einleitung

Für fast jedes Reiseziel gibt es neben statischen Webpräsenzen auch interaktive Plattformen, in denen ein reger Austausch von (vermeintlichen) Insiderinformationen stattfindet. Dies kann in Form von Internetforen geschehen, aber auch Wikisysteme wie die Wikipedia oder Fotoplattformen wie Flickr bieten erste Anhaltspunkte für die Reiseplanung. Zu einer Hauptinformationsquelle für Touristen haben sich jedoch die touristischen Bewertungsplattformen im Internet entwickelt. Auf diesen Plattformen können Nutzer in vorgegebenen Strukturen über ihre Erlebnisse in Hotels, mit Fluggesellschaften, Regionen, etc. berichten und mehr oder weniger

---

J. D. Roggenkamp (✉)
Universität Passau, Max-Beer-Str. 54, 10119 Berlin, Deutschland
e-mail: kanzlei@rajdr.de

differenziert durch Vergabe von Sternen oder Schulnoten „bewerten". Diese sind für jedermann weltweit abrufbar. Die Betreiber der Bewertungsplattformen monetarisieren diese nutzergenerierten Informationen u. a. durch Schaltung passender Werbung im unmittelbaren Kontext der Bewertungen. In aller Regel findet sich die Bewertung nicht nur bei konkreter Informationssuche im Rahmen der Plattform selbst, sondern erscheint auch in der Trefferliste der Suchmaschinen wie Google nach Eingabe eines entsprechenden Suchbegriffs wie z. B. dem Namen eines Hotels.

So sehr die Bewertungsplattformen für Nutzer als Orientierungshilfe zu dienen vermögen, so groß ist auch das juristische Konfliktpotential. Dies mag der folgende Beispielfall verdeutlichen:

> Nutzer „Gourmet08" bewertet ein Hotel auf der großen Reisebewertungsplattform „reisebewertungen24.de" mit der Note 3,0 (befriedigend) und kommentiert seine Bewertung mit den Worten „Hotel wahrlich nicht herausragend. Personal unfreundlich, Essen so la la." (Bewertung 1).
>
> Nutzer „Erbse14" schreibt über dasselbe Hotel „Glatte fünf. Fenster undicht, uralte Betten mit hauchdünnen Matratzen." (Bewertung 2).
>
> Als der Hotelbesitzer H auf diese Negativbewertung aufmerksam wird, nimmt er das Heft in die Hand und schreibt
>
> 1. unter dem Pseudonym „ZufriedenerGast01" eine überaus positive „Gegenbewertung" und
> 2. eine E-Mail an den Plattformbetreiber. Er fordert ihn auf sofort beide „Verleumdungen" zu löschen. Sein Personal sei freundlich, das Essen sei ja wohl Geschmackssache, alle Fenster seien nachweislich absolut dicht und die Betten vor einem Jahr vollständig durch Neuware ersetzt worden. In Zukunft solle jegliche „Bewertung" seines Betriebes unterlassen werden.

13.2 Verantwortlichkeit und Web 2.0 – Die Grundlagen

Um sich dem Titelthema dieses Beitrags zu nähern ist es erforderlich zunächst die Grundlagen der Verantwortlichkeit im sog. Web 2.0 zu erläutern (Roggenkamp 2008). Mit dem Begriff der Verantwortlichkeit ist im juristischen Sinne ganz allgemein das Einstehenmüssen für die Rechtsfolgen gemeint, die das Recht an bestimmte Sachverhalte knüpft (Stadler 2005, Rn. 19). Die Frage der Verantwortlichkeit im Internet ist im deutschen Recht maßgeblich durch das Telemediengesetz („TMG") sowie eine – uneinheitliche – Rechtsprechung geprägt.

13.2.1 Das Telemediengesetz als Haftungsfilter

Um eine verlässliche Grundlage „für die Gestaltung der sich dynamisch entwickelnden Angebote im Bereich Informations- und Kommunikationsdienste zu bieten und einen Ausgleich zwischen freiem Wettbewerb, berechtigten Nutzerbedürfnissen und öffentlichen Ordnungsinteressen" zu schaffen (Bundestags-Drucksache 13/7385, S. 16), wurde im Rahmen des Informations- und Kommunikationsdienstegesetzes (IuKDG), welches am 1. August 1997 in Kraft trat, erstmals – nach umfassender und kontroverser Diskussion – die Verantwortlichkeit der „Diensteanbieter" für „Inhalte" bzw. „Informationen" im Internet geregelt (Engel-Flechsig et al. 1997, S. 2981). Etwa drei Jahre später wurde mit den Art. 12–15 der E-Commerce-Richtlinie (ECRL) auch auf europäischer Ebene eine einheitliche Grundlage geschaffen. Die nationale Umsetzung erfolgte im Rahmen des Gesetzes über rechtliche Rahmenbedingungen des elektronischen Geschäftsverkehrs (EGG) und in der Neufassung des Verantwortlichkeitsabschnitts im Teledienstegesetz (TDG). Seit März 2007 ist das Telemediengesetz (TMG) in Kraft, mit welchem die seit Anfang 2002 geltenden Verantwortlichkeitsregelungen des Teledienstegesetzes wortgleich übernommen wurden.

Bevor ein Diensteanbieter, also u. a. der Betreiber einer touristischen Bewertungsplattform, auf der Grundlage von Haftungsvorschriften (bspw. der Normen des Strafrechts, des Urheberrechts, des Wettbewerbsrechts etc.) zur Verantwortung gezogen werden kann, muss geprüft werden, ob die aus diesen Vorschriften folgende Verantwortlichkeit nicht durch die Privilegierungstatbestände des Telemediengesetzes ausgeschlossen ist. Die §§ 7 ff. TMG sind als eine Art Verantwortlichkeitsfilter vorab zu prüfen (Engels 2000, S. 524; dazu kritisch: Stadler 2005, Rn. 72 ff.).

Im Beispielsfall hieße dies folgendes: Der Betreiber der Plattform reisebewertungen24.de ist für die Bewertung der Nutzer grundsätzlich nicht verantwortlich, wenn er sich auf die sog. Haftungsprivilegien des TMG (§§ 8–10 TMG) berufen kann. Eine weitere Prüfung, z. B. ob ein Anspruch auf Schadensersatz wegen der auf die negative Bewertung zurückzuführenden Umsatzrückgänge bestehen könnte, kommt dann nicht mehr in Betracht (Heckmann 2007, Vorbem. Kap. 1.7 Rn. 62).

13.2.2 Theoretische Verantwortlichkeit

Zur Verantwortlichkeitsfilterung wird im TMG zwischen eigenen und fremden „Informationen" (d. h. jeglichen wahrnehmbaren Inhalten: Texte, Musik, Videos) differenziert. Derjenige, der eigene Informationen zur Nutzung bereithält (üblicherweise der Content-Provider), ist gemäß § 7 Abs. 1 TMG für diese nach den „allgemeinen Gesetzen" (also z. B. dem allgemeinen Strafrecht oder dem Urheberrecht) verantwortlich. Er ist in keinem Fall privilegiert.

Sind die Informationen für den Diensteanbieter „fremd", stammen sie also nicht von ihm, kommt eine Haftungsfreistellung in Form einer Privilegierung in Betracht. Es gilt der Grundsatz des § 7 Abs. 2 Satz 1 TMG. Danach sind Diensteanbieter nicht verpflichtet die von ihnen lediglich übermittelten oder gespeicherten Informationen zu überwachen oder nach Umständen zu forschen, die auf eine rechtswidrige Tätigkeit hinweisen. Im Falle von Plattformen, auf denen „fremde Informationen für einen Nutzer gespeichert werden", was Bewertungsplattformen einschließt, ist zusätzlich § 10 TMG heranzuziehen. Hiernach trifft den Betreiber keine Verantwortung für diese fremden Informationen, solange er sie – vereinfacht gesagt – nicht kennt (hierzu sogleich unter 2.3.1).

Rechtliche Verpflichtungen zur Sperrung der Nutzung oder Entfernung von Informationen nach den allgemeinen Gesetzen bleiben allerdings nach § 7 Abs. 2 Satz 2 TMG auch im Falle der Nichtverantwortlichkeit des Diensteanbieters „unberührt". Hierdurch wird klargestellt, dass der Provider, selbst wenn er eigentlich nicht die Verantwortung für rechtswidrige Informationen trägt, dafür zu sorgen hat, dass diese nicht dauerhaft abrufbar bleiben. Der Betreiber einer Bewertungsplattform muss also (erst) eine rechtswidrige „Bewertung" löschen, wenn er von ihr Kenntnis hat.

13.2.3 Rechtsrealität

Diese eigentlich einfache Verantwortlichkeitsteilung wird in der Rechtsrealität insbesondere durch eine uneinheitliche Rechtsprechung der verschiedenen Gerichte verkompliziert (Strömer u. Grootz 2006).

13.2.3.1 Problematik der Kenntnis

In Fällen von Negativbewertungen ist den „Betroffenen" an einer möglichst raschen Löschung gelegen. Wie dargelegt müssen Plattformbetreiber rechtswidrige Inhalte löschen, wenn sie von ihnen Kenntnis erlangt haben (Eck u. Ruess 2003). Problematisch ist allerdings welches Maß an Kenntnis gegeben sein muss. Nach zutreffender Auffassung ist nicht lediglich Kenntnis von der jeweiligen Information erforderlich, sondern zudem auch Kenntnis von ihrer Rechtswidrigkeit. Letztere ist jedoch im Falle von Bewertungen nicht nur aus der juristischen Laienperspektive meist nur schwer erkennbar.

Dementsprechend ist regelmäßig eine einfache E-Mail mit der Behauptung des Betroffenen nicht ausreichend, dass eine Bewertung „gelogen", „beleidigend" oder sonst rechtsverletzend (zur Differenzierung siehe Kapitel „Bewertungen zwischen Meinungsäußerungsfreiheit und Beleidigung") sei, um eine Handlungsverpflichtung des Plattformbetreibers auszulösen. Der Betreiber einer Bewertungsplattform muss eine Bewertung nicht „auf Verdacht", sondern nur dann löschen, wenn sie ganz offensichtlich rechtswidrig ist. In anderem Zusammenhang verlangt der Bundesgerichtshof (BGH) eine klar erkennbare Rechtsverletzung, wobei die klare Erkennbarkeit bei juristischen Laien gegeben sein muss. In der Regel wird eine solche nur bei gleichzeitiger Vorlage einer richterlichen Entscheidung gegeben sein.

Im Beispielsfall kann ausnahmsweise eine Löschung der Bewertung 2 angemessen sein, wenn der Hotelbesitzer durch Vorlage von Nachweisen gegenüber dem Betreiber glaubhaft machen kann, dass die „Bewertung" eine unwahre Tatsachenbehauptung darstellt.

13.2.3.2 Problematik des Zueigenmachens

Eine weitere Verkomplizierung findet in der Rechtsrealität durch die Kategorie der zu eigen gemachten Informationen statt, für die der Diensteanbieter „wie für eigene" verantwortlich ist. Als eigene Informationen im Sinne des TMG sind grundsätzlich nur die vom Diensteanbieter selbst erzeugten Informationen anzusehen. Hierunter fallen bspw. Texte und Bilder, die der Betreiber einer Plattform selbst anbietet (Heckmann 2007, Kap. 1.7 Rn. 9).

Die Rechtsprechung nimmt jedoch ein „Zueigenmachen" einer eigentlich fremden Information an, wenn der „*verständige Internetbenutzer*" den Eindruck gewinnen muss, der Anbieter wolle für ihn die Verantwortung tragen (OLG Hamburg, Urt. v. 26.09.2007 – 5 U 165/06). Erforderlich ist jeweils die Betrachtung der konkreten Plattform. Der Eindruck der Verantwortungsübernahme kann bspw. dann entstehen, wenn

- Hinweise auf den eigentlichen Urheber fehlen oder nur unscheinbar sind,
- eine Redaktion die Texte umfassend (insbesondere auf Qualität) prüft,
- sich der Plattformbetreiber umfassende Rechte zur Weiterverwertung an den Nutzerinhalten einräumen lässt (z. B. über die AGB), oder
- der Plattformbetreiber die eigentlich fremden Inhalte sogar zur Weiterverwertung anbietet.

Diese Aufzählung ist nicht abschließend. Einige Gerichte nehmen bereits ein Zueigenmachen und damit eine volle Verantwortlichkeit der Plattformbetreiber an, wenn eine konkrete Distanzierung von jedem einzelnen Beitrag fehlt, der Nutzer sich an vorgegebene Plattformstrukturen halten muss (z. B. Vorgabe von Kategorien wie gastronomischer Service, Sportangebot, Preis/Leistung etc.) oder der Betreiber mit der Plattform kommerzielle Absichten verfolgt. Diese – Einzelfall gebliebene – Rechtsprechung geht in Anbetracht der grundsätzlichen Haftungsprivilegierung der Plattformbetreiber für Inhalte Dritter durch das TMG zu weit.

Der reine Betrieb einer Plattform, auf welcher der Nutzer eigene Inhalte gewissermaßen automatisiert – also ohne Prüfung durch den Betreiber – einstellen kann, reicht für ein Zueigenmachen nach der Rechtsprechung des BGH regelmäßig nicht aus (BGH, Urteil v. 11.03.2004 – I ZR 304/01). Es ist eine deutliche Parallele zu echten eigenen Informationen zu fordern (Stadler 2005, Rn. 72 ff.), die durch die reine Ermöglichung, User-Generated-Content auf einer Plattform einzustellen, noch nicht gegeben ist. Die schlichte Kenntnis des Betreibers von einzelnen Informationen kann ebenfalls noch nicht zu einem Zueigenmachen führen (LG München I, Urteil v. 08.12.2005 – 7 O 16341/05). Insbesondere kann es aber nicht darauf ankommen, ob und in welchem Umfang der Dienstanbieter einen wirtschaftlichen Vorteil aus seinem Angebot zieht. Der Plattformbetreiber ist nach hier geteilter Auffassung wie der Verleger einer Zeitung zu behandeln. Dieser würde für den Inhalt von abgedruckten Leserbriefen auch dann nicht wie für einen eigenen Artikel zur Verantwortung gezogen, wenn auf derselben Seite der Zeitung Werbung platziert wird. (Kammergericht, Urteil v. 28.06.2004 – 10 U 182/03). Das TMG differenziert nicht zwischen kommerziellen und nicht-kommerziellen Plattformen. Eine

Privilegierung ist einem Diensteanbieter daher nicht deswegen zu versagen, weil er seine Plattform z. B. durch Werbung oder finanziert. Ebenfalls rechtlich irrelevant ist es, wenn in unmittelbarem Zusammenhang mit den Bewertungen, wie im Falle von touristischen Bewertungsplattformen üblich (z. B. holidaycheck.de oder tripadvisor.com), die Möglichkeit gegeben wird, das bewertete Hotel oder andere touristische Leistungen direkt zu buchen.

13.2.3.3 Problematik der Störerhaftung

Die Dritte – und für die Betreiber von Plattformen folgenreichste – Verkomplizierung der Rechtsrealität besteht in der Möglichkeit der Haftung des Plattformbetreibers auf Unterlassung. Nach der Rechtsprechung des BGH finden die Haftungsprivilegierungen des TMG auf den Unterlassungsanspruch keine Anwendung (BGH, Urteil v. 27.03.2007 – VI ZR 101/06). Ein Unterlassungsverlangen ist im Gegensatz zu den meisten Schadensersatzforderungen nicht auf Zahlung von Geld gerichtet, sondern auf die Beendigung eines rechtsverletzenden („störenden") Zustands, die im Falle von Bewertungsplattformen in der Löschung der rechtsverletzenden Bewertung liegt. Besteht eine sog. Wiederholungsgefahr (also die „Besorgnis", dass dieselbe oder eine ähnliche Störung erneut auftritt), kann der Anspruchsinhaber verlangen, dass der Anspruchsgegner sich für die Zukunft verpflichtet, eine erneute Störung (unter Androhung von nicht unerheblich hohen Geldstrafen oder Ordnungshaft) zu vermeiden.

Als „Schuldner" der Unterlassung kommt zunächst der Rechtsverletzer selbst in Betracht. Aber auch der Betreiber einer Plattform kann daneben als „Störer" in Anspruch genommen werden (hierzu näher 3.2). Die Störereigenschaft folgt bereits daraus, dass „in irgendeiner Weise willentlich und adäquat kausal zur Verletzung eines Rechts" beigetragen wurde. Ein Verschulden (also Vorsatz oder Fahrlässigkeit) ist nicht erforderlich (BGH, Urteil v. 11.03.2004 – I ZR 304/01).

Adäquat kausal ist ein Beitrag immer dann, wenn er im Allgemeinen und nicht nur unter besonders eigenartigen, unwahrscheinlichen und nach dem gewöhnlichen Verlauf der Dinge außer Betracht zu lassenden Umständen geeignet ist, einen „Erfolg" (z. B. die Verbreitung einer Beleidigung) herbeizuführen. Schon der Betrieb einer Internetplattform, über welche Dritte Inhalte verbreiten können, ist ein adäquat kausaler Beitrag, weil es nicht ganz unwahrscheinlich ist, dass Dritte diese Verbreitungsmöglichkeit missbrauchen (LG Düsseldorf, Urteil v. 27.06.2007 – 12 O 343/06).

Ist der Betreiber einer Plattform auf eine (klare) Rechtsverletzung eines Nutzers hingewiesen worden, muss er nach Auffassung des BGH nicht nur die konkrete Information unverzüglich sperren (Unterlassung der Weiterverbreitung). Zusätzlich muss er „Vorsorge treffen", dass es möglichst nicht zu weiteren „derartigen" Rechtsverletzungen kommt (Unterlassung künftiger Rechtsverletzungen). Ein Verstoß gegen diese Verpflichtung kann nicht unerhebliche Geldstrafen nach sich ziehen.

Weil die Störerhaftung aber nicht „über Gebühr" auf Dritte erstreckt werden darf, die nicht selbst die rechtswidrige Beeinträchtigung vorgenommen haben, setzt die Haftung als Störer zusätzlich das Bestehen von entsprechenden Prüfungspflichten voraus (BGH, Urteil v. 19.04.2007 – I ZR 35/04). Diese können erst durch die Kenntnis einer vorangegangenen konkreten Rechtsverletzung und nicht bereits durch den Betrieb einer Plattform entstehen (OLG Hamburg, Urt. v. 04.02.09 – Az.: 5 U 167/07). Sog. Vorabprüfungspflichten ohne konkreten Anlass bestehen also nicht (Roggenkamp 2007).

Ob und in welchem Umfang den Plattformbetreiber Verpflichtungen zur Vermeidung weiterer Beeinträchtigungen nach einer Rechtsverletzung treffen, bestimmt sich nach der konkreten Zumutbarkeit derartiger Verpflichtungen. Um diese zu ermitteln, wird der konkrete Einzelfall betrachtet und insbesondere

1. die betroffenen Rechtsgüter,
2. der zu betreibende (technische und wirtschaftliche) Aufwand und
3. der zu erwartende Erfolg

gegeneinander abgewogen.

Die Prüfungspflichten dürfen vor allem nicht dazu führen, dass das (erlaubte) Geschäftsmodell des Diensteanbieters „grundsätzlich" in Frage gestellt wird (BGH, Urteil v. 11.03.2004 – I ZR 304/-01).

13.3 Verantwortlichkeit der Betreiber für Bewertungen

Nach Darstellung dieser allgemeinen Verantwortlichkeitsprinzipien soll nunmehr auf die konkrete Verantwortlichkeit der Betreiber von touristischen Bewertungsplattformen anhand der sich typischerweise erschließenden Konfliktfelder eingegangen werden.

13.3.1 Bewertungen

Das erste konkrete Konfliktfeld im Kontext von Bewertungsplattformen stellt regelmäßig die Bewertung selbst dar. Es stellt sich auf Seiten des (meist negativ) Bewerteten regelmäßig die Frage, ob er bzw. sein Betrieb die auf der Plattform allgemein sichtbaren Bewertungen überhaupt und wenn ja, in dieser konkreten Form hinnehmen muss.

13.3.1.1 Bewertungen zwischen Meinungsäußerungsfreiheit und Beleidigung

Im Falle von Bewertungen im Internet streitet für natürliche Personen das Allgemeine Persönlichkeitsrecht. Dieses ergänzt die im Grundgesetz (GG) normierten Freiheitsrechte und gewährleistet die engere persönliche Lebenssphäre und die

Erhaltung ihrer Grundbedingungen. Der Inhalt des Allgemeinen Persönlichkeitsrechts ist nicht allgemein und abschließend umschrieben. Zu den anerkannten Inhalten gehören insbesondere das Verfügungsrecht über die Darstellung der eigenen Person, die soziale Anerkennung sowie die persönliche Ehre. Eine wesentliche Gewährleistung ist der Schutz vor Äußerungen, die geeignet sind, sich abträglich auf das Ansehen der Person, vor allem ihr Bild in der Öffentlichkeit, auszuwirken. Der Einzelne soll selbst darüber befinden dürfen, wie er sich gegenüber Dritten oder der Öffentlichkeit darstellen will, was seinen sozialen Geltungsanspruch ausmachen soll, und ob oder inwieweit Dritte über seine Persönlichkeit verfügen können, indem sie diese zum Gegenstand öffentlicher Erörterungen machen. Ähnliche Rechte kommen juristischen Personen in Form der sog. „Geschäftsehre" zu, die durch das Recht am eingerichteten und ausgeübten Gewerbebetrieb geschützt werden.

Diese Rechte konfligieren im Falle von Bewertungsplattformen mit der aus Art. 5 Abs. 1 GG folgenden, allgemeinen Meinungsfreiheit, genauer, dem Recht die eigene Meinung in Wort, Schrift und Bild frei zu äußern und zu verbreiten. Unter Meinungen werden Urteile jeder Art, insbesondere Werturteile, also wertende Betrachtungen von Tatsachen, Verhaltensweisen oder Verhältnissen verstanden. Nicht geschützt ist hingegen die erwiesen oder bewusst unwahre Behauptung von Tatsachen. Unter Tatsachen werden äußere oder innere Vorgänge oder Zustände der Vergangenheit oder Gegenwart verstanden, die dem Beweis zugängig sind.

Bereits in der beschreibenden Bezeichnung „*Bewertungs*"-Plattformen ist das eine Meinung im Sinne konstituierende Element des Stellung beziehenden Dafürhaltens im Sinne einer präskriptiven Wertung, enthalten. Bewertungsplattformen selbst sind als Medium zur Verbreitung und als Ort der Äußerung von Ansichten und Werturteilen daher grundsätzlich als von der Meinungsfreiheit geschützt anzusehen. Art. 5 Abs. 1 GG schützt nicht nur die Verfasser von Meinungen, sondern auch deren Verbreiter, also auch die Betreiber von entsprechenden Internetplattformen. Zwar handelt es sich bei den auf den Plattformen vornehmbaren Bewertungen regelmäßig um eine Mischung aus Meinungen und Tatsachenmitteilungen. Letztere sind jedoch stets vom Meinungsbegriff mit umfasst, weil und soweit sie Grundlage und Voraussetzung der Bildung von Meinungen sind. Die Nennung der Tatsachen, wie z. B. der Name eines Hotels oder Zimmerpreise, bilden nur den Bezugspunkt für die Abgabe der Bewertungen, die für sich in aller Regel dem Beweis unzugänglich sind. Das allgemeine Persönlichkeitsrecht bzw. das Recht am eingerichteten und ausgeübten Gewerbebetrieb vermag die grundsätzliche Möglichkeit über eine Person oder ein Unternehmen „seine Meinung zu sagen" nicht einzuschränken. Im Gegenteil: Einen Anspruch darauf in der Öffentlichkeit nur so dargestellt zu werden, wie man sich oder seinen Betrieb selbst sieht oder von anderen gesehen werden möchte, verleiht weder das Persönlichkeitsrecht noch das Recht am eingerichteten und ausgeübten Gewerbebetrieb. Die Möglichkeit, dass eine Aussage auf einer Bewertungsplattform sich negativ auswirken kann, ist im Lichte der Meinungsfreiheit unbedenklich. Nach zutreffender ständiger Rechtsprechung des BGH zur Veröffentlichung vergleichender Warentests steht es „außer Frage", dass diese „nicht schon als solche unzulässig" sind (BGH, Urt. v. 17.06.1997 – Az.: VI ZR 114/96). Es besteht also kein Anspruch darauf, für seine in der und für die Öffentlichkeit erbrachten Leistungen überhaupt nicht bewertet zu werden. Dementsprechend kann Hotelbesitzer H nicht verlangen, dass sein Hotelbetrieb überhaupt nicht im Internet bewertet wird.

Von der Frage der grundsätzlichen Zulässigkeit von Bewertungen im Internet (Ballhausen u. Roggenkamp 2008), also dem „Ob" der Bewertung, ist die Frage nach der rechtlichen Zulässigkeit der konkreten Bewertung, also dem Inhalt der einzelnen Bewertung zu trennen. Wie auch im Offline-Bereich gilt auch auf Internetbewertungsplattformen der Grundsatz, dass die Meinungsfreiheit Schmähkritik, Formalbeleidigungen und Angriffe auf die Menschenwürde, also Äußerungen, bei denen es primär um eine Verunglimpfung und nicht mehr um die Auseinandersetzung in der Sache geht, nicht abdeckt. Vielmehr noch als bei der grundsätzlichen Zulässigkeit der Bewertungsplattformen ist hierbei die Bewertung, ob eine Äußerung noch von der Meinungsfreiheit umfasst ist, vom Einzelfall und konkreten Kontext abhängig. Lediglich bewusst unwahre Tatsachenbehauptungen sind, wie bereits dargelegt, nie geschützt und rechtswidrig. Sollte also die im Beispielsfall im Rahmen der Bewertung 2 gemachte Tatsachenbehauptung *„Fenster undicht, uralte Betten mit hauchdünnen Matratzen"* unzutreffend sein, was durch Beweisführung feststellbar wäre, bestünde auf Seiten des Hotelbesitzers H ein entsprechendes Abwehrrecht.

Problematischer ist die Feststellung der Rechtswidrigkeit im Hinblick auf die Inhalte der Bewertung 1. Ob das Hotelessen *„so la la"* ist, oder das Hotel *„wahrlich nicht herausragend ist"*, stellt eine (von der Meinungsfreiheit gedeckte) Wertung des Äußernden dar. Gleiches gilt für die Vergabe von Schulnoten oder die Vornahme von sog. Sternenbewertungen. Es handelt sich hierbei um persönlich geprägte Einschätzungen. Auch ein Anspruch auf eine „sachlichere" Begründung (z. B. unter Darlegung der Beweggründe für die negative Bewertung) besteht nicht. Für den Fall der Auktionsplattform eBay und der dort vorhandenen Möglichkeit die jeweilige „Transaktion" (also sowohl Ware als auch das Verhalten des Verkäufers bei der Abwicklung) zu bewerten, wurde bisweilen vertreten, dass „unsachliche, überspitzte und mehrdeutige Meinungsäußerungen" der Sachlichkeit weichen müssten, „da sonst die von allen Seiten gewünschte Funktion des Beurteilungssystems nicht gewährleistet werden kann". Eine derartige Auffassung ist jedoch in Anbetracht der durch das Bundesverfassungsgericht (BVerfG) geprägten Rechtsprechung zu Fragen der Meinungsäußerungsfreiheit abzulehnen. Die „Qualität" einer Äußerung, ihre Rationalität oder Emotionalität ist grundsätzlich irrelevant. Auch polemische oder übersteigerte Äußerungen sind geschützt. Die Grenzen des Rechts auf freie Meinungsäußerung werden von „unsachlichen" Aussagen erst dann überschritten, wenn mit ihnen der Zweck verfolgt wird, andere Personen zu diffamieren. Ein Negativeffekt durch rückgängige Buchungszahlen muss hingenommen werden (z. B. BVerfG, Urt. v. 22.06.1982 – Az.: 1 BvR 1376/79; BGH, Urt. v. 09.12.1975 – Az.: VI ZR 157/73).

13.3.1.2 Bewertungen zwischen Kundenmeinung und verdecktem Marketing

Mit der steigenden Beliebtheit und Wichtigkeit der touristischen Bewertungsplattformen geht auch ein gesteigertes Maß an Missbrauchsmöglichkeiten einher. Sog. „Fake-Bewertungen" werden in zunehmendem Maß mehr oder weniger professionell eingesetzt, um das eigene Angebot auf den entsprechenden Plattformen in einem besseren Licht erscheinen zu lassen oder um Konkurrenzunternehmen in der öffentlichen Meinung herabzuwürdigen.

Unabhängig von den rein tatsächlichen Problemen, eine Fake-Bewertung als solche zu erkennen, stellt ein derartiges Verhalten nach geltendem Recht eine unlautere Handlung im Wettbewerb im Sinne des Gesetzes gegen den unlauteren Wettbewerb (UWG) dar, die einen Unterlassungsanspruch begründen kann. Nach dem Wettbewerbsrecht (§ 4 Nr. 3 UWG) handelt unlauter, wer „den Werbecharakter von Wettbewerbshandlungen verschleiert". Bereits in der Zeit vor dem Internet gab es das richterrechtlich entwickelte Verbot der getarnten Werbung. Hiernach war es wettbewerbswidrig, eine Werbemaßnahme so zu tarnen, dass sie als solche dem Umworbenen nicht erkennbar ist. Insbesondere wurde regelmäßig eine Rechtswidrigkeit angenommen wenn die Werbemaßnahme wie eine objektive Unterrichtung durch eine unabhängige Person oder Stelle gestaltet wurde. Das Verbot der „Schleichwerbung" ist durch den BGH bereits in der „Feuer, Eis und Dynamit I"-Entscheidung über das Rundfunk- und Presserecht hinaus generalisiert worden. Ausgehend von der Annahme eines das Wettbewerbsrecht beherrschenden Wahrheitsgrundsatzes und im Hinblick auf die zu schützende Persönlichkeitssphäre des Umworbenen sei Werbung „grundsätzlich ... als solche kenntlich zu machen." Kommerzielle Kommunikation müsse stets mit „offenem Visier" antreten. Bei dem o. g. § 4 Nr. 3 UWG handelt es sich um einen Gefährdungstatbestand, der verhindern soll, dass Verbraucher und sonstige Marktteilnehmer über die wahren, nämlich kommerziellen Absichten des Handelnden getäuscht werden. Die Regelung dient sowohl dem Schutz der Mitbewerber auf dem Markt als auch dem Interesse der Allgemeinheit an einem unverfälschten Wettbewerb.

Dieses Schutzniveau (welches noch durch § 5 UWG – dem Schutz vor irreführender Werbung sowie § 4 Nr. 1 UWG – Schutz der Entscheidungsfreiheit flankiert wird) war bislang europaweit nicht die Regel. Zum Schutze der Verbraucher vor unlauteren „Geschäftspraktiken", die in unmittelbarem Zusammenhang mit der Beeinflussung der geschäftlichen Entscheidungen des Verbrauchers in Bezug auf Produkte stehen, hat hier die Richtlinie 2005/29/EG (im Folgenden „Richtlinie") gemeinschaftsweit einheitliche Regelungen schaffen. Eine „Geschäftspraktik" im Sinne der Richtlinie ist „jede Handlung, Unterlassung, Verhaltensweise oder Erklärung, kommerzielle Mitteilung einschließlich Werbung und Marketing eines Gewerbetreibenden, die unmittelbar mit der Absatzförderung, dem Verkauf oder der Lieferung eines Produkts an Verbraucher zusammenhängt" (Art. 2 lit. d. Richtlinie). Ziel ist die Ermöglichung einer „informierten" Verbraucherentscheidung. Mit Inkrafttreten der UWG-Novelle Anfang 2009 wurde dieses in Reaktion auf diese Richtlinie um einen Anhang mit dreißig irreführenden und aggressiven geschäftlichen Handlungen erweitert, die unter allen Umständen verboten sind (sog. „absolute Verbote" bzw. „schwarze Liste").

Dieser „Anhang zu § 3 Abs. 3 UWG" erklärt u. a. in Nr. 11 den vom Unternehmer finanzierten „Einsatz redaktioneller Inhalte zu Zwecken der Verkaufsförderung, ohne dass sich dieser Zusammenhang aus dem Inhalt oder aus der Art der optischen oder akustischen Darstellung eindeutig ergibt (als Information getarnte Werbung)" sowie in Nr. 23 „die unwahre Angabe oder das Erwecken des unzutreffenden Eindrucks, der Unternehmer sei Verbraucher oder nicht für Zwecke seines Geschäfts, Handels, Gewerbes oder Berufs tätig" zur unzulässigen geschäftlichen Handlung.

Damit sind erstmals ausdrücklich und auf europaweit einheitlichem Niveau auch sog. Fake-Bewertungen wettbewerbsrechtlich verboten. Der im Ausgangsfall beschriebene Versuch des Hotelbesitzers H, seinen Hotelbetrieb „hochzuloben" stellt somit ein (wettbewerbs-)rechtswidriges Verhalten dar. Dieses müssen die Mitbewerber nicht hinnehmen. Sie können H auf Unterlassung in Anspruch nehmen und von ihm verlangen die rechtswidrigen Äußerungen zu unterlassen. Darüber hinaus besteht ein Anspruch auf Schadensersatz (§ 9 UWG) sowie u. U. auf Gewinnabschöpfung (§ 10 UWG). Nach letzterem muss der rechtswidrig handelnde H jeglichen Gewinn, den er durch die rechtswidrige „Werbung" erzielt hat an den „Bundeshaushalt" abgeben.

13.3.2 Konfliktfeld: Handlungsmöglichkeiten des Verletzten

Ergibt sich nach dem oben Gesagten, dass eine „Bewertung" nicht hingenommen werden muss, stellt sich die Frage, in welcher Form und gegen wen Handlungsinitiative ergriffen werden kann und wie dieser haftet. Das tatsächliche Begehren richtet sich hierbei primär auf eine möglichst schnelle Beseitigung des rechtsverletzenden Eintrags. Darüber hinaus soll Sicherheit geschaffen werden, dass eine gleichartige Rechtsverletzung auch in Zukunft nicht mehr zu befürchten ist.

13.3.2.1 Vorgehen gegen den Bewerter

Naheliegend erscheint es hierbei zunächst, gegen den Bewerter als eigentlichen Rechtsverletzer vorzugehen. Er hat schließlich die rechtswidrige Bewertung auf der Plattform eingegeben. Steht die Rechtsverletzung fest, ist eine Haftung auf Unterlassen und gegebenenfalls Schadensersatz in der Regel gegeben. Probleme bestehen indes praktisch in zweierlei Hinsicht.

Zunächst ist in der Praxis die Identität des Bewerters meist nicht oder nur schwer herauszufinden. So ist gerade im Internet die Tendenz zu erkennen, dass sich die Nutzer, denen es gerade nicht auf eine Meinungsäußerung, sondern vielmehr nur auf eine Diffamierung des bewerteten Betriebes ankommt, hinter Pseudonymen „verstecken". Hieraus kann nur schwerlich den Plattformbetreibern selbst ein Vorwurf gemacht werden. Nach § 13 Abs. 6 S. 1 TMG hat der Diensteanbieter die Nutzung von Telemedien anonym oder unter Pseudonym zu ermöglichen, soweit dies technisch möglich und zumutbar ist.

Aber auch aus einem weiteren Grund ist ein alleiniges Vorgehen gegen den eigentlichen Rechtsverletzer nicht anzuraten. In der Regel kommt es dem in seinen Rechten verletzten auf eine schnelle Beseitigung der Rechtsverletzung an. Nur in den seltensten Fällen aber können die Bewerter ihre Bewertung wieder eigenständig zurückziehen oder ohne Zutun der Plattformbetreiber löschen.

13.3.2.2 Vorgehen gegen den Plattformbetreiber

Dementsprechend hat der BGH (Urt. v. 27.03.2007 – VI ZR 101/06) in einem Fall der Haftung für eine rechtswidrige Äußerung in einem Internetforum entschieden, dass selbst in Fällen, in denen der eigentliche Rechtsverletzer dem Verletzten bekannt ist, der Betreiber des Forums als „Herr des Angebots" ab Kenntnis der Rechtsverletzung ebenfalls haften könne.

Im Ausgangsfall hieße dies, dass sich der Hotelbesitzer H nicht nur an den eigentlichen Rechtsverletzer, sondern auch an die Betreiber von Reisebewertungen24.de wenden könnte. Dies gilt vollkommen unabhängig davon, wer die jeweilige Plattform betreibt. Es kommt also nicht darauf an, ob es sich um ein privates oder öffentlich-rechtliches Angebot handelt.

13.3.3 Haftung des Reiseplattformbetreibers

13.3.3.1 Täterschaft und Teilnahme

Bei der Frage nach der konkreten Haftung des Plattformbetreibers ist zunächst zu untersuchen, ob der Plattformbetreiber als Täter oder Teilnehmer der Rechtsverletzung des Nutzers haftet. Das wird in der Regel zu verneinen sein, weil es hierzu eines Vorsatzes auf Seiten des Betreibers bedarf. Das bedeutet, dass er – vereinfacht gesprochen – Wissen und Wollen muss, dass die konkrete rechtswidrige Äußerung über seine Plattform verbreitet wird. Alleine das Bereithalten einer Plattform über welche derartige Äußerungen getätigt werden könnten genügt noch nicht, den Plattformbetreiber als Täter oder Teilnehmer in Anspruch zu nehmen (BGH, Urt. v. 11.03.2004 – I ZR 304/01). In der Praxis liegt ein derartiger Vorsatz regelmäßig nicht (nachweisbar) vor.

13.3.3.2 Zueigenmachen

Eine Verantwortlichkeit „wie für eigene Inhalte" ist jedoch gegeben, wenn sich der Betreiber der Plattform die fremden Bewertungen, und damit auch die rechtswidrige Bewertung, nach den o. g. Grundsätzen zu Eigen macht. Erforderlich ist hierfür allerdings ein „Mehr" zum schlichten Bereithalten der Plattform. Im Falle von Reisebewertungen24.de könnte ein Zueigenmachen und damit eine volle Verantwortlichkeit z. B. anzunehmen sein, wenn nicht mehr oder nicht mehr ohne großen Aufwand erkennbar ist, dass es sich um Bewertungen von Dritten Personen handelt, sondern der Eindruck erweckt wird, dass es sich um ein redaktionelles Angebot „aus einer Hand" handelt. Gleiches kann gelten, wenn die Bewertungsbeiträge durch eine Redaktion z. B. sprachlich nachbearbeitet werden. Hier sind die Informationen nicht mehr „fremd" sondern ausgesucht, modifiziert und daher dem Betreiber zuzurechnen. Auch kann von einem Zueigenmachen ausgegangen werden, wenn sich der Plattformbetreiber erweiterte Rechte an den Bewertungen einräumen lässt, um diese z. B. in Form eines Reiseführers weiterzuverwerten. Hier muss sich der Betreiber entscheiden, ob er seine Privilegien als reiner Anbieter aufgeben und die Inhalte wirtschaftlich verwerten möchte.

13.3.3.3 Störerhaftung und Prüfungsverpflichtungen

Schließlich kommt eine Haftung des Plattformbetreibers als „Störer" in Betracht (hierzu bereits im Kapitel „Problematik der Störerhaftung" sowie Sobola und Kohl 2005; Spindler und Volkmann 2003). Das Bereithalten der Bewertungsplattform ist hierbei als ausreichender Beitrag zur Rechtsverletzung in ihrer konkreten Form anzusehen.

Unter diesem Aspekt muss der Plattformbetreiber den „störenden" Beitrag löschen. Ob er darüber hinaus auch dafür sorgen muss, dass es nicht zu „gleichartigen" Rechtsverletzungen kommt, hängt davon ab, welche Prüfungsverpflichtungen den Betreiber einer touristischen Bewertungsplattform nach einer Rechtsverletzung konkret treffen bzw. diesem zumutbar sein können.

In den vom BGH bislang entschiedenen Fällen war es den Plattformbetreibern möglich „verdächtige" Angebote mit Hilfe einer Filtersoftware aufzuspüren und dann manuell zu überprüfen. Diese Möglichkeit besteht bei Bewertungsplattformen nicht. Die hier in Rede stehenden rechtsverletzenden Inhalte (Beleidigungen, Verleumdungen, wettbewerbswidrige Äußerungen) könnten nur aufgespürt werden, wenn jegliche Beiträge von Mitarbeitern vor der Freischaltung auf eventuelle Rechtsverletzungen gelesen würden.

In der viel beachteten „heise-Foren-Entscheidung" hatte das Landgericht Hamburg allerdings die Auffassung vertreten, dass derjenige der „[…] Betriebsmittel bereit hält, die es ihm erlauben, […] in riesenhafter Anzahl Äußerungen zu verbreiten" eine „Gefahrenquelle" unterhalte, „indem er einer unbestimmten Vielzahl von Nutzern gerade damit die Möglichkeit eröffnet, in großer Zahl Äußerungen zu verbreiten, die geeignet sind, Rechte Dritter zu verletzen. Ein allgemeiner Grundsatz, dass derjenige, der eine besonders gefährliche Einrichtung unterhält, wegen deren Gefährlichkeit von eventuellen Haftungsrisiken freigehalten werden müsste, existiert nicht; die Tendenz geht im Gegenteil vielmehr dahin, dass derjenige, der eine Einrichtung unterhält, von der wegen ihrer schweren Beherrschbarkeit besondere Gefahren ausgehen, einer verschärften Haftung unterworfen wird" (LG Hamburg, Urteil v. 2.12.2005 – 324 O 721/05). Hieraus folgerte das Landgericht, dass eine Verpflichtung zur Überprüfung jedes einzelnen Beitrags besteht. Eine Verpflichtung, die bei großen touristischen Bewertungsplattformen mit mehreren hundert Einträgen täglich eine große personelle Herausforderung darstellen würde.

Die Entscheidung wurde vom OLG Hamburg in der zweiten Instanz dahingehend „abgemildert", dass nur die Teile der Plattform überprüft werden müssen, in welchen mit dem Auftreten von schwerwiegenden Rechtsverletzungen konkret zu rechnen ist (OLG Hamburg, Urteil v. 22.08.2006 – 7 U 50/06). Eine allgemeine Überwachungspflicht des Plattformbetreibers nach einer Rechtsverletzung hat das OLG Hamburg zu Recht als „mit vertretbaren Mitteln nur schwer durchführbar" verneint.

Das OLG Düsseldorf (Urteil v. 07.06.2006 – 15 U 21/06) lehnte in einem vergleichbaren Fall die Verpflichtung zur Kontrolle einer Plattform bei nicht durch Filtersoftware auffindbaren Rechtsverletzungen als grundsätzlich unzumutbar ab und hielt fest, dass eine Überwachung, z. B. durch Beschäftigung von Mitarbeitern, welche das Angebot rund um die Uhr überprüfen, ebenfalls unzumutbar sei. Technisch seien keine praktikablen Lösungen zur Verhinderung von Rechtsgutsverletzungen ersichtlich. Zwar sei nicht von der Möglichkeit Gebrauch gemacht worden, im internen Verhältnis zu den potentiellen Nutzern die Angebotsnutzung von einer Registrierung abhängig zu machen (bei Ermöglichung der Nutzung in anonymisierter oder pseudonymisierter Form). Das aber rechtfertige nur, dass der Betreiber erst dann als Störer auf Unterlassung in Anspruch genommen werden könne, wenn er ihm bekannt gewordene, rechtswidrige Äußerungen nicht unverzüglich löscht.

Daraus folgt, dass – abgesehen von Fällen, in denen sich wie im vom OLG Hamburg entschiedenen Fall die konkrete Gefahr einer Rechtsverletzung auf einen ohne nennenswerten Aufwand überprüfbaren Bereich des Angebotes bezieht – eine Prüfungspflicht auch nach einer Rechtsverletzung nicht zumutbar ist. Auch der BGH (Urteil v. 12.07.2007 – I ZR 18/04) hat Mitte 2007 festgehalten, dass die Grenze des Zumutbaren in der Regel *„dann erreicht [sei], wenn keine Merkmale vorhanden sind, die sich zur Eingabe in ein Suchsystem eignen"*.

Für den Fall von touristischen Bewertungsplattformen bedeutet dies, dass rechtswidrige Bewertungen zwar entfernt werden müssen, aber weitergehende Überwachungs- und Prüfungsverpflichtungen der Plattformbetreiber regelmäßig nicht bestehen. Eine Überwachungsverpflichtung nur in Bezug auf „gefahrgeneigte" Bereiche wird mangels Vorliegen derartiger Bereiche regelmäßig nicht angezeigt sein. Anders kann diese Beurteilung ausfallen, wenn auf Grund der Bezeichnung einer bestimmten Bewertungskategorie, z. B. *„Mein schlimmstes Urlaubserlebnis"* mit einem erhöhten Aufkommen von „Bewertungen" zu rechnen ist, die die Grenze des rechtlich Zulässigen überschreiten.

13.4 Fazit und Ausblick: Notwendigkeit eines Regulationssystems?

Die Rechtsprechung und Gesetzgebung zu „Internetsachverhalten" befindet sich langsam aber sicher in einer Konsolidierungsphase. Es ist, insbesondere nach mehreren einschlägigen Entscheidungen des BGH, nicht mehr völlig unvorhersehbar ob und unter welchen Umständen eine touristische Bewertungsplattform für nutzergenerierte Beiträge verantwortlich ist. Für die Betreiber lassen sich folgende Grundsätze festhalten:

- Grundsätzlich besteht keine Verantwortlichkeit des Betreibers für die Bewertungen der Nutzer.
- Eine Handlungspflicht, d. h. eine Pflicht zum Entfernen oder Sperren rechtswidrigen Inhaltes besteht erst ab Kenntnis der Rechtsverletzung. Es besteht keine proaktive Überwachungspflicht.
- Nach einer Rechtsverletzung sind weitergehende Überwachungs- und Prüfungsverpflichtungen nach hier vertretener Auffassung regelmäßig nicht zumutbar. Das gilt insbesondere dann, wenn diese nicht mit Hilfe von Filtersoftware aufgefunden werden können.
- Es ist tunlichst darauf zu achten, dass die Grenzen zwischen Nutzerbewertungen und eigenem Angebot nicht „verschwimmen" und klar ist und bleibt, dass es sich bei den Bewertungen um „fremde Inhalte" handelt.
- Meinungsäußerungen über touristische Dienstleistungen sind – auch anonym – zulässig. Auf die „Qualität" kommt es nicht an. Unzulässig sind falsche Tatsachenbehauptungen und Äußerungen, bei denen es primär um eine Verunglimpfung und nicht mehr um die Auseinandersetzung in der Sache geht.
- Fake-Bewertungen durch Anbieter der touristischen Dienstleistungen sind wettbewerbswidrig. Das gilt sowohl für die Vornahme von Positivbewertungen für die eigenen Angebote, als auch für Negativbewertungen von Fremdangeboten.

Die neuen Informationsmöglichkeiten stellen einen zu begrüßenden Beitrag zur Erhöhung der Verbrauchermündigkeit und -information dar. Sie bergen jedoch auch die nicht unerhebliche Möglichkeit zum Missbrauch. Dieser kann in der Theorie zwar nach dem oben genannten juristisch adressiert werden, in der Praxis scheitert dieses Ansinnen jedoch häufig daran, dass bspw. nicht feststellbar ist, ob eine Bewertung eines Hotels tatsächlich von einem Gast verfasst wurde oder von einem Konkurrenten. Hier ist die Forderung nach einem „Regulationssystem" verständlich, nach welchem die Betreiber dieser Plattformen verpflichtet werden, die „Echtheit" der Bewertungen zu verifizieren. Nach hier vertretener Auffassung ist jedoch ein derartiger Ruf nach dem Gesetzgeber in diesen Fällen verfehlt. So würde bspw. ein – durchaus denkbares – gesetzliches Verbot der anonymen Bewertungsmöglichkeit auf verfassungsrechtliche Bedenken stoßen. Eine hierzu notwendige Einschränkung der Meinungsäußerungsfreiheit dahingehend, dass nur derjenige, der sich offen zu seiner Meinung bekennt, diese auch äußern und verbreiten darf, ist mit Art. 5 Abs. 1 S. 1, 1. Alt. GG nicht vereinbar. Die grundrechtlich verbürgte Möglichkeit, eine Meinung „frei" äußern zu dürfen, umfasst auch und gerade das „Wie" der Äußerung. Eine Verpflichtung, sich namentlich zu einer bestimmten Meinung zu bekennen, begründet die Gefahr, dass sich der Einzelne aus Furcht vor Repressalien oder sonstigen negativen Auswirkungen entscheidet, seine Meinung gerade nicht zu äußern. Genau dieser Gefahr der Selbstzensur soll durch das Grundrecht auf freie Meinungsäußerung entgegengewirkt werden.

Praktikabler erscheint hier die Praxis einiger touristischer Bewertungsplattformen, im Rahmen einer händischen oder automatisierten Überprüfung aus dem Rahmen fallende Bewertungen auf ihren Wahrheitsgehalt zu überprüfen. Auch hier kann die Überwachungsarbeit gewissermaßen an die Nutzer delegiert werden, indem ein System vorgehalten wird über welches Nutzer dem Betreiber „wenig hilfreiche" Beiträge „melden" können. Es steht zu erwarten, dass sich angesichts des großen Angebots an touristischen Plattformen letztlich die Angebote dauerhaft etablieren werden, denen die Verbraucher auf Grund der Qualität und Veritabilität der Bewertungen das größte Vertrauen schenken. Eine Notwendigkeit für ein Tätigwerden des Gesetzgebers besteht nach hier vertretener Auffassung nicht.

Bibliografie

Ballhausen, M., & Roggenkamp, J. (2008). Personenbezogene Bewertungsplattformen. *Kommunikation und Recht, 7–8*, 403–410.
Eck, S., & Ruess, P. (2003). Haftungsprivilegierung der Provider nach der E-Commerce-Richtlinie. Umsetzungsprobleme dargestellt am Beispiel der Kenntnis nach § 11 Satz 1 Ziff. 1 TDG. *Multimedia und Recht, 6*, 363–366.
Engel-Flechsig, S., Maennel, F., & Tettenborn, A. (1997). Das neue Informations- und Kommunikationsdienste-Gesetz. *Neue Juristische Wochenschrift, 45*, 2981–2992.
Engels, S. (2000). Zivilrechtliche Haftung für Inhalte im Word Wide Web. Bestandsaufnahme anhand aktueller Entscheidungen. *Archiv für Presserecht, 6*, 524–529.
Heckmann, D. (2007). *Internetrecht* (1. Aufl.). Saarbrücken: Juris Saarbrücken.
Roggenkamp, J. (2007). Zur Frage der Verantwortlichkeit von Forenbetreibern. *juris PraxisReport IT-Recht, 4*, Anm. 2.
Roggenkamp, J. (2008). Rechtliche Verantwortung im Social Web. In A. Zerfaß, M. Welker, & J. Schmidt (Hrsg.), *Kommunikation, Partizipation und Wirkungen im Social Web* (Bd. 1, S. 78–93). Köln: Halem.
Sobola, S., & Kohl, K. (2005). Haftung von Providern für fremde Inhalte. Haftungsprivilegierung nach § 11 TDG – Grundsatzanalyse und Tendenzen der Rechtsprechung. *Computer und Recht, 6*, 443–450.
Spindler, G., & Volkmann, C. (2003). Die zivilrechtliche Störerhaftung der Internet-Provider. *Wettbewerb in Recht und Praxis, 1*, 1–15.
Stadler, T. (2005). *Haftung für Informationen im Internet*. Berlin: Schmidt.
Strömer, T., & Grootz, A. (2006). Internet-Foren: Betreiber- und Kenntnisverschaffungspflichten. Wege aus der Haftungsfalle. *Kommunikation & Recht, 12*, 553–556.

Kapitel 14
Reiseberatung und -vertrieb im Web 2.0-Zeitalter – Status quo und Empfehlungen für den stationären Reisevertrieb

Michael Faber

Zusammenfasung: Ohne Internet geht es schon lange nicht mehr. Auch die Reisebranche profitiert von den vielfältigen Möglichkeiten der Präsentation, Buchung und Information im World Wide Web. Die Reisebüros schöpfen die Potentiale jedoch nicht in vollem Maße aus. Dies ist das Ergebnis der vom Deutschen ReiseVerband (DRV) in Auftrag gegebenen empirischen Studie der Fachhochschule Worms. Erstmalig wurden mehr als 1.500 Reisebüromitarbeiter zu ihrer Einstellung in Bezug auf das Internet und die Integration von Internet-Informationen in den Beratungsprozess der Agenturen befragt.

Die Berater in den Reisebüros stehen vor der Herausforderung, mit den Weiterentwicklungen des Internets und bestens vorinformierten Kunden Schritt zu halten. „Sie sollten sich die Vielfalt der Internet-Informationen zu Nutze machen", so das Fazit des Autors „indem sie diese in Beratungsgespräche integrieren. Durch vielfältige Informationsbeschaffung lässt sich die stationäre Beratungsleistung ausbauen und ein Mehrwert für Reisebürokunden schaffen."

Das Medium Internet wird von Reisebüros und Reiseveranstaltern bisher unzureichend genutzt, obgleich die neuen Medien auch erhebliches Potential für den Vertrieb von Reiseleistungen bieten. Der vorliegende Beitrag zeigt Herausforderungen und Reaktionsmöglichkeiten von stationären Reisemittlern auf die skizzierten Web 2.0-Entwicklungen auf.

Schlüsselwörter: Reiseberatung • Reisevertrieb • Reisebüro • stationär • Internetnutzung • New Virtual Intermediaries • Reiseveranstalter

M. Faber (✉)
FH Worms, Fachbereich Touristik/Verkehrswesen, Erenburgerstr. 19,
67549 Worms, Deutschland
e-mail: michael.faber@fh-worms.de

14.1 Einleitung

Das Internet hat das Reiseinformationsverhalten in jeder Beziehung tiefgreifend verändert. Heute nutzen 66 % der deutschen Bevölkerung ab 14 Jahren (= 43 Mio. Menschen) das Internet. Informationen zu „Urlaubs- und Last-Minute-Reisen" sind neben Büchern die meistgesuchten Produktinformationen im Internet (AGOF 2009).

Durch die technologischen Innovationen des Web 2.0 werden soziale Interaktionsprozesse gefördert, indem Internetnutzer problemlos eigene Inhalte (sog. „User Generated Content") veröffentlichen bzw. austauschen und gemeinsam bearbeiten können. User wandeln sich damit von eher passiven „consumern" von Informationen zu „prosumern", die auch aktiv Informationen schaffen. Schlagworte wie „Mitmach-Internet" oder „Social Web" veranschaulichen den Paradigmenwechsel.

Der vorliegende Beitrag zeigt Herausforderungen und Reaktionsmöglichkeiten von stationären Reisemittlern auf die skizzierten Web 2.0-Entwicklungen auf. Grundlage des Beitrags sind die Ergebnisse einer vom Deutschen ReiseVerband e. V. (DRV) in Auftrag gegebenen empirischen Studie der Fachhochschule Worms, der Reisebüro-Webanalyse 2008 (Biederbeck u. Faber 2008).

14.2 Die Bedeutung des Internet für den Reisevertrieb

Dem Reisenden steht heute insbesonders durch das Internet eine nahezu unüberschaubare Zahl von Informationsquellen mit vielfältigen Inhalten für Reiserecherchen zur Verfügung. Abbildungen 14.1 und 14.2 stellen die wichtigsten Informationsquellen systematisch dar.

Im Jahre 2008 haben 47 % der deutschen Bevölkerung ab 14 Jahren das Internet schon einmal zur Information über Reisen genutzt, dies entspricht 74 % der Bevölkerung mit Internetzugang. Bereits 24 % der deutschen Bevölkerung haben über das Internet schon einmal eine Reise gebucht (entspricht 37 % der Bevölkerung mit Internetzugang) (F.U.R. 2009). Bereits 2005 war das Internet die wichtigste kommerzielle Erstinformationsquelle für Reisen vor TV und Zeitungen (SevenOne Media 2005). Dies unterstreicht die zentrale Rolle des Internet als Informationskanal zum Thema Reisen.

Das Web hat in den vergangenen Jahren auch als Buchungskanal an Bedeutung gewonnen. Das Online-Buchungsvolumen in Deutschland belief sich im Jahre 2007 bereits auf 8,9 Mrd. €, dies entspricht einem Online-Anteil von 20 % bei einem Zuwachs von 28 % gegenüber dem Vorjahr (PhoCusWright 2008).

Auch für traditionelle Buchungskanäle wie stationäre Reisebüros weist das Internet eine hohe Bedeutung auf. Der sog. „ROPO-Studie" („research online – purchase offline") zu Folge sind 44 % des Reiseumsatzes online geprägt, wobei 27 % online recherchiert und offline (im Reisebüro) gebucht werden, 10 % online recherchiert und online gebucht werden und 7 % offline recherchiert und online gebucht werden. Der mit 43 % kleinere Teil des Umsatzes ist vollständig offline (research offline – purchase offline) erzeugt (Google et al. 2008).

14 Reiseberatung und -vertrieb im Web 2.0-Zeitalter – Status quo

Informationsquellen bei Urlaubsreisen (Kunden)					
Printmedien					
Bücher	Reiseführer	Atlanten /Karten	Hotel- & Campingführer	Bildbände	Romane
Prospekte /Kataloge	Reiseveranstalter		Reisemittler		Destinationen
	Unterkünfte		Leistungsträger		Verkehrsträger
Zeitungen /Zeitschriften	Journalistische Beiträge		Beilagen		Anzeigen
Persönlich					
Empfehlung		Vorträge		Beratung	Auskunft
Freunde/Bekannte				Experte	
Eigene Erfahrung					
Frühere Reisen		Frühere Empfehlungen		Frühere Beratung	Frühere Auskunft
Rundfunk					
TV	Videotext	Shopping	Journalistische Beiträge		Werbung
Radio					
Online					
	Eigene Recherche				Empfehlung (Virales Marketing)
Internet					Reisemittler (Reisebüros, Reiseportale)
					Reiseveranstalter
					Unterkünfte
					Verkehrsträger
					Leistungsträger
					Destinationen
Mobile	Sprachanruf	Videoanruf	SMS	EMS	MMS	E-Mail	WAP	GPS	Kamera
Offline (digital)					
Speichermedien	CD-Rom, DVD, etc.				

Abb. 14.1 Informationsquellen bei Urlaubsreisen. (Quelle: eigene Darstellung 2008)

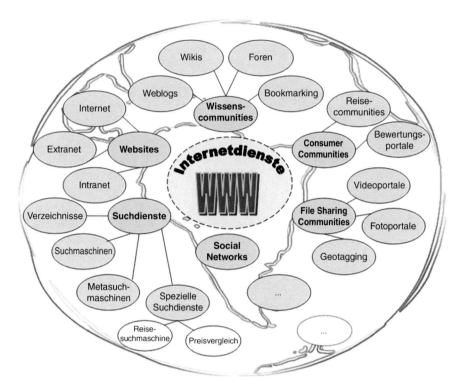

Abb. 14.2 Reiserelevante Internetanwendungen des WWW. (Quelle: eigene Darstellung 2008)

Durch die Weiterentwicklung des Internet zum „Mitmach-Internet" erhöht sich die Quantität und Komplexität der Informationsinhalte erheblich. Internetnutzer produzieren selbst Internetinhalte, indem sie in Foren, Communities und anderen Anwendungen Wissen, Erfahrungen, Erlebnisse und Dateien mit anderen Internetnutzern teilen und sich dazu austauschen.

Anwendungen des Web 2.0 werden heute schon intensiv genutzt. So weisen Social Network Sites wie MySpace.com, Facebook, studiVZ, wer-kennt-wen, XING etc. bereits hohe Reichweiten auf. Im Jahre 2008 nutzten fast 30 % aller Internet-Nutzer mindestens einmal pro Woche Social Network Sites (Fittkau u. Maaß 2008). Beachtlich ist auch die deutlich höhere Verweildauer auf Social Network Sites als auf Portalen wie Web.de oder Yahoo (Nielsen 2009).

Die Vielzahl der verschiedenen Anwendungen des Internet bzw. des World Wide Web (siehe Abb. 14.2) leisten im Rahmen der Informationsbeschaffung und -verarbeitung von Reisenden zunehmend wertvolle Dienste. Dazu passt der Befund, dass die meisten Reisebürokunden einen Reisebürobesuch mit vorheriger Recherche im Internet als ergiebiger einschätzen (Google et al. 2008).

Die beschriebenen Entwicklungen haben die Reiseinformationswelt drastisch verändert. Traditionelle Informationsmonopole, bei denen Reisebüros und Reiseanbietern eine „Informationshoheit" zukam, wurden aufgebrochen und in Informationspolypole umgeformt. Reisebüromitarbeiter sehen sich daher heute mit einer bestens vorinformierten Kundschaft, die sich bereits vor Betreten des Reisebüros im Internet kundig gemacht hat, konfrontiert.

Um den Informationsvorsprung der Reisenden aufzuholen, scheint es unvermeidlich, dass sich Reisebüromitarbeiter mit Internet-Informationen deutlich intensiver auseinander zu setzen haben, als sie dies heute tun. Die von Reisebürokunden erwartete hochwertige Reiseberatung ist andernfalls kaum zu gewährleisten.

Durch die hohe Komplexität des Internets haben die Reisebüromitarbeiter große Probleme, den Überblick über die verschiedenen Anwendungen und die darin enthaltenen Informationen (u. a. zur Beförderung, Unterkunft, Destination, etc.) zu wahren.

Die beschriebenen Entwicklungen haben den Handlungsdruck auf Reisebüros bereits in erheblichem Maße erhöht. Zukünftig ist von einem weiter steigenden Anforderungen auszugehen, denn demographische und technische Entwicklungen forcieren die Bedeutung des Internets und damit die Nutzung des Internets als Reiseinformations- und -buchungskanal.

Das folgende Kapitel greift die Ergebnisse der empirischen Untersuchung auf, bei der erstmalig festgestellt wurde, in wie weit Reisebüromitarbeiter dem Internet gegenüber aufgeschlossen sind und wie sie das Internet zum Auffinden von Informationen nutzen.

14.3 Status quo der Internetnutzung in Reisebüros: Ergebnisse einer empirischen Studie

In Zusammenarbeit mit dem Deutschen ReiseVerband e. V. (DRV) wurde im Jahre 2008 vom Fachbereich Touristik/Verkehrswesen der Fachhochschule Worms eine empirische Untersuchung durchgeführt, bei der 1.568 Reisebüromitarbeiter auf ExpiBlog.de online befragt wurden. Die Ergebnisse liefern Erkenntnisse zu Einstellungen und Nutzungsgewohnheiten von Reisebüromitarbeitern hinsichtlich des Internets (Biederbeck u. Faber 2008). Die Erkenntnisse sind aufgrund der Befragungsform (online) den internet-affinen Reisebüros zuzuschreiben. Die wichtigsten Ergebnisse werden im Folgenden vorgestellt.

14.3.1 Einstellungen der Reisebüromitarbeiter gegenüber dem Internet

Ein Großteil der befragten 1.568 Reisebüromitarbeiter steht dem Internet ambivalent gegenüber. Sie sehen das Internet einerseits als Unterstützung beim Verkauf von Reisen (89 %), andererseits aber auch als Konkurrenz und Gefährdung (58 %) ihres Geschäftes (vgl. Abb. 14.3).

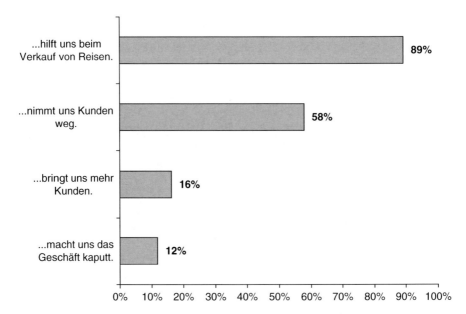

Abb. 14.3 Einstellungen der Reisebüromitarbeiter gegenüber dem Internet. (Quelle: Biederbeck u. Faber 2008)

14.3.2 Relevanz von Internetinformationen für den Beratungsprozess

Nach Meinung von 90 % der Reisebüromitarbeiter wird eine gute Beratung durch die Integration von Informationen aus dem Internet unterstützt (vgl. Abb. 14.4).

14.3.3 Wissensstand zu Internetseiten mit dem Thema Reisen

Die Abb. 14.5 zu „Wissensstand zu Internetseiten mit dem Thema Reisen" zeigt, dass diese Reisebüromitarbeiter ihren Wissensstand zu Internetseiten mit dem Thema Reisen selbst als gut bzw. eher gut einschätzen (92 %). Wie gut allerdings der tatsächliche Wissensstand ist, lässt sich allenfalls vermuten.

14.3.4 Private Internetnutzung

Der Großteil der Befragten (87 %) nutzt das Internet auch privat. 39 % geben an, sich täglich weniger als eine Stunde mit dem Internet zu Hause zu beschäftigen. 33 % nutzen es ein bis zwei Stunden, acht Prozent drei bis vier Stunden und sechs

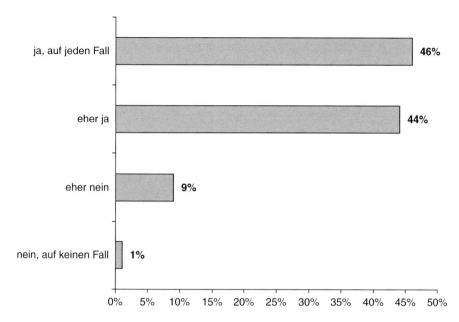

Abb. 14.4 Relevanz der Integration von Internet-Informationen für eine gute Beratung. (Quelle: Biederbeck u. Faber 2008)

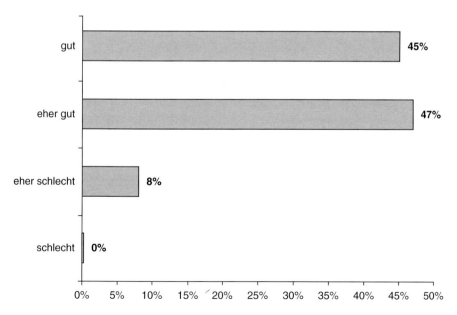

Abb. 14.5 Wissensstand zu Internetseiten mit dem Thema Reisen. (Quelle: Biederbeck u. Faber 2008)

Prozent beschäftigen sich sogar mehr als vier Stunden täglich zu Hause mit dem Internet (Biederbeck und Faber 2008). Mit 47 % nutzt somit fast die Hälfte aller Befragten das Internet täglich eine Stunde oder mehr zu Hause, was auf ein starkes privates Interesse und hohe Nutzung des Mediums belegt.

14.3.5 Nutzungsgrad von Webanwendungen

Die Reisebüromitarbeiter nutzen neben Websites von Anbietern vor allem Hotelbewertungen (86 %), Websites mit Kartenmaterialien (74 %) und Online-Enzyklopädien (65 %) häufig bzw. gelegentlich und sie schätzen diese als wichtig für die Beratungsqualität ein. Suchmaschinen wie Google werden von Reisebüromitarbeitern häufig (89 %) genutzt (vgl. Abb. 14.6). Spezielle Suchdienste wie Reisesuchmaschinen und Preisvergleichsplattformen werden eher selten genutzt, mehr als 43 % der Befragten kennen diese gar nicht. Des Weiteren kennen 23 % der Befragten Reisecommunities wie z. B. Tripadvisor nicht oder nutzen diese eher selten.

14.3.6 Aktivität bei nutzergenerierten Webinhalten

Beim aktiven Generieren von eigenen Inhalten in Web 2.0-Anwendungen sind Reisebüromitarbeiter bisher sehr zurückhaltend, obschon sie damit ihre Kompetenz unter Beweis stellen könnten. Am häufigsten verfassen sie eigene Bewertungen auf Hotelbewertungsportalen (acht Prozent „häufig"). Es fällt auf, dass viele Reisebü-

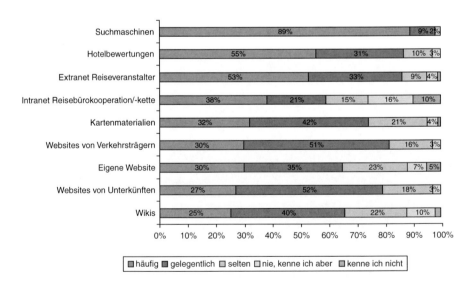

Abb. 14.6 Am häufigsten genutzte Webanwendungen. (Quelle: Biederbeck u. Faber 2008)

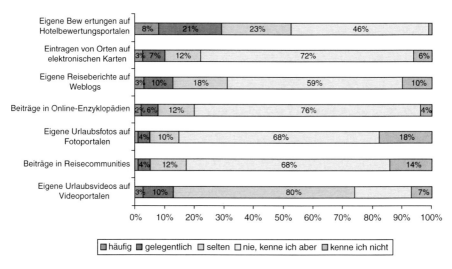

Abb. 14.7 Aktivität bei Anwendungen mit nutzergenerierten Inhalten. (Quelle: Biederbeck u. Faber 2008)

romitarbeiter Websites, auf denen sie Content bereit stellen könnten, zwar kennen, aber nicht aktiv auf diesen Seiten tätig werden. So kennen z. B. 96 % die Beiträge in Online-Enzyklopädien; es verfassen aber nur zwei Prozent der befragten Reisebüromitarbeiter selbst Beiträge. Das Gleiche gilt für Reisecommunities: 86 % kennen diese, aber nur ein Prozent schreibt dort selbst „häufig" Beiträge (vgl. Abb. 14.7).

14.3.7 Zukünftige Bedeutung von Reisebüro-Medien

Den klassischen Reisebüro-Medien wie Katalogen und Reservierungssystemen wird nach Meinung der Reisebüromitarbeiter zukünftig eine geringere Bedeutung zukommen. Nutzer- und anbietergenerierten Webinhalten, Vertriebsunterstützungssystemen und Suchmaschinen hingegen kommt zukünftig ein höherer Stellenwert zu. Auch E-Mail-Newsletter gewinnen nach Meinung der Reisebüromitarbeiter an Bedeutung, hingegen werden Postmailings weniger wichtig werden. Newsletter werden von 56 % der Befragten häufig gelesen. 82 % der Befragten geben jedoch an, dass Umfang und Häufigkeit von Newslettern zu hoch sind. Den Versendern von Newslettern sei die Optimierung dieses Kommunikationsinstruments empfohlen.

14.3.8 Reisebüro-Websites

Die Qualität der eigenen Reisebüro-Websites wird überwiegend als gut (87 %) eingeschätzt, in starkem Widerspruch dazu wird der Nutzen für den Kunden als eher gering bezeichnet (47 %). Eine parallel durchgeführte Analyse von 746 Reisebüro-Websites bestätigte den mangelnden Nutzen für Internet-Nutzer. Die Reisebüro-Websites zeichnen sich durch einen Mangel an Individualisierung, Differenzierung gegenüber der Konkurrenz und Emotionalisierung aus. Nur zwölf Prozent der Websites enthalten Anwendungen, die den Austausch von Informationen zwischen Reisebüro und Kunde ermöglichen und nutzergenerierten Content integrieren. Die Ursache liegt nach der Untersuchung in der unzureichenden Nutzung und individuellen Anpassung der vorhandenen CMS-Lösungen der Reisebürokooperationen und -ketten durch die Reisebüros. Die einzelnen Reisebüros haben aufgrund von Kompetenzmängel und Zeitdruck zu wenig Spielraum zur Individualisierung der Webinhalte. Problematisch scheint zudem, dass ein nur sehr geringer Anteil der Websites von professionellen Internet- oder Werbeagenturen betreut wird (elf Prozent).

Über den geringen Nutzen der Website scheint sich der Großteil der Reisebüromitarbeiter allerdings im Klaren zu sein – nur 21 % der Reisebüromitarbeiter empfehlen ihre Website dem Kunden häufig. Die Websites der Reisebüros haben also einen großen Nachholbedarf, um einen hohen Nutzen für den Kunden zu generieren. Die Websites von Reisebüros können daher auch bei der Informationsgewinnung und Buchung von Reisen bisher nur eine untergeordnete Stellung einnehmen.

14.3.9 *Integration von Web-Informationen in die Beratung*

Die Studie ging auch der Frage nach, wie Informationen aus dem Internet effizient bei der Beratung im stationären Reisevertrieb genutzt werden können. Durch die Recherche und Integration von Internetinformationen werden Beratungsprozesse erheblich verlängert. Die Kundenberatung kann dadurch zwischen zwei (für die Integration von sehr wenigen Informationen) und 30 min. (für eine langwierige Recherche und Integration von vielen Informationen) mehr in Anspruch nehmen. Im Durchschnitt verlängert sich der Beratungsprozess um zehn bis zwölf Minuten bzw. um 40 %. Da sich die Prozesskosten im Reisebüro hierdurch deutlich erhöhen, ist eine Nutzung von Internet-Informationen bei der Reiseberatung im Reisebüro derzeit kaum möglich.

14.3.10 *Mehrwert des stationären Reisevertriebs*

Reisebüromitarbeiter sehen den Mehrwert der Reisebüroleistung gegenüber dem Internet hauptsächlich in persönlicher Beratung & Service (99 %), ihrer Fachkompetenz (95 %), der Weitergabe von persönlichen Reiseerfahrungen (91 %) und den Erfahrungswerten von Kunden (85 %) sowie der Angebotsvielfalt gegenüber Internetkonkurrenten wie Reiseportalen (64 %). Durch die Integration von Informationen aus dem Internet kann der Mehrwert der stationären Beratungsleistung ausgebaut werden. Stationäre Reisebüros können damit Wettbewerbsvorteile gegenüber Online-Reisebüros realisieren.

14.4 Neue Kommunikations- und Vertriebswege im Web 2.0

Das Internet fungiert nicht nur als Informationskanal, sondern auch als Vertriebskanal. Derzeit sind fast alle Reiseleistungen auch im Internet buchbar. Der Vertrieb über das Internet ist häufig als Direktvertrieb von Leistungsträgern aber auch indirekt über Reiseveranstalter und Reisemittler organisiert. Häufig findet man zwischengeschaltete Mittler, die selbst keine Buchungen abwickeln, sondern lediglich als „Kundenvermittler" agieren. Denn nur ein geringer Teil der Internet-Nutzer kommt durch die direkte Eingabe der Webadresse zu einer Buchungsseite eines Leistungsträgers. Eine große „Vermittlerrolle" kommt dabei den Suchmaschinen zu, die im Falle des Keyword Advertising (bezahltes Suchmaschinenmarketing) vom Werbetreibenden bezahlt werden. Prinzipiell kann jede Anwendung des World Wide Web die Funktion des Kundenvermittlers wahrnehmen. So können Weblogs, Foren, Bewertungsportale, Social Networks etc. als Kundenvermittler fungieren. Derartige Kundenvermittler bezeichnen wir im Folgenden als „New Virtual Intermediaries".

Einschließlich der New Virtual Intermediaries können beim Vertrieb von Reiseleistungen über das Internet bis zu fünf verschiedene Akteure bzw. bis zu drei Intermediäre, die zwischen Leistungsträger und Kunde zwischengeschaltet sind, auftreten. Rechnet man dazu noch mehrere Internetdienste (oder auch Reservierungssysteme und sonstige technische Lösungen), die zwischengeschaltet werden, kann die Anzahl sogar um ein Vielfaches steigen. Anhand der Abb. 14.8 seien die Vermittlungswege zwischen Kunde und Leistungsträger einmal vereinfacht dargestellt. Folgende Akteure treten dabei auf:

- Leistungsträger (z. B. Airline, Hotel): Sie erbringen die eigentliche Reiseleistung und vertreiben diese direkt oder indirekt an Reisende.
- Reiseveranstalter: Sie bündeln Reiseleistungen von Leistungsträgern und vertreiben diese direkt oder indirekt an Reisende.
- Reisemittler: Sie vertreiben die eigentlichen Reiseleistungen oder gebündelte Reiseleistungen direkt oder indirekt an Reisende. Reisemittler wickeln selbst Buchungen ab.
- New Virtual Intermediaries: Sie vermitteln Kunden an Reisemittler, Reiseveranstalter oder Leistungsträger und wickeln Buchungen nicht selbst ab.
- Kunden: Sie fragen die Reiseleistung nach und stoßen den Buchungsprozess an.

Zur Verdeutlichung der Abb. 14.8 seien die acht verschiedenen Buchungswege zwischen Kunden und Leistungsträgern beispielhaft beschrieben:

- Buchungsweg 1: Ein Kunde bucht direkt beim Leistungsträger (z. B. Buchung auf der Website eines Hotels wie www.hilton.com oder einer Airline wie www.lufthansa.com).
- Buchungsweg 2: Ein Kunde bucht bei einem Reiseveranstalter, der die Leistungen von Leistungsträgern bündelt (z. B. Buchung einer Pauschalreise bei einem Reiseveranstalter wie www.tui.com).

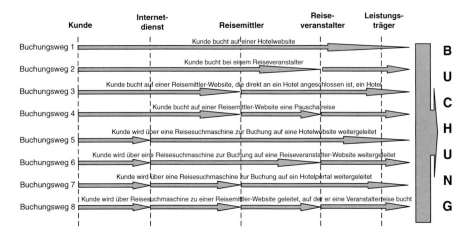

Abb. 14.8 Akteure beim Vertrieb von Reiseleistungen und mögliche Buchungswege (vereinfachte Darstellung). (Quelle: Eigene Darstellung 2008)

- Buchungsweg 3: Ein Kunde bucht bei einem Reisemittler, der die Reiseleistung eines Leistungsträgers vertreibt (z. B. Buchung eines Hotels bei einem Reisebüro wie www.lcc.de).
- Buchungsweg 4: Ein Kunde bucht bei einem Reisemittler die von einem Reiseveranstalter gebündelten Reiseleistungen von Leistungsträgern (z. B. Kunde bucht in einem Reisebüro wie www.first-reisebuero.de die Pauschalreise eines Reiseveranstalters wie www.thomascook.de).
- Buchungsweg 5: Ein Kunde sucht bei einem NVI eine Reiseleistung und wird vom NVI zum Leistungsträger vermittelt (z. B. Kunde nutzt Social Network wie MySpace und wird zur Buchung zu einer Airline wie www.britishairways.com weiter vermittelt).
- Buchungsweg 6: Ein Kunde sucht bei einem NVI eine Reiseleistung und wird zur Buchung zum Reiseveranstalter vermittelt (z. B. Kunde sucht Informationen zu einer Pauschalreise in Foren und wird zur Buchung zu einem Reiseveranstalter wie www.tui.de weiter vermittelt)
- Buchungsweg 7: Ein Kunde sucht bei einem NVI eine Reiseleistung und wird zur Buchung zu einem Reisemittler vermittelt (z. B. Kunde sucht über eine Suchmaschine wie Google ein Hotel und wird zur Buchung auf eine Hotelbuchungs-Portal wie www.hrs.de weitergeleitet).
- Buchungsweg 8: Ein Kunde sucht bei einem NVI eine Reiseleistung und wird zur Buchung zu einem Reisemittler weitergeleitet, wo er die von einem Reiseveranstalter gebündelten Reiseleistungen von Leistungsträgern bucht (z. B. Kunde sucht eine Pauschalreise in Google, wird zu www.derpart.de weitervermittelt und bucht dort eine TUI-Reise, die einen LTU-Flug beinhaltet).

Durch die New Virtual Intermediaries wird die Vertriebsstruktur komplexer, denn die traditionellen Buchungswege (vgl. Abb. 14.8, Buchungsweg 1–4) werden bereits am Beispiel um weitere vier Wege ergänzt. Indem die Einbindung von einem

NVI Kosten verursacht, reduziert sich die Marge – vor allem in den Buchungswegen sieben und acht. Hier wird eine bereits knappe Gewinnspanne weiter reduziert.

Die heutigen Möglichkeiten, im Internet mit dem Kunden zu interagieren, sind weitreichend: Das Social Web ermöglicht die Abbildung und Unterstützung von sozialen Prozessen und Interaktionen zwischen den Internetnutzern. Sie tauschen sich im Social Web in erheblichem Maße zu Themen rund um Urlaub und Reisen aus. Für Reisemittler bietet sich hier die Chance, ihr umfangreiches Fachwissen einzusetzen und neue Kunden zu werben. Für diese Aktivitäten bieten sich sowohl bestehende Internetanwendungen als auch das Betreiben von eigenen Anwendungen an. Bspw. könnten Reisebüros Weblogs aktiv in ihre Kommunikation einbinden, sie könnten Nutzern in Reiseforen auf Fragen antworten, wichtige Informationen in Wikis verlinken, Bilder und Videos der Internetgemeinde zur Verfügung stellen oder sich in Social Networks mit guten Beiträgen engagieren, um andere Nutzer auf sich aufmerksam zu machen.

Reisebüros zeichnen sich durch ihre persönliche und individuelle Beratungsleistung aus. Dennoch sind Beratungsgespräche der Reisebüros nach Fittkau und Maaß (2008) nicht die wichtigste Informationsquelle bei Reisebuchungen, nur für 37,5 % der Befragten ist die Beratung im Reisebüro am wichtigsten. Wichtiger sind den Kunden Artikel und Berichte von Nutzern im Internet (44,7 %) und vor allem die Empfehlungen von Bekannten, Freunden und Verwandten (51,5 %) (Fittkau u. Maaß 2008). Letzteres wird zusehends zur Bedrohung für den traditionellen Reisevertrieb, denn das Web 2.0 legt die technischen Grundsteine für ein aktives Empfehlungsmarketing über soziale Prozesse im Web. Der Kunde kann sich in Zukunft von seinen Kontaktpersonen, die etwaige Leistungen selbst in Anspruch genommen haben bzw. sich vor Ort sehr gut auskennen, beraten lassen. Die Beratung durch Reisebüros und Reiseveranstalter wird hierdurch zunehmend substituierbar. Durch neue Vergütungsmodelle werden die Internetnutzer zukünftig zu aktivem Empfehlungsmarketing motiviert. Bereits heute bieten Partnerprogramme Internetnutzern Möglichkeiten mittels Vermittlungsprovisionen an Touristik-Umsätzen zu partizipieren (siehe diese sog. Affiliate-Systeme wie www.profiseller.de oder www.tournet24.de). Im Zuge der Weiterentwicklungen des WWW ist mit einer zunehmenden Nutzung dieser Möglichkeiten aufgrund attraktiver Vergütungsmodelle zu rechnen. Ob sich dieser „Virus" allerdings in den Weiten der sozialen Netzwerke etablieren wird, bleibt abzuwarten. Vorstellbar ist, dass künftig professionelle „Social Marketer" diese Medien auch intensiver zum Vertrieb von Reiseleistungen nutzen werden, um neue Erlösquellen für die Communitiy-Betreiber zu generieren. Zudem können sich die Leistungsträger jederzeit der Möglichkeit des Empfehlungsmarketings bedienen und ihren bestehenden Kundenstamm noch aktiver für Folgegeschäfte einsetzen (ein Best-Practice-Beispiel ist www.echtundklar.de).

Für Leistungsträger scheint diese Entwicklung weniger problematisch, da für diese ein NVI nicht mehr als ein neuer Mittler ist und ggf. dieselbe Provision wie für die traditionellen Vermittler anfällt. Für Reiseveranstalter können NVIs auf der einen Seite ein weiterer Vertriebskanal sein, auf der anderen Seite gefährdet die Möglichkeit des Direktvertriebs eine „Disintermediation" des Reiseveranstalters durch den Leistungsträger. Für die traditionellen stationären Reisebüros, aber auch für die Online-Mittler bedeutet dies einerseits die Intensivierung des Wettbewerbs zwischen Mittlern und andererseits durch die eigene Einschaltung eines weiteren Mittlers auch eine Schmälerung der Marge. Die Einschaltung von New Virtual Intermediaries kann bspw. durch Affiliate-Konzepte, Suchmaschinenwerbung und weitere Formen, die gegen Entgelt zum Einsatz kommen, erfolgen. Darüber hinaus fallen bei der Optimierung des Vertriebskanals Internet für die jeweiligen Akteure Fixkosten an, die durch die Einnahmen gedeckt werden müssen.

Auch klassische Reisebüros können NVIs gewinnbringend zur Vermarktung von Reiseleistungen nutzen. Die Optimierung der eigenen Reisebüro-Website ist hierbei als Grundlagenarbeit, die von vielen Reisebüros noch zu erbringen sein wird, zu werten (Biederbeck u. Faber 2008).

Neue Vertriebs- und Kommunikationsmöglichkeiten über das Social Web werden bisher in der Touristik unzureichend genutzt, obschon die Potentiale viel versprechend erscheinen. Es bleibt abzuwarten, ob und inwieweit innovative Reisebüros und Reiseveranstalter künftig die Möglichkeiten des Web 2.0 ausschöpfen werden, indem sie ihr Wissen gezielt einsetzen und sich neuer Vertriebswege mit kreativen Vermarktungskonzepten bedienen.

14.5 Empfehlungen für den stationären Reisevertrieb

Die oben beschriebenen empirischen Befunde zeigen, dass sich Reisebüromitarbeiter der Relevanz des Internets bewusst sind, sie sich jedoch das Internet noch nicht genügend zu Nutze machen und ihre Kenntnisse über die verschiedenen Anwendungen durchaus noch ausbaubedürftig sind. Nachholbedarf besteht hinsichtlich der Nutzung des Web 2.0 für die Reiserecherche im Rahmen der Beratung im Reisebüro und hinsichtlich der Vermarktung der Reiseleistungen. Zudem scheinen die Potentiale des Internets für die Kommunikation innerhalb der Reisebüroorganisation (z. B. zwischen den Mitarbeitern einer Reisebürokette/-kooperation) nicht hinreichend erkannt und genutzt zu sein.

Bei der Nutzung des Web 2.0 für die Reiserecherche ist der Grund für den Nachholbedarf vor allem, dass sich das Auffinden und Filtern von relevanten Informationsinhalten aus dem Internet und die anschließende Integration in den Beratungsprozess schwierig gestalten. Aufgrund der unstrukturiert vorliegenden Informationen im Internet ist dies derzeit zu zeitaufwendig für den Reisebüromitarbeiter. Diese sollten kurzfristig durch Schulungen in die Lage versetzt werden, dass sie Internet-Informationen schneller finden und deren Qualität besser einschätzen können als die Kunden selbst. Mittel- bis langfristig benötigen Reisebüros zudem technische Unterstützung, um Inhalte aus dem Web effizient in Beratungsprozesse zu integrieren. Ein neu zu entwickelndes Unterstützungstool könnte als Counterinformationssystem (CIS) Informationen im Web 2.0 gezielter und schneller auffindbar machen und Prozesskosten erheblich senken. Hier bietet auch die Entwicklung von semantischen Prinzipien zukünftig vielversprechende Perspektiven. 93 % der befragten Reisebüromitarbeiter wünschen sich laut der Reisebüro-Webanalyse 2008 ein solches Unterstützungstool, um Kunden eine Beratung mit hohem Informationsgehalt bieten zu können.

Darüber hinaus sollte das Internet auch zur internen Kommunikation zwischen Reisebüromitarbeitern unterschiedlicher Reisebüros genutzt werden. So können selbstgenerierte Informationsinhalte von Kolleginnen und Kollegen für deren Beratung durchaus nützlich sein, falls sich in einem bestimmten Reisesegment selbst nicht so gut auskennen. Die Generierung und Nutzung derartigen „kollaborativen Wissens" in der „Reisebüro-Wissenscommunity" einer Reisebüroorganisation führt zur Bereicherung der Fachkompetenz des stationären Reisevertriebs. Im Gegensatz zu mitunter fragwürdigen fremdgenerierten Inhalten wird durch die von den Reiseexperten mit hoher Fachkompetenz erstellten Inhalte eine hohe Qualität erreicht, zudem können diese Inhalte nach bestimmten Richtlinien beratungsfreundlich gestaltet werden. Immerhin haben 94 % der befragten Reisebüromitarbeiter ihre Bereitschaft erklärt, ihr Fachwissen mit anderen Kolleginnen und Kollegen zu teilen, wenn sie im Gegenzug selbst Informationen und Insidertipps erhalten (Biederbeck u. Faber 2008). Eine besondere Herausforderung stellt es dennoch dar, Mitarbeiter zur aktiven Informationsweitergabe an Kolleginnen und Kollegen zu motivieren.

Neben fremdgenerierten Informationen aus dem Web 2.0 und selbstgenerierten Informationen aus der Reisebüro-Wissenscommunity könnte ein Counterinformationssystem (CIS) auch Informationen aus bestehenden Intra- und Extranets sowie von weiteren Partnern wie Leistungsträgern und Fachmedien integrieren und somit zu einem zentralem Informationssystem für den Counter werden. Hier sind die Technikanbieter und Reisebürozentralen gefragt, dem Reisebüro vor Ort ein dynamisches System mit hohem Mehrwert für die Kundenberatung zur Verfügung zu stellen.

Die beschriebene Reisebüro-Wissenscommunity bietet dem stationären Vertrieb zudem innovative Vermarktungsmöglichkeiten im Internet. Der Kunde könnte bspw. auf einem Reiseexperten-Portal genau den richtigen Reiseexperten finden, der über das benötigte Fachwissen für die gewünschte Reise verfügt und dadurch eine gute Beratung bieten kann. Dies wären ein beachtliches Alleinstellungsmerkmal und ein Imagegewinn für den stationären Reisevertrieb.

14.6 Fazit und Ausblick

Der vorliegende Beitrag unterstreicht die Bedeutung der bisherigen Entwicklungen des Mediums Internet für Reiseinformation, -beratung und -vertrieb. Das Web 2.0 und die daraus resultierenden sozialen Prozesse werden die Strukturen des Reisevertriebs nachhaltig verändern. Nicht zuletzt die steigende Akzeptanz der Nutzerschaft und die hohen Zuwachsraten im Online-Geschäft tragen dazu einen erheblichen Teil bei.

Für die traditionellen Reisebüros scheint es unabdingbar, sich in Zukunft intensiv mit diesen Informationskanälen auseinanderzusetzen, um in Zukunft mit gezielten

Informationen aus dem Web die Beratung zu bereichern und mit gut vorinformierten Kunden Schritt zu halten.

Die technologischen Möglichkeiten und die bestehenden Anwendungen im Web bieten darüber hinaus ein hohes Potential für den Vertrieb von Reiseleistungen. Reisebüros sollten sich ihr gemeinsames Wissen zu Nutze machen und mit einer Reisebüro-Wissenscommunity ihr Fachwissen mit einer wahrnehmbaren Branchenplattform nach außen unter einer starken Marke vertreten. Als Reiseprofis können sich Reisebüromitarbeiter mit ihrem Fachwissen in bestehenden Communities beteiligen, der Community dadurch einen Nutzen bieten und potentielle Kunden durch ihre Kompetenz begeistern und der Reisebürodienstleistung überzeugen.

Reisebüros müssen zukünftig ein verändertes Rollenverständnis aufweisen. Bei der Beratung dürfen sie sich nicht länger lediglich als „Einbucher" von Reisen verstehen. Vielmehr müssen sie den Kunden mit eigenen Informationen und Fachwissen versorgen. Im Internet müssen sie eine Navigator-Rolle für den Kunden einnehmen und zielgruppengerecht aufbereitete vermitteln. Den Reisebüromitarbeitern kommt in Zukunft zudem eine Gütesiegel-Funktion zu, indem sie Informationen aus dem Internet hinsichtlich Qualität und Validität bewerten und Kunden dadurch einen Mehrwert im Rahmen der Reisebürodienstleistung bieten.

Bibliografie

AGOF (2009). Internet facts 2008-IV. www.agof.de. Gesehen am 14. Mai 2009.
Biederbeck, S., & Faber, M. (2008). Die Reiseberatung im Zeitalter des Internets: Optimierung der Beratungsprozesse im stationären Reisevertrieb. *Bachelor-Thesis*, eingereicht bei Prof. Dr. R. Conrady, Professor für Betriebswirtschaftslehre der touristischen Leistungsträger, Fachbereich Touristik/Verkehrswesen, Fachhochschule Worms.
Fittkau, & Maaß (2008). Reisen im Internet: Chartsammlung zur W3B-Studie, 26. WWWBenutzer-Analyse W3B. Hamburg.
Fittkau, & Maaß (2009). Bekanntheit und Nutzung von Social Network Sites. Hamburg.
F.U.R. (2008). Modulbericht: Information und Online Buchung auf Basis der RA Online 11/2007 und der Reiseanalyse RA 2008. Kiel.
F.U.R. (2009). Reiseanalyse 2009, erste Ergebnisse. Kiel.
Google, iProspect, Sempora Management Consultants, & Tui (2008). ROPO: Research Online – Purchase Offline in der Touristik, Präsentation Impulsstudie. Bad Hamburg.
Nielsen (2009). zit. in: FAZ vom 21.04.2009 (*Google und Web 2.0 treiben Portale in die Enge*).
PhoCusWright (2008). The German Online Travel Overview. In: *PhoCusWright's European Online Travel Overview*, (4. Aufl.). Sherman.
SevenOne Media (2005). *TimeBudget 12: 1999–2005*. München: Oldenbourg. www.sevenonemedia.de Gesehen am 14. Mai 2009.

Teil III
Fallstudien zum Social Web im Tourismus

Kapitel 15
Vergleichende Analyse der Kundenzufriedenheit bei klassischen Befragungen und auf Webseiten mit Hotelbewertungen

Roland Schegg und Michael Fux

Zusammenfassung: Immer öfter veröffentlichen Kunden ihre Meinung oder Wahrnehmung zu touristischen Angeboten im Internet. Zu den neuartigen Publikationsformen zählen u. a. Weblogs, Onlineforen oder soziale Netzwerke. Eine branchenspezifische Form der Meinungsäusserung sind Webseiten mit Bewertungen zu Hotels wie TripAdvisor oder Holidaycheck. Diese Webseiten erlauben es dem Kunden nach dem Aufenthalt in einem Hotel seine Meinung zur Dienstleistung durch die Vergabe von Punkten zu ausgewählten Kriterien oder durch die Verfassung eines freien Textes zu veröffentlichen. Diese mittlerweile zahlreichen Rückmeldungen von Kunden können für die Anbieter wertvolle Informationen darstellen, um Stärken und Schwächen der eigenen Dienstleistung zu identifizieren. Ob diese neuen Ansätze der Marktforschung die Gütekriterien der klassischen Marktforschung erfüllen, wurde bisher noch nicht untersucht. In diesem Beitrag wird der Frage nachgegangen, ob sich die Ergebnisse einer Datenerhebung mittels klassischer Marktforschung und über Webseiten mit Kundenbewertungen unterscheiden. Die explorativen Analysen in der Schweizer Tourismusdestination Saas Fee bringen zum Ausdruck, dass sich die Beurteilung der Angebote bei klassischer Marktforschung nicht grundsätzlich von den Bewertungen auf Webseiten wie Holidaycheck und TripAdvisor unterscheidet. Dennoch scheinen anonyme Formen der Bewertung über Kundenbewertungsportale oder Onlineerhebungen im Vergleich mit klassischer ‚face-to-face' Marktforschung zu eher kritischeren Bilanzen zu führen.

Schlüsselwörter: Hotelbewertung•Marktforschung•Hotellerie•Kundezufriedenheit
• Bewertungsportal

R. Schegg (✉)
Institut für Tourismus, HES-SO Valais Wallis,
TechnoArk 3, 3960 Sierre, Schweiz
e-mail: roland.schegg@hevs.ch

15.1 Einleitung

Der hohe Stellenwert des Internets bei den Reisenden ist unterdessen bestens bekannt. Laut einer Untersuchung, welche Mitte 2008 von der Forschungsgemeinschaft Urlaub und Reisen durchgeführt wurde, informierte sich in Deutschland knapp 50 % der Bevölkerung bei der Planung von Reisen über Internet (F.U.R. 2008). Zunehmend erschliessen sich die Reisenden neue Informationsquellen, indem sie Erfahrungen und Einschätzungen anderer Kunden teilen. Neben den klassischen Informationsquellen wie Webseiten von Beherbergungsanbietern oder von Reisemittlern erhalten neuartige Webseiten eine bedeutendere Rolle. Zu diesen neuen Informationsquellen zählen u. a. soziale Netzwerke (Facebook, MySpace), Online-Communities (Virtual Tourist TravBuddy) oder Meinungs- und Bewertungsportale (TripAdvisor, Holidaycheck) (Forrester Research 2008).

Verschiedene Studien (z. B. Shea et al. 2004 oder Litvin et al. 2006) zeigen, dass eine immer grössere Zahl von Kundenempfehlungen anderer Kunden eine hohe Bedeutung zumisst und den Informationen der Anbieter nicht mehr blind vertraut. Es wird sogar von einem neuen partizipatorischen Paradigma gesprochen, bei welchem sich die Mund-zu-Mund-Propaganda zunehmend auf das Internet verschiebt. Kunden erreichen mit den selber erstellten Inhalten binnen Sekunden ein Millionenpublikum und erhöhen mit diesen Feedbackmechanismen die Markttransparenz. Hinsichtlich der Informationsqualität konnten Prestipino et al. (2007) aufzeigen, dass Online-Communities den klassischen Reiseführern in Papierform in nichts nachstehen. In einer empirischen Untersuchung konnte nachgewiesen werden, dass Kunden welche in Online-Communities nach Adressen, Kontaktdetails oder Preisen recherchieren, in hohem Maße valide Informationen erhalten.

Nicht nur auf der Kundenseite haben die Webseiten mit Kundenmeinungen und -bewertungen mittlerweile einen hohen Nutzungsgrad erlangt. Wie eine empirische Untersuchung bei 324 touristischen Anbietern in der Schweiz zeigt (Schegg et al. 2008), werden Hotelbewertungsplattformen vermehrt auch von diesen zu Recherchezwecken genutzt. Für mehr als die Hälfte der Befragten sind bspw. Webseiten wie TripAdvisor oder Holidaycheck unentbehrlich bis sehr wichtig und 60 % sind diesen Portalen positiv gegenübergestellt. Drei Viertel überprüfen ihr Image und die Kundenmeinungen zu den Dienstleistungen im Internet aber noch manuell und profitieren nicht von Instrumenten zur automatischen Benachrichtigung wie E-Mail Alerts oder mittels RSS Feeds. Erstaunlich ist aber, dass fast jeder zweite Betrieb die unterschiedlichen Webseiten mit Kundenmeinungen und -bewertungen mindestens einmal pro Woche überprüft. Aufgrund dieser Zahlen kann angenommen werden, dass die Anbieter über diese Webseiten Marktforschung betreiben und sich informieren, wie die Kunden das eigene Angebot wahrnehmen. Im Kontext des Web 2.0, wird dieses Verhalten auch als Nutzung der kollektiven Intelligenz im Internet bezeichnet (Kilian et al. 2007).

Trotz der hohen Akzeptanz dieser Portale bei den Anbietern stellt sich die Frage, ob diese die Gütekriterien der Marktforschung erfüllen und damit zur Unterstützung von betrieblichen Entscheidungen herangezogen werden können. Ob die Ergebnisse verlässlich sind, ist kritisch zu hinterfragen, da in Europa gegenwärtig nur ein Drittel der Bevölkerung aktiv Angebote bewertet und Meinungen veröffentlicht. In Nordamerika weist bereits über 50 % der Bevölkerung dieses Verhalten auf (Forrester Research 2008). Vor diesem Hintergrund wird gelegentlich die Kritik geäussert, dass die Meinungen im Internet nicht der Realität entsprechen und deshalb von Anbietern ignoriert werden können. Den Autoren sind keine Aussagen bekannt, wie die Entscheidungsträger in der Hotellerie die Repräsentativität der Daten einschätzen. Aufgrund der allgemeinen Bedenken zur Repräsentativität von Online-Studien kann angenommen werden, dass diese kritische Haltung auch zu anderen Formen der internetbasierten Datenerhebung latent vorhanden ist (Welker u. Matzat 2008).

Diese Bedenken sind nicht unbegründet, denn ein Vergleich von Online- und Offline-Panels mit gleichen Fragestellungen ergab für das Online-Panel abweichende Produktpräferenzen (Schäfer 2008). So stellt sich die Frage, ob die Meinungen auf internetbasierten Plattformen den gewohnten Ergebnissen von traditionellen Datenerhebungen entsprechen. Daraus leitet sich die forschungsleitende Frage dieses Beitrages ab: Unterscheidet sich die Beurteilung der Servicequalität bei einer Datenerhebung mittels persönlicher Befragung wie sie aus der klassischen Marktforschung bekannt ist und einer Nutzung von Daten von Webseiten mit Kundenmeinungen und -bewertungen zu Hotels?

15.2 Ansätze der Marktforschung

Marktforschung konzentriert sich bekanntlich auf das systematische Gewinnen, Aufbereiten und Interpretieren von Informationen über den Markt, welche insbesondere für das Marketing relevant sind. Zentrale Gütekriterien der Marktforschung sind: Reliabilität (Verlässlichkeit der eingesetzten Instrumente zur Datenerfassung), Objektivität und Validität.

Während bei der herkömmlichen Marktforschung Daten mittels Befragung oder Beobachtung erhoben werden, nutzen neue Ansätze Nutzer-generierte Inhalte als Datengrundlage. Diese Art von Inhalten wird von Internetnutzern online veröffentlicht. Bei dieser Form der Marktforschung werden zur Gewinnung von Erkenntnissen keine Daten erhoben, sondern es werden auf dem Internet vorhandene Inhalte genutzt.

Bei der Beschreibung ausgewählter Vor- und Nachteile dieser neuen Form der Marktforschung konzentriert sich dieser Beitrag auf die Nutzung von Webseiten mit Bewertungen und Meinungen von Kunden zu Hotels (vgl. Tab. 15.1). Nicht betrachtet werden weitere Formen von Kundenmeinungen in Onlineforen oder sozialen Netzwerken. Bei dieser internetbasierten Interaktion unter Kunden handelt es sich mehr um unstrukturierte Kommunikation und Diskussion, während bei Kundenbewertungs- und –meinungsportalen ein Teil der Daten in strukturierter Form vorliegt. Beim Ersteren kommen deshalb qualitative Methoden wie Netnography bzw. Webnography zum Einsatz, um relevante Informationen für die Marktforschung zu gewinnen. Bei Netnography „handelt es sich um ein exploratives Verfah-

Tab. 15.1 Vor- und Nachteile der Nutzung von Daten von Hotelbewertungswebseiten für die Marktforschung. (Quelle: Eigene Darstellung)

Vorteile	Nachteile
• Echtzeit: Negative Meldungen und Unzufriedenheit können frühzeitig erkannt werden • Kosten: Es kann die Infrastruktur der Webseiten genutzt werden und Daten sind bereits elektronisch verfügbar • Wettbewerberbeobachtung: Informationen zu der Konkurrenz stehen zur Verfügung • Kein Interviewereinfluss: Die anonyme Datenabgabe hat ehrlichere Antworten zur Folge	• Repräsentativität: Demographie der Nutzer stimmt nicht mit der Zielgruppe überein • Individualisierung: Inhalte der Marktforschung können nicht selbstständig definiert werden • Wenig Erfahrung: Nutzungsansätze (Prozesse, Strukturen, Metriken) sind noch nicht ausgereift

ren, in dessen Rahmen die Konversation und soziale Interaktion der Mitglieder in Online-Communities unaufdringlich und unbeeinflussend beobachtet wird" (Bartl 2007, S. 83).

15.3 Portrait der Tourismusdestination Saas-Fee

Die 57 Hotels der Destination Saas-Fee verfügen über 1.274 Zimmer (rund 2.670 Betten). Hotels der Luxusklasse (ein Fünf-Sterne Hotel und sieben Vier-Sterne Hotels) erreichen einen Marktanteil in Bezug auf Zimmerangebot von rund 20 %, während die Drei-Sterne Betriebe das Angebot eindeutig dominieren (fast 50 % des Zimmerangebots). Die Hotellerie von Saas-Fee generiert pro Jahr knapp über 420.000 Logiernächte, wobei rund zwei Drittel im Winter registriert werden. Im Winter 2007/2008 betrug die Bettenauslastung in Hotels 56 % und 32 % im Sommer 2008 (Geschäftsbericht Saas-Fee Tourismus 2007/2008). Die wichtigsten Märkte für die Hotellerie in Saas-Fee sind die Schweiz (41 % der Gäste im Geschäftsjahr 2007/2008), England (18 %), Deutschland (14 %) und Holland (fünf Prozent).

15.4 Methodischer Ansatz

Saas-Fee wurde als Fallbeispiel für den Vergleich der Resultate klassischer Marktforschungsansätze und den Daten aus den Bewertungsportalen gewählt, da die Autoren über einen Zugang zu aktuellen Daten von zwei Umfragen in der Destination verfügten. In beiden Befragungen wurde auch die Zufriedenheit der Kunden mit den Hotels in Erfahrung gebracht.

Tabelle 15.2 gibt einen Überblick über die herangezogenen Marktforschungsinstrumente und Datenquellen. Zum einen wurden im Rahmen eines Forschungsprojektes im Sommer 2007 362 Übernachtungsgäste von Saas-Fee befragt. Dabei wurde das System T-Mona des österreichischen Unternehmens Manova benutzt.

Tab. 15.2 Verwendete Marktforschungsinstrumente und Datenquellen im Überblick. (Quelle: Eigene Darstellung)

	TripAdvisor	Holidaycheck	Persönliche Kundenbefragung	Online-Kundenbefragung
Hotel allgemein	•	•	•	•
Zimmer	•	•		•
Service	•	•		•
Ort/Lage (z. B. Aussicht)	•	•		•
Gastronomie		•		•
Sport & Unterhaltung		•		•
Sauberkeit	•			
Atmosphäre				•
Preis-Leistungsverhältnis	•	•		
Check-in/Rezeption	•			
Offene Kommentare	•	•		
Soziodemografie	•	•		•
Anzahl Items	5	6	6	6
Bewertungsskala	ausgezeichnet – schrecklich	hervorragend – sehr schlecht	äusserst begeistert – eher enttäuschend	
Beobachtungsperiode	01/03–07/08	01/06–07/08	07/07–08/07	12/06–07/08
Anzahl Evaluationen	146	227	362	458
Anzahl bewerteter Hotels	31	29	Keine Angaben	53

Obwohl der Fokus dieses Marktforschungsinstruments auf die generelle Einschätzung der Destination gerichtet ist, wurde mit einer Frage die Zufriedenheit mit der Beherbergung untersucht. Die Zufriedenheit kann aber hierbei nicht mit einem spezifischen Beherbergungsbetrieb in Beziehung gesetzt werden. Zum anderen konnten auch interne Marktforschungsdaten von Saas-Fee Tourismus genutzt werden. Diese Daten wurden über eine webbasierte Kundenumfrage generiert, zu welcher alle Gäste nach der Abwicklung einer Buchung über die Destinationsmanagementorganisation per E-Mail eingeladen werden. Dabei bewerten die Gäste neben dem Angebot der Destination (Atmosphäre, Infrastruktur, Bergbahnen, etc.) auch die Hotels auf einer Notenskala von 1 bis 6 in Bezug auf verschiedene Dimensionen. Für die Studie wurden die Antworten von 458 Gästen in der Beobachtungsperiode von Dezember 2006 bis Juli 2008 miteinbezogen.

Die Daten der Bewertungsportale TripAdvisor und Holidaycheck wurden manuell in eine Datenbank zur weiteren Verarbeitung eingelesen. Es wurden hierbei sämtliche Bewertungen von Hotels in Saas-Fee bis zum Juli 2008 berücksichtigt. Kritisch für die Auswertung hierbei ist die Tatsache, dass die Kundenbewertungen in TripAdvisor auf einer 5-Punkte-Skala beruhen, während Holidaycheck (und auch die Umfrage von Saas-Fee Tourismus) die in deutschsprachigen Ländern populäre 6-Punkte-Notenskala verwendet. Um die Vergleichbarkeit zu gewährleisten, wurde eine Skalentransformation der TripAdvisor Daten auf eine 6-Punkte-Skala gemäss dem Ansatz von Dawes (2008) durchgeführt.

15.5 Analyse der Hotelbewertungen

Insgesamt konnten 152 Bewertungen für 31 Hotels auf TripAdvisor und 227 Bewertungen für 29 Hotels auf Holidaycheck ausgewertet werden. Obwohl Saas Fee jährlich über 400.000 Logiernächte verbuchen kann, ist die Zahl der Bewertungen äusserst bescheiden und zeigt auf, dass das Bild der Hotellerie in Saas-Fee auf diesen Portalen von einer kleinen Gruppe von Gästen determiniert wird.

Auffallend ist auch, dass die Anzahl der Kundenbewertungen pro Hotel sehr variabel ist. Auf Holidaycheck zogen vier Hotels mit zwischen 26 und 41 Bewertungen über 60 % aller Evaluationen der Destination auf sich. Etwas ausgeglichener ist die Situation auf TripAdvisor, wo fünf Hotels mit 11 bis 15 Bewertungen knapp über 40 % aller Evaluationen auf sich vereinigen. Auffällig aber, dass kein einziges Hotel gleichzeitig mehr als zehn Evaluationen auf beiden Kundenbewertungsportalen hatte. Jeweils 18 Hotels auf Tripadvisor und Holidaycheck hatten weniger als fünf Bewertungen. Die große Mehrheit der Betriebe in Saas-Fee ist also auf diesen Portalen überhaupt nicht oder nur mit wenigen Evaluationen präsent. In Extremfällen könnten also Einzelbewertungen das Bild zur Qualität eines Betriebs entscheidend beeinflussen, was eine Gefahr für die Betriebe darstellen kann.

Die sozio-demographischen Charakteristika der Kunden auf den beiden Portalen sind recht unterschiedlich, vor allem in Bezug auf die Herkunft. Während auf TripAdvisor Gäste aus UK mit fast 70 % dominieren, kommen die Evaluationen auf Holidaycheck zu 50 % von Schweizern, zu 25 % von Deutschen und zu zehn Prozent von Engländern. Die Zusammensetzung der Bewertenden auf Holidaycheck entspricht in etwa der Gästestruktur in Saas-Fee, wo schweizerische und deutsche Hotelgäste rund 55 % der Kundschaft ausmachen. Die Altersstruktur der Gäste ist hingegen auf beiden Plattformen ähnlich und deckt alle Altersgruppen ab, wobei das Segment 35–49 Jahre dominiert.

Auf die leitende Fragestellung, ob es Unterschiede in der Beurteilung der Hotellerie auf dem Internet im Vergleich zu klassischen Marktforschungsstudien gibt, zeigt die folgende Tabelle erste Antworten. Tabelle 15.3 zeigt einen globalen Vergleich der Kundenevaluation für die Hotels in Saas-Fee, basierend auf den Bewertungen von TripAdvisor und Holidaycheck sowie den Daten der Befragung von Saas-Fee Tourismus. Es kann festgehalten werden, dass die berechneten Notendurchschnitte in den verschiedenen ausgewerteten Dimensionen mit Werten um fünf insgesamt

Tab. 15.3 Vergleich der Kundenbewertungen auf TripAdvisor (TA), Holidaycheck (HC) und der Online-Kundenbefragung von Saas-Fee Tourismus (SF). (Quelle: Eigene Darstellung)

	Durchschnitt	Standardabweichung	Median	N	ANOVA
Hotel HC	5,11	0,93	5,3	227	p = <0,1 %
Hotel TA	4,77	1,38	4,75	146	F = 15,63
Hotel SF	4,68	0,79	5	457	
Zimmer HC	5,08	1,1	5,5	227	p = 0,5 %
Zimmer TA	4,45	1,26	4,75	109	F = 5,36
Zimmer SF	4,6	2,48	4,5	457	
Service HC	5,3	1,06	5,7	227	p = <0,1 %
Service TA	4,82	1,39	4,75	109	F = 22,89
Service SF	4,73	0,96	5	457	
Lage HC	5,21	0,76	5,3	227	p = <0,1 %
Lage TA	5,17	1,12	6	78	F = 14,29
Lage SF	4,87	0,84	5	457	
Gesamturteil	4,86	1,33			

als gut bezeichnet werden können. Die Auswertung mit den Daten der Wintersaison 07/08 zeigt keine Unterschiede zur Gesamtauswertung.

Obwohl die Durchschnittswerte der Kundenbewertungsportale und der Umfrage nahe beieinanderliegen – vor allem die Werte von TripAdvisor und Saas-Fee Tourismus – ergibt die Varianzanalyse, dass die Evaluationen auf Holidaycheck statistisch signifikant höher (bis zu 0,5 Punkten) sind. Die Analyse der Resultate der klassischen Marktforschung des Sommers 2007 zeigt, dass 69 % der befragten Hotelgäste (n = 157) äußerst begeistert und 22 % begeistert waren. Die resultierende Durchschnittsnote liegt bei 5,5 Punkten und ist damit deutlich höher als auf den Kundenbewertungsportalen und der Onlineumfrage von Saas-Fee Tourismus.

Die explorative Analyse der Daten in Bezug auf die Hotelkategorie zeigt eine statistisch signifikante Beziehung zwischen den Bewertungsdimensionen und der Klassifikation der Betriebe. Wie Tab. 15.4 veranschaulicht, zeigt sich dies vor allem bei den Evaluationen auf Holidaycheck, wo die Bewertungen in den Dimensionen Hotel, Zimmer und Service bei Luxus-Hotels deutlich höher sind als bei Budget-Hotels. Bei TripAdvisor steht die Kundenzufriedenheit nicht in Beziehung zur Hotelkategorie, was nachvollziehbar ist, da bescheidenere Serviceleistungen in tieferen Qualitätskategorien über tiefere Preise kompensiert werden und die Kundenzufriedenheit nicht von der Klassifizierung abhängen muss.

In den vorherigen Auswertungen und Diskussionen wurden Vergleiche angestellt, im Wissen, dass die Hotelportfolios der verschiedenen Datenquellen unterschiedlich zusammengesetzt sind. Um die Relevanz der Vergleiche zu erhöhen, wurden deshalb auch Analysen auf Einzelbetriebsebene durchgeführt. Das Problem hierbei ist, dass es schwierig ist, Betriebe zu finden, welche über genügend Bewertungen in beiden Kundenbewertungsportalen und in der Umfrage von Saas-Fee Tourismus verfügen. Die Auswertungen in Tab. 15.5 zeigen, dass die Resultate der verschiedenen Hotel-

Tab. 15.4 Vergleich der Kundenbewertungen auf TripAdvisor (TA), Holidaycheck (HC) und der Umfrage von Saas-Fee Tourismus (SF) in Funktion der Hotelkategorie. (Quelle: Eigene Darstellung)

		1–2*	3*	4–5*	Andere	Gesamt	Anova
Hotel	HC	4,81	5,24	5,35	4,29	5,11	p = <0,1 %
	n	44	148	22	13	227	F = 6,78
	TA	4,35	4,8	4,75	4,96	4,77	p = 71,7 %
	n	11	74	43	18	146	F = 0,46
	SF	4,59	4,59	5,04	4,73	4,67	p = <0,1 %
	n	96	254	72	25	447	F = 6,86
Zimmer	HC	5,06	5,12	5,38	4,23	5,08	p = 2,2 %
	n	44	148	22	13	227	F = 3,26
	TA	4,44	4,59	4,16	4,58	4,45	p = 49,0 %
	n	8	54	32	15	109	F = 0,82
	SF	4,87	4,49	4,68	4,49	4,6	p = 63,8 %
	n	96	254	72	25	447	F = 0,57
Service	HC	5	5,41	5,53	4,68	5,3	p = 1,3 %
	n	44	148	22	13	227	F = 3,66
	TA	5,06	4,87	4,67	4,83	4,82	p = 88,3 %
	n	8	54	32	15	109	F = 0,22
	SF	4,69	4,64	4,93	4,84	4,71	p = 14,3 %
	n	96	254	72	25	447	F = 1,81
Lage	HC	5,13	5,25	5,32	4,8	5,21	p = 17,6 %
	n	44	148	22	13	227	F = 1,65
	TA	3,97	5,5	5,07	5,22	5,17	p = 0,4 %
	n	8	35	27	8	78	F = 4,80
	SF	4,78	4,89	4,95	4,78	4,87	p = 49,5 %
	n	96	254	72	25	447	F = 0,80

bewertungen in etwa konvergieren; statistisch signifikante Unterschiede können nur in wenigen Fällen beobachtet werden. Die unterschiedlichen Bewertungssysteme scheinen also auf Einzelbetriebsebene zu vergleichbaren Resultaten zu führen.

15.6 Analyse der Kommentare

Neben der Analyse der Bewertungskriterien wurden auch die individuellen Kommentare auf den Portalen grob ausgewertet. Die überwiegende Zahl der Bewertungen zu Hotels in Saas-Fee wird in einem sehr neutralen und authentischen Kontext festgehalten. Dabei wird von vielen Gästen die Gelegenheit genutzt, den Betrieb für seine Dienstleistungen grundsätzlich zu rühmen, aber dennoch auf einzelne betriebliche Schwachstellen hinzuweisen. Natürlich gibt es auch ausreißende Kommentare im positiven und negativen Sinn.

Das meistgenannte Hauptthema für die Hotels in Saas-Fee sind Kommentare rund um die Freundlichkeit und die Hilfsbereitschaft des Personals, sprich zu Soft-

Tab. 15.5 Vergleich der Kundenbewertungen auf TripAdvisor (TA), Holidaycheck (HC) und der Umfrage von Saas-Fee Tourismus (SF) für ausgewählte Hotels. (Quelle: Eigene Darstellung)

	HC	SF	TA	Gesamt	Anova
Hotel 1 (Garni)					
Hotel	4,29	4,6	4,33	4,36	F = 0,15; 1-p = 14,44 %
Zimmer	4,23	4,6	3,68	4,15	F = 0,63; 1-p = 45,15 %
Service	4,68	4,8	4,04	4,53	F = 0,58; 1-p = 42,65 %
Lage	4,8	4	4,44	4,54	F = 1,51; 1-p = 75,29 %
N	13	5	9	27	
Hotel 2 (3*)					
Hotel	5,14		5,55	5,2	F = 1,91; 1-p = 83,02 %
Zimmer	4,99		5,29	5,03	F = 0,53; 1-p = 52,34 %
Service	5,47		5,82	5,52	F = 0,83; 1-p = 62,92 %
Lage	4,93		6	5,08	F = 14,62; 1-p = 99,95 %
N	41		7	48	
Hotel 3 (4–5*)					
Hotel	4,16	5,1	4,25	4,74	F = 2,74; 1-p = 91,47 %
Zimmer	4,4	4,48	3,19	4,25	F = 2,77; 1-p = 91,60 %
Service	4,16	5,07	4,13	4,72	F = 2,62; 1-p = 90,52 %
Lage	5,6	5,2	4,75	5,25	F = 1,57; 1-p = 76,68 %
N	5	15	5	25	
Hotel 4 (4–5 *)					
Hotel	5,25	5,75	4,07	4,6	F = 1,95; 1-p = 82,17 %
Zimmer	4,75	4,75	3,5	4,08	F = 0,74; 1-p = 49,61 %
Service	6	5,75	3,5	4,58	F = 6,67; 1-p = 98,55 %
Lage	5,75	5,5	4,5	5,09	F = 2,39; 1-p = 84,72 %
N	2	4	11	17	

faktoren. Wichtige Nebenthemen sind die Gastronomie, das Wellnessangebot sowie die Aussicht und Lage des Betriebes.

15.7 Diskussion und Schlussfolgerungen

Egal ob es bei den Hotels oder anderen touristischen Anbietern auf Gegenliebe stösst oder nicht, es kann angenommen werden, dass die Kunden in Zukunft vermehrt ihre Erfahrungen online in unterschiedlichen digitalen Formen – Text, Audio, Foto oder Video – austauschen werden. Eine Konsequenz davon ist, dass u. a. die Kundenbewertungsportale zunehmend Auswirkungen auf die Wahrnehmung des Hotels durch die Kunden haben. Durch die Digitalisierung der Mundpropaganda verändern sich die Machtverhältnisse. Während früher die Anbieter ihre Marketingbotschaften mittels Massenmedien verbreiten und ein Image aufbauen konnten, haben heute die Kunden die Möglichkeit, das Image eines Anbieters durch die Veröffentlichung von Informationen aus dem Internet zu beeinflussen. Für die touristischen Anbieter stellt sich die Frage, ob die vorhandenen Daten als verlässliche Marktforschung herangezogen werden können. Zudem besteht eine Ungewissheit, ob die Daten von unterschiedlichen Quellen vergleichbare Aussagen liefern.

Um die Validität zu überprüfen, wurden in der vorliegenden Arbeit Daten von Hotelbewertungsportalen mit Daten von klassischer Marktforschung verglichen. Es wird angenommen, dass die Datengrundlage der klassischen Marktforschung sämtliche Gütekriterien erfüllt. Die Bewertungen und Meinungen der Kunden wurden von zwei unterschiedlichen Webseiten bezogen.

Die Resultate deuten darauf hin, dass sich die Beurteilung der Angebote über eine Online-Befragung nicht signifikant von den Kundenbewertungen auf Webseiten wie Holidaycheck und TripAdvisor unterscheidet. Die Zufriedenheit mit der Beherbergung in der klassischen Kundenbefragung im Sommer 2007 ergab hingegen eine deutlich positivere Bilanz und es stellt sich daher die Frage, ob Bewertungen, welche über das Internet auf Bewertungsportalen oder bei Umfragen abgegeben werden, generell etwas kritischer sind. In beiden Fällen kann sich der Kunde von einem Interviewer uneingeschränkt äußern und auch problemlos die Teilnahme verweigern, was sich in kritischeren, motivierteren Evaluationen als bei „face-to-face" Erhebungen niederschlagen kann.

Wie der statistische Vergleich der unterschiedlichen elektronischen Datenquellen zeigt, fallen die Bewertungen auf einer Plattform (Holidaycheck) durchschnittlich signifikant höher aus. Aufgrund der unzureichenden Datengrundlage konnten die Gründe hierzu nicht im Detail statistisch untermauert werden. Da sich die Nutzer der Plattformen in Bezug auf ihre Herkunft unterscheiden, kann dieses Differenzierungsmerkmal eine Determinante der Varianz sein. Die höheren Bewertungen auf Holidaycheck lassen vermuten, dass die Erwartungen der Gäste aus dem deutschen Sprachraum (Schweiz, Deutschland und Österreich) besser erfüllt werden. Möglicherweise reisen die Gäste aus den verschiedenen Herkunftsländern aber einfach mit grundsätzlich unterschiedlichen Erwartungen an, was sich in einer differierenden Zufriedenheit auf Bewertungsportalen widerspiegelt.

15.8 Implikationen für die Forschung

Im Rahmen der vorliegenden explorativen Untersuchung konnte aufgezeigt werden, dass Unterschiede zwischen den verschiedenen Datenquellen existieren. Um die Aussagen zu stützen und die forschungsleitende Frage abschließend beantworten zu können, wären statistische Analysen auf Basis einer breiteren Datengrundlage notwendig. Bei diesen zukünftigen Forschungsbemühungen sollte der Fokus auf die Identifikation der Determinanten der Bewertung des touristischen Angebots gerichtet werden. Wie die vorliegende Datengrundlage vermuten lässt, könnte die

Herkunft der Gäste eine Bestimmungsgröße sein. Es kann auch sein, dass die unterschiedlichen Bewertungsskalen einen Einfluss auf das Ergebnis haben.

Gelegentlich wird die Frage aufgeworfen, ob mit Vorgängen in der virtuellen Welt die reale Welt abgebildet werden kann. So wird bspw. auf der Basis von Online-Kritiken zu Neuerscheinungen von Filmen versucht, die zukünftigen Erträge zu prognostizieren (Dellarocas et al. 2007). Ob ähnliche Prognosemechanismen auch im touristischen Kontext zielführend sind, könnte Inhalt zukünftiger Forschungsprojekte sein.

15.9 Implikationen für die Praxis

Einer der Schwachpunkte, welcher durch die Studie verdeutlicht wird, ist die mangelnde Zahl an Evaluationen bei einer Mehrheit der Betriebe in Saas-Fee. Die Kunden sollten deshalb von den Betrieben bewegt werden, ihre Bewertungen auf solche internetbasierten Portale zu stellen. Dazu sollten Mechanismen konzipiert werden, welche die Kunden motivieren, ihre Meinung im Internet zu publizieren. Wie es der Vergleich mit der klassischen Marktforschung gezeigt hat, haben die Hotels grundsätzlich keine negativen Beurteilungen zu befürchten. Durch eine proaktive Lenkung der Kunden auf bestimmte Portale kann auch erreicht werden, dass die Beiträge der Kunden primär auf ausgewählten Plattformen vorhanden sind, was ein Monitoring vereinfacht. Diese Aktivierung der Kunden kann zwei positive Effekte haben. Potenzielle Kunden erhalten unverzerrte Informationen und die Anbieter erhalten Rückmeldungen zur Verbesserung des Angebots. Damit kann eine günstige Ausgangslage geschaffen werden, um einzigartige Mehrwerte für die Kunden zu schaffen (Prahald u. Ramaswamy 2004).

Der Feedbackprozess über Kundenbewertungsportale kann auch hilfreich für das Qualitätsmanagement der Betriebe sein und wichtige Inputs zur künftigen Angebotsentwicklung liefern. Engagierte Führungskräfte, welche mit neuen Produkten oder Verbesserungsmassnahmen solche Defizite in Stärken verwandeln, können dadurch Wettbewerbsvorteile erzielen. Wenn Kunden also wiederholt auf die dringende Sanierung einzelner Räume (z. B. Massageraum), die Lockerung der Nacktpflicht in den Wellnessanlagen, die Umsetzung eines generellen Rauchverbots oder die Ambienteaufwertung in Gastrobereich hinweisen, sollte gehandelt werden. Softfaktoren wie mangelnde Freundlichkeit und die Hilfsbereitschaft des Personals sind auch populäre Themen in den Kundenkommentaren. Solche Themen sollten unbedingt im Team diskutiert und wenn nötig über entsprechende Weiterbildungsmassnahmen behoben werden.

Bei sehr negativen Kommentaren ist es zu empfehlen, den direkten Kontakt mit dem Kunden zu suchen, um genau abzuklären, was zur Nichterfüllung der Erwartungen geführt hat. Einige der führenden Bewertungsportale bieten den Hotels an, einen Kommentar unter eine geschriebene Bewertung zu setzen. Damit kann die Transparenz beim Reklamationsmanagement gesteigert und Vertrauen potenzieller Gäste durch einen positiven Umgang mit Kritik sowie durch Wertschätzung von Kundenmeinungen gewonnen werden. Es sollten hierbei auch Wiedergutmachungsstrategien (z. B. Rabatt bei nächstem Aufenthalt) ins Auge gefasst werden, da eine schlechte Mundpropaganda tief enttäuschter Kunden für den Betrieb sehr schädlich ist.

Damit wird vor Augen geführt, dass eine proaktiv Nutzung der Kundenbewertungsplattformen für die Hotels in den Bereichen Qualitätsmanagement, Produktentwicklung und Kundenbeziehungsmanagement (CRM) eine Chance darstellen. Diese Nutzenpotenziale können aber nur abgeschöpft werden, wenn das Monitoring der Bewertungen und Meinungen systematisch im Internet erfolgt. Ein professionelles Monitoring verlangt u. a. den Einbezug von unterschiedlichen Plattformen. Auf dem Markt sind mittlerweile Systeme zu finden, welche das Beobachten von unterschiedlichen Webseiten erleichtern. Mit diesen Systemen kann die Datensammlung, Aggregation und Aufbereitung automatisiert werden.

Um Synergien zwischen beiden Formen der Datenerhebung abzuschöpfen, sind Szenarien für die Kombination beider Arten der Marktforschung zu entwerfen. Eine sich ergänzende Betrachtung der beiden Datenquellen erscheint den Autoren als sinnvoll, da durch die Fokussierung auf eine Form wahrscheinlich wertvolle Informationen verloren gehen. Eine Integration von weiteren Daten aus dem Social Media Kontext wie Weblogs, Online-Communities oder sozialen Netzwerken kann das Verständnis der Kundenbedürfnisse und des eigenen Stärken-Schwächen-Profils zusätzlich erhöhen.

Bibliografie

Bartl, M. (2007). Netnography, Einblicke in die Welt der Kunden. *Planung & Analyse, 5,* 83–87.

Dawes, J. (2008). Do data characteristics change according to the number of scale points used? An experiment using 5-point, 7-point and 10-point scales. *International Journal of Market Research, 50*(1), 61–104.

Dellarocas, C., Zhang, X., & Awad, N. F. (2007). Exploring the value of online product ratings in revenue forecasting: The case of motion pictures. *Journal of Interactive Marketing, 21*(4), 23–45.

Forrester Research. (2008). Forrester's technographics benchmark study Q2 2008. http://www.forrester.com/Groundswell/profile_tool.html. Gesehen am 22. Sept 2009.

F.U.R. (2008). Reiseanalyse. http://www.reiseanalyse.de/. Gesehen am 22. Sept 2009.

Kilian, T., Hass, B. H., & Walsh, G. (2007). Grundlagen des Web 2.0. In T. Kilian, B. H. Hass, & G. Walsh (Hrsg.), *Web 2.0, Neue Perspektiven für Marketing und Medien* (S. 3–21). Berlin: Springer.

Litvin, S. W., Goldsmith, R. E., & Pan, B. (2006). Electronic word-of-mouth in hospitality and tourism management. *Tourism Management, 29*(3), 458–468.

Prahalad, C. K., & Ramaswamy, V. (2004). *The future of competition: Co-creating unique values with customers.* Boston: Harvard Business School Press.

Prestipino, M., Aschoff, R., & Schwabe, G. (2007). *How up-to-date are online tourism communities? An empirical evaluation of commercial and non-commercial information quality.* Proceedings der Hawaii International Conference on System Sciences (HICSS-40) 2007. Hawaii.

Saas Fee Tourismus. (2008). Geschäftsbericht Saas-Fee Tourismus 2007/2008. http://www.saasfee.ch. Gesehen am 15. März 2008.

Schäfer, F. (2008). Comparison of Frames of References for Tests in the Consumer Research Sector. GOR 08 Research Paper.

Schegg, R., Scaglione, M., Favre, R., & Délétroz, N. (2008). Schweizer Tourismus im Mitmach-Internet – was wird bereits gemacht? Vortrag am Forum „Web 2.0 – das Mitmach-Internet! Chancen und Risiken für die Tourismusbranche", IFITT Switzerland, 3. Sept 2008. http://www.ifitt.ch. Gesehen am 15. März 2008.

Shea, L., Enghagen, L., & Khullar, A. (2004). Internet diffusion of an e-Complaint: A content analysis of unsolicited responses. *Journal of Travel & Tourism Marketing, 17*(2–3), 145–165.

Welker, M., & Matzat, U. (2008). Online-Forschung: Entwicklungslinien, Defizite und Potentiale. In N. Jackob, H. Schoen, & T. Zerback (Hrsg.), *Sozialforschung im Internet. Methodologie und Praxis der Online-Befragung* (S. 33–47). Wiesbaden: VS Verlag für Sozialwissenschaften.

Kapitel 16
Social Graphs – Neue Perspektiven durch Facebook Connect & Co. für Communities von Touristik Anbietern

Sandra Griffel

Zusammenfassung: Thematische Communities galten Reisebüros und Veranstaltern lange als Geheimwaffe auf die neuen Herausforderungen des „Mitmach-Webs". Mit zunehmender Entwicklung sozialer Netzwerke und dem Aufkommen zahlreicher Alternativangebote stellt sich jedoch die Frage, wie man für die eigene Community einen einzigartigen Mehrwert etablieren und die User nachhaltig binden kann. Hier kommt das Konzept der Social Graphs ins Spiel, das den Mitgliedern der großen Netzwerke wie Facebook, MySpace und Co. ermöglicht, ihre virtuelle Identität auf mehrere Plattformen zu übertragen. Ziel dieses Beitrags ist es, nicht nur einen Überblick über die meistverbreiteten Anwendungen in diesem Bereich zu ermöglichen, sondern Chancen aufzuzeigen, die sich aus dem Konzept der Social Graphs für touristische Communities ergeben.

Schlüsselwörter: Social Media • Facebook • Tourismusmarketing • Social Graphs • Personalisierung • Travel-Communities • Reise-Reviews

16.1 Einleitung

Die Entwicklung des Konsumenten zum Prosumenten (Toffler 1984) hat im Internet zu einer „Architektur des Mitwirkens" (O'Reilly 2005) geführt. D. h., dass User einerseits selbst Inhalte, Meinungen und Erfahrungen im Internet zur Verfügung stellen und sich andererseits zunehmend auf die Beiträge Anderer – bspw. bei der Produktrecherche – verlassen. Dieses Phänomen führt auch in der Online-Reisebranche zu bedeutenden Umwälzungen. So informiert sich aktuell etwa die Hälfte aller Urlaubsinteressierten im Netz auf Bewertungsplattformen über ihre nächste Reise. Damit haben diese Communities inzwischen sogar Reiseportale, welche die Reisen mehrerer Veranstalter anbieten, überholt (F.U.R. 2008).

S. Griffel (✉)
Denkwerk, Denkwerk.com, Vogelsangerstr. 66, 50823 Köln, Deutschland
e-mail: sandra.griffel@denkwerk.com

Seit einiger Zeit gelten Touristik Anbietern deswegen horizontal angelegte Community Konzepte, sog. Micro-Communities (Oellrich 2007) rund um das Thema Reisen als probater Ansatz, um Kundenzufriedenheit und Kundenbindung langfristig zu verbessern. Von der Analyse der Beiträge verspricht man sich eine bessere Kenntnis der Bedürfnisse aktueller und potenzieller Kunden. Ziel ist es dieses Wissen zu nutzen, um die Servicequalität zu verbessern, das Angebot weiter zu optimieren und es passgenau auf die Wünsche und Bedürfnisse der Kunden abzustimmen (Hagel u. Armstrong 1997). Zudem sollen die usergenerierten Inhalte das Suchmaschinenranking verbessern und so zusätzlichen (kostenlosen) Traffic bringen. Doch die Realität sieht oft anders aus: Vielen anbietereigenen Reise-Communities fehlt es an Mitgliedern und Userbeiträgen. Zu finden sind zudem häufig „strategische" Bewertungen, welche die Extreme von Begeisterung und totaler Unzufriedenheit abbilden. Woran aber liegt das? Sind doch Funktionen und zur Verfügung gestellte Inhalte oftmals sehr wohl durchdacht.

16.2 Die zentralen Herausforderungen für Reise-Communities im Überblick

Will man mehr über die Gründe für die mangelnde Mitgliederzahl vieler Communities wissen, so muss man sich einmal die Faktoren, die für die User einer solchen Plattform eine besonders wichtige Rolle spielen, verdeutlichen.

16.2.1 Glaubwürdigkeit

Zunächst einmal geht es vielen Usern darum, ihr Sicherheitsbedürfnis zu stillen und das gefühlte Buchungsrisiko durch den Rückgriff auf die Erfahrungen anderer User zu minimieren (Geissler 2001). Welche Kriterien aber werden zur Bewertung der Glaubwürdigkeit herangezogen?

1. Unabhängigkeit: Sind die Bewertungen wirklich objektiv und nicht durch den Anbieter manipuliert?
2. Authentizität: Ist davon auszugehen, dass die Bewertungen tatsächlich realistisch (und echt) sind?
3. Vielfalt: Vermitteln Meinungen und Empfehlungen ein facettenreiches Bild von den Produkten?
4. Aktualität: Sind Berichte und Empfehlungen aktuell?

Steckt eine Marke hinter einer Community, so werden oftmals vor allem Unabhängigkeit und Authentizität der Bewertungen in Frage gestellt (Geissler 2001) und von den Mitgliedern diskutiert. Das kann sich in einer Verzerrung der Wahrnehmung des Users niederschlagen: Kritischen Beiträgen wird besondere Beachtung geschenkt und positive werden angezweifelt. Umso schlimmer, wenn mangelnde Fülle und fehlende Aktualität der Beiträge die Attraktivität der Community noch zusätzlich schmälern. Hier fehlt es oftmals an einer ausreichend großen Userzahl und an Mechanismen, die Mitglieder regelmäßig auf die Seite zu bringen, um aktuelle Inhalte gewährleisten zu können.

16.2.2 Bequeme Nutzbarkeit

Eine Community aktiv zu nutzen, bedeutet für den User gerade am Anfang einen gewissen Aufwand. Er muss sich registrieren und ein aussagekräftiges Profil einrichten, um Beiträge produzieren und sich austauschen zu können. Diese Initialphase kostet nicht nur Zeit, vielen Usern fehlt auch die Bereitschaft, ihre persönlichen Daten im Netz preiszugeben. Andere Nutzer dagegen haben ihre Daten bereits auf zahlreichen Websites im Netz hinterlassen und sind mittlerweile registrierungsmüde.

Ist der User einmal Mitglied der Community, so wartet die nächste Hürde auf ihn. Bereichernd ist die aktive Teilhabe für ihn nur dann, wenn er sich ein Netzwerk aufgebaut hat, mit dem er sich regelmäßig austauschen kann und das zu ihm passt (Böcker 2008). Dafür braucht er viel Zeit und Geduld. Die beschriebenen Anstrengungen wird er nur dann auf sich nehmen, wenn er klare Vorteile darin sieht. Da eine Vielzahl von Angeboten im Web um seine Aufmerksamkeit buhlt und er nicht unbegrenzt Zeit zur Verfügung hat, ist der User gezwungen, sich auf einige wenige Social Networks zu konzentrieren.

Oft wird seine Wahl dabei nicht auf eine Micro-Community fallen, sondern auf etablierte Social Networks wie Facebook, MySpace und wer-kennt-wen. Diese liefern ihm mehr Vorteile bei weniger Anstrengung: Der User kann sie als zentralen Knotenpunkt für Kontakte, Kommunikation, Events, usw. einrichten. Reicht ihm das nicht aus, so gibt es außerdem entsprechende Gruppen zum Thema Reisen oder Applikationen bzw. Widgets von Plattformen wie Tripadvisor. Sollte er sich dennoch für eine Reise-Community entscheiden, stehen ihm eine Vielzahl von veranstalterübergreifenden Alternativen zur Verfügung.

16.2.3 Spezifische Relevanz

Ein Mehrwert für den konsumierenden User entsteht in einer Reise-Community erst dann, wenn er Informationen zu den Reisezielen findet, die ihn wirklich interessieren – am besten von Reisenden, die sich aus seiner Peergroup rekrutieren. Es reicht also nicht aus, den entsprechenden Content zum gesuchten Ziel/Hotel vorliegen zu haben. Die Inhalte müssen zudem von Personen mit ähnlichen Ansprüchen, Vorlieben und Präferenzen stammen. Doch wie wahrscheinlich ist es, dass eine Micro-Community diesen Grad der Personalisierung bieten kann? Selbst ‚Opodien', eine der bekanntesten Communities eines Tourismus-Veranstalters, bietet trotz intensiver Bewerbung und Unterstützung lediglich 1.051 Reisetipps, 598 Reiseberichte und 12.248 Fotos (Stand: 16.01.2009). Verglichen mit der tatsächlich vorhandenen Anzahl an Reisezielen und Hotels, mutet dies wie der Tropfen auf dem heißen Stein an.

Die kritische Masse an Inhalten, ab der eine Community für konsumierende User attraktiv wird, liegt daher im Touristik-Bereich besonders hoch. Voraussetzung, um Inhalte aufzubauen, ist das Interesse produzierender User an der Plattform. Doch mangels partizipierender User (s. o.) fehlt ihnen das Publikum. Selbstdarstellung und Austausch mit anderen (ARD/ZDF-Onlinestudie 2008) – zwei der Hauptmotive für aktive Community-Nutzung – sind aus oben beschriebenen Gründen nicht möglich.

16.2.4 Involvement

Voraussetzung für eine lebendige Community sind, abgesehen von geeigneten Kommunikations-Instrumenten, vor allem regelmäßig wiederkehrende User. Hier haben gerade Micro-Communities systembedingte Schwächen. Denn der konsumierende User kommt in der Regel nur dann, wenn er ein konkretes thematisches Such-Bedürfnis hat, welches ihn zur Nutzung der Community veranlasst: Er ist z. B. auf der Suche nach einem geeigneten Urlaubsziel, will sich kurz vor Urlaubsantritt über sein Reiseziel informieren oder aber während der Reise aktuelle Tipps abholen. Sobald er sein Bedürfnis bedienen konnte, gibt es außerhalb der Reisezeit keinen Grund für einen regelmäßigen Besuch der Website.

Selbst wenn er zu Onlinern gehört, die sich durch eigene Beiträge – also bspw. Hotelbewertungen – bei der Community revanchieren, wird er danach mit großer Wahrscheinlichkeit erst bei der nächsten Reise wiederkommen. Die Folge: Auch bei relativ hohen Mitgliederzahlen bleibt der Traffic bescheiden. Das wiederum wirkt auf die aktiv produzierenden Usern abschreckend: Fehlende Rückmeldungen zu ihren Inhalten und unregelmäßiger Austausch mit anderen Reisenden können dazu führen, dass auch diese Usergruppen schnell das Interesse an der Community verlieren und zur Konkurrenz wechseln.

16.3 Erfolgreichere Travel Communities mit Social Graphs?

Was kann nun getan werden, um dem Dilemma zu geringer Nutzungsfrequenz und daraus resultierender Flaute bei Bewertungen und Empfehlungen zu begegnen? Lange galten Single-Sign-on Dienste wie OpenID als möglicher Ansatz die Hemmschwelle einer umständlichen Neuregistrierung zu senken. Nachdem Google, IBM, MySpace und Microsoft sich hinter den Standard gestellt hatten, sahen ihn viele bereits als durchgesetzt an. Dennoch blieb der große Boom aus. Vor allem weniger webaffine User konnten mit dem Dienst wenig anfangen. Warum sollte man sich auf einer Website registrieren, wenn man doch eigentlich zu einer anderen wollte?

Neue Perspektiven für Reise-Communities eröffnen Dienste wie ‚Facebook Connect' oder ‚Google Friends Connect' auch „Portable Social Graphs" genannt. „Social Graph" bezeichnet dabei das Netz virtueller Beziehungen, die ein Nutzer sich bei einer bestimmten Community angelegt hat. „Portable" meint, dass dem User dieses Netz ebenso wie seine Identity (also seine Userdaten) künftig auch für andere Web-Angebote zur Verfügung steht. Damit können „Portable Social Graphs" deutlich mehr als reine Single-Sign-on Dienste. Sie gewährleisten größere Bequemlichkeit durch schnelle Anmeldung und garantieren zugleich bessere Personalisierung und den Austausch mit vorhandenen Freunden. Am Beispiel der Techcrunch-Website, die bereits Facebook Connect eingebunden hat, kann man gut beobachten, was das in der Praxis bedeutet: Über sein Facebook-Login kann der User auf Techcrunch Kommentare schreiben und sich mit seinen Facebook-Freunden austauschen. Zudem kann er Inhalte in sein Facebook-Profil (auf seine Wall) übernehmen, so dass sie in der „Timeline" seiner Freunde erscheinen. Andere Websites nutzen Facebook Connect zur Personalisierung: So werden Website-Inhalte auf die Angaben des Users in seinem Facebook-Profil abgestimmt oder nur Bewertungen seiner Facebook-Freunde angezeigt.

Ähnliches hatte Facebook bereits schon einmal im November 2007 versucht. Beacon, wie der Connect-Vorläufer hieß, wurde vor allem bei großen Webdiensten wie Amazon eingesetzt. Kaufte man nun einen Artikel bei Amazon, erschien dies im Profil bei Facebook. Damals ging jedoch ein Aufschrei durch die Blogosphäre und Facebook musste das Feature zurückziehen. Mit zunehmender Breitenakzeptanz sozialer Netzwerke wird heute der Gedanke andere an unserem Leben teilhaben zu lassen aber immer alltäglicher. Auch deswegen hat Facebook mit ‚Connect' einen neuen Versuch gestartet. Der Unterschied: User müssen der Verwendung ihrer Daten sowie der Veröffentlichung von Daten in ihrem News-Feed nun explizit zustimmen.

16.4 Welche Chancen bietet Facebook Connect touristischen Communities?

Was können die neuen Social Graphs im Detail und welche Regeln müssen Communities – auch in der Touristik – beachten, um wirklich von ihnen profitieren zu können? Betrachten wir hierfür zunächst Facebook Connect (siehe Abb. 16.1), das derzeit die breitesten Anwendungsmöglichkeiten bietet.

Abb. 16.1 Facebook Connect in der Hotelbewertung. (Quelle: TripsByTipps 2009)

16.4.1 Aufwertung des User Generated Content für die Mitglieder

Durch das Facebook Connect Login haben Communities plötzlich Zugang zu einer schier unbegrenzten Fülle an Daten. Nicht nur Alter, Region, Geschlecht, Netzwerke und Interessen können ausgewertet werden, sondern auch die Beziehungen zu anderen Usern und deren Präferenzen hinsichtlich bestimmter Inhalte. Durch die Nutzung dieser Daten ergeben sich völlig neue Möglichkeiten User Generated Content personalisierter darzustellen und so die Relevanz für die Community Mitglieder zu steigern.

Statt beliebiger Inhalte fremder Reisender, können den Usern jetzt Tipps und Empfehlungen von Freunden und Bekannten zugespielt werden. Sind diese noch nicht in der Community, dann kann zumindest der Content von Usern aus dem jeweiligen Netzwerk (Region, Firma, usw.) oder solchen mit ähnlichen Interessenschwerpunkten bevorzugt angezeigt werden. So steigen der persönliche Bezug der Informationen und damit die Attraktivität der Community.

16.4.2 Virale Effekte erzielen durch Postings der User

Für die Gewinnung neuer Community User stellt Facebook eine Reihe praktischer Features bereit. Musste man früher in externe Werbemittel investieren, um

Reichweite für seine Plattform zu generieren, so erledigen heute die Mitglieder oftmals selbst die Bekanntmachung der Seite, indem sie Photos, Events und Berichte auf ihrer Pinnwand posten und so all ihre Freunde an ihren Community Aktivitäten teilhaben lassen. Geben sie bspw. innerhalb einer touristischen Community eine Hotelbewertung ab, so können sie diese Aktivität über Facebook Connect parallel auf ihrer Pinnwand posten. Damit bekommt der Brand Content eine ganz neue Wertigkeit, handelt es sich aus Usersicht doch nicht mehr um Werbung, sondern um die persönliche Empfehlung eines Bekannten.

Damit der User uns an seinem sozialen Kapital teilhaben lässt, müssen wir ihm jedoch auch Funktionen und mehrwertorientierte Inhalte anbieten, die ihm ermöglichen, seine Reputation innerhalb der Peergroup durch Postings zu steigern. Das können spannende Multimedia-Inhalte sein, Gewinnspiele, spezielle Online Events, Votings oder Auszeichnungen wie User oder Photo der Woche. Ein gutes Beispiel hierfür bietet die WebTV Plattform Joost, die es ihren Usern ermöglicht Videos mit seinen Freunden auf Facebook zu teilen. Eine solche Anwendung wäre bspw. auch für Thomas Cook denkbar, die im Netz für UK bereits einen eignen YoutubeChannel etabliert haben.

16.4.3 Schnellere Logins, bessere Profile und individuelle Services

Social Graphs vermindern die Hemmschwelle, immer wieder aufs Neue seine Profildaten eingeben zu müssen, indem sie den Prozess radikal vereinfachen. Einmal die bereits bekannten Login-Daten eingeben, Datenabgleich bestätigen, fertig. Der Wert dieser Vereinfachung sollte nicht unterschätzt werden: Während die oben genannten Vorteile den meisten Mitgliedern erst während der konkreten Auseinandersetzung mit der Community auffallen, senkt die verkürzte Anmeldung unmittelbar die Starthürde und ist damit entscheidend für eine schnelle Usergewinnung. Umso besser, wenn gleich nach dem Login personalisierte Inhalte – wie Hotels, die bereits von seinen Freunden besucht wurden, Top Ten Reiseziele seiner Peergroup, usw. – angezeigt werden.

Hier ist es anhand entsprechender Analyse-Software inzwischen sogar möglich, sogenannte ‚Social Influencer' bei Facebook direkt zu erkennen (anhand Freunde-Anzahl, Tags in Photos, Wall Posts, usw.) und mit speziellen Services von Anfang an zu aktiven Multiplikatoren der Community zu machen.

16.4.4 Erweiterte Wettbewerbe und Rankings

Warum engagieren sich User in sozialen Netzwerken? Neben dem Wunsch sich mit Freunden und Bekannten austauschen zu können, der Suche nach relevanten Informationen und Unterhaltung ist einer der Hauptgründe sicherlich auch die

Möglichkeit der Selbstdarstellung. Nicht umsonst dominieren Social Games die Facebook Applications Plattform. Diesen Drang sich mit anderen zu vergleichen, kann man sich auch für touristische Communities zu Nutze machen. Ob nun durch Wettbewerbe oder Reputations-Systeme, „Social-Incentives" helfen, den Traffic und das Involvement der User deutlich zu steigern. Belohnt man User für ihr Engagement oder ermuntert sie durch virtuelle Rewards möglichst viele Inhalte zu erzeugen, so erweckt man seine Community schnell zum Leben. Facebook Connect ermöglicht dabei alle möglichen Formen des Wettbewerbs über Top Freunde, Link-Bewertungen, Kommentare bis hin zu Social Games und Quizzes.

16.5 Google Friendconnect, MySpace data availability und Co.

Welche Dienste aber gibt es noch, die ähnliches leisten können, welcher wird sich in Zukunft durchsetzen und welche Risiken lauern auf Community Betreiber, die Social Graphs nutzen?

Ein Dienst mit riesigem Potential ist der Data-Portability Service von Google: Friend Connect. Wer sich verdeutlicht, welche Dienste von Google bereitgestellt werden, kann sich vorstellen, welche immense Datenquelle sich hier auftut. Bisher macht Google sich dieses Kapital jedoch kaum zunutze. Noch geht die Funktionsweise über das reine Login nicht hinaus – wahrscheinlich auch ein Grund, warum sich der Dienst bisher kaum verbreitet hat. MySpace verfolgt mit seinem Programm „Data Availablitiy" ebenfalls ein ähnliches Konzept.

Hier zeigt sich auch eines der zentralen Probleme von Social Graphs: Viele Betreiber von Social Networks versuchen derzeit mit konkurrierenden Angeboten den Markt aufzurollen. Der Grund: Die Netzwerke befürchten, bei Übernahme eines fremden Standards Mitglieder zu verlieren. So gibt es zwar eine akzeptierte Vision für Data-Portability, diese lässt aber nach wie vor viele Fragen offen, z. B. die nach einheitlichen Regeln, wie mit den Userdaten umgegangen wird und welche Sicherheitsstandards für alle gleichermaßen gelten müssen.

Aus Sicht des Experten profitieren von den frühen Data-Portability-Ansätzen aber dennoch vor allem Endnutzer und Dritt-Websites und weniger die Anbieter Google, Facebook und MySpace selbst, da die Angebote größtenteils erst im Aufbau und daher kostenlos sind. Bei denen gehe es vorerst darum, ihre Marken zu stärken und ihre Reichweite über die eigenen Web-Präsenzen hinaus auszudehnen.

16.6 Fazit

Abschließend betrachtet bieten Portabel Social Graphs touristischen Communities also eine Reihe praktischer Funktionen um User für Communities entlang der gesamten touristischen Wertschöpfungskette effektiver gewinnen, nachhaltig aktivieren und langfristig binden zu können.

Für die Erzeugung zusätzlicher Reichweite sind in erster Linie die Sharing-Funktionen wichtig. So bietet es sich bspw. an, die User Fotos, Meinungen und Bewertungen nicht nur auf der Website (z. B. eines Fremdenverkehrsamtes) posten zu lassen, sondern auch eine parallele Veröffentlichung auf Facebook zuzulassen. Auch mehrwertorientierte Inhalte wie Videos, Karten, usw. fördern die Verbreitung in der Peergroup.

Die Aktivierung von Nutzern kann vor allem durch die Herstellung eines Social Context unterstützt werden. So wäre es einem Reisebüro z. B. möglich innerhalb der Hotelinformation, Mitglieder des persönlichen Facebook Netzwerkes zu zeigen, die auch schon mal da waren oder eine Reise dorthin planen. Das stärkt den persönlichen Bezug und die Motivation sich (bei guter Bewertung natürlich) für das Hotel zu entscheiden.

Die Kundenbindung schließlich wird – neben den oben genannten Services – auch durch das Schaffen einer Social Experience gefördert also durch Aktionen, die den Austausch zwischen den Nutzern immer wieder ankurbeln. Das kann beim Angebot von Geschenken für Community Mitglieder anfangen (die diese dann wiederum an befreundete Nutzer weitergeben können) und bis zur Förderung User-generierter Inhalte durch Gewinnspiele gehen.

Bibliografie

ARD/ZDF-Onlinestudie. (2008). Mitmachnetz Web 2.0. http://www.daserste.de/service/studie08_4.pdf
Böcker, J. (2008). Forschungsprojekt Web 2.0. Erfolgsfaktoren von Communities im Web 2.0 – Entwicklung einer Kommunikations-strategie. Fachhochschule Bonn-Rhein-Sieg.
Forschungsgemeinschaft Urlaub und Reisen (F.U.R.). (2008). Reiseanalyse online (RA) 11/2008.
Geissler, J. (2001). Brand Communities, In Patrick Gruban (Hrsg.), *Business Communities* (S. 94–132). München: Markt + Technik.
Hagel, J., & Armstrong, A. G. (1997). *Net Gain. Profit im Netz.* Wiesbaden: Gabler.
Oellrich, J. (2007). Web 2.0 Serie für die Touristik. Web-Konzepte: Community. www.tourismuszukunft.de
O'Reilly, T. (2005). What is Web 2.0. Design patterns and business models for the next generation of software. http://oreilly.com/web2/archive/what-is-web-20.html
Toffler, A. (1984). *The Third Wave. The Classic Study of Tomorrow.* New York: Bantam.

Kapitel 17
Social Media Marketing am Beispiel des Bewertungsassistenten

Michael Mrazek, Elisabeth Vogl und Karim-Patrick Bannour

Zusammenfassung: Ziel des Textes ist es Social Media Marketing, insbesondere rund um Bewertungsplattformen, am Beispiel des Bewertungsassistenten der Firma ncm zu erklären. Der Bewertungsassistent ist ein Online-Fragebogen, der Hotelgästen nach ihrem Aufenthalt elektronisch übermittelt wird, um die Kundenzufriedenheit zu evaluieren. Dadurch erhält der Touristiker Auskunft über die Akzeptanz seines Angebots und kann die Kundenzufriedenheit relativ einfach feststellen. Aber auch Mängel bzw. Verbesserungsvorschläge rund um das Hotelangebot können definiert und zugunsten der Gäste optimiert werden. Ziel des Bewertungsassistenten ist es, in Interaktion mit dem Gast zu treten, die Kundenzufriedenheit während des Aufenthaltes festzustellen und das Kommunikationsverhalten des Gastes mit positiven Kommentaren auf Bewertungsplattformen zu stärken.

Schlüsselwörter: Bewertungsplattform • Social Media Marketing • Authentizität • Word-of-Mouth-Marketing • Gäste-Befragung • Feedback

17.1 Tourismuskommunikation im Wandel

Die Rahmenbedingungen für die touristische Kommunikation haben sich mit der stetigen Weiterentwicklung der Kommunikationsmöglichkeiten im Internet maßgeblich verändert. Heute haben Gäste die Möglichkeit im Internet miteinander zu kommunizieren, sich über Urlaubsregionen, Destinationen oder Beherbergungsbetriebe auszutauschen und Empfehlungen abzugeben. Die Ebenen der Kommunikationshierarchien haben sich verschoben: War bislang die Kommunikation zwischen Anbieter und Urlaubsgast asynchron, also einseitig und zeitversetzt ohne direktes Feedback, hat sich dies durch neue Kommunikationsmöglichkeiten wie Blogs, Bewertungsplattformen, Twitter, RSS-Feeds, mobile Anwendungen, etc. verändert.

M. Mrazek (✉)
NCM, NCM.at, Aignerstrasse 55a, 5026 Salzburg, Österreich
e-mail: Michael.Mrazek@ncm.at

Tourismuskommunikation heute ist weder einseitig, klar strukturiert, noch nach dem Top-Down-Prinzip organisiert. Für die Tourismuswirtschaft ist es deshalb wichtig sich mit den unterschiedlichsten Anwendungen auseinanderzusetzen.

Mit den Entwicklungen rund um das Web 2.0, welches dem User einen hohen Kommunikations- und Interaktionsgrad zuspricht, verändern sich Status und Rolle einer Person in der Tourismuskommunikation. Der Gast befindet sich nun auf Augenhöhe mit dem Hotelier. Er mag zwar noch immer König sein, mit Charme allein wird der Hotelier jedoch Kritik und Beschwerden nicht mehr vom Tisch wischen können.

Der selbstbewusste Urlaubsgast von heute kann direkt und transparent Kritik üben und diese relativ einfach auf vielfache Weise im Internet publizieren. Der selbstbewusste Tourismusanbieter schreckt vor dieser Entwicklung nicht zurück, sondern kontert im Idealfall mit offener, ehrlicher und authentischer Kommunikation, die auf gleicher Ebene mit dem Gast stattfindet. Transparenz und Authentizität der Angebote sind gefragt (Skibicki 2007). Für den Hotelier muss dies die Anpassung an das Kommunikationsverhalten des Gastes bedeuten – und nicht die Verhinderung von Kommunikation. Alle Versuche von Touristikern rechtlich oder inhaltlich gegen negative Bewertungen vorzugehen, sind und waren bislang wie ein Kampf gegen Windmühlen. Wurden negative Urlaubserfahrungen früher nur im Bekanntenkreis weitererzählt, geschieht dies heute auch im Internet. Urlaubsbewertungen im Internet können jedoch von einer Vielzahl an Menschen, unabhängig von Zeit und Ort, gelesen werden. Aus Gesprächen lässt sich auch hier auf die Regel schließen, dass jemand, der einen tollen Urlaub verbringt, es zwei Leuten weitererzählt (egal ob im Internet oder im realen Leben), jemand der unzufrieden aus seinem Urlaub heimkehrt, seine Urlaubserlebnisse aber einer bedeutend höheren Zahl an Zuhörern weitergibt.

Mit diesen Entwicklungen ergeben sich auch neue Möglichkeiten und Chancen für Hoteliers. Diese können mehr über die Bedürfnisse ihrer Gäste erfahren und Bewertungen aktiv für Marktforschung nutzen. Bewertungen anderer Hotels dienen zum Monitoring und für die eigene Markforschung.

Generell kann bei Bewertungsplattformen im Internet von einer Selbstorganisation des Systems gesprochen werden. Dies bedeutet, freie Kommunikations- und Entfaltungsflüsse und geringe organisatorische Prinzipien und Regeln. Die Kommunikation ist zentriert auf die jeweilige Persönlichkeit, die Vernetzung findet freiwillig statt, Strukturen werden durch die Teilnehmer definiert und jeder hat die gleichen Rechte. Das System organisiert sich mit Hilfe der Mitglieder praktisch kontinuierlich neu (Tscherteu 2003).

Umgelegt auf die Situation von Hoteliers in Bezug auf Urlaubsbewertungen bedeutet dies Folgendes: Ist das Angebot und die Qualität eines Betriebes gut und der Gastbetrieb bemüht, wird sich dies auch in den Bewertungen der Hotelgäste widerspiegeln, da sich das System trotz negativer Kommentare selbst bereinigt. Fällt die Urlaubsbilanz negativ aus, hat der Hotelier im Internet immerhin die Chance, auf diese Kritikpunkte einzugehen und betriebsinterne Vorgänge zu verbessern.

Wichtig ist zudem die Korrelation zwischen Unternehmenskommunikation und Erwartungshaltung des Gastes. Wenn diese nicht erfüllt werden, steht dies in direktem Widerspruch zur bezahlten Leistung bzw. Erwartungshaltung des Gastes und negative Bewertungen sind vorprogrammiert. Wenn etwa die Hotelwebsite ein umfangreiches Wellnessangebot verspricht, das Angebot vor Ort aber unzureichend ist, steht dies in direktem Widerspruch. Anders als in der realen Welt, in der auf negative Bewertungen nicht reagiert werden kann, bietet das Internet mit den Bewertungsportalen eine Plattform für direkte Kommunikation.

Als ein zentraler Punkt, der die Beschäftigung mit Bewertungsplattformen notwendig macht, ist der veränderte Suchalgorithmus von Google zu sehen. Die meistgenutzte Suchmaschine der Welt dient als Gatekeeper zu allen touristischen Angeboten im Netz und integriert nun auch Hotelbewertungen in ihre Suchergebnisse. So kommt jeder Internetuser, der nach touristischen Angeboten im Internet sucht, zwangsläufig mit Hotelbewertungen in Berührung. Egal ob diesem User Bewertungsplattformen wie TripAdvisor, HolidayCheck, Trivago, etc. bekannt sind oder nicht, die Bewertungen scheinen auf. Ebenso werden Bewertungen auf Google Maps integriert. Mit dem Bewertungsassistenten hat die Firma ncm ein System entwickelt, das positive als auch negative Bewertungen eines touristischen Angebots herausfiltert und an den Hotelier weitergibt. Der Bewertungsassistent gibt dem Hotelier die Möglichkeit, auf negative Bewertungen vor Veröffentlichung persönlich zu reagieren, genauso aber auch Gäste für positive Bewertungen zu gewinnen.

17.2 Methodik des Bewertungsassistenten

Dem Bewertungsassistenten liegt ein Online-Fragebogen zugrunde, der per E-Mail als Link an Hotelgäste nach deren Aufenthalt versandt wird. Ziel des Bewertungsassistenten ist die Evaluierung des Angebotes und Verstärkung der Kommunikation zwischen touristischem Anbieter und Nutzer.

Der Bewertungsassistent, der in Abb. 17.1 veranschaulicht wird, funktioniert nach einem simplen Prinzip: Nach Beendigung des Urlaubs erhält der Urlaubsgast einen Online-Fragebogen, bei dem er die Qualität des Aufenthalts nach gewissen Kriterien beurteilen soll. Die Antworten werden automatisch ausgewertet und die Zufriedenheit des Gastes in drei Kernbereiche unterteilt: Der äußerst zufriedene und vom Hotelangebot überzeugte Urlaubsgast, der zufriedene Gast, und der Unzufriedene. Die Differenzierung ist für den Hotelier entscheidend. Ist das Feedback negativ, erhält der Gastbetrieb eine Benachrichtigung über den unzufriedenen Gast. Der unzufriedene Gast wird kontaktiert und somit Interesse an seiner Person gezeigt. Dadurch spricht man dem Urlaubsgast einen besonderen Stellenwert zu. Dieser wird ernst genommen und die Nachfrage durch den Hotelier ist und wirkt authentisch. Mit dem Feedback des unzufriedenen Gastes kann der Hotelier an Verbesserungen im Betrieb arbeiten und jene Mängel korrigieren, die der Gast aufzeigt.

Genauso intensiv lassen sich positive Rückmeldungen verwerten, also jene Gäste, die äußerst zufrieden mit dem Angebot und der Leistung des Gastbetriebes waren. Der Bewertungsassistent filtert diese Bewertungen für den Hotelier und dieser kann anschließend die Urlauber um eine Bewertung auf einer touristischen

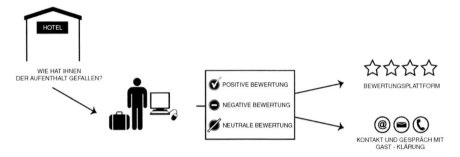

Abb. 17.1 Kurzdarstellung der Funktion des Bewertungsassistenten. (Quelle: ncm.at)

Plattform bitten. Als Anreiz und als Entschädigung für den Zeitaufwand erhält der Gast eine kleine Aufmerksamkeit des Gastbetriebes (bspw. eine Ermäßigung beim nächsten Aufenthalt). Der Bewertungsassistent wertet die Antworten aus den Fragebögen zu einem Ergebnis aus, das in drei Kategorien gegliedert dargestellt wird (äußerst zufrieden, zufrieden, unzufrieden).

Der Bewertungsassistent selbst erstellt keine automatischen Bewertungen auf den Bewertungsplattformen. Seine Aufgabe ist die Evaluierung der Fragebögen und das Filtern der positiven Bewertungen für den Hotelier. Dieser kann anschließend seine Gäste ermuntern, einen Eintrag auf einer Bewertungsplattform zu tätigen.

17.3 Einsatz des Bewertungsassistenten

Der Bewertungsassistent ist seit November 2008 in der Testphase und wird seit Februar 2009 am Markt eingesetzt. Die Erarbeitung und Umsetzung des Fragebogens erfolgte durch die Ranninger Consult GmbH. Die Konzeption sowie die technische Umsetzung ging von der Tourismus-Internetagentur ncm.at aus. Die hohe Rücklaufquote der Fragebögen von 25–35 % ist auf die einfache Formulierung und Gestaltung des Fragebogens zurückzuführen. Bis zu 45 % jener User, die positiv bewertete Fragebögen abgeben, besuchen nach Aufforderung zusätzlich mindestens eine Bewertungsplattform um eine positive Bewertung zu schreiben. Dies lässt auf einen hohen Involvierungsgrad der Gäste durch den Bewertungsassistenten schließen.

17.4 Methodik des Fragebogens

Klassische Fragebögen in Hotels liefern selten relevante Basis für einen Maßnahmenkatalog, da die Fragen oftmals zu unpräzise und oberflächlich formuliert sind. Zahlreiche Erfahrungen belegen, dass bei genauer Formulierung der Probleme des

Gastes, die Teilnahmebereitschaft für die Teilnahme an einer Befragung steigt. Detailreiche Fragen werden von den Gästen oft leichter entschuldigt, als am Thema vorbei agierende Evaluationsbögen. Dem Gast erscheint die Teilnahme als sinnvoll und nutzbringend (Ranninger 2009, Anhang).

Der Fragebogen ist nach dem Kano-Prinzip aufgebaut und besteht aus 15–20 Fragen. Das Kano-Modell wurde in den 1970er Jahren von Dr. Noriaki Kano, Professor an der Universität Tokio entwickelt und dient der Analyse von Kundenwünschen. Es ermöglicht die Erfassung von Kundenanforderungen und deren Berücksichtigung bei der Entwicklung oder Verbesserung von Produkten und Dienstleistungen (Matzler et al. 2000, S. 13). Für jede Produkteigenschaft werden Fragen in Modulen zusammengefasst, die individuell auf den Gastbetrieb abgestimmt werden. Die Auswahl der Module ergibt sich einerseits aus dem Angebot des Hotels und andererseits aus den Befragungsinteressen des Hoteliers.

Aus folgenden Modulen kann der Fragebogen zusammengestellt werden:

- Allgemein
- Check In & Check Out
- Zimmer & Zimmerservice
- Frühstück
- Gastronomie
- Wellness
- Sport & Freizeit
- Gäste mit Kindern

In jedem Fragenkomplex wird jeweils eine präzise Beurteilung des Gastes über die Qualität des Hotels selbst und die Leistung abgefragt. Wesentlich ist, dass die Beurteilung über die erfahrene Qualität im Hotel vom Angebot des Hotelbetriebes und dem Verhalten des Personals abhängig ist. Für die Beurteilung wird eine sechsteilige Skala verwendet. Bei dieser Einteilung muss sich der Befragte für eine positive oder negative Tendenz entscheiden und wird ganz bewusst von der nichtlinearen fünfstufigen Notenskala zu einer linearen Beurteilung der Qualität und Leistung hin gelenkt. Nach der Bewertung wird dem Gast ein hypothetischer Fragenkomplex, eine sog. bipolare (funktionale und dysfunktionale) Kano-Frage, gestellt. Diese misst die Erwartungshaltung des Gastes. Der Gast kann jeweils aus fünf vorgegebenen Antworten eine Zutreffende wählen. Kombiniert man die beiden Antworten der bipolaren Frage, ergibt sich eine Einteilung der Eigenschaft (Ranninger 2009, Anhang).

Beispiel für eine Basiseigenschaft: Sauberkeit einer Hotelanlage
Wählt der Gast aus, „dass ihm Sauberkeit äußerst wichtig ist", und „es ihn sehr stören würde, wenn die Hotelanlage nicht in ordentlichem Zustand wäre", dann bedeutet dies, dass es ganz klar eine Basiseigenschaft ist.

Das Kano-Modell unterscheidet fünf Relevanzeigenschaften eines Produktes. Nachdem der Gast den Fragebogen ausgefüllt hat, errechnet das System des Bewertungsassistenten welche Erwartungshaltung der Gast hat.

Basiseigenschaft: Die Basiseigenschaft stellt den höchsten Grad an Erwartungen. Es ist selbstverständlich und Standard, dass diese Eigenschaft bestens erfüllt wird. Dies löst jedoch noch keine Zufriedenheit aus. Geringe Leistungsabstriche führen hingegen sofort zu Unzufriedenheit. Eine Basiseigenschaft wie freundliches Personal empfindet der Gast als selbstverständlich. Er erwartet dies nicht bewusst, ist aber unzufrieden, wenn diese Eigenschaft nicht erfüllt wird. Beispiel: Freundliches Personal, Sauberkeit im Hotel (Matzler et al. 2000, S. 3).

Leistungseigenschaft: In dieser Eigenschaft kann sich ein Hotel vom Mitbewerb unterscheiden. Die Leistungseigenschaft wird vom Gast bewusst wahrgenommen und trägt je nach Vorhandensein oder Ausprägung zur Zufriedenheits- aber auch Unzufriedenheitssteigerung bei. Es ist eine Eigenschaft, nach welcher der Gast sein Hotel auswählt. Beispiel: Wellnessbereich Ja/Nein, Hallenbad Ja/Nein, Kinderbetreuung (Matzler et al. 2000, S. 3).

Begeisterungseigenschaft: Etwas, was der Gast nicht erwartet hätte, was ihm Nutzen stiftet und ihn begeistert. Beispiel: umfangreiches Frühstücksbuffet, besondere Kompetenz bei der Lösung von Problemen durch das Personal (Matzler et al. 2000, S. 3).

Unerhebliche Eigenschaft: Eine Eigenschaft, die keine Relevanz für den Kunden hat und so weder zur Zufriedenheit noch zur Unzufriedenheit beitragen kann. Deshalb spielt die Qualität der Eigenschaft kaum eine Rolle.

Beispiel: Fitnessraum für einen an Sport überhaupt nicht interessierten Gast, Kinderbetreuung für Singles.

Rückweisungseigenschaft: Wenn diese Eigenschaft vorhanden ist, verhindert sie die Wahl des Hotels. Dies ist eine seltene Konstellation im Gastgewerbe. Es würde bedeuten, dass der Gast einer anderen Zielgruppe angehört.

Wenn Gäste mit geringen Erwartungen in einen Hotelbetrieb kommen, wird der Gast auch noch mit einer mittelmäßigen Leistung zufrieden sein. Dies bedeutet grundsätzlich, dass der Zufriedenheitsgrad eines Gastes nicht ohne seine Erwartungshaltung abgefragt werden kann. Diese Fehlinterpretation wird oft gemacht und führt zu völlig falschen Prioritäten im Abarbeiten von Maßnahmenkatalogen. Daher ist es notwendig, die Beurteilung und die Erwartungshaltung zu einem Zufriedenheitswert umzurechnen. Dieser hat den wesentlichen Vorteil, die Wünsche der Gäste voll abzubilden und Veränderungen über die Zeit in Längsschnittanalysen nachvollziehbar darzustellen (Ranninger 2009, Anhang).

Mittel- und langfristig verändern sich die Eigenschaften und Anforderungen an einen Hotelbetrieb, da sich die Gäste an gewisse Angebote gewöhnen und diese als Standard ansehen und voraussetzen. So kann eine Begeisterungseigenschaft mit der Zeit zu einer Basiseigenschaft werden. Beispiel: Ein Fernseher im Zimmer war früher eine Begeisterungseigenschaft, mittlerweile gilt er als Hotelstandard und wird vom Kunden erwartet.

Online-Befragungen haben einen großen Vorteil: die automatische Auswertung. Neben der internen Evaluierung bietet sich der Bewertungsassistent mit dem Anstieg von teilnehmenden Betrieben auch für das Benchmarking, sowohl von einzelnen Angebotsgruppen innerhalb einer Region, als auch überregional an. Um dem Gästemix gerecht zu werden, können die Fragebogen auf Deutsch, Englisch, Italienisch und Französisch beantwortet werden.

17.5 Praxisbeispiel: Hotel Edelweiss

Das Hotel Edelweiss in Obergurgl nutzt den Bewertungsassistenten für die Evaluierung des Hotelangebots. Zuvor gab es keine Maßnahmen im Betrieb zur Evaluierung der Zufriedenheit der Gäste. Als besonders positiv bewertet Michael Anfang, Leiter Marketing und Sales im Hotel, die Akzeptanz des Online-Fragebogens: „Wir hätten nie gedacht, dass fast ein Drittel unserer Gäste den Fragebogen ausfüllen würde und sich zudem für die Nachfrage bedankt. Das Versenden der Fragebögen bringt uns eine Imagesteigerung und Verbesserungen für den Betrieb. Konkrete Beispiele für die direkte Umsetzung der Befragungsergebnisse des Bewertungsassistenten waren die Verbesserung des Gepäcktransportes zum Zimmer und verbesserte Darstellung des Hotelangebots bei der Ankunft von neuen Gästen" (Anfang 2009, Anhang). Im Hotel Edelweiss ist man sich sicher, dass das signalisierte konsequente Interesse am Kunden durch den Bewertungsassistenten bei diesem eine Imagesteigerung bringt und durch das laufende Feedback die Qualität heben kann.

17.6 Ausblick

Nachdem Bewertungsplattformen niemals den Anspruch an Objektivität erfüllen können bzw. die Datenflut im Internet stetig wächst und kaum zu überblicken ist, kann der Hotelier mit dem Bewertungsassistenten selbst mit und über sein Produkt kommunizieren. Die Kommunikation erfolgt zwar nicht in Echtzeit, ist aber wechselseitig und gibt sowohl Gast auch Hotelier die Möglichkeit, deren Standpunkte zu vertreten. Der Bewertungsassistent stellt so ein natürliches Regulativ dar, da er einerseits Kommunikation anregt und positive Kommunikation über das Unternehmen im Internet schafft, aber auch Erkenntnisse über Schwachstellen und Verbesserungen des Angebotes intern erhält und extern zulässt. Der größte Vorteil des Bewertungsassistenten ist die Tatsache, dass er die Zufriedenheit in Relation zur Erwartung des jeweiligen Gastes misst, im Unterschied zu allen Gästebefragungen, die auf einen Durchschnitt abstellen, der in der Wirklichkeit niemals vorkommt (Ranninger 2009, Anhang).

- Durch den Bewertungsassistenten kann auf zukünftige Entwicklungen oder Wünsche sowie auf Kritik der Gäste besser eingegangen werden.
- Da Google-Rankings auch durch Bewertungen beeinflusst werden, stellen die touristischen Bewertungsplattformen ein wichtiges Sprachrohr in der Kommunikation mit den Gästen dar.

- Durch die direkte Integration von Bewertungsplattformen auf Hotelwebsites kann Transparenz und Vertrauen in das eigene Produkt signalisiert werden.
- Der Bewertungsassistent schafft es zudem unterschiedliche Hotelkategorien abzudecken – auch kleinere Hotels gelangen durch den Bewertungsassistenten leichter in den öffentlichen Fokus.
- Kritik wird durch den Bewertungsassistenten nicht künstlich verhindert: Dem Kunden steht es immer frei, seine negativen Erfahrungen zu publizieren. Der Bewertungsassistent bietet aber dem Hotelier die Möglichkeit, in Echtzeit zu reagieren und Missverständnisse auszuräumen bzw. die Unzufriedenheit des Kunden zu verringern. Indem der Hotelbetrieb nachhaltig seine Leistung verbessert, wird die Qualität der touristischen Betriebe erhöht.
- Die derzeitige wirtschaftliche Entwicklung wird auch in der Zukunft in den Investitionen keine großen Spielräume gestatten. Vorhandene Mittel müssen noch genauer eingesetzt werden (können), um die Wünsche der Gäste richtig zu erfüllen. Deshalb wird die Qualität der Befragung immer wichtiger werden, um den nachhaltigen Erfolg der eingesetzten Mittel abzusichern. Automatisierte Befragungen und Auswertungen sind also auch aus budgetären Gründen der sinnvollste Weg (Ranninger 2009, Anhang).

17.7 Anhang

17.7.1 Fragebögen 1: Erfahrungswerte mit dem Bewertungsassistenten

Originalfragebogen zum Thema Bewertungsassistent

> Herzlich Willkommen!
> Mit der Teilnahme an dieser Online-Befragung leisten Sie einen wesentlichen Beitrag
> zu einem wissenschaftlichen Artikel zum Thema „Erfahrungswerte mit dem NCM-Bewertungsassistenten", der im Sammelband „Social Web im Tourismus" veröffentlicht wird.

> Der Fragebogen umfasst sechs Fragen. Die Beantwortung wird etwa 5–7 min in Anspruch nehmen. Ich bitte Sie, ihre Antworten jeweils zu begründen. Für Fragen oder Anregungen bin ich gerne unter dieser E-Mail-Adresse karim@viermalvier.at für Sie erreichbar.

> Vielen herzlichen Dank für Ihre Unterstützung! Mit freundlichen Grüßen
> Karim Patrick Bannour
>
> Ob und wie wurde vor dem Bewertungsassistenten in Ihrem Betrieb eine Kundenbefragung durchgeführt?
> Wie gehen und gingen Sie vorher mit der Thematik „Bewertungsplattformen" um? Waren Ihnen diese Plattformen vorher bekannt?
> Sind Sie aktiver Internet-User und wie gut sind Ihre Kenntnisse im Internet?
> Welche Erfahrungen haben Sie mit dem Bewertungsassistenten gemacht, erleichtert er Ihre Arbeit bzw. Ihre Kundenzufriedenheit, Produktakzeptanz, Buchungslage und führt es zu Zeitersparnis, Kostensenkung, mehr Feedback und Produktoptimierung?
> Können Sie ein Beispiel für eine Kunden-Rückmeldung von Wünschen, die dann tatsächlich umgesetzt wurden (und welche sie ohne Bewertungsassistent vielleicht gar nicht gewusst hätten), nennen?
> Wie viel Prozent Ihrer Kunden kommen über das Internet (X-Prozent Informieren sich über das Internet, X-Prozent der Anfragen über das Internet, X-Prozent reservieren über das Internet)?

17.7.2 Fragebogen Anfang Michael, Hotel Edelweiß

1) **Ob und wie wurde vor dem Bewertungsassistenten in Ihrem Betrieb eine Kundenbefragung durchgeführt?**
   Nein.
2) **Wie gehen und gingen Sie vorher mit der Thematik „Bewertungsplattformen" (TripAdvisor, HolidayCheck, etc.) um? Waren Ihnen diese Plattformen vorher bekannt?**
   Waren uns bekannt. Wir haben Gästen die an der Rezeption bei der Abreise begeistert waren ein Zettelchen zugesteckt, mit der Bitte uns doch einen positiven Eintrag zu schreiben. Hat aber nur sehr selten funktioniert.
3) **Sind Sie aktiver Internet-User und wie gut sind Ihre Kenntnisse im Internet?**
   In gewissen Bereichen kenne ich mich gut aus, bei Themen wie Video, Facebook und solchen Dingen eher weniger. Ich nutze YouTube, Flickr und Xing (sporadisch).
4) **Welche Erfahrungen haben Sie mit dem Bewertungsassistenten gemacht, erleichtert er Ihre Arbeit bzw. Ihre Kundenzufriedenheit, Produktakzep-**

tanz, Buchungslage und führt es zu Zeitersparnis, Kostensenkung, mehr Feedback und Produktoptimierung?
Wir hätten nie geglaubt, dass fast 1/3 unserer Gäste den Fragebogen ausfüllen. Gäste sind sehr positiv und bedanken sich für die Nachfrage. Wir sind sicher, dass uns das Versenden der Fragebögen eine Imagesteigerung bringt. Außerdem können wir laufend besser werden.

5) **Können Sie ein Beispiel für eine Kunden-Rückmeldung von Wünschen, die dann tatsächlich umgesetzt wurde (und welche sie ohne Bewertungsassistent vielleicht gar nicht gewusst hätten) nennen?**
Verbesserungen im Gepäcktransport zum Zimmer. Bessere Erklärung der Einrichtungen bei Anreise von neuen Gästen.

6) **Wie viel Prozent Ihrer Kunden kommen über das Internet (X-Prozent Informieren sich über das Internet, X-Prozent der Anfragen über das Internet, X-Prozent reservieren über das Internet)?**
95 % und 95 %. Anfragen ist reservieren, da wir keine Onlinebuchungsmöglichkeit bieten. Wir schaffen ca. 30 % Buchungen aus Anfragen.

17.7.3 *Fragebogen 2: Die Wissenschaftlichkeit des Bewertungsassistenten*

Originalfragebogen zum Thema Bewertungsassistent

Herzlich Willkommen!
Mit der Teilnahme an dieser Online-Befragung leisten Sie einen wesentlichen Beitrag
zu einem wissenschaftlichen Artikel zum Thema „Erfahrungswerte mit dem NCM-Bewertungsassistenten", der im Sammelband „Social Web im Tourismus" veröffentlicht wird.
Der Fragebogen umfasst sechs Fragen. Die Beantwortung wird etwa 5–7 min in Anspruch nehmen. Ich bitte Sie, ihre Antworten jeweils zu begründen. Für Fragen oder Anregungen bin ich gerne unter dieser E-Mail- Adresse karim@viermalvier.at für Sie erreichbar.
Vielen herzlichen Dank für Ihre Unterstützung! Mit freundlichen Grüßen
Karim Patrick Bannour

Nach welchen Kriterien analysiert der Bewertungsassistent den Zufriedenheitsgrad der Urlauber?
Wie „wissenschaftlich" ist die Beurteilung?
Worauf kommt es generell bei einer Kundenbefragung/bei einem Fragebogen an (und speziell im Tourismus)?

Welchen Stellenwert haben Kundenbefragungen im Tourismus und wohin wird es sich entwickeln?
Was zeichnet Ihrer Meinung nach den Bewertungsassistenten aus?

17.7.4 Fragebogen Ranninger Günther DI, Ranninger Consult GmbH

1) **Nach welchen Kriterien analysiert der Bewertungsassistent den Zufriedenheitsgrad der Urlauber?**
Grundsätzlich wird die Themenwahl nach den Wünschen der Hoteliers durchgeführt.
Vorbereitet haben wir alle Themen, die der Gast während seines Aufenthaltes in irgendeiner Weise relevant erlebt. Wir schlagen den Bogen von der Unterstützung des Auffindens des Hotels, der Ankunft, wie er als Gast empfangen wird und seine Reservierung verwirklicht sieht, welche Unterstützungen das Personal bereithält, bis zur Verköstigung in der möglicherweise vorhandenen Gastronomie. Bei jenen Hotels, die zusätzliche Leistungen anbieten, wie Wellness oder Kultur, werden auch diese in einem Fragenkatalog abgehandelt. Selbst die Frage nach der Ausstattung oder kindergerechten Verpflegung wird berücksichtigt.
Diese Fragen werden in entsprechenden Paketen (Module) zusammengefasst angeboten.
Wir wollen den Hoteliers eine breite Palette an Fragen anbieten, damit die im Augenblick relevanten Schwerpunkte bearbeitet werden können.

2) **Wie „wissenschaftlich" ist die Beurteilung?**
Wir stellen dem Gast grundsätzlich zwei verschiedene Fragen.
Die eine bezieht sich auf die Qualität des Hotels selbst und auf die der angebotenen Dienstleistungen. Wesentlich ist, dass diese Qualität vom Hotelier durch seine Leistungen beeinflusst werden kann. Mit diesen Fragen wird präzise eine Beurteilung des Gastes abgefragt. Wir verwenden für die Beurteilung eine sechsteilige Skala, damit zum einen die Mitte vermieden wird (die sonst gerne von den Unentschlossenen gewählt wird) und zum anderen, damit wir ganz bewusst von der nichtlinearen fünfstufigen Notenskala zu einer linearen Beurteilung der Qualität und Leistungen hinlenken.
Wesentlich ist dabei die Dimension, die wir der Frage zuordnen: sehr gut bis sehr schlecht, sehr kompetent bis nicht kompetent usw. Es gibt auch Fälle, in denen wir von zu viel bis gerade richtig bis zu wenig fragen. Hier kann der Gast seine Intentionen in der Menge in beiden Richtungen artikulieren. Das „gerade richtig" ist dann die beste Antwort, da die Dienstleistung offenbar den Wunsch des Gastes voll erfüllt.
Die Zweite Frage ist ein hypothetischer Fragenkomplex. Mit diesen Fragen wollen wir die Erwartungshaltung des Gastes ermitteln, die er zu einer Dienstleis-

tung hat. Dies Erwartungshaltung kann vom Hotelier nicht beeinflusst werden und liegt in der Persönlichkeit des Gastes.

Wollen wir die Zufriedenheit oder die Unzufriedenheit eines Gastes ermitteln, dann ist das Wissen um die Erwartungshaltung eine absolut notwendige Komponente. Wir benützen dazu die von Prof. Noriaki Kano entwickelte Methode.

Es ist grundsätzlich ein sehr wesentlicher Unterschied, ob eine Leistung als selbstverständlich angesehen wird (diese muss mit der höchstmöglichen Qualität angeboten werden) oder ob der Gast diese Leistung als unerheblich einstuft. Im letzteren Fall wird die Qualität kaum eine Rolle spielen, da es eben egal ist, was und wie dieses angeboten wird. Bei geringer Erwartung ist die Überraschung sicher und der Gast wird auch noch mit einer mittelmäßigen Leistung zufrieden sein, da er mit dem Angebot überrascht wurde. Das bedeutet, ohne die Erwartungshaltung zu kennen ist eine Bewertung der Leistung kein Maß für die Zufriedenheit des Gastes. Diese Fehlinterpretation wird oft gemacht und führt zu völlig falschen Prioritäten im Abarbeiten von Maßnahmenkatalogen.

Wir rechnen dann die Beurteilung und die Erwartungshaltung zu einem Zufriedenheitswert um. Dieser Wert (CSP® customer satisfaction power) hat den wesentlichen Vorteil, die Wünsche der Gäste voll abzubilden und Veränderungen über die Zeit in Längsschnittanalysen nachvollziehbar darzustellen. So und nur so kann ein echtes Benchmarking mit anderen Hotels und regional gemacht werden. Auch dann, wenn der Mitanbieter ein anderes Leistungsspektrum in seinem Portfolio hat.

3) **Worauf kommt es generell bei einer Kundenbefragung/bei einem Fragebogen an (und speziell im Tourismus)?**

Die in den meisten Hotels aufliegenden Befragungen liefern im Grunde keine Basis für einen Maßnahmenkatalog, da sie viel zu unpräzise und zu oberflächlich formulieren. Dem Gast werden Antworten abverlangt, die in der Wertigkeit des Themas kaum eine Bedeutung haben.

Es ist daher notwendig die wesentlichen Bedürfnisse der Gäste zu spüren und die entsprechenden Fragen zu stellen. Dabei kann der eine oder andere Gast möglicherweise einen zu hohen Detaillierungsgrad orten. Dieser Umstand ist aber leichter zu entschuldigen, als eine Befragung die am Thema und dem eigentlichen Problem vorbeizielt. Wir haben die Erfahrung gemacht, wenn man die Probleme des Gastes formuliert, dann nimmt er auch länger an einer Befragung teil, da sie ihm sinnvoll und nutzbringend erscheint.

4) **Welchen Stellenwert haben Kundenbefragungen im Tourismus und wohin wird es sich entwickeln?**

Die derzeitige Entwicklung der Wirtschaftslage wird auch in der Zukunft in den Investitionen und in den Personalkosten kaum große Spielräume gestatten. Es werden die vorhandenen Mittel sehr genau eingesetzt werden müssen um die Wünsche der Gäste richtig zu erfüllen.

Daher wird die Qualität der Befragung immer mehr ein Kriterium sein, ob die Ergebnisse strategisch einsetzbar sind oder nicht.

Wenn valide Antworten auf die richtigen Fragen gegeben werden, dann wird der Hotelier in seiner Entscheidung unterstützt und der nachhaltige Erfolg der eingesetzten Mittel abgesichert. Nur die Gäste, die ihre Erwartungen mit einer ansprechenden Qualität erfüllt sehen, werden auch zu wiederkehrenden Gästen. Den Wandel der Erwartungen zu erfragen und nachzuvollziehen, wird immer mehr die Strategie der Hotelier bestimmen. Nur die genaue Kenntnis der Marktsegmente und deren Veränderung wird die Frage des Überlebens beantworten.

Die zukünftige Entwicklung wird in der Automatisierung der Befragungen und der Auswertung der Antworten liegen. Die Bedeutung des Internet nimmt rasant zu und hat noch lange den Höhepunkt nicht überschritten. Fragebogen auf Papier sind daher kaum mehr zeitgemäß und langweilen die Gäste eher als sie zur Beantwortung zu animieren. Selbstverständlich ist es auch eine Kostenfrage, welche Methoden man anwendet. Die Digitalisierung macht eine Antwortzeit möglich, die mit herkömmlichen Methoden nie erreicht werden kann.

5) **Was zeichnet Ihrer Meinung nach den Bewertungsassistenten aus?**

Der Bewertungsassistent löst auf unkomplizierte Weise mehrere Probleme gleichzeitig: Der Gast kann in zeitgemäßer Form per Mausklick seine Zufriedenheit mit dem von ihm gewählten Hotel sowohl dem Gastgeber bekannt geben als diese auch auf allgemein zugängliche Bewertungsplattformen im Internet stellen.

Sollte er mit der Leistung einmal nicht oder nur teilweise zufrieden sein, so erfährt der Hotelier in Echtzeit davon und kann sofort reagieren. Eine schnellere – und auch kostengünstigere – Betriebsanalyse gibt es nicht. Wobei gesagt werden muss: Wenn Menschen am Werk sind, kann gelegentlich etwas schiefgehen. Das wissen auch unsere Gäste. Worauf es ankommt ist, wie mit Kritik umgegangen wird. Gerade kritische Gäste, die sich ernst genommen fühlen, denen für Ihre Anregungen gedankt wird und die erkennen können, dass nun wirklich Maßnahmen zur positiven Änderung gesetzt werden, mutieren innerhalb kürzester Zeit zu wahren Fans, die begeistert von „ihrem" Hotel erzählen.

Diese Erfahrung wird u. a. auch durch die Tatsache bestätigt, dass gerade jenen Bewertungen auf den Internetplattformen die höchste Glaubwürdigkeit zugebilligt wird, die nicht das Bild hundertprozentiger Perfektion zeichnen. Möglichkeiten, etwas noch besser zu machen als es ohnehin schon sein mag, gibt es ja bekanntlich immer noch. Vor allem, weil unsere Gäste Gottseidank nicht alle gleich sind. Und hier zeigt sich der größte Vorteil des Bewertungsassistenten – er misst die Zufriedenheit in Relation zur Erwartung des jeweiligen Gastes. Das unterscheidet dieses Instrument in wohltuender Weise von allen Gästebefragungen, die auf einen Durchschnitt abstellen, der in der Wirklichkeit niemals vorkommt.

Bibliografie

Anfang, M. (2009). Fragebogen Anfang Michael. Hotel Edelweiß.
Matzler, K., Sauerwein, E., & Stark, C. (2000). Methoden zur Identifikation von Basis-, Leistungs- und Begeisterungsfaktoren. http://www.competencesite.de/marketing.nsf/F7832E223AE31407C1256C940049D4AE/$File/meth_ident.pdf. Gesehen am 19. März 2009.

Ranninger, G. (2009). Fragebogen Ranninger Günther DI. Ranninger Consult GmbH.
Skibicki, K. (2007). Erfolgreiches Community-Marketing für Hotels, Destinationen und Reiseveranstalter. Vortrag im Rahmen der 6. Schönbrunner Tourismusgespräche vom 14.09.2007. http://www.schoenbrunn.at/de/site/publicdir/res/648792_89563_Skibicki_Praesentation_ Schoenbrunn_FINAL.pdf. Gesehen am 20. Sept 2007.
Tscherteu, G. (2003). Was ist Social Software? http://www.realitylab.at/pdf/SocialSoftware.pdf. Gesehen am 15. März 2009.

Kapitel 18
Facebook-Applications im Tourismus – Casestudy „Gedankenreise" des Reiseportals TripsByTips

Uwe Frers

Zusammenfassung: In diesem Beitrag wird beschrieben, was eine Facebook-Application ist, warum sich TripsByTips für die Programmierung einer eigenen Facebook-Application entschieden hat, welche Erfahrungen dabei gesammelt werden konnten und wie die Application als Marketingtool für Destinationen eingesetzt werden kann. Einleitend wird das zugrunde liegende Konzept des Online-Reiseführers TripsByTips kurz erläutert.

Schlüsselwörter: Facebook • Application • Destinationsmarketing • Viralität • Reiseportal • Inspiration • Social Media

18.1 Einführung TripsByTips

Persönliche Empfehlungen, auch Mund-zu-Mund-Propaganda genannt, sind ein hocheffizientes Marketinginstrument, insbesondere für Destinationen. Durch die Nutzung von Web 2.0-Technologie lässt sich die üblicherweise persönlich, also face-to-face geführte Kommunikation perfekt ins Internet übertragen. Für Destinationen bietet sich damit eine hervorragende Chance Neukunden zu gewinnen. Aber wie können Empfehlungen im Internet generiert werden? Und wo finden interessierte Reisende diese Empfehlungen? Genau darauf hat sich der Online-Reiseführer „TripsByTips" spezialisiert.

TripsByTips ist ein Online-Reiseführer mit User Generated Content, also Artikeln, die nicht zentral von einer Redaktion, sondern von den Nutzern der Plattform geschrieben werden. Unter http://www.tripsbytips.com haben 10.310 Reisende (Stand September 2009) bisher über 80.000 Empfehlungen und Bilder veröffentlicht. Über zwei Millionen Reisende haben bislang das Portal besucht,

---

U. Frers (✉)
Tripsbytips.com, tripsbytips.de, Reichenbergerstr. 113a, 10999 Berlin, Deutschland
e-mail: ufrers@escapio.com

um Inspiration für ihre Urlaubsplanung zu erhalten. Gegenüber den gängigen Bewertungsportalen wie Holidaycheck oder TripAdvisor unterscheidet sich TripsByTips in mehrfacher Hinsicht. So veröffentlicht TripsByTips keine Bewertungen, sondern ausschließlich Empfehlungen. Die Grundidee ist einfach: Wer Urlaub machen möchte, fragt im privaten Umfeld nach den besten Tipps der Freunde. Dieses zeitsparende Prinzip hat TripsByTips auf das Internet übertragen und gibt damit die richtigen Antworten auf Fragen wie „Wo kann man gut wandern?", „Wo ist ein tolles Gourmetrestaurant für ein Schlemmerwochenende?" oder „Wo kann ich mit meiner Familie schöne Dinge entdecken?". Die Tipps werden dabei nach Beliebtheit sortiert: je mehr Mitglieder einen Tipp mögen, desto weiter oben steht er in der Trefferliste. Noch passender werden die Tipps, wenn man sich bei TripsByTips anmeldet und seine Bekannten auf die Plattform eingeladen hat. Dann werden Tipps von Freunden ganz nach oben sortiert, weil TripsByTips der Empfehlung eines Freundes mehr Gewicht beimisst als dem Geschmack der Masse.

Um sich die passenden Tipps besser merken zu können, lassen sie sich individuell in „Trips" speichern. Auf diese Art und Weise bietet TripsByTips die Möglichkeit, einen persönlichen Reiseführer individuell zusammenzustellen und auszudrucken. Nach der Reise lässt sich Erlebtes einfach ergänzen. So kommt es Jahre später nicht mehr vor, dass man den Namen des kleinen Restaurants nach der schönen Wanderung vergessen hat. Weil die Gründe für eine Reise sehr unterschiedlich sind, präsentiert TripsByTips die Empfehlungen nicht nur nach Destinationen und Typen sortiert (z. B. Restaurant, Kultur oder Sightseeing), sondern auch nach Lifestylekriterien (z. B. stylish, für Familien, romantisch). Diese Form der Darstellung schafft Inspiration für alle, die Urlaub machen wollen, aber die passende Destination noch nicht gefunden haben.

18.2 Information versus Interaktion

Communities können grundsätzlich in informationsgetriebene und in kommunikationsgetriebene Communities unterschieden werden. Informationsgetriebene Communities stellen ihren Mitgliedern Tools zur Verfügung, um Inhalte wie Texte, Bilder oder Filme möglichst einfach und im Regelfall für jedermann zu veröffentlichen. Die Interaktion zwischen den Mitgliedern ist möglich, aber nicht das Hauptziel der Anwendung. Allgemeine Beispiele hierfür sind Youtube oder Flickr, im Tourismus Holidaycheck oder Tripadvisor. Kommunikationsgetriebene Communities legen den Schwerpunkt auf Tools, die den Austausch unter den Mitgliedern forcieren. Die Generierung von Inhalten steht hier nicht im Vordergrund. Allgemeine Beispiele hierfür sind Facebook oder wer-kennt-wen, im Tourismus WAYN. TripsByTips versteht sich im Kern als informationsgetriebene Community, die allerdings die Verknüpfung und Interaktion zwischen den Mitgliedern zusätzlich forciert. Ziel ist es anhand des dadurch generierbaren Social Graphs aus der Vielzahl der bestehenden Inhalte die für das einzelne Mitglied wirklich relevanten Inhalte perfekt zu filtern.

18.3 Grund und Zielsetzung

Während Kommunikation zwischen Nutzern im Internet häufig, kurz und schnell erfolgen kann, erfordert die Bereitstellung von Informationen einen größeren Aufwand durch den Nutzer. Die Mitgliederzahlen von informationsgetriebenen Communities sind folglich im Regelfall deutlich geringer als die von kommunikationsgetriebenen Communities. TripsByTips hat sich deswegen im Juni 2008 dazu entschieden, die inhaltliche Ausrichtung von TripsByTips mit den Tools von kommunikationsgetriebenen Communities zu verbinden. Nach Analyse aller in Frage kommenden Communities fiel die Wahl auf Facebook, der mit 250 Mio. Nutzern weltweit größten Community (Stand September 2009). Facebook bietet zudem als einziger internationaler Communitybetreiber die Möglichkeit, nicht nur Fanseiten oder Gruppen zu erstellen, sondern Applications, also eigene Internetanwendungen, direkt in das Angebot von Facebook zu integrieren.

18.4 Beschreibung Facebook Application

Im Mai 2007 kommunizierte Facebook, dass die Plattform für Drittanbieter geöffnet werden soll. Damit wurde erstmals die Möglichkeit geschaffen, eigene Anwendungen für die Mitglieder von Facebook zu entwickeln. Diese Anwendungen können über eine Programmierschnittstelle (API) auf Standardfunktionen von Facebook zugreifen (z. B. Anwendung an Freunde empfehlen, Nutzerinformationen wie Name oder Bild für Anwendung verwenden oder Aktivitäten des Nutzers im Newsfeed seiner Freunde anzeigen). Der besondere Vorteil einer Facebook-Application ist die Tatsache, dass sich die Nutzer von Facebook gegenseitig zur Nutzung von guten Applications einladen. Die Bewerbung erfolgt also nicht durch kostenintensive Marketingmaßnahmen wie Banner oder Textlinks, sondern durch die kostenlose Empfehlung von befreundeten Nutzern. Dieser Effekt ähnelt dem des viralen Marketings, bei dem das Auslösen und Kontrollieren von Mund-zu-Mund-Propaganda gezielt eingesetzt wird, um die Vermarktung von Unternehmen und deren Leistungen zu fördern (Langner 2007). Bislang wurden 350.000 Applications von Drittanbietern programmiert (Stand September 2009), wobei sich auch hier das Pareto-Prinzip zeigt: 90 % aller Applications gehen in der Masse unter, sie werden von weniger als 2.500 Nutzern installiert, nur zehn Prozent aller Applications sind erfolgreich. Ziel von TripsByTips war es, mit einem festgelegten Aufwand in Höhe von zehn IT-Manntagen, innerhalb von vier Wochen nach Start der Application, 1.000 Nutzer bei Facebook für die

Application zu gewinnen. Sollte dieses Ziel gelingen, würden weitere Ressourcen für das Projekt freigegeben.

18.5 Konzeption

Die Konzeptionsphase für die Application dauerte vier Wochen. Nach dem Benchmarking bestehender englischsprachiger touristischer Applications wurde entschieden, keine deutschsprachige Kopie umzusetzen, sondern eine eigene Idee zu entwickeln. Gefordert war die Verbindung von Reise, Spaß, Interaktion und Kommunikation. Die Nutzer sollten auf spielerische Art eine Reiseinspiration erhalten und im nächsten Schritt die Möglichkeit bekommen, weitere Informationen zum Reiseziel bei TripsByTips abzufragen. Nach mehreren Brainstormings im Team sowie Meetings zur Verdichtung der Ideen fiel die Entscheidung zugunsten der Idee „Gedankenreise", deren gewünschte Funktion wie folgt umschrieben wurde: „Eine Gedankenreise befördert Dich und Deine Freunde mit nur zwei Klicks zu den besten Plätzen der Welt. Gedankenreisen sind spontan, persönlich, umweltfreundlich und kostenlos. Mach spontan wozu Du Lust hast und begib Dich in die Welt der virtuellen Reisen. Stress und Alltag kannst Du mit einer Gedankenreise beiseite schieben und Deinen Freunden zeigen, dass Du an Sie denkst. Connecte Dich und erobere die Welt vom Schreibtisch aus." Konkret wählt ein Facebook-Nutzer eine Aktivität aus den vorgegebenen Aktivitäten (z. B. „Eine Skitour machen" oder „Einen Sundowner genießen") und kombiniert die Aktivität mit einer der vorgebenen Destinationen (z. B. Berlin, Paris oder Kapstadt). Im dritten Schritt lädt er einen oder mehrere seiner Facebook-Freunde ein, mit ihm eine Gedankenreise zu starten. Die Freunde erhalten eine Nachricht mit dem Text: „Uwe möchte gerne eine Gedankenreise mit Dir machen: Einen Sundowner genießen in Kapstadt. Kommst Du mit?" Wenn der Freund auf „Ja, ich komme mit" klickt, wird er gefragt, ob er die Application ebenfalls installieren möchte, um wiederum seine Freunde auf eine neue Gedankenreise einzuladen.

18.6 Spezifikation

Die entstandene Idee musste jetzt inhaltlich und technisch detailliert spezifiziert werden. Die Erstellung der Spezifikation erfolgte innerhalb von zwei Wochen interdisziplinär durch drei Teammitglieder aus den Bereichen Marketing, Produktmanagement und IT. Die frühzeitige interdisziplinäre Herangehensweise war aus heutiger Sicht ein nicht unwesentlicher Grund für den Erfolg der späteren Application. Während das Marketing umfassende Forderungen hinsichtlich der Funktion forderte, lieferte die IT begleitend die technische Machbarkeitseinschätzung. Problematisch war hierbei die zu diesem Zeitpunkt noch schlechte Schnittstellenbeschreibung von Facebook, was zur Folge hatte, dass bereits in der Spezifikationsphase kleinere IT-Machbarkeitstests durchgeführt werden mussten. Die Verdichtung der Spezifikation durch das Produktmanagement sowie die grafische Umsetzung der Screens durch den User Interface Designer waren schließlich die Basis für die anschließende IT-Umsetzung.

18.7 Programmierung und Start

Die Entwicklung der Gedankenreise-Application erfolgte über einen Zeitraum von vier Wochen. Während die Umsetzung der auf den Servern von TripsByTips laufenden Anwendung unproblematisch von statten ging, verlief die Programmierung auf den von Facebook bereitgestellten Schnittstellen eher schleppend. Grund hierfür waren technische Umstellungen bei Facebook, die exakt in unseren Programmierzeitraum fielen. Am 29. August 2008, also knapp drei Monate nach den ersten Gedanken zum Thema Applications, ging die Application „Gedankenreise" von TripsByTips bei Facebook online. Die Bewerbung erfolgte im Blog von TripsByTips durch die Mitarbeiter und Mitglieder von TripsByTips innerhalb von Facebook sowie durch ein Mediabudget in Höhe von 500 €, welches in Form von Facebook-Ads (kleine Banner innerhalb von Facebook) geschaltet wurde. Abbildung 18.1 zeigt die Startseite der Facebook Application „Gedankenreise" auf.

Abb. 18.1 Startseite Facebook Application „Gedankenreise". (Quelle: Facebook 2009)

18.8 Zielerreichung, Zahlen

Facebook zeigt dem Betreiber einer Application tagesgenau die Installationszahlen. Wie Abb. 18.2 zu entnehmen ist verlief die Verbreitung der Application in der ersten Woche noch schleppend, im weiteren Verlauf jedoch umso erfolgreicher. Nach einer Woche waren es 344 Installationen, nach vier Wochen bereits 2.441, nach acht Wochen 11.941, am heutigen Tag sind es 35.341 installierte Applications (Stand September 2009).

Insofern wurde das Ziel von TripsByTips, nämlich 1.000 Installationen innerhalb von vier Wochen zu generieren, deutlich übertroffen. Die Nutzungsintensität, gemessen in aktiven Nutzern innerhalb der letzten vier Wochen, zeigt durch den Abnutzungseffekt geringere Werte an. Den höchsten Wert konnte die Gedankenreise Anfang Dezember 2008 mit 13.678 innerhalb der letzten vier Wochen aktiven Nutzern erreichen. Durch die Verlinkung von der Gedankenreise zu TripsByTips generiert die Application auch außerhalb von Facebook positive Effekte auf der Internetseite von TripsByTips: Sieben Prozent aller Surfer, die über eine andere Seite zu TripsByTips gelangen, kommen über Facebook. Zudem bleiben diese über Facebook generierten Besucher deutlich länger auf TripsByTips (+71 % bei Seitenzugriff pro Besuch und +133 % bei durchschnittlicher Besuchszeit, jeweils im Vergleich zum Durchschnitt aller Besucher).

18.9 Destinationsmarketing

Drei Monate nach Start der Gedankenreise hat TripsByTips das Konzept erweitert und Partner aus dem Tourismusbereich eingebunden. Die Destinationsmarketingorganisation Zell am See/Kaprun war der erste Partner, der davon Gebrauch gemacht

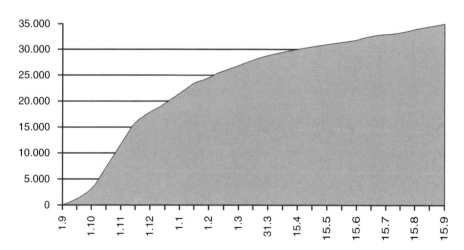

Abb. 18.2 Nutzerentwicklung der „Gedankenreise" (Installationen). (Quelle: Nichtöffentliches Statistiktool für Facebook-Applications)

hat. Zell am See/Kaprun wurde mit zwei Aktivitäten („Mit dem Snowboard im Tiefschnee fahren" und „Eine Skitour machen") in die Gedankenreise aufgenommen und in den Auswahlfeldern „Wovon träumst Du" und „Wo möchtest Du hin" jeweils ganz nach oben sortiert (bevorrechtigte Platzierung). Obwohl Zell am See/Kaprun bei der Gedankenreise im Wettbewerb gegen populäre Destinationen wie Kapstadt, New York oder London stand, wurden durch die bevorrechtigte Platzierung mehr als doppelt so viele Gedankenreisen nach Zell am See/Kaprun gemacht als durchschnittlich in die anderen Destinationen (+122 % gegenüber dem Durchschnitt). Zusätzlich wurden Nutzer der Application nach einer Gedankenreise eingeladen, eine echte Reise nach Zell am See/Kaprun zu gewinnen. Ziel des Konzeptes war es, den Nutzern der Gedankenreise spielerisch Inspiration für ihre nächste Reise zu geben und den Partnerdestinationen wie Zell am See/Kaprun über diesen Weg neue Interessenten und letztendlich im nächsten Schritt auch neue Kunden zu generieren.

18.10 Fazit

Facebook ist die am stärksten wachsende Community der Welt. Das Beispiel der Facebook-Application Gedankenreise zeigt, dass Dritte am Wachstum von Facebook partizipieren können. Die Erstellung von eigenen Facebook Applications durch Destinationen bietet hohes Potential (Viralität, Kosteneffizienz, lukrative Zielgruppe), aber auch klare Risiken, die im Wesentlichen konzeptioneller Natur sind (Erfolg nicht planbar, Kreativität gefordert, technisches Know How notwendig). Durch den Lösungsansatz, Destinationen in belegbar erfolgreiche Applications wie die Gedankenreise zu integrieren, lassen sich die konzeptionellen Risiken vollständig umgehen. Nicht unerwähnt bleiben darf das exogene Risiko von nicht planbaren Veränderungen in der Nutzerführung bei Facebook, wie sie in den vergangenen zwölf Monaten durch Facebook mehrfach vorgenommen wurden. Die dadurch resultierenden Veränderungen bei der Nutzungsintensität von Applications müssen permanent kontrolliert und durch Anpassungen im Bedarfsfall kurzfristig korrigiert werden. Für die Zukunft bietet eine weitere Innovation von Facebook, nämlich Facebook Connect, eine Chance, langfristige Interessenten- oder Kundenbeziehungen zu Facebook-Nutzern aufzubauen.

Bibliografie

Langner, S. (2007). *Viral Marketing. Wie Sie Mundpropaganda gezielt auslösen und Gewinn bringend nutzen* (2. Aufl.) Wiesbaden: Gabler.

Teil IV
Das Semantic Web im Tourismus

Kapitel 19
Semantische Technologien im eTourismus – Innovationen und Szenarien unter Einbindung von Social Web Komponenten mittels semantischer Technologien

Roy Uhlmann

Zusammenfassung: Das Social Web verspricht die Erschließung neuer Umsatzpotentiale. Nutzer sollen mittels Social Web Komponenten angesprochen und an Portale gebunden werden. Das weitreichende Informationsangebot bedient inzwischen jedes individuelle Interesse. Flankiert wird die Entwicklung jedoch auch von Gefahren und Hemmnissen, die mittels semantischer Technologien eine Lösung erfahren können. Der nachfolgende Beitrag verdeutlicht wie Social Web Komponenten mit Hilfe von semantischen Technologien sinnvoll in Wertschöpfungsprozesse überführt werden können.

Ein tiefgreifender Einblick in semantische Technologien wird deren Anwendung und Potentiale verdeutlichen. Ein Hauptaugenmerk wird in der denkbaren Neugestaltung von eTourismus-Anwendungen und die sich daraus ergebenden Innovationen und Geschäftsmodelle sowie der Intermediarisierung von Daten auf eTourismus-Portalen liegen.

Schlüsselwörter: Semantische Technologien • Assoziation • Aggregation • Intermediarisierung von Daten • Distribution • Kontrolle von Social Web Komponenten

19.1 Einleitung

Semantik, auch Bedeutungslehre genannt, befasst sich mit der Bedeutung von Zeichen. Wörter, wie auch daraus gebildete Sätze enthalten Informationen, die für Computer bisher nicht interpretierbar sind. Diese Informationen zu interpretieren und weiterzuverarbeiten ist bisher lediglich dem Mensch vorbehalten. Mittels semantischer Technologien soll diese Aufgabe auch von Computern wahrgenommen werden. Durch die Interpretation der Informationen entsteht ein Beziehungs-

---

R. Uhlmann (✉)
Uhlmann GmbH, Brunnenstraße 165, 10119 Berlin, Deutschland
e-mail: roy.uhlmann@qimaya.de

geflecht, welches Zusammenhänge sicht- und verwertbar macht. Dieses Geflecht, welches sich aus den im WWW vorhandenen Informationen speist, wird als das semantische Web bezeichnet. Das Ziel des semantischen Webs ist es zu einer Interoperabilität von vorhandenen Informationen zu gelangen.

Erst die Interoperabilität von Informationen ermöglicht die Verknüpfung und die Integration von Website-Inhalten mit den hierzu passenden Anwendungen. Inhalte und Anwendungen (im weiteren Daten genannt) im eBusiness, damit insbesondere im eTourismus, können dezentral, direkt im Inhalt von Websites arbeiten, statt von Website zu Website zu verlinken. Semantisch organisierte Daten wie assoziative Inhalte und Anwendungen, die aus Social Web Komponenten bestehen, können als Informationsinput zur Wertschöpfung im eTourismus beitragen.

19.2 Semantische Technologien

Die Interpretation von Bedeutung kann durch unterschiedliche semantische Technologien erfolgen. Der Unterschied der Technologien liegt dabei im Vorgang Daten zu verknüpfen somit deren Bedeutung zu erschließen. Generell kann zwischen neurosemantischen Netzen und Ontologien unterschieden werden. Ontologien stellen in diesem Zusammenhang einen Oberbegriff dar, der z. B. RDF (Resource Description Framework) und Microformats kurzum Metadaten umfasst.

19.2.1 *Neurosemantische Netze*

Neurosemantische Netze orientieren sich an einer natürlichen Form des Erkennens von Daten wie Texte, Bilder, Videos und Töne.

Emuliert werden die Vorgänge des menschlichen Gehirns. Die Technologie „erlernt" selbstständig und sprachenunabhängig die im analysierten Datenbestand vorkommenden Muster. Die Bedeutung und die Zusammenhänge von Daten werden durch das Muster im Datenbestand automatisch erschlossen (Holthausen u. Breidbach 1996). Dieser dynamische Vorgang ist mit der Aufnahme von Informationen bei Kleinkindern vergleichbar. Durch den täglich stattfindenden disruptiven Informationsinput erschließt sich ein Kleinkind die Bedeutung von Wörtern. Die unterschiedliche Bedeutung von „LKW" und „Auto" setzt sich für ein Kleinkind aus einer Vielzahl von Informationen zusammen. Abstrakt betrachtet wird ein Wort so lange definiert bis dessen Bedeutung hinreichend bestimmt ist.

Ändert sich ein Datenbestand, so richtet sich in diesem Augenblick auch das bereits erstellte Muster neu am Datenbestand aus. Wie beim Menschen wird so ein ständiges „Lernen" des Systems sichergestellt.

Ein neurosemantisches Netz bildet somit im Ergebnis die Zusammenhänge von Daten innerhalb eines Datenbestandes ab. Notwendige Voraussetzung für diese semantische Technologie ist ein Datenbestand anhand dessen das System „lernen" kann. Betrachtet man das WWW in seiner Informationsvielfalt, so erkennt man, dass sich jegliche Zusammenhänge aus einem bereits bestehenden Datenbestand erschließen lassen. Auf Grund einer solchen zusammenhängenden Abbildung können Wörter wie z. B. „Gasse", „Weg" oder „Allee" in ihrer Bedeutung unter das Wort „Straße" subsumiert werden. Gleichfalls erfährt jedes Wort eine ihm immanente Definition. Das Wort „Allee" wird mit Bäumen und das Wort „Gasse" mit einer geringen Wegesbreite assoziiert. Die Bewertung einer Tourismusdestination infolge User Generated Content wird so „maschinenlesbar". Jegliche Informationen zu einer Destination, sei es mittels Texte oder Bilder, können so mit verwandten Informationen assoziiert werden.

Aufgrund der inhaltlichen Erkennung und der hierdurch erfolgenden Einordnung kann die neurosemantische Technologie Inhalte selbst dann einordnen, wenn der eigentliche Sinngehalt nur über wesentliche Zusatzinformationen erschlossen werden kann. Ein Beispiel ist das sog. „um die Ecke denken". Die Bedeutung des Satzes „Cola enthält viel Zucker" oder „die Launen des Hotelpersonals waren so abwechslungsreich wie das Wetter" können so künftig auch von einer Maschine im Sinne von positiv oder negativ interpretiert werden.

19.2.2 Ontologien

Eine weitere semantische Technologie ist die Schaffung von Ontologien, welche ein Netz von Hierarchien darstellen. Mit diesen sog. Metadaten wird ein Datensatz ausgezeichnet. Das Wort „Allee" wird mit dem Wort „Bäume" verknüpft. Vereinfacht dargestellt wird ein Wort mit weiteren Wörtern annotiert, um so dessen Bedeutung zu definieren.

Die Verknüpfungen von Informationen im Hinblick auf ihre logischen Beziehungen werden durch die hierarchische Definition der Daten erreicht. Diese Beziehungen beruhen auf Eigenschaften, die den Informationen spezifisch zugewiesen werden. Elemente, die auf diese Weise zusammenhängen, sind dann semantisch. Ontologien selbst bestehen aus einer Vielzahl von Komponenten wie Begriffen (Konzepten), Instanzen und Relationen.

Der Verknüpfungsvorgang wird manuell, mithin durch den Menschen, direkt im Datensatz selbst vorgenommen. Der Aufbau von Ontologien wurde jedoch insofern vereinfacht, als dass, neben anderen, ein sog. Ontowiki erschaffen wurde. Diese Mutterdatenbank stellt die Relationen und Instanzen für einen Datenbestand inzwischen automatisiert zur Verfügung. Der Datenbestand des Ontowiki wird ständig durch freiwillige Unterstützer erweitert und gepflegt. Hierfür zeichnet sich im besonderen Maße das World Wide Web Consortium (W3C) aus, welches als globale Initiative versucht so viele Helfer wie möglich zu gewinnen, um oben genannte Technologie zu vereinfachen und zu erweitern. Die größten Anstrengungen legt W3C dabei auf die Erstellung von Hierarchien und der Pflege der Daten.

Das Resultat von Ontologien steht dem bereits beschriebenen Umfang der Erkennung der Bedeutung von Worten oder Sätzen in nichts nach. Eine Entscheidung für die eine oder andere Technologie bedarf es an dieser Stelle daher nicht. Im Einzelfall ist lediglich ein Einsatz der jeweiligen Technologie unter wirtschaftlichen Aspekten und eines sich ständig ändernden Datenbestandes abzuwägen.

Wie unweigerlich deutlich wird ist das Semantic Web als nächste Stufe des Internets technologiebezogen. Im Gegensatz hierzu steht das Social Web, welches nutzergetrieben ist. Eine Zusammenführung der Technologie des semantischen Web mit sozialen Ansätzen des Web 2.0 wird auch als Social Semantic Web oder als Web 3.0 bezeichnet (Blumauer u. Pellegrini 2009, S. 88). Im Hinblick auf eine holistische Betrachtung des Social Webs stellt sich die Frage, wie die Fülle der unstrukturierten, von Nutzern erstellten, Daten mit den bestehenden strukturierten Daten verknüpft werden könnten. Semantische Technologien könnten dieses Problem künftig lösen.

19.3 Ausgangspunkt Social Web

Das Social Web muss nach den Interaktionsmöglichkeiten von Nutzern und den Interaktionsmöglichkeiten der von Nutzern erstellten Inhalte differenziert werden (Reed u. Strongin 2004).

Als Ausgangspunkt muss nach dem Ziel des Einsatzes des Social Webs gefragt werden. Während die Interaktionsmöglichkeiten zwischen Nutzern in den Marketingabteilungen der Unternehmen als Element des viralen Marketings zur Ansprache einer großen Nutzermasse gesehen wird, Stichwort Netzwerkeffekte und one-two-many (einer zu vielen), folgen die Interaktionsmöglichkeiten der durch die Nutzer erstellten Inhalte einem anderen Zweck.

Inhalte der Nutzer stellen eine Möglichkeit dar, den Gast als Teilnehmer des Produktionszyklus einzubinden und zwar nicht nur als individuellen Gestalter und Planer des Produktes (Egger 2007), sondern vor allem auch als Informationsanbieter zum Produkt. Das von Stengel und Groß (Stengel u. Groß 2007, S. 490) als „Wertschöpfungskette durch Dynamic Packaging" bezeichnete Bausteinprinzip von Reisen lässt sich beliebig um die Daten erweitern, die der Gast als Vorortbetrachter der Destination inzwischen im Netz nach eigenem Gusto zur Verfügung stellt.

Betrachtet man also das Social Web als Informationskomponente des Gastes, vielmehr noch als die eines Insiders, so lassen sich erstaunliche Parallelen zum Offline Angebot, gemeinhin zum Reisefachmann im örtlichen Reisebüro, ziehen. Der Nutzer erfährt die Möglichkeit subjektive Informationen zu beziehen. Diese Informationen tragen erheblich zum Entscheidungsprozess bei (Kopp 2007) und können als sog. „Tipping Point" im Entscheidungsprozess betrachtet werden (Gladwell 2002, S. 69). Der Prozess der Entscheidung wird neben einer Vielzahl von Faktoren wie z. B. ansprechender Bilder und Hotelbewertungen vor allem davon beeinflusst inwieweit die Destination der eigenen individuellen Präferenz entspricht. Darstellungen und Informationen zu einer Destination werden jedoch bis heute, vor allem aus Kostengründen, massenkonform ausgeliefert. Die vorhandenen, in der Praxis schon erprobten Möglichkeiten der Ausgestaltung des Informationsbildes wie Bloggespräche, Bewertungsportale, Foto- und Videocommunities verdeutlichen dem Nutzer zwar schon heute die Werthaltigkeit, mithin das ansprechende Preis-Leistungs-Verhältnis des Angebots. Unter der Betrachtung des „Tipping Points" stellt sich jedoch jedem eBusiness Anbieter die Frage welche weiteren individuellen Verkaufs- oder Buchungsargumente dem spezifischen Nutzer präsentiert werden könnten.

Das Ausliefern von nutzerspezifischen Informationen führt zu einer kommerziell messbaren Steigerung der Konversionsrate beim Buchungsprozess. Die Lösung dieses Problems kann durch semantische Technologien erfolgen, indem thematisch und nutzerspezifisch aufbereitete Daten, z. B. durch Social Web Komponenten, am entsprechenden „Point of Interest" zur Verfügung stehen.

Das Problem dieser Entwicklung stellt unweigerlich die Kontrolle der Daten dar. Sofern Social Web Komponenten eingebunden werden, erfahren diese einen personell und finanziell aufwändigen Prozess. Ganz gleich ob durch Drittanbieter oder auf dem eigenen Portal erstellt. Die vom Nutzer nach persönlichem Gusto und Empfinden eingestellten Daten müssen nach rechtlichen und geschäftsschädigenden Aspekten gefiltert werden. Der typische „Querulantenkommentar" mag in diesem Bereich noch durch kontextuellen Wortabgleich filterbar sein, jedoch wird dieser Vorgang nicht mehr bei negativen Videos und Fotos zur Destination greifen. Daneben liegt ein Problem der heutigen Technik darin, die vom Nutzer zur Verfügung gestellten Daten, welche sich über das Internet verteilen, ohne weiteren Aufwand zu aggregieren und für jeden persönlichen „Need" eines potentiellen Gastes, mithin für jede Destination sinnvoll einzusetzen.

Die Aufbereitung der Daten muss einem ebenso dynamischen Prozess folgen. Informationen, die der Nutzer im Internet veröffentlicht, richten sich nur selten nach einer sinnvoll verwertbaren thematischen Ausrichtung. Den höchsten Grad der Kategorisierung stellt bis heute das „Tagging" dar. Einer Kategorisierung nach inhaltlicher Relevanz bedarf es jedoch, um den oben genannten Prozess der Wertschöpfung in Gang zu setzen.

In weiten Bereichen des eTourismus behilft man sich mit einer generellen, vielmehr oberflächlichen Darstellung von Social Web Komponenten. Die vom Kunden gewünschte Diversifikation in Individualangebote, weg vom Pauschalangebot, ist hierbei jedoch nur mit großem finanziellen und personellen Einsatz erreichbar. Aus diesem Grund liegt die Nutzung des Social Webs im eTourismus in weiten Teilen mehr in einem informativen „add-on" statt eines direkt kommerziell konvertierbaren Beitrages zum Wertschöpfungsprozess, welcher eine Progression hin zur Buchung auslöst.

19.4 Die inhaltliche Aufgabe von Semantik

Zu skizzieren ist also die inhaltliche Aufgabe von Semantik im Hinblick auf das Social Web. Welche der oben genannten Technologien hierbei gewählt werden sollte, kann im Grunde dahinstehen. Als Kriterium sollte der potentielle Anbieter im eTourismus jedoch darauf achten, dass Datenbestände dynamisch und „just in time" semantisch organisiert werden können.

Echtermeyer formulierte schon 1998 die Tendenz der Entwicklung endverbaucherorientierter Technologien. Reiseinformationen werden „zum Anfassen" nahe gebracht, Text, Ton, Grafik, Stand- und Bewegtbilder werden in den neuen multimedialen Medien integriert. Es besteht die Möglichkeit zur individuellen Interaktion des Nutzers mit dem Medium. Der interaktive Nutzer ist nicht mehr nur passiver Empfänger von Botschaften, sondern er entscheidet aktiv, was er sich ansieht und wie er sich durch das Angebot navigiert" (Echtermeyer 1998, S. 81). Dieser Zusammenfassung ist im Grunde nichts hinzuzufügen. Lediglich der Entwicklung der letzten zehn Jahre ist Rechnung zu tragen.

Das Internet hält zahllose und individuelle Informationen für Nutzer bereit. An Social Web Komponenten, insbesondere im eTourismus, mangelt es daher nicht. Vielmehr ist ein eigenes Angebot zur Schaffung sozialer Interaktion von Inhalten oder Nutzer auf dem eigenen eTourismus-Portal im Grunde nicht einmal notwendig. Welchen Ursprungs die Daten sind, soll an dieser Stelle zunächst nicht interessieren. Denn die Möglichkeit der Integration impliziert weitaus drängender die Frage nach der sinnvollen Verknüpfung und Integration der schier unfassbaren Masse an Daten mit den Informationen und Angeboten auf dem eigenen Tourismus-Portal.

In der heutigen Praxis besteht ein Portal im eTourismus zunächst aus der Produktdatenbank mit dem angeschlossenen Buchungstool, im Ergebnis dem Nutzerinterface. Die thematische Ausrichtung des Portals bestimmen die Inhalte, die redaktionell den Kategorien der Produktdatenbank zugeordnet werden. So ist es möglich das eTourismus-Portal nach Nutzerinteressen auszurichten. Ob Wander-, Ski- oder Individualurlaub, die Möglichkeiten sind so vielfältig wie die Nutzer selbst.

Eine wirkliche thematische Ausrichtung an jedem „travel need" wird derzeit vor allem seitens der Nischenanbieter forciert. Doch die Fokussierung verläuft immer zu Lasten der Produktvielfalt und damit der Ansprache der potentiell zahlreichen Zielgruppen.

Eine dezidiertere informationelle Aufwertung wird z. B. durch Bewertungsplattformen oder -tools erzielt. Hierbei bedient sich der eTourismus-Anbieter des Prinzips des „Crowdsourcings". Der Nutzer wird nicht nur zum Informationslieferanten, sondern auch zum Archivar im Hinblick auf die Einordnung der Information zur richtigen Kategorie in der vorgegebenen Datenbankstruktur.

Der statische Ansatz den Datenbanken erfordert einen enormen Projektierungsaufwand. Schon Wochen vor einer Page Impression durch den Nutzer wird mit der Datenstruktur des Portals durch den eTourismus-Anbieter festgelegt, welche spezifischen Informationen dem Nutzer zum Angebot ausgeliefert werden.

In Anbetracht des Aufwandes und der Produktvielfalt der Ursprungsdatenbank kann dieser Vorgang als sinnvolles Optimum der Ausrichtung an den Nutzer bzw. des Angebots genannt werden. Die Realität ist jedoch weitaus weniger strukturiert. Denn der Kostendruck zwingt die Anbieter dazu lediglich Metainformation zur Verfügung zu stellen. Informationen zu Destinationen können bestenfalls nach Regionen oder Städten kategorisiert werden.

Semantische Prozesse führen künftig dazu, dass die oben genannten Daten dynamisch mit dem Content verknüpft werden. Die vorgegebenen Datenbankstrukturen werden aufgebrochen. Verlinkungen richten sich nicht mehr nach der vorgegebenen Struktur respektive der einmal definierten thematischen Ausrichtung, sondern der Daten selbst. D. h. die Daten des Portals werden auf Basis ihrer inhaltlichen Relevanz miteinander verknüpft. Der Nutzer bewegt sich sodann zwischen den Daten einer „Site" und nicht mehr zwischen statischen „Sites".

Deutlich wird dies bei Betrachtung der Struktur einer „Sitemap". Es besteht ein hierarchisches Gebilde von Verlinkungen zwischen einzelnen „Sites". Die Einstiegspunkte in das Angebot des Portals sind weitestgehend definiert. Einzig eine datenübergreifende Suche lässt einen nicht-hierarchischen Einstieg zu.

Daten müssen künftig jedoch assoziativ durch das Angebot des Portals führen. Bewegt sich der Nutzer innerhalb eines Contents, so kann dieser Content als potentieller „Point of Interest" angesehen werden. Semantische strukturiere Daten halten die nächste inhaltlich relevanteste Information oder Anwendung bereit.

Im Unterschied zu den heute bestehenden statischen Strukturen wird sich das aktiv/passiv Verhältnis von Daten und Nutzern ändern. Durch eine statische Datenstruktur navigiert der Nutzer bis heute durch eine aktive Handlung. Das Angebot des Portals kann sich der Nutzer nur dann erschließen, wenn er aktiv den bereits definierten Verlinkungen folgt. Denn die gesuchten Daten sind selbst passiv. Künftig werden sich Daten von den definierten „Sites" lösen und damit aktiv werden. Bewegt sich der Nutzer im Kontext einer Information, organisieren sich inhaltlich relevante Daten assoziativ um den bestehenden Kontext. Aktive Daten leiten den passiven Nutzer durch das Angebot des Portals. Denn der Nutzer weiß nicht welche Information er sucht, bis er sie gefunden hat oder kennt.

Der beschriebene Prozess wird als „Semandipity-Effekt" bezeichnet, mithin das Auslösen eines „Serendipity-Effekts" durch semantische Technologien. Der „Serendipity-Effekt" ist hierbei eine zufällige Beobachtung von etwas ursprünglich nicht Gesuchtem, dass sich als neue und überraschende Entdeckung erweist (Merton 1957).

19.5 Semantische Prozesse

Die Einsatzmöglichkeiten semantischer Technologien sind vielfältig. Im Bereich der hier dargestellten Integration von Social Web Komponenten und der Verknüpfung von Daten im eTourismus entstehen vor allem drei semantische Prozesse. Die assoziative Verknüpfung und Aggregation von textuellen Daten und die Erkennung von Bildern. Wie bereits in den ersten beiden Kapiteln dieses Artikels dargestellt führt die semantische Analyse eines Datenbestandes zu einem spezifischen Muster der Daten. Durch das Muster werden die Beziehungen der Daten sichtbar. Der jeweilige semantische Prozess wird nachfolgend im Hinblick auf die Vorgehensweise mittels neurosemantischer Netze erläutert.

19.5.1 Assoziative Verknüpfung von textuellen Daten

Zur Erstellung von Assoziationen ist es zunächst notwendig, dass eine semantische Engine einen Überblick über die Bandbreite der möglichen Daten respektive Informationen erhält. Daher ist es von Vorteil einen möglichst großen Datenbestand zur Analyse zu wählen. Der Datenbestand muss dabei gerade nicht nur aus dem Datenbestand des Portals bestehen. Vielmehr können verschiedenen Quellen genutzt werden. Auch ist es nicht notwendig die Auswahl der Quellen auf das Zielthema, in diesem Fall „Reise", zu beschränken. Daneben ist es für den Anwender wichtig zu wissen, dass die Wahl des Datenbestandes nicht final ist. Einer Erweiterung kann durch eine neue Analyse des Datenbestandes Rechnung getragen werden. Mithin können sich Assoziationen ebenso dynamisch verhalten wie der Datenbestand selbst.

Die Analyse führt zur Abbildung der Beziehungen innerhalb des Musters. Da z. B. ein Text aus ebenso vielen Füll- wie bedeutungsrelevanten Wörtern besteht, würde das Beziehungsgeflecht eines Textes jedoch auch Wörter wie „der, die, das, ein, und" verknüpfen. Tatsächlich weisen die Wörter jedoch keine semantische Relevanz auf. An dieser Stelle mit einer „Blacklist" zu arbeiten ist dem Anwender nicht zu empfehlen. Zum einen wäre eine solche Liste weitaus umfangreicher als zuvor dargestellt, zum anderen könnten hierdurch semantisch relevante Wortkombinationen oder Entitäten wie Namen von Personen und Orten ausgeschlossen werden. Exemplarisch sei hier die Entität „Frankfurt an der Oder" genannt.

Daher liegt der Analyse des Beziehungsgeflechts der Wörter (Daten) eine Informationstheorie zugrunde. Eine vollständige Ausführung der Informationstheorie würde den Rahmen dieses Artikels sprengen. Daher sei nur kurz auf die Entstehung der Bedeutung eines Wortes beim Menschen hingewiesen. Der Kontext, in dem das Wort steht, definiert dessen Bedeutung (Beispiel des Patent Dr. Holtausen).

Die Stärke der Beziehungen bemisst sich wiederum nach ihrer inhaltlichen Relevanz, welche durch den Kontext des Datenbestandes definiert wird.

Im Ergebnis stellt das entstandene Beziehungsgeflecht Assoziationen dar, die sich jedoch auf verschiedenen Ebenen befinden. Am Beispiel eines Textes wird deutlich, dass einzelne Wörter miteinander assoziiert werden können wie auch Sätze, Textabschnitte, vollständige Artikel oder Entitäten. Abbildung 19.1 zeigt beispielhaft ein assoziiertes Personennetz auf Basis von 828 Personenentitäten dar.

Der beschriebene Prozess mutet zunächst abstrakt an. Jedoch gleicht er annähernd dem Vorgang der Verknüpfung von Inhalten durch den Menschen. Ein Datenbestand wird durch dynamischen Informationsinput aufgebaut. So wie ein Mensch für eine wissenschaftliche Arbeit eine gewisse Anzahl an textuellem Input aus Büchern bewältigt, um diesen dann in einen dem Thema Sinn gebenden Zusammenhang für seine Arbeit zusammenzusetzen, so können semantische Technologien Informationsexzerpte aus den ihnen zur Verfügung stehenden Datenbeständen erkennen und zu einem vorgegebenen Thema neu gruppieren.

Die semantische Assoziierung von Daten würde in einem eTourismus-Portal z. B. dazu führen, dass ortsbezogene Informationen eines Hotels ebenso die Beschreibung weiterer Hotels informationell unterstützen könnten. Die Merkmale eines spezifischen Stadtteils oder Strandes könnten mit den entsprechenden Hotels

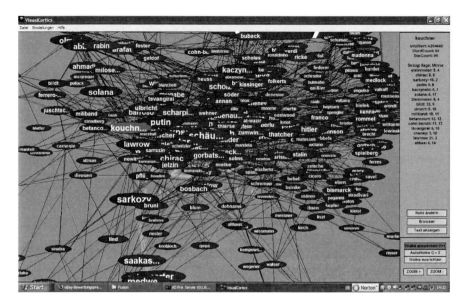

Abb. 19.1 Assoziiertes Personennetz auf Basis von 828 Personenentitäten. (Quelle: Screenshot VisualCortics 2008)

assoziiert werden. Die Beispiele lassen sich beliebig um kulturelle und wirtschaftliche Angebote erweitern.

Ein weiteres Beispiel ist die Assoziation von textuellen Abschnitten einer Hotelbeschreibung. Auf Basis des preislichen Filterergebnisses könnte die Lage oder textuelle Bewertung des ausgewählten Hotels mit vergleichbaren Lagen, Bewertungen assoziiert werden.

Assoziationen stellen auf den ersten Blick eine Form der Suche oder Empfehlung zu ausgewählten Objekten dar. Bei näherer Betrachtung bilden sie jedoch eine Navigationsform. Wie bereits beschrieben wird der Nutzer an den für ihn inhaltlich relevanten Daten entlang geführt. Die zuvor beschriebenen Beispiele von Portaldaten sind damit nicht abschließend. Vielmehr eröffnen Assoziationen nunmehr die Möglichkeit, Daten aus dem Netz oder von Partnerportalen zu aggregieren.

19.5.2 Aggregation von textuellen Daten

Die Aggregation von Daten erfolgt durch annähernd den gleichen Vorgang wie die Assoziierung. Einziger Unterschied ist, dass die semantische Engine das World Wide Web oder Partnerportale crawlt, sich also nicht auf den gegebenen Datenbestand des eigenen Portals beschränkt.

Der semantisch erkannte Datenbestand des eigenen Portals fungiert bei der Aggregation von Daten als einer von zwei Referenzdatenbeständen. Der zweite Referenzdatenbestand wird durch das Crawlen des WWW mittels der semantischen

Engine erstellt. Hiernach werden beide semantisch verknüpften Datenbestände im Hinblick auf ihre informationelle Vollständigkeit miteinander verglichen. Wie zu erwarten wird der Datenbestand des eigenen Portals eine weitaus geringer Informationstiefe aufweisen als das WWW. Die erkannten informationellen „Lücken" können aus inhaltlich relevanten oder kommerziell konvertierbaren Daten des WWW aggregiert werden.

Passend zum Thema oder Angebot des Portals werden somit weitere Informationen mit den bestehenden Inhalten des eigenen Portals assoziiert. Die Assoziationen erstrecken sich dabei auch auf Social Web Komponenten, die für jede Destination inhaltlich passend aus dem WWW aggregiert werden. Portale erfahren eine informationelle Aufwertung, die an dieser Stelle nicht abgeschätzt werden kann.

19.5.3 Aggregation und Assoziation von Bildern

Im Bereich des Bewegt- und Standbildes sind semantische Technologien auf Basis neurosemantischer Netze dazu in der Lage Bildmaterial zu erkennen. Ein Bild, welches ebenso Bestandteil eines Videos ist, wird auf Basis von mehr als zwei Dutzend Parametern nach seinem spezifischen Datenmuster analysiert.

Abstrakt dargestellt wird jedes Bild auf seine spezifische „Daten-DNA" untersucht. Die Daten von Referenzbildern ermöglichen die Kategorisierung entsprechend der erkannten Datenmuster. Eine Kategorisierung kann z. B. nach Personen-, Landschafts- oder Objekt-/Produktbildern erfolgen.

Ausschlaggebend für die Erkennung eines Bildes ist also nicht mehr die bisherige redaktionelle Verschlagwortung, sondern das Bild selbst. In Verbindung mit der textuellen Erkennung semantischer Technologien werden Bilder inzwischen auch mit einem Recall und einer Precision von annähernd 100 % erkannt. Bildmaterial, welches eine Destination aus verschiedenen Perspektiven darstellt, kann somit auf Basis des Bildes, des umgebenden textuellen Inhalts und der erkannten Entität aufgefunden werden. Das nachfolgende Beispiel soll dies verdeutlichen.

Ein Reiseangebot für ein spezifisches Hotel wird auf der Website eines Reiseanbieters hinsichtlich des umgebenden Inhalts, der erkannten Entität des Hotels, des Ortes und der bildlichen Information semantisch erkannt. Die semantische Analyse der Daten ermöglicht es die vorkommenden Bilder zu klassifizieren und mit dem semantischen Ergebnis des Textes zu verknüpfen. Der entstandene Datensatz besteht nunmehr aus Bilddaten mit kategorisierten Ansichten wie Objektansicht und Strandansicht sowie der genauen Bezeichnung des Hotels. Nachfolgend wird das WWW nach textuellen und bildlichen Daten gecrawlt. Das Datenmuster der Bilder oder die semantischen Daten des textuellen Inhalts in Verbindung mit der entsprechenden Entität dienen dabei als eine Art Dublette. Weitere Bilder können somit im Umfeld der textuellen Dublette zunächst semantisch erkannt und wiederum mit der bildlichen Dublette assoziiert werden. Im Ergebnis können so nicht nur Text- sondern auch weitere Bilddaten kategorisiert nach Objekt, Innen- oder Landschaftsansicht zum bestehenden Datenbestand aggregiert werden.

19.5.4 Kostenreduktion und rechtliche Probleme

Die Aggregation von Daten führt zu enormen Einsparpotentialen bei der redaktionellen Bearbeitung des eigenen Portals. Denn der hier beschriebene Vorgang vollzieht sich automatisiert im Backend. Die Anwendung semantischen Technologien im Verlagswesen belegen Einsparpotentiale hinsichtlich Archivierung und redaktioneller Verknüpfung. Das entsprechende CMS wird hierzu lediglich mit der semantischen Engine verknüpft.

Auf den ersten Blick entstehen daneben durch die aggregierten und damit nicht selbstständig erstellten Daten weitere Kostenvorteile. Jedoch sei hier auf die bestehenden Urheberrechte verwiesen. Zwar können die aggregierten Daten als eine Form einer maschinellen Zitation beschrieben werden. Jedoch folgt das Verwenden von urheberrechtlich geschützten Daten zu kommerziellen Zwecken eigenen Regeln. Ein Ausweg ist das Auslesen von Lizenzinformationen, welche eine kommerzielle Nutzung wie in einigen Artikeln in Wikipedia erlauben. Eine andere Möglichkeit könnte in der Intermediarisierung von Daten des aggregierenden Portals liegen, welche nachfolgend beschrieben wird.

19.6 Künftige Szenarien im eTourismus

Technologische Entwicklungen wie semantische Technologien ziehen neue Geschäftsmodelle nach sich. Ausgangslage der Betrachtung ist das intelligente Erkennen und Verknüpfen von Daten. Exemplarisch werden einige Aspekte genauer dargestellt.

19.6.1 Intermediarisierung von Daten auf Tourismus-Portalen

Ein zentraler Bestandteil der künftigen Strategie im eTourismus ist die Intermediarisierung von Daten auf Tourismus-Portalen. Die nachfolgenden Abschnitte sollen Hinweise auf die Notwendigkeit und Überlegungen zur Umsetzung dieser Strategie geben.

19.6.1.1 Der Einfluss bestehender Daten-Intermediäre auf den eTourismus

Unter dem Begriff der Intermediäre werden allgemein Mittler im WWW verstanden. Im Detail geht es hierbei um die Verteilung von Besucher- und Warenströmen. Die vorliegende Betrachtung beschäftigt sich jedoch mit Intermediären von Daten, mithin Mittlern von Datenströmen, bestehend aus Informationen (nachfolgend nur noch Intermediäre genannt).

Diese Mittler bestehen derzeit vor allem aus Suchmaschinen, die einen ersten Anlaufpunkt für Nutzer bei der Suche nach einem spezifischen Angebot oder einer Information sind. Google, Yahoo und Bing können als die derzeit prominentesten Beispiele genannt werden. Die oben genannten Suchmaschinen werden in der Öffentlichkeit derzeit vor allem als Mittler zum Auffinden von Websites wahrgenommen. Die Strategien der Suchmaschinen ist es jedoch künftig nicht mehr nur das Auffinden einer Website zu ermöglichen, sondern eine spezifische Information sowie alle mit ihr verwandten kommerziellen Angebote und Daten noch auf dem Suchportal zur Verfügung zu stellen.

Diese Bestrebungen werden zum einen durch den Zukauf der entsprechenden Angebote respektive Websites unterstützt. Zum anderen wird, wie bei Google News ersichtlich, die Abhängigkeit der Contentportale von den Besucherströmen für ein mehr oder weniger symbiotisches Geschäftsmodell genutzt. Wessen Vorteile überwiegen soll an dieser Stelle dahinstehen.

Exemplarisch soll hier die Suchmaschine Bing hervorgehoben werden. Bing besteht nicht nur aus einem technologischen anspruchsvollen Suchalgorithmus, sondern auch aus portaleigenen Angeboten. Die Akquisition der Produkt- und Preisvergleichsplattform Ciao führte dazu, dass Produkte, die in Ciao gelistet werden, direkt in die Ergebnisliste von Bing einfließen. Das Geschäftsmodell von Ciao ist es, am Produkt interessierte Nutzer auf die jeweilige eCommerce-Plattform weiterzuleiten. Hierdurch entstehen Werbeerlöse, entweder aus Performance- oder im geringeren Maße auch aus Displaymarketing. Nicht unerwähnt sollen dabei auch Affiliate Programme bleiben.

Die beschriebene Strategie der oben genannten Intermediäre wie Suchmaschinen ist intelligent und generiert für den Nutzer auch einen Mehrwert, da der Nutzer schneller zu dem von ihm gesuchten Ergebnis geführt wird. Die Informationen und Angebote, die geliefert werden, können nunmehr eine sukzessive Erweiterung erfahren. Wird das Thema Reisen betrachtet wird schnell deutlich, dass auch in diesem Bereich schnell eine Konkurrenzsituation entsteht. Bestehende große eTourismus-Portale werden somit nicht mehr nur z. B. mit aufstrebenden Nischenangeboten mit „User Generated Travel Content" und Bewertungsplattform mit jeweils integrierter Buchungsmaske konfrontiert, sondern auch mit Suchmaschinen, die künftig dazu in der Lage sind alle im Netz befindlichen Informationen mit einer Abfrage zu ausliefern.

Semantischen Technologien werden den oben beschriebenen Prozess durch die Möglichkeit Daten assoziativ zu verknüpfen und automatisiert zu aggregieren noch deutlich beschleunigen. Wie bereits dargestellt ist das semantische Web zwar technologiegetrieben. Jedoch führen gerade die beschriebenen Möglichkeiten semantischer Technologien dazu, dass sich das Verhalten der Nutzer, Geschäftsmodelle aber auch die Verteilung von Besucherströmen weiterhin einer anhaltenden Veränderung unterliegt.

19.6.1.2 eTourismus-Portale als Daten-Intermediäre

Die beschriebene Entwicklung kann von eTourismus-Portalen mitbestimmt werden. Durch das zuvor beschriebene Assoziieren und Aggregieren von Daten können sich die Portale selbst zu einem Daten-Intermediär entwickeln (nachfolgend als Intermediäre bezeichnet).

Voraussetzung ist zunächst, dass Portale ihre „Landing Page" dynamisch gestalten. Das Thema ist Reise. Saisonale Veränderungen des Auftritts können bereits die gewünschten Emotionen beim Nutzer erzeugen. Jedoch muss die Startseite dem Nutzer vor allem vermitteln, dass er jegliche Fragen und jedes Interesse auf dem Portal stillen kann. Dies umfasst nicht nur die Buchung und eventuelle Hotelbewertungen. Zwar sollte dem Nutzer, dessen Entscheidung bereits feststeht, auch ein Schnelleinstieg mittels klassischer Buchungsmaske ermöglicht werden. Das Ziel sollte es allerdings sein, den Nutzer in die Reisewelt eintauchen zu lassen. Denn der Einstieg in das Thema „Reise" ist vielfältiger als das Nadelöhr Buchungsmaske.

Das Szenario soll anhand des nachfolgenden Beispiels verdeutlicht werden. Der Nutzer hat mittels der Freitextsuche des Portals ein Wort oder auch einen vollständigen Satz eingegeben. Im Beispielsfall gibt er das Wort „Shoppingreise" ein.

Die derzeitige Vorgehensweise würde dazu führen, dass Reisen, z. B. in Großstädte, bereits vorab redaktionell verknüpft wurden. Es würde somit eine Ergebnisliste an Reisen erzeugt, welche sich als „Shoppingreise" qualifizieren ließen. Soweit die derzeitigen redaktionellen Möglichkeiten.

Das künftige Portal gliedert sich zum einen in Reisen, die automatisiert mit dem Begriff „Shopping" assoziiert sind, zum anderen in Informationen zum Thema „Shopping" und „Shoppingreisen". Diese können in „User Generated Content" zum oben genannten Thema bestehen, aber auch in damit assoziierten Themen wie bspw. bekannten Factory Outlets in Europa, Modestile bestimmter Städte und Veranstaltungen zum Thema Mode wie der Mailänder Modewoche oder der Berlin FashionWeek.

Der fiktive Nutzer widmet sich in diesem Fall den Informationen über die Mailänder Modewoche. Hiernach wird eine weitere Assoziationskette eröffnet, die die Veranstaltungsdaten und Orte mit entsprechenden Hotels abgleicht sowie weitere Sehenswürdigkeiten und Veranstaltungen in näherer Umgebung anzeigt. Nachfolgend könnte dem Nutzer ein zeitliches Rahmenprogramm vorgeschlagen werden, in dem ausgewählt wird, für welche Veranstaltungen ein Ticket bereits vorab reserviert oder gebucht werden soll. Des Weiteren könnten neben der Bewertung produktspezifischer Eigenschaften tagesaktuelle Information der Destination, ihrer Umgebung und ihrer sozio-ökonomischen Gegebenheiten ausgeliefert werden.

Der beschriebene Vorgang ermöglicht eine Vielzahl an Einstiegspunkten, um den Nutzer zu einem Reiseangebot zu führen. Voraussetzung ist jedoch, dass Informationen und Angebote assoziativ miteinander verknüpft sind und der Nutzer so aktiv durch den Informationsbestand geführt wird. Der entstehende Semandipity-Effekt bindet den Nutzer an die Information und integriert die Buchungsmöglichkeit als inhaltliche Konsequenz. Die dynamischen Assoziationsketten lassen den Nutzer individuell mit dem Produkt Reise interagieren.

Das Portal wird jedoch nur dann als Mittler für Informationen zum Thema Reise, mithin als Reise-Intermediär wahrgenommen, wenn es Aktualität, Relevanz und das Bestehen einer Vielzahl von Informationen gewährleistet.

19.6.1.3 Modularisierung

Die Aggregation von Daten ermöglicht eine umfassende Informationsgestaltung. Eine sinnvolle Darstellungsform wird durch einen modularen Aufbau der aggregierten und der portaleigenen Daten wie bspw. der Buchungsinformationen erreicht. Der Anbieter kann sich künftig auf die eigenen buchungsrelevanten Prozesse konzentrieren. Denn die relevantesten Informationen werden künftig als Module aggregiert. Social Web Komponenten sind auf dem Portal als Module verfügbar und bedürfen keiner eigenen Pflege und Kontrolle. Im operativen Prozess vollzieht der Anbieter eine Veränderung vom Full Service zum Best Service Anbieter mit entsprechenden Einsparpotentialen. Wohingegen der Nutzer durch die gesteigerte Informationstiefe das Portal als Full Service Anbieter und erste Anlaufstelle im Reisebereich wahrnehmen wird.

Der Informationsaustausch wird künftig zwischen einem Verbund von Partnerportalen vollzogen. Gleichfalls wird der Einkauf von Daten als Informationsmodule zur Entstehung von Nischenanbietern führen, die sich ein Geschäftsmodell in der Lieferung einzelner Module erschließen. Die Modularisierung im eTourismus wird den Trend der Entwicklung von kostenlosen Anwendungen für Social Networks wie Facebook auf den Reisebereich übertragen. Dem zentralen Ziel der Buchung auf dem jeweiligen eTourismus-Portal wird künftig eine Vielzahl an Informationen und Anwendungen zum Thema Reise beiseite gestellt.

Im Hinblick auf die bei Facebook entstandenen Applikationen und die Intermediarisierung des Portals wird deutlich, dass der eTourismus in diesem Bereich noch in den Kinderschuhen steckt.

19.6.1.4 Vermarktung

Die dargestellte Modularisierung erschließt die Möglichkeit Informationen gezielt zu vermarkten. Während sich im Laufe der Entwicklung eine Vielzahl der Module als kostenfrei etablieren wird, wird ebenso die Möglichkeit entstehen die Informationen zahlungsaffiner Kunden auf dem Portal selbst zu vermarkten. Tourismusverbünde vermarkten schon jetzt die Angebote ihrer Mitglieder über Werbeplätze in den Medien. Die derzeitige Verschiebung der Vermarktung in Social Networks wird den entstehenden Intermediären weitere Umsatzpotentiale erschließen. Zwar ruft dies eine direkte Konkurrenzsituation zu bestehenden Intermediären hervor, jedoch wird am Ende der Nutzer entscheiden, ob er eine Liste von Suchergebnissen verschiedener Websites als relevant erachtet oder lieber durch miteinander assoziierte Informationen, Anwendungen und Buchungsmöglichkeiten geführt werden möchte.

19.6.2 Service on Travel

Die intelligente Aggregation im eTourismus birgt insbesondere in Bezug auf die Aggregation von zusätzlichen eBusiness Anwendungen bisher nicht realisierte Umsatzpotentiale. Umsatzpotentiale, die aus dem bereits beschriebenen Mangel an Dynamik und den Kosten der redaktionellen Bearbeitung nur selten realisiert werden. „Service on Travel" gewinnt aus Sicht des Kunden und der monetären Möglichkeiten für eTourismus Anbieter jedoch einen immer höheren Stellenwert.

Nach Abschluss der Buchung stehen dem Anbieter im eTourismus zahlreiche Informationen des Kunden zur Verfügung. Destination, Reisedaten und die preisliche Präferenzen des Kunden stehen fest. Dies sind Daten, die dazu genutzt werden können dem Kunden Leistungsangebote an der Destination zu unterbreiten. Befindet sich der Kunde bereits an der Destination können mittels semantischer Technologien spezifische und zeitlich relevante Angebote im Sinne eines „cruise planners" respektive „travel guides" angeboten werden.

Mit Eingabe der Buchungsnummer am Reiseort identifiziert der Anbieter den Kunden und aggregiert die ebenso semantisch aufgewerteten Angebote im WWW zur Destination des Kunden. Die Möglichkeiten sind auch hier ebenso umfassend und daher kaum abschätzbar. Spezielle Angebote zu Stadtrundgängen, lokalen Besonderheiten und Veranstaltungen während der Reise ermöglichen die informationelle Ausgestaltung der Destination im Hinblick auf das Kundeninteresse und der entsprechenden preislichen Präferenz. Diese intelligente Form des Cross-Sellings mit der daraus entstehenden Umsatzbeteiligung ermöglichen im eTourismus weitere Umsatzpotentiale.

19.6.3 Dezentrale Distribution in Publisher-Portalen

Semantische Technologien führen zu einer vollkommen neuen Betrachtung von Distributions- und Marketingformen im Internet. Es liegt auf der Hand, dass die Aggregation von Social Web Komponenten im eBusiness auch in entgegengesetzter Richtung verlaufen kann. Mithin ist ebenso die dezentrale somit webseitenübergreifende Vermarktung von eBusiness Modulen respektive Anwendungen möglich. Die derzeitigen Vermarktungsmaßnahmen im Internet bestehen vorwiegend aus der Implementierung von Werbelinks. Ob Adwords, Banner oder Affiliate, im Internet verfolgt man seit langem den Ansatz des Besucherkaufs. Marketingmaßnahmen zielen meist immer auf die Verlinkung von Website A zu Website B ab.

Das Einbinden von eTourismus-Applikationen macht Werbelinks jedoch obsolet. Die Applikation beinhaltet dabei jegliche Informationen und Anwendungen, die das Reiseportal selbst bietet, jedoch dezentral ausgeliefert wird. Und zwar dort, wo sie im Inhalt relevant ist. Gerade dann, wenn der Nutzer direkt im Inhalt einer Dritt-Website eine Applikation genauso anwenden kann, als wenn er sich auf dem eTourismus-Portal selbst befindet, entsteht Wertschöpfung auch dezentral. Auf Seiten der Anbieter sollte sich also künftig die Frage stellen, ob das Werbebudget nicht in ein Wertschöpfungsbudget konvertiert werden muss.

Unter dem Leitsatz „Integration of ebusiness instead of ebusiness adds" wird sehr schnell deutlich, dass Streuverluste beim Einkauf von Besucherströmen im Gegensatz zum Einkauf von Umsatz keine Rolle mehr spielen. Dies hat zur Folge, dass die Marge einer transparenten Berechnungsgrundlage unterliegt. Im Ergebnis sind die Anbieter dann aber auch gut beraten die dezentralen Wertschöpfungsprozesse mit einer transparenten und vor allem höheren Vergütung zu goutieren. Gerade die Anbieter sollten ein großes Interesse aufweisen semantische Prozesse, mithin den entstehenden Mehrwert, durch Vergütungsmodelle zu forcieren.

Während das mobile Internet einen regelrechten Innovationsschub für Applikationen auslöste, sind diese im nicht-mobilen Internet bisher lediglich im Zusammenhang mit Social Networks wie Facebook bekannt. Gerade hier eröffnen sich jedoch exponentielle Möglichkeiten für werbetreibende Unternehmen. Eine semantisch organisierte Applikation könnte z. B. Informationen zu Destinationen wie Bilder, kurzfristige Angebote oder Beschreibungen dynamisch in den Content von Publisher-Portalen integrieren. Der Mehrwert der zu integrierenden Applikation entsteht durch die semantische Verknüpfung mit dem Inhalt des Publisher-Portals. Informationen werden nicht mehr statisch und nach Kategorierelevanz eingebunden. Eine Einbindung erfolgt nur noch nach streng inhaltlicher Relevanz bis auf die Ebene von Textabschnitten eines Artikels.

Wird durch den Publisher neuer Content erstellt, analysiert die semantische Engine „just in time" den Content und stellt zunächst fest welches Themengebiet, in diesem Fall das Thema „Reise", der jeweilige Content behandelt. Gleichzeitig werden die analysierten Informationen mit dem erkannten Thema „Reise" abgeglichen. Fehlen Informationen, die der semantischen Engine jedoch bekannt sind, so werden diese in den analysierten Content integriert. Solche könnten aus Bildern, textuellen Informationen bis hin zu einer Buchungsmaske bestehen. Die Informationen werden im entsprechenden Content entweder direkt oder als anwendbare Applikation automatisiert integriert.

Der Einsatz semantischer Technologien auf Seiten des Informationslieferanten, der seine Anwendungen und Informationen dezentral ausliefern möchte, erfolgt mittels eines automatisierten Prozesses. Hierdurch wird sichergestellt, dass der oben beschriebene Vorgang ohne Verzögerung und mit hoher Quantität vollzogen wird.

Publishern bietet sich auch die Möglichkeit einer semi-automatischen Integration. Die semantische Technologie wird mit dem Redaktionssystem respektive dem CMS des Publisher-Portals verknüpft. Redakteure erhalten damit noch immer eine Einflussmöglichkeit auf das System. Die Praxis zeigt jedoch, dass Publisher infolge Kostendrucks ein vollautomatisches System bevorzugen.

Die hier beschriebene Anwendung semantischer Technologien ist teilweise mit den bestehenden Empfehlungssystemen für Content- oder eCommerce-Anbieter vergleichbar.

Der Mehrwert des Einsatzes von semantischen Technologien liegt jedoch im Detail. Gerade die inhaltliche Erkennung und der Abgleich der Informationen als Muster ermöglicht es, dass die Applikation als Bestandteil des Inhalts wahrgenommen wird. Mit anderen Worten wird das werbetreibende Unternehmen zum Informationslieferanten, indem es das bestehende Informationsgerüst eines Portals nutzt, um Produktmerkmale als Mehrwert mit den bestehenden Informationen zu verknüpfen. Im Gegensatz zu bestehenden Empfehlungssystemen, die lediglich eine Verlinkung erzeugen, führen semantische Technologien vielmehr zur inhaltlich wertschöpfenden Neugestaltung des Contents.

19.6.4 Kontrolle und Lenkung von Social Web Komponenten

Wie bereits 1999 im Cluetrain Manifest erläutert sind Märkte gleichfalls Gespräche. Aggregierte Daten im Netz bergen nicht nur Chancen, sondern auch Risiken. Neben Daten, die die Wertschöpfung unterstützen, bestehen mindestens ebenso viele Daten, die eine solche Wertschöpfung für ein Portal nachhaltig ausschließen können. Die Bandbreite von positiv bis negativ zu bewertenden Informationen ist noch heute einer der Hauptgründe für den Verzicht auf die umfängliche Einbindung von Social Web Komponenten. Dem Problem wird ebenso wie der bisherigen Aggregation der Daten mit redaktioneller Bearbeitung begegnet. Ein Eingehen auf die praktischen Vorgänge erübrigt sich, so dem eBusiness-Anbieter durch semantische Technologien das „Rosinenpicken" nunmehr ermöglicht wird.

Wie bereits in der Einleitung hingewiesen sind semantische Technologien dazu in der Lage zwischen positiven und negativen Inhalten zu unterscheiden. Ein Ausschluss von negativen Informationen mittels Blacklist-Begriffe ist längst nicht mehr das probateste Mittel Inhalte zu filtern. Überdies eröffnet sich dem Unternehmen die Möglichkeit Trends mittels semantischer Analysen zu erkennen und somit das eigene Produkt „just in time" inmitten des Trends der öffentlichen Meinung zu platzieren. Dem Wagnis der informationellen Ausrichtung kann durch Lenkung der Daten im Sinne von Zielgruppen und den Vorgaben der Unternehmenskommunikation begegnet werden.

Eine weitere Schwierigkeit stellte bis vor kurzem noch die Darstellung möglicherweise jugendgefährdender Inhalte bzw. Bilder aus „User Generated Content" dar. Auf Basis der oben beschriebenen Bilderkennung und Klassifizierung entsprechender jugendgefährdender Referenzbilder können inzwischen auch von Nutzer eingestellte Bilder analysiert, gesperrt oder mit einer FSK-Klassifizierung versehen werden.

Nach Stand der zur Verfügung stehenden semantischen Technologien kann die Einbindung des Social Web im eTourismus also schon längst mit geringem, teilweise sogar ohne Personalaufwand geschehen. Potentiale im eBusiness werden durch die Kontrolle der Daten nachhaltig ermöglicht.

19.7 Fazit und Ausblick

Semantische Technologien ermöglichen die Schaffung neuer Szenarien im eTourismus und die Reduktion von Kosten. Die Förderung des Einsatzes hängt jedoch weniger vom Nutzer als dem Weitblick der Portalbetreiber ab. Eine umfassende Anwendung wie im hier vorgestellten Beitrag hat jedoch eine generelle Neukonzeption des betreffenden Portals zur Folge. Die Sorge der Portalbetreiber bestehende Umsätze durch die Anwendung der hier dargestellten Szenarien zu gefährden ist insofern verständlich.

Wie ausführlich dargelegt, ist der Einsatz semantischer Technologien jedoch erprobt und wird bspw. durch die bestehenden Intermediäre mit enormen finanziellem Aufwand forciert.

Die beschriebenen Veränderungen in den Geschäftsprozessen sind gleichfalls auch schon in ihren Ansätzen wie der anhaltenden Modularisierung von Open Source eCommerce Systemen ersichtlich.

Die Assoziation und Aggregation von Daten respektive das Ziel das eigene Portal zu einem Intermediär zu entwickeln stellt somit keineswegs mehr nur die Möglichkeit dar sich als Innovationstreiber zu positionieren. Die rasende Entwicklung des Social Web und die enorme Vereinfachung der Systeme führt zu wachsender Konkurrenz durch Nischenanbietern auf der einen und dem Wildern von bestehenden Intermediären auf der anderen Seite.

Semantische Technologien in Verbindung mit „Cloud Computing" und „Location Based Services" werden künftig weit über die hier dargestellten Konzepte hinaus gehen. Sofern eine finanziell machbare Verknüpfung der Systeme besteht werden sich weitere Geschäftsmodelle entwickeln. Die heutigen Player im Markt, sei es im eCommerce, Social Web oder Content-Portale, werden diesen Veränderungen ebenso unterworfen sein.

Die Frage, die sich den Anbietern somit heute stellt ist nicht wie sie die Entwicklung des Social Webs der letzten drei Jahre auf ihr Portal übertragen können, sondern welchen Schritt das Social Web nach sich zieht und wie man das eigene Portal unter Beachtung der Entwicklung frühzeitig entsprechend positionieren kann.

Bibliografie

Blumauer, A., & Pellegrini, T. (Hrsg.). (2009). *Social Semantic. Web 2.0 – was nun?* Heidelberg: Springer.

Echtermeyer, M. (1998). *Elektronisches Tourismus-Marketing, Globale CRS-Netze und neue Informationstechnologien.* Berlin: Llh.

Egger, R., & Herdin, T. (2007). *Tourismus- Herausforderung- Zukunft.* Berlin: Lit.

Gladwell, M. (2002). *Der Tipping Point: Wie kleine Dinge großes bewirken können.* München: Goldmann.

Holthausen, K., & Breidbach, O. (1996). Information theory and topology: New learning mechanisms. *Proceedings of the 24th Göttingen Conference*, S. 813.
Kopp, A. (2007). POS-Befragung: Beratung im Reisebüro, Buchung im Internet.
Merton, R. K. (1957). *Social theory and social Structure*. Glencoe: Free Press.
Reed, D., & Strongin, G. (2004, April 12). The Dataweb: An Introduction to XDI. *A white paper for the OASIS XDI Technical Committee v2.*

Kapitel 20
Web 3.0 oder was bringt das Semantic Web der Touristik-Branche

Thomas Fleck

Zusammenfassung: Das Web 2.0 erfährt gerade einen Hype und während es für die einen noch völliges Neuland ist, setzt schon wieder die nächste Bewegung ein – das Web 3.0. Die rasant ansteigende Datenmenge im Internet macht es immer schwieriger, die im Netz gespeicherten Informationen wirklich sinnvoll zu nutzen. Da kommt das Web 3.0 gerade richtig. Das Social Semantic Web, wie es auch häufig genannt wird, verbindet die sozialen Komponenten des Webs 2.0 mit den semantischen Technologien und bringt Ordnung in die Datenflut. Eine Entwicklung, die auch für die Touristik-Branche neue Möglichkeiten bietet. Im folgenden Beitrag sollen die semantischen Technologien vorgestellt werden. Ziel ist es jedoch nicht eine komplette technologische Einführung zu geben. Vielmehr wird anhand praktischer Lösungsansätze skizziert, wie das Semantic Web in Verbindung mit dem Social Web für die Touristik-Branche genutzt werden könnte.

Schlüsselwörter: Semantic Web • Ontologien • Tagging • Hotelbewertungen • Social Web • Suchverhalten • RDF

20.1 Einleitung: Semantic Web

20.1.1 Was ist Semantik?

Semantik ist ein Teilbereich der Linguistik, der sich mit dem Sinn und der Bedeutung von sprachlichen Zeichen beschäftigt (Pelz 2001, S. 181). Dabei werden Informationen vom Menschen bewusst interpretiert und mit bereits vorhandenem Wissen vernetzt. Daraus ergibt sich ein schier unbegrenztes Beziehungsgeflecht

---

T. Fleck (✉)
Netresearch GmbH & Co. KG, Nonnenstraße 11d, 04229 Leipzig, Deutschland
e-mail: tf@netresearch.de

von Informationen und Zusammenhängen, das ständig erweitert werden kann. Die Informationen erhalten so eine Bedeutung.

Diese intelligente Verknüpfung von Daten und Wissen – also Vernetzungstätigkeiten, die bisher nur dem Menschen vorbehalten waren – werden nun im Semantic Web von Maschinen und Software-Anwendungen interpretiert und automatisch verarbeitet. Das Semantic Web verknüpft so Texte, Bilder und Videos aus dem World Wide Web zu einem spezifischen Thema. Der Begründer des Internets, Tim Berners-Lee, spricht in diesem Sinne von „linked Data" – vernetzte Daten (Berners-Lee 2009).

Da dieser Beitrag sich primär dem praxisorientierten Einsatz des Semantic Webs widmet, soll an dieser Stelle nur kurz auf die semantischen Technologien verwiesen werden. Eine wichtige Rolle spielen dabei die sog. Metadaten. Das sind Daten über Daten, mit denen Informationsressourcen und Bedeutungen zu den Daten wiedergegeben werden. Die Verwaltung der Metadaten und ihrer dazugehörigen logischen Beziehungen erfolgt mittels Ontologien. Mit ihnen wird eine hierarchische Ordnungsstruktur vorgegeben, „die es der Maschine ermöglicht, sinnvolle Zusammenhänge und den Kontext zu erkennen, aus dem sich ein Nutzer einem Thema annähert" (Pellegrini 2009, S. 22).

Die Verknüpfung der bestehenden Daten wird mitunter manuell durch den Menschen vorgenommen. Abhilfe schafft da das von der Forschungsgruppe Agile Knowledge Engineering und Semantic Web (AKSW) am Institut für Informatik der Universität Leipzig entwickelte OntoWiki. Die Inhalte des OntoWikis können wie bspw. bei Wikipedia eigenständig von den Nutzern erweitert oder verändert werden. Das OntoWiki zeichnet sich vor allem dadurch aus, dass nicht nur einfach Texte miteinander verbunden werden, sondern auch ganze Datensätze im Web mit komplexen Beziehungen – also Bedeutungen – verknüpft werden. Als semantische Datenbank im Internet ist das OntoWiki einer der ersten Anlaufpunkte, wenn es darum geht semantische Daten im Web zu vernetzen.

Eine Schlüsselfunktion des Semantic Webs besteht nun darin, eine „Standardsprache" für diese Metadaten festzulegen, um den Austausch von Datenbeständen zwischen unterschiedlichen Plattformen und Anwendungen im Internet zu gewährleisten und diese zueinander in Relation zu setzen. Diese Fähigkeit wird auch als Interoperabilität bezeichnet (Hitzler et al. 2008, S. 11; Tochtermann u. Maurer 2006, S. 18).

Mit der Entwicklung solcher Standards befasst sich das World Wide Web Consortium (W3C). Als grundlegende Standards wurden bereits die Auszeichnungssprachen RDF (Resource Description Framework), XML (Extensible Markup Language) und OWL (Web Ontology Language) verabschiedet (vgl. dazu ausführlich Hitzler et al. 2008). Da die Ausführungen zu dieser Thematik selbst einen ganzen Beitrag füllen könnten, soll die Einführung in die semantischen Technologien an dieser Stelle genügen.

20.1.2 *Vom Social Web zum Web der vernetzten Daten*

Wie der vorhergehende Abschnitt gezeigt hat, verfolgt das Semantic Web einen stark technologiebezogenen Ansatz, ganz im Gegensatz zum Social Web. Wie der

20 Web 3.0 oder was bringt das Semantic Web der Touristik-Branche

Name schon sagt, basiert das Social Web eher auf sozialen Ansätzen und zeichnet sich vor allem durch die Interaktion und Kollaboration von Usern mit Hilfe spezieller Internetangebote aus. Wie beide Ansätze nun zusammengeführt werden können, soll im Folgendem historischen Abriss kurz skizziert werden.

In Anbetracht der Tatsache, dass seit der Freigabe des Internets für die öffentliche Nutzung am 06. August 1991 (Wikipedia 2009a) noch nicht einmal zwanzig Jahre vergangen sind, mag der Begriff „historisch" etwas seltsam anmuten. Wirft man jedoch einen näheren Blick auf die rasante Entwicklung (siehe Abb. 20.1) und die damit einhergehenden grundlegenden Veränderungen, die das Internet bewirkt hat, ist er durchaus angemessen.

Die frühen Jahre des Internets waren durch Internetseiten geprägt, die miteinander durch sog. Links verbunden waren. Da es vergleichsweise schwierig war, eigene Inhalte im Web zu publizieren, war das Internet noch recht überschaubar und wurde als Informationsquelle vergleichbar mit einer großen Online-Bibliothek entdeckt und genutzt.

Ungefähr seit dem Jahr 2003 setzte eine bis heute andauernde Entwicklung ein, die als Web 2.0 bzw. Social Web bezeichnet wird. Immer mehr Menschen sind in der Lage Inhalte wie Texte, Bilder und Videos im Internet zu veröffentlichen. Während in der ersten Phase des Internets die Informationen unstrukturiert auf verschiedenen Websites verteilt waren, ist aktuell zu beobachten, dass auf wenigen großen Websites eine Vielzahl von speziellen Daten vorliegt. So haben sich bspw. flickr.com, youtube.com oder wikipedia für Fotos, Videos bzw. enzyklopädische Inhalte etabliert.

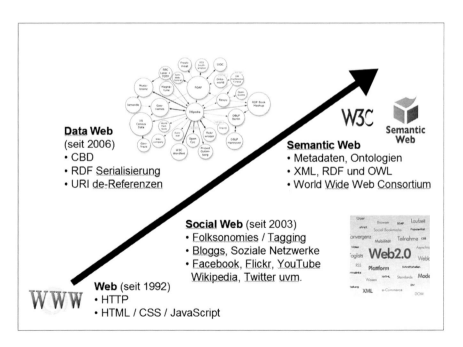

Abb. 20.1 Entwicklung des Webs. (Quelle: Eigene Darstellung)

Eine mit dieser steigenden Datenmenge einhergehende Entwicklung ist das sogenannte Social Tagging/Folksonomie (Alby 2008, S. 127–128; Schuster u. Rappold 2006, S. 194–195) bei der Inhalte durch die Nutzer des Internets mit Schlagworten versehen werden. Das Besondere daran ist, dass der Nutzer diese Tags (Schlagworte) selbst festlegen kann und dabei nicht auf ein vorgeschriebenes Vokabular zurückgreifen muss. Aus der Masse der verschiedenen Tags entsteht so ein ganzes Netzwerk aus Begriffen, um einen Inhalt zu beschreiben. Diese Sammlung von unterschiedlichen Tags der Nutzer zu einem Inhalt nennt man Folksonomie – eine Zusammensetzung aus den Wörtern Folks (engl. für Leute) und Taxonomie (Klassifikation).

Mit der nach wie vor exponentiell ansteigenden Datenmenge im Internet werden neue Techniken wie das Semantic Web erforderlich, um die im Netz gespeicherten Informationen als Wissen nutzbar zu machen. Sowohl das Semantic Web als auch das Social Web verfolgen das gleiche Ziel: die Informationsflut für Nutzer zu selektieren, um das Wissen so besser zugänglich zu machen. Eine Zusammenführung des Semantic Web mit den sozialen Ansätzen des Social Web bezeichnet man heute als Web 3.0. Eine Entwicklung die auch für die Tourismusbranche neue Wege aufzeigt (vgl. dazu nächstes Kapitel).

Die nachfolgende Grafik (Abb. 20.2), die einem Vortrag von Tom Gruber entlehnt ist, zeigt besser als alle Worte, wie aus unstrukturierten Tags mit Hilfe des Semantic Web nützliche Informationen (sog. Value of Data) generiert werden können. Im Übrigen liegen die Ursprünge des Begriffs Taggens (Taggen 2009) tatsächlich in der Graffiti-Szene und wurden später in die Informatik übertragen.

20.1.3 Exkurs: Ergänzende und weiterführende Technologie-Ansätze

Im Zusammenhang mit Semantic Web tauchen regelmäßig weitere Techniken auf, mit denen maschinenlesbare Informationen nahe gekommen werden soll. Einige dieser ergänzenden Techniken sollen an dieser Stelle kurz vorgestellt werden.

Zu den bekanntesten Techniken gehört dabei die Computerlinguistik. Damit ist das automatisierte Verarbeiten (und Verstehen) von natürlicher Sprache gemeint

Social Web   Social + Semantic Web

Abb. 20.2 Where the Social Web Meets the Semantic Web. (Quelle: TomGruber.org)

(Wikipedia 2009c). In den letzten Jahren wurden hierbei erstaunliche Fortschritte erzielt, wie z. B. anhand von Rechtschreibkorrekturhilfen oder Übersetzungshilfen erkannt werden kann. Bei einfachen, strukturierten Daten wie bspw. Adressen sind automatische Erkennungsraten von über 90 % eher die Regel als die Ausnahme. Innerhalb von speziellen Wissensdomänen können darüber hinaus sogar Aussagen über den Inhalt getroffen bzw. automatisiert verarbeitet werden. Ein Beispiel dafür sind die von der Firma Digital Trowel (Digital Trowel 2009) entwickelten Algorithmen, die in Wirtschaftsnachrichten erkennen können, welche Positionen die im Text genannten Personen innerhalb ihrer Organisation haben bzw. neu einnehmen und ob die Nachricht einen positiven oder negativen Inhalt haben.

Unter dem Oberbegriff Business Intelligence (Wikipedia 2009b) wurden in den letzten Jahren auch Techniken im Bereich Text- und Datamining weiterentwickelt, um die in den vorhandenen Daten enthaltenen Informationen nutzbar zu machen. Im Gegensatz zu Computerlinguistik steht aber eher ein statistischer Ansatz im Vordergrund, der dabei helfen soll, neue Kombinationen und Verbindungen innerhalb der Daten zu erkennen, die in dieser Form nicht unbedingt zu erwarten waren.

Darüber hinaus gibt es eine Vielzahl weiterer Ansätze, die Semantic – also die in den elektronischen Daten enthaltene Bedeutung – maschinell nutzbar zu machen. Je nach Anwendungsfall ist dabei der Einsatz verschiedener Techniken sinnvoll. In den nachfolgenden Ausführungen wird jedoch das Semantic Web wie oben beschrieben im Mittelpunkt stehen.

20.2 Semantic Web – Lösungsansätze für die Touristikbranche

20.2.1 Der Traum von der „Einfeld" Suche, die alle endlos langen Trefferlisten reduziert

Das folgende Beispiel zeigt, welche Vorteile das Semantic Web bietet. Wie könnte ein potentieller Reisegast ein Hotel für Familien finden? Vermutlich würde er zunächst seine Suche mit der Eingabe von „Familienhotel Mallorca" bei Google beginnen und eine Auswahl an einschlägigen Hotelportalen finden. In einem nächsten Schritt müsste er, vielleicht erneut über Google, die Bewertungen von anderen Familien zum Hotel suchen, um dieses auch als Familienhotel zu klassifizieren. Zunächst wird an diesem Beispiel zweierlei deutlich: (1) Alle Informationen, die für die Suche des angenommenen Reisegastes erforderlich sind, sind bereits im Internet vorhanden. (2) Es gibt aktuell keine Möglichkeit, diese Informationen in einem Schritt gezielt abzufragen.

Um diese Anforderung erfüllen zu können, müssen beide Seiten einer Suche betrachtet werden. Zum einen die Interpretation der Suchanfrage und zum anderen die Bereitstellung der entsprechenden Suchergebnisse. Die Interpretation der Suchanfrage ist dabei eine Aufgabe die eher mit Computerlinguistik gelöst werden kann. Letztlich werden aus einer unstrukturierten Freitexteingabe wie z. B. „Ich suche ein Familienhotel in Mallorca für drei Personen in den Maiferien" die für eine Reiseanfrage relevanten Informationen zu Ort: „Mallorca" – Zeit: „Maiferien" – Was: „Familienhotel" – Wer: „drei Personen" extrahiert. Mit diesen Daten kann – nach eventuell zwischengeschalteter „Nachfrage" – wie bisher in den Angebotsdatenbanken recherchiert werden. Die Qualität der Ergebnisse ist dabei umso besser, je mehr Zusatzinformationen enthalten sind. Damit ist gemeint, ob bspw. die vorhandenen Hotels als „Familienhotel" qualifiziert sind und damit dem Suchergebnis entsprechen.

Hier könnte Semantic Web von Bedeutung sein, da diese Informationen nicht „fest" mit dem Hotel verbunden sein müssen, sondern sich aus der Verbindung zu weiteren Daten „ergeben". Wenn das Hotel bspw. viele positive Bewertungen von Familien bekommen hat oder über familiengeeignete Einrichtungen verfügt, kann dies entsprechend als „Familienhotel" interpretiert werden. Es ist dann nicht mehr erforderlich, dass das Hotel explizit als „Familienhotel" bezeichnet wird.

Die Grundlage des Semantic Web ist die zusätzliche Auszeichnung (Annotation) von Inhalten, um sie für Maschinen „verstehbar" zu machen. Vereinfacht bedeutet dies, dass bspw. die zusätzlichen Einrichtungen des Hotels „maschinenlesbar" sind und folglich die Suchmaschine in der Lage wäre, eine Verbindung herzustellen. Wären zudem weitere Inhalte in für Maschinen „verständlicher" Form vorhanden, könnten weit komplexere Anfragen, wie bspw.: „Hotel auf Mallorca für Familien mit mindestens fünf guten Bewertungen meiner Bekannten" abgebildet werden.

20.2.2 Semantic Web als Schaltzentrale des Datenaustausches vom Leistungsträger zum Intermediär

Ausgehend vom zuvor genannten Problemfeld wird deutlich, dass eine „einfache Suche" nur mit entsprechend aussagefähigen Produktinformationen realisiert werden kann. Man kann sich weiterhin leicht vorstellen, dass es bei der Vielzahl von touristischen Angeboten für einen Anbieter allein kaum möglich sein wird, für entsprechend aussagefähige Produktinformationen zu sorgen.

Dem Prinzip von „linked Data" folgend erscheint es sinnvoller, die bereits im Internet vorhandenen Daten zu nutzen – zu syndizieren. So können bspw. Informationen aus Wikipedia zur Ergänzung von Umfeldbeschreibungen eingesetzt werden. An dieser Stelle sei darauf hingewiesen, dass über das Projekt dbpedia.org (Dbpedia 2009) bereits die Inhalte von Wikipedia als linked data zur Verfügung stehen.

Ein weiteres Anwendungsszenario ist die Bereitstellung von Angebotsinformationen in maschinenlesbarer Form direkt durch den Anbieter (z. B. das Hotel, Gastronomie, Tauchschule, Mietwagen etc.) auf der einen Seite und die Aufbereitung dieser Angebote auf einem „Marktplatz" auf der anderen Seite. Anders als bei bisherigen Ansätzen wäre es bei der Verwendung von den bereits im ersten Kapitel beschriebenen Auszeichnungssprachen wie bspw. RDF nicht mehr erforderlich für den Datenaustausch spezielle Im- und Exportformate zu „erschaffen".

In diesem Zusammenhang sei auch auf das „Semantic Cookbook" von Prof. Martin Hepp (Good Relations 2009) verwiesen, in dem sich bereits eine Vielzahl von touristischen „Rezepten" zum Datenaustausch finden.

20.2.3 Semantic Web im Fokus der Hotelbewertungen

Insbesondere in der Touristik ist die Kundenbewertung in Mode gekommen und stellt zunehmend einen ernst zu nehmen Faktor bei der Entscheidungsfindung der Reisenden dar. Bei der Bewertung von Hotels handelt es sich grundlegend um nichts anderes, als das oben beschriebene Social Tagging, wobei nicht nur einzelne Schlagworte, sondern eben eine mehr oder minder ausführliche Beschreibung hinzugefügt wird. Die Aussagekraft dieser Bewertungen ist oft problematisch:

- Wenn zu wenige Bewertungen abgegeben wurden, kann daraus selten ein objektives Bild gewonnen werden.
- Wurden zu viele Bewertungen in Textform abgegeben, können diese kaum vom potentiellen Gast aufgenommen werden und sind ebenfalls wenig hilfreich.
- Ohne weitere Zusatzinformationen über den Verfasser der Bewertung sind die Bewertungen ebenfalls wenig hilfreich (so kann z. B. ein Hotel-Tipp für Singles für Familien weniger geeignet sein).

Hinzu kommt, dass nicht für jedes Angebot ausreichend Bewertungen vorliegen, wie das z. B. bei neu auf den Markt kommenden Angeboten der Fall ist. Weiterhin können Bewertungen nicht nur an einer Stelle im Netz, sondern auf verschiedenen Plattformen abgegeben werden. Das Phänomen von der „Weisheit der Masse" stößt mithin schnell an seine Grenzen.

Aus der ständig steigenden Informationsflut der Kundenbewertungen lassen sich jedoch mehrere Nutzen für die Tourismusbranche ableiten. Zum einen können, wie zuvor beschrieben, die Produktinformation mit den Bewertungen angereichert werden. Voraussetzung dafür ist wiederum, dass die Bewertungen in strukturierter und verwertbarer Form vorliegen. Aktuell dominieren hier aber noch Unternehmen wie bspw. Holidaycheck, bei denen im Sinne von Web 2.0 die Sammlung von Kundenbewertungen Grundlage und Geschäftsmodell sind.

Eine Abhilfe könnte mit semantischen Technologien geschaffen werden. Wenn Hotelbewertungen auf Grundlage von Metadaten und Ontologie ausgezeichnet würden, könnten Bewertungen, auch wenn Sie auf verschiedenen Plattformen zu finden sind, zur Charakterisierung des Hotels zusammengefasst werden. Es wäre nicht mehr erforderlich, dass alle Bewertungen auf einer Plattform abgelegt werden. Ebenso könnten über eine Zusammenfassung auch quantitative Aussagen, z. B. eine Anzahl x von y abgegebenen Bewertungen hat das Hotel als „Wellness" charakterisiert, erfolgen. Diese Aussagen sind wiederum für den potentiellen Gast weit nützlicher, als selbst sämtliche Bewertungen zu lesen.

20.3 Zukunftsmusik oder greifbare Realität?

Wie real das Social Semantic Web schon ist, zeigt sich u. a. bei den inzwischen schon alltäglich gewordenen Blogs. Fast jedes Blog verfügt über einen oder mehrere RSS-Feeds – Datenformate, die von Programmen gelesen werden. Ursprünglich wurden diese Datenformate für die Syndizierung von Content entwickelt und nutzen die bereits erwähnte Auszeichnungssprache RDF als Ausgangsformat.

Im Blog ermöglichen RSS-Feeds eine automatische Weiterverarbeitung der im Blog enthaltenen Informationen (Alby 2008, S. 48–49; Schuster u. Rappold 2006, S. 195). Mit sogenannten Feedreadern können Informationen aus unterschiedlichen (Blog-) Quellen zusammengefasst dargestellt werden.

Ein weiteres Anwendungsbeispiel sind die Twitterfeeds. Twitterfeeds sind Textnachrichten, die auf 140 Zeichen beschränkt sind und im sog. Mikro-Blog veröffentlicht werden. Die recht populären Twitterwalls, eine Sammlung von Twitterfeeds zu einem bestimmten Thema, dienen hier zur Aggregation der Daten.

Die Verbreitung von RSS in Verbindung mit Blogs zeigt, dass sich Semantic Web Techniken durchaus schnell verbreiten und etablieren können. Aber nicht als „Selbstzweck", sondern nur, wenn sie sowohl leicht zu bedienen als auch einen merklichen Nutzen bieten. Insbesondere die leichte Bedienbarkeit ist erfolgskritisch. So hätte sich RSS sicher kaum durchgesetzt, wenn sich der RSS-Feed nicht automatisch ergeben hätte, sondern die Auszeichnung vom Autor des Blogs erst noch aufwändig manuell hätte erstellt werden müssen.

Eine der größten Herausforderung zur Entwicklung der Semantic Web besteht somit darin, Werkzeuge zu entwickeln, die eine einfache Auszeichnung der Inhalte ermöglicht.

Gemeinsam mit der Forschungsgruppe Agile Knowledge Engineering und Semantic Web (AKSW) vom Institut für Informatik der Universität Leipzig ist die Firma Netresearch derzeit in zwei Forschungsprojekte zum Semantic Web involviert. Hauptziel ist dabei die Überführung wissenschaftlicher Erkenntnisse in praxistaugliche Lösungen.

U. a. wird daran gearbeitet, wie Unternehmen im Allgemeinen und touristische Anbieter im Besonderen ihre Produktinformationen maschinenlesbar mittels RDF-Daten publizieren können. Ausgehend von der hohen Verbreitung von TYPO3 im Bereich Tourismus – hier hat TYPO3 einen Marktanteil von ca. 25 % (bezogen auf die deutschen Reiseveranstalter; Netresearch 2009) – soll das bekannte Open Source Content Management System (CMS) erweitert werden.

Zum einen sollen bei der Darstellung von Angeboten bereits vorhandene Daten, z. B. aus dbpedia.de, in das CMS integriert werden können – siehe oben Content Syndizierung. Auf der anderen Seite soll über sogenannte Extensions die Veröffentlichung von strukturierten Daten ähnlich einfach erfolgen, wie in einem Blog die RSS Daten ausgeliefert werden können.

Konkret bedeutet dies für den touristischen Anbieter eine Arbeitserleichterung, wenn er seine Produktinformationen mit wenigen Handgriffen um weitere Daten anreichern kann. Bei der Veröffentlichung seiner Produktinformationen als RDF legt er zudem den Grundstein dafür, dass er auf künftigen Marktplätzen, aber auch in den nach wie vor wichtigen Suchmaschinen gefunden wird.

Die Zukunft wird zeigen, wie diese neuen semantischen Technologien unter Einbeziehung von sozialen Komponenten des Webs 2.0 für die Touristikbranche nutzbar gemacht werden können und auch angenommen werden.

Bibliografie

Alby, T. (2008). *Web 2.0 – Konzepte, Anwendungen, Technologien*. München: Hanser Fachbuchverlag.
Berners-Lee, T. (2009). Linked Data. http://www.w3.org/DesignIssues/LinkedData.html. Gesehen am 15. Sept 2009.
Dbpedia. (2009). http://dbpedia.org. Gesehen am 15. Sept 2009.
Digital Trowel. (2009). http://www.digitaltrowel.com. Gesehen am 15. Sept 2009.
Good Relations. (2009). http://www.ebusiness-unibw.org/wiki/GoodRelations#CookBook:_Good-Relations_Recipes_and_Examples. Gesehen am 15. Sept 2009.
Hitzler, P., Krötzsch, M., Sure, Y., & Rudolph, S. (2008). *Semantic Web – Grundlagen*. Berlin: Springer.
Netresearch. (2009). http://netresearch.wordpress.com/2009/01/29/typo3-etabliert-sich-weiter-in-tourismus-branche/. Gesehen am 15. Sept 2009.
Pellegrini, T. (2009 Dezember). Grundlagen des Semantic Web – Fortschritt mit (r)evolutionärem Potenzial. *T3N Magazin, 14,* 22–24.
Pellegrini, T., & Blumauer, A. (2006). Semantic Web und semantische Technologien – zentrale Begriffe und Unterscheidungen. In T. Pellegrini, & A. Blumauer (Hrsg.), *Semantic Web – Wege zur vernetzten Wissensgesellschaft* (S. 9–25). Berlin: Springer.
Pelz, H. (2001). *Linguistik – Eine Einführung*. Hamburg: Hoffmann und Campe.
Schuster, A., & Rappold, D. (2006). Social Software – Was soziale Dynamik im Semantic Web auslöst. In T. Pellegrini, & A. Blumauer (Hrsg.), *Semantic Web – Wege zur vernetzten Wissensgesellschaft* (S. 189–199). Berlin: Sringer.
Tochtermann, K., & Maurer, H. (2006). Semantic Web – Geschichte und Ausblick einer Vision. In T. Pellegrini, & A. Blumauer (Hrsg.), *Semantic Web – Wege zur vernetzten Wissensgesellschaft* (S. 1–6). Berlin: Sringer.
Wikipedia. (2009a). World wide web. http://de.wikipedia.org/wiki/World_Wide_Web. Gesehen am 15. Sept 2009.
Wikipedia. (2009b). Business intelligence. http://de.wikipedia.org/wiki/Business-Intelligence. Gesehen am 15. Sept 2009.
Wikipedia. (2009c). NLP Natural Language Processing. http://de.wikipedia.org/wiki/Natural_language_processing. Gesehen am 15. Sept 2009.
Wikipedia. (2009d). Taggen. http://de.wikipedia.org/wiki/Taggen. Gesehen am 15. Sept 2009.

Teil V
Allgemeine Implikationen des Online-Kommunikationswandels

Kapitel 21
„Get connected" – Internetkulturen im Kontext gesellschaftlicher Erwartungen und vor dem Hintergrund des öffentlichen Mediendiskurses

Nicolai Scherle

Zusammenfassung: Wie im Kontext derzeitiger Internetkulturen – insbesondere anhand des Web 2.0 – sichtbar wird, implizieren technologische Entwicklungen im Mediensektor in der Regel repetitive Rituale: Während sich Verfechter neuer Technologien häufig als mediale Avantgarde inszenieren (lassen), stimmen Kritiker nicht selten Kassandrarufe an, die nur allzu gerne von kulturpessimistischen Zeitgenossen aufgegriffen werden. Der vorliegende Beitrag skizziert zunächst aus einer historisch-genetischen Perspektive fortschreitende Digitalisierungsprozesse, die immer mehr Bereiche des alltäglichen Lebens durchdringen, bevor dann anschließend das Internet als Kommunikationstechnologie vor dem Hintergrund gesellschaftlicher Erwartungen beleuchtet wird. Die zwei zentralen Kapitel des Beitrags analysieren die derzeitigen Internetkulturen im öffentlichen Mediendiskurs sowie im Tourismus, wobei insbesondere ausgewählte Implikationen auf die Angebots- und Nachfrageseite reflektiert werden. Konstitutiv für die entsprechenden Ausführungen sind nicht zuletzt zwei Anliegen: Zum einen wird ein konziser Einblick in den aktuellen öffentlichen Mediendiskurs gewährt, zum anderen werden aus holistischer Perspektive Bezüge zu zentralen theoretischen Ansätzen der Medienforschung hergestellt.

Schlüsselwörter: Digitalisierung · Internetkulturen · Web 2.0 · Mediendiskurs · Touristische Angebots- und Nachfrageseite

21.1 Einleitung

Gesellschaften konstituieren sich über Kommunikation. Damit ist nicht einfach die interpersonale oder die mediale Kommunikation gemeint, sondern – in Analogie zu Luhmann (1995) – ein abstraktes Konzept dreistufiger Selektion aus Information, Mitteilung und Verstehen. Dieses Konzept lässt sich auf kleine Spezialgruppen

---

N. Scherle (✉)
Katholische Universität Eichstätt, Ostenstr. 18, 85072 Eichstätt, Deutschland
e-mail: nicolai.scherle@freiheit.org

genauso übertragen wie auf die Weltgesellschaft des 21. Jahrhunderts, wobei keine technologische Neuerung mehr Hoffnungen auf die ausgesprochen komplexen Globalisierungspotentiale geweckt hat als das Internet. Bei der voranschreitenden Digitalisierung geht es allerdings nicht nur darum, Informations- und Kommunikationsgrenzen zu überwinden. Vielmehr manifestieren sich im Kontext aktueller Vernetzungsprozesse auch Entwürfe einer neuen Welt, einer globalen Internetkultur, in der jeder jederzeit Anschluss an jeden und alles findet: Die Platinen und Prozessoren heutiger Computerchips werden, wie Meckel (2001, S. 61) treffend konstatiert, „zu Nervenzellen und Synapsen eines ‚Global Brain'".

Ebenso wie neuronale Schaltungen im menschlichen Gehirn nicht automatisch eine Produktion von Sinn nach sich ziehen, impliziert auch eine zunehmende digitale Vernetzung nicht zwangsläufig Verständigung. Im eingangs erwähnten Kommunikationskonzept (basierend auf Information, Mitteilung und Verstehen) sind die ersten beiden Selektionsstufen globalisiert, das Verstehen aber verlangt – in erster Linie abgängig von Sozialisation bzw. Umwelt – jeweils eigenständige Sinnproduktionen, deren Globalisierungspotential immer häufiger in Frage gestellt wird. Kneip (1999, S. 130) schreibt in diesem Zusammenhang: „Das Internet macht zwar aus der Welt ein globales Dorf. Aber der Name des Dorfes ist Babylon."

Der folgende Beitrag möchte aus einer problemzentrierten Perspektive die rasanten Entwicklungen im Bereich digitaler Medien reflektieren, die – wie auch im Kontext der meisten Beiträge des vorliegenden Sammelbands deutlich wird – den Tourismus hinsichtlich seiner Kommunikationsstrukturen revolutioniert haben, wobei der entsprechende Prozess dramatisch an Dynamik zugelegt hat und ein Ende, zumindest derzeit, nicht abzusehen ist (Hepp 2006; Wittel 2006). Das Web 2.0 ist in diesem Fall sicherlich das bekannteste, keinesfalls aber das einzige Beispiel. Die Implikationen einer zunehmend vernetzten Weltgesellschaft werden immer komplexer und durchdringen nach und nach unsere Lebenskontexte. Gerade vor diesem Hintergrund gilt es, bestimmte Prozesse und die durch sie implizierten Strukturen kritisch zu beleuchten, will man sich nicht blindlings einer unreflektierten Digitalisierungseuphorie unterwerfen. Denn eines ist sicher: Jenseits aller technologischen Innovationen bleibt der Mensch Urheber und Umsetzer der Optionen, die ihm die heutige Technik bietet. Es spricht daher einiges für die von Meckel (2000) vertretene These, dass sich Prioritäten, Strukturierungen und Differenzierungen der analogen Welt in der digitalen Welt fortsetzen werden; sicherlich unter anderen Voraussetzungen, aber mit ähnlichen Konsequenzen.

Zunächst soll im Rahmen des vorliegenden Beitrags ein kurzer Rückblick auf die Entwicklung der Digitalisierung erfolgen. Dies geschieht vor allem angesichts folgender Überlegungen: Zum einen sind Medienentwicklung und gesellschaftlicher Wandel aufs Engste miteinander verzahnt, zum anderen erleichtert eine historisch-genetische Perspektive die Kontextualisierung heutiger Strukturen und Prozesse. Im darauffolgenden Unterkapitel wird aufgezeigt, welche komplexen gesellschaftlichen Erwartungen – die in der Regel auffällig ethisch-normativ etikettiert sind – mit der Entwicklung des Internets einhergehen. Darauf aufbauend widmet sich das anschließende Unterkapitel dem derzeitigen Mediendiskurs bezüglich digitaler Medien, der zunehmend von ausgesprochen kontroversen Standpunkten geprägt ist.

Sind die bisher vorgestellten Abschnitte primär aus einem kommunikationswissenschaftlichen Blickwinkel konzeptualisiert, so wird im nachfolgenden Unterkapitel dezidiert eine Brücke zum Tourismus gebaut, da – wie auch die meisten Beiträge im vorliegenden Sammelband deutlich machen – gerade diese Branche wie kaum eine Zweite von den Innovationen im Informations- und Kommunikationssektor profitiert hat. Das Resümee greift abschließend noch einmal einige zentrale Aspekte des globalen Diffusionsprozesses digitaler Medien auf und reflektiert in diesem Zusammenhang ausgewählte Implikationen auf die Nutzer.

21.2 Digitalisierung als historischer Prozess: Ein problemzentrierter Rückblick

Wollte man die zunehmende Digitalisierung unserer Welt ausschließlich aus einer techno-deterministischen Perspektive betrachten, würde man das komplexe Zusammenspiel von technischen und gesellschaftlichen Transformationsprozessen nur unzureichend erklären (Dorer 2006). Vielmehr zeichnet sich eine Vielzahl an – durchaus interdependenten – Metaprozessen dafür verantwortlich, dass wir inzwischen von Netzwerk- bzw. Konnektivitätsgesellschaften sprechen können. Der Medienwissenschaftler Krotz (2006, S. 30) vermerkt in diesem Zusammenhang:

> Die Tatsache, dass soziale, kulturelle und ökonomische Zusammenhänge und Abhängigkeiten, dass die gesamten kommunikativen, medienvermittelten wie personalen und sozialen Beziehungen der Menschen durch funktionale Konzepte wie Netzwerk und Konnektivität beschrieben werden können, ist eine Folge nicht nur der Globalisierung, sondern auch von Individualisierung, Mediatisierung und Kommerzialisierung. Es handelt sich um eine generelle und allgemeine Tendenz des sozialen Lebens.

Einschlägige Metaprozesse haben zu einer bis dato unerreichten Ausdifferenzierung der Medienlandschaft geführt, die sich sicherlich am eindrucksvollsten im globalen Diffusionsprozess des Internets widerspiegelt. Seine Anfänge reichen bis in die 1960er Jahre zurück, als in den Vereinigten Staaten lokal und über größere Entfernungen Computer miteinander vernetzt wurden und sog. Local Area Networks (LAN) bzw. Wide Area Networks (WAN) entstanden. Lovink und Schultz (1999) haben aus einer historisch-genetischen Perspektive die zentralen Phasen der Internetentwicklung zusammengefasst, die in der nachfolgenden Tab. 21.1 übersichtlich dargestellt sind.

Nicht ganz korrekt wird das Internet immer wieder als Medium bezeichnet. Zutreffender ist es, von einem „Kommunikationsraum" zu sprechen (Wilke 2009), denn das Internet bietet Platz für ganz unterschiedliche Kommunikationsmodalitäten: Nur ein Teil davon erfüllt die Funktionen klassischer Verbreitungsmedien, andere dienen der direkten Kommunikation zwischen Personen respektive der Informationssuche und -aufbereitung.

Insbesondere die direkte Kommunikation hat durch die Einführung des Web 2.0 mit seinen zahlreichen neuen interaktiven Online-Angeboten wichtige Impulse erhalten. War der Umgang mit dem Internet bis vor wenigen Jahren primär durch eine vergleichsweise große Passivität geprägt, so propagiert das Web 2.0 im Kontext

Tab. 21.1 Entwicklungsphasen im Kontext des Internets. (Quelle: Eigener Entwurf in Anlehnung an Lovink u. Schultz 1999)

Phase 1 (1969–1989)
wird primär durch eine forcierte Vernetzung von Großrechnern in Militär, Wissenschaft und Großunternehmen geprägt. Jugendliche eignen sich technisches ‚Geheimwissen' an und sog. ‚Hacker' und ‚Cyberpunks' treten – auf vielfach unkonventionelle, mitunter nicht immer ganz legale Art und Weise – für eine Öffnung des Netzes ein. In dieser Zeit entstehen vor allem die von der scientific community euphorisch kommentierten ‚Mysterien' des Internets wie Entkörperung, Hybridisierung von Körper und Maschine, Cyborg und Cybersex.

Phase 2 (1989–1995)
wird primär mit einem forcierten Glauben an die ‚digitale Revolution' in Verbindung gebracht. Es ist eine Zeit der schnellen Profite, der Netzutopien, aber auch der forcierten Netzkritik. Divergierende Interessen kreieren sukzessive eine ‚virtuelle Klasse'.

Phase 3 (1995–2000)
wird primär mit der sog. Dotcom-Blase assoziiert. Zahlreiche Technologieunternehmen drängen auf den Markt und versprechen lukrative Kurssteigerungen bzw. Gewinne, die häufig nicht erfüllt werden können. Es kommt zu einer – notwendigen – Marktbereinigung, wobei das Anlegervertrauen in Werte der IT-Branche auf Jahre gestört bleibt.

Phase 4 (2000–heute)
impliziert eine zunehmende Multimedialität und Interaktivität neuer Medien, die sich insbesondere in der Weiterentwicklung des Internets zum Web 2.0 widerspiegelt. Die fortschreitende digitale Vernetzung beschleunigt Globalisierungs- und Konzentrationsprozesse, gleichzeitig rückt die Frage einer politischen Einflussnahme – etwa in Hinblick auf Zensur versus Meinungs- und Medienfreiheit – immer mehr auf die Agenda.

digitaler Medien einen grundlegenden Paradigmenwechsel: Unter dem Schlagwort „Mitmachnetz" beschreibt das Web 2.0 vielfältige Möglichkeiten der Partizipation, wobei es sich vor allem um soziale Netzwerke und virtuelle Gemeinschaften handelt, in denen der direkte Austausch gepflegt wird.

Grundsätzlich ist die am Beispiel der Digitalisierung skizzierte Entwicklung neuer Medientechnologien im Konnex der Entwicklung des öffentlichen Diskurses zu sehen (Dorer 2006). In diesem Zusammenhang gilt es auch zu reflektieren, wie das Internet – und insbesondere dessen Weiterentwicklung zum Web 2.0 – als neuartige Technologie mit einer Veränderung des öffentlichen Diskurses einhergeht. Bevor sich den Internetkulturen im öffentlichen Mediendiskurs zugewendet wird, soll zunächst noch einmal das Internet im Kontext gesellschaftlicher Erwartungen beleuchtet werden.

21.3 Internetkulturen im Kontext gesellschaftlicher Erwartungen

Wie kaum ein zweites Medium ist das Internet als Kommunikationstechnologie und -technik mit der Vorstellung und dem Versprechen einer allgemeinen Demokratisierung der öffentlichen Kommunikation angetreten. Als theoretische Grundlage lässt sich in diesem Zusammenhang das von Habermas (1981) geprägte Paradigma des herrschaftsfreien Diskurses anführen. Auf diesem Idealtyp menschlicher Kommunikation basiert die Hoffnung, dass eine Gesellschaft durch Reflexion und Räsonnement am besten zur Lösung politischer Fragen beiträgt. Zentrale Prämisse dafür ist allerdings, dass die Akteure weitgehend von ihren eigenen Interessen absehen und der Kommunikationsprozess nicht durch politische respektive ökonomische Faktoren beeinflusst wird (Mai 2007).

Medienentwicklung bzw. Medienwandel sind in der Regel nicht nur Bestandteil und Ausdruck sozioökonomischer Transformationsprozesse, sondern gehen auch – wie das Versprechen einer allgemeinen Demokratisierung der Kommunikationsstrukturen im Kontext des Internets zeigt – mit spezifischen gesellschaftlichen Erwartungen einher (Marr 2005; Zillien 2009). Dass sich das Einlösen entsprechender Erwartungen nicht immer erfüllen lässt und häufig zu einer Polarisierung der Wahrnehmungsmuster bezüglich neuer Medien führt, stellt ein systemimmanentes Phänomen dar. Die Verführung zu kulturpessimistischen Artikulationen ist dabei immer nahe liegend, bleibt aber beobachterrelativ, wie auch das nachfolgende Unterkapitel über Internetkulturen im öffentlichen Diskurs aufzeigen wird.

Im Kontext fortschreitender Digitalisierungsprozesse lassen sich grundsätzlich zwei divergierende Standpunkte ausmachen: einerseits eine Technikeuphorie gekoppelt mit der Vorstellung einer Revolutionierung menschlichen Zusammenlebens, andererseits Kulturpessimismus, der die sozialen Implikationen dieser Entwicklung kritisiert. Beide Standpunkte lassen sich durchaus als ein systemimmanentes Phänomen rezipieren – und zwar immer dann, wenn sich ein neues Medium anschickt, einem Traditionellen seinen Rang abzulaufen. So konstatiert Dorer (2006, S. 355) im Konnex der Einführung von Radio bzw. Fernsehen:

> Mit der Einführung und Etablierung des Internet waren also jene Mythen verbunden, die bereits die Einführung des Radios und des Fernsehens begleitet haben: Einerseits ein Kultur-Pessimismus, der seinen Ausdruck in einer restriktiven Medienpädagogik und einer gemeinwohlorientierten Medienpolitik gefunden hat, sowie andererseits ein Kultur-Optimismus, wie wir ihn bereits von Brechts Radiotheorie kennen. Das Credo lautete damals – genauso wie heute bezüglich des Internets: ‚Jeder Empfänger ein potenzieller Sender'.

Eines der berühmtesten kulturpessimistischen Werke, das im Rahmen von Medienkritik entstanden ist, verkörpert die Streitschrift „Wir amüsieren uns zu Tode". Darin rezipiert der US-amerikanische Medienwissenschaftler Neil Postman die Transformation vom Buchdruck- zum Fernsehzeitalter als einen tief greifenden Kulturwandel, in dem Inhalte zunehmend durch Unterhaltung verdrängt werden. Postman (1985, S. 17) schreibt in diesem Zusammenhang:

> Um es klar und deutlich zu sagen: Ich untersuche und ich beklage in diesem Buch die einschneidendste Veränderung, die sich in der zweiten Hälfte des 20. Jahrhunderts innerhalb der amerikanischen Kultur vollzogen hat: den Niedergang des Buchdruck-Zeitalters und den Ausbruch des Fernseh-Zeitalters. Dieser Umbruch hat zu einer dramatischen, unwiderruflichen Verschiebung im Inhalt und in der Bedeutung des öffentlichen Diskurses geführt, denn zwei so unterschiedliche Medien können nicht die gleichen Ideen in sich aufnehmen. In dem Maße, wie der Einfluss des Buchdrucks schwindet, müssen sich die Interessen der Politik, der Religion, der Bildung und anderer öffentlicher Bereiche verändern und in eine Form gebracht werden, die dem Fernsehen angemessen ist.

Postman – der Medien in erster Linie als Metaphern begreift – geht in seinem Werk davon aus, dass sich mit der Einführung neuer Techniken nicht nur die anthropogenen Möglichkeiten erweitern, sondern dass sich vielmehr mit der sukzessiven Verbreitung entsprechender Techniken auch die Denkmuster der Menschen respektive die Inhalte ihrer Kultur transformieren. In Bezugnahme auf das Fernsehen warnt er insbesondere vor einer verstärkten Trivialisierung, die uns die Unterhaltungsindustrie mittels ihrer forcierten Entertainment-Orientierung aufoktroyiert.

Bedauerlicherweise zeichnen sich Medienkritiken häufig durch ausgeprägte Polarisierungen aus, die nur relativ selten Spielräume für modifizierende Schattierungen zulassen. Ein Umstand, der nicht zuletzt darauf zurückzuführen ist, dass Medien als vierte Gewalt nur allzu gerne mit normativen Konnotationen etikettiert werden bzw. die Vision einer Informationsgesellschaft auch immer mit der Hoffnung auf sozialen und politischen Fortschritt verknüpft ist. Vor diesem Hintergrund soll im nachfolgenden Unterkapitel der Frage nachgegangen werden, wie im derzeitigen öffentlichen Mediendiskurs die forcierte Digitalisierung unserer Gesellschaft wahrgenommen wird.

21.4 Internetkulturen im öffentlichen Mediendiskurs

Technologiekritik hat es meistens schwer, denn wer am technischen Fortschritt zweifelt, wird fast immer mit dem Label „Kulturpessimist" etikettiert. Zu dieser Spezies wird auch der britische Autor Andrew Keen gezählt, der das Internet als einen Ort von Amateuren kritisiert, der – in Analogie zur Kritik von Postman (1985) am Fernsehen – eine dezidierte Gefahr für unsere Kultur darstelle. In diesem Kontext bezieht er sich in erster Linie auf das Bedrohungspotential für Kulturschaffende bzw. die creative industries, etwa Schriftsteller, Journalisten, Musiker oder Filmemacher. In seinem ausgesprochen provokativen, mitunter etwas polemischen Werk „Die Stunde der Stümper" kritisiert der Autor – der in den 1990er Jahren als Start-up-Unternehmer im Silicon Valley tätig war – vor allem die freien, vielfach von anonymen Laien kollaborativ erstellten Web-Angebote, die eine forcierte Gefahr für professionelle Anbieter und damit einhergehend für die Qualität darstellten (Keen 2008). In einem Interview mit der Frankfurter Allgemeinen Zeitung fordert Keen (2009, S. 38) unter expliziter Bezugnahme auf aktuelle Entwicklungen an den Finanzmärkten eine neue Verantwortungskultur, die er in einer zunehmend digitalisierten Medienlandschaft schwinden sieht:

> Im Internet können wir beobachten, was wir auch an den Finanzmärkten in den vergangenen Monaten beobachten konnten: Niemand hat mehr einen Überblick. Aber jeder ist zum Risiko bereit. Und flüchtet sich, wenn es hart auf hart kommt, in die Anonymität, anstatt Verantwortung zu übernehmen. […] Das Internet ist ein Spiegel unserer Gesellschaft. Wir müssen wieder zu einer Kultur der Verantwortung finden.

Wie bereits an anderer Stelle erwähnt, versprechen sich vor allem Verfechter des Internets mit dessen Diffusionsprozess eine verstärkte Demokratisierung der

Kommunikationsstrukturen; ein Aspekt, der längst nicht nur im Konnex repressiver politischer Systeme zu sehen ist, sondern auch in Anbetracht einer forcierten Integration von Akteuren bzw. Akteursgruppen, deren Partizipation am öffentlichen Leben bis dato nicht oder nur rudimentär stattgefunden hat. Gerade Vertreter einer deliberativen und direkten Demokratie erhoffen sich von einer sukzessiven Digitalisierung der Medienlandschaft eine Befreiung von den ‚vermachteten' und kommerzialisierten Massenmedien, wobei die Argumentationslinie ähnlich wie bei der Einführung von Radio bzw. Lokalfernsehen ist (Mai 2007): Es gilt, den im Prinzip mündigen, aber von Politik und Medien entmündigten Bürgern eine Stimme zu verleihen, sei es über den Rückkanal beim Radio, wodurch jeder Empfänger zugleich zum Sender wird, oder durch den Bürgerfunk im Lokalradio. Dabei ist das Ideal einer ubiquitären basisdemokratischen Partizipation längst entzaubert, da das Internet wie die anderen genannten Medien letztendlich weitgehend nachfrageorientiert ist bzw. eindeutig der Unterhaltungsaspekt dominiert. Insbesondere die Weiterentwicklung des Internets zum „Mitmachnetz" evoziert bei Kritikern zunehmend Vorbehalte, die nicht nur den immer wieder postulierten Demokratisierungs- bzw. Partizipationsanspruch in Frage stellen, sondern darüber hinaus die Seriosität anzweifeln. So vermerkt Wagner (2008, S. 14) mit spitzer Feder unter der Schlagzeile „Lauter Blogwarte":

> Bizarr wirkt auch die Begeisterung für das vielstimmige Internet als kraftvolle Quelle demokratischer Lebendigkeit, wie sie von Bloggern zur Schau gestellt wird, bei denen es zu einer Festanstellung leider nicht gereicht hat. Beim Blick in die unendlichen Räume des Netzes macht einen das Gewimmel von bloß Gemeintem, Halbgarem, von Pöbeleien, Befindlichkeitstiraden und geistigen Feuchtgebieten grausen. Da steht nicht nur all das Zeug, das in seriösen Publikationen schon rausredigiert wurde, sondern auch, was dort erst gar keiner geschrieben hätte. [...] Die Anonymität, das Ungefilterte und von keiner Instanz Geprüfte wird nur von den Netz-Aficionados als Freiheit gefeiert – in Wahrheit hat es dem Blockwart die Hecke bereitet, wo er seine Lust an Denunziation und Diebstahl ausleben kann.

Sicherlich würde man zahlreichen Kritikern der aktuellen Entwicklungen in der Medienlandschaft Unrecht tun, würde man sie per se als technologie- oder gar als fortschrittsfeindlich brandmarken. Vielmehr werden – meistens exemplarisch – bestimmte (Teil-) Aspekte herausgegriffen, die dann kritisch beleuchtet werden. In diesem Zusammenhang kann durchaus Anstoß an dem mitunter polemischen Ton genommen werden, der nur bedingt dazu geeignet erscheint, einen sachorientierten Diskurs zwischen Befürwortern und Kritikern neuer Medien zu führen. Einen der Hauptkritikpunkte stellt immer wieder die Veröffentlichung privater Informationen in Online-Communities wie Facebook oder StudiVZ dar, deren going public mitunter nicht nur skurrile Blüten treibt, sondern deren spätere Konsequenzen gerade von jungen Menschen meistens unterschätzt werden. Dabei beruht das Phänomen einer in der Kulturgeschichte der Menschheit bis dato nicht gekannten Offenheit auf einem vergleichsweise einfachen Mechanismus: Je mehr Du mir von Dir erzählst, umso mehr erzähle ich Dir auch von mir! Diese neue Offenheit löst nicht nur einen Dominoeffekt aus, der den Einzelnen unter Zugzwang setzt, mitzumachen, sondern sie höhlt auch sukzessive das gesellschaftlich anerkannte Gefühl von Privatsphäre aus, wie das nachfolgende Zitat von Neudecker (2009, S. 8) illustriert:

> Es herrscht ein eigenartiges Mitteilungsbedürfnis – nicht nur in Deutschland. Menschen wollen andere an ihrem Liebesleben teilhaben lassen, an ihrem Versuch abzunehmen, an ihren Urlaubsreisen. Es ist eine Mischung aus Lust zur Selbstdarstellung und unbedarftem Umgang mit einem noch jungen Medium, die Menschen in die Öffentlichkeit treibt. Jahrelang konnten sie in den Medien immer nur Berichte über Politiker und andere vermeintliche Promis lesen, nun haben sie eine Plattform, um auch ihr Leben ins gefühlte Rampenlicht zu schieben – „Interessiert euch doch auch einmal für mich!"

Wie die entsprechenden Ausführungen zeigen, wird das Internet in verstärktem Maße als individuelle Veräußerlichkeitsplattform instrumentalisiert, wobei die Spielarten der Begrenzung von Privatsphäre und der Bestimmung von Öffentlichkeit vielfältiger geworden sind. Sie durchkreuzen die bisherigen Informations- und Thematisierungshierarchien der Weltgesellschaft und siedeln sich – je nach Ausgestaltung – an den Rändern professioneller Medienkommunikation an (Meckel 2001, S. 173).

So kritisch manche Einschätzung bezüglich einer fortschreitenden Digitalisierung der Lebenskontexte auch einzuschätzen sein mag, so unwahrscheinlich ist die Befürchtung, dass das Internet per se andere Medien ins Abseits drängt. Vor diesem Hintergrund ist auch die ausgesprochen differenzierte Aussage von Krotz (2008, S. 1) zu sehen, die einmal mehr illustriert, dass das Internet keine revolutionäre, sondern vielmehr eine evolutionäre Entwicklung darstellt, die zwar Anpassungs- und Optimierungsprozesse induziert, nicht aber die Befreiung von bestehenden Grenzen menschlicher Existenz in ihrer soziokulturellen Gebundenheit:

> Das Schreckensbild, neue Kommunikationsmittel seien unser Untergang, weil sie alte verdrängen, ist historisch falsch. Die Wahrheit ist, wir leben in immer komplexeren Medienumgebungen und wir lernen, uns über eine wachsende Zahl von Kanälen auszutauschen und je nach Situation den passenden auszuwählen. (…) Die Technik wird überschätzt. Neue Medien wie das Internet verändern uns nicht per se – sie sind Angebote mit Chancen und Risiken. Es kommt immer darauf an, wie wir diese nutzen. Und das hängt nicht von den Medien selbst ab, sondern von den sozialen und kulturellen Lebensbedingungen.

Damit scheint sich einmal mehr zu bestätigen, was sich wie ein roter Faden durch die Mediengeschichte zieht und auch so manche kulturpessimistische Einschätzung konterkariert: In der Regel kommt es nicht zu einer Verdrängung klassischer Medien durch neue Medien, vielmehr entstehen vielfältige Komplementärbeziehungen, in denen sich die jeweiligen Medien – aufgrund ihrer einschlägigen Vorteile – ergänzen.

21.5 Internetkulturen im Kontext des Tourismus

Heutige Tourismusstrukturen sind ohne die rezenten Entwicklungen im Bereich neuer Medien kaum noch denkbar. Dies betrifft sowohl den durch die neuen Informations- und Kommunikationsmedien induzierten Strukturwandel in der Tourismuswirtschaft als auch die journalistische Inwertsetzung der Sehnsucht nach der Ferne, die zunehmend alternierende und innovative Wege beschreitet (Scherle u.

Hopfinger 2007; Buhalis u. Law 2008; Kleinsteuber u. Thimm 2008). Wollte man die ganze Komplexität der durch digitale Medien – insbesondere durch das Internet – evozierten Transformationsprozesse aufrollen, würde dies den Rahmen eines einführenden Beitrags sprengen. Vor diesem Hintergrund sollen nur einige grundlegende Reflexionen dargelegt werden, die allenfalls eine Momentaufnahme bieten können.

Das Internet hat durch eine forcierte globale Vernetzung lokaler Informationssysteme und den Anschluss eines großen Teils der Privathaushalte – zumindest in technologisch entwickelten Staaten – den Zugang zu Informationen deutlich optimiert und die Informationskosten nachhaltig gesenkt. Die Implikationen sowohl für die Angebots- als auch für die Nachfrageseite sind gravierend: So verlieren stationäre Reisebüros sukzessive ihr Vertriebsmonopol für klassische Pauschalreisen, umgekehrt sind neue Online-Anbieter entstanden, die konsequent die vielfältigen Einsatzmöglichkeiten neuer Medien nutzen und dabei verstärkt den zunehmend hybriden Konsummustern entgegenkommen (Günther u. Hopfinger 2009). Vom Flug über Unterkunft und Mietwagen bis hin zur Thalassoanwendung oder zum Ticket für ein Nischenkonzert – digitale Medien erschließen heutigen Konsumenten ausgesprochen unkompliziert jene vielschichtige Urlaubswelt, die ihnen bis vor wenigen Jahren fast ausschließlich über örtliche Reisebüros bzw. Veranstalterkataloge offen stand.

Die Implikationen der entsprechenden Transformationsprozesse liegen auf der Hand: Die bis dato weitgehend linearen Wertschöpfungsketten sind längst durch komplexe Wertschöpfungsnetzwerke ersetzt worden, die nicht nur zwischen Tourismusunternehmen und Konsumenten (B2C) neue informationelle und ökonomische Austauschbeziehungen generieren, sondern auch zwischen Unternehmen (B2B) sowie zwischen Konsumenten (C2C). Für die einzelnen Akteure ergeben sich hieraus ganz unterschiedliche Chancen und Risiken: Während bspw. stationäre Reisebüros ihr einstiges Vertriebsmonopol für Veranstalterreisen verloren haben und zunehmend um ihre Marktmacht bangen, nutzen Online-Reisebüros konsequent die vielfältigen Potentiale digitaler Medien und gewinnen verstärkt Marktanteile hinzu (Buhalis u. O'Connor 2005; Bauhuber u. Oellrich 2007; Günther u. Hopfinger 2009).

Ein Aspekt wird im Rahmen einer inhaltlichen Auseinandersetzung mit digitalen Medien nur allzu gerne übersehen: Gerade für touristische Anbieter aus Entwicklungsländern bietet das Internet ein vergleichsweise unkompliziertes und kostengünstiges Forum, um ihr Produkt bzw. ihre Dienstleistung zu vermarkten. Man denke – um nur ein Beispiel zu nennen – an kleine und mittelständische Incoming-Agenturen, denen häufig aufgrund zahlreicher limitierender Faktoren (etwa knappe personelle wie finanzielle Ressourcen) eine Partizipation an den einschlägigen internationalen Tourismusmessen wie ITB oder WTM verwehrt bleibt. Gerade in diesem Zusammenhang leisten digitale Medien einen nicht zu unterschätzenden Beitrag zur weltwirtschaftlichen Integration der entsprechenden Akteure (Scherle u. Hopfinger 2007).

Die skizzierten Transformationsprozesse gehen seit geraumer Zeit mit einer weiteren medialen Entwicklung einher, nämlich mit einer fortschreitenden Konvergenz bis dato getrennt operierender Medien. Dabei führen Medienproduzenten Inhalte respektive Dienstleistungen zusammen, die sie bis vor wenigen Jahren noch auf ganz unterschiedlichen Medienschienen vermarkteten. In einem weiteren Schritt die konvergierenden Mediendienste mit touristischen Dienstleistungen zu vernetzen, ist nicht zuletzt vor dem Hintergrund entsprechender Synergieeffekte nur konsequent (Kleinsteuber u. Lühmann 2001). Als konkretes Beispiel seien in diesem Zusammenhang TV-Sendungen genannt, deren im Fernsehen vorgestellte Hotels der potentielle Kunde online auf den eigenen Homepages buchen kann. Es liegt – zumindest aus einer medienkritischen Perspektive – auf der Hand, dass im Kontext dieser Entwicklung die Interessen der Medien- und Tourismusindustrie immer stärker ineinander fließen und zweifelsfrei eine Gefahr für die journalistische Unabhängigkeit induzieren können.

Den aus Konsumentenperspektive wahrscheinlich größten Innovationsschub markiert die Weiterentwicklung des Internets zum „Mitmachnetz", dessen konzeptionelles Selbstverständnis primär auf der Partizipation seiner Nutzer respektive dem customer generated content beruht. Der individuelle touristische Erfahrungskontext wird hier zunehmend mittels Foren, Blogs oder Wikis einer tourismusaffinen community erschlossen, wobei das Web 2.0 in diesem Zusammenhang primär als Resonanzboden für den Informationsaustausch bzw. für Reisetipps fungiert. Auch in diesem Zusammenhang ist wieder ein deutliches empowerment der Nachfrageseite zu konstatieren, da sich diese immer seltener auf die seitens der Anbieter zur Verfügung gestellten Informationen verlassen muss; ein Aspekt, der vor allem dann von unschätzbarem Wert ist, wenn man nicht mit den chiffrierten Formulierungen von Reisekatalogen vertraut ist. So hat schon so mancher Blogger einen vermeintlichen Schnäppchen-Urlaub im 4-Sterne-Hotel als Abzocke im Massenquartier dekuvriert, und der in einer Hochglanzbroschüre als naturnah und paradiesisch etikettierte Strand wird in einem Forum in ein modifiziertes, realistischeres Bild gerückt, indem auch das seit Jahren nicht mehr weggeräumte Strandgut zur Sprache kommt.

Die mit den entsprechenden Transformationsprozessen verbundenen Implikationen gehen noch weiter: So verfügen Konsumenten über eine im Dienstleistungsbereich bis dato nicht gekannte Markttransparenz, die teilweise mit einer deutlichen Qualitätsverschiebung einhergeht. Darüber hinaus sind touristische Marken kaum mehr top-down steuerbar, wobei sich auch die Rolle der touristischen Intermediäre nachhaltig verändert. Eine weitere Veränderung spiegelt sich darin wider, dass das aktive Suchen im Internet – etwa nach bestimmten Destinationen oder touristischen Leistungsträgern – von einem assoziierten Finden abgelöst wird, indem man bspw. von Bekannten oder Freunden einschlägige Tipps zugepostet bekommt.

Gerade bei jungen Menschen hat die Offenheit der meisten Communities einen enormen Vertrauensvorschuss hervorgerufen, um den sie viele touristische Anbieter beneiden. Vor diesem Hintergrund überrascht es kaum, dass immer mehr Touristiker versuchen, die Vorteile digitaler Medien für sich in Wert zu setzen, etwa in dem sie ihre Internetportale durch eine Community ergänzen oder sogar ganz neue Portale kreieren. Dagegen ist zunächst nichts einzuwenden, problematisch wird dieser Umstand jedoch dann, wenn die entsprechenden Online-Projekte verstärkt mittels versteckter Werbung – etwa durch vorgefertigte und subtil platzierte PR-Texte, die nicht als solche gekennzeichnet sind – unterwandert werden. Überlappen nämlich die Marketinginteressen zu stark die Inhalte der Portale, drohen sie ihr größtes Kapital, ihre Glaubwürdigkeit, zu verlieren, lebt doch ein Netzwerk gerade davon, dass Menschen Gleichgesinnte ohne finanzielle Hintergedanken beraten (Dohler 2008).

Das zweifelsfrei faszinierendste Moment einer fortschreitenden Digitalisierung des Reisens manifestiert sich darin, dass der Nachfrageseite neue, bis dato völlig unbekannte Formen des Reisens erschlossen werden. In virtuellen Welten wie Datenhighways oder Chatrooms, die durch digitale Kommunikation im „Kommunikationsraum" (Wilke 2009) Internet gestiftet wurden, ist die physische Präsenz des Raums verloren gegangen. Für einen Internetsurfer zu Beginn des 3. Jahrtausends ist Reisen weitgehend frei und physisch-räumlich entgrenzt, gleichwohl in ‚globalen Dörfern' verortet. Ihm erschließen sich neue – virtuelle – Räume des Reisens, die – analog künstlichen Erlebniswelten – keine ‚entweder-oder'-Alternativen zum konventionellen Reisen darstellen, sondern Anreicherungen des bisherigen Angebotsspektrums (Krüger 2001). In dieser komplexen und fragmentierten virtuellen Welt des Cyberspace kristallisiert sich für den heutigen Touristen vor allem eine zentrale Herausforderung heraus, nämlich jene einer zunehmenden Angebotsunübersichtlichkeit, in der sich der user permanent mit folgenden Fragen beschäftigen muss: Was soll zuerst gelesen, gehört bzw. gesehen werden? Was ist wichtig, und was ist weniger wichtig respektive welches Angebot lässt sich am Besten mit meinen Bedürfnissen in Einklang bringen?

21.6 Resümee

Der globale Diffusionsprozess des Internets und insbesondere seine Weiterentwicklung zum Web 2.0 haben unsere Lebenskontexte nachhaltig verändert, spiegelt sich in ihnen doch geradezu paradigmatisch die von Harvey (1990) beschriebene time-space compression wider: Über wenige Mausklicks gelangt der User von Acapulco nach Zaragoza und vom Salzkammergut nach Patagonien. Dabei stellt das Internet in Sekundenschnelle nicht nur landeskundliche Informationen zur Verfügung, sondern erschließt darüber hinaus Serviceaspekte, die den Rezipienten klassischer touristischer Printmedien meistens verborgen bleiben: Welcher Reiseführer könnte einen Touristen binnen weniger Sekunden mit den aktuellen Witterungsverhältnissen vor Ort vertraut machen und gleichzeitig mit der Buchungszentrale eines Hotels verbinden? Und welches Reisemagazin sähe sich in der Lage, innerhalb kürzester Zeit ein Veranstaltungsprogramm für ein anstehendes Kulturfestival auf dem Laufenden zu halten? Die Beispiele machen deutlich, dass sich das Internet vor allem in Hinblick auf den Faktor Aktualität bewährt hat und vor diesem Hintergrund auch für traditionelle touristische Medien eine zunehmend an Bedeutung gewinnende Ergänzung darstellt.

Die Implikationen des Web 2.0 lassen sich – gerade angesichts seiner vergleichsweise kurzen Präsenz in unserer globalen Medienkultur – erst ansatzweise abschätzen. Ein durchaus erfreulicher Aspekt scheint aber gleichwohl schon festzustehen, nämlich ein deutliches empowerment der Nutzer, die sich zunehmend von ihrer einst passiven Rolle emanzipieren. Wie die Ausführungen zu Internetkulturen im Kontext des Tourismus illustriert haben, verkörpert das Web 2.0 einen immer wichtigeren Resonanzboden für den Informationsaustausch bzw. für Reisetipps – und dies unabhängig von idealisierten Imagebroschüren oder aggressiven Marketingkampagnen, die häufig nur bedingt mit der Realität in Einklang stehen. Gerade im Kontext des „Mitmachnetzes" konnten digitale Medien inzwischen einen deutlichen Vertrauensvorschuss generieren, der aber zunehmend Gefahr läuft, durch versteckte Werbung verloren zu gehen.

Die Antizipation zukünftiger Entwicklungen im Bereich digitaler Medien wird immer schwieriger, wobei das Internet seine Katalysatorfunktion bei der Kompression von Raum und Zeit beibehalten dürfte. Durch eine forcierte Virtualisierung unserer Lebenskontexte wird die medienimmanente Differenz zwischen „hier und dort", „vergangen, gegenwärtig und zukünftig" (Virilio 1991) in den kommenden Jahrzehnten noch weiter entgrenzt werden, wobei der entsprechende Prozess nicht nur den „Meister der Geschwindigkeit" (Menzel 1998, S. 15) verlangt, sondern vor allem den sich kontinuierlich informierenden und reflektierenden Rezipienten, der bereit ist, sich mit dem zentralen Charakteristikum einer Informationsgesellschaft abzufinden: Jede, auch noch so aktuelle, Information verkörpert einen ständigen Prozess und ist letztendlich nie abgeschlossen.

Bibliografie

Bauhuber, F., & Oellrich, J. (2007). B2B-Blogs in tourism – inside of the blog tourismus-zukunft. de. In K. Waldhör (Hrsg.), *Proceedings Blogs Conference* (S. 3–13). Krems: Schriftenreihe Krems Research.

Buhalis, D., & O'Connor, P. (2005). Information communication technology revolutionizing tourism. *Tourism Recreation Research, 30*, 7–16.

Buhalis, D., & Law, R. (2008). Progress in information technology and tourism management. 20 years on and 10 years after the internet. The state of e-Tourism research. *Tourism Management, 29*, 609–623.

Dohler, C. (2008). Der Klick zum Bär. *Die Zeit vom 07.08.2008, Nr. 33*, 56.

Dorer, J. (2006). Das Internet und die Genealogie des Kommunikationsdispositivs: Ein medientheoretischer Ansatz nach Foucault. In A. Hepp, & R. Winter (Hrsg.), *Kultur – Medien – Macht: Cultural Studies und Medienanalyse* (S. 353–365). Wiesbaden: VS Verlag.

Günther, A., & Hopfinger, H. (2009). Neue Medien – neues Reisen? Wirtschafts- und kulturwissenschaftliche Perspektiven der eTourismus Forschung. In R. Bachleitner, R. Egger, H. Hopfinger, & A. Kagermeier (Hrsg.), *Neue Medien im Tourismus, Zeitschrift für Tourismuswissenschaft* (Heft 2). München (in Vorbereitung).

Habermas, J. (1981). *Theorie des kommunikativen Handelns* (Bd. 1–2). Frankfurt: Suhrkamp.

Harvey, D. (1990). *The condition of postmodernity. An enquiry into the origins of cultural change.* Cambridge: Blackwell.

Hepp, A. (2006). *Transkulturelle Kommunikation.* Konstanz: UTB.

Keen, A. (2008). *Die Stunde der Stümper.* München: Hanser.

Keen, A. (2009). Was das Internet weiß, ist meist banal. http://www.faz.net/s/Rub117C535CDF 414415BB243B181B8B60AE/Doc~E7A6DAB48D2D745FC9054DBF8D9FD8C4F~ATpl~ Ecommon~Scontent.html. Gesehen am 06. Mai 2009.

Kleinsteuber, H., & Lühmann, D. (2001). Reisejournalismus: Phantasieprodukte für den Ohrensessel? *Tourismus Journal, 5*, 97–113.

Kleinsteuber, H., & Thimm, T. (2008). *Reisejournalismus: Eine Einführung*. Wiesbaden: VS Verlag.

Kneip, A. (1999). Internet: Ein Dorf namens Babylon. *Der Spiegel vom 15.03.1999*, 128–134.

Krotz, F. (2006). Konnektivität der Medien: Konzepte, Bedingungen und Konsequenzen. In A. Hepp, F. Krotz, S. Moores, & C. Winter (Hrsg.), *Konnektivität, Netzwerk und Fluss. Konzepte gegenwärtiger Medien-, Kommunikations- und Kulturtheorie* (S. 21–41). Wiesbaden: VS Verlag.

Krotz, F. (2008). Entscheidend ist, wer was versteht. *Die Zeit vom 28.08.2008, Nr. 36*, 37.

Krüger, R. (2001). Zwischen Strandurlaub und Internet: Räume des Reisens. *Tourismus Journal, 5*, 365–374.

Lovink, G., & Schultz, P. (1999). Aus der Schatzkammer der Netzkritik. In R. Maresch, & N. Werber (Hrsg.), *Kommunikation – Medien – Macht* (S. 299–328). Frankfurt: Suhrkamp.

Luhmann, N. (1995). Was ist Kommunikation? In N. Luhmann (Hrsg.), *Soziologische Aufklärung 6. Die Soziologie und der Mensch* (S. 113–124). Opladen: VS Verlag.

Mai, M. (2007). Die Informationsgesellschaft als Utopie und Versprechen. *Die Politische Meinung, 450*, 14–20.

Marr, M. (2005). *Internetzugang und politische Informiertheit: Zur digitalen Spaltung der Gesellschaft*. Konstanz: UVK.

Meckel, M. (2000). Die Medien-Matrix. Konturen und Schnittstellen des Computerzeitalters. In M. Meckel, & M. Ravenstein (Hrsg.), *Cyberworlds. Computerwelten der Zukunft* (S. 9–36). Ottobrunn: Trurnit & Partner.

Meckel, M. (2001). *Die globale Arena: Kommunikation und Globalisierung*. Wiesbaden. Verlag: West Deutscher Verlag.

Menzel, U. (1998). *Globalisierung versus Fragmentierung*. Frankfurt: Suhrkamp.

Neudecker, S. (2008). Jeder ist ein ... Star? *Die Zeit vom 08.05.2008, Nr. 20* (Sonderbeilage Internet), 8–9.

Postman, N. (1985). *Wir amüsieren uns zu Tode. Urteilsbildung im Zeitalter der Unterhaltungsindustrie*. Frankfurt: Fischer.

Scherle, N., & Hopfinger, H. (2007). Tourismus und Medien zu Beginn des 21. Jahrhunderts. In A. Günther, H. Hopfinger, H.-J. Kagelmann, & W. Kiefl (Hrsg.), *Tourismusforschung in Bayern: Aktuelle sozialwissenschaftliche Ansätze* (S. 363–370). München: Profil.

Schmidt, S. (2003). Medienentwicklung und gesellschaftlicher Wandel. In M. Behmer, F. Krotz, R. Stöber, & C. Winter (Hrsg.), *Medienentwicklung und gesellschaftlicher Wandel* (S. 135–152). Wiesbaden: VS Verlag.

Virilio, P. (1991). Das öffentliche Bild. In F. Rötzer (Hrsg.), *Digitaler Schein. Ästhetik der elektronischen Medien* (S. 343–345). Frankfurt: Suhrkamp.

Wagner, R. (2008). Lauter Blogwarte: Hier lernt man nichts. Aber es wird endlos gelabert. *Frankfurter Allgemeine Sonntagszeitung vom 02.11.2009, Nr. 44*, 14.

Wilke, J. (2009). Multimedia/Online-Medien. In E. Noelle-Neumann, W. Schulz, & J. Wilke (Hrsg.), *Fischer Lexikon Publizistik Massenkommunikation* (S. 329–358). Frankfurt: Fischer.

Wittel, A. (2006). Auf dem Weg zu einer Netzwerk-Sozialität. In A. Hepp, F. Krotz, S. Moores, & C. Winter (Hrsg.), *Konnektivität, Netzwerk und Fluss: Konzepte gegenwärtiger Medien-, Kommunikations- und Kulturtheorie* (S. 163–188). Wiesbaden: VS Verlag.

Zillien, N.(2009). *Digitale Ungleichheit: Neue Technologien und alte Ungleichheiten in der Informations- und Wissensgesellschaft*. Wiesbaden: VS Verlag.

Kapitel 22
Die Expansion der Öffentlichkeit: von der Fremd- zur Selbstaufklärung? Einige vorläufige Überlegungen zu Veränderungen von Journalismus und Meinungsforschung

Martin Welker

Zusammenfassung: Das Internet, insbesondere sein neues Gefüge, das sog. soziale Internet oder Web 2.0, hat in den vergangenen fünf Jahren einen beschleunigten Strukturwandel der Öffentlichkeit in Gang gesetzt. Professioneller, redaktionsgebundener Journalismus sieht sich bereits in einer Art Identitätskrise. Auch die Meinungsforschung, genau wie unabhängiger Journalismus ein Pfeiler einer offenen, freiheitlich-demokratischen Gesellschaft, wandelt sich und ihr Verhältnis zu Beforschten und Auftraggebern. Neue Öffentlichkeitsstrukturen betreffen Journalismus und Meinungsforschung gleichermaßen. Der Wandel entsteht zum einen aus der Tatsache, dass heute jeder Internetnutzer potenziell mit jedem anderen zu kommunizieren vermag. Zum zweiten verschieben sich die Gewichte zwischen dem Privaten und dem Öffentlichen offenbar zugunsten des Öffentlichen. Der folgende Beitrag beschreibt zusammenfassend Faktoren des Wandels und resümiert mögliche Konsequenzen.

Schlüsselwörter: Öffentlichkeit • Öffentliche Meinung • Journalismus • Meinungsforschung • Aufklärung • Demokratie

22.1 Einleitung

Für eine moderne und demokratische Gesellschaft ist eine transparente Öffentlichkeit von großem Belang. ‚Öffentlichkeit herstellen' bedeutet zunächst ganz einfach, einen Vorgang oder Informationen mit Hilfe eines Mediums öffentlich zu machen. Journalisten sind diejenigen, die Öffentlichkeit in Redaktionen und Medienunternehmen anhand professioneller Normen und Leitlinien herstellen. Auch andere Berufsgruppen wie PR-Mitarbeiter oder Werber (allgemein: Kommunikatoren) stellen

M. Welker (✉)
Macromedia Hochschule für Medien und Kommunikation, Gollierstr. 4,
80339 München, Deutschland
e-mail: m.welker@macromedia.de

Öffentlichkeit her, allerdings sind es Journalisten, die für sich das Recht in Anspruch nehmen können, im öffentlichen Interesse zu schreiben und dieses damit zu vertreten. Daraus leiten sich die speziellen Rechte und Pflichten für Journalisten ab, die bspw. in den deutschen Landespressegesetzen verankert sind. Aus diesem Grund sollen die Bereiche PR und Werbung im Folgenden ausgeklammert werden. Öffentlichkeit allgemein hat sich historisch in ganz unterschiedlichen Formen abgespielt, von der antiken Agora, über die mittelalterliche Piazza bis hin zum digitalen Weblog: Je nach Gesellschaftsform und sozialem bzw. technischem Entwicklungsstand haben sich ganz spezifische Öffentlichkeitsformen herausgebildet, die wiederum mit den jeweiligen Gesellschaftsverfassungen strukturdynamisch verschränkt waren (Habermas 1971, S. 233 ff.). Mit der Herstellung von Öffentlichkeit eng verbunden und mit Journalismus funktional verwandt ist Meinungsforschung als ein Teilbereich der Markt- und Sozialforschung. Sie ist – wie funktionierender Journalismus – für eine freiheitliche und offene Gesellschaft, wie wir sie kennen, unverzichtbar, weil sie Steuerungs- und Lenkungsinformationen bereitstellt, die für den Bürger wie für Politik und Parteien, für Wirtschaft und Unternehmen gleichermaßen als Entscheidungsgrundlagen dienen. Gleichzeitig realisiert Meinungsforschung, ganz ähnlich wie auch Journalismus, gesellschaftliche Selbstbeobachtungsverfahren. Beide Berufsgruppen, Journalisten wie Markt- und Sozialforscher, folgen teilweise ähnlichen Konzepten und Leitlinien, haben ähnliche Kodizes und greifen für die Berufsausbildung auf teilweise kongruente Inhalte in ihren Curricula zurück (vgl. dazu auch Dogan 1998, S. 102 f.). Dieser Konnex wird heute geflissentlich übersehen (vgl. Habermas 2008, S. 138). Noch im letzten Jahrhundert war die Arbeit medien- und kommunikationswissenschaftlicher bzw. soziologischer ‚Klassiker‘, vor allem solcher, die aus Nazi-Deutschland in die USA ausgewandert waren, bestimmt von der Verbindung anwendungsorientierter Meinungs- und Publikumsforschung mit Theorien über die Herstellung und Wirkung von Öffentlichkeit. „In den frühen Tagen von Paul Lazarsfelds radio research gab es noch eine selbstverständliche Verbindung zwischen der Kommunikationsforschung (…) und der Suche nach Wurzeln der Basisdemokratie in der Massengesellschaft" (ebd.). Methodische Fortschritte der anwendungsorientierten, empirischen Meinungsforschung bildeten die Grundlage für die Entwicklung neuer Theorien der Herstellung von Öffentlichkeit und des Journalismus. Herta Herzog (Klaus 2008, S. 227 ff.), Paul F. Lazarsfeld (Bussemer 2007, S. 80 ff.) oder auch Elisabeth Noelle-Neumann sollen in diesem Zusammenhang lediglich stellvertretend genannt sein. In den USA gelangten die Institutionen des „Bureau of Applied Social Research" der Columbia University, das „Institute for Social Research" der University of Michigan und bereits vor dem Zweiten Weltkrieg das „Social Science Research Committee" der Universität Chicago zur Berühmtheit (Almond 1998, S. 65 ff.). Den Forschern an diesen Institutionen ging es vornehmlich um die Zusammenhänge und Wechselwirkungen von: Öffentlichkeit – Demokratie – Entscheidungsprozesse – persönliche Einstellungen.

„Der institutionelle Rahmen moderner Demokratien fügt drei Elemente zusammen: die private Autonomie von Bürgern (…); die demokratische Staatsbürgerschaft (…); und eine unabhängige politische Öffentlichkeit, die als Sphäre freier Meinungs- und Willensbildung Staat und Zivilgesellschaft miteinander verbindet" (Habermas 2008, S. 140). Moderne, auf Produktivität und Informationsaustausch beruhende Gesellschaften sind sowohl auf leistungsfähigen Journalismus angewiesen als auch auf eine funktionierende Meinungsforschung. In Gesellschaften, die demokratisch eingeschränkt sind, wie in Diktaturen, können Journalisten nur sehr begrenzt über Vorgänge berichten; Öffentlichkeit wird bewusst beschränkt, um Machtverhältnisse zu sichern und zu konservieren. Mit dieser Beschränkung erkaufen sich Diktatoren allerdings ein verringertes Evolutionsniveau der Gesellschaft (Luhmann 1997, S. 747). In dem Maße, wie der Austausch von Ideen und Argumenten beschnitten wird, verliert die Gesellschaft ihre Diskurs- und Anschlussfähigkeit auch in Bezug zu anderen Staaten. Breite Armut in der Bevölkerung ist nicht selten die Folge. Markt- und Sozialforschung, insbesondere die Erhebung und Aufbereitung von Einstellungen und Meinungen aus der Bevölkerung, muss in geschlossenen Gesellschaften ebenfalls kontrolliert ablaufen. Letztlich ist sie dort *offiziell* überflüssig, weil die Herrschenden bereits sowieso glauben alles zu wissen (bzw. dies vorgeben). Die Analyse der Entwicklung der soziologischen Forschung in der DDR zeige, so Kaase (2003), „dass die ungewollte aufklärerische Funktion der Sozialforschung in sozialistischen Staaten von der herrschenden Elite durchaus als gefährlich angesehen wurde. Im Falle der DDR wurde das beim Zentral Komitee der Sozialistischen Einheitspartei Deutschlands (SED) angesiedelte Institut für Meinungsforschung 1978 mit der Begründung wieder geschlossen, es sei sehr wohl denkbar, dass bei Fortexistenz des Instituts dort erzeugte Informationen in die Hände des ‚Klassenfeindes' gerieten." Diese Begründung wirft ein grelles Licht auf die Position von Meinungsforschung in einer geschlossenen, undemokratischen Gesellschaft. Genau wie auch die Presse, unterlag auch die Meinungsforschung einer rigiden Kontrolle durch staatliche Stellen. Erst im Januar 1990 waren erstmals Repräsentativbefragungen der Bevölkerung in der DDR möglich (Kaase 2003). In der Folgezeit wurde dann in den neuen Bundesländern eine leistungsfähige Infrastruktur für die Umfrageforschung aufgebaut.

Das Ziel einer durch Selbstbeobachtung gesteuerten politischen und gesellschaftlichen Willensbildung in einer zunehmend komplexeren Gesellschaft kann als das gemeinsame funktionale Band identifiziert werden, das Journalismus und Meinungsforschung verbindet. Dabei geht es im Kern um Prozesse der Aufklärung. Beide Berufsgruppen entfalten mit ihrer Arbeit im besten Falle aufklärerische Wirkung. Journalisten, indem sie recherchieren und Einzelfälle beleuchten, Meinungsforscher, indem sie Daten erheben, um dann die erfassten Fälle zu aggregieren und damit für nachvollziehbare und transparente gesellschaftliche Selbstbeobachtung sorgen. Beide Berufsgruppen sind eng mit öffentlicher Meinung verbunden, weil sie entweder direkt öffentliche Meinung erzeugen (Journalisten) oder ihre Ergebnisse die öffentliche Meinung in aggregierter Form anzeigen (Meinungsforscher) und falls diese Ergebnisse veröffentlicht werden, wiederum rekursiv die öffentliche Meinung beeinflussen können. Öffentlichkeit kann als gesellschaftlicher Kommunikationsraum beschrieben werden, in dem diese Akteure politische Fragen vor einem Publikum diskutieren (Gerhards 2007a, S. 185). ‚Politisch' ist dabei gleichzusetzen mit ‚gesellschaftlich relevant'.

So wird öffentliche Meinung in der Literatur auf zweifache Weise definiert: Als Aggregation der Meinungen von Bürgern einer Gesellschaft zu politischen Fragen und politischen Akteuren, d. h. zu allgemein relevanten Themen und Akteuren (Gerhards 2007b, S. 182). Und zweitens als die in der Öffentlichkeit von Bürgern oder auch kollektiven Akteuren geäußerten Meinungen zu politischen Themen und Akteuren (Gerhards 2007b, S. 183). Wenn die in Repräsentativbefragungen ermittelten Meinungen der Bevölkerung zusammengefasst und aufbereitet werden, handelt es sich demnach um erfasste öffentliche Meinung (Converse 1987, S. 514; Kaase 2003, S. 397). Öffentliche Meinung und veröffentlichte Meinung können auseinanderfallen, da nicht jede öffentliche Äußerung als gesellschaftlich relevant einzustufen ist. Auch Öffentlichkeit und öffentliche Meinung sind nicht identisch, hängen aber zusammen, da u. a. veröffentlichte Ergebnisse der Umfrageforschung wiederum die Bürger eines Landes beeinflussen und damit potentiell verhaltensprägend sein können (Kaase u. Pfetsch 2000).

Öffentliche Meinung ist gegründet auf das „unbewusste Bestreben von in einem Verband lebenden Menschen, zu einem gemeinsamen Urteil zu gelangen, zu einer Übereinstimmung, wie sie erforderlich ist, um zu handeln und wenn notwendig entscheiden zu können (Noelle-Neumann 2002, S. 393). „Politische Entscheidungen in einer Demokratie sind in der Regel nur dann legitimierbar, wenn sie Ausdruck des Willens einer Mehrheit der betroffenen Bevölkerung sind. Willensbildung aber erfordert Klärung sowie Diskussion von Meinungen, Standpunkten." (Noelle-Neumann 2002, S. 380). Seit dem Entstehen der Massenpresse im 19. Jahrhundert liefen diese Diskussions- und Klärungsprozesse über die Massenmedien. Journalisten steuerten über Selektionsvorgänge Themenkarrieren und -verläufe. Selektionstheorien erklären die Auswahlvorgänge und -mechanismen: Gatekeeper- und Nachrichtenfaktorentheorie, Agenda-Setting und -Building, Framing, Priming und die News-Bias-Theorie haben ähnliche Ursprünge und orientieren sich allesamt an massenmedialen Gegebenheiten (Welker 2009).

Noelle-Neumann hat nun darauf hingewiesen, dass es das „moralische Element", insbesondere die „Isolationsdrohung" (2002, S. 402) ist, aus der die öffentliche Meinung ihre Kraft zieht. „Man kann ohne moralische Begründung öffentliche Meinung nicht in Gang bringen, oder anders: Man kann ohne moralische Begründung Politik nicht oder nur sehr erschwert durchsetzen, ohne die Hilfe der öffentlichen Meinung nämlich" (Noelle-Neumann 2002, S. 402). Noelle-Neumann hat in ihrer Theorie der Schweigespirale den Prozess des gegenseitigen Einflusses von öffentlicher Meinung, individuellem Verhalten und politischer Wirkung beschrieben. Diese Theorie hat sich allerdings ganz konsequent an massenmedialen Prozessen ausgerichtet. Am Ende der Schweigespirale stehen tabuisierte Probleme, die am Ende niemand mehr zu thematisieren vermag. Abgesehen von grundsätzlicher Kritik, die in der Folge ihrer Theorierezeption in den 70er und 80er Jahren des vergangenen Jahrhunderts formuliert wurde und die hier aus Raumgründen nicht wiedergegeben werden kann (vgl. dazu Scherer 1990), ist ein durch sozialen Druck erzeugtes Schweigen ein klares Negativszenario für eine demokratische Gesellschaft. Allerdings hat sich seit den 60er Jahren das Mediensystem radikal gewandelt: Die Lenkung von öffentlicher Aufmerksamkeit und die Bündelung von öffentlicher (Mehrheits-)Meinung durch Massenmedien sind im Online-Zeitalter nicht mehr so einfach zu bewerkstelligen wie im Fernsehzeitalter.

Öffentlichkeit wird in modernen Gesellschaften durch und mit Medien hergestellt. Auch die öffentliche Meinung wurde bislang ganz überwiegend über Massenmedien verbreitet. D. h., dass die Medien den nötigen Resonanzraum für den Dialog in der Gesellschaft erzeugten. Öffentlichkeit ist nicht mehr eine Versammlung von Privatleuten in einem bürgerlichen Salon wie im 19. Jahrhundert, sondern Öffentlichkeit ist bis heute zum größten Teil durch massenmediale Veröffentlichungen geprägt (Burkart 1998, S. 379). Vom Aufkommen der Massenpresse Anfang des 20. Jahrhunderts über die Erfindung des Radios in den 20er Jahren und der Verbreitung des TV in den 50er Jahren bis weit in die 90er Jahre hinein waren breite Bevölkerungsschichten über diese Massenmedien zu erreichen. Der öffentliche Diskurs spielte sich in und mit Hilfe dieser Medien ab. Im Internet stehen die journalistisch gefilterten Angebote nur noch als ein Angebot unter vielen: Journalistisch verantwortete stehen neben ungefilterten Diskursen. Journalisten haben ihr Vermittlungsmonopol verloren, Laien können nicht nur Öffentlichkeit herstellen, sondern auch untereinander kommunizieren und sich wechselseitig austauschen und aufklären (Neuberger 2009, S. 40 f.). Das verändert auch die Herstellung der öffentlichen Meinung.

Pointiert lässt sich sagen, dass Journalisten bisher im öffentlichen Interesse über öffentliche Meinung berichten und damit Öffentlichkeit herstellen. Im Falle der öffentlichen Meinung zu politischen Einstellungen und Meinungen in Verbindung mit Politik und Wahlen ist das öffentliche Interesse groß, weil damit unmittelbar das Funktionieren der Demokratie in Zusammenhang gebracht wird. Meinungen und Einstellungen zu anderen Fragen fallen dann unter das öffentliche Interesse, wenn gesellschaftlich relevante Themen berührt sind. Zusammenfassend lässt sich konstatieren, dass

- Öffentlichkeit,
- öffentliche Meinung und
- öffentliches Interesse

drei unterschiedliche Sachverhalte sind, die kongruent werden können – aber nicht müssen. In einer massenmedial geprägten Öffentlichkeitsstruktur ist das Publikum der Adressat für journalistische Botschaften (Habermas 1971, S. 195).

Heute sind sowohl Öffentlichkeit selbst als auch deren Struktur unübersehbar im Wandel begriffen, was Auswirkungen sowohl auf Journalismus als auch auf Meinungsforschung hat. Im Folgenden sollen wichtige Veränderungen ausgeführt und Konsequenzen aufgezeigt werden. Dazu ist es aber nötig, zunächst noch einmal die Funktionen in Erinnerung zu rufen, die beide Berufsbereiche für die Gesellschaft erbringen.

22.2 Leistungen von Journalismus und Meinungsforschung

Professioneller Journalismus erbringt eine Reihe von Leistungen für die demokratische Gesellschaft, die – transformiert in Leitvorstellungen – kennzeichnend für den Beruf des Journalisten sind. Dazu gehören

- Thematisierung, Aggregation und Selektion,
- Kritik und Kontrolle, Irritation,
- Schaffung der Basis für Diskurs und Abstimmungsprozesse,
- Service und Beratung.

„Indem Journalismus auf die aktuellen Orientierungsprobleme der Akteure in der komplexen Gesellschaft eingeht, nimmt er eine gesellschaftliche Funktion wahr, die darin besteht, aktuell Themen aus den diversen Teilsystemen der Gesellschaft zu sammeln, auszuwählen, zu bearbeiten und dann diesen Teilsystemen als Medienangebote zur Verfügung zu stellen" (Arnold 2008, S. 493). Diese Thematisierungsfunktion bildet in wichtigen medien- und kommunikationswissenschaftlichen Wirkungstheorien wie dem Agenda-Setting oder dem Framing und Priming die Ausgangskonstante.

Die genannten Leistungen werden unter Berücksichtigung professioneller Normen erbracht. Hierzu zählen Objektivität und Ausgewogenheit, Recherche und Gegenrecherche, die Trennung von Nachricht und Meinung, die Unabhängigkeit der Berichterstattung (einschließlich der Trennung von redaktionellem und werblichem Inhalt), die Achtung persönlicher Ehre und Würde, das Diskriminierungsverbot, das Verbot der Vorverurteilung, ein sensibler Umgang mit persönlichen Informationen sowie eine ganze Reihe weiterer, z. T. aus den Grundprinzipien abgeleiteter Normen (Beck et al. 2006). Zusammenfassend können diese Faktoren unter den Sammelbegriffen der Glaubwürdigkeit und Transparenz subsummiert werden, zwei zentrale Variablen in der journalistischen Gleichung. Ganz ähnlich lesen sich auch die professionellen Berufsnormen für die Markt- und Sozialforschung (ICC u. ESOMAR 2008).

In Deutschland sprechen die einschlägigen Berufsverbände und Standesvertretungen von der Markt- und Sozialforschung. Während Marktforschung ganz überwiegend von Unternehmen beauftragt wird, ist Sozialforschung oftmals von öffentlichen Trägern finanziert. Meinungsforschung wird in beiden Bereichen betrieben. Markt- und Sozialforschung basieren auf dem systematischen „Einholen und Auswerten von Informationen über Personen oder Organisationen mit Hilfe der statistischen und analytischen Methoden und Techniken der angewandten Sozialwissenschaften, um Einsicht zu gewinnen oder das Treffen von Entscheidungen zu unterstützen" (ICC u. ESOMAR 2008, S. 20). Meinungsforschung ist nach Kaase (2003) ein Begriff, der umgangssprachlich den Teil der empirischen Forschung bezeichnet, der sich ganz allgemein mit der Einschätzung von unterschiedlichen Objekten durch Angehörige einer Gesellschaft befasst. Betrachtet man die Gegenstände der Meinungsforschung näher, so stelle sich heraus, „dass sich hinter diesem Begriff eine Vielzahl von Sachverhalten verbirgt, die über die Erhebung flüchtiger Eindrücke weit hinaus bis hin zur Messung von ‚harten' Daten wie vergangenem Verhalten bzw. Verhaltensabsichten reichen" (Kaase 2003). Aus diesem Grunde bevorzugt Kaase den Begriff der Umfrageforschung (survey research). Hinter diesem Begriff steckt die Forderung, dass öffentliche Meinung methodisch verlässlich diejenige gesellschaftliche Einheit repräsentieren soll, auf die sie sich bezieht.

Meinungsforschung rekurriert wie Journalismus auf Transparenz- und Fairnessprinzipien, dem Schutz der Privatsphäre und der besonderen Sorgfalt bei Jugendlichen und Kindern (ICC u. ESOMAR 2008, S. 21). Der Erfolg der Meinungsforschung hängt maßgeblich vom Vertrauen der Öffentlichkeit ab – „davon, dass sie redlich, objektiv und unaufdringlich und ohne Nachteile für die Befragten betrieben wird" (ICC u. ESOMAR 2008, S. 18). Sowohl Print-Journalisten als auch Markt- und Meinungsforscher verfügen jeweils über eine Institution zur Selbstregulierung: Der Presserat ist die Beschwerdeinstanz im Zeitschriften- und Zeitungsjournalismus, der Rat der deutschen Markt- und Sozialforschung bearbeitet Beschwerden und Zweifelsfälle im Bereich der Forschung.

Beide gesellschaftlichen Bereiche: Journalismus und Meinungsforschung sind strukturell gekoppelt: Massenmedien berichten immer öfter über Ergebnisse aus Wahlumfragen- und Meinungsumfragen. „Zwischen den Bundestagswahlen 1980 und 2005 hat sich die Zahl der veröffentlichten Wahlumfragen mehr als versechsfacht" (Maier u. Brettschneider 2008, S. 321). Umfrageforschung (besonders diejenige zu politischen Themen) bildet inzwischen einen wichtigen Teil von Öffentlichkeit in den pluralistischen Demokratien (Brettschneider 2000).

In aller Kürze können wir nun festhalten: Sowohl Journalismus als auch Meinungsforschung tragen zur Transparenz und Offenheit der Gesellschaft bei. Beide Bereiche haben durch ihre Arbeit einen für die Gesellschaft aufklärerischen Charakter und greifen in ihren Kodizes auf ähnliche – funktional begründete – Forderungen zurück. Beide Bereiche basieren auf demokratischen Grundlagen, können ohne diese nicht funktionieren und legitimieren sich durch ihre Leistungen für die Demokratie. Unterschiede bestehen aber in den Zielen von Journalismus und Meinungsforschung: Teleologisch betrachtet will Journalismus im besten Sinne das öffentliche Gespräch in Gang bringen, um damit die demokratische Partizipation zu fördern, Fragen von öffentlichem Interesse behandeln und den Mächtigen auf die Finger sehen. Marktforscher agieren teils im Auftrag privater Auftraggeber, teils auch im Auftrag von Intermediären oder des Staates. Der Kritik- und Kontrollanspruch, den der Journalismus aufweist, besteht in der Meinungsforschung in dieser Weise nicht bzw. abgeschwächt höchstens insofern, als dass die Feststellung eines ‚wahren Wertes' beinhaltet, dass falsche Behauptungen korrigiert werden können. Während Journalismus meist Einzelfälle in den Blick nimmt und beschreibt, hat es die Meinungsforschung überwiegend mit einer Vielzahl von Fällen zu tun, die meist in aggregierter Form aufbereitet werden. Sie war bislang auf Journalismus angewiesen, in dem Sinne, dass Meinungsforschung ohne Publizität ihrer Befunde belanglos blieb.

Journalismus und Meinungsforschung werden nun keineswegs obsolet. Dennoch kann eine Veränderung beider Bereiche festgestellt werden. Durch welche Faktoren soll im folgenden Abschnitt beschrieben werden.

22.3 Modifizierende, strukturbildende Faktoren

Mit dem Internet und speziell dem Web 2.0 wandeln sich bislang vertraute Öffentlichkeitsstrukturen, weil sich kulturelle, ökonomische und rechtliche Rahmenbedingungen verändert haben (Schmidt 2009, S. 129). Professioneller Journalismus verschwindet nicht, aber es treten neue Akteure auf, es kann „ein Wandel vermittelnder Strukturen beobachtet werden" (Neuberger 2009, S. 20). Dieser wird sichtbar, wenn die spezifischen Vermittlungsprobleme der Internetöffentlichkeit und die unterschiedlichen Varianten ihrer Bearbeitung identifiziert worden sind (Neuberger 2009, S. 20). „In den traditionellen Massenmedien findet öffentliche Kommunikation fast ausschließlich professionalisiert statt. (…) Diese professionell betriebene Kommunikation expandiert ins Internet. Daneben gewinnt im Internet die Laienkommunikation erheblich an Bedeutung" (Neuberger 2009, S. 21). Weil nun professionelle Kommunikatoren wie Journalisten (aber auch Öffentlichkeitsarbeiter und Werber) im Internet ebenso publizieren wie dies Private bzw. Bürger können, gibt es keine klassischen Gatekeeper mehr, welche die Zugänge insgesamt gesehen beschränken könnten. Zusammenfassend kann konstatiert werden: Massenmedialer Kommunikation geht Selektion durch Journalisten voraus, im Internet folgt Selektion erst ex post durch Nutzer. Da Journalisten nicht mehr die Kontrolle über den Zugang zur Öffentlichkeit haben, ist nicht mehr Selektion vorrangig, sondern das Sortieren des bereits Publizierten zentral (Bruns 2009). „An die Stelle der Bewachung der wenigen Schleusentore, die Presse und Rundfunk boten, tritt die Beobachtung dessen, was über die vielen Zugänge im Internet in die Öffentlichkeit strömt" (Neuberger et al. 2009, S. 13).

Warum ist das so? Nachfolgend sollen hier knapp die wichtigsten strukturbildenden Faktoren des Web 2.0 angerissen und deren Konsequenzen dargestellt werden. Jedes Begriffspaar bezeichnet dabei zwei Seiten einer Medaille: die Seite der Nutzer und die Seite der Anwendung, also des Zusammenspiels aller Nutzer (Schenk et al. 2008, S. 247 ff.).

22.3.1 Koorientierung und „kollektive Intelligenz"

Die Prinzipien „Weisheit der Massen" (Surowiecki 2004; Howe 2008) bzw. „kollektive Intelligenz" (Tapscott u. Williams 2006) bezeichnen die systemtheoretisch begründete Vorstellung, dass eine Gruppe von Individuen ein Problem gemeinsam besser lösen kann als das Individuum selbst. Mittels individueller Koorientierung kann ein Mehrwert auf kollektiver Ebene entstehen. Begründet durch Einzelhandeln, das sich begrenzt an anderen Individuen ausrichtet, entsteht im Zusammenspiel eine kollektive Lösung.

22.3.2 Partizipation und Dynamisierung

Für den Nutzer heißt Partizipation im Web 2.0 in erster Linie tätige Teilhabe am Produktionsprozess von Informationen, was im Ideal und letztlich zur Teilhabe an gesellschaftlicher Öffentlichkeit führen soll. Erkennt der Nutzer seine produktiven Potenzen, wird er nicht selten weiter motiviert, was auf Seiten der Web 2.0-Anwendungen zu einer Dynamisierung von Themen und Inhalten führt, die wiederum für Anschlusskommunikation zur Verfügung stehen. Im Journalismus selbst heißt Partizipation, Nutzer nicht nur bei der Produktion von Texten und Inhalten, sondern bereits bei der Recherche einzubeziehen. Sog. „Crowdsourcing" (Howe 2008, S. 133) integriert den Nutzer in den Rechercheprozess, indem Nutzer Journalisten neue Informationen beschaffen. Beim „Co-creation" nimmt der Konsument am Produktverbesserungsprozess teil.

22.3.3 Interaktion/Kommunikation und Interaktivität

Die Nutzer traditioneller Massenmedien sind i. d. R. als disperses Publikum voneinander isoliert. Interaktive Kommunikation in der massenmedialen Presse und im Rundfunk bleibt bei inszenierten Anlässen wenigen Akteuren vorbehalten, die Nutzer von Massenmedien können immer nur partiell integriert werden. Dagegen verfügen Internetnutzer über einen direkten Rückkanal. Dies erweitert die Chance mit Journalisten aber auch mit Mitnutzern direkt über Inhalte zu kommunizieren.

22.3.4 Authentizität und virtuelle Gemeinschaft

Nutzer sind heute viel eher bereit, Persönliches und Privates öffentlich zu machen. Der Gewinn von Authentizität in den praktizierten Ausdrucksformen (bspw. in Blogtexten) wird zwar mit einem Verlust an Privatheit bezahlt. Dennoch führt dieses Verhalten auf der aggregierten Anwendungsebene zu vielfältigen Formen virtueller Gemeinschaften, die letztlich nur deshalb zustande kommen können, weil Nutzer Informationen über sich oder andere preisgeben. Daraus können aber auch ethische Probleme erwachsen, wie das Beispiel Weblogs zeigt: „Blogs sind kumulative Medien mit einem technisch nahezu unbegrenzten Speicher, d. h., es können unbeabsichtigte Neben- und vor allem Langzeitwirkungen entstehen" (Beck 2008, S. 65).

22.3.5 Selektion und Aggregation, Rekombination

Selektion heißt für den Nutzer nicht nur bei der Rezeption auszuwählen, sondern auch bei der Bearbeitung von Inhalten eine aktive Rolle einnehmen zu können. Auf der Seite der Anwendung spiegelt sich Selektion u. a. in den sogenannten „Mashups" wieder, also in neuen Anwendungen, die durch Rekombination bereits vorhandener Anwendungen entstehen: Insbesondere Geoinformationen lassen sich mit Datenbanken vielfach sinnvoll kombinieren.

22.3.6 Individualisierung und Long Tail-Angebote

Wie zahlreiche Forschungsergebnisse bereits im Zusammenhang mit Massenmedien gezeigt haben, suchen Mediennutzer individuelle Bedürfnisbefriedigung. Nun können Nutzungsweisen und gesuchte Gratifikationen noch individueller ausfallen als dies bislang bereits der Fall war (Howe 2008, S. 138). Auf Seiten des Angebots heißt das, dass selbst jedes noch so spezielle Angebot auch auf Nachfrage treffen kann – über moderne Suchtechnik werden diese Angebote vom Nutzer gefunden.

Alle hier genannten Faktoren verleihen der Struktur von Öffentlichkeit eine neue Form. Welche Schlussfolgerungen daraus abzuleiten sind, fasst der folgende Absatz zusammen.

22.4 Journalismus und Meinungsforschung unter veränderten Strukturen

Neben den professionellen Journalismus treten im Internet neue Akteure wie Laien (Bürger, Leser etc.) sowie Institutionen und Firmen, die sich mit ihren Kommunikationsangeboten direkt an alle Nutzer wenden, ohne von Journalisten und Redaktionen zuvor gefiltert worden zu sein. Andererseits nehmen partizipative Formen und Formate im klassischen Journalismus zu. Lesern, Hörern und Zuschauern werden im Internet mehr Mitwirkungsmöglichkeiten eingeräumt. Konzepte wie Civic oder Civil Journalism, Bürgerjournalismus oder in der boulevardesken Variante des Leserreporters werden aus passiven Rezipienten aktive Nutzer. Sog. „Crowdsourcing" beteiligt den Leser aber nicht nur bei der Berichterstattung, sondern auch an Recherche von Themen und Stoffen. Ohne diese Konzepte normativ zu bewerten oder den Erfolg im einzelnen empirisch nachzuprüfen, kann hier festgestellt werden, dass sich allein durch deren Existenz die Produktion und Struktur von Öffentlichkeit und damit auch Öffentlichkeit selbst zu verändern beginnt.

Nun sind nicht alle Themen, die im Internet diskutiert werden, als politisch und gesellschaftlich relevant im oben definierten Sinne einzustufen. Viele Beiträge von Nutzern beziehen sich auf Privates, das dennoch öffentlich gemacht wird. Dies reicht vom Foto der letzten Party über Kommentare auf Seiten von Freunden bis hin zu persönliche Seiten im Netz. Andererseits gibt es zahlreiche Plattformen, die eben doch Öffentlichkeit zu relevanten Fragen herstellen: Insbesondere Seiten von Vereinen oder Nicht-Regierungsorganisationen, Weblogs freier Journalisten oder Autorenkollektive äußern sich zu den täglichen Fragen der Gesellschaft bzw. lassen ihre Nutzer über diese diskutieren. Dies geschieht in einem Ausmaß, das vor 20 Jahren noch undenkbar gewesen wäre. So können auch die Äußerungen von Stammtischen, die zu massenmedialen Zeiten noch im privaten Bereich getagt hatten, plötzlich öffentlich werden.

Dies wirkt sich konkret auf die Arbeit von Journalisten aus, deren Funktion sich im Internet stellenweise von Gatekeepern zu Gatewatchern wandelt (Bruns 2009), von Kommunikatoren zu Moderatoren und partiell von Produzenten zu Zuhörern. Dies zeitigt ferner den Effekt der Disintermediation (Neuberger 2009), der möglichen Umgehung von Journalisten durch Unternehmen und Institutionen. So richtet sich die wöchentliche Kanzlerinnenansprache im Internet (Video Podcast: „Die Kanzlerin direkt") unmittelbar an die Nutzer, ohne den Umweg über journalistische Produkte und Medien gehen zu müssen. Nutzer können darüber hinaus auch medial untereinander kommunizieren, ohne auf Vermittler angewiesen zu sein. Zahlreiche Web 2.0-Plattformen erlauben es dem Nutzer, Produkte und Dienstleistungen zu bewerten und darüber zu diskutieren. Damit verändern sich die Voraussetzungen für die Herstellung sowohl von Öffentlichkeit als auch die Erfassung, Erforschung und Veröffentlichung von Meinung.

Fallbeispiel für den Tourismus In einem bekannten Alpenort sollen die Wintersportanlagen massiv ausgebaut werden. Auch die Zubringerstraßen sollen im Zuge der Erweiterungen verbreitert werden. Die örtliche Presse berichtet in vielfältiger Weise über das Für und Wider des Ausbaus, vor allem im Zusammenhang mit Klimawandel und Naturschutz, aber auch in Bezug auf die Schaffung von Arbeitsplätzen. Vor allem die Funktionsträger der Parteien und Verbände kommen zu Wort. Die größte Zeitung im Ort hat ein Marktforschungsinstitut damit beauftragt ein quantitatives Stimmungsbild zum geplanten Ausbau bei der ansässigen Bevölkerung einzuholen. Nach Auswertung der telefonischen Umfrage berichtet das Blatt ausführlich und publiziert die Zahlen.
Gleichzeitig haben sich aber auch im Internet mehrere Diskussionsstränge aufgebaut. Bürger loben oder schimpfen über die Baupläne in örtlichen Internet-Foren, die von der Lokalzeitung betrieben werden. An den Diskussionen beteiligen sich auch Besucher und Liebhaber des Ortes, die sich in fast allen deutschsprachigen Ländern finden. Bilder vom letzten Urlaub werden gepostet. Der Alpenverein hat nun eine Diskussionsseite eingerichtet, auch in den Web-

> logs mehrerer Naturschutzverbände haben Nutzer bereits Kommentare hinterlassen. Es werden Argumente ausgetauscht. Ein besonders profilierter Kritiker, ein alternativer Gastwirt, berichtet nun wöchentlich und mit Witz in seinem Blog über die Gründung einer Bürgerinitiative. Der Streit nimmt Fahrt auf.

Jeder ist heute in der Lage seine Meinung zu äußern. Das reicht aber noch nicht für eine veränderte Öffentlichkeit. Indem aber Journalisten und Meinungsforscher mehr Laien und „normale" Bürger einbeziehen, fördern sie eine diskursive Öffentlichkeit.

Aus diesem Grund, eben „angesichts der elektronischen Kommunikationsrevolution" (Habermas 2008, S. 143) rückt das deliberative Paradigma als das plausibelste Modell von Öffentlichkeit wieder in den Mittelpunkt. Dieses steht im krassen Gegensatz zum Negativmodell einer Schweigespirale (siehe oben): „Das deliberative Modell begreift die politische Öffentlichkeit als Resonanzboden für das Aufspüren gesamtgesellschaftlicher Probleme" (Habermas 2008, S. 144). Dass dieses Modell auch die praktische Meinungsforschung verändern kann, beschreibt Surowiecki (2004, S. 260) in seinem Bericht über die neue Methode der deliberativen Meinungsbefragung, bei der normale Bürger sich ein Wochenende über aktuelle politische Fragen informieren und anschließend darüber diskutieren. Alsdann werden sie von Meinungsforschern befragt: „The idea behind deliberative polls (...) is that political debate should not be, and doesn't need to be, confined to experts and policy elites."

Verändert sich Öffentlichkeit strukturell, verändert sich auch Meinungsforschung, also das Er- und Zusammenfassen öffentlicher Meinung. Genau wie auch im Journalismus wird Meinung nicht nur über Menschen, sondern zusammen mit dem Nutzer erfasst. So stehen auch hier das Moderieren, das Ordnen von Stoffen und Inhalten sowie das Zuhören plötzlich hoch im Kurs. Weil Nutzer sich in vielfältiger Weise und öffentlich über Produkte und Dienstleistungen äußern können und weil diese Äußerungen nicht selten ungefiltert durch Journalisten die Öffentlichkeit erreichen, stehen Markt- und Sozialforschern heute im Internet große Datenreservoire zur Verfügung, die ausgewertet werden können und müssen. Äußerungen, Statements, Bewertungen und Ansichten werden in Foren, Blogs, Social-Web-Plattformen in großer Zahl geäußert. Diese Äußerungen liegen teilweise in durchaus authentischer und direkter Form vor, so dass Forscher lediglich geeignete Instrumente und Verfahren zur Auswertung benötigen. Der in der letzten Zeit zu beobachtende Aufschwung qualitativer Auswertungsverfahren ist ebenfalls mit dieser Entwicklung verbunden.

Tabelle 22.1 gibt einen zusammenfassenden Überblick über die Entwicklungsstufen und deren Kennzeichen, die der Journalismus und die Marktforschung durchlaufen haben.

Hinzu kommt ein weiterer Effekt: Da Nutzer nun an einem veränderten Öffentlichkeitsmodell geschult sind, können die Forscher auch in geschlossenen Umgebungen neue, insbesondere qualitative Instrumente einsetzen. In geschlossene Web 2.0 Umgebungen können vom Forschungsinstitut ausgewählte Teilnehmer eingeladen werden, um bestimmte Fragen und Themen zu diskutieren (Scholz 2008). Die klassische Gruppendiskussion erhält damit ein neues Gefüge und eine neue

Tab. 22.1 Parallele Entwicklung von Journalismus und Meinungsforschung. (Quelle: Eigene Darstellung)

Journalismus (Kennzeichen)	Meinungsforschung (Kennzeichen)	Struktur der Öffentlichkeit
Räsonieren	–	Feudal, bürgerlich
Gatekeeping	Beforschen der Untersuchungsobjekte	Massenmedial, kollektivistisch
Gatekeeping, Beteiligung des Publikums	Beforschen, Beteiligung, Teilhabe	Massenmedial-plural
Gatewatching, Moderieren, Beteiligen	Zuhören, Verstehen, Beteiligen	Interaktiv und partizipativ; deliberativ

Dynamik, u. a. auch deshalb, weil sich per Web 2.0 mehrere qualitative Forschungsinstrumente sinnvoll verbinden lassen. Weblogs, Tagebuchstudien oder von Nutzern erstellte Tag Clouds (Begriffswolken) können sinnvoll miteinander kombiniert werden (Bortner 2008). Zur klassischen Umfrageforschung, die sicher auch in Zukunft mittels repräsentativen Stichproben die öffentliche Meinung abbildet, treten nun eine ganze Reihe weiterer Methoden und Instrumente hinzu, die bislang – unter massenmedialen Bedingungen – unbekannt waren.

Die Chancen dieser neuen Methoden liegen sicher in der Erfassung der thematischen Breite von Statements und ihrer Authentizität, der allgemeinen Zugänglichkeit der Äußerungen, der teilweise hohen Fallzahlen und der schnellen Reaktionen. Die Grenzen liegen in der Verallgemeinerbarkeit, der Unspezifität und in der teilweise schwierigen und aufwändigen Auswertung. Zudem gibt es noch einen Mangel an Forschungsstandards (Schenk et al. 2008, S. 260; Wadlinger 2007).

Die Linie in Abb. 22.1 markiert den Übergang von offenen zu geschlossenen Plattformen. Die unteren Methoden basieren auf geschlossenen Benutzergruppen, die sich

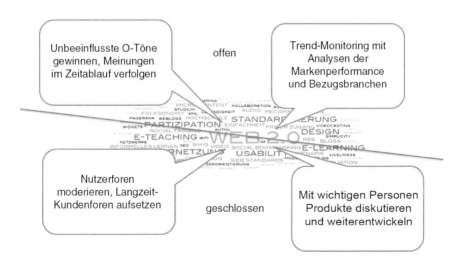

Abb. 22.1 Methoden im Web 2.0 – Neue Chancen – Neue Herausforderungen. (Quelle: Eigene Darstellung)

im Gegensatz zu den offenen Plattformen in Zusammensetzung und Verhalten kontrollieren lassen. Insbesondere geschlossene Plattformen und Instrumente gewinnen derzeit stark an Bedeutung, weil dort die Befunde sicher auf die Teilnehmer zurückgeführt werden können und deren Zusammensetzung klar ist. Außerdem stehen in geschlossenen Gruppen keine ethischen Bedenken im Raum, weil dort die Nutzer explizit ihre Zusage erteilt haben, ihre Äußerungen zur Verfügung zu stellen.

22.5 Fazit

Öffentlichkeit wird heute nicht mehr nur mittels Massenmedien und über journalistische Leistungen hergestellt, sondern spielt sich in vielfältiger Weise direkt zwischen Nutzern und Akteuren im Internet ab. Damit hat sich die Öffentlichkeit ausgeweitet: Früher Privates wird nun vielfach im Internet sichtbar. Einiges davon fällt unter den Begriff der politischen Öffentlichkeit im oben definierten Sinne: Akteure diskutieren im Internet über gesellschaftlich relevante Themen. Öffentliche Meinung ist in diesen Fällen nicht mehr nur von der Veröffentlichung durch Journalisten abhängig und auch nicht mehr ausschließlich von der Aufnahme und Verdichtung durch Sozialwissenschaftler. Sie liegt in unaggregierter, überwiegend ungeordneter Form im Internet vor. Damit steht die Markt- und Meinungsforschung heute vor der Herausforderung, diese Äußerungen und Meinungen mittels neuer Methoden zu erfassen, auszuwerten und zur öffentlichen Meinung im klassischen Sinne ergänzend hinzuzufügen. Zur Verfügung stehen dazu Instrumente, die früher unter massenmedialen Bedingungen nicht funktioniert hätten.

Die Macht der Journalisten, bestimmte Botschaften exklusiv auszuwählen, ist nun ebenso geschwächt, wie die Macht der Meinungsforscher, aus einem diffusen Massenpublikum Meinungen zu extrahieren und zur alleinigen öffentlichen Meinung zu kondensieren. Diese doppelte Entkräftung verändert die traditionelle Öffentlichkeitsstruktur, lässt aber weder Journalismus noch Meinungsforschung obsolet werden. Beide können durch den Einsatz neuer Quellen, Instrumente und Methoden ihre Arbeit ergänzen und werden dadurch dem Strukturwandel gerecht.

Nicht alle Entwicklungen, die oben beschrieben wurden, sind allerdings positiv zu werten. Eben durch die Ergänzung klassischer journalistischer Leistungen gibt es auch negative Phänomene zu beobachten. Diese reichen von ungerechtfertigten und bedenkenlosen Äußerungen von unzufriedenen Nutzern bis hin zu illegalen Inhalten und Statements. Auch diese Auswüchse kennzeichnen die neue, ungefilterte Öffentlichkeit.

Positiv und ohne dies hier soziologisch bzw. medien- und kommunikationswissenschaftlich tiefer ausführen zu können, lässt sich aber formulieren, dass sich in einer Gesellschaft, die eine wie oben beschriebene, deliberative Öffentlichkeitsstruktur aufweist, neben Fremd- auch künftig Co- und mit Hilfe der Nutzer auch Selbstaufklärung praktiziert wird. Co- bzw. Selbstaufklärung deshalb, weil die klassischen Aufklärer wie Journalisten und Markt- und Sozialforscher ihre

Berufsrollen verändern: Sie wandeln sich von Dirigenten zu Moderatoren, von Gatekeepern zu Gatewatchern. Sie legen ihre Berufsrollen jedoch nicht vollständig ab, sondern ergänzen diese durch neue Aufgaben und Funktionen. Der Grad der Intensität, mit der dies geschieht, hängt sicher vom Gegenstandsbereich ab. Insgesamt erhalten die Nutzer (früher Rezipienten bzw. Beforschte) aber einen neuen Stellenwert: als Partner in einem professionellen Prozess, der von Nutzern mitbestimmt werden kann, von Journalisten oder Marktforschern aber mit beeinflusst wird.

22.6 Epilog: Tipps und Ableitungen für die Tourismuswirtschaft

Als Quintessenz sollen aus den obigen Folgerungen ein paar vereinfachte Ableitungen gebildet werden. Beispiele von Internetpräsenzen in der Tourismuswirtschaft:

- Tourismusverbände, regionale und überregionale Marketingorganisationen, Reiseveranstalter und Verkehrsunternehmen, direkte Anbieter (Hotels, Gaststätten) verfügen über vielfältige Webangebote. Auch Stadtverwaltungen und andere Gebietskörperschaften bieten digitale Informationen. Hinzu kommen Wetter- und Umweltdienste, die im Netz informieren.

Für Journalisten, die im Reise- und Tourismusbereich arbeiten, heißt das:

- Berücksichtigen Sie, dass Nutzer im Internet relevante Informationen untereinander austauschen. Berücksichtigen Sie auch, dass die einzelnen Akteure im Tourismusbereich sich im Internet direkt an die Nachfrager wenden können.
- Lassen Sie sich von Nutzern im Internet zu neuen Themen und Stoffen inspirieren.
- Integrieren Sie die Leser/Hörer/Zuschauer in Ihre Berichterstattung, indem Sie in Erfahrung bringen, was Ihre Nutzer über Ihre Stories denken.
- Beziehen Sie die Nutzer Ihrer Beiträge auch in Ihre Rechercheprozesse mit ein.

Für Markt- und Meinungsforscher, die sich mit Tourismusprodukten befassen, heißt das:

- Bereits seit Jahren werden bspw. Reiseziele und Hotels von Reisenden auf den Portalen von Reiseanbietern bewertet (siehe u. a. den Beitrag von Mühlenbeck und Skibicki in diesem Band). Die Möglichkeiten des Web 2.0 gehen über diese Bewertungsverfahren hinaus: Touristen vernetzen sich inzwischen untereinander und tauschen sich auf entsprechenden Plattformen aus.
- Beziehen Sie die Nachfrager nach Tourismusleistungen in Ihre Arbeit mit ein, indem Sie die neuen Möglichkeiten qualitativer Forschung sowohl im Internet insgesamt als auch in geschlossenen Räumen, die von Ihnen zur Verfügung gestellt wurden, ausnutzen.

- Sind Trends und neue Entwicklungen zu erkennen? Das offene Internet bietet ein gutes Frühwarnsystem. Was denken die Verbraucher, welche Hoffnungen und Wünsche bringen sie mit? Hier bieten möglicherweise geschlossene Web 2.0 Plattformen eine bessere Lösung.

Und für die Anbieter touristischer Produkte heißt das schließlich:

- Widmen Sie den Fragen von öffentlichem Interesse Ihre erhöhte Aufmerksamkeit.
- Kommunizieren Sie mit Ihren Kunden und finden Sie heraus, wie diese untereinander kommunizieren und vernetzt sind. Journalisten können Ihnen dabei möglicherweise helfen.
- Beziehen Sie Ihre Kunden mit in Ihre Innovationsprozesse ein. Sozialforscher können Ihnen dabei helfen. Auch Fragebögen zur Nutzerzufriedenheit können in digitaler Form angeboten werden. So können Wünsche von speziellen Marktsegmenten erfasst und berücksichtigt werden.

Bibliografie

Almond, G. A. (1998). Political science: The history of the discipline. In R. E. Goodin, & H.-D. Klingemann (Hrsg.), *A New Handbook of Political Science* (S. 50–96). Oxford: Oxford University Press.
Arnold, K. (2008). Qualität im Journalismus – ein integratives Konzept. *Publizistik, 53*(4), 488–508.
Beck, K., Voigt, S., & Wünsch, J. (2006). *Medienethische Qualitätskriterien für den Rundfunk. Analysen und Empfehlungen für Rundfunkmacher.* Berlin: VISTAS.
Beck, K. (2008). Neue Medien – alte Probleme? Blogs aus medien- und kommunikationsethischer Sicht. In A. Zerfaß, M. Welker, & J. Schmidt (Hrsg.), *Kommunikation, Partizipation und Wirkungen im Social Web. Strategien und Anwendungen: Perspektiven für Wirtschaft, Politik und Publizistik* (Bd. 2, S. 62–77). Köln: Herbert von Halem.
Bortner, B. (2008). Will Web 2.0 Transform Market Research? http://www.forrester.com/Research/Document/Excerpt/0,7211,44159,00.html. Gesehen am 08. Juni 2009.
Brettschneider, F. (2000). Demoskopie im Wahlkampf – Leitstern oder Irrlicht. In M. Klein, W. Jagodzinski, E. Mochmann, & D. Ohr (Hrsg.), *50 Jahre Empirische Wahlforschung in Deutschland. Entwicklung, Befunde, Perspektiven, Daten* (S. 309–339). Wiesbaden: Westdeutscher.
Bruns, A. (2009). Vom Gatekeeping zum Gatewatching. Modelle der journalistischen Vermittlung im Internet. In C. Neuberger, C. Nuernbergk, & M. Rischke (Hrsg.), *Journalismus im Internet* (S. 107–168). Wiesbaden: VS Verlag.
Burkart, R. (1998). *Kommunikationswissenschaft*. Wien: Böhlau.
Bussemer, T. (2007). Paul Felix Lazarsfeld und die Etablierung der Kommunikationsforschung als empirische Sozialwissenschaft. *Medien- und Kommunikationswissenschaft, 55*(1), 80–100.
Converse, P. E. (1987). Changing conceptions of public opinion in the political process. *Public Opinion Quarterly, 51*(2), 12–24.
Dogan, M. (1998). Political science and the other social sciences. In R. E. Goodin, & H.-D. Klingemann (Hrsg.), *A new handbook of political science* (S. 97–132). Oxford: Oxford University Press.
Gadeib, A. (2009). Spurensuche. Marktforschung im Web 2.0. *Research & Results, 1*, 30–31.
Gerhards, J. (2007a). Öffentlichkeit. In D. Fuchs, & E. Roller (Hrsg.), *Lexikon Politik* (S. 185–188). Stuttgart: Reclam.

Gerhards, J. (2007b). Öffentliche Meinung (Artikel). In D. Fuchs, & E. Roller (Hrsg.), *Lexikon Politik* (S. 182–184). Stuttgart: Reclam.
Habermas, J. (1971). *Strukturwandel der Öffentlichkeit* (5. Aufl.). Berlin: Suhrkamp.
Habermas, J. (2008). Hat die Demokratie noch eine epistemische Dimension? Empirische Forschung und normative Theorie. In *Ach, Europa* (S. 138–191). Frankfurt am Main: Suhrkamp.
Howe, J. (2008). *Crowdsourcing*. New York: Random House.
ICC, & ESOMAR. (2008). International Code on Market Research. http://www.esomar.org/uploads/pdf/professional-standards/ICCESOMAR_Code_English_.pdf. Gesehen am 08. Juni 2009.
Kaase, M. (2003). Meinungsforschung. In U. Andersen, & W. Woyke (Hrsg.), *Handwörterbuch des politischen Systems der Bundesrepublik Deutschland* (5. Aufl., S. 677–680). Bonn: Leske & Budrich.
Kaase, M., & Pfetsch, B. (2000). Umfrageforschung und Demokratie. Analysen zu einem schwierigen Verhältnis. In H.-D. Klingemann, & F. Neidhardt (Hrsg.), *Zur Zukunft der Demokratie: Herausforderungen im Zeitalter der Globalisierung* (S. 153–182). Berlin: Sigma.
Klaus, E. (2008). What Do We Really Know About Herta Herzog – Eine Spurensuche. *Medien- und Kommunikationswissenschaft, 56*(2), 227–252.
Luhmann, N. (1997). *Die Gesellschaft der Gesellschaft*. Frankfurt: Suhrkamp.
Maier, J., & Brettschneider, F. (2008). Wirkungen von Umfrageberichterstattung auf Wählerverhalten: Ein Online-Experiment zu den Landtagswahlen in Baden-Württemberg 2006, Rheinland-Pfalz 2006 und Hessen 2008. In N. Jackob, H. Schoen, & T. Zerback (Hrsg.), *Sozialforschung im Internet: Methodologie und Praxis der Online-Befragung* (S. 321–337). Wiesbaden: VS Verlag.
Neuberger, C. (2007). Interaktivität, Interaktion, Internet. Eine Begriffsanalyse. *Publizistik, 52*(1), 33–50.
Neuberger, C. (2009). Internet, Journalismus und Öffentlichkeit. Analyse des Medienumbruchs. In C. Neuberger, C. Nuernbergk, & M. Rischke (Hrsg.), *Journalismus im Internet* (S. 19–106). Wiesbaden: VS Verlag.
Neuberger, C., Nuernbergk, C., & Rischke, M. (2009). Zur Einführung. In C. Neuberger, C. Nuernbergk, & M. Rischke (Hrsg.), *Journalismus im Internet* (S. 9–18). Wiesbaden: VS Verlag.
Noelle-Neumann, E. (2002). Öffentliche Meinung. In E. Noelle-Neumann, W. Schulz, & J. Wilke (Hrsg.), *Fischer Lexikon Publizistik Massenkommunikation* (S. 392–406). Frankfurt: Fischer.
Schenk, M., Taddicken, M., & Welker, M. (2008). Web 2.0 als Chance für die Markt- und Sozialforschung? In A. Zerfaß, M. Welker, & J. Schmidt (Hrsg.), *Kommunikation, Partizipation und Wirkungen im Social Web. Grundlagen und Methoden: Von der Gesellschaft zum Individuum* (Neue Schriften zur Online-Forschung Band 2, S. 243–266). Köln: Herbert von Halem.
Scherer, H. (1990). *Massenmedien, Meinungsklima und Einstellung. Eine Untersuchung zur Theorie der Schweigespirale*. Opladen: Westdeutscher.
Schmidt, J. (2009). *Das neue Netz. Merkmale, Praktiken und Folgen des Web 2.0*. Konstanz: UVK.
Scholz, J. (2008). Forschen mit dem Web 2.0 – eher Pflicht als Kür. In A. Zerfaß, M. Welker, & J. Schmidt (Hrsg.), *Kommunikation, Partizipation und Wirkungen im Social Web. Grundlagen und Methoden: Von der Gesellschaft zum Individuum* (Neue Schriften zur Online-Forschung Band 2, S. 229–242). Köln: Herbert von Halem.
Surowiecki, J. (2004). *The Wisdom of Crowds*. New York: Anchor Books.
Tapscott, D., & Williams, A. D. (2006). *Wikinomics. How mass collaboration changes everything*. New York: Portfolio.
Wadlinger, C. (2007). Von der Datenquelle zur digitalen Couch. *Compact (Forschung & Consulting), 4–5,* 8–9.
Welker, M. (2009). Framing und Recherche. Überlegungen zu einer in der Wirkungstheorie wenig beachteten Dimension journalistischen Arbeitens. In A. Kutsch, & J. Raabe (Hrsg.), *Großbothener Vorträge zur Kommunikationswissenschaft* (Bd. 9, S. 147–160). Bremen: Edition Lumière.

Kapitel 23
Die Macht des Netzwerks: Theorie, Empirie und Implikation

Steffen Blaschke

Zusammenfassung: Der Begriff des Netzwerks erfährt zunehmend inflationären Gebrauch. Gerade im Rahmen von Fragen der Führung und Organisation wird oft von Mitarbeiter-, Abteilungs- oder Unternehmensnetzwerken gesprochen, ohne diese theoretisch wie empirisch adäquat zu thematisieren. Dieser Artikel bietet einen kurzen Einblick in die Netzwerktheorie und verweist so bereits auf die Macht des Netzwerks in der Empirie. Dabei werden der gezielten Steuerung und Kontrolle von Netzwerken durch einzelne Mitarbeiter, Abteilungen oder Unternehmen widersprochen, gleichzeitig aber Möglichkeiten der Positionierung in und Strukturierung von Netzwerken diskutiert.

Schlüsselwörter: Netzwerk • Knoten • Kanten • Kollaboration • Wiki • Luftverkehr

23.1 Einleitung

Der Begriff des Netzwerks gehört zur alltäglichen Sprache. Die Menschen wissen genau, ein Netzwerk besteht aus Elementen und Beziehungen dieser Elemente untereinander. Man hört „Netzwerk" und sieht unwillkürlich Punkte, die durch Linien verbunden sind, oder es wird von „Netzwerk" gesprochen, wenn an Knoten und Kanten zwischen diesen gedacht wird. Diese Alltäglichkeit des doch abstrakten Netzwerkbegriffs wird nur von der Allgegenwärtigkeit realer Netzwerke übertroffen. Man lebt in Freundschaftsnetzwerken, arbeitet in Kollaborationsnetzwerken und pflegt Kooperationsnetzwerke. Man nutzt Informations- und Kommunikationsnetzwerke, bezieht Strom und Gas aus Versorgungsnetzwerken und bewegt sich in Verkehrsnetzwerken. Netzwerke sind ebenso alltäglich wie allgegenwärtig, auch wenn ihre Elemente und Beziehungen immer wieder andere Dinge beschreiben.

S. Blaschke (✉)
Arbeitsbereich Organisation und Unternehmensführung Institut für Öffentliche Wirtschaft und Personalwirtschaft Universität Hamburg, Von-Melle-Park 5, 20146 Hamburg, Deutschland
e-mail: steffen.blaschke@wiso.uni-hamburg.de

Die Alltäglichkeit und Allgegenwärtigkeit von Netzwerken steht aber einem fundierten Verständnis der Struktur von Knoten und Kanten gegenüber. Im Hinblick auf ihren theoretischen Erklärungsgehalt geraten Netzwerke so leider allzu oft in den Hintergrund. Die Position eines Unternehmens im Kooperationsnetzwerk macht es zum zentralen Lieferanten, gleichwertigen Partner oder abhängigen Produzenten. Die Dichte der Streckenverbindungen im Luftverkehrsnetzwerk rückt fast jede Stadt dieser Welt in unmittelbare Nähe eines einzigen Tages. Gleiches gilt für Freundschafts-, Kollaborations-, Informations-, Kommunikations- und Versorgungsnetzwerke. Eine entsprechende Netzwerktheorie hilft uns aber nicht nur die Struktur verschiedenster Netzwerke zu verstehen, sondern dient auch als Fundament für den effektiven und effizienten Einsatz von Netzwerken zu eigenen Zwecken. Wer wäre nicht gerne zentraler Lieferant oder nur ein paar Flugstunden von sonnigen Stränden entfernt?

Im Folgenden wird zunächst ein kurzer theoretischer Einblick in die Struktur von Netzwerken gegeben. Zwei empirische Beispiele erläutern sodann die vorgestellte Netzwerktheorie noch einmal im Detail. Dabei wird insbesondere auf Gemeinsamkeiten und Unterschiede zwischen dem innerdeutschen Luftverkehrsnetzwerk der Lufthansa und dem sozialen Netzwerk eines Unternehmens eingegangen. Abschließend wird der mögliche Einsatz von Informations- und Kommunikationsnetzwerken in und zwischen Organisationen beleuchtet.

23.2 Theorie

Eine allgemeine Theorie der Struktur von Netzwerken existiert ebenso wenig, wie sich eine einzige wissenschaftliche Diziplin mit Netzwerken beschäftigt. Gerade die im anglo-amerikanischen Raum als Social Network Analysis (Scott 1991; Wasserman u. Faust 1999) bekannte soziologische Forschung erfreut sich jedoch auch in angrenzenden Disziplinen wie der Betriebs- und Volkswirtschaftlehre zunehmender Popularität (Oliver u. Ebers 1998; Borgatti u. Foster 2003; Brass et al. 2004; Provan et al. 2007). Die Analyse sozialer Netzwerke begrenzt sich so schon lange nicht mehr auf ausschließlich soziologische Fragenstellungen, in etwa nach dem Zusammenhang zwischen Freundschaftsnetzwerken und Arbeitssuche (Granovetter 1973), sondern findet ebenso Anwendung in der Erforschung kollektiver Entscheidungen in Organisationen und scheinbar irrationalem Versagen von Märkten (Watts 2003 für einen Überblick der Forschungsleistungen).

Die Analyse sozialer Netzwerke greift auf grundlegende Begriffe zurück, die bereits der angewandten Mathematik des 18. Jahrhunderts entspringen (Barabási 2003 für einen historischen Abriss der Netzwerkforschung). Ein Netzwerk definiert sich aus einer Menge von Elementen und einer Menge von Beziehungen dieser Elemente untereinander. Die Elemente werden nachfolgend als Knoten (in der mathematische Notation v für vertex) und die Beziehungen als Kanten (in der mathematischen Notation e für edge) bezeichnet. Für den Fall, dass die Knoten Personen und die Kanten soziale Beziehungen wie Kollaboration, Freundschaft oder Vertrauen darstellen, spricht man von sozialen Netzwerken.

Abb. 23.1 Directed Star.
(Quelle: Eigene Darstellung)

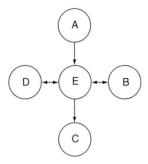

Abbildung 23.1 „Directed Star" zeigt ein gerichtetes Netzwerk mit fünf Knoten und vier Kanten in Form eines Sterns (directed star). Die Knoten A, B, C und D sind jeweils über eine Kante mit dem Knoten E verbunden. Die Kanten weisen dabei eine bestimmte Richtung auf, die durch eine Pfeilspitze markiert ist. Wird angenommen, dass es sich um ein Kooperationsnetzwerk fünf verschiedener Unternehmen handelt, in dem A ein Produkt an E und E wiederum ein Produkt an C liefert; zwischen B und E sowie D und E bestehen zudem gegenseitige Lieferbeziehungen. Ganz offensichtlich nimmt das Unternehmen E eine derartig zentrale Position ein, ohne die das Kooperationsnetzwerk überhaupt nicht bestehen würde, denn die anderen Unternehmen pflegen untereinander keinerlei Lieferbeziehungen.

Abbildung 23.2 „Undirected Wheel" zeigt ein ungerichtetes Netzwerk der gleichen fünf Knoten, nun in der Form eines Rades (undirected wheel). Die vier Knoten A, B, C und D haben zusätzlich zur Beziehung zu Knoten E jeweils eine Beziehung zu ihren benachbarten Knoten, also etwa A mit B und D. Die Kanten weisen keine Richtung mehr auf. Wird noch einmal angenommen, dass es sich um ein Kooperationsnetzwerk handelt, in dem die Lieferbeziehungen nun allesamt gegenseitig sind. Das Unternehmen E nimmt weiterhin eine zentrale Position ein, da es als einziges mit allen anderen vier Unternehmen Lieferbeziehungen pflegt. Das Kooperationsnetzwerk selbst aber bleibt auch ohne E bestehen. Gegenüber dem gerichteten Stern sinkt die Zentralität des Knotens E im ungerichteten Rad. Die Struktur des Netzwerks bestimmt demnach bspw. die Verhandlungsmacht des Unternehmens E.

Neben der visuellen Erstanalyse sozialer Netzwerke existiert eine Vielzahl von Maßen auf der Ebene des gesamten Netzwerks wie auch auf der Ebene der Elemente und Beziehungen (Wasserman u. Faust 1999 für eine ausführliche Diskussion

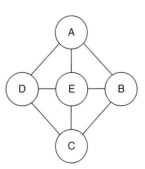

Abb. 23.2 Undirected Wheel. (Quelle: Eigene Darstellung)

bekannter Maße). Als erstes Beispiel sei die Dichte (density) eines Netzwerks genannt, die neben Maßen wie Durchmesser (diameter) oder Zusammenhalt (cohesion) Aussagen über die Intensität etwa der Lieferbeziehungen in einem Kooperationsnetzwerk zulässt. Die Dichte (D) beschreibt, wie sich die Menge der vorhandenen Kanten (E) zur Menge der möglicher Kanten zwischen den Knoten (V (V − 1)) im Netzwerk (N) verhält. Für ein gerichtetes Netzwerk lässt sie sich als

$$D(N) = \frac{|E|}{|V|(|V|-1)}$$

definieren. Die maximale Dichte liegt bei 1 für komplette Netzwerke, die minimale Dichte dagegen bei 0 für Netzwerke ohne jegliche Kanten, wobei es sich im letzteren Fall streng genommen nicht mehr um Netzwerke, sondern lediglich um eine Menge von Elementen handelt. Der gerichtete Stern in Abbildung „Directed Star" hat eine Dichte von 6/(5 × (5 − 1)) = 0,3, das ungerichtete Rad in Abbildung „undirected Wheel" eine Dichte von 2 × 8/(5 × (5 − 1)) = 0,8. Der Unterschied in der Berechnung der Dichte für gerichtete gegenüber ungerichteten Netzwerken liegt lediglich darin, dass ungerichtete Kanten doppelt gezählt werden, ganz so als würde es sich um zwei gegenseitig gerichtete Kanten handeln.

Als zweites Beispiel sei der Grad (degree) eines Knotens im Netzwerk genannt, der neben Maßen wie Vermittlung (betweenness) und Nähe (closeness) Aussagen über die Zentralität etwa von Unternehmen in einem Kooperationsnetzwerk zulässt. Der relative Grad (deg) beschreibt, wie sich die Anzahl vorhandener Kanten eines Knotens (Ev) zur Anzahl möglicher Kanten des gleichen Knotens (V − 1) im Netzwerk (N) verhält. Für ein gerichtetes Netzwerk lässt er sich als

$$deg_v(N) = \frac{|E_v|}{2(|V|-1)}$$

definieren. Der maximale Grad liegt bei 1 für einen Knoten mit Kanten zu allen anderen im Netzwerk, der minimale Grad dagegen bei 0 für einen isolierten Knoten, also ohne jegliche Kanten zu anderen. Knoten E hat in Abbildung „Directed Star" einen Grad von 6/(2 × (5 − 1)) = 0,75 und in Abbildung „Undirected Wheel" einen Grad von 4/(5 − 1) = 1. Der Unterschied in der Berechnung des Grades für gerichtete gegenüber ungerichteten Netzwerken liegt wie schon im Fall der Dichte darin, dass ungerichtete Kanten doppelt gezählt werden.

Die Dichte des Netzwerks und der Grad einzelner Knoten sind zwei einfache Maße, die neben der visuellen Erstanalyse sozialer Netzwerke breiten Einsatz finden. Ein ungerichtetes Netzwerk mit fünf Knoten kann maximal 20 Kanten aufweisen, während sich in einem Netzwerk mit 500 Knoten bereits maximal 249.500 Kanten finden. Die gleiche Anzahl Knoten in gerichteten Netzwerken verdoppelt noch einmal die Anzahl maximaler Kanten. Da jedoch eine Visalisierung von knapp einer Viertel Mio. Kanten bereits an die Grenzen des Erkennbaren stößt, dienen gerade auch einfache Maße der Analyse digitaler sozialer Netzwerke wie bspw. Facebook und MySpace, die Mitgliederzahlen in Millionenhöhe ausweisen.

23.3 Empirie

Zwei empirische Beispiele verdeutlichen noch einmal die gerade vorgestellte Netzwerktheorie. Es geht einerseits um das Luftverkehrsnetzwerk der Deutschen Lufthansa AG und die Besonderheiten einzelner Flughäfen, die mit Hilfe verschiedener Netzwerkmaße hervorgehoben werden. Andererseits geht es in gleicher Art und Weise um das Kollaborationsnetzwerk eines mittelständigen Technologieunternehmens. So unterschiedlich beide Netzwerke im Hinblick ihre Form und Funktion erscheinen, so sehr ergeben die angelegten Maße ein gleichartiges Bild, das sich in zahlreichen anderen Netzwerken ebenso findet (Alpar u. Blaschke 2008 für eine empirische Bestandsaufnahme verschiedener sozialer Netzwerke).

Abbildung 23.3 zeigt das innerdeutsche Luftverkehrsnetzwerk der Deutschen Lufthansa AG mit 19 Flughäfen (Knoten) und 47 Streckenverbindungen (Kanten). Die Flughäfen sind entsprechend ihrer geographischen Lage in der Bundesrepublik Deutschland im Netzwerk positioniert. Jede Streckenverbindung bedeutet Hin- wie Rückflüge zwischen zwei Flughäfen; das Netzwerk ist damit ungerichtet.

Das Luftverkehrsnetz verknüpft mit einer Dichte von 0,28 etwas mehr als ein Viertel aller Flughäfen durch direkte Streckverbindungen. Der Flughafen München nimmt mit 15 Verbindungen die Spitzenposition im Luftverkehrsnetzwerk ein. Der Lufthansa-Heimatflughafen Frankfurt am Main liegt mit 14 Verbindungen knapp auf dem zweiten Platz. München erscheint also mit einem relativen Grad von 0,83 im Netzwerk grundsätzlich zentraler als Frankfurt mit einem relativen Grad von 0,78. Alles andere als zentral geben sich dagegen die Flughäfen Erfurt und Hof-Plauen, die nur von München bzw. nur von Frankfurt am Main aus angeflogen werden. Obwohl die Anzahl der Streckenverbindungen als einfaches Kriterium der Zentralität von Flughäfen durchaus erste Analysen des Luftverkehrsnetzwerks erlaubt, so gerät dieses Maß schnell an seine Grenzen. Um die Zentralität von Flughäfen besser beurteilen zu können müssen bspw. Daten zur Dauer und Häufigkeit der Flüge zwischen Städten mit in die Analyse einbezogen werden.

Aufgrund fehlender Daten zur Dauer und Häufigkeit von Flügen kann weiterhin auf verschiedene, eingangs bereits erwähnte Netzwerkmaße zurückgegriffen werden. Berlin und Stuttgart etwa erscheinen mit jeweils sieben Verbindungen gleichermaßen zentral. Der Berliner Flughafen Tegel liegt jedoch knapp drei Mal so oft als Umstiegsverbindung zwischen zwei Städten als Stuttgart. Diese bessere Position im Netzwerk ist in der vorhergehenden Abbildung nicht ohne Weiteres erkennbar, kann mathematisch jedoch durch das Maß der Vermittlung (betweenness) angegeben werden (Berlin-Tegel = 10,22 > Stuttgart = 3,6). Als weiteres Zentralitätskriterium kann das Maß der Nähe (closeness) eines Knotens zu jedem anderen angegeben werden. Die Flughäfen Köln/Bonn und Mannheim sind dementsprechend im Netzwerk in

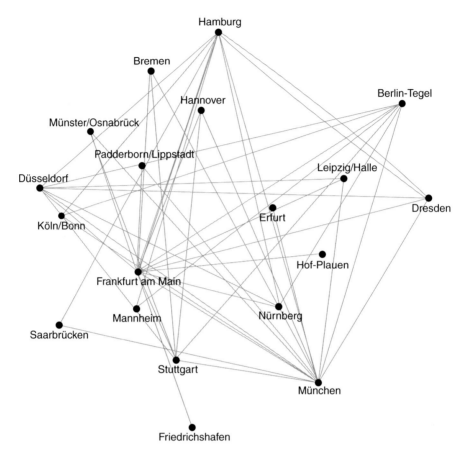

Abb. 23.3 Luftverkehrsnetzwerk der Deutschen Lufthansa AG. (Quelle: Eigene Darstellung)

gleicher Nähe zu allen anderen zu sehen (Köln/Bonn = Mannheim = 0,17), obwohl Köln/Bonn eine Streckenverbindung mehr als Mannheim aufweisen kann.

Mit Hilfe der Dichte des Netzwerks und dem Grad einzelner Knoten lassen sich soziale Netzwerke in gleicher Art und Weise wie das Lufthansa-Luftverkehrsnetzwerks analysieren. Abbildung 23.4 zeigt das interne Kollaborationsnetzwerk eines Unternehmens mit 26 Mitarbeitern (Knoten) und deren 245 Arbeitsbeziehungen (Kanten). Das Netzwerk ist anonymisiert, stellvertretend für die Namen der Mitarbeiter erscheinen nur ihnen zugewiesene Identifikationsnummern.

Die Positionierung der Knoten folgt einem in der sozialen Netzwerkanalyse oft eingesetzten Spring-Embedder-Algorithmus (Kamada u. Kawai 1989). Die Knoten sind hier durch elastische Kanten verknüpft, die ähnlich einer Feder jeweils zwei Knoten zueinander ziehen. Der Algorithmus versucht die insgesamt im Netzwerk wirkenden Federkräfte zu minimieren. Knoten mit einer hohen Anzahl von Kanten finden sich so eher in der Mitte, Knoten mit einer niedrigen Anzahl von Kanten eher

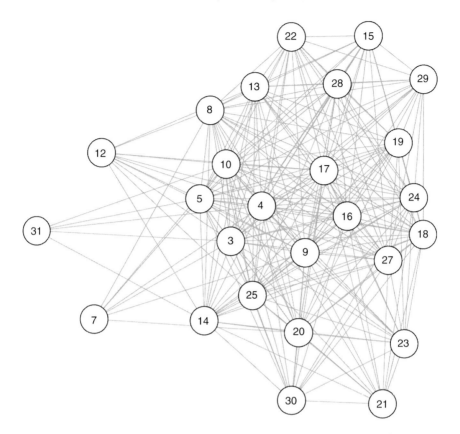

Abb. 23.4 Kollaborationsnetzwerk eines mittelständischen Technologieunternehmens. (Quelle: Eigene Darstellung)

am Rand des Netzwerks. Durch die kräfteminimierende Positionierung der Knoten ergibt sich eine oft intuitiv interpretierbare Visualisierung des Netzwerks.

Das Kollaborationsnetzwerk verknüpft mit einer Dichte von 0,75 drei Viertel aller Mitarbeiter durch direkte Arbeitsbeziehungen. Im Gegensatz zum Luftverkehrsnetzwerk ist die Netzwerkdichte also knapp drei Mal so hoch, was sich auch auf den Grad einzelner Knoten auswirkt. Die Mitarbeiter mit den Identifikationsnummern 3 und 4 pflegen Arbeitsbeziehungen mit allen anderen Mitarbeitern im Kollaborationsnetzwerk und stellen so die zentralen Knoten mit jeweils 25 Kanten dar, was einem relativen Grad von 1 entspricht. Die Mitarbeiter 5, 9 und 10 stehen mit jeweils 24 Kanten (deg = 0,96) den beiden Spitzenpositionen nur wenig nach und zählen ebenfalls zum inneren Kreis des Netzwerks. Im Gegensatz dazu erscheinen die Mitarbeiter mit den Identifikationsnummern 7 und 31 am wenigsten zentral am linken Rand des Netzwerks. Dennoch pflegen sie immerhin noch sieben bzw. fünf Arbeitsbeziehungen und erreichen so relative Grade von 0,28 beziehungseise 0,2.

Sowohl das Luftverkehrs- wie auch das Kollaborationnetzwerk lassen sich durch eine visuelle Erstanalyse und nachfolgende mathematische Netzwerkmaße im Detail betrachten. Bereits die Diskussion der beiden empirischen Beispiele verdeutlicht, dass die Zentralität eines Knotens sowohl durch die Struktur des Netzwerkes, als auch durch die Anzahl seiner Kanten bestimmt wird. Ob Flughafen oder Mitarbeiter, ein Knoten nimmt nicht alleinig und selbstbestimmt eine zentrale Position ein, sondern steht immer relativ zu anderen im Netzwerk. Diesen Umstand gilt es umso mehr zu beachten, wenn es um die Interpretation der Empirie geht und damit Implikationen angedacht werden.

23.4 Implikationen

Aus der Struktur von Netzwerken ergibt sich eine Reihe von Implikationen für die Praxis, u. a. hinsichtlich der Gestaltung von Netzwerken oder der Positionierung von Knoten. Im Luftverkehrsnetzwerk der Deutschen Lufthansa AG weisen die beiden Flughäfen München und Frankfurt am Main die größte Anzahl Streckenverbindungen auf, so dass auch ohne ein dichtes Netzwerk andere Flughäfen wie Erfurt und Hof-Plauen von überall aus schnell erreicht werden können. Gleichzeitig ist der deutsche Luftverkehr aber gerade mit nur zwei Hauptverkehrsflughäfen durchaus verwundbar. Ausfälle in München oder Frankfurt können zwar durch den jeweilig anderen Flughafen aufgefangen werden, sollte es jedoch zu Ausfällen in beiden Flughäfen gleichzeitig kommen, so ist der größte Teil des innerdeutschen Luftverkehrs davon betroffen.

Ähnliche Aussagen zur Verwundbarkeit oder umgekehrt zur Robustheit lassen sich auch für Kollaborationsnetzwerke in Unternehmen treffen. Zentrale Mitarbeiter nehmen meist eine Generalistenfunktion wahr. Je nach Größe eines Unternehmens sind sie Abteilungs-, Gruppen- oder Projektleiter und arbeiten so mit vielen anderen zusammen. Mitarbeiter in weniger zentralen Positionen dagegen üben meist eine Spezialistenfunktion aus, z. B. als Ingenieure im Bereich Forschung und Entwicklung. Ein dichtes Kollaborationsnetzwerk wie in Abbildung „Kollaborationsnetzwerk eines mittelständischen Technologieunternehmens" dargestellt ist also vor Ausfällen einzelner Mitarbeiter weitestgehend geschützt. Zur genauen Beurteilung der Ausfallsicherheit bedarf es allerdings, wie auch schon zur Beurteilung der Zentralität von Flughäfen, zusätzlicher Daten. Gegebenenfalls kann ein zentraler Mitarbeiter durch keinen anderen ersetzt werden, auch wenn beide die gleichen Arbeitsbeziehungen pflegen. Während die Dauer und Häufigkeit nähere Informationen zu Streckenverbindungen bieten, sind etwa Entscheidungsberechtigung und Weisungsbefugnis ausschlaggebend für Arbeitsbeziehungen.

Ein dichteres Netzwerk sorgt durch Redundanz für mehr Sicherheit vor Ausfällen und anderen Störungen. Im Regelfall ist diese Redundanz jedoch mit Kosten behaftet. Ein dichteres Luftverkehrsnetz fordert den Ausbau zusätzlicher Flughäfen, die den Verkehr neuer Streckenverbindungen abwickeln müssen. Ein dichteres Kollaborationsnetzwerk fordert von den Mitarbeitern neue Arbeitsbeziehungen, die zu Lasten der Intensität bestehender Arbeitsbeziehungen gehen. Die Struktur eines Netzwerks ist damit immer auch ein Balanceakt aus Kosten und Nutzen. Ein vollständiges Netzwerk, in dem jeder Flughafen von jedem anderen aus zu erreichen ist oder jeder Mitarbeiter mit jedem anderen zusammenarbeitet ist zu kostspielig, um den Nutzen der maximalen Erreichbarkeit von Städten oder der Ausfallsicherheit von Mitarbeitern zu rechtfertigen. Eine idealtypische Lösung für diese Kosten-Nutzen-Problematik ist von Netzwerk zu Netzwerk unterschiedlich, läuft jedoch auf eine skalenfreie Topographie mit wenigen zentralen und vielen peripheren Knoten hinaus, wie sie im Luftverkehrsnetz gut zu erkennen ist (Barabási 2003 für weitere Beispiele skalenfreier Netzwerke).

Neben Implikationen auf Netzwerkebene ergeben sich aus Theorie und Empirie auch Implikationen auf Ebene der Knoten und Kanten. Ein Flughafen mit einer großen Anzahl Streckenverbindungen ist als zentraler Knoten im Luftverkehrsnetz eindeutig auszumachen. Seine ein- und ausgehenden Flüge kann er allerdings nicht allein bestimmen, sondern muss diese mit seinen Partnerflughäfen koordinieren. Erst das Luftverkehrsnetzwerk macht einen Flughafen also zum zentralen Knoten. Ebenso wenig kann ein Mitarbeiter seine Zentralität durch die Anzahl Arbeitsbeziehungen allein bestimmen. Das Kollaborationsnetzwerk mit allen Mitarbeitern und ihren Arbeitsbeziehungen untereinandern machen den Mitarbeiter zum zentralen Knoten. Zentralitätsbasierte Netzwerkmaße eignen sich bspw. dazu, Mitarbeitern ihren Rang im Netzwerk zu signalisieren und sie so zur verstärkten Kollaboration zu motivieren. Darüber hinaus bieten sich Maße wie Verzahnung (interlocking) an, die Kollaboration nach Breite und Tiefe zu beurteilen (Stein u. Blaschke 2009) und so noch gezielter motivieren können. Im Gegensatz zu Motivationsversuchen mittels Kriterien wie eingestellter Bilder oder Dokumente sind aber bereits einfache Netzwerkmaße gegen die Manipulation durch einzelne Personen weitestgehend resistent.

Wie wichtig sind diese allgemeinen Implikationen der Netzwerktheorie und -empirie für Organisationen? Neue Informations- und Kommunikationsmedien wie Weblogs, Wikis und Soziale Netzwerkdienste verzeichnen im Internet Nutzerzahlen in Millionenhöhe (Alpar u. Blaschke 2008). Allem voran liegt diesen Medien die Idee der Kollaboration zugrunde. Auch wenn in Weblogs zumeist einzelne Autoren für Beiträge verantwortlich sind, so begründet die Diskussion unter den Autoren und ihren Lesern über die Weblogs hinweg ein soziales Netzwerk, besser bekannt als die Blogosphäre. Ganz im Vordergrund steht Kollaboration im Falle von Wikis. Autoren arbeiten gemeinsam an Dokumenten und schaffen so im sozialen Netzwerk einen Mehrwert von eindrucksvoller Quantität wie Qualität, wie nicht zuletzt das Paradebeispiel Wikipedia zeigt (Giles 2005, für eine Untersuchung zur Qualität der Wikipedia). Freundschafts- und Geschäftsbeziehungsnetzwerke finden Unterstützung durch Soziale Netzwerkdienste. Im privaten Bereich dominieren Facebook oder MySpace und berufstätige Personen vernetzen sich mit Hilfe von LinkedIn oder Xing. Organisationen sind insofern von neuen Informations- und Kommunikationsmedien betroffen, als dass sie entweder selbst ein Teil eines sozialen Netzwerks sind oder aber das Netzwerk an sich, diese Medien also bereits im täglichen Einsatz haben. Demnach sind die Implikationen der Netzwerktheorie und -empirie in zweifacher Hinsicht von Wichtigkeit.

Der weitreichende Einsatz digitaler Informations- und Kommunikationsmedien eröffnet die Möglichkeit, Netzwerkdaten auf einfache Art und Weise zu erheben. Für Weblogs, Wikis und Soziale Netzwerkdienste stehen hierzu inzwischen eine Reihe freier Analysewerkzeuge zur Verfügung, z. B. der internetbasierte Dienst Wiki Explorator (http://www.kinf.wiai.uni-bamberg.de/mwstat/) oder die Open-Source-Software SONIVIS (http://www.sonivis.org/), die beide Analysemöglichkeiten für Wikis anbieten. Der visuellen Erstanalyse und nachfolgenden Netzwerkmaßen steht also bis auf die technische Hürde der Erhebung nichts im Wege. Die Interpretation und damit verbunden die Implikation der empirischen Daten hängt jedoch weiterhin von einem fundierten Verständnis der Netzwerktheorie ab.

Als Organisation im sozialen Netzwerk ist es wichtig, die anderen Knoten und deren Kanten untereinander zu kennen. Handelt es sich bspw. um ein Kooperationsnetzwerk, so kann schnell abgeschätzt werden, welche Engpässe der Ausfall eines zentralen Lieferanten verursacht und wie diese umgangen werden können. Dementsprechend kann die eigene Position im Netzwerk bestimmt und gegebenenfalls versucht werden zu verbessern. Neue Lieferbeziehungen veringern in etwa die Abhängigkeit von anderen und eröffnen unter Umständen sogar bessere Geschäfte. Der Einfluss einer Organisation als einzelner Knoten im Netzwerk beschränkt sich jedoch zumeist auf ihre eigenen Kanten, so dass Lieferbeziehungen anderer außerhalb ihrer Reichweite stehen.

Für den Fall, dass die Organisation das soziale Netzwerk selbst darstellt, ist das Wissen über Knoten und Kanten ebenso wichtig. Handelt es sich bspw. um ein Kollaborationsnetzwerk, so hat aber gerade die Unternehmensführung verschiedene Möglichkeiten, Einfluss auf alle Knoten und deren Kanten untereinander, also auf alle Mitarbeiter und deren Kollaboration auszuüben. Wie angedeutet eigenen sich hierzu insbesondere Netzwerkmaße, die Mitarbeitern ihre Postionen im Netzwerk signalisieren und so zu verstärkter Kollaboration motivieren können.

Die Netzwerktheorie bietet in jedem Fall einen praxisnahen Werkzeugkasten zur Analyse empirischer Daten. Das Anliegen dieses Beitrags war es, den Leser für die Macht des Netzwerks zu sensibilisieren, die die Handlungsoptionen einzelner Knoten weitestgehend auf deren Kanten beschränkt. Ein fundiertes Verständnis für die Struktur von Netzwerken rückt diese Machtstellung jedoch ins rechte Licht, so dass sie sich entsprechend effektiv und effizient für Organisationen einsetzen lässt.

Bibliografie

Alpar, P., & Blaschke, S. (Hrsg.). (2008). *Web 2.0 – Eine Empirische Bestandsaufnahme.* Wiesbaden: Vieweg + Teubner.

Barabási, A.-L. (2003). *Linked: How everything is connected to everything else and what it means for business, science, and everyday life.* New York: Plume Books.

Borgatti, S. P., & Foster, P. C. (2003). The network paradigm in organizational research: A review and typology. *Journal of Management, 29*(6), 991–1013.

Brass, D. J., Galaskiewicz, J., Greve, H. R., & Tsai, W. (2004). Taking stock of networks and organizations: A multilevel perspective. *Academy of Management Journal, 47*(6), 795–817.

Giles, J. (2005). Internet encyclopaedias go head to head. *Nature, 438*(7070), 900–901.
Granovetter, M. S. (1973). The strength of weak ties. *American Journal of Sociology, 78*(6), 1360–1380.
Kamada, T., & Kawai, S. (1989). An algorithm for drawing general undirected graphs. *Information Processing Letters, 31*(1), 7–15.
Oliver, A. L., & Ebers, M. (1998). Networking network studies: An analysis of conceptual configurations in the study of inter-organizational relationships. *Organization Studies, 19*(4), 549–583.
Provan, K. G., Fish, A., & Sydow, J. (2007). Interorganizational networks at the network level: A review of the empirical literature on whole networks. *Journal of Management, 33*(3), 479–516.
Scott, J. (1991). *Social network analysis: A handbook*. London: SAGE.
Stein, K., & Blaschke, S. (2009). Collaborative intensity in social networks. *In proceedings of the international conference on advances in social network analysis and mining*. Athens: IEEE Computer Society.
Wasserman, S., & Faust, K. (1999). *Social network analysis: Methods and applications*. Cambridge, MA: Cambridge University Press.
Watts, D. J. (2003). *Six degrees: The science of a connected age*. New York: W. W. Norton & Company.

Kapitel 24
Social Web und Social Commerce in der Zukunft: Visionen, Herausforderungen und Perspektiven

Thomas Breyer-Mayländer und Marc Löffel

Zusammenfassung: In der Entwicklung des Internet wurden Funktionen, Plattformen und Inhalte etabliert, deren Nutzen darauf beruht, dass ein gemeinsamer Gebrauch und Austausch von Informationen stattfindet. In der weiteren Entwicklung entstanden eine Reihe von sog. Web 2.0-Anwendungen. Diese können zu neuen Kommerzialisierungsformen führen, bei denen die Prinzipien des elektronischen Handels mit der Funktionsweise von sozialen Netzwerken verbunden werden. Für diese neuen Formen des Social Commerce gibt es bereits eine Reihe von erfolgreichen Anwendungen, die häufig nach den Prinzipien des viralen Marketings im Markt eingeführt werden. Mit Hilfe einer deskriptiv-analytischen Aufbereitung der Fachliteratur gibt dieser Beitrag in Verbindung mit den jeweiligen Plattformen im Tourismusmarkt einen Einstieg in die neue Verbindung zwischen Kommunikationsform und Geschäftsmodell. Online-Plattformen, auf denen die Nutzer sich gegenseitig über ihre Meinung zu bestimmten Themen, Dienstleistungen und Produkten austauschen, bekommen eine immer größere Macht. Die einen bewerten Arbeitgeber, die anderen Handelsketten oder Lehrer. Neben der Frage der rechtlichen Zulässigkeit, wenn es um die öffentliche Bewertung von Einzelpersonen geht, stellt sich für die Medienwirtschaft die Frage, unter welchen Bedingungen diese Produkte erfolgreich produziert und kommerzialisiert werden können. Im ersten Abschnitt werden die Besonderheiten bei der Nutzung von sozialen Mustern in der Kommunikation dargestellt. Ausgehend von Effekten des sozialen Web über neue Geschäftsmodelle bei Communities werden neue Dimensionen der Vermarktung im Rahmen des sog. Social Commerce beschrieben.

Schlüsselwörter: Social Web • Social Commerce • Web 2.0 • Communities • Netzeffekte • Geschäftsmodelle • Vermarktung

---

T. Breyer-Mayländer (✉)
Hochschule Offenburg, Fakultät Medien und Informationswesen,
Badstr. 24, 77652 Offenburg, Deutschland
e-mail: breyer-maylaender@fh-offenburg.de

24.1 Social Web und Social Communities im Licht von Forschung und Praxis

Bevor die aktuellen Beispiele des Social Web und der Social Communities dargestellt werden, sollen zu Beginn die grundsätzlichen Prozesse und Eigenschaften der Kommunikation dargestellt werden.

24.1.1 Soziale Dimension von Kommunikationsprozessen

Es gibt eine Reihe unterschiedlicher theoretischer Ansätze, die das Wesen der Kommunikation beschreiben und Kommunikationsprozesse erklären. Ein Ansatz, der für die vorliegende Themenstellung eine besondere Bedeutung besitzt, ist die Handlungstheorie. Hier wird die pragmatische Dimension der Kommunikation aufgegriffen. Kommunikation gilt demnach als allgemeine Voraussetzung für soziales Handeln (Schenk 2000, S. 173). Die wechselseitige Beeinflussung von Individuen; die Bezüge, die über gemeinsame Verbindungen wie sprachliche Codes, Sozialisation und Kommunikation hergestellt werden, sind die Voraussetzung für ein Handeln, das sich seinem Wesen nach auf das Verhalten anderer bezieht. Während häufig in diesem Zusammenhang diese Bedeutung der Kommunikation nur für interpersonale Kommunikation und Interaktion anerkannt wird, stellt sich die Frage, wie stark diese Dimension auch bei nicht-interaktiven traditionellen Massenmedien eine Rolle spielt. Hier kann man festhalten, dass allein ein wesentlicher Bestandteil vieler Kommunikationsprozesse, aufgrund der enthaltenen Information bereits eine soziale Dimension in sich trägt. Ob ein Faktum eine relevante Information für den Adressaten darstellt, entscheidet der Kontext. Kuhlen definiert aus der Perspektive der Informationswissenschaft Information im pragmatischen Sinne als „Wissen in Aktion" (Kuhlen 1995, S. 34) und betont damit die Abhängigkeit vom Zusammenhang. Ob ein Hotel über einen eigenen Wachdienst verfügt, ist eine Information, die in ihrem Wert von den zusätzlichen Informationen über die Gesellschaftsstruktur des Ziellandes abhängt. Denn eine Information besitzt erst dann den Charakter einer Information im pragmatischen Sinne, wenn der Zusammenhang klar ist, in dem diese Information zu sehen ist.

24.1.2 Internet und WWW als soziales Medium?

Im Jahr 1994, als die ersten zaghaften Schritte des Word Wide Web (WWW) begannen, war es keineswegs erstaunlich, dass man nicht nur das Internet als weltweite Vernetzungsmöglichkeit von Menschen und Informationsquellen, sondern gerade das WWW als neue Quelle der Vernetzung betrachtete (Kuhlen 1995, S. 471 f.). Die Hypertextmetapher hielt die Zugangsbarrieren zur Benutzung niedrig und erlaubte die assoziative Anwendung durch völlig unterschiedliche Benutzergruppen. Dies war ein Erfolgsfaktor, der auch heute noch bei den Ausdehnungsschritten des Mediums und der einzelnen Anwendungen beobachtet werden kann: Niedrige Zugangsbarrieren und einfache Bedienbarkeit. Bereits die frühe Vernetzung von Hochschulen und Forschungseinrichtungen via Internet beinhaltete eine soziale Dimension. Der Hypertextdienst WWW führte in der Weiterentwicklung dieser ersten sozialen Funktionen zu einer beginnenden Normalisierung der Nutzung sozialer Bezüge über elektronische Medien. Wie schwierig es im Mediensektor jedoch ist daraus feste Muster für die Zukunft abzuleiten zeigen die Studien der damaligen zeit. Die soziale Dimension des Internets war Mitte der 90er Jahre des vorausgehenden Jahrhunderts eine Entwicklung, deren Folgen auch für Experten nicht absehbar waren. Die international renommierte Unternehmensberatung Booz, Allen & Hamilton prognostizierte in Kooperation mit dem Büro für Technikfolgen-Abschätzung des Deutschen Bundestags eine Reihe von Diensten als künftig relevante Marktentwicklung, die jedoch allesamt stärker auf traditionellen Medien- und Kommunikationsmodellen beruhten und die soziale Dimension neuer Medien unterschätzte (Booz et al. 1995). Auch Roland Berger wagte im Auftrag der Enquete-Kommission Multimedia des Bundestags einen Blick in die Zukunft, der jedoch ebenfalls noch keinen Hinweis auf die soziale Dimension lieferte, die der Kommunikationsprozess über das Internet bzw. über die unterschiedlichen Teildienste des WWW ermöglichen sollte (Berger 1997).

24.1.3 *Netzeffekte am Beispiel des Internet*

Weshalb die soziale Dimension von Kommunikationsprozessen bei der Entwicklung des Internets von entscheidender Bedeutung ist, zeigt sich anhand des Phänomens der Netzeffekte, die innerhalb des Systems der ökonomisch relevanten positiven Feedbacks eine besonders dominierende Stellung einnehmen. Güter haben in den meisten Branchen die Eigenschaft, dass sich ihr Wert durch die zunehmende Nutzung verringert. Der Wert eines Autos lässt sich bspw. in Abhängigkeit vom Kilometerstand bestimmen. Hier zeigen sich jedoch Besonderheiten von Medienmärkten und -produkten. Teilweise verlieren Informations- und Medienprodukte nicht mit zunehmender Nutzung an Wert, sondern sie können mit steigender Verbreitung ihren Wert steigern. Die Ursachen solcher positiven Rückkopplungen werden unter dem Begriff Netzeffekte (Hess 2000) zusammengefasst. Der Wert, den ein Gut – dies kann eine Ware oder Dienstleistung sein – für den einzelnen Nutzer besitzt, hängt bei Gütern mit Netzeffekten davon ab, wie viele Menschen dasselbe Produkt verwenden (Aufderheide et al. 2005). Diese Wertetreiber als Netzeffekte gibt es dabei in unterschiedlichen Ausprägungen.

Direkte Netzeffekte finden sich bei kommunikations- und interaktionsorientierten Diensten wie E-Mail oder Internet. Die ersten Studenten und Wissenschaftler, die bereits in den 80er Jahren des vorausgehenden Jahrhunderts mit einem Art Maildienst kommuniziert hatten, konnten nur einen relativ kleinen Kreis von Menschen erreichen. Es war damals nicht vorstellbar, dass jemand einen Großteil seines sozialen Umfeldes außerhalb des Jobs über diesen Dienst erreichen kann. Jedes zusätzliche Mitglied im Netzwerk und jedes zusätzlich verfügbare Gut, z. B. im Internet verfügbare Angebote, steigert dabei den Wert des Netzwerks. Eine Vielzahl von neuen Geschäftsmodellen, vor allem im Online-Sektor, beruht auf gerade diesem Netzeffekt. Für die Redaktionsarbeit klassischer Medienhäuser ist dieser für Online-Medien typische Effekt eine ungewohnte Situation. Der Wert des Medienprodukts wird nicht nur allein durch die Qualität der redaktionellen Arbeit (nicht zu Verwechseln mit dem Niveau dieser Arbeit), sondern durch die Aktivitäten der Rezipienten selbst bestimmt. Das bedeutet, dass Journalisten zwar die notwendigen, aber im mathematischen Sinne keineswegs die hinreichenden, Voraussetzungen für Erfolg in diesen Marktsegmenten liefern.

Indirekte Netzeffekte lassen sich sehr gut an sog. Systemgütern erklären. Bekanntes Beispiel für indirekte Netzeffekte im Rahmen von Systemgütern ist der Erfolg des VHS-Videosystems. Damals konnte sich ein technisch schlechteres Produkt dadurch durchsetzen, dass eben mehr Endgeräte (Hardware) und ein größere Filmangebot (Software) auf diesem Standard verfügbar waren. Das bedeutet, ein Filmproduzent, der sein Produkt möglichst breit vermarkten wollte, wählte den technischen Standard aus, der die größte Verbreitung hatte. Umgekehrt waren die Technikdienstleister auch eher bereit für den technischen Standard zu produzieren, mit dem die meisten Filme abgespielt werden konnten. Diese Zusammenhänge zeigen sich immer wieder im Umfeld der digitalen Medien.

Durch die besondere Bedeutung redaktioneller Medien entsteht oftmals auch ein *sozialer Netzeffekt*. Medien sind häufig Gegenstand von Identifikation und Kommunikation und haben daher häufig einen engen Bezug zu einzelnen Gruppen, so dass sie selbst Gegenstand der Diskussion werden. Dieses wird vor allem in den Sendeformaten der „Daily-Soaps" und Serien besonders augenfällig, wenn sich Freundeskreise über den weiteren Fortgang der TV-Handlung austauschen und das „Bescheid-Wissen" bereits zum relevanten Code einer Gruppe wird.

Alle drei Erscheinungsformen der Netzeffekte liefern den Hintergrund, vor dem die Entwicklung des Internets zum sozialen Web zu sehen ist.

24.1.4 Abgrenzung der Begrifflichkeiten Web 2.0, Virtual Communities und Social Web

In diesem Abschnitt werden die Begrifflichkeiten Web 2.0, Virtual Commmunities und Social Web erläutert. Der Leser soll hierdurch verschiedene Blickwinkel und Informationen zum Web bekommen, um am Schluss die Begrifflichkeiten besser einordnen zu können.

Das Phänomen Web 2.0 ist durch den Facettenreichtum nicht mit einem Satz zu definieren. So wurde der Begriff Web 2.0 im Jahre 2004 von Tim O'Reilly (O'Reilly 2005) auf der gleichnamigen Konferenz, mit dem Ziel auf neue Entwicklungen im Internet hinzuweisen, geprägt. Im Allgemeinen werden mit dem Begriff Web 2.0

zum einen mehre miteinander agierende Technologien und Anwendungen bezeichnet, zum anderen aber auch eine Abfolge gravierender Verhaltensänderungen von Internetusern subsumiert (Cyganski u. Hass 2007).

Einzelne Aspekte dieser Prinzipien werden immer wieder herausgegriffen, um dies als Alleinstellungsmerkmal herauszuheben und dadurch den Begriff Web 2.0 zu füllen. Jedoch sind diese Elemente nur ein kleiner Teil der verschiedenen Facetten des Web 2.0:

- „Das Demokratische Netz, an dem alle teilhaben und zu dem alle beitragen" (Stöcker 2006).
- „Von Vertrauen ist die Rede, von Reputation und Authentizität. Die Änderungen sind so gravierend, dass viele bereits vom ‚Web 2.0' sprechen" (Sixtus 2005).
- „Was ist Web 2.0? Das neue Web sei nicht mehr bloß eine Ansammlung von Webseiten, sondern eine Plattform." (o. V. NZZ 2006).
- „Das angesagte Mitmach-Web avanciert zur Bühne, zur Bastelbude und Begegnungsstätte" (Hannemann 2006).

Es ist die Dehnbarkeit und Vielfältigkeit des Begriffes, die z. T. zu heftigen Diskussionen geführt hat. Jedoch kann man zusammenfassend sagen, dass sich die Plattformen des Web 2.0 auf unterschiedliche Art und Weise den User Generated Content zunutze macht. Die Plattformen zeichnen sich im Allgemeinen durch folgende Gemeinsamkeiten aus:

- Konzentration auf den User Generated Content (Text, Bilder, Musik, Video, Avatare) und Verfügbarkeit von umfassenden und einfach erreichbaren Funktionen, die eine Selbstdarstellung befähigen. Der Plattformbetreiber ist nur ein Intermediär, welcher es ermöglicht, dass die User ihren Content bereitstellen.
- Jede Plattform bietet Mechanismen und Funktionen, um Content zu evaluieren, zu bewerten und dadurch Rankings aufzustellen. Mit jedem Satz und Beitrag entstehen neue Vernetzungen, die die Community-Inhalte in einen neuen Gesamtzustand setzen. Diese Vernetzung ermöglicht es schnell auf individuelle Meinungen bzw. einen kollektiven Meinungspool zuzugreifen.
- Funktionen zur breiten und einfachen Vernetzung untereinander und zur Abbildung von Sozialen Netzwerken und Beziehungen.

Insgesamt existieren in den Plattformen des Web 2.0 starke Lock-in und Netzwerkeffekte. Je mehr sich der User engagiert und neue Inhalte/Beiträge in die Community integriert, desto größer ist die Hürde zu anderen Communities zu wechseln (Stanoevska-Slabeva 2008).

Die Möglichkeiten, die viele der „neuen" Technologien bzw. die Kombination bekannter Technologien aufzeigten, zogen immer mehr User ins Netz und so wurde der Begriff Community zu einem häufig diskutierten Begriff. Eine der ältesten virtuellen Communities ist „The Well" (www.well.com). Bis heute gilt diese Community als die Ur-Community im Netz. Howard Rheingold beschreibt diese Community in seinem Buch „Virtuelle Gemeinschaften". Besonders virtuell war „The Well" aber für viele seiner Stamm-Mitglieder nicht. So gehörten die vor Ort und gemeinsam erlebten Well-Partys, Well-Hochzeiten, Well-Geburten und sogar ein Well-Begräbnis zum Wesensmerkmal des inzwischen vom Netzmagazin Salon. com aufgekauften Online-Stammtisches (Rheingold 1993).

Schon die großen Denker des 19. und frühen 20. Jahrhunderts, wie z. B. Dewey, Durkheim, Marx, Nietzsche, Simmel und viele mehr, hatten sich mit dem Phänomen der Gemeinschaften auseinander gesetzt. Auch in der jüngeren Vergangenheit finden sich zahlreiche Beispiele wie Bauman, Boorstin, Etzion und andere (Loewenfeld von 2006, S. 18).

Sowohl in der wissenschaftlichen als auch in der anwendungsorientierten Literatur existiert bislang keine allgemein gültige oder gar abschließende Definition des Begriffs „Virtuelle Community" (Diemers 2001, S. 132). Auch für den Begriff selbst lassen sich verschiedene Ausdrücke in den zahlreich zum Thema erschienenen Publikationen finden. Als Synonyme kommen bspw. „Online Communities", „Virtual Communities", „Web Communities" und „Virtuelle Gemeinschaften" häufig vor. Die vielfältige Definition des Community-Begriffs ist auf die Interdisziplinarität des Forschungsfelds und auf die zahlreichen Ausprägungsformen in der Praxis zurückzuführen. Je nach Anwendungsfeld werden verschiedene Dimensionen des Begriffs verwendet oder unterschiedliche Schwerpunkte zwischen einzelnen Aspekten gewählt. Vor diesem Hintergrund sollen für die Entwicklung einer Definition der kommerziellen virtuellen Community im Folgenden zunächst verschiedene, z. T. häufig in der Literatur zitierte Definitionsansätze miteinander verglichen werden, um auf diese Weise die in diesen Ansätzen als relevant erachteten Dimensionen zu ermitteln und gegebenenfalls heranzuziehen (Panten 2005, S. 18). Eine Aufstellung der Definitionen befindet sich in Abb. 24.1.

Die Tabelle bildet im Wesentlichen die verschiedenen Forschungsperspektiven ab.

Während die Definitionen von Rheingold und Figallo ausschließlich auf soziale Beziehungen und den sozialen Austausch über das World Wide Web abzielen und damit soziologische Aspekte betonen, geht die Terminologie von Lechner et al. davon aus, dass alle Aktivitäten in der Community technisch vermittelt sind und rein technisch (z. B. über Avatare) umgesetzt werden. Die Definition von Preece erweitert einerseits das soziale Modul um die Komponente Regeln/Rituale, nach denen die sozialen Interaktionen ablaufen. Andererseits spezifizieren sowohl Preece, Schubert, als auch Hagel und Armstrong in ihren Begriffslegungen einen thematischen Schwerpunkt in Form von gemeinsam verfolgten Interessen, Bedürfnissen oder Werten. Schubert konkretisiert mit Individuen (Endnutzern) und Organisationen darüber hinaus die möglichen Teilnehmer der Community. Eine betont ökonomische Ausrichtung streben die Definitionen von Hagel und Armstrong, Kozinets, Muniz und O'Guinn und Wiertz, de Ruyter und Streukens an. Im Unterschied zu Hagel und Armstrong, die eine recht weit gehaltene Definition der kommerziellen Tätigkeit einer Community verwenden und die Ansammlung von Kaufkraft auf Seiten der Nutzer betonen, konzentrieren sich Muniz und O'Guinn auf kommerzielle Aktivitäten im Umfeld von überregionalen Marken, ohne allerdings weitergehend zu beschreiben, was genau hierunter zu verstehen ist. Kozinets und Wiertz, de Ruyter und Streukens schränken ihre rein kommerzielle Sichtweise dahingehend ein, dass sie als Interessenschwerpunkt ausschließlich Konsumaktivitäten betrachten (Panten 2005).

Verfasser (Jahr)	Definition	Enthaltene Dimensionen
Rheingold (1993)	"Virtual communities are social aggregation that emerge from the Net when enough people carry on those public discussion long enough, withsufficcient human feeling, to form webs of personal relationships in Cyberspace."	- Sozialer Austausch - Persönliche, über das Web vermittelte Beziehungen
Hagel III/ Armstrong (1997)	Virtual Communities are "[...] groups, of people with common interests and needs who come togehtehr on-line. Most are drawn by the opportunity to share a sense of Community with like-minded strangers, regardless of where they live. But Virtual communities are more thanjust a social phenomenon. What Starts off as a group drawn together by common interests ends up as a group with critical mass of purchasing power, partly thanky to the fact that communities allow member to exchange information on such things as a product´s an quality." (S.147)	- Spezifischer Interessenschwerpunkt - Integration von Inhalt und Kommunikation - Von Mitgliedern bereitgestellte Informationen - Zugang zu konkurrierenden Anbietern - Kommerzielle Orientierung
Fogallo (1998)	"In a true Community on the web, the member feels part of a larger social whole. There´s an interwoven web of relationships between member.There´s an ongoing exchange between members of commonly valued things. Relationships between members last through time, creating shared histories." (S.15)	-Soziale Identität - Sozialer Austausch zu allgemein geschätzten Dingen - Stabile Beziehungen
Lechner et al. (1998)	"Virtuelle Gemeinschaften werden demnach betrachtet als eine organisierte Sammlung von Agenten auf der Basis einer durch die Informations- und Kommunikationstechnologie zur verfügung gestellten Plattform. Die Mitglieder der Gemeinschaft werden durch Avatare auf der Plattform repräsentiert und die Organisation der Gemeinschaft wird auf der Plattform implementiert." (S.3)	- Technische Plattform - Interaktion von (Software-)Agenten
Kozinets (1999)	"They (virtual communities of consuption) can be defined as affiliative groups whose online interacions are based upon shared enthusiasm for, and knowledge of, a specific consumption activity or related group of activities." (S.254)	- Gemeinsames Konsuminteresse - Online-Aktivitäten
Schubert (1999)	"Virtuelle gemeinschaften beschreiben den Zusammenschluss von Individuen oder Organisationen, die gemeinsame Werte und Interessen miteinander teilen und die über längere Zeit mittels elektronischer Medien, die orts- und (teilweise auc) zeitungebunden in einen gemeinsamen sematischen Raum (gemeinsamen Begriffswelt) kommunizieren." (S.30)	- Art der Personen - Gemeinsame Werte und Interessen - Elektronische Medien als Mittler der Kommunikation
Preece (2000)	"An online Community consists of: - People, who interact socially as they strive to satisfy their own needs or preform special roles, such as leading or moderating. - A shared purpose, such as an interest, need, information exchange, ,or servuce that provides a reason for the Community. - Policies, in the form of tacit assumption, rituals, protocols, rules, an laws that guide people´s interactions. - Computer Systems, to support and mediate social interaction and facilitate a sense of togethness." (S.10)	- Soziale Interaktion - Gemeinsamer Zweck - Definierte Regeln der sozialen Interaktion - Technische Plattform
Muniz/ O'Guinn (2001)	"Such communities (brand communities), due to the nature of brands, may trascend geography and may be fairly stable and committed to both the brand and the group. They would be explicity commercial and possess a mass-media sensibility." (S.415)	- Marken- und Gruppenidentität - Kommerzielle Ausrichtung - Medienvermittelte Interaktion
Wiertz/ de Ruyter/ Streukens (2003)	Commercial Virtuel communities are „[...] online aggregations of consumers who collectivety co-produce an consume content about a commercial activity that is central to their interest by exchanging informational and socio-emotiional value."(S.7)	- Ausriichtunga auf Konsumenten - Kollektive Ressourcenerstellung und -verbrauch - Kommerzielle Orientierung als zentrales Interesse

Abb. 24.1 Ausgewählte Definitionen des Begriffs „Virtuelle Community". (Quelle: Panten 2005, S. 19)

Bei der Analyse der Definitionsvarianten entsteht bei Panten eine Definition, die auch für den Tourismusbereich gilt, da es sich hier auch um kommerzielle Virtuelle Communities dreht, die aus den einzelnen Definitionen abgeleitet wurden. Hierbei werden die verschiedenen Definitionen vereinigt bzw. kombiniert: „Kommerzielle Virtuelle Communities sind Gemeinschaften von (privaten) Endnutzern im World Wide Web, die einen sozial geprägten, n-seitigen Informations- und Erfahrungsaustausch nach definierten Regeln/Ritualen unter den Mitgliedern, zwischen den Mitgliedern und dem Betreiber sowie zwischen diesen Gruppen und externen Anbietern (E-Commerce Anbieter, Werbetreibende) zu einem gemeinsam verfolgten Interessenschwerpunkt über interaktive Medien ermöglichen. Der Community-Betreiber strebt erwerbswirtschaftliche Ziele an, die insbesondere in der Erzielung von Erlösen bestehen und/oder in marketingpolitischer Hinsicht der Imagepflege bzw. der Kundenbindung dienen" (Panten 2005, S. 23).

Nachdem der Begriff des Web 2.0 und seine Technologienvielfalt deutlich wurden, sowie eine Definition für Communities existiert, wird der Begriff des Social Web weiter ausgeführt.

Was ist das Social Web? Die Antwort auf diese Frage mag eventuell überraschend klingen: Das Social Web ist weder ein Trend, noch eine Killer-Applikation oder ein neuer Hype. Und es ist trotzdem etwas völlig Neues. Social Web bedeutet nicht weniger, als dass die Überlegungen, Visionen und Ziele, die man vor mehr als 25 Jahren mit dem Internet verband, nun Wirklichkeit werden. Das Internet ist interaktiv geworden – und zwar nicht nur in technischer Hinsicht. Die Rollen wechseln – aus Verbrauchern und Konsumenten werden an anderer Stelle Anbieter. Alle Akteure können das Web aktiv gestalten und so auch in geringem Maße Einfluss nehmen. Beispiele hierfür sind die Erstellung persönlicher Profile oder der eigene Videofilm, der nach dem Bereitstellen im Netz für Millionen von Usern abrufbar ist.

Die Verfügbarkeit des breitbandigen Internets, wie z. B. DSL, ermöglicht Social-Web-Anwendungen. So werden User zu Internet-Produzenten oder auch Prosument (von Produzent und Konsument) oder auch prosumer (producer and consumer) genannt. Von offensichtlicher herausragender Bedeutung ist es Informationen mit anderen zu Teilen. Dementsprechend haben die erstellten Inhalte der Nutzer (User Generated Content) und Online-Communities eine hohe Relevanz für das Social Web (o. V. Deutschland online 2006).

Nun bleibt nur noch die Frage, ob durch das Social Web auch ein monetärer Nutzen erzielt werden kann? Das Social Web ist keineswegs Liebhaberei: performancebasierte Werbefinanzierung ist das herausragende Erlösmodell und so wird die Bedeutung des Social Web in der Zukunft unbestritten sein. Wie soll dies aber genau finanzieren werden? Hierauf geben die Social-Web-Experten auch eine Antwort. Im besonderen Maße eignet sich eine leistungsbasierte bzw. -orientierte Werbung, gefolgt von Provisionen, Display-Werbung und Kleinanzeigen. Gebühren, die über Nutzer entstehen, räumen die Experten im Social Web nur ein geringes Potenzial ein (Wirtz et al. 2007). Eine Momentaufnahme der aktuellen Geschäftsmodelle gibt der Abschnitt zwei dieses Beitrags.

24 Social Web und Social Commerce in der Zukunft

Abschließend lässt sich feststellen dass die Begriffe Web 2.0, Social Web oder das Mitmach-Internet (Communities, Blogs, u. v. m.) Begriffe sind, die vor allem für ein neues Selbstverständnis und neues Denken stehen, welches die Benutzer des Internets entwickelt haben. Das Internet wandelt sich zu einem Medium, in dem die User zunehmend auch Inhalte bestimmen, sich vernetzen und Informationen generieren, um sie wiederum allen anderen Usern zur Verfügung zu stellen. So vereinigen sich im Social Web/Web 2.0, Communities und viele andere Trends, um – wie es den Anschein hat – ein neues Zeitalter einzuläuten.

Daher sind eine ganze Reihe von erfolgreichen Internetprodukten und -marken ausschließlich als Phänomen des „Social Web" erklärbar.

24.1.4.1 Beispiel eBay

Ein erstes Erfolgsmodell, das sich auch die Elemente des „Social Web" sicherte, waren die Auktionsplattformen unter denen wiederum durch kluge Produktpolitik, strategische Investments und exzellentes Marketing „eBay" sich als besonders erfolgreich erwies. Nur durch die soziale Interaktion von Anbieter und Nachfrager kann ein Produkt wie eBay erfolgreich sein. Mit der Etablierung der Online-Auktions- und Vermarktungsplattformen (schließlich macht eBay erhebliche Teile des Umsatzes auch mit dem auktionsfreien Sofort-Verkauf von Waren) wurden auch alte Geschäftsmodelle traditioneller Medien teilweise abgelöst. So mussten die Anzeigen-, Offertenblatt- und Zeitungsverlage durch den strukturellen Wandel der Vermarktung und Kontaktorganisation erhebliche Einbußen ihres Geschäfts- mit Rubrik- und Kleinanzeigen hinnehmen. Die Tatsache, dass sich ein Netzeffekt dadurch ergibt, dass die hohe Nachfrage bei einer sehr großen Plattform diese gleichzeitig für die Verkäufer wieder sehr attraktiv macht, hat zu einem Druck zur Marktbereinigung geführt.

24.1.4.2 Beispiel Amazon

Während bei eBay durch die n:m-Beziehung zwischen Verkäufern und Käufern die Komponente des „Social Web" klar erkennbar ist, mag manch einer bei einem E-Commerce-Anbieter wie bspw. Amazon die soziale Dimension in Frage stellen. Wenn man unter einem solchen Angebot nur den Verkauf von Waren an eine Menge anonymer Kunden sieht, ist diese zurückhaltende Betrachtung sicher richtig. Aber gerade das Beispiel Amazon zeigt, dass auch die direkte Vermarktung, der Verkauf an eine große Menge von Kunden mit sozialen Effekten verbunden ist. Amazon nutzt bspw. das sog. „collaborative filtering", bei dem die Profile von Nutzern verglichen werden und auf Basis dieser Erkenntnisse inhaltliche Vorschläge unterbreitet werden. „Käufer dieses Buchs haben sich für folgende Titel interessiert: (…)" (Breyer-Mayländer 2004, S. 72).

24.1.4.3 Beispiel StudiVZ

Die studentische Community „StudiVZ" war dem Georg von Holtzbrinck Konzern einen hohen zweistelligen Millionenbetrag wert und schaffte durch die hohe Nutzungsintensität direkt den Sprung an die Spitze der Online-Angebote (o. V. WUV, 2007). Diese Plattform, die als Adaption der amerikanischen Selbstdarstellungs-Community zunächst für Studierende gedacht war, kann heute mehr Mitglieder verzeichnen, als es Studierende in Deutschland gibt. Hier zeigt sich, dass die sozialen Web-Funktionen zu einer intensiveren Nutzung führen können, als dies bei redaktionellen Massenmedien der Fall ist.

24.2 Wirtschaftliche Folgen und Geschäftsmodelle des Social Web

Im ersten Teil des Beitrags wurde deutlich, dass es nicht nur seit der Diskussion um Web 2.0 eine Reihe erfolgreicher Produkte gibt, die auf dem Prinzip des Social Web beruhen, sondern aus der Frühphase der Kommerzialisierung des WWW eine Reihe erfolgreicher Produkte stammen, die nicht nur hohe Nutzungsraten, sondern auch kommerziell erfolgreiche Erlösströme versprechen. Für die Weiterentwicklung der sozialen Kommunikationsfunktionen und des Social Web ist es entscheidend, dass nicht nur die Nutzer an einzelnen Angeboten ihre Freude haben, sondern auch Möglichkeiten der Kommerzialisierung entwickelt und genutzt werden.

Am Beispiel von Social Communities lassen sich eine Reihe von Kommerzialisierungsformen darstellen.

24.2.1 Social Web als „paid content"

Der Verkauf bezahlter Inhalte im Internet hat sich als Finanzierungsform für die meisten Inhalte nicht durchsetzen können. Im Zusammenhang mit Social Communities haben nur diejenigen in gewissem Umfang durch dieses Prinzip Erfolge erzielen können, die den Zugang zu einem relevanten sozialen Netzwerk bieten konnten. Beispielhaft hierfür sind Communities wie die im deutschsprachigen Raum bekannte Plattform Xing (früher Open-BC), die über die kostenlose Mitgliedschaft sich eine für soziale Netzwerke mit Netzeffekten notwendige kritische Masse an Mitgliedern sichern konnten und anschließend für die business-relevanten Kontaktfunktionen ein Up-Selling durchführten. Mittlerweile haben Business-Networks auch im Markt der Stelleanzeigen ihren Platz gefunden. Ein anderes Beispiel, ist das englischsprachige LinkedIn. Es funktioniert nach demselben Prinzip und hat erst mit Beginn des Jahres 2009 den Sprung auf den deutschen Markt gewagt.

24.2.2 Werbevermarktung

Wie bei allen Internetinhalten, so stellt sich auch bei Social-Web-Anwendungen die Frage nach einer Kommerzialisierung durch Werbeschaltungen oder Sponsoring. Besonders reizvoll sind im Kontext des Social-Web-Anwendungen, bei denen der Anteil von „user generated content" zu einer Alleinstellung im Markt führt, die wiederum eine gezielte Ansprache durch Werbekunden und -agenturen sinnvoll macht. Hier besteht das Ziel darin, den Rahmen für relevanten vermarktbaren Content zu schaffen, aber selbst nicht die Ressourcen für diesen Content vorzuhalten. Eine Schwierigkeit in der Vermarktung dieser Plattformen besteht in dem Problem, dass der Content nicht direkt steuer- und planbar ist und auch gegenüber dem Werbekunden keine Garantie für die Qualität dieses Contents übernommen werden kann. Zudem liegt eine Grenze in der Vermarktbarkeit dieser Anwendungen in der Akzeptanz durch den User. Sobald der Nutzer einer solchen Plattform den Eindruck bekommt, dass sein Werk mit Werbung geflutet und damit kommerziell „missbraucht wird", endet das Commitment und das Engagement der meisten User recht schnell. Auch die große Mehrheit der passiven User, die selbst keinen eigenen Content beisteuern, registriert sehr rasch die Zunahme von Werbung auf den einzelnen Plattformen. Da die aufmerksamkeitsstarken Online-Werbeformen gleichzeitig die sehr unbeliebten Werbeformen sind (Breyer-Mayländer 2005, S. 337), gibt es enge Grenzen der Nutzerakzeptanz was eine harte Kommerzialisierung angeht. Die im Rahmen von sozialen Netzwerken verfügbaren Informationen über die Profile der Teilnehmerinnen und Teilnehmer sind in Ergänzung zu den bei allen frei nutzbaren Online-Angeboten verfügbaren Bewegungsprofilen eine gute Basis für die gezielte Auswahl von Teilzielgruppen für Werbebotschaften im Rahmen des Targetings. Die Mediaplanung wird dadurch zwar komplexer, die gezielte Auswahl von Kontakten gestattet jedoch einen höheren Kontaktpreis in der Vermarktung. Letztlich führt diese Zunahme an Komplexität zu einer Professionalisierung der Branche und zu Erlöspotenzialen, die im Zeitalter eines verstärkten Kommunikations-Controllings dem Bereich der Kommunikation mit sozialen Netzwerken und entsprechenden Plattformen des Internet weitere wirtschaftliche Möglichkeiten geben.

24.2.3 Transaktionsgeschäft

Gerade die engen Grenzen der Kommerzialisierung über das Werbegeschäft führt bei Communities und Social Web-Anwendungen dazu, dass man sich intensiv über neue Geschäftsmodelle Gedanken macht. Ein Weg, der hier erfolgversprechend aussieht, ist die selbständige Vermarktung von Produkten an die eigenen Online-User. Dabei kann man sich bei diesem Aufsetzen traditioneller Geschäftsmodelle auf die zusätzlichen Informationen konzentrieren, die durch die Nutzeraktionen und Interaktionen dem Unternehmen vorliegen. Bei Social Communities weiß man sehr genau über das Profil des einzelnen Kunden in welchen Zielgruppenkreis man die jeweiligen Kunden eingruppieren muss. Diese Kundenprofile lassen sich nur begrenzt vermarkten, da man neben rechtlichen Restriktionen auch beachten muss, dass eine Vermarktung der internen Kenntnisse bei den betroffenen Kunden leicht zu unguten Reaktionen führen können. Als Alternative kann der Inhaber einer Plattform diese jedoch selbst dazu benutzen, Produkte und Dienstleistungen auf Basis seiner detaillierten Zielgruppenkenntnisse zu vermarkten: Statt der Partizipation an fremden Vermarktungsbemühungen steigt der Plattformbetreiber selbst in dieses Geschäft ein.

Natürlich gibt es im Bereich der Communities und dem Social Web auch „Außenseiter", wie z. B. Kaioo, das im November 2007 frisch ins Leben gerufen wurde und deren Zweck es ist, alle Werbeaufnahmen, die durch die Anwendung generiert werden, einer wohltätigen Einrichtung zu überreichen oder ASmallWorld, ein nichtöffentliches Netzwerk, in dem nur von „trusted members" eingeladene Personen agieren können (Ebersbach et al. 2008, S. 84).

24.3 Entwicklungstendenzen des Social Commerce

24.3.1 *Stand und Entwicklung des E-Commerce*

Bevor die Weiterentwicklungen dargestellt werden, die der Electronic Commerce durch Partizipation der Nutzer verzeichnen kann, müssen die Grundprinzipien des E-Commerce selbst geklärt werden. E-Commerce bezeichnet alle Formen der elektronischen Geschäftsabwicklung über öffentliche oder private Computernetze (Hermanns u. Sauter 1999, S. 14), wobei bereits sehr früh eine Verengung des Begriffs auf Electronic Shopping oder Online Shopping festgestellt wurde.

Im Sinne einer Betrachtung der Entwicklung vom E-Commerce zum Social Commerce lohnt sich eine Klarstellung dieser Definition. Demnach gehören alle Transaktionen in den Bereich des E-Commerce, die über öffentliche oder teilöffentliche Netze, z. B. Plattformen, für die man sich gegen Nutzungsentgelt angemeldet haben muss, abgewickelt werden. Dabei können diese Transaktionen den Handel mit Informationen, Waren oder Dienstleistungen zum Hintergrund haben.

Dieser Teil der Kommerzialisierung des Internet war schon Mitte der neunziger Jahre des vorausgehenden Jahrhunderts etabliert worden und konnte im klassischen Abverkauf bei zahlreichen Waren und Dienstleistungen auch beachtliche Zuwachsraten erzielen.

Die Daten aus der dritten Welle der Internet Facts der AGOF, die in Deutschland zu den anerkannten Basisdaten der Internetnutzung gehören, zeigen hier eine deutliche Entwicklung: Transaktionsorientierte Vorgänge wie Online-Einkaufen haben einen hohen Stellenwert und werden von 61 % der Nutzer zumindest gelegentlich durchgeführt (AGOF 2008).

Bei der Frage, über welche Produkte sich deutsche Onliner sehr intensiv online informieren, rangiert der Tourismussektor mit über 50 % auf dem zweiten Platz

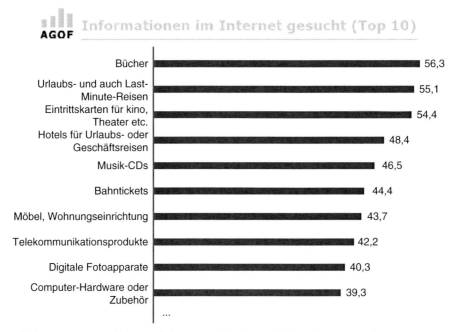

Abb. 24.2 Informationen im Internet gesucht (Top 10). (Quelle: AGOF e. V/internet facts 2009-I)

(vgl. Abb. 24.2). Musik-CDs sind hingegen ein gutes Beispiel dafür, dass sich eine summarische Betrachtung aller Transaktionen lohnt. Ihr Anteil im Sinne des Warenverkaufs ist in unterschiedlichen Erhebungen zurückgegangen (vgl. Daten des Bundesverbands der Phonografischen Industrie), jedoch haben die legalen und bezahlten Musik-Downloads entsprechend zugenommen.

24.3.2 Social Commerce als Synthese aus E-Commerce und Web 2.0

Ausgehend von der erfolgreichen Etablierung des E-Commerce in Deutschland und der verstärkten Integration des patizipativen Ansatzes der Web-2.0-Plattformen war es nur eine Frage der Zeit, bis man die bereits vorhandenen hoffnungsvollen Ansätze des Social Commerce auch konzeptionell zusammen fasst.

In diesem Sinne ist Social Commerce der von sozialen Gruppen, deren Kommentierung und Beteiligung abhängige Handel, der die Kommunikation der Kunden und die Transparenz des Marktes fördert und dadurch Absatzvorgänge erst ermöglicht. Er stellt damit die Synthese aus klassischem angebotsorientiertem E-Commerce und der Partizipation des Web 2.0 bzw. des Social Web dar.

Seit dem Jahr 2005 gibt es eine Reihe von Unternehmen, die Nutzerempfehlungen und -meinungen nicht nur für das Empfehlungsmarketing einsetzen, sondern den direkten Abverkauf mit diesen Elementen versehen und über den Empfehlungshandel an ihre Kundschaft herantreten (Krisch 2008). Je nach Breite des Ansatzes können die Kunden nicht nur in den Verkaufsprozess, sondern auch in die vorgelagerten Felder des Marketingmixes mit einbezogen werden. In der Analyse kann man unterschiedliche Schwerpunkte von Social-Commerce-Aktivitäten erkennen. Dabei sind viele Websites ursprünglich mit einem Schwerpunkt gestartet und haben im Laufe der Weiterentwicklung weitere Themenschwerpunkte mit angenommen.

24.3.2.1 Co-Shopping

Ein erster Verbund von sozialen Gruppen und E-Commerce erfolgte über die Co-Shopping-Websites der 90er Jahre. Bei Websites, die nach diesem Prinzip aufgebaut sind, schließen sich unterschiedliche User zusammen, um gemeinsam ein bestimmtes Produkt (bspw. ein Smartphone) einzukaufen. Sie bieten bspw. die Abnahme von 3.000 Stück an und die Anbieter können auf der Plattform ein Angebot einstellen, wie sich der Einzelpreis über die Mengenrabatte verändern wird. Diese Form der Nachfragebündelung wurde früh in Deutschland etabliert und ist nach wie vor ein Wesenselement, das bei Social Commerce eine Rolle spielen kann.

24.3.2.2 Preisvergleichs-/Meta-Shopping-Sites

Die Möglichkeit über das Internet eine höhere Preistransparenz zu schaffen war einer der frühen Ansätze bei der Bewertung der Perspektiven Elektronischer Märkte (Schmid 1995, S. 18). Daher konnten sich sehr früh Preisvergleichsplattformen entwickeln, die sich als Preissuchmaschinen und Meta-Shopping-Sites wie „www.guenstiger.de" etablieren konnten. Heute werden nicht die Angebote der Hersteller auf der Plattform zum Maß aller Dinge, sondern der gemeinschaftliche Preisvergleich wie bei Dealjäger wird durch die Web-2.0-typische Kombination unterschiedlicher Nutzererfahrungen im Sinne des user generated content möglich (Matthes 2007). Im Bereich des Tourismus liefert www.hotelsvergleichen.com ein gutes Beispiel für das Prinzip des Meta-Shoppings. Ein Großteil der etablierten Plattformen im Reisesektor, auf denen bereits ein Preisvergleich der gängigen Angebote erfolgt, wird als Basis für die Suche verwendet.

24.3.2.3 Kundenbewertungen

Da der Preis nur ein Teil des Kaufentscheidungsprozesses darstellt, haben sich zeitgleich mit den Web 1.0-Preisvergleichsdatenbanken auch die ersten Empfehlungs-

und Bewertungsplattformen etabliert, die durch die Einbeziehung der Nutzer schon zu einer Zeit Web 2.0-Elemente enthielten, als dieser Begriff noch nicht etabliert war. Holiday Check war eine der erfolgreichsten Gründungen in dieser Phase, eine Plattform, auf der Urlauber das Erfahrungsgut Urlaub insbesondere in Verbindung mit Pauschalreiseanbietern und den jeweiligen Hotels darstellen. Zahlreiche weitere Anbieter wie www.hotelkritiken.de zeigen, dass der Markt in Bewegung ist und eine große Nachfrage nach solchen Hilfestellungen im Tourismussektor besteht.

24.3.2.4 Individualisierung

Mit dem Aufkommen von Massenmärkten setzte früh die Gegenbewegung zur Individualisierung von Angeboten ein. Daher sind Erfolgsformen wie Spreadshirt, bei denen individuelle T-Shirts gefertigt werden, keineswegs als Web 2.0-Entwicklung zu sehen (Schmidt 2006, S. 23). Dennoch sind diese Verkaufsansätze in Verbindung mit den Kommunikationsformen des Web 2.0 besonders wirkungsvoll. Sie dienen auch als Grundlage für Modelle, mit denen aufgrund der steigenden Individualisierung Nischenmärkte bedient werden (Abschnitt Long-Tail). Im Umfeld des Tourismus gibt es einerseits die Plattformen, die gezielt Individualisierungen von Reisen anbieten, zum andern gibt es das Prinzip der Erlebnisgeschenke, die wie die Romantikreise oder der die Bootstour einen stark touristischen Bezug haben (Firmen wie www.jochen-schweizer.de).

24.3.2.5 Long-Tail

Da über das Internet auch kleine Gruppen und deren Bedürfnisse wirtschaftlich sinnvoll angesprochen werden können, ist auch der Verkauf von Produkten, die nur geringe Absatzzahlen erzielen werden noch möglich. Dieser Effekt, der nach der Produkt-Absatzkurve gerne nach einer Darstellung des Wired-Chefs Chris Andersen als „long tail" (kritisch hierzu: Pohl 2006) bezeichnet wird, lässt sich auch als Voraussetzung für Erfolgsmodelle wie die Plattform Etsy sehen, auf der private Künstler und kreative Menschen ihren Schmuck und Accessoires der Öffentlichkeit anbieten (Röttgers 2007). Während die Datenbasis bei Amazon sehr groß ist, da ausreichend viele Transaktionen für ein Empfehlungswesen auch von Nischenprodukten vorhanden sind, steht eine konsequente Nutzung der automatisierten Transaktionen im Tourismussektor bei den meisten Plattformen noch aus.

24.3.2.6 Kundenblogs

Ausgehend von Blogs der Kundschaft, die unorganisiert stattfanden, haben einige Anbieter Kombinationen von Shops und Blogs etabliert (Schmidt 2006, S. 23). Damit kommen zu den organisierten Kundenbewertungen noch eine freie Kommentierung der Qualitäten und ein eigener meinungsbezogener Standpunkt hinzu. Nicht nur die Unternehmen, sondern auch die Kunden bekommen ein Gesicht und damit ein Profil. Hapag Lloyd Express startete 2006 mit einem Blog, der sowohl einen Mitarbeiter- als auch einen Kundenblog umfasst, ohne dass hier jedoch eine nachhaltige Veränderung der Kommunikationsposition feststellbar war.

24.3.2.7 Sonderposten

Der amerikanische Anbieter Woot, der mit dem Prinzip des auf einen Tag beschränkten besonders preiswerten Angebots neue Formen zwischen Auktion und klassischem E-Commerce etabliert hat, gilt als einer der Vorreiter des Verkaufs von Sonderposten im Internet. Nach diesem Prinzip wird ein einmalig günstiges Angebot nur eine bestimmt Zeitspanne angeboten. In der Tourismusbranche ist dieses Prinzip der Sondervermarktung von Kontingenten sowohl auf Seiten der Kunden als auch auf Seiten der Anbieter ein gelerntes Verhalten.

24.3.2.8 Shopping-Clubs

Die Kombination aus der Sonderposten-Vermarktung und der Preisvergleichsplattform ergibt eine neue sozial gesteuerte Variante des E-Commerce, den sog. „Shopping-Club". Die Mitglieder eines solchen Clubs haben die Möglichkeit, während eines beschränkten Zeitraums (z. B. drei Tage) besondere Produkte oder Dienstleistungen zu einem besonders günstigen Preis zu kaufen. Diese etwas edlere Form der Online-Reste-Rampe ermöglicht den Teilnehmern die Nutzung von (Mengen)-Rabatten, wie bspw. Vente Privée (http://de.vente-privee.com).

Die Entwicklung der unterschiedlichen sozialen Vermarktungsformen deckt sich mit dem Grundsatz des Marketings in Web 2.0-Umgebungen, wonach die Hoheit über die Produkt- und Markenentwicklung stückweise an den Kunden übergeht. Eine Entwicklung, die nicht nur mit Web 2.0 begründet werden kann, denn schon früher haben sich Kunden gegen die Einführung einer neuen Cola-Rezeptur der Coca-Cola-Company zur Wehr gesetzt und damit über Produkte und Entwicklungen mitbestimmt. Aber die verstärkte Einbeziehung der Kunden und die gestiegene Transparenz führen auf alle Fälle zu einer Demokratisierung des Marketingprozesses.

Der Bundesverband Digitale Wirtschaft (BVDW) sieht in Social Media allgemein einen Erfolgsfaktor für die künftige Arbeit im Internet (o. V. Computerwoche 2008). Dies wiederum geht letztlich auf eine gesellschaftliche Strömung zurück, die insbesondere bei Kaufvorgängen eine immer größere Rolle spielt: Der Sehnsucht nach Vertrauen. Das im Umfeld der schweizerischen Migros-Gruppe finanzierte angesehene Gottlieb-Duttweiler-Institut in Rüschlikon hat unter dem Stichwort „Vertrauen 2.0" (Frick u. Hauser 2007) eine Befragung durchgeführt, die deutlich aufzeigt, dass aus Sicht der Konsumenten das Shopping im Web 2.0-Zeitalter unabhängig davon, ob der Kaufvorgang (z. B. das Buchen einer Reise) offline oder online stattfindet, ein sicheres Einkaufen ist. Denn im Web 2.0 können Firmen nicht mehr die Unwahrheit sagen, ohne dafür von den erfahrenen Konsumenten bestraft zu werden.

Zwei weitere Trends der Medienentwicklung dürften die Entwicklung des Social Commerce eher begünstigen als behindern. Die zunehmende Nutzung von mobile Devices hat zu Jahresbeginn 2009 mit der Einführung neuer Smartphones (u. a. von Google) einen weiteren Aufschwung im deutschen Markt verzeichnen können. Damit schwinden auch Barrieren des E-Commerce und Social Commerce, da die Möglichkeiten des Kaufs zu jeder Zeit gegeben sind. Ein weiterer Trend, dessen Auswirkungen noch nicht vollständig absehbar sind, ist das Cloud Computing, bei dem die Zusammenarbeit über das Netz eine noch größere Rolle spielen wird (Cloer 2009). Aber auch dieser Trend wird die Entwicklung zum Social Commerce fördern, so dass für viele Branchen in den nächsten Jahren Social Commerce zu einer festen Randbedingung werden wird.

24.4 Fazit

Der Beitrag zeigt, dass soziale Elemente nicht nur den Kommunikations- und Informationsprozess im Zeitalter des Web 2.0 prägen, sondern auch eine Weiterentwicklung der Online-Geschäftsmodelle möglich wird. Für den Handel mit Dienstleistungen aus dem Tourismusbereich bietet sich die Nutzung dieser neuen Social-Commerce-Varianten an. Vor allem muss allen Tourismus-Anbietern in der virtuellen und realen Welt klar sein, dass an den Auswirkungen des Social Web auf ihr Kerngeschäft kein Weg vorbei führt, wie man am einfachsten anhand der vielen Hotelbewertungs-Sites feststellen kann. Wenn die Prognosen stimmen und sich aus dem Social Web in naher Zukunft das Semantic Web entwickelt, sind in der Kombination aus neuen Effekten durch Web 2.0 und Social Web sowie den neuen technisch-semantischen Prinzipien auch neue Commerce-Formen denkbar. Das Prinzip der Social Bookmarks, bei der wie bei „Mr. Wong" die kollektive Intelligenz (wisdom of the crowd) genutzt wird, bietet als Beispiel für die Entwicklungsschritte zum Semantic Web auch Möglichkeiten für die nächsten Entwicklungsschritte. Gerade eine gezielte Vermarktung im Tourismussektor muss berücksichtigen, dass es auch im Online-Sektor durch diese neuen Entwicklungen Kommunikationskampagnen gibt, die selbst im Internet „below-the-line" geplant sind. Neue Marketingformen, wie z. B. das virale Marketing gewinnen somit an Bedeutung.

Bibliografie

AGOF. (2008). Internet Facts III/2008. www.agof.de. Gesehen am 20. Aug 09.
AGOF. (2009). Internet Facts I/2009. www.agof.de. Gesehen am 20. Aug 09.
Aufderheide, D., Lindner, M., & Zimmerlich, A. (2005). Internetökonomie, Wettbewerb und Hybridität bei Essential Facilities. In H. L. Grob, & J. Brocke vom (Hrsg.), *Internetökonomie* (S. 146). München: Vahlen.

Berger, R. (1997). Zehn Thesen zur Ökonomie der Informationsgesellschaft. In Enquete-Kommission (Hrsg.), *Zur Ökonomie der Informationsgesellschaft* (S. 15–66). Bonn: ZV Zeitungs.
Booz, Allen, & Hamilton (1995). *Zukunft Multimedia*. Frankfurt: FAZ IMK.
Breyer-Mayländer, T. (2004). *Online-Marketing für Buchprofis*. Frankfurt: Bramann.
Breyer-Mayländer, T. (2005). Crossmedia und Anzeigen: Zeitungen im Online-Markt. In T. Breyer-Mayländer (Hrsg.), *Handbuch des Anzeigengeschäfts* (S. 311–368). Berlin: ZV GmbH.
Cloer, T. (2009). Cloud Computing erst 2015 voll marktreif. *Computerwoche 3.2.2009.* www.computerwoche.de/1886003.
Computerwoche. (2008). Das Netz, die Marken und der Wandel. http://www.computerwoche.de/knowledge_center/web/1878102. Gesehen am 12. Feb 2009.
Cyganski, P., & Hass, B. (2007). Potenziale sozialer Netzwerke für Unternehmen,. In T. Kilian, B. H. Hass, & G. Walsh (Hrsg.), *Web 2.0. Neue Perspektiven für Marketing und Medien* (S. 101–120). Berlin: Springer.
Deutschland online. (2006). Deutschland Online 4 – Sonderauswertung Social Web, Bericht 2006. http://www.studie-deutschlandonline.de/do4/DO4_Sonderauswertung_Socail_Web_deutsch.pdf. Gesehen am 11. Feb 2009.
Diemers, D. (2001). Virtual Knowledge Communities – Erfolgreicher Umgang mit Wissen im Digitalen Zeitalter. Bamberg: Difo-Druck.
Ebersbach, A., Glaser, M., & Heigl, R. (2008). *Social Web*. Konstanz: UVK.
Frick, K., & Hauser, M. (2007). *Vertrauen 2.0.* Rüschlikon.
Hannemann, U. (2006). WEB 2.0 – Das Mitmach-Netz.
Focus. (2009). Web 2.0 – Das Mitmach-Netz. http://www.focus.de/kultur/medien/web-2-0-das-mitmach-netz_aid_215295.html. Gesehen am 09. Feb 2009.
Hermanns, A., & Sauter, M. (1999). Electronic Commerce – Grundlagen, Potentiale, Marktteilnehmer und Transaktionen. In A. Hermanns, & M. Sauter (Hrsg.), *Management-Handbuch Electronic Commerce* (S. 14). München.
Hess, T. (2000). Netzeffekte – Verändern neue Informations- und Kommunikationstechnologien das klassische Marktmodell? In *Wirtschaftswissenschaftliches Studium, 29,* 96–98.
Krisch, J. (2008). Social Commerce: Wer die Trendsetter im E-Commerce sind. http://www.computerwoche.de/knowledge_center/office_tools/1853745. Gesehen am 12. Feb 2009.
Kuhlen, R. (1995). *Informationsmarkt*. Konstanz: UVK.
Loewenfeld von, F. (2006). Brand Communities – Erfolgsfaktoren und ökonomische Relevanz von Markengemeinschaften. Mainz: Gabler.
Matthes, S. (2007). Tupper-Party im Netz. http://www.wiwo.de/karriere/tupper-party-im-netz-227274. Gesehen am 12. Feb 2009.
O'Reilly, T. (2005). What is Web 2.0? http://www.oreillynet.com/pub/a/oreilly/tim/news/2005/09/30/what-is-web-20.html. Gesehen am 09. Feb 2009.
NZZ. (2006). Zukunft 2.0 – Web 2.0 – Droge, Religionsersatz oder Zukunftstechnologie? http://www.nzz.ch/2006/01/13/em/articleDHFG7.html. Gesehen am 10. Feb 2009.
Panten, G. (2005). Internet-Geschäftsmodell Virtuelle Community – Analyse zentraler Erfolgsfaktoren unter der Verwendung des Partial-Least-Squares (PLS)-Ansatzes. Kiel.
Pohl, G. (2006). Das dünne Eis der Ladenhüter. In Spiegel Online 10. November 2006. www.spiegel.de/netzwelt/web/0,1518,447490,00.html. Gesehen am 10. Nov 2006.
Rheingold, H. (1993). *The virtual community: homesteading on the electronic frontier*. Reading, MA: Addison-Wesley.
Röttgers, J. (2007). Einkaufen mit Gemeinschaftsgefühl. http://www.focus.de/digital/internet/shopping-2-0_aid_124065.html. Gesehen am 12. Feb 2008.
Schenk, M. (2000). Kommunikationstheorien. In E. Noelle-Neumann, W. Schulz, & J. Wilke (Hrsg.), *Publizistik Massenkommunikation* (S. 173). Frankfurt: Fischer.
Schmid, B. (1995). Elektronische Einzelhandels- und Retailmäkte. In B. Schmid et al. (Hrsg.), *Electronic Mall: Banking und Shopping in globalen Netzen* (S. 17–32). Stuttgart: Teubner.
Schmidt, H. (2006). Aus E-Commerce wird Social Commerce. *FAZ,* 8.5.2006, 23.
Sixtus, M. (2005). Die Humanisierung des Netzes. http://www.zeit.de/2005/35/C-Humannetz. Gesehen am 10. Feb 2009.

Stanoevska-Slabeva, K. (2008). Web 2.0 – Grundlage, Auswirkungen und zukünftige Trends. In Meckel, Heuser, & Spoun (Hrsg.), *Web 2.0 – Die nächste Generation Internet* (S. 13–38). Baden-Baden.

Stöcker, C. (2006). Zerreiß mich, kopier mich. http://www.spiegel.de/netzwelt/web/0,1518,411147,00.html. Gesehen am 10. Feb 2009.

Wirtz, B., Raizner, W., & Burda, H. (2007). Perspektiven des Social Web. http://www.contentmanager.de/magazin/artikel_1388_social_web.html. Gesehen am 11. Feb 2009.

WUV. (2007). StudiVZ überholt T-Online im IVW-Ranking. http://www.wuv.de/news/digbusiness/meldungen/2007/06/64544/index.php. Gesehen am 12. Feb 2009.

Kapitel 25
User Generated Branding – Wie Marken vom kreativen Potenzial der Nutzer profitieren

Christoph Burmann, Ulrike Arnhold und Christian Becker

Zusammenfassung: In der neuen interaktiven Welt des Social Web haben Millionen normaler Menschen begonnen, eigene Botschaften über ihre geliebten – oder gehassten – Marken zu verbreiten. Angesichts der steigenden Reichweite und des großen Erfindungsreichtums des Internets können diese Hobby-Stücke ähnliche Aufmerksamkeit bei Nachfragern erlangen wie gezielte Kommunikationsmaßnahmen der markenführenden Unternehmen. Trotz der hohen Relevanz für Wissenschaft und Praxis wurde dieses Phänomen der nutzergenerierten Markenbotschaften bislang kaum erforscht. Daher ist es das Anliegen dieses Beitrags, das Konzept des sog. User Generated Branding zu erläutern und insbesondere aufzuzeigen, wie markenführende Unternehmen vom kreativen Potenzial der Nutzer profitieren können.

Schlüsselwörter: User Generated Content • Co-Creation • Web 2.0 • P2P • Branding • Markenführung

25.1 Einleitung

In der neuen interaktiven Welt des Web 2.0 haben Millionen Menschen begonnen, eigene Botschaften über Marken zu kreieren. Ob als YouTube-Video, Flickr-Foto, Wikipedia-Artikel, Amazon-Buchkritik, Facebook-Gruppe oder SecondLife-Insel – diese Hobby-Stücke sind auf den Plattformen des Social Web, wie Youtube oder Facebook, omnipräsent. Sie können das Werk von Markenfans oder auch Markengegnern sein und halten sich in beiden Fällen nicht an die Vorgaben der markenführenden Unternehmen. Angesichts der scheinbar endlosen, raum- und zeitlosen Internetwelt kann eine solche Markenbotschaft aus Nutzer-Hand jedoch globale Aufmerksamkeit erlangen und so für andere Nachfrager zu einem entscheidenden Berührungspunkt mit der Marke werden. Gerade im Tourismus sind Online-Bewertungen

---

C. Burmann (✉)
Universität Bremen, Lortzingstr. 72, 50931 Köln, Deutschland
e-mail: burmann@uni-bremen.de

von Kunden für drei Viertel aller Reisenden zu einer wichtigen Informationsquelle bei der Urlaubsplanung geworden (Gretzel u. Yoo 2008). Ye et al. (2008) fanden heraus, dass positive Kundenbewertungen im Social Web zu einer Steigerung von Hotelzimmer-Buchungen führen, währenddessen abweichende, polarisierende Kritiken die Online-Buchungen negativ beeinflussen.

Folglich stellen nutzergenerierte Markenbotschaften eine große Herausforderung für die Tourismus-Wissenschaft und -Praxis dar. Obwohl die Relevanz dieser Basisbewegung erkannt worden ist, wurde sie bisher kaum erforscht. Ein Zeichen für die noch frühe Entwicklungsphase ist das Begriffschaos, welches derzeit in Marketing, Werbung und Markenführung bei der Bezeichnung von ein und demselben Phänomen herrscht: Werbefachleute sprechen von „Listenomics" (Garfield 2005), „Open Source Marketing" (Cherkoff 2005), „Brandhackers" (Hecht 2007) und „Citizen Marketers" (McConnell u. Huba 2006); Medienvertreter verwenden Schlagwörter wie „selbstgebraute Werbung" (Kahney 2004) und „Do-it-yourself Werber" (Ives 2004); andere Praktiker beziehen sich auf soziale, Gemeinschafts- oder Mitmach-Werbung (Frank 2008). Dagegen führten Wissenschaftler Begriffe wie „Vigilante Marketing" (Muniz u. Schau 2007), „eTribalized Branding" (Kozinets 2008) und „Open Source Brand" (Pitt et al. 2006) ein.

Dieser Beitrag folgt dem „User Generated Branding"-Ansatz von Burmann u. Arnhold (2008), der sich explizit mit nutzergenerierten Inhalten aus der Perspektive der Markenführung befasst. Im Mittelpunkt stehen die folgende Fragen: Welche Wirkung haben nutzergenerierte Markenbotschaften auf die Marke? Wie unterscheidet sich das Phänomen von benachbarten Feldern wie Nutzerinnovation, Mundpropaganda und Online-Communities? Und wie können markenführende Unternehmen sich das kreative Potenzial der Nutzer im Social Web zu Eigen machen?

25.2 Nutzergenerierte Markenbotschaften – Gefahr und Chance

In der Markenmanagement-Praxis gibt es vielfältige Beispiele dafür, wie nutzergenerierte Markenbotschaften das Image von Marken beeinflusst haben – im positiven wie im negativen Sinn. So büßte der US-Fahrradschloss-Hersteller Kryptonite erheblich an Ansehen und Profit ein, als Kunden im Social Web dokumentierten, dass das Sicherheitsschloss mit einem einfachen Kugelschreiber aufzubrechen ist. Kryptonite ignorierte die Kundenbeschwerde – und die Geschichte machte binnen weniger Tage im Internet und in der Presse die Runde. Finanzieller Schaden: rund US $10 Mio. Auch dem US-Kabelanbieter Comcast und dem Internetanbieter AOL schwappte eine Welle von rufschädigenden Botschaften entgegen, nachdem verärgerte Kunden Aufnahmen von schlafenden Service-Mitarbeitern bzw. penetranten Call Center-Agenten ins Internet stellten.

In den genannten Fällen bedeuten nutzergenerierte Markenbotschaften Kontrollverlust für das markenführende Unternehmen. Allerdings sollte berücksichtigt werden, dass Marken per Definition niemals vollständig kontrollierbar sind, da das Markenimage erst in den Köpfen der Nachfrager entsteht (Meffert et al. 2008, S. 364). Zudem gab es Markenbotschaften aus Nutzer-Hand bereits lange vor der Herausbildung des Web 2.0. Seit Jahrhunderten verbreiten Nachfrager ihre Erfahrungen mit Produkten über Mundpropaganda. Es wurden schon immer Briefe an Redaktionen geschrieben, sich bei Kunden-Hotlines beschwert, Vorschläge für Produktinnovationen gemacht, an Umfragen teilgenommen oder Parodien auf Werbespots kreiert (Berthon et al. 2008, S. 26f.). Auch in der ersten Phase des Internets, in der das Web noch nicht „sozial" war, tauschten sich Internetnutzer bereits über Diskussionsforen aus. Die neue Qualität des Web 2.0 besteht jedoch durch die größere Geschwindigkeit, die Reichweite, den Einfallsreichtum und die Nützlichkeit der individuellen markenbezogenen Botschaften. Technologische Fortschritte machen die Veröffentlichung von Texten, Fotos, Audio und Video nun für jedermann möglich. Die Folge ist, dass unethisches Verhalten eines markenführenden Unternehmens und ungehaltene Markenversprechen viel schneller, konsequenter und in größerem Ausmaß bestraft werden als zuvor.

Andererseits können Marken auch von nutzergenerierten Markenbotschaften profitieren, sofern die Botschaften das Markenversprechen stützen. Bspw. produzierte ein High School-Lehrer aus Kalifornien in seiner Freizeit nur zum Spaß einen technisch raffinierten Werbespot für seine Lieblingsmarke Apple iPod mini und erlangte dafür Anerkennung sowohl von Markenfans als auch von Werbefachleuten. In Deutschland schlossen sich zehntausende Fürsprecher der eingestellten Nogger Choc Eiscreme-Marke einer Fan-Gruppe in einer Online-Community an und unterschrieben eine Petitions-Website, um die Wiedereinführung der Marke zu fordern – mit Erfolg. Das Unternehmen Langnese brachte die Marke auf den Markt zurück und begründete seine Entscheidung explizit mit der Internet-Aktion der Markenfans.

Nutzergenerierte Markenbotschaften können in einigen Fällen auch einen positiven Einfluss auf das Markenimage haben, wenn ihr Wesen nicht mit den Marketingvorgaben des markenführenden Unternehmens übereinstimmt. Voraussetzung ist hierbei ein hohes Maß an Einfallsreichtum, künstlerischem Wert und Humor der Hobby-Stücke. Ein Paradebeispiel dafür ist der fast acht Millionen. Mal gesehene Videoclip über das „Gey-sir-Experiment", bei dem Nachfrager Mentos-Dragees in Diet Coke-Flaschen werfen und durch die Explosionswirkung Cola-Fontänen erzeugen. Als weiteres Beispiel kann der „Selbstmord-Attentäter"-Clip angeführt werden, in dem sich ein vermeintlicher palästinensischer Terrorist in einem VW Polo in die Luft sprengen will, wobei das kleine, aber starke Auto heil bleibt.

Im Umgang mit solchen Markenbotschaften aus Nutzer-Hand können Unternehmen unterschiedliche Strategien verfolgen. Zum einen kommt innengerichtetem Markenmanagement eine große Bedeutung zu. Denn die Einhaltung des Markenversprechens durch das Unternehmen gilt als Grundvoraussetzung dafür, dass negativen Markenbotschaften von verärgerten Kunden vorgebeugt und positive Inhalte von zufriedenen Kunden stimuliert werden können. Das Ziel dabei ist, dass alle Mitarbeiter und Personen an Schnittstellen zwischen Marke und Kunde, z. B.

Absatzmittler und Call Center-Agenten, die Marke nach innen und außen „leben" (Burmann et al. 2008).

Zum anderen können Markenmanager nutzergenerierten Inhalten auch in aktiver Weise begegnen und sich die Kraft dieser Basisbewegung durch gezielte Maßnahmen zu Nutze machen. Diesen aktiven Umgang bezeichnen Burmann u. Arnhold (2008) als User Generated Branding (UGB), definiert als „(...) strategisches und operatives Management von markenbezogenen nutzergenerierten Inhalten, um die Ziele der Markenführung zu erfüllen" (Burmann u. Arnhold 2008, S. 66). Wie die genannten Beispiele zeigen, bezieht sich User Generated Branding dabei auf alle Formen von markenbezogenen nutzergenerierten Inhalten – von originären Kommentaren, Kritiken, Bewertungen über Remixe mit Unternehmensinhalten bis hin zu eigenständigen künstlerischen Arbeiten. Diese Inhalte – auch markenbezogener User Generated Content genannt – können Ausdruck von Markenenthusiasmus oder auch Unzufriedenheit mit der Marke sein. Sie können als Text, Bild, Audio- oder Videoformat erscheinen und über Plattformen des Social Web wie Blogs, Video-Portale, Bewertungsseiten und soziale Netzwerk-Seiten verbreitet werden.

Insbesondere Praktiker aus dem Umfeld der neuen Medien zeigen sich überzeugt davon, dass User Generated Content der Marke eher nutzt als schadet (Mangold u. Veigel 2008, S. 27). Dennoch haben erst wenige Marketing-Fachleute ausgiebige Erfahrungen im Umgang mit Markenbotschaften aus Nutzer-Hand gemacht. Um das Potenzial von User Generated Branding besser zu verstehen, werden im Folgenden Kontextfaktoren, der theoretische und konzeptionelle Rahmen sowie Anwendungsfelder vorgestellt.

25.3 Die neue Macht der Nachfrager

User Generated Branding ist aus einer sich verändernden Markenwelt hervorgegangen, die durch zwei gegenläufige Tendenzen gekennzeichnet ist: Einerseits hat das wahrgenommene Überangebot und die funktionale Austauschbarkeit von Marken zu einem Verlust an Markenauthentizität geführt (Burmann u. Schallehn 2008, S. 1 f.). Andererseits hat sich die Macht der Nachfrager durch Fortschritte in der digitalen Technologie und schwindende Zugangsbarrieren zu Medien vergrößert (Knappe u. Kracklauer 2007, S. 67). Schnelleres Internet, verbesserte Hardware, einfach bedienbare Software, ein steigendes Angebot an Web 2.0-Portalen sowie die Herausbildung einer digitalen Nutzergemeinschaft ermöglichen ein proaktives Verhalten von Nachfragern im Informations- und Kaufprozess. Nach Angaben des Online-Forschungskomitees AGOF suchen 97 % der deutschen Internetnutzer Informationen über Produkte und Dienstleistungen online (AGOF 2008, S. 25). Dabei ist insbesondere eine steigende Nutzung und größer werdendes Vertrauen in Bewertungsportale und Erfahrungsberichte von anderen Nachfragern zu beobachten. Eine Ipsos-Studie ergab, dass sich 56 % der deutschen Internetnutzer von positiven Kundenbewertungen bei einer Kaufentscheidung leiten lassen würden; umgekehrt würden 30 % von einem Kauf im Fall einer negativen Kundenbewertung absehen

(IPSOS 2006). Insgesamt kommt diese Studie zum Ergebnis, dass Nachfrager unabhängigen Bewertungsportalen (Zustimmung von 28 %) und privaten Blog-Einträgen (23 %) mehr vertrauen als Produktdarstellungen auf Unternehmensseiten (22 %) und in TV-Werbespots (15 %).

Die Nutzung des Social Web ist dabei in den letzten Jahren stark gestiegen: Nach der ARD/ZDF-Onlinestudie 2008 konsultieren 60 % der deutschen Internetnutzer zumindest unregelmäßig die Online-Enzyklopädie Wikipedia – 2007 waren es nur 47 % (Fisch u. Gscheidle 2008, S. 358). Etwa jeder zweite deutsche Internetnutzer (51 %) nutzt Video-Portale – im Vorjahr war es nur jeder Dritte (34 %). Je ein Viertel ist aktiv in privaten Netzwerken und Communities (25 %) sowie in Video-Portalen (23 %) – vorher waren es je 15 %. Noch immer nutzt aber lediglich ein Bruchteil der deutschen Internetnutzer berufliche Netzwerke und Communities (sechs Prozent), virtuelle Spielewelten (fünf Prozent), Blogs (fünf Prozent) oder Lesezeichen-Sammlungen (drei Prozent). Generell ist die Nutzung der Web 2.0-Anwendungen eher passiver Natur: Nach der Studie ist nur jeder achte Internetnutzer (13 %) stark und jeder Vierte ein wenig daran interessiert, eigene Inhalte ins Netz zu stellen. So schreiben nur drei Prozent der Nutzer selbst Wikipedia-Artikel, obwohl 60 % die Beiträge von anderen lesen. Und während jeder zweite deutsche Internetnutzer Videos auf Portalen wie YouTube anschaut, laden nur drei Prozent eigene Filme hoch (vgl. Abb. 25.1).

Daraus folgt, dass die neue Macht der Nachfrager differenziert betrachtet werden muss: Einerseits gibt es eine Menge von skeptischen Nachfragern, die den plakativen Marketingbotschaften von Unternehmen weniger Aufmerksamkeit schenken und sich stattdessen des Social Web bedienen, um sich mit anderen Nachfragern auszutauschen. Andererseits ist die Anzahl derjenigen Nutzer, die tatsächlich Inhalte kreieren oder Beiträge anderer kommentieren, noch gering. Kurzum: Das Verlangen nach Information und Unterhaltung der Vielen wird durch die Inhalte von

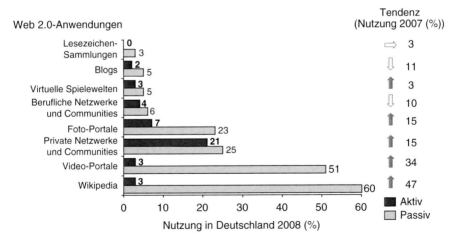

Abb. 25.1 Aktive und passive Web 2.0-Nutzung. (Quelle: In Anlehnung an Fisch u. Gscheidle 2008, S. 361)

Wenigen befriedigt. Diesen Nutzern mit Darstellungsbedürfnis stehen jedoch vielfältige Möglichkeiten offen, sich auszudrücken und gehört zu werden. Sie können ihre Botschaften in frei zugänglichen sozialen Netzwerken und Portalen veröffentlichen und über Vernetzungen zwischen den Portalen, Lesezeichen-Sammlungen sowie Suchmaschinen-Mechanismen rasch in eine große Öffentlichkeit verbreiten.

25.4 Nutzerzentrierte Forschungsfelder als theoretischer Rahmen

Obwohl die Relevanz von nutzergenerierten Markenbotschaften erkannt worden ist, wurde User Generated Branding im wissenschaftlichen Diskurs bislang wenig Aufmerksamkeit geschenkt. Um sich dem Phänomen anzunähern, bieten nutzerzentrierte Forschungsfelder wichtige Anhaltspunkte. Burmann u. Arnhold (2008, S. 73–154) haben sechs Felder als theoretischen Rahmen identifiziert (vgl. Abb. 25.2):

1. Das Forschungsgebiet Nutzerinnovation mit den Konzepten „Prosumer" (Toffler 1980), „Lead User" (von Hippel 1986) and „Open source" (von Krogh u. von Hippel 2003) gibt Aufschluss über Nutzer, die Neuerungen vornehmen. Der Schwerpunkt liegt hier auf der Aneignung und Umgestaltung eines neuen Produkts durch den Nutzer, um dessen eigene Bedürfnisse zu befriedigen.
2. Das Forschungsgebiet Kollektive Intelligenz, das die Konzepte „Wisdom of Crowds" (Surowiecki 2004) und „Wikinomics" (Tapscott u. Williams 2006) beinhaltet, beschäftigt sich mit dem Aspekt der Zusammenarbeit und dem lateralen Austausch unter den Nutzern.
3. Aus der Mundpropaganda-Forschung ist zu lernen, wie sich Informationen über Marken von Mund zu Mund übertragen (Nyilasy 2006). Mundpropaganda ist dabei als Kanal zu sehen, während sich User Generated Branding auf Inhalte bezieht.
4. In der Community-Forschung stehen „Online"- und „Offline"-Netzwerke um Marken und gemeinsame Interessen der Nutzer im Mittelpunkt (Muniz u. O'Guinn 2001).
5. Parallelen bestehen auch zu User Generated Content in anderen Bereichen wie User Generated Advertising (Bishop 2007), Fan Fiction (Lanier et al. 2007) und Citizen Journalism (Gillmor 2004).
6. Konkret mit Nutzern, die Inhalte mit Markenbezug generieren, haben sich erst wenige Wissenschaftler beschäftigt. Teilaspekte des User Generated Branding-Phänomens werden in den Ansätzen „Vigilante Marketing" (Muniz u. Schau 2007), „eTribalized Branding" (Kozinets 2008) und „Open Source Brand" (Pitt et al. 2006) behandelt.

25 User Generated Branding – Wie Marken vom kreativen Potenzial

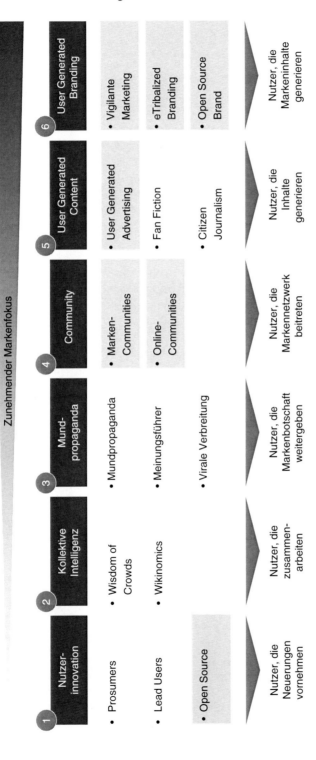

Abb. 25.2 Theoretischer Rahmen von User Generated Branding. (Quelle: In Anlehnung an Burmann u. Arnhold 2008, S. 74)

25.5 User Generated Branding – ungestützt oder protegiert

Gemäß Burmann u. Arnhold (2008, S. 154ff.) können grundsätzlich zwei Arten von User Generated Branding unterschieden werden: Der Umgang mit markenbezogenem User Generated Content, der ursprünglich vom Nutzer ohne Einwirkung oder Anreiz des markenführenden Unternehmens veröffentlicht wird, wird als ungestütztes User Generated Branding (non-sponsored UGB) verstanden. Urheber von diesen ungefragten Inhalten sind selbsternannte Markenaktivisten, sog. Brangilants (brand + vigilantes). Sie agieren unabhängig vom markenführenden Unternehmen, sind intrinsisch motiviert und haben eine emotionale Beziehung zur Marke – im positiven wie negativen Sinn. Angesichts des Schaffensprozesses außerhalb der Marketing-Routinen liegt solch ursprünglicher User Generated Content außerhalb der Kontrolle des Unternehmens. Somit bezieht sich ungestütztes UGB als Managementansatz vor allem auf die Beobachtung von ursprünglichem User Generated Content zum Zwecke der Integration der gewonnenen Einsichten in die Markenführung.

Im Gegensatz dazu kann markenbezogner User Generated Content auch durch das Unternehmen stimuliert werden, indem Nachfrager explizit zu Beiträgen in Form von Wettbewerben, Abstimmungen, Fan-Aktionen oder anderen Kampagnen aufgefordert werden. Der Umgang mit solch stimuliertem User Generated Content wird protegiertes User Generated Branding (sponsored UGB) genannt. Nutzer, die an solchen UGB-Programmen teilnehmen, heißen Branticipants (brand + participants). Da der Markenmanager die Programmregeln aufsetzt, können die Beiträge der Branticipants zwar kanalisiert, aber nicht kontrolliert werden. Im Unterschied zu ungestütztem UGB ist das Hauptziel von protegiertem UGB ist Ideengewinnung im Rahmen der Vermarktung. Da es auf Interaktion mit Kunden abzielt, kann es auch als Instrument der Kundenbindung eingesetzt werden (vgl. Abb. 25.3).

25.6 Anwendung von UGB in Marktforschung, Vermarktung und Kundenbindung

Wie oben erwähnt, kann User Generated Branding grundsätzlich zu drei Zwecken eingesetzt werden: angewandte Marktforschung, Vermarktung und Kundenbindung. Die Abb. 25.4 gibt einen Überblick über die Anwendungsfelder von UGB entlang der Wertschöpfungskette.

UGB als Instrument der angewandten Marktforschung zielt darauf ab, durch Beobachtung von meist ursprünglichem User Generated Content die Resonanz des gegenwärtigen Markenangebots zu testen, Einsichten über Stärken und Schwächen zu erlangen und Vorschläge für Markeninnovationen abzuleiten. Dieses sog. Social Media Monitoring kann Einblicke darin geben, was Nachfrager und insbesondere Meinungsführer über Marken, Produkte, Unternehmen und Kampagnen denken und somit dazu beitragen, Meinungsänderungen und Trends im Konsumentenverhalten

25 User Generated Branding – Wie Marken vom kreativen Potenzial

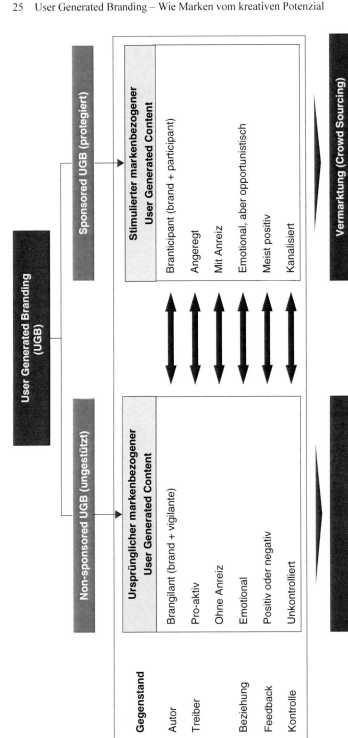

Abb. 25.3 Unterscheidung von ungestütztem und protegiertem User Generated Branding. (Quelle: In Anlehnung an Burmann u. Arnhold 2008, S. 158)

Abb. 25.4 Anwendungsfelder von User Generated Branding entlang der Wertschöpfungskette. (Quelle: In Anlehnung an Burmann u. Arnhold 2008, S. 159)

frühzeitig zu erkennen. Bspw. konnte der Lebensmittelhersteller Kraft durch die Beobachtung von Community-Diskussionen den Ernährungstrend der Portionenkontrolle vorhersagen und führte daraufhin erfolgreich „100 Calorie Packs" seiner Produkte ein.

Beobachtet werden können einerseits ursprüngliche Plattformen wie Blogs von Dritten und unabhängige Foren, andererseits aber auch von der Marke protegierte Portale. Wenn wie im letzten Fall das markenführende Unternehmen die Infrastruktur schafft und Regeln für die Teilnahme und Mitwirkung aufstellt, dient das Portal weniger der passiven Beobachtung als vielmehr der aktiven Ideensuche. Bspw. bietet der Moped-Hersteller Vespa auf seiner Website Foren an, in denen Nutzer ihre Meinung über die Marke äußern und sich mit anderen Nutzern über Erfahrungen mit ihrem Moped und Reise-Themen austauschen können. In Hinblick auf den strategischen Markenmanagement-Prozess können Social Media Monitoring und Ideensuche als Instrumente der Situationsanalyse aufgefasst werden. Die gewonnenen Einsichten können dann in operative Markenführungsentscheidungen wie die Anpassung der Markenleistungen, der Markenkommunikation, des Markenpricings und der Markendistribution übersetzt werden.

Zweitens kann protegiertes UGB zum Zweck der Vermarktung angewandt werden: Das kreative Potenzial der Nutzer kann dabei zum einen im Rahmen von sog. Crowd Sourcing-Kampagnen genutzt werden. Ein Paradebeispiel für Crowd Sourcing in der Werbung. d. h. User Generated Advertising, ist der „Crash the Superbowl"-Wettbewerb des Snackherstellers Doritos, der Nachfrager zum Dreh eines Werbefilms zur Ausstrahlung während des American Football-Finales aufrief. Andere große Marken nutzen Portale wie Current.tv oder Jovoto.com, um Arbeitsaufträge für nutzergenerierte Werbespots zu verteilen und die besten Idee der Teilnehmer auszuwählen. Threadless, ein T-Shirt-Hersteller im Internet, bedient sich nicht nur Crowd Sourcing zum Zwecke der Werbung, sondern baut sein komplettes Geschäftsmodell darauf auf, indem es in Wettbewerben Designs für neue T-Shirts bestimmen lässt.

Zum anderen können markenführende Unternehmen auch selbst Inhalte zum Zweck der Vermarktung schaffen und über Web 2.0-Plattformen streuen. Bspw. nutzte die Kosmetikmarke Dove die virale Kraft des Video-Portals YouTube zur Verbreitung ihres originellen Imagefilms „Dove Evolution" – der Clip wurde bislang etwa acht Millionen. Mal abgerufen. Der Finanzdienstleister JP Morgan Chase bewarb Kreditkarten für Studenten über eine Gruppe im sozialen Netzwerk Facebook und erreichte mithilfe der Community-Funktionen mehr als 50.000 Jugendliche. Der Sportartikelhersteller adidas errichtete eine Filiale in der virtuellen Spielewelt SecondLife, um Produktneueinführungen virtuell zu begleiten und erhöhte dadurch die Markenbekanntheit in der jungen Zielgruppe (Breuer 2007).

Drittens kann UGB neben angewandter Marktforschung und Vermarktung auch der Kundenbindung dienen – vorausgesetzt, das markenführende Unternehmen nimmt aktiv am Social Web teil. Um die Markenloyalität zu stärken, können sowohl Communities von Dritten ausgeschöpft als auch eigene Communities geschaffen werden. Bspw. gründete der Konsumgüterhersteller P&G die Online-Community „Vocalpoint" für Mütter, um neue Produkte via Mundpropaganda bekannt zu ma-

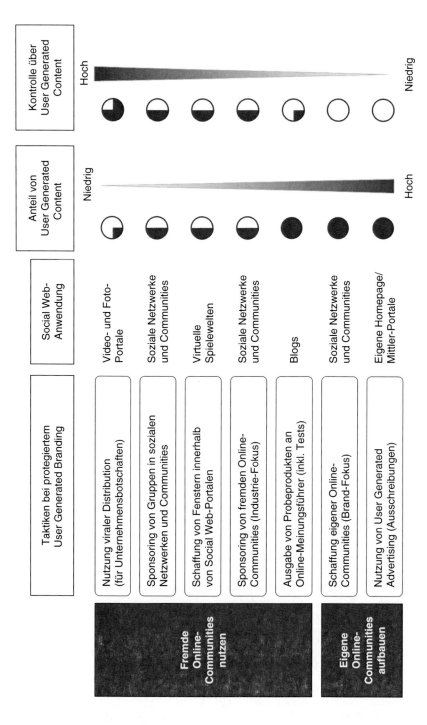

Abb. 25.5 Taktiken im Rahmen von protegiertem User Generated Branding. (Quelle: In Anlehnung an Burmann u. Arnhold 2008, S. 182)

25 User Generated Branding – Wie Marken vom kreativen Potenzial

chen. Geschätzt wird, dass über die meinungsführenden Community-Mitglieder bis zu 18 Mio. andere Nachfrager erreicht werden können. Dem Getränkehersteller Red Bull gelang es, sich über seine Community „Red Bull Music Academy" als Anlaufstelle für Musikfans und Künstler zu profilieren und dadurch die Markenbekanntheit in der Zielgruppe zu stärken.

Die oben genannten Anwendungen von User Generated Branding können auch auf die innengerichtete Markenführung übertragen werden. In diesem Fall geht es um die Stimulans von markenbezogenen Inhalten von Mitarbeitern außerhalb der Marketing-Routinen. Bspw. errichtete der Lebensmittelhersteller FROSTA eine Blogseite, die von Mitarbeitern geschrieben und von anderen Mitarbeitern und Nachfragern kommentiert werden kann. So können neue Ideen, aber auch kritische Anmerkungen von internen und externen Zielgruppen wahrgenommen werden, die sowohl als Indikator für mögliche Verbesserungen der Markenleistungen als auch als Frühwarnsystem für sinkendes markenbewusstes Verhalten der Mitarbeiter herangezogen werden können.

Die Anwendung von UGB in der Praxis ist eng mit der Unternehmensstrategie verbunden. Berthon et al. (2007, S. 44 f.) konstatieren, dass der Umgang von Unternehmen mit Nutzerinnovation grundsätzlich vier Ausprägungen haben kann, betrachtet man sowohl die Haltung des Unternehmens als auch seine Maßnahmen hinsichtlich kreativen Nachfragern. In Abhängigkeit von der Einstellung des Topmanagements kann die Haltung einer Marke zu User Generated Content daher von negativ zu positiv reichen. Die daraus folgenden Maßnahmen können aktiver oder passiver Natur sein (vgl. Abb. 25.6).

Bislang scheint „Ablehnen" die Standard-Haltung vieler Unternehmen zu sein: Sie haben zwar Vorbehalte gegenüber kreativen Nachfragern, wirken ihnen und

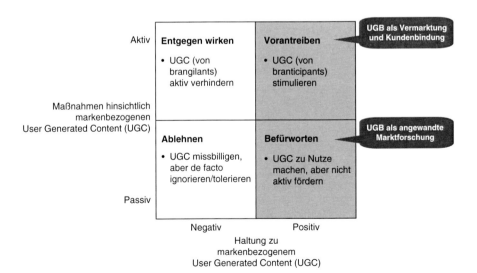

Abb. 25.6 Haltung von Unternehmen zu nutzergenerierten Markenbotschaften. (Quelle: In Anlehnung an Berthon et al. 2007, S. 44)

ihren Inhalten aber nicht entgegen. Um jedoch die aufgezeigten Potenziale von User Generated Branding ausschöpfen zu können, ist eine aufgeschlossene Haltung der Unternehmensleitung unverzichtbar. Daher sollte in Zukunft „Befürworten" und „Vorantreiben" die Standard-Einstellung gegenüber Markenbotschaften aus Nutzer-Hand sein.

25.7 Fazit und Ausblick

Der vorliegende Beitrag hat anhand des User Generated Branding-Ansatzes von Burmann u. Arnhold (2008) aufgezeigt, wie sich markenführende Unternehmen das Social Web zu Eigen machen können. Ob als Plattform der Ideensuche, zum Zwecke der Vermarktung oder als Instrument der innengerichteten Markenführung — das Mitmach-Netz bietet vielfältige Möglichkeiten für eine interaktive Markenführung. Unternehmen können dabei sowohl aus unabhängig verbreiteten Markenbotschaften in Foren und Communities lernen als auch selbst Nutzer zu markenbezogenen Beiträgen aufrufen.

Voraussetzung ist jedoch in beiden Fällen, dass sich Markenmanager an die Spielregeln des Social Web halten. D. h.: Offenheit, Teilhabe aller und Netzwerk-Effekte. Wer auf der einen Seite hofft, dass Nutzer Markenbotschaften positiv aufnehmen und nach dem Schnellball-Effekt verbreiten, muss auf der anderen Seite auch damit rechnen, dass gesendete Inhalte von Nutzern öffentlich diskutiert und kritisiert werden. Die Wahrnehmung der Markenbotschaft durch die Zielgruppe kann, wie generell in der Markenführung, nicht kontrolliert werden; das strategische und operative Markenmanagement dagegen schon.

Wie sich verschiedene Markenmanagement-Ansätze im Social Web auswirken, kann in der jetzigen frühen Entwicklungsphase nur erahnt werden. Zwar deuten die angeführten Beispiele aus der Markenmanagement-Praxis positive Effekte auf die Markenwahrnehmung an, in welchem Maße das Social Web die Beziehung von Nachfragern und Mitarbeitern zur Marke jedoch genau stärkt, ist in Zukunft im Rahmen von empirischen Arbeiten zu erforschen.

Bibliografie

AGOF. (2008). *Internet facts 2008-I: Graphiken zu dem Berichtsband*, PowerPoint-Präsentation. http://www.agof.de/archiv-studien.364.de.html. Gesehen am 1. Okt 2008.

Berthon, P., Pitt, L., & Campbell, C. (2008). Ad lib: When customers create the Ad. *California Management Review, 50*(4), 6–30.

Berthon, P. R., Pitt, L. F., McCarthy, I., & Kates, S. M. (2007). When customers get clever: Managerial approaches to dealing with creative consumers. *Business Horizons, 50*(1), 39–47.

Bishop, C. (2007). *Customer-generated advertisements, social media marketing symposium*. Chicago.

Breuer, M. (2007). *Second Life und Business in virtuellen Welten* (Arbeitspapier). Hamburg: Elephant Seven.

Burmann, C., & Arnhold, U. (2008). *User generated branding: State of the art of research*. Berlin: LIT.

Burmann, C., & Schallehn, M. (2008). *Die Bedeutung der Marken-Authentizität für die Markenprofilierung* (Arbeitspapier 2008 Nr. 31). Bremen, Deutschland: Universität Bremen, Lehrstuhl für innovatives Markenmanagement (LiM).

Burmann, C., Zeplin, S., & Riley, N. (2008). Key determinants of internal brand management success: An exploratory empirical analysis. *Journal of Brand Management, 12*(4), 279–300.

Cherkoff, J. (2005). What is Open Source Marketing?, Manifest. http://www.changethis.com/14.OpenSourceMktg. Gesehen am 14. Apr 2008.

Fisch, M., & Gscheidle, C. (2008). Mitmachnetz 2.0: Rege Beteiligung nur in Communities. *Media Perspektiven, 7*, 356–364.

Frank, M. (2008, Februar 14). *Demokratische Markenführung – User Generated Advertising*. Best Brands College 2008 (Präsentation). München.

Garfield, B. (2005). Listenomics. *Advertising Age, 76*(41), 1–35.

Gillmor, D. (2004). We the media: Grassroots journalism by the people, for the people. http://oreilly.com/catalog/wemedia/book/index.csp. Gesehen am 21. Juni 2008.

Gretzel, U., & Yoo, K. (2008). Use and impact of online travel reviews. In P. O'Connor, W. Höpken, & U. Gretzel (Hrsg.), *Information and Communication Technologies in Tourism 2008* (S. 35–46). Wien.

Hecht, R. (2007). User-generated branding. http://archive.constantcontact.com/fs089/1101513514408/archive/1101550371019.html. Gesehen am 3. Apr 2008.

von Hippel, E. (1986). Lead Users: A Source of Novel Product Concepts. *Management Science, 32*(7), 791–805.

IPSOS. (2006, November 21). Hotwire/Ipsos: Blogs beeinflussen Kaufentscheidungen, Werben & Verkaufen. http://www.wuv.de/studien/2006/11/48354/index.php. Gesehen am 11. Aug 2008.

Ives, N. (2004, Dezember 23). Unauthorized Campaigns Used by Unauthorized Creators Become a Trend. *The New York Times*. http://www.nytimes.com/2004/12/23/business/media/23adco.html. Gesehen am 22. Apr 2008.

Kahney, L. (2004, Dezember 13). Home-brew iPod ad opens eyes, Wired news. http://www.wired.com/gadgets/mods/commentary/cultofmac/2004/12/66001. Gesehen am 22. Apr 2008.

Knappe, M., & Kracklauer, A. (2007). *Verkaufschance Web 2.0: Dialoge fördern, Absätze steigern, neue Märkte erschließen*. Wiesbaden: Gabler.

Kozinets, R. V. (2008, Februar 14). *eTribalized branding: The online communal revolution*. Best Brands College 2008 (Präsentation). München.

von Krogh, G., & von Hippel, E. (2003). Special issue on open source software development. *Research Policy, 32*(7), 1149–1157.

Lanier, C. D., Schau, H. J., & Muniz, A. M. (2007). Write and wrong: Ownership, access and value in consumer co-created online fan fiction. In: *Advances in Consumer Research – North American Conference Proceedings* (S. 697–698). 34/2007.

Mangold, M., & Veigel, A. (2008). *DLD Survey 2008 – an expert survey about media, marketing, digital, life & design*. Digital, Life & Design (DLD) Conference (Präsentation). München.

McConnell, B., & Huba, J. (2006). Giving up control and other scary lessons. *Brandweek, 47*(45), 20–24.

Meffert, H., Burmann, C., & Kirchgeorg, M. (2008). *Marketing – Grundlagen marktorientierter Unternehmensführung* (10. Aufl.). Wiesbaden: Gabler.

Muniz, A. M., & O'Guinn, T. C. (2001). Brand community. *Journal of Consumer Research, 27*(4), 412–432.

Muniz, A. M., & Schau, H. J. (2007). Vigilante marketing and consumer-created communications. *Journal of Advertising, 36*(3), 187–202.

Nyilasy, G. (2006). Word of mouth: what we really know – and what we don't. In J. Kirby, & P. Marsden (Hrsg.), *Connected Marketing: The Viral, Buzz and Word of Mouth Revolution* (S. 161–184). Oxford: Butterworth-Heinemann.

Pitt, L. F., Watson, R. T., Berthon, P., Wynn, D., & Zinkhan, G. (2006). The Penguin's Window: Corporate Brands From an Open-Source Perspective. *Journal of the Academy of Marketing Science, 34*(2), 115–127.

Surowiecki, J. (2004). *The wisdom of crowds: Why the many are smarter than the few and how collective wisdom shapes business, economies, societies, and Nations.* New York: The Wisdom of Crowds.

Tapscott, D., & Williams, A. D. (2006). *Wikinomics: How mass collaboration changes everything.* New York: Portfolio.

Toffler, A. (1980). *The third wave.* New York: Bantam Books.

Ye, Q., Law, R., & Gu, B. (2008). The impact of online user reviews on hotel room sales. *International Journal of Hospitality Management, 28*(1), 180–182.

Kapitel 26
Internetbasierte Kommunikationsinstrumente zur Markenprofilierung

Christoph Burmann, Fabian Stichnoth und Christian Becker

Zusammenfassung: Das Internet ist in den letzten Jahren zu einer der bedeutendsten Informationsquellen geworden und hat durch die Entwicklung des Social Web die Art und Weise, wie Nachfrager ihre Kaufentscheidungen treffen, drastisch verändert. Millionen von Usern nutzen heute Podcasts, Blogs, Chats oder Communities und diskutieren virtuell über Produkte und Dienstleistungen, geben sich gegenseitig Kauftipps oder nehmen Produktbewertungen vor. In welcher Form Unternehmen sich dies zu Nutze machen können, wurde bisher nur wenig erforscht. Daher ist es das Anliegen dieses Beitrags, virtuelle Kommunikationsinstrumente und deren Einfluss auf die Marke-Kunden-Beziehung aufzuzeigen und darzustellen, wie markenführende Unternehmen internetbasierte Kommunikationsinstrumente zur Markenprofilierung nutzen können.

Schlüsselwörter: Marke-Kunde-Beziehung • Virtuelle Brand Communities • Web 2.0 • Markenführung

26.1 Einleitung: Relevanz virtueller Brand Communities für das Markenmanagement

Das Internet hat unser Leben in den letzten Jahren bedeutsam verändert. Daher ist es heute kaum vorstellbar, dass vor nicht einmal 20 Jahren lediglich die Wissenschaft Zugang zu Computernetzwerken hatte (Walter 2000). War es in den 1990er Jahren noch notwendig, sich bei einem geplanten Kauf auf die in der Werbung suggerierten Markenversprechen, die Aussagen von Händlern oder „gute Ratschläge" aus dem direkten persönlichen Umfeld zu verlassen, so ist mittlerweile das Internet zu einer der wichtigsten Informationsquellen geworden. Es hat die Art und Weise, wie Nachfrager ihre Kaufentscheidungen treffen, stark verändert. Neben der Kon-

---

C. Burmann (✉)
Universität Bremen, Lortzingstr. 72, 50931 Köln, Deutschland
e-mail: burmann@uni-bremen.de

sumelektronikbranche zeigt sich dies besonders stark im Tourismus: Ob Hotelbuchungen oder Flugpreisvergleich: viele Reisende inkludieren das Internet in ihre Recherche und nutzen es oft als einzige Informationsquelle. Die meisten Reiseanbieter ermöglichen z. B. die Bewertung von Hotels durch Nachfrager. Diese stellen wiederum eine wichtige Entscheidungsgrundlage für die Buchung eines Hotels dar. (Rengelshausen u. Schmeißer 2007, S. 2).

Im Internet finden Nachfrager per Mausklick Informationen über nahezu jedes Produkt. Geschrieben von Personen, die wissen, wovon sie sprechen und dies nicht, weil sie das Produkt hergestellt haben und verkaufen wollen, sondern weil sie es benutzen oder benutzt haben. Zudem verfolgen Nutzer im Vergleich zu Unternehmen kein monetäres Interesse bei ihren Produktbewertungen – weshalb ihre Botschaften als glaubwürdig wahrgenommen werden (Meyer 2004, S. 226 f.; Schoegel et al. 2005, S. 3; Stichnoth 2008, S. 28). Die Motivation der Nutzer sich im Internet auszutauschen ist dabei keine Neue: Durch die Nutzung des Internets können Menschen ihr seit jeher vorhandenes Interaktionsbedürfnis befriedigen (Bauer u. Grether 2004, S. 135). Hierzu bietet das Internet zahlreiche Möglichkeiten: Sei es der eher konventionelle Weg der E-Mail oder aber die moderneren Formen der Podcasts, Blogs, Chats oder der Communities.

Communities – definiert als „[…] abgegrenztes Netzwerk von miteinander in sozialer Interaktion stehender, sich gegenseitig moralisch verantwortlich fühlender Menschen, die sich gegenseitig unterstützen und ein Zusammengehörigkeitsgefühl entwickeln […]" (Stichnoth 2008, S. 23) existieren sowohl „offline" im realen Leben als auch im Internet in verschiedenen Formen. In zahlreichen Communities schließen sich Markenfans zusammen, um zu diskutieren, sich zu beratschlagen, Empfehlungen auszusprechen oder um die Marke gemeinsam zu erleben. Diese Communities werden als „Brand Communities" bezeichnet. Auch wenn nahezu täglich neue Brand Communities entstehen und in den bereits vorhandenen unzählig viele Interaktionen zwischen den weltweit geschätzten 80 Mio. Mitgliedern stattfinden, haben bisher nur wenige markenführende Unternehmen ihr großes Potential für die Markenführung festgestellt (Loewenfeld von et al. 2006, S. 933). Als Folge steigt die Anzahl der privat initiierten Brand Communities rasant an, während nur wenige Unternehmen auf diesen Zug aufzuspringen.

Dies verwundert besonders vor dem Hintergrund, dass Brand Communities bei der Bildung des Markenwertes ein großer Einfluss zugesprochen wird. Begründet wird dieser Einfluss durch das „Gesetz der wechselseitigen vorteilhaften Interaktion". Hiernach wird der Wert einer Marke wesentlich von der wechselseitigen vorteilhaften Interaktion zwischen der Marke und ihrer größten Community bestimmt (Upshaw u. Taylor 2000, S. 102).

Virtuelle Kommunikationsinstrumente wie Brand Communities und Kundenclubs haben sich bisher in erster Linie um Produkte und Marken des täglichen Lebens gebildet (bspw. z. B. für die Marke Porsche im Automobilbereich oder Sony Ericsson bei Mobilfunkgeräten). In der Dienstleistungsbranche sucht man hiernach vergebens. Dies gilt auch für die Tourismusindustrie, deren Gesamtumsatz in Europa bereits zu 28 % online generiert wird (PhoCusWright 2008). Dabei gilt gerade hier das Internet als wichtige Informationsquelle: Nach Gretzel und Yoo (2008) geben drei Viertel aller Reisenden Online-Bewertungen als wichtige Informationsquelle zur Reiseplanung an. Positive Online-Bewertungen führen dabei zu einer deutlichen Steigerung der Hotelbuchungen (Ye et al. 2008). Aufgrund des hohen Involvements der Zielgruppe bei der Informationssuche wäre die Tourismusbranche prädestiniert für den Aufbau von Brand Communities. Zudem stellt eine Plattform zur Dokumentation der eigenen Reise und dem Austausch darüber mit anderen Reisenden einen Value Added Service und eine interessante Möglichkeit zur Kundenbindung dar.

Im Folgenden wird die Bedeutung von Brand Communities und Kundenclubs im Internet für die Markenführung dargestellt. Basis ist die identitätsbasierte Markenführung und hier insbesondere die Beziehung von Kunden zu ihren Marken. Anhand einer empirischen Untersuchung werden die hohe Bedeutung beider Kommunikationsinstrumente dargestellt und Hinweise für den Aufbau und die Gestaltung gegeben.

26.2 Der Ansatz der identitätsbasierten Markenführung als Grundlage der Studie

Im Rahmen des ganzheitlich ausgerichteten identitätsbasierten Markenmanagementansatzes wird die Marke als ein Nutzenbündel verstanden, das sich aus Sicht der relevanten Zielgruppen nachhaltig von anderen Nutzenbündeln differenziert (Burmann et al. 2005, S. 7). Das Nutzenbündel Marke konstituiert sich dabei stets aus materiellen und immateriellen Komponenten. Die Marke beinhaltet zum einen physisch-funktionale und zum anderen symbolische Nutzenkomponenten. Letztere haben einen besonders starken Einfluss auf das Kaufverhalten, da eine Markendifferenzierung über funktionale Nutzenkomponenten aufgrund einer zunehmenden technischen Angleichung nur schwer möglich und meistens nicht längerfristig zu verteidigen ist, ergo selten einen Wettbewerbsvorteil darstellt (Backhaus u. Voeth 2007, S. 15 ff.).

Der Ansatz des identitätsbasierten Markenmanagements geht über die einseitige Ausrichtung auf die Wahrnehmung beim Nachfrager (Fremdbild) hinaus und ergänzt diese klassische Outside-In-Perspektive der Marktbetrachtung um eine Inside-Out-Perspektive, welche das Selbstbild der Marke aus Sicht der internen Zielgruppen analysiert. Das Selbstbild wird in diesem Kontext als Markenidentität (unternehmensinternes Führungskonzept), das Fremdbild als Markenimage (unternehmensexternes Marktwirkungskonzept) verstanden (Burmann et al. 2007). Das Markenimage lässt sich nicht direkt verändern, sondern nur indirekt über die Gestaltung der Markenidentität beeinflussen. Der Ansatz der identitätsbasierten Markenführung gilt seit einigen Jahren als „State of the Art" der Markenführung.

Auf der Markenidentität, welche die eigentliche Substanz einer Marke bildet, beruht die Differenzierungskraft der Marke. Die Markenidentität wird dabei als „diejenigen raum-zeitlich gleichartigen Merkmale der Marke, die aus Sicht der internen Zielgruppen in nachhaltiger Weise den Charakter der Marke prägen" definiert (Bur-

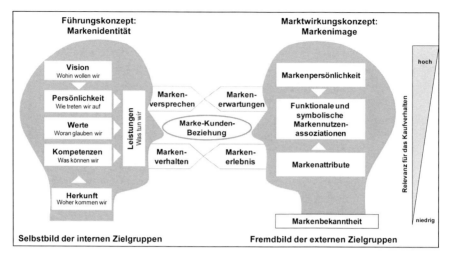

Abb. 26.1 Grundkonzept der identitätsbasierten Markenführung. (Quelle: Eigene Darstellung in enger Anlehnung an Burmann et al. 2007, S. 3; Meffert et al. 2008, S. 359 ff.)

mann u. Meffert 2005, S. 49). Auf Basis verhaltenswissenschaftlicher Erkenntnisse lässt sich die Markenidentität in sechs Komponenten zerlegen: Markenherkunft, Markenführungskompetenzen, Markenwerte, Markenpersönlichkeit, Markenvision und Markenleistungen. Erst durch die klare und konsistente Umsetzung der Markenidentitätskomponenten in ein differenzierendes, für die externen Zielgruppen verständliches, verhaltensrelevantes Markennutzenversprechen und ein darauf abgestimmtes Verhalten aller Markenmitarbeiter wird die Grundlage für eine dauerhafte und stabile Marke-Kunde-Beziehung gebildet (vgl. Abb. 26.1). Erst die Glaubwürdigkeit durch Einlösen des Markennutzenversprechens führt auf Seiten des Nachfragers zu Vertrauen in die Marke (Burmann et al. 2007).

Das Markenimage (Fremdbild) kann als Marktwirkungskonzept hinsichtlich der Beurteilung, Akzeptanz und Verhaltensintention der Nachfrager gegenüber der Marke interpretiert werden und bildet sich durch die Interaktion zwischen Marke und Nachfrager. Es lässt sich definieren als „das in der Psyche relevanter externer Zielgruppen fest verankerte, verdichtete, wertende Vorstellungsbild von einer Marke" (Burmann et al. 2003, S. 6). Die Markenimagebildung ist demnach als ein sozialpsychologisches Phänomen zu verstehen.

26.3 Marke-Kunden-Beziehung als Zielgröße des identitätsbasierten Markenmanagements

Dem Konstrukt der Marke-Kunden-Beziehung wird eine sehr hohe Kaufverhaltensrelevanz zugesprochen, die in vielen empirischen Studien nachgewiesen werden konnte (Blackston 1992; Fournier 1998; Kressmann et al. 2003; Thorbjørnsen et al. 2002; Wenske 2008; Stichnoth 2008). Sie ist daher eine klassische psychographische und somit vorökonomische Zielgröße der Markenführung. Zudem wird die Marke-Kunden-Beziehung im Rahmen des identitätsbasierten Markenführungsansatzes als das verbindende Element zwischen Markenidentität und Markenimage angesehen (vgl. Abb. 26.1).

Die Marke-Kunden-Beziehung kann dabei allgemein als Verbundenheit eines Kunden mit einer Marke beschrieben werden (Burmann et al. 2003). Aus diesem Grunde ist die Stärkung der Marke-Kunden-Beziehung als unmittelbare Zielgröße der Markenführungsaktivitäten anzusehen (Stichnoth 2008, S. 19). Nach Wenske (2008, S. 97) definiert sich die Marke-Kunden-Beziehung als „[…] inhaltlich zusammenhängende, subjektiv bewertete soziale Interaktionen im Sinne eines unmittelbaren und/oder reaktionsorientierten Austausches zwischen Marken und ihren bestehenden Käufern. Diesen Beziehungen liegen kognitive und/oder affektive Bindungsmotive auf Seiten der bestehenden Käufer zugrunde, die durch den funktionalen und symbolischen Nutzen der Marke befriedigt werden" (Wenske 2008, S. 97). Wenske (2008) und Stichnoth (2008) konnten nachweisen, dass Beziehungen zwischen Marken und ihren Kunden einen positiven Einfluss auf die Wiederkauf-, Weiterempfehlungs- und Cross-Buying-Intention sowie auf die Preisbereitschaft ausüben. Demnach kaufen Kunden, die eine starke Bindung zu ihrer Marke haben, die Marke häufiger, empfehlen diese öfter weiter und sind zudem bereit, einen höheren Preis für ihre Marke zu bezahlen. Folglich lassen sich durch die Stärkung der Marke-Kunden-Beziehung die Umsätze einer Marke steigern und somit ökonomische Zielgrößen erreichen (Stichnoth 2008, S. 21).

26.4 Virtuelle Brand Communities und virtuelle Kundenclubs im Rahmen des Relationship-Marketings

Der Begriff „Community" ist besonders im Marketing zu „one of the hottest buzzwords" (Nordin 2001) geworden. Nach von Loewenfeld lässt sich eine Brand Community als „[…] eine ortsungebundene, offline und/oder online existierende, interessenbasierte Gemeinschaft, die speziell auf eine bestimmte Marke ausgerichtet ist und dabei durch die Schaffung einer Umgebung mit einem hohen Identifikationspotential Anhänger und Bewunderer der Marke sowie Kunden mit einem generellen Interesse an der Marke interaktiv vereint. […]" (Loewenfeld von 2006, S. 133) definieren.

Wie schon Hagel und Armstrong (1997, S. 143) in ihrer richtungsweisenden Arbeit früh feststellten, geht von virtuellen (Brand) Communities eine sehr starke Macht aus. Diese beruht u. a. darauf, dass Communities im Allgemeinen und demnach auch virtuelle Brand Communities im Speziellen starken Netzeffekten unterliegen (Lihotzky 2003, S. 109; Panten et al. 2001, S. 133). Diese ergeben sich aus einem Kreislauf aus getätigten Mitgliederbeiträgen und damit steigender Attraktivität der Community, was zu einem verstärkten Mitgliederwachstum führen und folglich weitere Mitgliederbeiträge generieren kann (Lihotzky 2003, S. 127).

Bei der Untersuchung virtueller Brand Communities ist eine Differenzierung anhand der Initiatoren der Communities notwendig. So kann zwischen offiziellen und inoffiziellen virtuellen Brand Communities unterschieden werden. Als offizielle virtuelle Brand Communities werden dabei diejenigen verstanden, welche von den Eigentümern der Marke initiiert und letztlich auch von diesen aktiv gemanagt werden. Inoffizielle virtuelle Brand Communities (VBC) hingegen entstehen auf Initiative von Nachfragern und werden von diesen betrieben. Folglich entziehen sich inoffizielle VBCs dem direkten Einfluss sowie der Steuerung des Markeneigentümers und können von diesem nur indirekt über das aus der Markenidentität resultierenden Markennutzenversprechen und das Markenverhalten beeinflusst werden.

Brand Communities bieten die Möglichkeit, das Konsumerlebnis erheblich zu intensivieren, da ein Mitglied einer Brand Community die Gelegenheit erhält, seine persönlichen Erfahrungen mit zahlreichen weiteren Nachfragern teilen zu können. Daneben können durch den Erfahrungsaustausch zwischen den Mitgliedern neue Nutzungsmöglichkeiten vermittelt werden. Dies kann zudem eine intensivere Nutzung und eine stärkere Kundenbindung zur Folge haben. Nach Schögel et al. (2005, S. 3) können (insbesondere inoffizielle) Brand Communities als Botschafter der Marke angesehen werden, da, wie Meyer (2004, S. 226 f.) und Stichnoth (2008, S. 92 f.) feststellten, den in Communities getroffenen Aussagen mehr Glauben geschenkt wird als den von der Marke selbst kommunizierten. Dies gilt zumindest solange den Communities keine „ökonomische Interessengebundenheit unterstellt wird" (Meyer 2004, S. 226). Brand Communities können weiterhin als Meinungsführer (Opinion Leader) und ihre Mitglieder als Lead User (Hippel von 1986) im Bezug auf die im Mittelpunkt der Betrachtung stehende Marke angesehen werden. Sie ermöglichen durch Ihre konstitutive Interaktion den Dialog mit diesen, woraus wertvolle Hinweise für die Produktentwicklung gewonnen werden können (Schoegel et al. 2005, S. 3). Eine Gefahr des Phänomens Brand Community kann darin bestehen, dass der Einfluss des Markeneigentümers auf (insbesondere inoffizielle) Brand Communities äußerst gering ist. Deshalb wird mit Brand Communities auch die Angst vor einem Kontrollverlust seitens der Markenführung verbunden. Eine negative Kommunikation in der Community kann die Marke schädigen. Aufgrund des großen Potentials, welches internetbasierte Kommunikationsinstrumente mit sich bringen, ist diese Gefahr allerdings im Vergleich zu den Chancen als eher nachrangig zu erachten.

Den VCBs ähnlich sind virtuelle Kundenclubs. Diese werden üblicherweise von dem Markeneigentümer initiiert, geplant und verwaltet. Virtuelle Kundenclubs zeichnen sich durch dyadische und dialogorientierte Kommunikation sowie Beziehungen aus, wohingegen die Kommunikation und Interaktion in virtuellen Brand Communities in einer triadischen Art und Weise stattfindet. Innerhalb von (virtuellen) Brand Communities kann nach McAlexander et al. (2002, S. 39) von einem vierfachen Beziehungsgefüge gesprochen werden, welches sich in der Beziehung des Kunden zur Marke, zum Produkt, zum Anbieter und zu anderen Kunden niederschlägt. Muniz/O'Guinn hingegen sprechen von einer sog. „Brand Community-Triade" (2001, S. 427), welche die Beziehung zwischen Marke und Kunde, die zwischen Kunde und Kunde sowie die Beziehung zwischen Kunde und Community umfasst. Letztere beinhaltet zugleich die von McAlexander, Schouten und Koenig genannte Beziehung zwischen Kunde und Unternehmen, da nach Crosby und John-

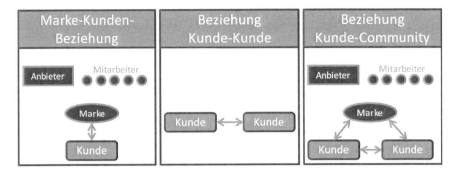

Abb. 26.2 Typische Beziehungen einer virtuellen Brand Community. (Quelle: Eigene Darstellung in enger Anlehnung an Loewenfeld von 2006, S. 126; Wenske 2008, S. 15)

son (2003, S. 10) „a brand is who a company is and what it does" gilt. Ebenso ist die Beziehung zwischen Kunde und Produkt integriert, da eine Marke „the consumer's idea of a product" (Ogilvy 1951 zit. in Esch 2007, S. 22) ist. Abbildung 26.2 zeigt diese Beziehungen einer virtuellen Brand Community auf.

(Virtuelle) Kundenclubs, die von dem markenführenden Unternehmen initiiert, geplant und verwaltet werden, zielen auf den Aufbau einer starken (emotionalen) Beziehung zwischen der Marke und dem Kunden (Butscher 1998, S. 105). Die Erreichung vorökonomischer Zwischenziele führt nachgelagert zu einem ökonomischen Erfolg, wie in der Abb. 26.3 dargestellt ist.

Bei den Zwischenzielen handelt es sich sowohl um einstellungs- als auch verhaltensbezogene Wirkungen, die bei den Mitgliedern des Kundenclubs erreicht werden sollen (Butscher 1998, S. 106 ff.; Butscher u. Müller 2006, S. 46 ff.; Holz 1998,

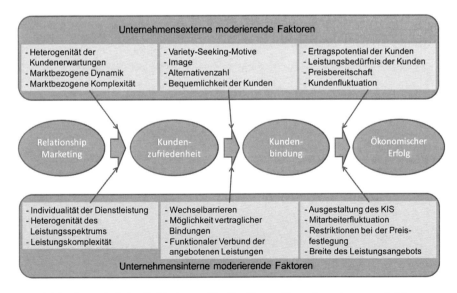

Abb. 26.3 Exemplarische Erfolgskette. (Quelle: Eigene Darstellung in enger Anlehnung an Bruhn 2001, S. 58)

S. 41 ff.). Die einstellungsbezogenen Wirkungen umfassen dabei u. a. die Markenimagewahrnehmung, das Markenvertrauen und die Zufriedenheit mit der Marke (Wiencke u. Koke 1995, S. 184 f.). Die angestrebten verhaltensbezogenen Wirkungen beinhalten insbesondere die Erreichung einer hohen Kundenbindung und den damit einhergehenden „Nebenwirkungen" wie bspw. dem intendierten- und faktischen Wiederkauf. Daneben existieren auch klare unternehmensseitige Ziele, wie die Erreichung ökonomischer Wirkungen (bspw. Umsatzsteigerung), die Schaffung eines neuen Instrumentes zur Zielgruppenansprache sowie dem Aufbau einer umfangreichen Kundendatenbank (Butscher 1998, S. 110 f.; Hagel III u. Ravport 1997, S. 53 ff.). Kundendatenbanken können zur Marktforschung eingesetzt werden um wertvolle Hinweise bspw. für die Produktentwicklung oder zur Qualitätskontrolle zu erhalten (Holz 1998, S. 118). Zudem ermöglicht die Datengewinnung eine stark personalisierte und damit individuelle (Zielgruppen-) Ansprache, was Streuverluste der Massenkommunikation vermeiden lässt (Wirtz 2001, S. 517; Krafft u. Bromberger 2001, S. 173; Tomczak et al. 2008, S. 253). Daher wird durch Kundenclubs versucht, die Kontaktfrequenz mit den Mitgliedern zu erhöhen.

Ein weiteres wichtiges Ziel ist die Neukundengewinnung durch Mund-zu-Mund-Propaganda (Word of Mouth) zufriedener Clubmitglieder. Diese kann andere Nicht-Kunden oder Nicht-Clubmitglieder dazu bewegen, dem Club beizutreten und ggf. einen Kauf der Marke zu tätigen. Die Neukundengewinnung kann daneben auch auf anderem Wege, z. B. durch eine besonders attraktive Gestaltung der Clubleistungen, erfolgen. Abbildung 26.4 stellt die Hauptziele von Kundenclubs grafisch dar.

Wie Abb. 26.5 veranschaulicht, verfolgen offizielle virtuelle Brand Communities ähnliche Ziele wie es (virtuelle) Kundenclubs tun. Somit gilt es auch hier als das unternehmensseitige Hauptziel, eine langfristig stabile Beziehung zu den Kunden bzw. den Community-Mitgliedern aufzubauen um anschließend ökonomische

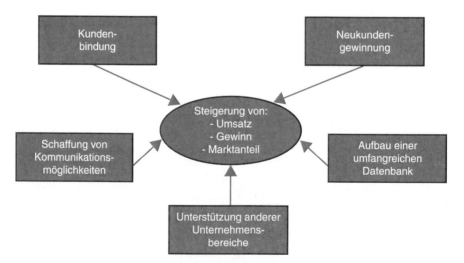

Abb. 26.4 Hauptziele eines Kundenclubs. (Quelle: Eigene Darstellung in enger Anlehnung an Holz 1998, S. 119)

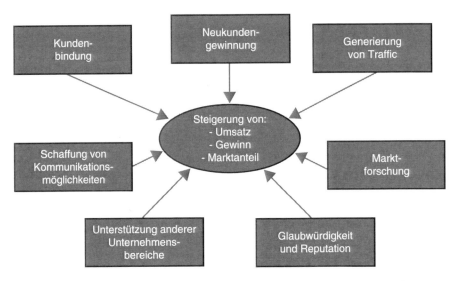

Abb. 26.5 Ziele Brand Community. (Quelle: Eigene Darstellung in Anlehnung an Tietz 2007, S. 178 ff.)

Ziele zu erreichen. Virtuelle Brand Communities versuchen diese Beziehung durch intensivere Interaktionsmöglichkeiten zu forcieren. Basieren virtuelle Kundenclubs noch auf einer dialogorientierten Kommunikation zwischen Marke und Kunde, so ist diese innerhalb virtueller Brand Communities nicht nur auf die Kommunikation zwischen o. g. beschränkt, sondern ermöglicht zudem eine Interaktion und damit Beziehung zwischen den Mitgliedern und der Community an sich. Folglich ist es nicht nur eine dyadische Beziehung, sondern eine Triade mit den Elementen Marke, Konsument und Community, auf der eine Brand Community basiert (Muniz Jr. u. O'Guinn 2001, S. 418 ff.).

Über die Einrichtung einer offiziellen VBC soll die Bindung der Mitglieder an die Marke verstärkt werden. Diese stärkere Kundenbindung folgt der Überlegung, dass sich die Mitglieder zunächst durch ihre Mitgliedschaft in der Brand Community an diese und darüber an die Marke binden (Tietz 2007, S. 178). Weiterhin dienen (virtuelle) Brand Communities auch zu Marktforschungszwecken, welche zum einen durch gezielte Befragungen, zum anderen durch Auswertung der mitgeteilten Informationen der Mitglieder verfolgt werden. Gleichzeitig werden auch bei Brand Communities die gewonnenen Informationen zur gezielteren Zielgruppenansprache genutzt, wofür die Community selbst einen zusätzlichen Kommunikationskanal darstellt. Dieser zusätzliche Kommunikationskanal ermöglicht es andere Unternehmensbereiche (bspw. den Support) zu entlasten, indem bspw. Fragen, die normalerweise an den telefonischen Support herangetragen werden, innerhalb der Community von anderen Mitgliedern beantwortet werden. Auch können in der Community ausgedrückte Ideen und Verbesserungsvorschläge der Mitglieder für die Produktverbesserung oder -entwicklung verwendet werden (Tietz 2007, S. 180). Daneben ist es Ziel einer offiziellen virtuellen Brand Community, ihre Mitglieder nicht nur längerfristig als Kunden zu binden oder sie als Kunden zu gewinnen, sondern sie zugleich durch Initiierung von Mundpropaganda (Word of Mouth) zu aktiven Verkäufern zu machen.

26.5 Empirische Studie zu internetbasierten Kommunikationsinstrumenten zur Stärkung der Marke-Kunden-Beziehung

Um den Einfluss virtueller Brand Community und Kundenclubs auf die Marke-Kunden-Beziehung zu analysieren, wurde eine umfassende empirische Untersuchung am Lehrstuhl für innovatives Markenmanagement (LiM®) der Universität Bremen durchgeführt, deren zentrale Ergebnisse im folgenden vorgestellt werden (vgl. zu den Studienergebnissen ausführlich Stichnoth 2008).

Die Gewinnung der für die Analyse erforderlichen Daten erfolgte mittels einer Online-Befragung, da diese einen besonders starken Fit zu dem Untersuchungsgegenstand der internetbasierten Kommunikationsinstrumente aufweist. Im Rahmen der Befragung konnten 2.121 verwertbare Fragebögen generiert werden, von denen 33 % der Teilnehmer Mitglied eines virtuellen Kundenclubs oder Nutzer einer virtuellen Brand Community waren. Daneben wurde eine Vergleichsgruppe von 1.415 Teilnehmern generiert. Diese bestand aus Probanden, die weder Mitglied eines thematisierten Kundenclubs noch Nutzer einer der ausgewählten virtuellen Brand Community waren, denen die genannten Marken aber bekannt sind. Die Daten wurden anhand verschiedener multivariater Analyseverfahren ausgewertet, u. a. mit Hilfe der Faktoren- und Regressionsanalyse.

Zunächst konnten die von Wenske festgestellten Ergebnisse, z. B. die ermittelten verhaltens- und einstellungsbezogenen Wirkungen der Marke-Kunden-Beziehung zur MKB (Wenske 2008), bestätigt werden: Über die Stärke der Marke-Kunden-Beziehung können 46 % der Wiederkaufintention, 44 % der Cross-Buying-Intention und 60 % des Weiterempfehlungsverhaltens erklärt werden. Außerdem übt die MKB einen negativen Einfluss auf die Attraktivität von Wettbewerbsmarken aus und erhöht die Preisbereitschaft der Nachfrager. Diese Einstellung schlägt sich im tatsächlichen Wiederkauf- und Weiterempfehlungsverhalten nieder. Knapp 70 % derjenigen, die eine starke MKB aufweisen, kaufen ein Produkt der jeweiligen Marke nach dem Erstkauf mindestens drei weitere Male (Stichnoth 2008, S. 66 ff.).

Die Untersuchung des Einflusses der Nutzung virtueller Kommunikationsinstrumente zeigt zunächst, dass die Nutzer virtueller Brand Communities und Kundenclubs eine stärkere Marke-Kunden-Beziehung aufweisen, als diejenigen Probanden, die keine Mitgliedschaft innehaben. Demnach übt schon allein die Nutzung virtueller Kommunikationsinstrumente einen positiven Einfluss auf die Stärke der Marke-Kunden-Beziehung aus (vgl. Abb. 26.6). Dies bestätigt sich auch dadurch, dass sich die Mitgliedschaft in virtuellen Brand Communities oder Kundenclubs auf alle o. g. Wirkungen der Marke-Kunden-Beziehungen niederschlägt. So haben Mitglieder und Nutzer virtueller Kommunikationsinstrumente ein deutlich positiveres

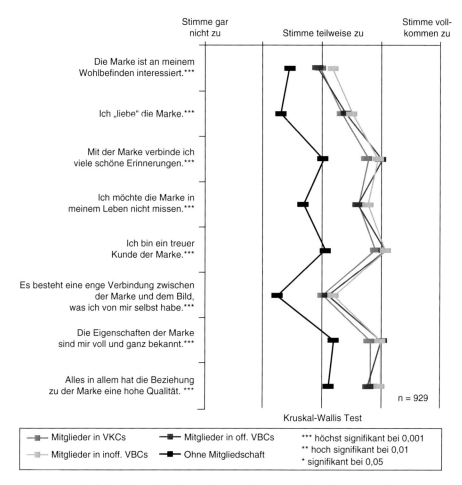

Abb. 26.6 Mitgliedschaft und Marke-Kunden-Beziehung. (Quelle: Eigene Darstellung in Anlehnung an Stichnoth (2008), S. 82)

Vorstellungsbild der jeweiligen Marke als Nicht-Mitglieder. Zudem sind Mitglieder der Marke gegenüber loyaler, woraus u. a. eine höhere Wiederkauf- und Weiterempfehlungsintention sowie ein höheres tatsächliches Wiederkauf- und Weiterempfehlungsverhalten resultieren. Sowohl virtuelle Kundenclubs als auch offizielle und inoffizielle virtuelle Brand Communities ermöglichen demnach den Aufbau stärkerer Beziehungen zu der Marke. Internetbasierte Kommunikationsinstrumente können demnach als wichtige Instrumente im Rahmen des Relationship-Marketing angesehen werden.

Neben der bloßen Mitgliedschaft in virtuellen Brand Communities und Kundenclubs konnte ein vom Brand Community-Gefallen ausgehender Einfluss auf die Marke-Kunden-Beziehung nachgewiesen werden. Das Brand Community-Gefallen (analog dazu das Kundenclub-Gefallen) ist in der Lage, knapp 20 % der Stärke der Marke-Kunden-Beziehung zu erklären. Dabei führt eine positivere Bewertung (insbesondere hinsichtlich der Attraktivität) des Kommunikationsinstrumentes zu einer stärkeren Beziehung zu der Marke. Ein Vergleich von offiziellen und inoffiziellen Brand Communities mit virtuellen Kundenclubs über alle Indikatoren des Brand Community-Gefallens hinweg zeigt eine deutlich positivere Bewertung seitens der Mitglieder virtueller Brand Communities. Es gilt demnach, nicht nur einen Kundenclub oder besser eine Brand Community ins Leben zu rufen, sondern diese Instrumente zudem mit attraktiven Angeboten (bspw. einer bevorzugten Informationsbereitstellung über Reiseziele oder exklusiver Preisvorteile) zu versehen, um die maximalen Wirkungen auf die Marke-Kunden-Beziehung und damit auf den ökonomischen Erfolg der Marke zu erzielen.

Als weitere Determinante der Marke-Kunden-Beziehung wurde die Kontaktdauer mit dem Kommunikationsinstrument untersucht: Dabei konnte zwischen Kontaktdauer und der Marke-Kunden-Beziehungsstärke ein schwacher Zusammenhang nachgewiesen werden. Um diesen Zusammenhang zu verstärken, muss es demnach das Ziel der Betreiber der internetbasierten Kommunikationsinstrumente sein, die Nutzer durch die Angebote zu „fesseln" und die Kontaktdauer entsprechend zu erhöhen. Auch hier wird attraktiven Angeboten mit hohem Zusatznutzen eine zentrale Rolle zuteil. Aufgrund der Beschaffenheit virtueller Brand Communities mit ihren triadischen und damit weiterreichenden Interaktionsmöglichkeiten (Diskussionsforen) haben diese gegenüber virtueller Kundenclubs einen Vorteil, da sie eher zum Verweilen einladen als die meisten Angebote innerhalb virtueller Kundenclubs.

Weiterhin zeigte sich, dass virtuellen Kundenclubs und Brand Communities z. T. zugestanden wird, die Glaubwürdigkeit der Marke zu erhöhen. Hierbei erfahren offizielle virtuelle Brand Communities eine geringfügig glaubwürdigere Bewertung als virtuelle Kundenclubs. Es konnte bestätigt werden, dass inoffizielle virtuelle Brand Communities die Glaubwürdigkeit der Marke am stärksten erhöhen, da sich diese durch ihre Unabhängigkeit vom Markeneigentümer auszeichnen. Weiter kann festgehalten werden, dass virtuelle Brand Communities den Beziehungsaufbau zwischen Mitgliedern und der Marke erleichtern, Kundenclubs hingegen kaum, da nur Brand Communities eine starke Interaktion ermöglichen, welche als Basis von Beziehungen angesehen werden.

26.6 Zusammenfassung und Implikationen für die Tourismusbranche

Im Rahmen der empirischen Studie konnte nachgewiesen werden, dass virtuelle Kundenclubs und virtuelle Brand Communities deutliches Potential zur Markenprofilierung und Kundenbindung bieten.

Inoffizielle Virtuelle Brand Communities weisen in den untersuchten Fällen eine ähnlich positive Wirkung auf die Marke-Kunden-Beziehung und die damit einhergehenden Wirkungen (Word of Mouth, Cross-Buying Wiederkauf, Preisbereitschaft, Markenimage) auf wie Kundenclubs und offizielle Brand Communities. Daher sollten die markenführenden Unternehmen unbedingt versuchen, einen „besseren Draht" zu den inoffiziellen Brand Communities zu bekommen, da diese als ein Geschenk begeisterter Konsumenten an die Marke angesehen werden können. Auch wenn dieser Brand Community-Typ von Konsumenten (häufig aus Altruismus) ins Leben gerufen und unterhalten wird, was sie für das markenführende Unternehmen nur schwer steuerbar macht, impliziert dies nicht, dass die markenführenden Unternehmen die Existenz inoffizieller virtueller Brand Communities ignorieren sollten, wie es häufig der Fall zu sein scheint (Loewenfeld von et al. 2006, S. 933). Stattdessen empfiehlt sich die Kooperation mit diesen Communities oder zumindest die Beobachtung zur Marktforschung.

Wie diese Kooperationen aussehen könnten, zeigen bspw. Porsche und Audi: Porsche unterstützt bereits über 500 Porsche-Clubs in mehr als 50 Ländern, indem sie ihnen zahlreichen Services und Leistungen wie bspw. Werksführungen, die Bereitstellung von Werbematerialien oder der Organisation von Events anbieten (Loewenfeld von 2006, S. 2). Audi bezog bspw. die Meinungsführer einer inoffiziellen Brand Community in die Entwicklung und die Tests eines neuartigen Informationssystems ein. Hierdurch konnte Audi zum einen von dem Know-how der Nutzer profitieren. Zum anderen hatte dies für Audi einen positiven Nebeneffekt. Die beteiligten Meinungsführer berichten natürlich innerhalb der Brand Community von den Neuentwicklungen und Erfahrungen. Von der Community gelangt die Nachricht in den Massenmarkt – was als ein Musterbeispiel für virales Marketing angesehen werden kann (Loewenfeld von et al. 2006, S. 4).

In einer ähnlichen Art und Weise ist die Anwendung und Nutzung internetbasierter Kommunikationsinstrumente auch in der Tourismusbranche vorstellbar. Reiseveranstaltern bietet sich durch Kundenclubs über grundleistungsbezogene Nutzungsverbesserungen die Möglichkeit, Mitglieder zunächst an den Club zu binden. Zudem können Reiseveranstalter ihren Mitgliedern innerhalb der internetbasierten Kommunikationsinstrumente zusätzliche Informationen bspw. zu der anvisierten Destination zur Verfügung stellen und ihnen dadurch einen weiteren Zusatznutzen verschaffen. Als dritte Stufe der Leistungspyramide können bspw. die von zahlreichen Airlines bereits erfolgreich eingeführten Bonusprogramme angesehen werden (Glusac 2005). Insbesondere im Bezug auf die vierte Pyramidenstufe, den Kommunikations- und Kontaktleistungen können virtuelle Brand Communities ihre interaktionsbedingten Vorteile ausspielen. Hier können Kunden mit Kunden in Kontakt treten und sich bspw. gegenseitig Tipps über Reiseziele geben und über diese Ziele diskutieren. Ein großer Vorteil kann hierbei darin gesehen werden, da sich die in Communities von Mitgliedern veröffentlichten Beiträge durch höchste Aktualität auszeichnen und so bspw. aktuelle Informationen über laufende oder in naher Zukunft anstehende Events am Reiseziel eingeholt werden können.

Der große Vorteil der Tourismusbranche liegt in der hohen emotionalen Nutzenkomponente eines Urlaubs. Reisende freuen sich oft schon Monate vorher auf den Urlaub und bereiten ihn in Form von Bildern, Videos und Gesprächen nach. Das hohe Involvement der Nachfrager zur Nutzung einer Internetplattform ex-ante zur Gewinnung von Informationen und ex-post zur Dokumentation der eigenen Reise verspricht ein sehr hohes Potential einen Nachfrager über Monate an die Communi-

Abb. 26.7 Pyramide der Kundenclub- und Communityleistungen. (Quelle: Eigene Darstellung in enger Anlehnung an Holz (1997), S. 117)

ty und somit an die Marke zu binden. Darüber hinaus stellt eine solche Community eine gute Plattform zur Interaktion mit anderen Reisenden dar. Es besteht die große Chance für den Reiseanbieter, die positiven Emotionen des Reiseerlebnisses und der Kommunikation mit anderen Reisenden auf die Marke zu übertragen. Die Angebote der Community sollten daher genau auf den genannten Informations-, Mitteilungs- und Interaktionsbedürfnisse der Nachfrager basieren. Schließlich können für Kundenclub- oder Communitymitglieder exklusive Spaß- und Convenience-Leistungen angeboten werden und, wie es bspw. bereits bei Airlines der Fall ist, Vielflieger mit VIP-Status und damit einhergehender Top-Betreuung belohnt werden.

Prinzipiell ist der Kreativität hinsichtlich der Gestaltung der Clubleistungen keine Grenze gesetzt. Abbildung 26.7 stellt die exemplarische Pyramide der Kundenclub- und Communityleistungen grafisch dar, welche verdeutlicht, dass die Basis der Leistungen durch grundleistungsbezogene Nutzungsverbesserungen gebildet wird.

Im Rahmen der offiziellen und insbesondere der inoffiziellen Brand Communities ist in jedem Fall zu beachten, dass sich die Marken hierbei möglichst im Hintergrund halten sollten, um dadurch eine „ungestörte" Interaktion zwischen den Mitgliedern stattfinden zu lassen, damit diese sich nicht durch die Marke in ihren Freiheiten beschnitten fühlen. Dies geschieht bspw. durch so wenig „Zensur" wie nötig (Rengelshausen u. Schmeißer 2007, S. 5). Demnach gilt es hier auch kritische Stimmen zuzulassen und so die Authentizität und Glaubwürdigkeit des Kommunikationsinstrumentes zu erhöhen.

Bibliografie

Bauer, H. H., & Grether, M. (2004). Soziales Kapital als Determinante der Kundenbeziehung in Virtuellen Gemeinschaften. In H. H. Bauer, J. Rösger, & M. M. Neumann (Hrsg.), *Konsumentenverhalten im Internet* (S. 134–157). München: Vahlen.

Blackston, M. (1992). The 1990s – Building brand equity by managing the brand's relationships – Blackston believes that as corporate brands start to become an increasingly important feature on a brandscape, the means of communica. *Journal of advertising research, 32*(3), 79–83.
Bruhn, M. (2001). *Relationship Marketing: das Management von Kundenbeziehungen*. München: Vahlen.
Burmann, C., Blinda, L., & Nitschke, A. (2003). *Konzeptionelle Grundlagen des identitätsbasierten Markenmanagements, Arbeitspapier Nr. 1 des Lehrstuhls für innovatives Markenmanagement (LiM) der Universität Bremen*.
Burmann, C., Meffert, H., & Feddersen, C. (2007). Identitätsbasierte Markenführung. In A. Florack, M. Scarabis, & E. Primosch (Hrsg.), *Psychologie der Markenführung* (S. 3–30). München: Vahlen.
Burmann, C., Meffert, H., & Koers, M. (2005). Stellenwert und Gegenstand des Markenmanagements. In H. Meffert, C. Burmann, & M. Koers (Hrsg.), *Markenmanagement* (2. Aufl., S. 3–17). Wiesbaden: Gabler.
Burmann, C., & Meffert, H. (2005). Theoretisches Grundkonzept der identitätsorientierten Markenführung. In H. Meffert, C. Burmann, & M. Koers (Hrsg.), *Markenmanagement* (2. Aufl., S. 37–72). Wiesbaden: Gabler.
Butscher, S. A. (1998). *Handbuch Kundenbindungsprogramme & Kundenclubs, IM-Fachverlag, Marketing-Forum*. Ettlingen: HarperCollins.
Butscher, S. A., & Müller, L. R. (2006). Kundenbindung durch Kundenclubs. In H. H. Hinterhuber & K. Matzler (Hrsg.), *Kundenorientierte Unternehmensführung*. Wiesbaden: Gabler.
Crosby, L. A., & Johnson, S. L. (2003). Building CRM Strategies – Beyond Brand Awareness. In Marketing management. Chicago, Nr. Ill: AMA.
Esch, F. (2007). *Strategie und Technik der Markenführung* (4. Aufl.). München: Vahlen.
Fournier, S. (1998). Consumers and their brands: Developing relationship theory in consumer research. *Journal of consumer research. –* Chicago, Ill: Univ of Chicago Press, S. Ill: Univ of Chicago Press.
Glusac, N. (2005). *Der Einfluss von Bonusprogrammen auf das Kaufverhalten und die Kundenbindung von Konsumenten: eine theoretische und empirische Analyse* (1. Aufl.). Wiesbaden: Gabler.
Gretzel, U., & Yoo, K. (2008). Use and impact of online travel reviews. In P. O'Connor, W. Höpken, & U. Gretzel (Hrsg.), *Information and Communication Technologies in Tourism 2008* (S. 35–46). New York: Springer.
Hagel, J., & Armstrong, A. G. (1997). *Net gain: expanding markets through virtual communities*. Boston: Harvard Business School Press.
Hippel von, E. A. (1986). Lead Users. *Management Science, 32*(7), 791–805.
Holz, S. (1997). Kundenclubs als Kundenbindungsinstrument: generelle und situationsbezogene Gestaltungsempfehlungen für ein erfolgreiches Kundenclub-Marketing. St. Gallen, Hochsch. für Wirtschafts-, Rechts- und Sozialwiss., Diss., 1996, 1997.
Holz, S. (1998). Der Kundenclub, IM Fachverl., Marketing-Forum. Ettlingen, 1998.
Krafft, M., & Bromberger, J. (2001). Kundenwert und Kundenbindung. In S. Albers (Hrsg.), *Marketing mit interaktiven Medien, FAZ-Inst. für Management-, Markt- und Medieninformationen* (S. 160–174). Frankfurt am Main.
Kressmann, F., Herrmann, A., Huber, F., & Magin, S. (2003). Dimensionen der Markeneinstellung und ihre Wirkung auf die Kaufabsicht. *Die Betriebswirtschaft, 63*(4), 401–418.
Lihotzky, N. (2003). *Kundenbindung im Internet: Maßnahmen und Erfolgswirksamkeit im Business-to-Consumer-Bereich* (1. Aufl.). Wiesbaden: Gabler.
Loewenfeld von, F. (2006). *Brand Communities: Erfolgsfaktoren und ökonomische Relevanz von Markengemeinschaften* (1. Aufl.). Wiesbaden: Gabler.
Loewenfeld von, F., Perry, J., & Schröder, J. (2006). Wie Sie eine Brand Community zum Erfolg führen. *Absatzwirtschaft*, 2.
McAlexander, J. H., Schouten, J. W., Koenig, H. F. (2002). Building Brand Community. *Journal of marketing, 66*, 38–54.

Meffert, H., Burmann, C., & Kirchgeorg, M. (2008). *Marketing: Grundlagen marktorientierter Unternehmensführung* (10. Aufl.). Wiesbaden: Gabler.

Meyer, J. (2004). *Mundpropaganda im Internet: Bezugsrahmen und empirische Fundierung des Einsatzes von Virtual Communities im Marketing*. Hamburg: Kovac.

Muniz Jr, A. M., & O'Guinn, T. C. (2001). Brand Community. *Journal of consumer research, 27*(4), 412–432.

Nordin, K. (2001). When products get a social life Consumers rally around brand names – and form grass-roots communities with clout. *Christian Science Monitor*.

Panten, G., Paul, C., & Runte, M. (2001). Virtuelle Communities. *Marketing mit interaktiven Medien*. Frankfurt: FAZ-Inst. für Management-, Markt- und Medieninformationen.

PhoCusWright (2008). PhoCusWright's European Online Travel Overview, 4. Auflage.

Rengelshausen, O., & Schmeißer, D. R. (2007). Touristik 2.0 – Chancen und Risiken von User Generated Contend für den Online-Reisevertrieb. *Planung & Analyse, 4*, 1–5.

Schoegel, M., Tomczak, T., & Wentzel, D. (2005). Communities – Chancen und Gefahren für die marktorientierte Unternehmensfuehrung. *Thexis, 22*(3), 2–5.

Stichnoth, F. (2008): Virtuelle Brand Communities zur Markenprofilierung- Der Einsatz virtueller Brand Communities zur Stärkung der Marke-Kunden-Beziehung. Arbeitspapier Nr. 35 des Lehrstuhls für innovatives Markenmanagement (LiM) der Universität Bremen.

Thorbjørnsen, H., Supphellen, M., Nysveen, H., & Pedersen, P. E. (2002): Building Brand Relationships Online: A Comparison of Two Interactive Applications. *Journal of interactive marketing, 16*(3), 17–34.

Tietz, R. (2007). Virtuelle Communities als ein innovatives Instrument für Unternehmen: eine explorative Fallstudienanalyse im Hobby- und Freizeitgüterbereich. Hamburg: Kovac.

Tomczak, T., Reinecke, S., & Dittrich, S. (2008). Kundenbindung durch Kundenkarten und -clubs. In M. Bruhn & C. Homburg (Hrsg.), *Handbuch Kundenbindungsmanagement* (6. Aufl., S. 323–345). Wiesbaden: Gabler.

Upshaw, L. B., & Taylor, E. L. (2000). *The Masterbrand Mandate, The Management Strategy that unifies companies and multiplies value*. New York: Wiley.

Walter, V. (2000). *Die Zukunft des Online-Marketing: eine explorative Studie über zukünftige Marktkommunikation im Internet* (2. Aufl.). München.

Wenske, V. (2008). *Management und Wirkungen von Marke-Kunden-Beziehungen, eine Analyse unter besonderer Berücksichtigung des Beschwerdemanagements und der Markenkommunikation*. Wiesbaden: Balkema.

Wiencke, W., & Koke, D. (1995). Der Kundenclub als Dialogmarketing-Instrument. *Markenartikel, 57*(5). 183–186.

Wirtz, B. W. (2001). *Electronic Business* (2. Aufl.). Wiesbaden: Gabler.

Ye, Q., Law, R., & Gu, B. (2008). The impact of online user reviews on hotel room sales. *International Journal of Hospitality Management, 27*(2), 204–213.

Glossar

AdSense Werbeprogramm von Google, das Anbieter von Inhalten in ihre Webseiten einbinden können. Bei diesem Programm melden sich Werbetreibende über Google AdWords an und bieten Geld für einen Klick auf ihre Anzeige, die bei bestimmten Klicken auftaucht. AdSense gibt es für Suchergebnisseiten und für Seiten mit Inhalten. Bei letzteren analysiert die Software, welche Begriffe für die Seite relevant sind und sucht die entsprechende Werbung aus. Viele Blogger nutzen AdSense zur Monetarisierung ihrer Inhalte, um sich nicht selbst um Werbetreibende kümmern zu müssen. Dazu binden sie, nach erfolgreicher Aufnahme in das AdSense-Programm, einen Code von Google in ihre Seiten ein und erhalten je nach Erfolg monatliche Zahlungen von Google.

AdWords Werbeprogramm von Google, mit dem Werbetreibende auf Google und dem Partner-Netzwerk Werbung schalten können. Bei diesem Programm bieten die Werbetreibenden in einer Art Auktionsverfahren auf bestimmte Begriffe, bei denen ihre Anzeige erscheinen soll. Je mehr sie bieten, desto mehr kostet es den Werbetreibenden sowohl auf den Google-Suchergebnisseiten als auch auf den Seiten ausgewählter Partner, die ihre Inhalte mit den Anzeigen monetarisieren. Siehe auch AdSense.

AJAX Asynchronous JavaScript and XML ist ein Konzept der asynchronen Datenübertragung zwischen einem Server und dem Browser, wodurch nur bestimmte Teile einer Seite bei Bedarf neu geladen werden müssen. Damit ist AJAX eine Schlüsseltechnik zur Realisierung des Web 2.0.

Anchor Text Ein Anchor Text oder Link-Text ist der Text auf den ein Benutzer bei einem Link klickt.

API Application Programming Interface sind technische Schnittstellen, welche von einigen Diensten angeboten werden. Externe Seiten haben die Möglichkeit über solche APIs Daten auszulesen und auf der eigenen Seite weiterzuverwenden. Ähnlich wie bei der RSS Technologie und bei Widgets tragen die APIs zur Vernetzung von Plattformen und Diensten bei.

Avatar Ein Avatar ist gleichzusetzen mit einem Repräsentanten eines Menschen in einer virtuellen Welt.

Backlink Ein solcher Link zeigt von einer anderen Seite auf die eigene Seite. Die Qualität und Anzahl von Backlinks sind unter anderem relevant bei der Positionierung der eigenen Seite in Suchmaschinen.

Bewertungsplattformen Webseiten, auf welchen User die Möglichkeit haben ihre persönliche Meinung zu einem bestimmten Objekt, wie zum Beispiel einer Reise oder einem Produkt, abzugeben. Dadurch können sich Interessenten des jeweiligen Produktes daran orientieren und eine leichtere Entscheidung fällen.

BING Neue Suchmaschine von Microsoft, in der man ähnlich wie bei Google zusätzlich nach Bildern, Videos, Karten und Nachrichten suchen kann. Jedoch ordnet und strukturiert BING die Ergebnisse, damit der User schneller und besser informiert ist, wodurch ein Mehrwert gegenüber Konkurrenten wie Google entstehen könnte.

Blaudience Dieser Begriff ist eine Zusammensetzung von „Blog" und „Audience" und bezeichnet somit die Leser eines Blogs. Vor allem in der amerikanischen Blogosphäre wird diese Bezeichnung für die Leser verwendet.

Blawg Hierbei handelt es sich ebenfalls um einen zusammengesetzten Begriff von „Blog" und „Law". Diese Bezeichnung wird vor allem in der amerikanischen Blogosphäre verwendet für Blogs, welche sich auf juristische Themen konzentriert.

Blog (Weblog) Meist öffentliches „Tagebuch" eines Herausgebers, der andere User über seinen Alltag, seine Gedanken oder bestimmte Nischenthemen informiert. Durch Kommentare und Trackbacks werden Beziehungen aufgebaut, Blogrolls verlinken Blogs untereinander.

Bloggen Unter Bloggen wir das Schreiben von Einträgen (Posts) in einem Blog verstanden. Inhalte, welche der Autor interessant findet, werden hierbei miteinander verlinkt.

Blogosphäre Hierunter wird die Menge aller Blogs verstanden, also die Menge der Internetseiten, welche Blogs beinhalten. Durch die Verlinkung der einzelnen Blogs entsteht dabei ein Kommunikationsmedium für eine Benutzergruppe.

Blogroll Eine Blogroll ist eine Liste von Links zu verschiedenen Blogs oder News Seiten. Eine solche Blogroll wird gewöhnlich auf jedem Blog geführt, um auf andere Blogs zu verweisen.

Brand Community Zusammenschluss von Markenfans, um zu diskutieren, sich zu beratschlagen, Empfehlungen auszusprechen oder um die Marke gemeinsam zu erleben.

Buzz Große Anzahl von Gesprächen über ein Produkt, die durch eine virale Marketing-Aktion entstehen oder durch ein anderes Ereignis in Gang gesetzt werden.

Ciao Ciao.de ist eine der größten deutschen Produkt- und Preisvergleichsplattformen.

Community Eine Community ist eine Personengruppe mit gleichen oder ähnlichen Interessen, welche in einem gemeinsamen Kontext organisiert sind. Hierbei sind das Zugehörigkeits- bzw. Zusammengehörigkeitsgefühl und die dadurch motivierte gegenseitige Unterstützung die wichtigsten Charakteristika.

Content-Communities Diese Communities können entweder medienzentrierten (youtube, flickr, picasa, etc.) oder themenzentrierten Content (TripAdvisor, Holidaycheck, Wikipedia, etc.) enthalten. Für Destinationen und touristische Anbieter sind sie oftmals thematisch oder aufgrund ihrer Reichweite relevant.

Content Management Systeme (CMS) Eine Software, die es dem Benutzer ermöglicht, Inhalte zu verwalten und im Web zu publizieren, ohne dass dafür HTML oder eine andere Programmiersprache erlernt werden müsste.

Corporate Blog Ein Corporate Blog ist ein Weblog eines Unternehmens bzw. innerhalb eines Unternehmen.

Creative Common Lizenz (CC) Werke dürfen vervielfältigt, verbreitet und öffentlich zugänglich gemacht werden, jedoch muss dabei der Autor des Werkes genannt werden und die Nutzung darf nicht kommerziell sein. Es gibt verschiedene Lizensierungsmodelle für CC-Lizenzen.

Crisis Blog Ein solcher Blog wird von einem Unternehmen oder einer Institution erstellt zur Bewältigung einer Krise. Über ein Crisis Blog können Presse, Kunden, Gäste und andere Stakeholder leicht auf dem Laufenden gehalten werden, das Format Blog erlaubt eine hohe Aktualität und die Suchmaschinenpositionierung wird unterstützt.

Crowdsourcing Inhalte oder Aufgaben werden über entsprechende Anwendungen oder Plattformen (Qype, Tupalo) an die Öffentlichkeit (crowd) im Internet weitergegeben (Outsourcing) und durch die freiwillige Mitarbeit der User neuer Content generiert oder bestehender Content immer wieder überarbeitet und verbessert. Crowdsourcing eignet sich auch als Instrument, um Entscheidungen oder andere Aufgaben an die Menge der beteiligten Internetnutzer zu übertragen.

DMO Abkürzung für Destination Management Organisation, ungefähr gleichbedeutend mit einem Tourismusverband.

Domain Bestandteil der URL einer Webseite.

Enclosure Für das Podcasting werden Enclosures genutzt, dies sind Anhänge in RSS-Feeds, in denen nähere Informationen über die Podcast-Datei gespeichert werden (z. B. Länge, URL, Typ).

Enterprise 2.0 Normalerweise werden unter Enterprise 2.0 Social Software Plattformen verstanden, welche in Unternehmen zur Verbesserung der Zusammenarbeit eingesetzt werden. Dieser Begriff wird auch dafür genutzt, um eine neue Art von Unternehmen zu bezeichnen, die auf Selbstorganisation und Freiräumen beruht.

e-Tourismus Anwendung von Informations- und Kommunikationstechnologien im Tourismus.

Facebook Weltweit größte Social Community mit mehr als 350 Mio. Nutzern. Siehe auch Social Community.

Facebook Connect Nutzer von Facebook können ihre Anmeldedaten auch auf anderen Webseiten verwenden, ohne sich dort registrieren zu müssen. Gleichzeitig werden auf Wunsch des Nutzers seine Aktivitäten auf den anderen Portalen in Facebook als Statusmeldung angezeigt.

FBML Die Facebook Markup Language (FBML) ist speziell für Facebook entwickelt worden. Diese Programmiersprache ist sehr ähnlich zu HTML und alle Applikationen werden in Facebook in FBML entwickelt.

Feed Ein Dokument, das Inhalte in einem bestimmten Format beinhaltet, damit es von anderen Seiten oder Applikationen genutzt werden kann. Meist ist dieses Format in XML.

Feedreader Mit Hilfe eines Feedreaders, eine Software auf dem eigenen Rechner oder im Internet, können die Daten, welche über RSS angeboten werden, je nach Funktionsumfang in lesbarer Form dargestellt, abgespeichert, verwaltet, durchsucht und Freunden zugänglich gemacht werden. Unter anderem haben Firefox, Google, Pageflakes oder Netvibes Feedreader integriert.

FlickR Marktführende Plattform für Fotos, die es den Usern ermöglicht Fotos und Videos zu veröffentlichen, zu kommentieren und zu bewerten und anderen Usern zur Verfügung zu stellen. Dabei können Fotostreams nach Usern, nach Tag oder nach Suchbegriff erstellt werden.

Folksonomy Im Gegensatz zu hierarchischen Verzeichnissen kann bei einer Schlagwort basierten Taxonomie ein Objekt an mehreren Punkten im Ordnungsschema integriert werden. Der Begriff Folksonomy reflektiert die Entstehung einer Taxonomie, die sich über das „Folk", also die partizipierenden Menschen, ergibt.

Google-Alert Ein Google-Alert, auch Web-Alert genannt, ist ein Abonnement auf einen Suchbegriff in der Google Suche. Sobald Google eine Seite mit diesem Suchbegriff neu indexiert, wird eine Nachricht mit einem Hinweis an den Abonnenten verschickt. Auf diese Weise lässt sich das Internet leicht überwachen und fremde Veröffentlichungen z. B. zur eigenen Region oder zu einem Mitbewerber auffinden.

Google Maps Von Google angebotener Dienst Orte, Häuser und andere Objekte weltweit zu suchen und sich deren Position auf einer Karte oder einem Bild der Erdoberfläche anzeigen zu lassen; außerdem können Routen berechnet und ausgegeben werden. Mittels einer API ist es möglich, Google Maps in die eigenen Webseiten zu integrieren.

Holidaycheck Holidaycheck ist die größte deutschsprachige Hotelbewertungsseite, deren User Generated Content Reisenden bei ihrer Urlaubsvorbereitung als Ergänzung und unabhängige Informationsquelle zu Reisekatalogtexten dient. Siehe auch Bewertungsplattformen.

HTML Hyper Text Markup Language (HTML) ist eine einfache, Plattform unabhängige Programmier-Sprache, damit Hypertext-Dokumente für das World Wide Web lesbar werden.

Instant-Communication (IC) Hierbei handelt es sich um Echtzeit-Kommunikation mit Hilfe unterschiedlicher serverbasierter Dienste mittels einer Client-Software.

Instant-Messaging (IM) Instant-Messaging sind Nachrichtensysteme, welche den Benutzern Informationen über die Präsenz und Verfügbarkeit anderer Benutzer bieten und mithilfe derer Nachrichten versendet werden können.

iPhone Das iPhone ist ein von Apple entwickeltes Smartphone. Mit Hilfe der Anwendung AppStore können Programme und Spiele vom ITunes-Store auf das Handy geladen werden. Das iPhone verfügt wie zahlreiche andere Smartphones über eine integrierte GPS-Funktion und einen Kompass und erlaubt damit ortsgebundene Dienste sowie gps-basierte Navigation und Routenplanung.

iPhone-Anwendungen Einfach zu installierende Anwendungen aus dem AppStore, unter denen auch zahlreiche touristische Anwendungen zu finden sind. Diese erleichtern beispielsweise vor Ort die Auffindung von Attraktionspunkten oder liefern ortsbezogene touristische Informationen auf dem iPhone aus.

Kollektive Intelligenz Die Entscheidungen Einzelner können falsch sein, doch wenn die Entscheidungen vieler Menschen zusammengenommen werden, kann eine bessere Entscheidung entstehen. Ein Beispiel für die kollektive Intelligenz ist die Blogosphäre oder Wikipedia.

Link Querverweis auf ein anderes Dokument bzw. eine andere Webseite im Internet.

Longtail Die Digitalisierung von Gütern und von Information führt dazu, dass Information in nahezu beliebig großer Menge zu sehr günstigen Bedingungen gespeichert werden kann. Auf Grund von geringen Lagerkosten lohnt sich der Verkauf eines Gutes auch in sehr geringer Stückzahl. Solche Nischenprodukte für eine kleine Zielgruppe werden dem Longtail zugeordnet. Dabei übernehmen Kunden mit ihren Bewertungen und Empfehlungen eine Filterfunktion und liefern eine Vorauswahl und Empfehlung von Produkten, welche im besten Fall innerhalb ihres Netzwerkes vermittelt werden, eine vorherige Produktauswahl durch Experten fällt weg.

Mashup RSS Technologie, Widgets und APIs ermöglichen das Zusammenführen von Daten mit unterschiedlicher Herkunft. Internetseiten, welche überwiegend aus „fremden" Daten bestehen und diese verknüpfen und somit neue Dienste anbieten, werden Mashups genannt. Dazu muss der Internetseitenbetreiber keine der Daten selber besitzen oder kontrollieren, sondern holt sich die Daten über diverse Technologien von verschiedenen Anbietern in Echtzeit zusammen. Siehe auch RSS-Feed, Widget, APIs.

Mediasphäre Diese stellt den Kontrast zur Blogosphäre dar und bezeichnet die Gesamtheit aller traditionellen Medien. Diese Bezeichnung wird hauptsächlich in der amerikanischen Blogosphäre verwendet.

Meta-Daten Metadaten oder Metainformationen sind allgemeine Daten, die Informationen über andere Daten enthalten wie beispielsweise die Angabe von Eigenschaften eines Objektes.

Meta-Suche Suchanfrage an verschiedene Datenbanken gleichzeitig.

Micro-Blogging Durch das Micro-Bloggen kann man sich in Artikeln oder Postings einer Leserschaft mitteilen, sich in Kurzbotschaften an die sogenannten Follower wenden oder Kurzbotschaften in den weltweiten Twitterstream schicken. Die Länge von Microbloggingbotschaften ist auf 140 Zeichen begrenzt; dies erklärt sich durch die sms-basierte Geburt von Microblogging in den USA. Durch Kommentare oder Vernetzung bei Microblogging-Diensten wie Twitter kommt eine bidirektionale Kommunikation zustande.

Mobile Computing Mit Mobile Computing wird die technische Freiheit bezeichnet, Dienste aus dem Bereich der Informationstechnologie orts- und zeitunabhängig nutzen zu können. Dies erfolgt mit Hilfe des Einsatzes mobiler Endgeräte, die per Funk mit ihren Basisstationen kommunizieren und somit Daten austauschen.

Monitoring Der Begriff bezeichnet das Beobachten oder auch das Überwachen von Inhalten, Prozessen und Vorgängen. Auf die Kommunikation im Web 2.0 bezogen steht er für das gezielte Suchen nach Veröffentlichungen zu einem bestimmten Thema. Das Monitoring erfolgt anhand technischer Lösungen wie RSS, spezialisierten Diensten oder einzelnen Suchmaschinen.

MySpace Soziales Netzwerk, in dem User Benutzerprofile mit Fotos, Videos, Blogs, etc. einrichten und mit Anderen in Kontakt treten können.

Newsfeed Die gängigste Anwendung von RSS ist ein Newsfeed, über den Angebote abboniert werden können. Auf Communities wie zum Beispiel Facebook, Qype oder Tupalo benachrichtigen sich Freunde gegenseitig über ihre Aktivitäten. Siehe auch RSS-Feed.

Online Reputation Management (ORM) Verschiedene Techniken zur Überprüfung von Suchergebnissen, Foren und Blogs auf Meinungen zu Firmen, Produkten oder Personen. Nach der Überprüfung erfolgt ein Management der Onlinereputation an kritischen Punkten, um das Bild der eigenen Marke oder des eigenen Produkts im Internet zu verbessern.

Ontologie Ontologien dienen in unterschiedlichen Bereichen als Mittel der Strukturierung von Daten. Im Tourismus gibt es verschiedene Anbieter die umfangreiche und detaillierte Ontologien zur Strukturierung touristischer Daten entwerfen. Ontologien machen Daten für Maschinen verstehbar und interpretierbar.

Open Source Unter Open Source Software werden die Programme verstanden, welche den Quellcode öffentlich zugänglich machen. Dies hat zur Folge, dass jeder Interessierte den Code verändern und die Software weiterentwickeln kann. Open

Source Software wird häufig kollaborativ von einer Community erschaffen. Die bekanntesten Open Source Lösungen sind zum Beispiel: Firefox oder das Betriebssystem Linux. Als Office Anwendung gibt es bspw. das Openoffice bzw. Thunderbird als Email Programm.

Page Impression Zahl der Seitenaufrufe einer Einzelwebseite innerhalb einer Webpräsenz.

Panoramio Plattform, deren Fotos über Geo-Tags verfügen und in Google Blended Search und Google Earth angezeigt werden.

Permalink Ein Permalink ist eine unveränderliche Internetadresse, über die ein Blog-Beitrag oder Artikel verlinkt wird und somit dauerhaft gefunden werden kann.

PingBack Diese Methode erlaubt es Autoren von Blog-Einträgen darüber zu informieren, wenn ihr Artikel von anderen Blogs verlinkt wird. Diese Benachrichtigungen werden normalerweise automatisch versandt, wenn ein neuer Blog-Beitrag oder Kommentar auf einen anderen Blog-Artikel verweist und unterstützen die Vernetzung innerhalb der Blogosphäre.

Podcast Serie von Medienbeiträgen, die über einen Feed abonniert werden können. Das Wort Podcast setzt sich aus den Begriffen iPod und Broadcasting zusammen.

Point of Interest (POI) Orte, die für den Gast oder Nutzer von Bedeutung sein können, z. B. Gastronomie oder Hotels.

Post Unter einem Post oder Blog-Post wird ein Beitrag in einem Blog verstanden. Der Begriff Posten bezeichnet aber mitunter auch das Absenden von Statusmitteilungen auf Facebook oder anderen sozialen Netzwerken und steht inhaltlich für das Teilen von Informationen mit anderen Internetnutzern aus dem eigenen, virtuellen sozialen Netzwerk.

Qype Qype ist eine Online-Community, deren hauptsächlicher Inhalt nutzergenerierte, standortbezogene Bewertungen von Betrieben und anderen lokalen Angeboten sind. Qype wird auch als eine Art neues Branchenbuch im Internet bezeichnet.

Reisecommunities User können Ihr Wissen über Reiseziele, Unterkünfte, Restaurants, etc. veröffentlichen, um andere User bei ihren Entscheidungen zu unterstützen.

RFC Dies ist die Abkürzung für Request For Comments, in welchen die Internet-Standards definiert sind.

Rich User Experience Dieser Begriff drückt aus, dass die Nutzung von Social Software aufgrund höherer Bandbreite und neuer Techniken zunehmend der Nutzung einer einfach bedienbaren, graphisch gut gestalteten Desktopanwendung gleich kommt.

RSS/RSS-Feed Je nach Version gibt es unterschiedliche Bedeutung des Akronyms und unterschiedliche Formate: Rich Site Summary, RDF Site Summary oder Really

Simple Indication. Egal welche Bedeutung zugrunde gelegt wird, RSS wird als das Format für einen Feed genutzt. Mit dieser Technik ist es relativ einfach, Inhalte verschiedener Dienste zusammenzuführen. Mit Hilfe eines Feedreaders können Inhalte von Webseiten abonniert werden, so dass sich der User zielgerecht informieren kann und automatisch über Neuigkeiten informiert wird. Siehe auch Newsfeed, Feedreader.

Screencast Bei einem Screencast handelt es sich um einen Videofilm im Web, welcher den Computerbildschirm zeigt und meist mit gesprochenen Erklärungen ergänzt wird. Solche Screencasts werden beispielsweise für Demonstrationen von neuen Programmfunktionalitäten genutzt.

Search Engine Advertisement (SEA) Unter Suchmaschinenwerbung wird das geschickte Schalten von Adwords verstanden, so dass über gekaufte Keywords und Werbeanzeigen, die neben den Suchtreffern stehen, der Traffic auf der Seite erhöht werden kann.

Search Engine Marketing (SEM) Beinhaltet alle Maßnahmen zur Besuchergewinnung einer Webseite über Suchmaschinen. Dazu gehören SEO (Suchmaschinenoptimierung) und SEA (Suchmaschinenwerbung).

Search Engine Optimization (SEO) Maßnahmen, die dazu dienen, dass Webseiten bei Suchmaschinen besser gerankt werden.

Semantic Web Erweiterung des Word Wide Web, bei der die Computer die ihnen gegebenen Informationen interpretieren und automatisch weiterverarbeiten können. Dadurch sollen auch Informationen über Orte, Personen und Dinge miteinander in Beziehung gesetzt werden und damit neue Zusammenhänge klar werden, die vorher nicht erkennbar waren.

Sidebar Dies ist üblicherweise eine Spalte in einem Blog, welche neben den eigentlichen Inhalten ergänzende Informationen enthält wie beispielsweise Werbung oder eine Blogroll.

Sideblog In der Sidebar eines Blogs kann ein weiterer Blog eingebunden sein. In diesem Sideblog werden keine vollständigen Texte veröffentlich, sondern zum Beispiel gerade abgespielte Musik, besuchte Seiten oder Aphorismen.

Social Bookmarking Öffentlich zugängliche Plattformen im Internet bieten die Möglichkeit, Lesezeichen (Bookmarks) zu setzen und diese mit Freunden oder der Öffentlichkeit zu teilen. Über eine Bewertungsfunktion werden wichtige oder sinnvolle Bookmarks bei der Suche besser gerankt.

Social Community Diese Community ist eine interaktions-getriebene Plattform (Facebook, StudiVZ, Wer kennt wen, etc.), in der sich die User untereinander vernetzen, Freundschaften schließen und Gruppen unterschiedlichster Themen gründen.

Social Graph Darstellung von Beziehungen der einzelnen Mitglieder in einem Netzwerk. Information verbreitet sich in einem Social Network entlang des Social Graphs.

Glossar

Social Media Marketing Social Media Marketing ist Marketing in sozialen Medien. Dieses folgt seinen eigenen Prinzipien und Regeln der Kommunikation und ist zunächst nicht direkt vergleichbar mit klassischen Ansätzen des Marketings und der Werbekommunikation.

Social Media Newsroom Der „Social Media Newsroom" ist eine kleine Webseite, die auch als „Web 2.0 Pressemitteilung" bezeichnet werden kann. Ziel dieses Newsrooms ist es, Pressemitteilungen nicht nur „klassisch" anzubieten, sondern auch Bloggern die notwendigen Materialien für eine Veröffentlichung an die Hand zu geben. Deshalb nimmt ein Social Media Newsroom Rücksicht auf die Bedürfnisse und technischen Gegebenheiten im Internet und bringt alle „Web_2.0"-Tools zum Einsatz. Hierzu gehören eine gute Erreichbarkeit via RSS-Feed, das Hosting von multimedialen Inhalten auf externen Medien wie YouTube und Flickr sowie eine umfassende Rechteeinräumung etwa über Creative Commons.

Social Media Optimization (SMO) Optimierung der Webseite, um leichter von Social Media Diensten aufgenommen zu werden, zum Beispiel durch eine Leiste mit Bookmarking-Diensten oder die Einbindung von Foto- und Videodiensten.

Social Network Siehe Social Community.

Social Software Software wie Wikis, Blogs oder Social Networks, die dazu dienen mit anderen über das Internet in Kontakt zu treten, Gemeinschaften aufzubauen und diese zu pflegen.

Social Web Während Web 2.0 vor allem die neuen technischen Aspekte des Internets beschreibt, geht es im Social Web eher um die sozialen und soziologischen Prozesse, die daraus entstehen.

Syndikation Syndikation bezeichnet die Weitergabe von Inhalten zur Weiterverwendung wie beispielsweise Blogeinträge, Charts, Nachrichten oder Börsendaten. Diese Daten werden in der Regel über RSS-Feeds weitergegeben.

Tag Tags sind Schlagworte, die einem Objekt hinzugefügt werden können. Es gibt keinerlei Regeln, wie diese Tags vergeben werden sollten. Jeder Nutzer kann Objekte mit den Schlagworten versehen, die für seine Systematik und für das Wiederauffinden sinnvoll sind. Siehe auch Folksonomy.

Tagcloud Begriffswolken, in denen die verschiedenen Tags üblicherweise angezeigt werden. Je häufiger ein Tag vergeben ist, desto größer wird dieser Begriff in der Tagcloud dargestellt. Wird ein Begriff ausgewählt, verändert sich die Tagcloud und es werden diejenigen Begriffe angezeigt, welche mit dem ausgewählten Tag in Verbindung stehen. Somit kann der Nutzer systematisch durch die Begriffe geleitet werden, ohne dass vorher ein „Experte" eine Struktur aufgesetzt und definiert hat.

Tagging Dieser Begriff bezeichnet den Vorgang, ein Objekt mit einem Tag zu kennzeichnen. Der Vorgang des Taggings eines Objektes kann auch mehrere Tags zu einem Objekt zuordnen.

Taxonomy Unter Taxonomy wird ein hierarchisches Verzeichnis von Objekten in der Wissenschaftswelt, in denen die Ordnung der Objekte bereits vorgegeben ist und von den Benutzern nicht mehr verändert werden kann, verstanden. Dagegen gibt es im Web 2.0 eine Folksonomy.

Thread Als Thread wird ein Diskussionsstrang in einem Blog oder einem Forum bezeichnet, der mehrere Kommentare und Antworten umfasst, unter Umständen in hierarchischer Anordnung.

Tourismuscamp Ein von Tourismuszukunft entwickeltes Treffen im Barcamp-Format, mit dem Ziel, Fachleute aus der Reisebranche mit Internetpionieren zusammen zu bringen, um sich über neue Trends im Web, neue Medien im Tourismus und eTourismus Gedanken und Erfahrungen auszutauschen.

Trackback Bezeichnet die automatische Benachrichtigung zwischen zwei Webseiten, um verwandte Einträge in einem anderen Blog miteinander zu verbinden. Bezieht sich bspw. ein Blogger in einem Eintrag auf den Eintrag in einem anderen Blog, so wird in diesem anderen Blog automatisch ein Trackback gesetzt, der in der Regel einen kurzen Ausschnitt des Bezug nehmenden Beitrags enthält. Ein manueller Trackback wird gesetzt, wenn die Blogsoftware Trackbacks nicht unterstützt.

Traffic Wenn Dateien wie Videos, Bilder, Musik etc. in das Internet hoch- oder heruntergeladen werden, entsteht ein Datenverkehr. Dieser Datenverkehr wird als Traffic bezeichnet.

Travel 2.0 Veränderungen in der Reiseindustrie und im touristisch geprägten Teil des Internets aufgrund von neuen Technologien und Trends im Web 2.0.

TripAdvisor TripAdvisor bietet dem User individuelle Online-Erfahrungsberichte, um den Urlaub besser planen zu können. Touristische Leistungen werden von anderen Gästen transparent beurteilt, damit die Reiseplanung erleichtert und werbliche Inhalte im internet mit den realen Impressionen der Gäste auf TripAdvisor konfrontiert.

Tripsbytips Tripsbytips bietet die besten Empfehlungen von Reisenden für Reisende. Die User Generated Contents werden nicht nur auf www.tripsbytips.de generiert und veröffentlicht, sondern über Schnittstellen von Partnerwebsites wie Hotels, Destinationmarketingseiten, Online-Reisebüros sowie Social Networks wie Facebook oder Twitter verteilt. Eine zentrale Rolle bei der Verteilung der Inhalte auf externe Webseiten spielen Widgets.

Trivago Trivago ist eine Metasuche für Hotelbewertungen und Hotelpreise. Mit Hilfe von 15 Mio. Hotelbewertungen aus verschiedenen Quellen sieht der Nutzer auf einen Blick, welches Hotel das beste Preis-Leistungs-Verhältnis bietet.

Trust-You Plattform, die Hotelbewertungen von Kunden im Netz auswertet und anhand linguistischer Methoden zu erkennen versucht, ob ein Gast das Hotel z. B. positiv oder negativ bewertet hat und welchen Aspekt der Gast in seiner Bewertung hervorhebt.

Tweets Tweets sind Microblogging-Einträge auf Twitter.

Glossar

Twitter Twitter ist ein soziales Netzwerk, in dem User kurze, auf 140 Zeichen begrenzte Nachrichten verfassen können, um damit ihre Follower über aktuelle Ereignisse oder Gedanken informieren zu können.

Twitterwall An einer Twitterwall werden alle Microblogging-Einträge (Tweets) zu einem bestimmten Thema gesammelt.

URL Abkürzung für Uniform Resource Locator bzw. einheitlicher Quellenanzeiger. Wird häufig als Synonym für Internetadresse verwendet.

User Generated Content (UGC) Inhalte im Internet, die vom User selbst hergestellt und veröffentlicht werden.

Virales Marketing Marketingform, die soziale Netzwerke und Medien nutzt, um mit einer meist ungewöhnlichen Nachricht auf eine Marke, Produkt oder Kampagne aufmerksam zu machen. Ziel von viralen Marketingkampagnen ist, dass sich die Marketingbotschaft wie ein Virus von selber über die sozialen Netzwerke und Gespräche der Nutzer im Web 2.0 weiterträgt.

Viralität Informationen über ein Produkt oder eine Dienstleistung werden innerhalb kürzester Zeit von den Usern weitergegeben. Siehe auch WoMA, virales Marketing.

Vlog Ein Vlog ist die Abkürzung für Video Log, ähnlich wie bei dem Begriff Blog, in dem Videos veröffentlicht werden. Wobei diese nicht unbedingt vom Autor selbst stammen wie bei einem Video Podcast.

Web 1.0 Internetzeitalter zu Beginn der Internetentwicklung, das vor allem durch eine einseitig gerichtete Kommunikation gekennzeichnet wird, aber auch noch heute als einer von mehreren Entwicklungssträngen im Internet vertreten ist.

Web 2.0 Neue technische Entwicklungen im Internet, die zu einer dialogischen Kommunikation führen. User können nicht mehr nur Inhalte abrufen, sondern selbst mitwirken, mit anderen Internetnutzern Kommunizieren und sich untereinander vernetzen.

Web 3.0 Siehe Semantic Web.

Web-Alert Siehe Google-Alert.

Widget Widgets sind kleine Programme, die sich sehr leicht und schnell auf einem Desktop bzw. einer Webseite einbinden lassen. Im Gegensatz zur RSS-Technologie können über Widgets auch komplexere Inhalte und Funktionen abgewickelt werden. Das eingebundene Widget steht mit seinem ursprünglichen Dienst immer in Verbindung und bekommt in Echtzeit aktuelle Informationen. Diese kann in Form von interaktiven Grafiken, Spielen oder anderen Anzeigeformen dargestellt werden. Ähnlich wie bei der RSS Technologie tragen Widgets zur Vernetzung von Webseiten und Diensten bei.

Wiki Plattformen, auf denen User bereits bestehende Artikel lesen und selbst bearbeiten können. Durch die Zusammenarbeit der Autoren und deren gemeinsames Wissen entsteht eine „kollektive Intelligenz". Das Wort Wiki steht für schnell und stammt aus der hawaianischen Sprache.

Word of Mouth Advertising (WoMA) Beim Word of Mouth Advertising bzw. bei einer Viralität wird auf das positive Erlebnis eines Kunden mit dem Produkt gesetzt, so dass dieser durch Mundpropaganda seinen Freunden das Produkt aktiv weiterempfiehlt. Dies ist die stärkste und letzlich beste Form von Werbung für ein Produkt. Social Networks und die Verbindungen vieler Nutzer untereinander auf verschiedenen Plattformen ermöglichen sehr schnell eine sehr große Reichweite bei Zustimmung der Community.

XML eXtensible Markup Language ist der Standard zur Erstellung maschinenlesbarer Dokumente.

YouTube Videoplattform, auf der User Generated Content in Form von Videos integriert wird. Die Videos können von anderen Usern kommentiert, getagt oder bewertet werden. Youtube gilt heutzutage als eine der größten Suchmaschinen in Bezug auf die täglich ausgeführte Anzahl an Suchanfragen.